여러분의 합격을 응원하는
해커스공무원의 특별 혜택

FREE 공무원 회계학 **동영상강의**

해커스공무원(gosi.Hackers.com) 접속 후 로그인 ▶ 상단의 [무료강좌] 클릭 ▶
좌측의 [교재 무료특강] 클릭

무료 **회독 학습 점검표**[PDF] | 무료 **회독용 답안지**[PDF]

해커스공무원(gosi.Hackers.com) 접속 후 로그인 ▶ 상단의 [교재·서점 → 무료 학습 자료] 클릭 ▶
본 교재의 [자료받기] 클릭

해커스공무원 온라인 단과강의 **20% 할인쿠폰**

C2BA7D443BCA4427

해커스공무원(gosi.Hackers.com) 접속 후 로그인 ▶ 상단의 [나의 강의실] 클릭 ▶
좌측의 [쿠폰등록] 클릭 ▶ 위 쿠폰번호 입력 후 이용

* 쿠폰 이용 기한: 2022년 12월 31일까지(등록 후 7일간 사용 가능) * 쿠폰 이용 관련 문의: 1588-4055

해커스 회독증강 콘텐츠 **5만원 할인쿠폰**

4E6FAB8696B77ACP

해커스공무원(gosi.Hackers.com) 접속 후 로그인 ▶ 상단의 [나의 강의실] 클릭 ▶
좌측의 [쿠폰등록] 클릭 ▶ 위 쿠폰번호 입력 후 이용

* 쿠폰 이용 기한: 2022년 12월 31일까지(등록 후 7일간 사용 가능) * 쿠폰 이용 관련 문의: 1588-4055
* 월간 학습지 회독증강 행정학/행정법총론 개별상품은 할인쿠폰 할인대상에서 제외

단기 합격을 위한
해커스 커리큘럼

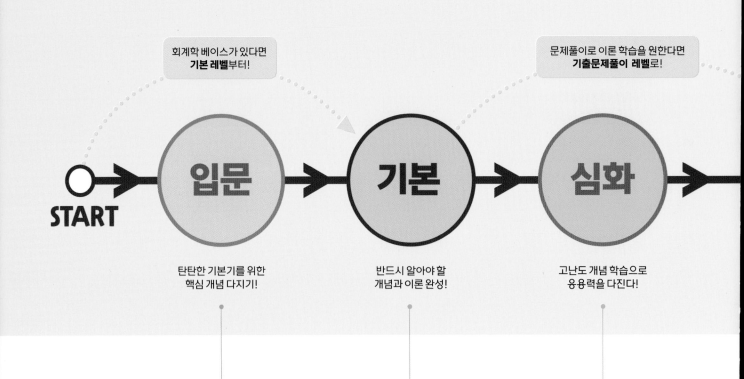

회계학 베이스가 있다면
기본 레벨부터!

문제풀이로 이론 학습을 원한다면
기출문제풀이 레벨로!

입문

START

기본

심화

탄탄한 기본기를 위한
핵심 개념 다지기!

반드시 알아야 할
개념과 이론 완성!

고난도 개념 학습으로
응용력을 다진다!

강의 쌩기초 입문반

이해하기 쉬운 개념 설명과 풍부한
연습문제 풀이로 부담 없이 회계학의
기초를 다질 수 있는 강의

사용교재
· 해커스공무원 쌩기초 입문서 회계학

강의 기본이론반

반드시 알아야 할 회계학의 기본
개념과 풀이 전략을 학습하여 핵심
개념 정리를 완성하는 강의

사용교재
· 해커스공무원 현진환 회계학 기본서

강의 심화이론반

심화이론과 중·상 난이도의 문제를
함께 학습하여 고득점을 위한
발판을 마련하는 강의

사용교재
· 해커스공무원 현진환 회계학 기본서

* QR 코드를 스캔하시면, 각 레벨에 맞는 강의를 수강신청하실 수 있습니다.
gosi.Hackers.com

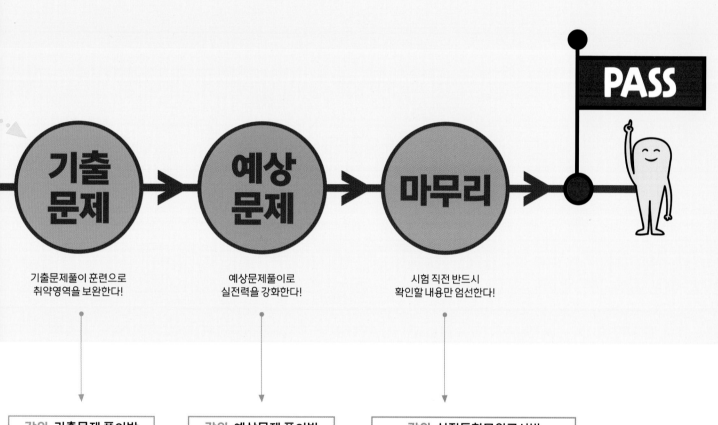

PASS

기출 문제	→	예상 문제	→	마무리	→

기출문제풀이 훈련으로
취약영역을 보완한다!

예상문제풀이로
실전력을 강화한다!

시험 직전 반드시
확인할 내용만 엄선한다!

강의 기출문제 풀이반

기출문제의 유형과 출제 의도를 이해
하고, 본인의 취약영역을 파악 및
보완하는 강의

사용교재
· 해커스공무원 현진환 회계학
 단원별 기출문제집
· 해커스공무원 현진환 회계학 말문제
 특강

강의 예상문제 풀이반

최신 출제경향을 반영한 예상 문제
들을 풀어보며 실전력을 강화하는
강의

강의 실전동형모의고사반

공무원 회계학 시험의 최신 출제경향을 완벽하게
반영한 모의고사를 풀어보며 실전 감각을 극대화
하는 강의

사용교재
· 해커스공무원 세무직 대비 실전동형모의고사 회계학
· 해커스공무원 관세직 대비 실전동형모의고사 회계학

해커스공무원

현진환
회계학

단원별 기출문제집

해커스공무원

현진환

약력

성균관대학교 경영학과 졸업
성균관대학교 경영대학원 수료

현 | 세무사
현 | 해커스공무원 회계학 강의
현 | KG에듀원 회계학 강의
전 | 메가랜드 부동산세법 강의
전 | 강남이지경영아카데미 대표 세무사

저서

해커스공무원 현진환 회계학 단원별 기출문제집, 해커스패스
해커스공무원 현진환 회계학 기본서, 해커스패스
다이어트객관식 회계학 재무회계, 배움
객관식 원가관리회계, 로앤오더
다이어트 원가관리회계, 배움
다이어트 K-IFRS 재무회계, 배움

서문

기출문제는 공무원 회계학의 방대한 양을 효율적으로 학습하기 위해 가장 좋은 수단입니다. 이제까지 누적된 수천 개의 기출문제와 반복 출제되는 이론과 유형 등을 알고, 스스로 학습의 범위와 방향을 명확하게 설정할 수 있습니다. 또, 더 나아가 문제해결 능력까지 키울 수 있기 때문입니다.

<2022 해커스공무원 현진환 회계학 단원별 기출문제집>은 회계학 학습의 기본이 되는 기출문제를 효과적으로 학습할 수 있도록 다음과 같은 특징을 가지고 있습니다.

첫째, 출제 경향을 분석하여 엄선한 68개의 TOPIC별로 기출문제를 수록하였습니다.

공무원 회계학의 필수 이론과 출제 경향을 체계적으로 학습할 수 있도록 68개의 핵심 TOPIC을 선별하여 배치하였습니다. TOPIC별로 재출제 가능성이 높은 기출문제만을 엄선하여 수록함으로써 기출문제를 효과적으로 학습하고 회계학의 핵심 이론을 다시 한번 복습할 수 있습니다.

둘째, 상세한 해설과 다회독을 위한 다양한 장치를 수록·제공하였습니다.

정답 지문에 대한 해설뿐만 아니라 정답 외 지문에 대한 해설 및 관련이론을 상세하게 제시하였으며, 계산문제는 직관적으로 해결할 수 있도록 그림과 표를 활용한 해설을 수록하였습니다. 또한 기출문제를 여러 번 학습하는 것이 매우 중요한 만큼, 본 교재는 기출문제를 3회독 이상 학습할 수 있도록 회독 학습 점검표, 회독용 답안지, 회독 표시 체크박스 등 다양한 학습장치를 제공합니다. 이를 통해 각자의 학습 과정과 수준에 맞게 교재를 여러 방면으로 활용할 수 있습니다.

셋째, 최신 출제 경향을 반영한 실전동형모의고사 5회분을 수록하였습니다.

기출문제 학습 후 문제 응용 능력을 더욱 키울 수 있도록 실전동형모의고사 5회분을 수록하였습니다. 이를 통해 본인의 현재 학습 수준 및 취약점을 파악·보완하고, 실전 감각을 끌어올릴 수 있습니다.

더불어, 공무원 시험 전문 사이트인 해커스공무원(gosi.Hackers.com)에서 교재 학습 중 궁금한 점을 나누고 다양한 무료 학습 자료를 함께 이용하여 학습 효과를 극대화할 수 있습니다.

부디 <2022 해커스공무원 현진환 회계학 단원별 기출문제집>과 함께 공무원 회계학 시험의 고득점을 달성하고 합격을 향해 한걸음 더 나아가시기를 바랍니다.

현진환

차례

재무회계

원가관리회계

01 제조기업의 회계처리

02 개별원가계산과 활동기준원가계산

03 종합원가계산과 결합원가계산

04 변동원가계산과 CVP분석

05 표준원가

정부회계

실전동형모의고사

해설집 (책속의 책)

이 책의 구성

문제해결 능력 향상을 위한 단계별 구성

TOPIC 01 재무제표의 기초 ★★

001 □□□   2020년 국가직 9급
「주식회사 등의 외부감사에 관한 법률」상 기업의 재무제표 작성
책임이 있는 자는?
① 회사의 대표이사와 회계담당 임원(회계담당 임원이 없는
   경우에는 회계업무를 집행하는 직원)
② 주주 및 채권자
③ 공인회계사
④ 금융감독원

STEP 1 핵심 TOPIC을 통해 출제경향 파악하기

최근 3개년 기출문제 분석을 통해 엄선한 빈출 및 핵심 주제를 교재 내의 TOPIC과
연결하였으며, 철저한 출제경향 분석을 바탕으로 TOPIC에 ★ 모양으로 중요도를 표시
하였습니다. 이를 통해 주요 개념들이 반복·응용되어 재차 출제되는 공무원 회계학의
출제 경향에 적극 대비할 수 있으며, 본격적인 학습 전 자주 출제되거나 중요한 TOPIC을
미리 파악하여 효율적으로 학습할 수 있습니다.

▼

STEP 2 기출문제로 문제해결 능력 키우기

공무원 회계학 시험의 기출문제 중 재출제 가능성이 높거나 퀄리티가 좋은 문제들을
엄선한 후, 이를 학습 흐름에 따라 TOPIC별로 배치하였습니다. 또한 이론 복습 및
요약·문제풀이 능력 향상 등 다양한 용도로 활용할 수 있는 기출문제의 효용을 극대화
하고자 문제 번호 옆에 회독 표시용 체크박스를 수록하였습니다. 각 회독마다 문제풀이
여부나 이해 정도를 표시하여 3회독 이상 학습함으로써 문제해결 능력을 키우고 학습한
이론을 점검할 수 있습니다.

▼

STEP 3 실전동형모의고사로 문제응용 능력 키우기

학습 마무리 단계에서 실전과 유사하게 문제풀이 연습을 할 수 있도록 실전동형모의
고사 5회분을 수록하였습니다. 공무원 시험은 시간 제한이 있으므로 문제를 정확하게
푸는 것뿐만 아니라 빠르게 푸는 것 또한 중요합니다. 그러므로 이제까지 기출문제와
예상문제 풀이로 문제해결 능력을 키웠다면, 시험 직전에는 10분 내외의 시간 동안
실전동형모의고사 20문제를 풀며 실전과 동일하게 시간 안배, 마인드 컨트롤 등을
훈련하시기 바랍니다.

정답의 근거와 오답의 원인, 관련이론까지 짚어주는 정답 및 해설

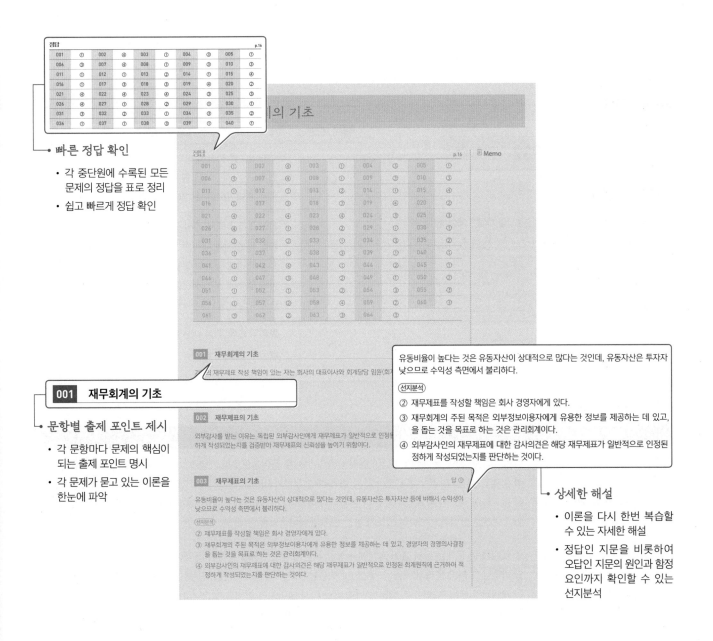

빠른 정답 확인

- 각 중단원에 수록된 모든 문제의 정답을 표로 정리
- 쉽고 빠르게 정답 확인

001 재무회계의 기초

문항별 출제 포인트 제시

- 각 문항마다 문제의 핵심이 되는 출제 포인트 명시
- 각 문제가 묻고 있는 이론을 한눈에 파악

유동비율이 높다는 것은 유동자산이 상대적으로 많다는 것인데, 유동자산은 투자자
낮으므로 수익성 측면에서 불리하다.

(선지분석)
② 재무제표를 작성할 책임은 회사 경영자에게 있다.
③ 재무회계의 주된 목적은 외부정보이용자에게 유용한 정보를 제공하는 데 있고,
을 돕는 것을 목표로 하는 것은 관리회계이다.
④ 외부감사인의 재무제표에 대한 감사의견은 해당 재무제표가 일반적으로 인정된
정하게 작성되었는지를 판단하는 것이다.

상세한 해설

- 이론을 다시 한번 복습할 수 있는 자세한 해설
- 정답인 지문을 비롯하여 오답인 지문의 원인과 함정 요인까지 확인할 수 있는 선지분석

스스로 완성하는 회독 학습 전략

셀프 체크를 통한 만점 학습 전략

모든 문제마다 문제 번호 옆에 회독 체크 박스를 수록하였습니다. 셀프 체크를 통해 3회독 이상 기출문제를 분석할 수 있고, 각 회독마다 체크 기준에 따라 채점 결과를 표시한다면 공무원 시험 분량의 범위를 좁힐 수 있을 뿐만 아니라 자신의 약점과 강점을 쉽게 파악할 수 있습니다. 또한 셀프 체크한 내용을 바탕으로 그에 맞는 학습 전략을 세운다면 보다 효율적으로 기출문제를 학습할 수 있습니다.

셀프 체크

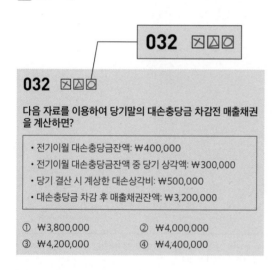

셀프 체크	체크 기준
○	• 출제의도를 정확히 파악한 경우 • 회계 관련 계산식을 명확하게 적용한 경우 • 관련 개념 및 이론을 완벽히 이해한 경우
△	• 정답을 추측해서 맞힌 경우 • 정답 외 선지에 대하여 분석하지 못하는 경우 • 출제 개념에 대하여 부연설명을 못하는 경우 • 문제 풀이에 많은 시간을 소요한 경우 • 보충학습이 필요하다고 판단되는 경우
✕	• 출제의도 및 핵심 내용을 알지 못하여 틀린 경우 • 실수로 틀린 경우

만점 학습 전략

셀프 체크	학습 전략
○ (맞힌 문제)	○ 표시를 한 해당 문제뿐만 아니라 여러 유형의 문제를 풀어봄으로써 개념과 이론이 어떻게 응용 또는 변형되어 출제되는지를 파악합니다. 또한 다음 회독 때에 개념과 이론이 헷갈리거나 해당 문제를 틀리지 않도록 해설을 참고하여 주요 내용을 정리하고 다른 방식의 해결방법도 함께 학습하는 것이 좋습니다. 이를 바탕으로 개념이나 이론을 완벽히 이해하여 난도가 높은 문제에 대비하도록 합니다.
△ (헷갈렸거나 추측해서 맞힌 문제)	△ 표시를 한 문제는 문제 풀이 과정에서 놓친 부분이 무엇인지를 정확히 파악하는 것이 중요합니다. 출제의도를 파악하고 해당 문제에 적용된 개념이나 이론을 이해해야 합니다. 문제의 해설이나 기본서를 활용하여 관련된 개념과 이론을 학습한 후, 해당 문제를 바로 다시 풀어보는 방법도 좋습니다. 또한 같은 실수를 반복하지 않도록 정답 외의 선지도 분석하여야 합니다. 다음 회독 점검 때에도 동일한 방법으로 각각의 문제에 접근하여 출제 방식과 유형에 익숙해지도록 연습하고, 헷갈리거나 정답을 추측하는 문제의 양을 줄여나가는 것이 좋습니다.
✕ (틀린 문제)	✕ 표시를 한 문제의 경우 기본서, 문제의 해설, 회독 학습 점검표 등을 활용하여 관련 개념 및 주요 이론을 정확하게 이해하여야 합니다. 주요 내용을 단순히 암기하는 것이 아니라 마인드맵으로 관련 개념을 정리하거나 주요 이론을 표의 형태로 비교하는 등 효율적으로 학습할 필요가 있습니다. 취약한 부분을 완벽히 보완하여야만 다음 회독 때에는 해당 문제를 다시 틀리거나 헷갈리지 않고 정확하게 풀 수 있습니다.

약점을 극복하는 회독 학습 점검

회독 학습 점검표는 <2022 해커스공무원 현진환 회계학 단원별 기출문제집>의 단원별로 자신의 학습 상태를 점검하고, 약점을 파악할 수 있는 부가자료입니다. 각 문제마다 표시한 셀프 체크 내용을 바탕으로 취약한 단원, 시험에 출제 빈도가 높은 단원, 추가로 더 학습해야 할 단원들을 아래의 회독 학습 점검표를 통해 체계적으로 분석해 볼 수 있습니다. 분석한 내용을 바탕으로 이론을 복습하거나 맞춤 학습 플랜을 계획하는 데 참고할 수 있습니다.

* 회독 학습 점검표는 [해커스공무원 사이트(gosi.Hackers.com) 〉 교재·서점 〉 무료 학습 자료]에서 다운받으실 수 있습니다.

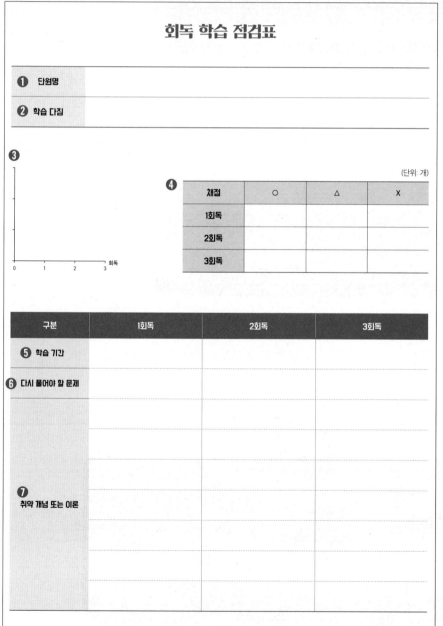

❶ 단원명
점검할 단원명을 기재합니다.

❷ 학습 다짐
자신만의 단원별 학습 다짐을 기재합니다.

❸ 셀프 체크 그래프
셀프 체크한 내용에 따라 그래프를 작성합니다. 회독별 학습 성과를 한눈에 확인할 수 있습니다.

❹ 셀프 체크표
셀프 체크한 내용를 표로 작성합니다. 회독별 학습 상태를 분석할 수 있습니다.

❺ 학습 기간
회독별 학습 기간을 기재합니다.

❻ 다시 풀어야 할 문제
틀렸거나 많이 어렵게 느껴진 문제 등 스스로 다시 풀어 볼 필요가 있다고 판단한 문제의 번호를 기재합니다.

❼ 취약 개념 또는 이론
취약한 개념 또는 이론을 기재합니다. 회독별로 누적된 개념을 확인함으로써 취약한 부분을 반복학습 하였는지 혹은 다시 보충학습을 해야 하는지를 파악할 수 있습니다.

기출문제는 어떻게 학습해야 효율적일까요? 감을 못 잡겠어요.

해커스
공무원

기출문제를 다회독함으로써 시험에 출제되는 이론의 범위를 확인하고, 문제가 어떻게 변형·응용되는지에 대한 파악이 필요해요. 따라서 기출문제는 각 회독마다 전략을 세워 구체적인 학습 기간을 설정한 후에 회독하기를 추천합니다. 다음 페이지에 해커스공무원이 제안하는 40일(1회독), 14일(2·3회독) 동안의 3회독 학습 방법과 플랜이 있으니 참고해 주세요!

같은 기출문제를 3회독 이상씩 해야 하는 이유가 있나요?

해커스
공무원

기본서 학습 단계에서 전체적인 흐름과 기본적인 개념을 숙지했다면, 기출문제 풀이 단계는 그 동안 공부했던 내용을 점검하고, 자신의 실력을 파악할 수 있는 시기예요. 특히 회계학은 총 3개의 과목(재무회계, 원가관리회계, 정부회계)로, 양이 방대하기 때문에 기출문제를 여러 번 회독하여 자주 나오는 이론 위주로 학습 범위를 줄여 나가는 것이 아주 중요해요!

그렇군요! 기출문제 회독이 매우 중요하겠네요. 그런데 기출문제를 반복하여 풀다 보니 문제를 정확히 알고 푸는 것인지, 외워서 푸는 것인지 의문이 들어요.

해커스
공무원

맞아요. 회독 수가 늘어날수록 분명히 그런 생각이 들 거예요. 그럴 땐 아래와 같이 하나의 기출문제를 다양한 각도와 방법으로 접근해 보세요!
1. A4 용지 등에 <2022 해커스공무원 현진환 회계학 단원별 기출문제집>의 TOPIC을 적으면서 지금까지 자신이 공부한 내용 정리하기
2. 각 회독마다 어려운 지문이나 부족한 이론에 대한 나만의 단권화 노트 만들기
3. 해커스공무원이 제공하는 회독용 답안지와 회독 학습 점검표를 통해 실전 감각 키우기
* 회독용 답안지와 회독 학습 점검표는 [해커스공무원 사이트(gosi.Hackers.com) > 교재·서점 > 무료 학습 자료]에서 다운받으실 수 있습니다

해커스공무원이 제안하는 학습 플랜

나는 _____월 _____일까지 <2022 해커스공무원 현진환 회계학 단원별 기출문제집>을 끝내겠습니다!

14일 학습 플랜	40일 학습 플랜	학습 TOPIC
DAY 1	DAY 1	TOPIC 01 ~ 03
	DAY 2	TOPIC 04 ~06
	DAY 3	TOPIC 07~09
DAY 2 * 재무회계 01 ~ 04 복습 제외	DAY 4	TOPIC 10 ~12
	DAY 5	TOPIC 13 ~ 14
	DAY 6	재무회계 01 ~ 04 복습
DAY 3	DAY 7	TOPIC 15 ~ 18
	DAY 8	TOPIC 19 ~ 20
	DAY 9	TOPIC 21 ~ 23
DAY 4	DAY 10	TOPIC 24 ~ 25
	DAY 11	TOPIC 26 ~ 27
	DAY 12	TOPIC 28 ~ 29
DAY 5 * 재무회계 05 ~ 07 복습 제외	DAY 13	TOPIC 30 ~ 32
	DAY 14	재무회계 05 ~ 07 복습
	DAY 15	TOPIC 33 ~ 34
DAY 6	DAY 16	TOPIC 35 ~ 36
	DAY 17	TOPIC 37 ~ 38
	DAY 18	TOPIC 39 ~ 40
DAY 7	DAY 19	TOPIC 41 ~ 42
	DAY 20	TOPIC 43
	DAY 21	TOPIC 44 ~ 45
DAY 8	DAY 22	TOPIC 46
	DAY 23	TOPIC 47
	DAY 24	TOPIC 48
DAY 9 * 재무회계 08 ~ 11 복습 제외	DAY 25	재무회계 08 ~ 11 복습
	DAY 26	재무회계 복습
	DAY 27	TOPIC 49
DAY 10	DAY 28	TOPIC 50
	DAY 29	TOPIC 51 ~ 54
	DAY 30	TOPIC 55 ~ 56
DAY 11	DAY 31	TOPIC 57 ~ 58
	DAY 32	TOPIC 59 ~ 60
	DAY 33	TOPIC 61 ~ 62
DAY 12	DAY 34	TOPIC 63 ~ 64
	DAY 35	TOPIC 65 ~ 66
	DAY 36	원가관리회계 복습
DAY 13	DAY 37	TOPIC 67
	DAY 38	TOPIC 68
	DAY 39	정부회계 복습
DAY 14	DAY 40	전체 복습

스스로 세워보는 맞춤 학습 플랜

스스로 세워보는 40일 완성 학습 플랜

1회독

1회독 때에는 '내가 학습한 이론이 주로 이러한 형식의 문제로 출제되는구나!'를 익힌다는 생각으로 접근하시는 것이 좋습니다. 예를 들어 '종합원가계산'이라는 개념을 학습하였다면, 기출문제에서는 주로 종합원가계산의 '선입선출법', '평균법' 등을 활용해야 한다는 사실에 주안점을 두고 학습하기 바랍니다.

* 학습한 TOPIC만큼 형광펜으로 색칠하거나 X 등으로 표시해보세요.

1	2	3	4	5	6	7	8	9	10	11	12	13	14	15	16	17
18	19	20	21	22	23	24	25	26	27	28	29	30	31	32	33	34
35	36	37	38	39	40	41	42	43	44	45	46	47	48	49	50	51
52	53	54	55	56	57	58	59	60	61	62	63	64	65	66	67	68

학습 날짜	순공 시간	학습 TOPIC	학습 날짜	순공 시간	학습 TOPIC
__월 __일	__H __M		__월 __일	__H __M	
__월 __일	__H __M		__월 __일	__H __M	
__월 __일	__H __M		__월 __일	__H __M	
__월 __일	__H __M		__월 __일	__H __M	
__월 __일	__H __M		__월 __일	__H __M	
__월 __일	__H __M		__월 __일	__H __M	
__월 __일	__H __M		__월 __일	__H __M	
__월 __일	__H __M		__월 __일	__H __M	
__월 __일	__H __M		__월 __일	__H __M	
__월 __일	__H __M		__월 __일	__H __M	
__월 __일	__H __M		__월 __일	__H __M	
__월 __일	__H __M		__월 __일	__H __M	
__월 __일	__H __M		__월 __일	__H __M	
__월 __일	__H __M		__월 __일	__H __M	
__월 __일	__H __M		__월 __일	__H __M	
__월 __일	__H __M		__월 __일	__H __M	
__월 __일	__H __M		__월 __일	__H __M	
__월 __일	__H __M		__월 __일	__H __M	
__월 __일	__H __M		__월 __일	__H __M	
__월 __일	__H __M		__월 __일	__H __M	

스스로 세워보는 14일 완성 학습 플랜

2회독

실전과 동일한 마음가짐으로 기출문제를 풀어보는 단계입니다. 또한 단순히 문제를 풀어보는 것에 그치지 않고, 더 나아가 각각의 지문이 왜 옳은지, 옳지 않다면 어느 부분이 잘못되었는지를 꼼꼼히 따져가며 학습하기 바랍니다.

* 학습한 TOPIC만큼 형광펜으로 색칠하거나 X 등으로 표시해보세요.

1	2	3	4	5	6	7	8	9	10	11	12	13	14	15	16	17
18	19	20	21	22	23	24	25	26	27	28	29	30	31	32	33	34
35	36	37	38	39	40	41	42	43	44	45	46	47	48	49	50	51
52	53	54	55	56	57	58	59	60	61	62	63	64	65	66	67	68

학습 날짜	순공 시간	학습 TOPIC	학습 날짜	순공 시간	학습 TOPIC
__월 __일	__H __M		__월 __일	__H __M	
__월 __일	__H __M		__월 __일	__H __M	
__월 __일	__H __M		__월 __일	__H __M	
__월 __일	__H __M		__월 __일	__H __M	
__월 __일	__H __M		__월 __일	__H __M	
__월 __일	__H __M		__월 __일	__H __M	
__월 __일	__H __M		__월 __일	__H __M	

3회독

3회독 때에는 기출문제를 출제자의 시선에서 바라보고, 이를 변형하여 학습하는 연습이 필요합니다. 즉, 기출지문을 중심으로 이론 학습의 범위를 넓혀나가며 학습을 완성하시기 바랍니다.

* 학습한 TOPIC만큼 형광펜으로 색칠하거나 X 등으로 표시해보세요.

1	2	3	4	5	6	7	8	9	10	11	12	13	14	15	16	17
18	19	20	21	22	23	24	25	26	27	28	29	30	31	32	33	34
35	36	37	38	39	40	41	42	43	44	45	46	47	48	49	50	51
52	53	54	55	56	57	58	59	60	61	62	63	64	65	66	67	68

학습 날짜	순공 시간	학습 TOPIC	학습 날짜	순공 시간	학습 TOPIC
__월 __일	__H __M		__월 __일	__H __M	
__월 __일	__H __M		__월 __일	__H __M	
__월 __일	__H __M		__월 __일	__H __M	
__월 __일	__H __M		__월 __일	__H __M	
__월 __일	__H __M		__월 __일	__H __M	
__월 __일	__H __M		__월 __일	__H __M	
__월 __일	__H __M		__월 __일	__H __M	

재무회계

01 회계의 기초

정답 및 해설 p.4

TOPIC 01 재무제표의 기초 ★★

001 □□□
2020년 국가직 9급

「주식회사 등의 외부감사에 관한 법률」상 기업의 재무제표 작성 책임이 있는 자는?

① 회사의 대표이사와 회계담당 임원(회계담당 임원이 없는 경우에는 회계업무를 집행하는 직원)
② 주주 및 채권자
③ 공인회계사
④ 금융감독원

002 □□□
2010년 관세직 9급

우리나라의 주식회사는 직전 연도 자산총액이 120억 원 이상인 경우에 의무적으로 공인회계사로부터 외부회계감사를 받아야 한다. 이와 같이 기업이 공인회계사로부터 매년 회계감사를 받는 주요 이유는?

① 외부전문가의 도움에 의한 재무제표 작성
② 회사 종업원들의 내부공모에 의한 부정과 횡령의 적발
③ 경영자의 재무제표 작성 및 표시에 대한 책임을 외부전문가에게 전가
④ 독립된 외부전문가의 검증을 통한 회계정보의 신뢰성 제고

003 □□□
2009년 국가직 9급

재무회계와 관련된 설명 중 옳은 것은?

① 재무비율 중의 하나인 유동비율이 높을수록 기업의 수익성 측면에서는 불리할 수도 있다.
② 재무제표를 작성할 책임은 재무제표를 감사한 외부감사인에게 있다.
③ 재무회계의 주된 목적은 경영자의 경영의사결정을 돕기 위한 정보를 제공하는 것이다.
④ 외부감사인의 재무제표에 대한 감사의견은 해당 기업의 투자적정성에 대한 판단이다.

004 □□□
2021년 국가직 9급

회계정보와 관련한 설명으로 옳지 않은 것은?

① 경영자는 회계정보를 생산하여 외부 이해관계자들에게 공급하는 주체로서 회계정보의 공급자이므로 수요자는 아니다.
② 경제의 주요 관심사는 유한한 자원을 효율적으로 사용하는 것인데, 회계정보는 우량기업과 비우량기업을 구별하는 데 이용되어 의사결정에 도움을 준다.
③ 회계정보의 신뢰성을 확보하기 위하여 기업은 회계기준에 따라 재무제표를 작성하고, 외부감사인의 감사를 받는다.
④ 외부감사는 전문자격을 부여받은 공인회계사가 할 수 있다.

005 □□□

2018년 12월 31일에 ㈜한국에서 발생한 거래가 다음과 같을 때, 2018년 말 재무상태표 상 부채에 포함할 금액은?

> · 제품보증에 대한 충당부채 ₩ 1,000을 설정하였다.
> · 사무실을 임대하고 12개월분 임대료 ₩ 2,000을 미리 받았다.
> · 거래처로부터 원재료 ₩ 1,000을 외상으로 구입하였다.
> · 공장 확장 자금을 조달하기 위해 보통주 10주(주당 액면가 ₩ 100, 주당 발행가 ₩ 200)를 발행하였다.

① ₩ 2,000
② ₩ 3,000
③ ₩ 4,000
④ ₩ 5,000

TOPIC 02 회계의 순환과정 ★★

006 □□□

㈜한국이 차입금 ₩ 1,000과 이자 ₩ 120을 현금으로 변제 및 지급하였다. 이 거래에 대한 분석으로 옳은 것은?

① (차) 자산의 증가
　 (대) 부채의 증가와 수익의 발생
② (차) 자산의 증가
　 (대) 자산의 감소와 수익의 발생
③ (차) 부채의 감소와 비용의 발생
　 (대) 자산의 감소
④ (차) 자산의 증가와 비용의 발생
　 (대) 자산의 감소

007 □□□

다음 중 그 잔액이 시산표의 대변에 나타나지 않는 항목은?

① 대여금
② 미지급비용
③ 자본금
④ 선수수익

008 ☐☐☐

각 거래에 대한 회계처리로 옳지 않은 것은?

	거래	회계처리
①	외상용역대금 ₩ 200,000을 현금으로 회수하였다.	(차변) 자산의 증가 (대변) 부채의 감소
②	주당 액면 ₩ 1,000인 보통주 100주를 발행하고 현금 ₩ 100,000을 받았다.	(차변) 자산의 증가 (대변) 자본의 증가
③	관리용역 업체로부터 12월 관리비 발생분 ₩ 50,000을 청구받았으나 내년에 지급할 계획이다.	(차변) 자본의 감소 (대변) 부채의 증가
④	은행으로부터 현금 ₩ 1,000,000을 차입하였다.	(차변) 자산의 증가 (대변) 부채의 증가

010 ☐☐☐

자산총액, 부채총액 및 자본총액의 변동이 없는 것은?

① 건물을 장부가액으로 매각하고 대금은 1개월 후에 받기로 하였다.
② 유상증자를 하여 주주로부터 자본금을 납입받았다.
③ 주주에게 현금배당금을 지급하였다.
④ 토지를 매입하고 그에 대한 대가로 어음을 교부하였다.

009 ☐☐☐

다음 자료에 따른 당기의 수익총액은?

· 기초자산	₩ 50,000	· 기초부채	₩ 30,000
· 기말자산	90,000	· 기말부채	40,000
· 당기비용총액	120,000		

① ₩ 140,000 ② ₩ 150,000
③ ₩ 160,000 ④ ₩ 170,000

011 ☐☐☐

재무상태표 상 계정별 금액이 다음과 같을 경우 기말 자본총계는?

· 상품	₩ 800,000	· 미지급비용	₩ 100,000
· 차입금	1,000,000	· 미수금	200,000
· 현금	700,000	· 매출채권	400,000
· 미지급금	500,000	· 선급금	600,000

① ₩ 700,000 ② ₩ 900,000
③ ₩ 1,000,000 ④ ₩ 1,100,000

012 ☐☐☐

㈜서울의 재무상태표 상 각 계정별 2017년 말 잔액은 다음과 같다. 그리고 2017년 말 부채총계는 2017년 초 부채총계보다 ₩ 300,000만큼 더 크고, 2017년 말 자본총계는 2017년 초 자본총계보다 ₩ 150,000만큼 더 작다. 이를 토대로 ㈜서울의 2017년 초 자산총계를 구하면 얼마인가?

· 상품	₩ 700,000	· 차입금	₩ 1,100,000
· 현금	900,000	· 선수금	450,000
· 선수수익	250,000	· 미수금	200,000
· 매출채권	500,000	· 대여금	600,000

① ₩ 2,750,000　　　　② ₩ 2,900,000
③ ₩ 3,150,000　　　　④ ₩ 3,325,000

013 ☐☐☐

다음은 기업에서 발생한 사건들을 나열한 것이다. 이 중 회계 상의 거래에 해당되는 것만을 모두 고른 것은?

ㄱ. 현금 ₩ 50,000,000을 출자하여 회사를 설립하다.
ㄴ. 원재료 ₩ 30,000,000을 구입하기로 계약서에 날인하였다.
ㄷ. 종업원 3명을 고용하기로 하고 근로계약서를 작성하였다. 계약서에는 월급여액과 상여금액을 합하여 1인당 ₩ 2,000,000으로 책정하였다.
ㄹ. 회사 사무실 임대계약을 하고 보증금 ₩ 100,000,000을 송금하였다.

① ㄱ, ㄹ　　　　② ㄴ, ㄷ
③ ㄱ, ㄴ, ㄹ　　　　④ ㄱ, ㄴ, ㄷ, ㄹ

014 ☐☐☐

회계 상의 거래에 포함될 수 없는 것은?

① 장부가액이 ₩ 2,500,000인 건물이 화재로 인해 전소되었다.
② 상품을 판매하고 아직 대금을 받지 않았다.
③ 원료 공급회사와 100톤의 원재료를 ₩ 1,000,000에 구입하기로 계약을 체결하였다.
④ 기계장치를 구입하여 인도받았으나 아직 대금을 지급하지 않았다.

015 ☐☐☐

회계상 거래로 파악될 수 있는 내용으로 옳지 않은 것은?

① ㈜창업은 손실 처리하였던 ₩ 500,000,000의 매출채권 중 ₩ 100,000,000을 채권 추심기관을 통하여 회수하였다.
② ㈜창업은 당해 연도 말 은행차입금에 대한 만기를 5년간 더 연장하는 것에 대하여 은행측 승인을 받았다.
③ ㈜창업은 보관 중인 자재에 대한 재고조사에서 도난으로 인해 장부 상의 금액보다 ₩ 500,000,000에 해당하는 재고자산이 부족한 것을 확인하였다.
④ ㈜창업은 제품전시회를 통하여 외국바이어와 ₩ 1,000,000,000의 수출판매계약과 함께 현지 대리점 개설을 위한 양해각서(MOU)를 교환하였다.

016 ☐☐☐　2019년 관세직 9급

다음 사건에서 발생시점에 분개하여야 할 회계거래는?

① 제품포장을 위해 계약직 직원을 일당 ₩100,000의 조건으로 매월 말 급여를 지급하기로 하고 채용하였다.
② 물류창고에서 화재가 발생하여 보유 중인 재고자산(장부가액 ₩2,000,000)이 전부 소실되었다.
③ 거래처로부터 신제품 100개를 개당 ₩1,000의 조건으로 월말까지 납품해 달라는 주문서를 받았다.
④ 다음 달 사무실을 이전하기로 하고 매월 말 ₩1,000,000의 임차료를 지급하는 계약을 건물주와 체결하였다.

017 ☐☐☐　2021년 관세직 9급

다음과 같은 현금 원장의 내용에 기반하여 추정한 날짜별 거래로 옳지 않은 것은?

현금			
1/15　용역수익　₩70,000	1/2	소모품	₩50,000
1/18　차입금　100,000	1/5	비품	75,000
	1/31	미지급급여	20,000

① 1월 2일 소모품 구입을 위하여 현금 ₩50,000을 지급하였다.
② 1월 15일 용역을 제공하고 현금 ₩70,000을 수취하였다.
③ 1월 18일 차입금 상환을 위하여 현금 ₩100,000을 지급하였다.
④ 1월 31일 미지급급여 ₩20,000을 현금으로 지급하였다.

018 ☐☐☐　2011년 국가직 9급

시산표의 작성을 통해서 발견할 수 있는 오류는?

① 비품 ₩100,000을 현금으로 구입하면서 비품계정에 ₩100,000 차기하고, 현금계정에 ₩100,000 대기하는 기록을 두 번 반복하였다.
② 매입채무 ₩200,000을 현금으로 지급하면서 현금계정에 ₩100,000 대기하고, 매입채무계정에 ₩100,000 차기하였다.
③ 매출채권 ₩100,000을 현금으로 회수하면서 매출채권계정에 ₩100,000 차기하고, 현금계정에 ₩100,000 대기하였다.
④ 대여금 ₩100,000을 현금으로 회수하면서 현금계정에 ₩100,000 차기하고, 대여금계정에 ₩200,000 대기하였다.

019 ☐☐☐　2015년 국가직 9급

시산표를 작성함으로써 발견할 수 있는 오류는?

① 상품을 판매한 거래에 대하여 두 번 분개한 경우
② 거래를 분개함에 있어서 차입금계정의 차변에 기록하여야 하는데 대여금계정의 차변에 기록한 경우
③ 실제 거래한 금액과 다르게 대변과 차변에 동일한 금액을 전기한 경우
④ 매출채권계정의 차변에 전기해야 하는데 대변으로 전기한 경우

잔액시산표의 차변금액합계와 대변금액합계를 일치하지 않게 하는 경우는?

① 개발비 계정의 잔액을 잔액시산표의 영업권계정에 기입하였다.
② 매출채권계정의 잔액을 잔액시산표의 영업권계정에 기입하였다.
③ 이자수익계정의 잔액을 잔액시산표의 주식발행초과금계정에 기입하였다.
④ 사채계정의 잔액을 잔액시산표의 상각후원가 측정 금융자산계정에 기입하였다.

시산표에 의해 발견되지 않는 오류는?

① 매출채권 ₩720,000을 회수하고, 현금계정 ₩720,000을 차변 기입하고, 매출채권계정 ₩702,000을 대변기입하다.
② 매출채권 ₩300,000을 회수하고, 현금계정 ₩300,000을 차변 기입하고, 매출채권계정 ₩300,000을 차변기입하다.
③ 매출채권 ₩550,000을 회수하고, 현금계정 ₩550,000을 차변 기입하고, 매출채권계정 대신 매입채무계정에 ₩550,000을 대변 기입하다.
④ 위의 모든 오류가 시산표를 작성하는 과정에서 발견될 수 있다.

시산표를 작성하는 중 차변합계와 대변합계가 일치하지 않은 것을 발견하였다. 이와 관련하여 시산표 상 차변합계와 대변합계가 일치하지 않는 원인은?

① ₩50,000의 매입채무를 현금으로 상환하면서 분개를 누락하였다.
② ₩30,000의 토지를 외상으로 구입하면서 분개는 정확하게 하였지만, 원장으로 전기할 때 토지 계정 대신 건물 계정 차변에 ₩30,000, 미지급금 계정 대변에 ₩30,000으로 전기하였다.
③ [(차)매출채권 ₩35,000/(대)매출 ₩35,000]의 분개를 원장으로 전기할 때 매출채권 계정 차변에 ₩53,000, 매출 계정 대변에 ₩35,000으로 전기하였다.
④ 건물 수선비를 현금 지급하면서 차변에 건물 ₩10,000, 대변에 현금 ₩10,000으로 분개하였다.

다음의 분개장 기록 내역 중 시산표 작성을 통해 항상 자동으로 발견되는 오류만을 모두 고르면?

ㄱ. 기계장치를 ₩800,000에 처분하고, '(차)현금 ₩800,000 / (대)기계장치 ₩80,000'으로 분개하였다.
ㄴ. 건물을 ₩600,000에 처분하고, '(차)현금 ₩600,000 / (대)토지 ₩600,000'으로 분개하였다.
ㄷ. 토지를 ₩300,000에 처분하고, '(차)토지 ₩300,000 / (대)현금 ₩300,000'으로 분개하였다.
ㄹ. 신입사원과 월 ₩500,000에 고용계약을 체결하고, '(차)급여 ₩500,000 / (대)미지급비용 ₩500,000'으로 분개하였다.

① ㄱ
② ㄱ, ㄹ
③ ㄱ, ㄴ, ㄷ
④ ㄱ, ㄴ, ㄷ, ㄹ

㈜한국의 수정후시산표상 자산, 부채, 수익, 비용, 자본금 금액이 다음과 같을 때, 기초이익잉여금은?

계정과목	금액	계정과목	금액
매출	₩ 120,000	현금	₩ 130,000
매출원가	₩ 100,000	재고자산	₩ 200,000
급여	₩ 50,000	매입채무	₩ 170,000
선급비용	₩ 70,000	미지급금	₩ 50,000
미지급비용	₩ 80,000	미수수익	₩ 50,000
자본금	₩ 40,000	기초이익잉여금	?

① ₩ 40,000   ② ₩ 110,000

③ ₩ 140,000   ④ ₩ 300,000

TOPIC 03   기말수정분개 ★★★

㈜한국의 2012년 12월 31일 수정전시산표와 추가적 정보는 다음과 같다. 수정분개로 옳은 것은?

계정과목	잔액
매출채권	₩ 200,000
선수수익	60,000
선급임차료	120,000
선급보험료	24,000

<추가적 정보>

ㄱ. 2012년 12월 31일을 기준으로 선수수익의 $\frac{1}{3}$에 해당하는 용역을 제공하였다.

ㄴ. 2012년 9월 1일 1년분 보험료를 지급하고, 선급보험료로 회계처리하였다.

ㄷ. 대금이 회수되지 않은 용역제공분 ₩ 6,000에 대하여 회계처리하지 않았다.

ㄹ. 6개월분의 선급임차료에 대한 거래는 2012년 10월 1일에 발생하였다.

		(차)		(대)	
①	ㄱ.	선 수 수 익	20,000	매 출 원 가	20,000
②	ㄴ.	선급보험료	8,000	보 험 료	8,000
③	ㄷ.	현 금	6,000	용 역 매 출	6,000
④	ㄹ.	임 차 료	60,000	선급임차료	60,000

결산정리사항 중 당기순이익에 미치는 영향이 나머지와 다른 하나는?

① 선급보험료 계상   ② 선수임대료 계상

③ 대손상각비 계상   ④ 미지급이자 계상

027 ☐☐☐

㈜한국은 20X1년 9월 1일에 1년분 보험료로 ₩ 1,200을 지급하고 선급비용으로 회계처리하였다. ㈜한국이 20X1년 말 동 보험료와 관련한 수정분개를 누락하였다면, 20X1년 재무제표에 미치는 영향은? (단, 보험료 인식은 월할계산한다)

① 자산 ₩ 400 과소계상, 당기순이익 ₩ 400 과소계상
② 자산 ₩ 400 과대계상, 당기순이익 ₩ 400 과대계상
③ 자산 ₩ 800 과소계상, 당기순이익 ₩ 800 과소계상
④ 자산 ₩ 800 과대계상, 당기순이익 ₩ 800 과대계상

028 ☐☐☐

㈜한국은 보험업을 영위하는 회사이며, 보험상품을 판매시점에 전액 부채로 인식하는 회계처리방식을 선택하고 있다. ㈜한국은 기중에 보험상품 ₩ 20,000을 ㈜대한에 판매하였다. ㈜한국과 맺은 보험계약과 관련하여 ㈜대한이 수행한 결산수정분개는 다음과 같다. ㈜한국이 ㈜대한과 맺은 보험계약에 대해 수행해야 할 결산수정분개로 옳은 것은?

| (차) 보험료비용 | ₩ 10,000 |
| (대) 선급보험료 | ₩ 10,000 |

	차변	대변
①	선수보험료 ₩ 10,000	보험료수익 ₩ 10,000
②	보험료비용 ₩ 10,000	선급보험료 ₩ 10,000
③	보험료수익 ₩ 10,000	선급보험료 ₩ 10,000
④	선수보험료 ₩ 10,000	선급보험료 ₩ 10,000

029 ☐☐☐

결산수정분개에 대한 설명으로 옳지 않은 것은?

① 장래에 용역을 제공하기로 하고 대금을 미리 받은 경우, 결산기말까지 용역을 제공한 부분은 선수수익으로 계상하고 미제공한 부분은 부채로 계상한다.
② 유형자산 감가상각 시 차변은 감가상각비로 계상하고 대변은 감가상각누계액으로 계상한다.
③ 당기에 속하는 전기료를 지급하지 않았다면 차변에 비용으로 계상하고 대변에 미지급비용으로 계상한다.
④ 소모품 취득 시 자산으로 기록하였다면 결산기말까지 사용한 부분만큼 비용으로 처리한다.

030 ☐☐☐

㈜한국은 2015년 3월 1일에 건물 임대 시 1년분 임대료 ₩ 360,000을 현금으로 수취하고 임대수익으로 처리하였으나 기말에 수정분개를 누락하였다. 그 결과 2015년도 재무제표에 미치는 영향으로 옳은 것은?

① 자산총계 ₩ 60,000 과대계상
② 자본총계 ₩ 60,000 과소계상
③ 부채총계 ₩ 60,000 과소계상
④ 비용총계 ₩ 60,000 과대계상

㈜서울은 소모품을 구입할 때 자산으로 처리한 후, 결산일에 사용한 부분에 대하여 비용 처리하는 방법을 사용하고 있다. 2017년 기초와 기말소모품은 각각 ₩270,000과 ₩360,000이고 당기에 소모품 구매를 위해 현금으로 지급한 금액은 ₩700,000이다. 당기에 포괄손익계산서에 계상될 소모품비는 얼마인가?

① ₩70,000   ② ₩610,000
③ ₩700,000   ④ ₩790,000

㈜서울의 경리부장은 2017년의 당기순이익이 ₩15,000,000이라고 사장에게 보고하였다. 사장은 경리부장의 보고 자료를 검토한 결과 2017년의 회계처리 상 다음과 같은 오류가 있었음을 발견하였다. 이를 기초로 ㈜서울의 올바른 당기순이익을 구하면 얼마인가?

· 미지급비용의 과소계상액	₩1,000,000
· 미수수익의 과소계상액	800,000
· 기초상품의 과소계상액	700,000
· 기말상품의 과대계상액	400,000

① ₩13,700,000   ② ₩14,500,000
③ ₩14,800,000   ④ ₩15,100,000

다음과 같은 누락사항을 반영하기 전 당기순이익이 ₩500,000인 경우, 수정후 당기순이익은?

· 보험료 중 선급분: ₩10,000	
· 이자비용 중 미지급분: ₩13,000	
· 비용으로 처리한 소모품 중 미사용액: ₩18,000	
· 가수금 중 거래처 외상대금 회수분: ₩20,000	

① ₩485,000   ② ₩505,000
③ ₩515,000   ④ ₩535,000

다음은 ㈜한국의 2012년 12월 31일 종료되는 회계연도의 수정전시산표의 계정 일부이다.

· 선급보험료	₩60,000	· 이자수익	₩40,000
· 임차료	30,000	· 소모품비	5,000
· 상품	100,000	· 매입	800,000

다음 자료를 고려하여 결산수정분개를 완료했을 때, 당기순이익에 미치는 영향은?

· 선급보험료는 2012년 12월 1일에 6개월분 화재 보험료를 현금 지급한 것이다.	
· 이자수익은 2012년 10월 1일에 6개월분의 선이자를 현금으로 받은 것이다.	
· 임차료는 2012년 11월 1일에 3개월분 임차료를 현금 지급한 것이다.	
· 결산일 현재 미사용한 소모품은 ₩2,000이다.	
· 기말 실지재고조사 결과 상품재고는 ₩120,000이다.	

① ₩782,000 감소   ② ₩798,000 감소
③ ₩812,000 감소   ④ ₩828,000 감소

035 ☐☐☐

20X1년 5월 31일에 월말 결산수정분개를 하기 전에 ㈜한국의 시산표 상에 수익합계는 ₩7,000이고 비용합계는 ₩2,000이다. 수정전시산표에 반영되지 않은 다음의 결산수정항목들을 반영하여 산출한 20X1년 5월분 포괄손익계산서 상의 당기순이익은?

- 단기차입금에 대한 5월분 이자 발생액이 ₩800이다.
- 5월 초의 선급보험료 중 5월분에 해당하는 금액은 ₩700이다.
- 전월에 선수용역수익으로 받은 금액 가운데 5월에 용역제공이 완료된 금액은 ₩700이다.
- 용역제공은 이미 완료됐지만 아직 받지 못한 금액이 ₩600이다.

① ₩4,800　　　② ₩5,000
③ ₩5,100　　　④ ₩5,200

036 ☐☐☐

다음은 창고임대업을 영위하는 ㈜한국의 20X1년 결산 관련 자료이다.

계정	내용
보험료	• 기초 선급보험료 잔액 ₩3,000 • 7월 1일에 보험을 갱신하고 1년분 보험료 ₩12,000을 현금으로 지급하고 자산으로 회계처리함
임대료	• 기초 선수임대료 잔액 ₩3,000 • 4월 1일에 임대차계약을 갱신하고 1년분 임대료 ₩24,000을 현금으로 수령하고 수익으로 회계처리함

보험료와 임대료가 20X1년도 세전이익에 미치는 영향은? (단, 보험료와 임대료 이외의 다른 계정은 고려하지 않으며, 기간은 월할계산한다)

① ₩12,000　　　② ₩15,000
③ ₩18,000　　　④ ₩21,000

037 ☐☐☐

㈜한국은 매월 말 결산을 하고 재무제표를 작성한다. ㈜한국의 20X1년 3월 31일 수정전시산표 상 총수익과 총비용은 각각 ₩10,000과 ₩4,500이다. 다음과 같은 수정분개 사항이 있다고 할 때, 20X1년 3월 31일에 보고할 포괄손익계산서 상 당기순이익은?

- 직원의 3월 급여 ₩900이 발생하였으며 4월 10일에 지급될 예정이다.
- 3월 건물 임대료가 ₩500 발생하였으나 아직 현금으로 수취하지 못하였다.
- 건물에 대한 3월 감가상각비가 ₩400이다.
- 2월에 구입하여 자산으로 기록한 소모품 중 3월에 사용한 소모품은 ₩200이다.
- 2월에 선수수익으로 계상한 금액 중 3월에 제공한 용역이 ₩1,200이다.

① ₩4,500　　　② ₩5,200
③ ₩5,700　　　④ ₩6,100

038 ☐☐☐

12월 결산법인인 ㈜서울은 결산 중 20X1년 9월 1일 1년분의 화재보험료 ₩600,000을 현금으로 지급하면서 보험료로 회계처리하였으며, 20X1년 1월 1일 자산으로 계상된 소모품 ₩200,000 중 12월 말 현재 보유하고 있는 소모품은 ₩50,000인 사실을 추가적으로 확인하였다. 이에 대한 수정분개가 모두 반영된 경우 자산 또는 법인세비용차감전순이익에 미치는 영향으로 옳은 것은?

① 법인세비용차감전순이익은 ₩250,000 증가한다.
② 자산이 ₩400,000 증가한다.
③ 법인세비용차감전순이익은 ₩150,000 감소한다.
④ 자산이 ₩150,000 감소한다.
⑤ 법인세비용차감전순이익은 ₩400,000 증가한다.

12월 결산법인인 ㈜서울의 20X1년 법인세비용차감전순이익은 ₩ 1,000,000이다. 그러나 확인 결과 급여미지급액 ₩ 100,000, 유형자산의 감가상각액 ₩ 100,000, 차입금 이자 미지급액 ₩ 50,000, 대여금 이자 미수액 ₩ 50,000, 외상매출금 ₩ 100,000을 현금으로 회수한 것에 대한 회계처리가 누락된 것으로 나타났다. 누락한 회계처리를 반영한 법인세비용차감전순이익은 얼마인가?

① ₩ 800,000　　　　　② ₩ 850,000
③ ₩ 900,000　　　　　④ ₩ 950,000
⑤ ₩ 1,000,000

㈜한국의 2014년 12월 31일 결산 시 당기순이익 ₩ 400,000이 산출되었으나, 다음과 같은 사항이 누락되었다. 누락 사항을 반영할 경우의 당기순이익은? (단, 법인세는 무시한다)

- 기중 소모품 ₩ 50,000을 구입하여 자산으로 기록하였고 기말 현재 소모품 중 ₩ 22,000이 남아 있다.
- 2014년 12월분 급여로 2015년 1월 초에 지급 예정인 금액 ₩ 25,000이 있다.
- 2014년 7월 1일에 현금 ₩ 120,000을 은행에 예금하였다(연이자율 10%, 이자지급일은 매년 6월 30일).
- 2014년도의 임차료 ₩ 12,000이 미지급 상태이다.

① ₩ 341,000　　　　　② ₩ 347,000
③ ₩ 353,000　　　　　④ ₩ 369,000

2008년 초에 영업활동을 개시한 ㈜서울의 회계담당자는 2008년 회계연도의 당기순이익을 ₩ 200,000으로 계산하였다. 그러나 회계감사인은 회계담당자가 계산한 당기순이익에는 다음 항목의 기말잔액에 대한 수정분개결과가 반영되지 않았다는 사실을 지적하였다.

· 선수수익	₩ 10,000	· 선급비용	₩ 15,000
· 미지급비용	20,000	· 미수수익	25,000

위 사항을 반영하여 ㈜서울의 2008 회계연도의 당기순이익을 계산하면?

① ₩ 180,000　　　　　② ₩ 190,000
③ ₩ 200,000　　　　　④ ₩ 210,000

㈜한국의 다음 기말조정사항에 대한 수정분개가 당기순이익에 미치는 영향(증가 또는 감소)이 나머지 셋과 다른 것은?

① 당기 7월 1일에 1년 만기 정기예금(연 6% 이자율)에 가입하고 현금 ₩ 1,000,000을 입금하였으나, 결산일까지 이자 수령일이 도래하지 않아 이자관련 회계처리는 하지 않았다.
② 비품에 대한 당기 감가상각비 ₩ 30,000을 회계처리 하지 않았다.
③ 당기 11월 1일에 소모품을 ₩ 50,000에 현금으로 구입하고 자산으로 인식하였다. 기말 결산일에 미사용 소모품 ₩ 20,000이 남아 있음을 확인하였다.
④ 당기 4월 1일부터 회사 건물을 ㈜민국에게 1년간 임대하고, 1개월에 ₩ 10,000씩 1년분 임대료 ₩ 120,000을 현금으로 받아 전액 수익으로 기록하였다.

043 ☐☐☐

회계 기말에 행할 결산수정 사항이 아닌 것은?

① 기중에 사용된 소모품 금액을 소모품계정으로부터 소모품비계정으로 대체한다.
② 거래 중인 회사의 부도로 대손이 확정된 매출채권에 대해 대손충당금과 상계처리한다.
③ 건물에 대한 감가상각비를 인식한다.
④ 실지재고조사법에 따라 상품에 대한 매출원가를 인식한다.

044 ☐☐☐

㈜한국의 2012년 말 소모품 재고액은 ₩ 50,000이다. ㈜한국은 2013년 중에 소모품 ₩ 100,000어치를 현금으로 구입하고 이를 소모품비로 회계처리하였다. 2013년 말에 소모품 재고를 실시한 결과 ₩ 70,000의 소모품이 남아 있음을 확인하였다. 이와 관련하여 2013년 말의 결산수정분개로 옳은 것은?

	(차)		(대)	
①	소 모 품	20,000	소모품비	20,000
②	소모품비	20,000	소 모 품	20,000
③	소 모 품	30,000	소모품비	30,000
④	소모품비	30,000	소 모 품	30,000

045 ☐☐☐

㈜대한의 회계담당자는 2011년 회계연도 말 결산조정분개 시 다음의 사항을 누락하여 재무제표를 작성하였다. 이들 누락이 재무제표에 미치는 영향으로 옳은 것은?

> · 기중에 구입한 소모품 ₩ 1,000,000을 소모품비로 처리하였으나 기말 현재 남아 있는 소모품은 ₩ 200,000이다.
> · 2011년 3월 1일, 3년분 보험료 ₩ 3,600,000을 지급하면서 선급보험료로 처리하였다.
> · 2011년 12월 31일 현재 다음달에 지급해야 할 12월분 급여 ₩ 5,000,000에 대한 회계처리가 이루어지지 않았다.
> · 2011년 당기에 발생한 이자수익 ₩ 1,000,000에 대한 회계처리가 이루어지지 않았다.

① 수익 ₩ 1,000,000 과소계상, 비용 ₩ 5,800,000 과소계상
② 자산 ₩ 800,000 과소계상, 부채 ₩ 5,000,000 과소계상
③ 당기순이익 ₩ 4,800,000 과대계상, 자산 ₩ 800,000 과소계상
④ 자본 ₩ 1,000,000 과대계상, 부채 ₩ 5,000,000 과소계상

046 ☐☐☐

다음의 자료를 이용하여 행한 수정분개로 옳지 않은 것은?

수정전시산표 항목		수정분개 사항	
상품	₩ 100,000	기말상품재고액 ₩ 300,000	
매입	₩ 600,000		
소모품	₩ 200,000	소모품 기말재고액	
소모품비	₩ 0		₩ 50,000
임차료	₩ 100,000	기말 미경과 임차료	
선급임차료	₩ 0		₩ 50,000
감가상각비	₩ 0	당기 건물 감가상각비	
감가상각누계액 - 건물			₩ 100,000
	₩ 100,000		

	(차)		(대)	
①	상 품	₩ 200,000	매 입	₩ 600,000
	매 출 원 가	₩ 400,000		
②	소 모 품 비	₩ 150,000	소 모 품	₩ 150,000
③	임 차 료	₩ 50,000	선급임차료	₩ 50,000
④	감가상각비	₩ 100,000	감가상각누계액 - 건물 ₩ 100,000	

수정전시산표와 수정후시산표의 비교를 통한 수정분개 추정으로 옳지 않은 것은?

구분	계정과목	수정전시산표	수정후시산표
㉠	이자비용	₩ 3,000	₩ 5,000
	미지급이자	₩ 1,000	₩ 3,000
㉡	상품	₩ 1,500	₩ 2,500
	매입	₩ 6,000	₩ 0
	매출원가	₩ 0	₩ 5,000
㉢	선급보험료	₩ 2,400	₩ 1,200
	보험료	₩ 2,000	₩ 3,200
㉣	선수임대수익	₩ 1,800	₩ 1,200
	임대수익	₩ 1,500	₩ 2,100

		차변		대변	
①	㉠	이 자 비 용 ₩ 2,000	미지급이자	₩ 2,000	
②	㉡	매 출 원 가 ₩ 6,000	매 입	₩ 7,000	
		상 품 ₩ 1,000			
③	㉢	보 험 료 ₩ 1,200	선급보험료	₩ 1,200	
④	㉣	선수임대수익 ₩ 600	임 대 수 익	₩ 600	

㈜한국의 다음 거래에 대한 기말수정분개로 옳지 않은 것은? (단, 모든 거래는 월할계산한다)

구분	거래
㉠	12월 1일에 대여금의 향후 3개월분 이자수익 ₩ 9,000을 현금으로 수령하고 전액 선수수익으로 계상하였다.
㉡	소모품 ₩ 5,000을 현금 구입하고 소모품으로 계상하였다. 기말 실사 결과 소모품 재고는 ₩ 2,000이었다.
㉢	12월 1일에 향후 3개월분 이자비용 ₩ 3,000을 현금으로 지급하고 이를 전액 이자비용으로 계상하였다.
㉣	12월 1일에 비품 ₩ 6,000을 구입하였다. 비품의 내용연수는 5년, 잔존가치는 없으며 정액법으로 상각한다.

		차변		대변	
①	㉠	이 자 수 익 ₩ 3,000	선 수 수 익	₩ 3,000	
②	㉡	소 모 품 비 ₩ 3,000	소 모 품	₩ 3,000	
③	㉢	선 급 비 용 ₩ 2,000	이 자 비 용	₩ 2,000	
④	㉣	감 가 상 각 비 ₩ 100	감가상각누계액	₩ 100	

㈜한국의 2013년 12월 31일 수정전잔액시산표의 차변합계와 대변합계는 각각 ₩ 3,000,000이었다. 다음의 사항을 반영한 ㈜한국의 수정후잔액시산표의 차변합계는?

- 선급임차료의 소멸: ₩ 200,000
- 건물감가상각비(감가상각누계액 설정법): ₩ 450,000
- 미지급급여: ₩ 250,000
- 단기손익 – 공정가치 측정 금융자산평가이익: ₩ 150,000

① ₩ 3,650,000   ② ₩ 3,850,000
③ ₩ 3,900,000   ④ ₩ 4,050,000

기말수정사항이 다음과 같을 때, 기말수정분개가 미치는 영향으로 옳지 않은 것은?

- 기중에 구입한 소모품 ₩ 1,000,000을 소모품비로 처리하였으나, 기말 현재 남아 있는 소모품은 ₩ 200,000이다. (단, 기초 소모품 재고액은 없다)
- 당기에 발생한 미수이자수익 ₩ 1,000,000에 대한 회계처리가 이루어지지 않았다.

① 당기순이익이 ₩ 800,000 증가한다.
② 자산총액이 ₩ 1,200,000 증가한다.
③ 부채총액은 변동이 없다.
④ 수정후잔액시산표의 차변합계가 ₩ 1,000,000 증가한다.

051 ☐☐☐

㈜한국의 기말수정사항이 다음과 같을 때, 기말수정분개가 미치는 영향에 대한 설명으로 옳지 않은 것은? (단, 법인세는 무시한다)

> · 4월 1일 1년간의 임차료 ₩120,000을 현금으로 지급하면서 전액을 임차료로 기록하였다.
> · 12월에 급여 ₩20,000이 발생되었으나, 기말 현재 미지급상태이다.

① 수정후시산표의 차변합계가 ₩50,000만큼 증가한다.
② 당기순이익이 ₩10,000만큼 증가한다.
③ 자산총액이 ₩30,000만큼 증가한다.
④ 부채총액이 ₩20,000만큼 증가한다.

052 ☐☐☐

㈜한국의 결산수정사항이 다음과 같은 경우, 기말수정분개가 미치는 영향으로 옳지 않은 것은? (단, 법인세비용에 미치는 영향은 없다고 가정한다)

> · 4월 1일 1년간의 보험료 ₩12,000을 지급하고 전액을 선급보험료계정에 차기하였다.
> · 당해 회계연도의 임대료 수익 ₩6,000이 발생되었으나 12월 31일 현재 회수되지 않고 다음 달 말일에 회수할 예정이다.

① 수정후잔액시산표의 대변합계는 ₩6,000만큼 증가한다.
② 당기순이익이 ₩3,000만큼 증가한다.
③ 자산총액이 ₩3,000만큼 감소한다.
④ 부채총액은 변동이 없다.

053 ☐☐☐

㈜한국이 다음 결산수정사항들을 반영한 결과에 대한 설명으로 옳은 것은?

<수정전시산표 잔액>			
자산	₩120,000	수익	₩90,000
부채	₩80,000	비용	₩70,000

<결산수정사항>

> · 당기 중 건물을 임대하면서 현금 ₩6,000을 받고 모두 수익으로 처리하였다. 이 중 당기에 해당하는 임대료는 ₩2,000이다.
> · 당기 중 보험료 ₩5,000을 지급하면서 모두 자산으로 처리하였다. 이 중 다음 연도에 해당하는 보험료는 ₩2,000이다.
> · 차입금에 대한 당기 발생이자는 ₩1,000이다.
> · 대여금에 대한 당기 발생이자는 ₩2,000이다.

① 수정후시산표 상의 수익은 ₩92,000이다.
② 수정후시산표 상의 비용은 ₩78,000이다.
③ 수정후시산표 상의 당기순이익은 ₩14,000이다.
④ 수정후시산표 상의 자산총액은 ₩121,000이다.

054 ☐☐☐

㈜한국은 회계연도 중에는 현금주의에 따라 회계처리하며, 기말수정분개를 통해 발생주의로 전환하여 재무제표를 작성한다. ㈜한국의 기말 수정후시산표 상 차변(또는 대변)의 합계금액은 ₩1,025,000이다. 기말수정사항이 다음과 같을 때, 수정전시산표 상 차변(또는 대변)의 합계금액은?

· 소모품 기말재고액	₩30,000
· 기간 미경과 보험료	55,000
· 미수수익 미계상액	15,000
· 미지급이자 미계상액	10,000

① ₩915,000
② ₩965,000
③ ₩1,000,000
④ ₩1,025,000

㈜한국의 2014년 말 수정전시산표와 결산정리사항은 다음과 같다. 결산정리사항을 반영한 2014년 말 재무상태표 상의 자산총액은?

수정전시산표			
현 금	₩92,000	매 입 채 무	₩32,000
매 출 채 권	65,000	대손충당금 - 매출채권	2,000
상 품	5,000	단 기 차 입 금	35,000
매 입	100,000	미 지 급 금	50,000
건 물	300,000	미 지 급 비 용	10,000
임 차 료	10,000	감가상각누계액 - 건물	30,000
급 여	7,500	자 본 금	250,000
보 험 료	3,500	이 익 잉 여 금	40,000
이 자 비 용	5,000	매 출	135,000
		임 대 수 익	4,000
	₩588,000	부채와자본총계	₩588,000

<결산정리사항>

· 2014년 말 재고자산은 ₩3,500이다.
· 건물 ₩300,000은 2013년 1월 1일에 취득하였고 정액법(내용연수 10년, 잔존가액 ₩0)으로 상각한다(단, 건물은 원가모형을 적용한다).
· 보험료 미경과액은 ₩1,750이다.
· 2014년 말 현재 매출채권의 회수가능액을 ₩60,000으로 추정하였다.

① ₩397,250   ② ₩430,000
③ ₩462,250   ④ ₩530,000

㈜한국의 다음 2017년 수정전시산표 상 계정잔액과 결산수정사항을 이용한 법인세차감전순손익은? (단, 매출채권의 기초 대손충당금은 없으며 재고자산은 실지재고조사법을 적용한다)

<수정전시산표 상 계정잔액>	
· 현금및현금성자산	₩10,000
· 매출	12,000
· 기초상품	2,000
· 매입	5,000
· 선급임차료	4,000
· 매입채무	5,000
· 매출채권	10,000
· 선수금	5,000
· 비품	8,000
· 급여	5,000
· 단기차입금	7,000
· 자본금	15,000

<결산수정사항>

· 선급임차료의 기간 경과분은 ₩2,000이다.
· 비품의 감가상각비는 ₩1,500이다.
· 단기차입금의 이자비용 발생액은 ₩500이다.
· 매출채권의 대손추정액은 ₩500이다.
· 기말상품 재고액은 ₩2,000이다.

① 법인세차감전순이익 ₩2,500
② 법인세차감전순손실 ₩2,500
③ 법인세차감전순이익 ₩3,500
④ 법인세차감전순손실 ₩3,500

057 ☐☐☐

㈜한국은 실지재고조사법을 사용하고 있으며 20X1년 수정전 당기순이익은 ₩ 1,000,000이다. 다음의 20X1년도 결산정리 사항을 반영한 후에 계산되는 ㈜한국의 당기순이익은?

• 매출채권 현금회수	₩ 130,000
• 기말재고상품의 누락	40,000
• 비용으로 처리한 사무용품 미사용액	70,000
• 당기손익인식금융자산평가이익	70,000
• 외상매입금 현금지급	150,000
• 선수수익의 실현	30,000
• 이자수익 중 선수분	100,000

① ₩ 1,010,000 ② ₩ 1,020,000
③ ₩ 1,040,000 ④ ₩ 1,110,000

058 ☐☐☐

20X1년 초 설립된 ㈜한국의 20X1년 수정전시산표를 근거로 계산한 당기순이익은 ₩ 300,000이다. 다음 20X1년 중 발생한 거래의 분개에 대하여 결산수정사항을 반영하여 계산한 수정후 당기순이익은? (단, 결산수정분개는 월 단위로 계산한다)

날짜	기중분개		결산수정사항
3월 1일	(차)토지 (대)현금	₩ 1,000,000 ₩ 1,000,000	토지는 재평가모형을 적용하며, 기말 공정가 치는₩1,050,000
10월 1일	(차)선급보험료 (대)현금	₩ 120,000 ₩ 120,000	1년분 화재보험료를 미리 지급함
11월 1일	(차)현금 (대)임대수익	₩ 90,000 ₩ 90,000	6개월분 임대료를 미리 받음
12월 1일	(차)현금 (대)단기차입금	₩ 1,000,000 ₩ 1,000,000	차입 시 이자율 연 6%, 이자와 원금은 6개월 후 일괄 상환조건

① ₩ 180,000 ② ₩ 205,000
③ ₩ 235,000 ④ ₩ 255,000

059 ☐☐☐

㈜서울은 12월 말 결산법인이며 아래는 기말수정사항이다. 기 말수정분개가 ㈜서울의 재무제표에 미치는 영향으로 가장 옳은 것은? (단, 법인세는 무시한다)

• 3월 1일에 1년간 보험료 ₩ 300,000을 현금으로 지급하 면서 전액 보험료로 기록하였다.
• 4월 1일에 소모품 ₩ 300,000을 현금으로 구입하면서 전 액 소모품으로 기록하였다. 기말에 실시한 결과 소모품은 ₩ 70,000으로 확인되었다.
• 5월 1일에 1년간 건물 임대료로 ₩ 300,000을 수취하면 서 전액 임대료수익으로 기록하였다.

① 자산이 ₩ 180,000만큼 증가한다.
② 부채가 ₩ 100,000만큼 감소한다.
③ 비용이 ₩ 180,000만큼 증가한다.
④ 당기순이익이 ₩ 80,000만큼 감소한다.

060 ☐☐☐

㈜한국은 화재보험에 가입된 기계장치를 사용하고 있으며, <3월 말 수정후시산표 일부>의 기계장치와 관련된 계정은 다음과 같다.

<3월 말 수정후시산표 일부>
• 선급보험료: ₩ 450,000
• 기계장치: ₩ 6,000,000(감가상각누계액 ₩ 2,400,000)

다음의 <추가자료>를 고려하여 기계장치의 화재보험료 1년 총 액과 3월 말 기준 기계장치의 잔존내용연수는? [단, ㈜한국은 매월 말 결산을 수행한다]

<추가자료>
• 매년 1월 1일 기계장치에 대한 화재보험을 갱신하며, 보 험료 12개월분을 미리 현금으로 지급한다.
• 기계장치의 내용연수는 5년, 잔존가치 ₩ 0, 정액법으로 상각한다.

	화재보험료 1년 총액	3월 말 기준 기계장치의 잔존내용연수
①	₩ 450,000	12개월
②	₩ 450,000	24개월
③	₩ 600,000	36개월
④	₩ 600,000	60개월

다음은 ㈜한국의 임차료와 지급어음의 장부마감 전 계정별 원장이다. 장부 마감 시 각 계정별 원장에 기입할 내용으로 옳은 것은?

임차료			
현　　금	￦50,000	선급비용	￦40,000

지급어음			
		외상매입금	￦50,000

① 임차료계정 원장의 차변에 차기이월 ￦10,000으로 마감한다.
② 임차료계정 원장의 대변에 집합손익 ￦10,000으로 마감한다.
③ 지급어음계정 원장의 대변에 차기이월 ￦50,000으로 마감한다.
④ 지급어음계정 원장의 차변에 집합손익 ￦50,000으로 마감한다.

20X1년 초 설립한 ㈜한국의 20X1년 말 수정전시산표는 회계기록 상 계정잔액의 오류가 없었음에도 불구하고, 차변합계와 대변합계가 일치하지 않았다.

계정과목	차변	대변
현금	￦200	
매출	￦300	
매출채권	￦500	
건물	￦1,000	
미지급금		￦150
재고자산	￦200	
선급보험료		￦50
자본금		￦1,000
소모품	￦30	
선수수익	￦50	
미수수익		￦10
차입금		￦500
매입채무	￦50	
임차비용	￦30	
급여	￦30	
합계	￦2,390	￦1,710

위의 수정전시산표 상의 오류와 다음 결산조정사항을 반영한 후 ㈜한국의 20X1년 말 수정후시산표 상 차변합계는? [단, ㈜한국은 저가법 적용 시 재고자산평가충당금 계정을 사용한다]

- 20X1년 말 재고자산의 순실현가치는 ￦10으로 확인되었다.
- 차입금의 차입일은 20X1년 7월 1일, 연 이자율 4%, 만기 1년이며, 이자는 차입원금 상환 시 일시 지급한다.

① ￦1,850   ② ￦2,050
③ ￦2,250   ④ ￦2,590

063 ☐☐☐
2020년 관세직 9급

㈜한국의 20X1년 중 발생한 거래는 다음과 같다.

(1)	20X1년 7월 1일 만기 1년의 정기예금에 현금 ₩100,000을 예치하였다. 정기예금의 연 이자율은 4%이며, 만기시점에 이자를 받는다.
(2)	종업원에 대한 급여는 매월 말에 지급했으나, 20X1년 12월 급여 ₩1,000은 20X1년 12월 31일에 지급하지 않고 20X2년 1월 3일에 지급하였다.
(3)	20X1년 11월 1일에 창고를 6개월간 임대하고, 1개월에 ₩1,000씩 6개월 임대료 ₩6,000을 현금으로 받아 수익으로 처리하였다.

20X1년에 발생한 기중거래 및 결산수정사항을 반영하여 발생기준과 현금기준으로 회계처리하였을 때, 20X1년 당기순이익에 각각 미치는 영향은?

	발생기준	현금기준
①	₩3,000 감소	₩0
②	₩3,000 증가	₩0
③	₩3,000 증가	₩6,000 증가
④	₩3,000 감소	₩6,000 증가

064 ☐☐☐
2021년 국가직 9급

다음은 ㈜한국과 관련된 거래이다. 기말 수정분개가 재무제표에 미치는 영향으로 옳은 것은? (단, 기간은 월할 계산한다)

- 8월 1일 건물을 1년간 임대하기로 하고, 현금 ₩2,400을 수취하면서 임대수익으로 기록하였다.
- 10월 1일 거래처에 현금 ₩10,000을 대여하고, 1년 후 원금과 이자(연 이자율 4%)를 회수하기로 하였다.
- 11월 1일 보험료 2년분 ₩2,400을 현금지급하고, 보험료로 회계처리하였다.

① 자산이 ₩2,100만큼 증가한다.
② 비용이 ₩200만큼 증가한다.
③ 수익이 ₩100만큼 증가한다.
④ 당기순이익이 ₩900만큼 증가한다.

065 ☐☐☐
2021년 지방직 9급

다음 수정분개를 반영하지 못할 경우 재무상태와 손익에 미치는 영향으로 옳은 것은?

• 종업원급여 미지급액	₩10,000
• 선급보험료(자산) 중 기간이 경과하여 실현된 금액	₩10,000
• 외상매출금 중 현금으로 회수된 금액	₩10,000
• 선수임대료(부채) 중 기간이 경과하여 실현된 금액	₩10,000
• 차입금 이자 미지급액	₩10,000

① 법인세차감전순이익은 ₩20,000 과소 계상된다.
② 비용은 ₩30,000 과대 계상된다.
③ 부채는 ₩10,000 과소 계상된다.
④ 자산은 ₩30,000 과소 계상된다.

TOPIC 04　재무정보의 질적 특성 ★★★

001 ☐☐☐　　　　　　　　　　2013년 국가직 7급

재무보고를 위한 개념체계의 내용으로 옳지 않은 것은?

① 유용한 재무정보의 질적 특성은 재무제표에서 제공되는 재무정보에도 적용되며, 그 밖의 방법으로 제공되는 재무정보에도 적용된다.

② 재무정보가 유용하기 위한 근본적 질적 특성은 목적적합성과 적시성이다.

③ 재무정보에 예측가치, 확인가치 또는 이 둘 모두가 있다면 그 재무정보는 의사결정에 차이가 나도록 할 수 있다.

④ 완벽하게 충실한 표현을 하기 위해서는 서술은 완전하고, 중립적이며, 오류가 없어야 한다.

002 ☐☐☐　　　　　　　　　　2016년 국가직 9급

한국채택국제회계기준의 재무보고를 위한 개념체계에서 규정한 유용한 재무정보의 질적 특성의 내용으로 옳지 않은 것은?

① 목적적합한 재무정보는 정보이용자의 의사결정에 차이가 나도록 할 수 있다.

② 정보이용자들이 미래결과를 예측하기 위해 사용하는 절차의 투입요소로 재무정보가 사용될 수 있다면, 그 재무정보는 예측가치를 갖는다.

③ 중립적 서술은 재무정보의 선택이나 표시에 편의가 없는 것을 의미하는 것으로, 중립적 정보는 목적이 없고 행동에 대한 영향력이 없는 정보를 의미한다.

④ 완전한 서술은 필요한 기술과 설명을 포함하여 정보이용자가 서술되는 현상을 이해하는 데 필요한 모든 정보를 포함하는 것이다.

003 ☐☐☐　　　　　　　　　　2016년 국가직 7급

재무보고를 위한 개념체계에 대한 설명으로 옳지 않은 것은?

① 정보이용자들이 미래결과를 예측하기 위해 사용하는 절차의 투입요소로 재무정보가 사용될 수 있다면, 그 재무정보는 예측가치를 갖는다.

② 회계기준위원회는 중요성에 대한 획일적인 계량 임계치를 정하거나 특정 상황에서 무엇이 중요한 것이지를 미리 결정할 수 있다.

③ 중요성은 개별 기업 재무보고서 관점에서 해당 정보와 관련된 항목의 성격이나 규모 또는 이 둘 모두에 근거하여 해당 기업에 특유한 측면의 목적적합성을 의미한다.

④ 재무정보가 과거 평가에 대해 피드백을 제공한다면(과거 평가를 확인하거나 변경시킨다면) 확인가치를 갖는다.

004 ☐☐☐　　　　　　　　　　2019년 관세직 9급

유용한 재무정보의 질적 특성에 대한 설명으로 옳지 않은 것은?

① 재무정보에 예측가치, 확인가치 또는 이 둘 모두가 있다면 그 재무정보는 의사결정에 차이가 나도록 할 수 있다.

② 비교가능성은 정보이용자가 항목 간의 유사점과 차이점을 식별하고 이해할 수 있게 하는 질적 특성으로 일관성과 동일하며 통일성과는 다른 개념이다.

③ 재무정보가 유용하기 위해서는 목적적합한 현상을 표현하는 것뿐만 아니라 나타내고자 하는 현상을 충실하게 표현해야 한다. 이때, 완벽하게 표현충실성을 위해서 서술은 완전하고, 중립적이며, 오류가 없어야 한다.

④ 적시성은 의사결정에 영향을 미칠 수 있도록 의사결정자가 정보를 제때에 이용가능하게 하는 것을 의미하며 일반적으로 정보는 오래될수록 유용성이 낮아진다.

005 ☐☐☐

의사결정에 유용한 정보가 되기 위해 재무제표정보가 갖추어야 할 질적 특성인 목적적합성과 관련이 가장 적은 것은?

① 예측가치　　　　② 확인가치
③ 중요성　　　　　④ 신중성

006 ☐☐☐

'유용한 재무정보의 질적 특성' 중 목적적합성에 대한 설명으로 옳지 않은 것은?

① 재무정보에 예측가치, 확인가치 또는 이 둘 모두가 있다면 그 재무정보는 의사결정에 차이가 나도록 할 수 있다.
② 재무정보가 과거 평가에 대해 피드백을 제공한다면(과거 평가를 확인하거나 변경시킨다면) 확인가치를 갖는다.
③ 재무정보의 예측가치와 확인가치는 상호 연관되어 있다.
④ 재무정보가 예측가치를 갖기 위해서는 그 자체가 명백한 예측치 또는 예상치 형태를 갖추어야만 한다.

007 ☐☐☐

정보이용자가 어떤 회계정보를 이용하여 의사결정을 할 때 그 정보가 없는 경우와 비교하여 보다 유리한 차이를 낼 수 있는 회계정보의 질적 특성은?

① 목적적합성　　　　② 표현의 충실성
③ 적시성　　　　　　④ 비교가능성

008 ☐☐☐

재무보고를 위한 개념체계에서 설명하고 있는 유용한 정보의 질적 특성에 관한 설명 중에서 옳은 것만 모두 고르면?

> ㄱ. 회계정보를 재무보고서에 충실하게 표현하기 위해서는 경제적 현상을 완전하고, 중립적이며, 오류가 없게 서술하여야 할 것이다.
> ㄴ. 중요성의 원칙에 대한 사례로 지배회사와 종속회사를 하나의 회계단위로 보아 연결재무제표를 작성하는 것을 들 수 있다.
> ㄷ. 목적적합성은 회계정보가 예측가치와 피드백가치를 지닌 정보를 중요성에 따라 제공될 때 유효하게 확보될 수 있다.

① ㄱ, ㄴ　　　　② ㄱ, ㄷ
③ ㄴ, ㄷ　　　　④ ㄱ, ㄴ, ㄷ

009 ☐☐☐ 2019년 지방직 9급

재무정보의 질적 특성에 대한 설명으로 옳지 않은 것은?

① 정보가 누락되거나 잘못 기재된 경우 특정 보고기업의 재무정보에 근거한 정보이용자의 의사결정에 영향을 줄 수 있다면 그 정보는 중요한 것이다.

② 재무정보에 예측가치, 확인가치 또는 이 둘 모두가 있다면 그 재무정보는 의사결정에 차이가 나도록 할 수 있다.

③ 검증가능성은 나타내고자 하는 현상을 충실하게 표현해야 한다는 표현충실성의 특성에 해당한다.

④ 이해가능성은 목적적합하고 충실하게 표현된 정보의 유용성을 보강시키는 질적 특성에 해당한다.

010 ☐☐☐ 2012년 국가직 7급

재무보고를 위한 개념체계에 대한 설명으로 옳지 않은 것은?

① 정보가 누락되거나 잘못 기재된 경우 특정 보고기업의 재무정보에 근거한 정보이용자의 의사결정에 영향을 줄 수 있다면 그 정보는 중요한 것이므로 중요성은 목적적합성의 한 측면이라고 할 수 있다.

② 경우에 따라 경제적 현상에 대한 유용한 정보를 제공한다는 재무보고의 목적을 달성하기 위해 근본적 질적 특성간 절충(trade-off)이 필요할 수도 있다.

③ 특정 항목에 대한 측정의 불확실성이 높다면 유용한 재무정보를 제공할 수 없다.

④ 재무회계정보의 바람직한 속성 중 목적적합성과 표현충실성은 근본적 질적 특성으로서 이에 대한 보강적 질적 특성으로 비교가능성, 검증가능성, 적시성, 이해가능성이 있다.

011 ☐☐☐ 2015년 국가직 9급

다음 설명에 해당하는 재무정보의 질적 특성은?

> 재무정보가 유용하기 위해서는 서술이 완전하고, 중립적이며, 오류가 없어야 한다.

① 목적적합성　　　　② 검증가능성
③ 표현충실성　　　　④ 비교가능성

012 ☐☐☐ 2012년 지방직 9급

유용한 재무정보의 보강적 질적 특성에 대한 설명으로 옳지 않은 것은?

① 보고기업에 대한 정보는 다른 기업에 대한 유사한 정보와 비교할 수 있어야 한다.

② 재무보고서는 나타내고자 하는 현상을 완전하고, 중립적이며, 오류가 없이 서술하여야 한다.

③ 의사결정에 영향을 미칠 수 있도록 의사결정자가 정보를 제때에 이용가능하게 하여야 한다.

④ 정보는 의사결정자가 이해가능하도록 명확하고 간결하게 분류하고, 특징지으며, 표시하여야 한다.

013 ☐☐☐

재무정보의 질적 특성에 대한 설명으로 옳지 않은 것은?

① 목적적합한 재무정보는 정보이용자의 의사결정에 차이가 나도록 할 수 있다.

② 재무정보가 예측가치를 갖기 위해서는 그 자체가 예측치 또는 예상치일 필요는 없으며, 정보이용자들이 미래결과를 예측하기 위해 사용하는 절차의 투입요소로 사용될 수 있다면 그 재무정보는 예측가치를 갖는다.

③ 비교가능성은 정보이용자가 항목 간의 유사점과 차이점을 식별하고 이해할 수 있게 하는 질적 특성이다.

④ 오류가 없다는 것은 현상의 기술에 오류나 누락이 없고, 보고정보를 생산하는 데 사용되는 절차의 선택과 적용 시 절차 상 오류가 없음을 의미하므로 모든 면에서 완벽하게 정확하다는 것이다.

014 ☐☐☐

재무보고를 위한 개념체계에 대한 설명으로 옳은 것만을 모두 고른 것은?

> ㄱ. 자산은 미래경제적효익이 기업에 유입될 가능성이 높고 해당 항목의 원가 또는 가치를 신뢰성 있게 측정할 수 있을 때 재무상태표에 인식한다.
> ㄴ. 재무정보가 유용하기 위해서는 목적적합해야 하고 나타내고자 하는 바를 충실하게 표현해야 한다.
> ㄷ. 비교가능성, 검증가능성, 중요성 및 이해가능성은 목적적합하고 충실하게 표현된 정보의 유용성을 보강시키는 질적 특성이다.
> ㄹ. 회계기준위원회는 '개념체계'의 관점에서 벗어난 요구사항을 정할 수 없다.

① ㄱ, ㄴ

② ㄱ, ㄷ

③ ㄴ, ㄷ

④ ㄴ, ㄹ

015 ☐☐☐

재무보고를 위한 개념체계 중 '표현충실성'에 대한 설명으로 옳지 않은 것은?

① 기업의 경제적 상황을 이해하는 데 필요한 정보를 완전히 포함하도록 해야 한다.

② 특정 정보이용자에게 유리하도록 정보를 선택적으로 제공하지 않아야 한다.

③ 추정치의 경우 추정 금액을 정확하게 기술하고 추정 절차의 성격과 한계를 설명하도록 한다.

④ 향후 어떤 결과를 초래할 것인지 예측하는 데 도움이 되도록 해야 한다.

016 ☐☐☐

재무정보의 질적 특성에 대한 설명으로 옳지 않은 것은?

① 유용한 재무정보의 근본적 질적 특성은 목적적합성과 표현충실성이다.

② 재무정보에 예측가치, 확인가치 또는 이 둘 모두가 있다면 의사결정에 차이가 나도록 할 수 있다.

③ 검증가능성은 정보이용자가 항목 간의 유사점과 차이점을 식별하고 이해할 수 있게 하는 질적 특성이다.

④ 적시성은 의사결정에 영향을 미칠 수 있도록 의사결정자가 정보를 제때에 이용가능하게 하는 것을 의미한다.

재무보고를 위한 개념체계 중 목적적합하고 충실하게 표현된 정보의 유용성을 보강시키는 질적 특성에 대한 설명으로 가장 옳지 않은 것은?

① 적시성은 의사결정에 영향을 미칠 수 있도록 의사결정자가 정보를 제때에 이용가능하게 하는 것을 의미한다.

② 보강적 질적 특성을 적용하는 것은 어떤 규정된 순서를 따르지 않는 반복적인 과정이다. 때로는 하나의 보강적 질적 특성이 다른 질적 특성의 극대화를 위해 감소되어야 할 수도 있다.

③ 중립적 서술은 합리적인 판단력이 있고 독립적인 서로 다른 관찰자가 어떤 서술이 충실한 표현이라는 데 대체로 의견이 일치할 수 있다는 것을 의미한다.

④ 보강적 질적 특성은 정보가 목적적합하지 않거나 충실하게 표현되지 않으면, 개별적으로든 집단적으로든 그 정보를 유용하게 할 수 없다.

재무정보의 질적 특성 중 중요성에 대한 설명으로 옳은 것은?

① 근본적 질적 특성인 표현충실성을 갖추기 위한 요소이다.

② 인식을 위한 최소요건으로 정보이용자가 항목 간의 유사점과 차이점을 식별할 수 있게 한다.

③ 의사결정에 영향을 미칠 수 있도록 정보이용자가 정보를 적시에 이용가능하게 하는 것을 의미한다.

④ 기업마다 다를 수 있기 때문에 기업 특유의 측면을 고려해야 한다.

'재무보고를 위한 개념체계'에 관한 설명 중 가장 옳지 않은 것은?

① 비교가능성은 한 보고기업 내에서 기간 간 또는 같은 기간 동안에 기업 간, 동일한 항목에 대해 동일한 방법을 적용하는 것을 의미하므로 일관성과 동일한 의미로 사용된다.

② 표현충실성을 위해서 서술은 완전하고 중립적이며, 오류가 없어야 한다. 여기서, 오류가 없다는 것은 모든 면에서 완벽하게 정확하다는 것을 의미하지는 않는다.

③ 정보가 누락되거나 잘못 기재된 경우 특정 보고기업의 재무정보에 근거한 정보이용자의 의사결정에 영향을 줄 수 있다면 그 정보는 중요한 것이다.

④ 재무정보에 예측가치, 확인가치 또는 이 둘 모두가 있다면 그 재무정보는 의사결정에 차이가 나도록 할 수 있다.

'재무보고를 위한 개념체계'에서 제시된 회계정보의 질적 특성에 대한 설명으로 옳지 않은 것은?

① 표현충실성은 모든 면에서 정확한 것을 의미한다.

② 검증가능성은 정보가 나타내고자 하는 경제적 현상을 충실히 표현하는지를 정보이용자가 확인하는 데 도움을 준다.

③ 정보를 정확하고 간결하게 분류하고, 특정지으며, 표시하는 것은 정보를 이해가능하게 한다.

④ 적시성은 의사결정에 영향을 미칠 수 있도록 의사결정자가 정보를 제때에 이용가능하게 하는 것을 의미한다.

021 □□□

유용한 재무정보의 질적 특성에 대한 설명으로 옳지 않은 것은?

① 재무정보가 유용하기 위해서는 목적적합해야 하고 나타내고자 하는 바를 충실하게 표현해야 한다.

② 목적적합한 재무정보는 이용자들의 의사결정에 차이가 나도록 할 수 있다.

③ 이해가능성은 합리적인 판단력이 있고 독립적인 서로 다른 관찰자가 어떤 서술이 표현충실성에 있어, 비록 반드시 완전히 의견이 일치하지는 않더라도, 합의에 이를 수 있다는 것을 의미한다.

④ 비교가능성, 검증가능성, 적시성 및 이해가능성은 목적적합성과 나타내고자 하는 바를 충실하게 표현하는 것 모두를 충족하는 정보의 유용성을 보강시키는 질적 특성이다.

022 □□□

재무보고를 위한 개념체계에서 재무정보의 질적 특성에 대한 설명으로 옳지 않은 것은?

① 재무정보에 예측가치, 확인가치 또는 이 둘 모두가 있다면 그 재무정보는 목적적합성을 가진다고 할 수 있다.

② 보강적 질적 특성은 근본적 특성을 보강시키는 특성으로 비교가능성, 검증가능성, 적시성, 이해가능성이 있다.

③ 동일한 경제현상에 대해 대체적인 회계처리방법을 허용하면 비교가능성은 증가한다.

④ 적시성은 의사결정에 영향을 미칠 수 있도록 의사결정자가 정보를 제때에 이용가능하게 하는 것을 의미한다.

TOPIC 05 재무보고를 위한 개념체계 ★★

023 □□□

재무제표의 작성과 표시를 위한 개념체계에 대한 설명 중 타당하지 않은 것은?

① 실무에서는 정보의 질적 특성 간의 균형 또는 상충관계를 고려할 필요가 있다.

② 이해가능성은 이용자는 경영 및 경제활동과 회계에 대한 합리적인 지식을 가지고 있으며 관련 정보를 분석하기 위하여 합리적인 노력을 기울일 의지가 있는 것으로 가정한다.

③ 중요성은 정보의 유용성을 충족하기 위한 주된 질적 특성이라기보다는 재무제표 표시와 관련된 임계치나 판단기준으로 작용한다.

④ 회계기준위원회는 '개념체계'의 관점에서 벗어난 요구사항을 정할 수 없다.

⑤ 재무정보가 특정 거래나 그 밖의 사건에 대해 나타내고자 하는 바를 충실하게 표현하기 위해서는 거래나 그 밖의 사건을 단지 법률적 형식만이 아니라 그 실질과 경제적 현실에 따라 회계처리하고 표시하여야 한다.

024 □□□

재무회계 개념체계와 관련된 설명 중 옳지 않은 것은?

① 재무회계는 한정된 경제적 자원을 효율적으로 배분할 수 있도록 유용한 정보를 제공해주며, 주주들로부터 수탁받은 자원의 경영책임을 보고하는 기능이 있다.

② 회계는 미래현금흐름 예측에 유용한 정보를 제공할 필요가 없다.

③ 현금흐름표를 제외한 재무제표는 발생기준에 따라 작성된다.

④ 회계정보의 질적 특성이란 회계정보가 유용하기 위해 갖추어야 할 주요 속성을 말하며, 회계정보의 유용성의 판단기준이 된다.

025 ☐☐☐

일반목적재무보고에 대한 설명으로 옳지 않은 것은?

① 많은 현재 및 잠재적 투자자, 대여자 및 그 밖의 채권자는 정보를 제공하도록 보고기업에 직접 요구할 수 없다.

② 일반목적재무보고서는 현재 및 잠재적 투자자, 대여자와 그 밖의 채권자가 필요로 하는 모든 정보를 제공한다.

③ 일반목적재무보고서는 보고기업의 가치를 보여주기 위해 고안된 것이 아니다.

④ 경영진은 필요로 하는 재무정보를 내부에서 구할 수 있기 때문에 일반목적재무보고서에 의존할 필요가 없다.

026 ☐☐☐

한국채택국제회계기준의 재무보고를 위한 개념체계에서 규정하고 있는 일반목적재무보고의 유용성 및 한계에 대한 내용으로 옳지 않은 것은?

① 자산이나 부채를 인식하기 위해서는 측정을 해야 한다. 많은 경우 그러한 측정은 추정되어야 하며 따라서 측정불확실성의 영향을 받는다.

② 일반목적재무보고서는 현재 및 잠재적 투자자, 대여자 및 기타채권자가 필요로 하는 모든 정보를 제공한다.

③ 일반목적재무보고서는 현재 및 잠재적 투자자, 대여자 및 기타채권자가 보고기업의 가치를 추정하는 데 도움이 되는 정보를 제공한다.

④ 각 주요 이용자들의 정보수요 및 욕구는 다르고 상충되기도 하지만, 기준제정기관은 재무보고기준을 제정할 때 주요 이용자 최대 다수의 수요를 충족하는 정보를 제공하기 위하여 노력한다.

027 ☐☐☐

'재무보고를 위한 개념체계'에 대한 설명으로 옳지 않은 것은?

① 인식은 자산, 부채, 자본, 수익 또는 비용과 같은 재무제표 요소 중 하나의 정의를 충족하는 항목을 재무상태표나 재무성과표에 포함하기 위하여 포착하는 과정이다.

② 일반목적재무보고의 목적은 현재 및 잠재적 투자자, 대여자 및 기타 채권자가 기업에 자원을 제공하는 것에 대한 의사결정을 할 때 유용한 보고기업 재무정보를 제공하는 것이다.

③ 비교가능성, 검증가능성, 중요성 및 적시성은 목적적합하고 충실하게 표현된 정보의 유용성을 보강해 주는 질적 특성이다.

④ 부채의 의무는 정상적인 거래실무, 관행 또는 원활한 거래관계를 유지하거나 공평한 거래를 하려는 의도에서 발생할 수도 있다.

028 ☐☐☐

'재무보고를 위한 개념체계'에서 언급하고 있는 기본가정에 대한 설명으로 옳지 않은 것은?

① 재무제표는 일반적으로 기업이 계속기업이며 예상가능한 기간 동안 영업을 계속할 것이라는 가정 하에 작성된다.

② 계속기업의 가정은 재무제표항목들을 역사적원가로 보고하는 것에 정당성을 부여한다.

③ 유형자산에 대한 감가상각은 기업실체가 계속된다는 가정을 전제로 한다.

④ 경영활동을 청산하거나 중요하게 축소할 의도나 필요성이 있다면 계속기업을 가정한 기준과는 다른 기준을 적용하여 작성하는 것이 타당할 수 있으며, 이때 적용한 기준은 별도로 공시할 필요가 없다.

일반목적재무보고에 대한 설명으로 옳지 않은 것은?

① 현재 및 잠재적 투자자, 대여자 및 기타 채권자는 기업의 경영진 및 이사회가 기업의 자원을 사용하는 그들의 책임을 얼마나 효율적이고 효과적으로 이행해 왔는지에 대한 정보를 필요로 한다.

② 일반목적재무보고의 목적은 현재 및 잠재적 투자자, 대여자 및 기타 채권자가 기업에 자원을 제공하는 것에 대한 의사결정을 할 때 유용한 보고기업 재무정보를 제공하는 것이다.

③ 외부 이해관계자들과 마찬가지로 보고기업의 경영진도 해당 기업의 경영의사결정을 위해 일반목적재무보고서에 가장 많이 의존한다.

④ 자산이나 부채를 인식하기 위해서는 측정을 해야 한다. 많은 경우 그러한 측정은 추정되어야 하며 따라서 측정불확실성의 영향을 받는다.

재무보고를 위한 개념체계에서 재무제표 기본요소의 인식에 대한 설명으로 옳지 않은 것은?

① 특정 자산과 부채를 인식하기 위해서는 측정을 해야 하며 많은 경우 그러한 측정은 추정될 수 없다.

② 자산, 부채 또는 자본의 정의를 충족하는 항목만이 재무상태표에 인식되며 그러한 요소 중 하나의 정의를 충족하는 항목이라고 할지라도 항상 인식되는 것은 아니다.

③ 거래나 그 밖의 사건에서 발생된 자산이나 부채의 최초인식에 따라 수익과 관련된 비용을 동시에 인식할 수 있다.

④ 경제적효익의 유입가능성이나 유출가능성이 낮더라도 자산이나 부채가 존재할 수 있다.

부채의 정의에 대한 설명으로 옳은 것은?

① 의무는 항상 다른 당사자(또는 당사자들)에게 이행해야 하며, 다른 당사자(또는 당사자들)는 사람이나 또 다른 기업, 사람들 또는 기업들의 집단, 사회 전반이 될 수 있는데, 의무를 이행할 대상인 당사자(또는 당사자들)의 신원을 반드시 알아야 한다.

② 기업이 실무 관행, 공개한 경영방침, 특정 성명(서)과 상충되는 방식으로 행동할 실제 능력이 없는 경우, 기업의 그러한 실무 관행, 경영방침이나 성명(서)에서 의무가 발생할 수도 있다.

③ 의무에는 기업이 경제적자원을 다른 당사자(또는 당사자들)에게 이전하도록 요구받게 될 잠재력이 있어야 하며, 그러한 잠재력이 존재하기 위해서는, 기업이 경제적자원의 이전을 요구받을 것이 확실하거나 그 가능성이 높아야 한다.

④ 새로운 법률이 제정되는 경우에는 법률제정 그 자체만으로 기업에 현재의무를 부여하기에 충분하다.

측정기준에 관한 '재무보고를 위한 개념체계'의 규정으로 옳은 것만을 모두 고른 것은?

> ㄱ. 측정기준은 측정 대상 항목에 대해 식별된 속성으로서 측정기준의 종류에는 역사적 원가, 공정가치 또는 이행가치 등이 있다.
> ㄴ. 부채가 발생하거나 인수할 때의 역사적 원가는 발생시키거나 인수하면서 수취한 대가와 거래원가를 포함한 가치이다.
> ㄷ. 시장 조건에 따른 거래가 아닌 사건의 결과로 자산을 취득하는 경우 원가를 식별할 수 없다면 그 자산의 현행가치가 최초 인식 시점의 간주원가로 사용된다.
> ㄹ. 자산의 공정가치는 자산을 취득할 때 발생한 거래원가로 인해 증가할 수 있다.

① ㄱ, ㄷ　　　　　　　　② ㄱ, ㄹ
③ ㄱ, ㄷ, ㄹ　　　　　　④ ㄴ, ㄷ, ㄹ

033 □□□
2020년 국가직 7급

'재무보고를 위한 개념체계'에서 제시된 '측정'에 대한 설명으로 옳지 않은 것은?

① 역사적 원가와는 달리 자산이나 부채의 현행가치는 자산이나 부채를 발생시킨 거래나 그 밖의 사건의 가격으로부터 부분적으로라도 도출되지 않는다.
② 자산의 공정가치는 측정일 현재 동등한 자산의 원가로서 측정일에 지급할 대가와 그날에 발생할 거래원가를 포함한다.
③ 사용가치는 기업이 자산의 사용과 궁극적인 처분으로 얻을 것으로 기대하는 현금흐름 또는 그 밖의 경제적 효익의 현재가치이다.
④ 사용가치와 이행가치는 직접 관측될 수 없으며 현금흐름기준 측정기법으로 결정된다.

034 □□□
2018년 국가직 7급

'재무보고를 위한 개념체계'에 대한 설명으로 옳지 않은 것은?

① 자본유지개념에서는 자본유지를 위해 필요한 금액을 초과하는 자산의 유입액만이 이익으로 간주될 수 있다.
② 재무자본유지개념에서의 이익은 해당기간 동안 소유주에게 배분하거나 소유주가 출연한 부분을 제외하고 기말 순자산의 재무적 측정금액(화폐금액)이 기초 순자산의 재무적 측정금액(화폐금액)을 초과하는 경우에만 발생한다.
③ 재무자본유지개념이 불변구매력 단위로 정의된다면 일반 물가수준에 따른 가격상승을 초과하는 자산가격의 증가부분만이 이익으로 간주된다.
④ 재무자본유지개념은 특정한 측정기준의 적용을 요구하지 않으나, 실물자본유지개념을 사용하기 위해서는 순자산을 역사적 원가기준에 따라 측정해야 한다.

035 □□□
2021년 관세직 9급

재무보고를 위한 개념체계에서 보고기업에 대한 설명으로 옳지 않은 것은?

① 보고기업은 재무제표를 작성해야 하거나 작성하기로 선택한 기업이다.
② 보고기업은 둘 이상의 실체로 구성될 수도 있다.
③ 보고기업은 반드시 법적 실체와 일치한다.
④ 보고기업이 지배기업과 종속기업으로 구성된다면 그 보고기업의 재무제표를 연결재무제표라고 한다.

036 □□□
2021년 국가직 7급

재무제표와 보고기업에 대한 설명으로 옳지 않은 것은?

① 보고기업은 단일의 실체이거나 어떤 실체의 일부일 수 있으며, 둘 이상의 실체로 구성될 수도 있으므로, 보고기업이 반드시 법적 실체일 필요는 없다.
② 보고기업이 지배기업 단독인 경우 그 보고기업의 재무제표를 '비연결재무제표'라고 부른다.
③ 보고기업이 지배 - 종속관계로 모두 연결되어 있지는 않은 둘 이상 실체들로 구성된다면, 그 보고기업의 재무제표를 '결합재무제표'라고 부른다.
④ 연결재무제표는 특정 종속기업의 자산, 부채, 자본, 수익 및 비용에 대한 별도의 정보를 제공하기 위해 만들어졌다.

TOPIC 06 재무제표 표시 ★★★

037 □□□

한국채택국제회계기준에 근거한 재무제표 작성과 표시의 일반 원칙에 관한 설명으로 옳지 않은 것은?

① 기업은 현금흐름 정보를 제외하고는 발생기준 회계를 사용하여 재무제표를 작성한다.

② 한국채택국제회계기준에서 요구하거나 허용하지 않는 한 자산과 부채, 그리고 수익과 비용은 상계하지 아니한다.

③ 재무제표 본문에서 중요하지 않다고 판단하여 구분하여 표시하지 않은 항목은 주석에서도 구분하여 표시할 수 없다.

④ 한국채택국제회계기준이 달리 허용하거나 요구하는 경우를 제외하고는 당기 재무제표에 보고되는 모든 금액에 대해 전기 비교정보를 공시하며, 재무제표를 이해하는 데 목적적합하다면 서술형정보의 경우에도 비교정보를 포함한다.

038 □□□

한국채택국제회계기준의 특징과 관련된 설명 중에서 옳지 않은 것은?

① 연결재무제표를 주재무제표로 작성함으로써 개별기업의 재무제표가 보여주지 못하는 경제적 실질을 더 잘 반영할 수 있을 것으로 기대된다.

② 「주식회사 등의 외부감사에 관한 법률」의 적용을 받는 모든 기업이 한국채택국제회계기준을 회계기준으로 삼아 재무제표를 작성하여야 한다.

③ 과거 규정중심의 회계기준이 원칙중심의 회계기준으로 변경되었다.

④ 자산과 부채의 공정가치평가 적용이 확대되었다.

039 □□□

기업회계기준서 제1001호 '재무제표 표시'에 따른 상계표시의 내용으로 옳지 않은 것은?

① 재고자산에 대한 재고자산평가충당금을 차감하여 관련 자산을 순액으로 상계표시한다.

② 충당부채와 관련된 지출을 제3자와의 계약관계에 따라 보전받는 경우, 당해 지출과 보전받는 금액은 상계하여 표시할 수 있다.

③ 투자자산 및 영업용자산을 포함한 비유동자산의 처분손익은 처분대금에서 그 자산의 장부금액과 관련 처분비용을 차감하여 표시한다.

④ 외환손익 또는 단기매매금융상품에서 발생하는 손익과 같이 유사한 거래의 집합에서 발생하는 차익과 차손이 중요한 경우에는 구분하여 표시한다.

040 □□□

「한국채택국제회계기준」에서 제시된 '상계'에 대한 설명으로 옳지 않은 것은?

① 외환손익 또는 단기매매 금융상품에서 발생하는 손익과 같이 유사한 거래의 집합에서 발생하는 차익과 차손은 중요성을 고려하지 않고 순액으로 표시한다.

② 확정급여제도의 초과적립액을 다른 제도의 확정급여채무를 결제하는 데 사용할 수 있는 법적으로 집행가능한 권리가 있고, 순액기준으로 확정급여채무를 결제할 의도가 있거나, 동시에 제도의 초과적립액을 실현하고 다른 제도의 확정급여채무를 결제할 의도가 있다면, 확정급여제도와 관련한 자산은 다른 확정급여제도와 관련된 부채와 상계한다.

③ 투자자산 및 영업용자산을 포함한 비유동자산의 처분손익은 처분대가에서 그 자산의 장부금액과 관련처분비용을 차감하여 표시한다.

④ 충당부채와 관련하여 포괄손익계산서에 인식한 비용은 제삼자의 변제와 관련하여 인식한 금액과 상계하여 표시할 수 있다.

041 ☐☐☐

다음 중 한국채택국제회계기준에서 정하고 있는 재무제표에 속하지 않는 것은 무엇인가?

① 자본변동표   ② 포괄손익계산서
③ 재무상태표   ④ 이익잉여금처분계산서
⑤ 현금흐름표

042 ☐☐☐

기업회계기준서 제1001호 '재무제표 표시'에 따른 재무제표 작성 및 표시의 일반원칙으로 옳지 않은 것은?

① 재무제표는 기업의 재무상태, 경영성과 및 현금흐름을 공정하게 표시해야 한다.
② 경영진이 기업을 청산하거나 경영활동을 중단할 의도를 가지고 있는 경우에도 계속기업을 전제로 재무제표를 작성한다.
③ 유사한 항목은 중요성 분류에 따라 재무제표에 구분하여 표시한다.
④ 기업은 현금흐름 정보를 제외하고는 발생기준 회계를 사용하여 재무제표를 작성한다.

043 ☐☐☐

재무제표 작성 및 표시에 대한 설명으로 옳지 않은 것은?

① 경영진은 재무제표를 작성할 때 계속기업으로서의 존속 가능성을 평가해야 한다.
② 기업은 현금흐름 정보를 제외하고는 발생기준 회계를 사용하여 재무제표를 작성한다.
③ 중요하지 않은 항목은 성격이나 기능이 유사한 항목과 통합하여 표시할 수 있다.
④ 매출채권에 대해 대손충당금을 차감하여 순액으로 측정하는 것은 상계표시에 해당한다.

044 ☐☐☐

재무상태표의 구성요소에 대한 설명으로 옳지 않은 것은?

① 자산이란 과거사건의 결과로 기업이 통제하고 있고 미래 경제적효익이 기업에 유입될 것으로 기대되는 자원이다.
② 자본은 주주에 대한 의무로서 기업이 가지고 있는 자원의 활용을 나타낸다.
③ 부채란 과거사건으로 생긴 현재의무로서, 기업이 가진 경제적 효익이 있는 자원의 유출을 통해 그 이행이 예상되는 의무이다.
④ 일반적으로 자본은 자본금, 자본잉여금, 자본조정, 기타포괄손익누계액, 이익잉여금으로 구분한다.

재무제표 표시에 대한 설명으로 옳은 것은?

① 재무상태표에 자산과 부채는 반드시 유동성 순서에 따라 표시하여야 한다.

② 정상적인 영업활동과 구분되는 거래나 사건에서 발생하는 것으로 그 성격이나 미래의 지속성에 차이가 나는 특별손익 항목은 포괄손익계산서에 구분해서 표시하여야 한다.

③ 부적절한 회계정책이라도 공시나 주석 또는 보충 자료를 통해 잘 설명된다면 정당화될 수 있다.

④ 재무제표 항목의 표시와 분류방법의 적절한 변경은 회계정책 변경에 해당된다.

'재무제표의 표시'의 일반사항에 대한 설명으로 옳지 않은 것은?

① 계속기업으로서의 존속능력에 유의적인 의문이 제기될 수 있는 사건이나 상황과 관련한 중요한 불확실성을 알게 된 경우, 경영진은 그러한 불확실성을 공시하여야 한다.

② 매출채권에 대한 대손충당금과 같은 평가충당금을 차감하여 관련 자산을 순액으로 측정하는 것은 상계표시에 해당하지 아니한다.

③ 한국채택국제회계기준이 달리 허용하거나 요구하는 경우를 제외하고는 당기 재무제표에 보고되는 모든 금액에 대해 전기 비교정보를 표시하며, 서술형정보는 당기 정보만 표시한다.

④ 기업은 현금흐름 정보를 제외하고는 발생기준 회계를 사용하여 재무제표를 작성한다.

재무제표 표시에 대한 설명으로 옳지 않은 것은?

① 재무제표의 목적은 광범위한 정보이용자의 경제적 의사결정에 유용한 기업의 재무상태, 재무성과와 재무상태변동에 관한 정보를 제공하는 것이다.

② 전체 재무제표는 적어도 1년마다 작성한다. 따라서 보고기간 종료일을 변경하는 경우라도 재무제표의 보고기간은 1년을 초과할 수 없다.

③ 재무제표의 목적을 충족하기 위하여 자산, 부채, 자본, 차익과 차손을 포함한 광의의 수익과 비용, 소유주로서의 자격을 행사하는 소유주에 의한 출자와 소유주에 대한 배분 및 현금흐름 정보를 제공한다.

④ 재무제표는 위탁받은 자원에 대한 경영진의 수탁책임 결과도 보여준다.

재무제표 표시에 제시된 계속기업에 대한 설명으로 옳지 않은 것은?

① 경영진은 재무제표를 작성할 때, 계속기업으로서의 존속 가능성을 평가하지 않는다.

② 경영진이 기업을 청산하거나 경영활동을 중단할 의도를 가지고 있지 않거나, 청산 또는 경영활동의 중단 외에 다른 현실적 대안이 없는 경우가 아니면 계속기업을 전제로 재무제표를 작성한다.

③ 계속기업으로서의 존속능력에 유의적인 의문이 제기될 수 있는 사건이나 상황과 관련된 중요한 불확실성을 알게 된 경우, 경영진은 그러한 불확실성을 공시하여야 한다.

④ 재무제표가 계속기업의 기준 하에 작성되지 않는 경우에는 그 사실과 함께 재무제표가 작성된 기준 및 그 기업을 계속기업으로 보지 않는 이유를 공시하여야 한다.

049 ☐☐☐

재무제표 표시에 대한 설명으로 옳지 않은 것은?

① 상이한 성격이나 기능을 가진 항목은 구분하여 표시하며, 다만 중요하지 않은 항목은 성격이나 기능이 유사한 항목과 통합하여 표시할 수 있다.

② 재무제표의 표시통화를 천 단위나 백만 단위로 표시할 때 중립성이 제고될 수 있으며, 이러한 표시는 금액 단위를 공시하고 중요한 정보가 누락되지 않는 경우에 허용될 수 있다.

③ 전체 재무제표(비교정보를 포함)는 적어도 1년마다 작성하며, 보고기간종료일을 변경하여 재무제표의 보고기간이 1년을 초과하거나 미달하는 경우 재무제표 해당 기간뿐만 아니라 보고기간이 1년을 초과하거나 미달하게 된 이유와 재무제표에 표시된 금액이 완전하게 비교가능하지는 않다는 사실을 추가로 공시한다.

④ 재무제표 항목의 표시나 분류를 변경하는 경우 실무적으로 적용할 수 없는 것이 아니라면 비교금액도 재분류해야 하며, 비교금액을 재분류할 때 재분류의 성격, 재분류된 개별 항목이나 항목군의 금액, 재분류의 이유를 공시한다 (전기 기초 포함).

050 ☐☐☐

유동자산과 유동부채에 대한 설명으로 옳지 않은 것은?

① 기업의 정상영업주기 내에 실현될 것으로 예상하거나, 정상영업주기 내에 판매하거나 소비할 의도가 있는 자산은 유동자산으로 분류한다.

② 보고기간 후 12개월 이내에 실현될 것으로 예상되는 자산은 유동자산으로 분류한다.

③ 보고기간 후 12개월 이상 부채의 결제를 연기할 수 있는 무조건의 권리를 가지고 있지 않은 부채는 유동부채로 분류한다.

④ 매입채무와 같이 기업의 정상영업주기 내에 사용되는 운전자본의 일부항목이라도 보고기간 후 12개월 후에 결제일이 도래할 경우 비유동부채로 분류한다.

051 ☐☐☐

재무상태표에 대한 설명으로 옳지 않은 것은?

① 기업이 재무상태표에 유동자산과 비유동자산, 그리고 유동부채와 비유동부채로 구분하여 표시하는 경우, 이연법인세자산(부채)은 유동자산(부채)으로 분류한다.

② 유동성 순서에 따른 표시방법이 신뢰성 있고 더욱 목적적합한 정보를 제공하는 경우를 제외하고는 유동자산과 비유동자산, 유동부채와 비유동부채로 재무상태표에 구분하여 표시한다.

③ 유동자산은 주로 단기매매목적으로 보유하고 있는 자산과 비유동금융자산의 유동성 대체 부분을 포함한다.

④ 보고기간 후 12개월 이상 결제를 연기할 수 있는 무조건의 권리를 가지고 있지 않으면 유동부채로 분류한다.

052 ☐☐☐

우리나라 K-IFRS의 내용과 일치하지 않는 것은?

① 정상적인 영업주기 내에 소멸할 것으로 예상되는 매입채무와 미지급비용 등은 재무상태표일로부터 1년 이내에 결제되지 않더라도 유동부채로 분류한다.

② 재무상태표일로부터 1년 이내에 상환되어야 하는 채무는 재무상태표일과 재무제표가 사실상 확정된 날 사이에 재무상태표일로부터 1년을 초과하여 상환하기로 합의하는 경우 비유동부채로 분류한다.

③ 재무상태표일로부터 1년 이내에 상환기일이 도래하더라도 기존의 차입약정에 따라 재무상태표일로부터 1년을 초과하여 상환할 수 있고, 기업이 그러한 의도가 있는 채무의 경우에는 비유동부채로 분류한다.

④ 장기차입약정을 위반하여 채권자가 즉시 상환을 요구할 수 있는 채무는 재무상태표일과 재무제표가 사실상 확정된 날 사이에 상환을 요구하지 않기로 합의하더라도 유동부채로 분류한다.

053 □□□
2017년 국가직 7급

20X3년 12월 31일 현재 ㈜한국의 재무제표 정보를 이용하여 계산한 유동자산 금액은?

- 20X1년 10월 1일 3년 만기로 발행한 사채의 장부금액 ₩100,000이 남아 있다.
- 결산일 현재 만기가 8개월 남은 정기예금 ₩200,000이 있다.
- 당좌예금 ₩50,000이 있다.
- 만기가 3년 남은 정기적금 ₩500,000이 있다.
- ₩100,000에 취득한 당기손익·공정가치 측정 금융자산의 기말 공정가치가 ₩150,000이다.

① ₩900,000
② ₩500,000
③ ₩400,000
④ ₩350,000

054 □□□
2013년 국가직 9급

다음은 ㈜한국의 외상거래와 관련된 내용이다. 2013년도 재무제표에 미치는 영향으로 옳지 않은 것은?

㈜한국은 2012년 4월 1일 계약금 명목으로 거래처로부터 ₩20,000을 수령하고, 2013년 2월 1일 원가 ₩50,000인 제품을 ₩80,000에 외상으로 판매하였다. 외상대금 ₩60,000은 2014년 12월 1일에 회수할 예정이다(단, 재고자산은 계속기록법을 적용한다).

① 선수금의 감소
② 수익의 증가
③ 비유동자산의 증가
④ 순유동자산의 증가

055 □□□
2017년 지방직 9급(12월 추가)

재무제표 표시에 대한 설명으로 옳지 않은 것은?

① 재무제표의 항목을 소급하여 재분류하고, 이러한 소급재분류가 전기 기초 재무상태표의 정보에 중요한 영향을 미치는 경우 전기 기초 재무상태표도 전체 재무제표에 포함된다.
② 한국채택국제회계기준은 오직 재무제표에만 적용하며, 재무제표는 동일한 문서에 포함되어 함께 공표되는 그 밖의 정보와 명확하게 구분되고 식별되어야 한다.
③ 기업이 재무상태표의 자산과 부채를 유동과 비유동으로 구분 표시하는 경우, 어떤 경우라도 이연법인세자산(부채)은 유동자산(부채)으로 분류하지 아니한다.
④ 일반적으로 수익과 비용은 포괄손익계산서에 특별손익 항목으로 표시할 수 없지만, 천재지변 등 예외적인 경우에 한하여 해당 수익과 비용을 특별손익 항목으로 주석에 표시할 수 있다.

056 □□□
2019년 국가직 9급

㈜한국은 포괄손익계산서에 표시되는 비용을 매출원가, 물류원가, 관리활동원가 등으로 구분하고 있다. 이는 비용항목의 구분 표시 방법 중 무엇에 해당하는가?

① 성격별 분류
② 기능별 분류
③ 증분별 분류
④ 행태별 분류

비용의 성격별 분류와 기능별 분류에 대한 설명으로 옳은 것은?

① 비용의 성격별 분류는 기능별 분류보다 재무제표 이용자에게 더욱 목적적합한 정보를 제공할 수 있다.

② 비용의 성격별 분류는 기능별 분류보다 비용을 배분하는 데 자의성과 상당한 정도의 판단이 개입될 수 있다.

③ 비용을 성격별로 분류하는 경우 비용을 기능별 분류로 배분할 필요가 없기 때문에 적용이 간단할 수 있다.

④ 비용의 기능별 분류는 성격별 분류보다 미래현금흐름을 예측하는 데 더 유용하다.

비용의 분류에 대한 설명으로 옳지 않은 것은?

① 비용은 빈도, 손익의 발생가능성 및 예측가능성의 측면에서 서로 다를 수 있는 재무성과의 구성요소를 강조하기 위해 세분류로 표시한다.

② 비용을 성격별로 분류하면 기능별 분류로 배분할 필요가 없어 적용이 간단하고 배분의 주관적 판단을 배제할 수 있다.

③ 비용을 기능별로 분류하면 재무제표 이용자에게 더욱 목적적합한 정보를 제공할 수 있지만 비용을 기능별로 배분하는 데에 자의적 판단이 개입될 수 있다.

④ 비용을 성격별로 분류하는 기업은 감가상각비, 종업원급여비용 등을 포함하여 비용의 기능별 분류에 대한 추가 정보를 제공한다.

포괄손익계산서의 구성에 관한 다음 설명 중 틀린 것은?

① 포괄손익계산서는 단일 포괄손익계산서로 보고하는 방법과 두 개의 보고서(별개의 손익계산서와 포괄손익계산서)로 보고하는 방법이 있다.

② 기업의 비용은 성격별 또는 기능별 분류방법 중에서 신뢰성 있고 더욱 목적적합한 정보를 제공할 수 있는 방법을 적용하여 당기손익으로 인식한 비용의 분석내용을 표시한다.

③ 성격별 분류법에서는 당기손익에 포함된 비용은 그 성격(예 감가상각비, 원재료의 구입, 운송비, 종업원급여와 광고비)별로 통합하며, 기능별로 재배분한다.

④ 기능별 분류법에서는 비용을 매출원가, 그리고 물류원가와 관리활동원가 등과 같이 기능별로 분류하며, 적어도 매출원가를 다른 비용과 분리하여 공시한다.

상품매매기업이 비용의 기능별 분류법에 따라 단일의 포괄손익계산서를 작성하는 경우 최소한 표시해야 할 항목이 아닌 것은?

① 법인세비용　　　　　② 매출원가

③ 금융원가　　　　　　④ 특별손익

재무제표의 작성 및 표시에 대한 설명으로 옳은 것은?

① 재무상태표 상 자산과 부채는 반드시 유동성 순서에 따라 표시한다.

② 한국채택국제회계기준은 재무제표 및 연차보고서 작성 시 반드시 적용되어야 한다.

③ 매출채권에서 대손충당금을 차감하여 매출채권을 순액으로 표시하는 것은 상계표시에 해당한다.

④ 수익과 비용 어느 항목도 포괄손익계산서 상에 특별손익으로 구분하여 표시할 수 없으며, 주석으로 표시하는 것도 금지하고 있다.

재무제표 작성과 관련된 설명으로 옳은 것은?

① 기업의 재무제표는 발생기준 회계만을 사용하여 작성하며, 현금기준 회계는 사용하지 않는다.

② 포괄손익계산서 상의 비용은 성격별 분류법과 기능별 분류법 중에서 매출원가를 다른 비용과 분리하여 공시하는 기능별 분류법만으로 표시해야 한다.

③ 재무제표 표시에 있어 반드시 유사한 항목은 통합하고, 상이한 성격이나 기능을 가진 항목은 구분하여 표시하여야 한다.

④ 한국채택국제회계기준에서 요구하거나 허용하지 않는 한 자산과 부채 그리고 수익과 비용은 상계처리하지 아니한다.

재무제표 표시에 대한 설명으로 옳지 않은 것은?

① 경영진은 청산 또는 경영활동의 중단 외에 다른 현실적 대안이 없는 경우가 아니면 계속기업을 전제로 재무제표를 작성한다.

② 한국채택국제회계기준에서 요구하거나 허용하지 않는 한 자산과 부채 그리고 수익과 비용은 상계하지 아니한다.

③ 당기 재무제표를 이해하는 데 목적적합하다면 서술형 정보의 경우에도 비교정보를 제공하여야 한다.

④ 수익과 비용 항목은 당기손익과 기타포괄손익을 표시하는 보고서나 주석에 특별손익 항목을 별도로 표시할 수 있다.

재무제표 표시 중 포괄손익계산서에 대한 설명으로 옳지 않은 것은?

① 기타포괄손익의 항목(재분류조정 포함)과 관련한 법인세비용금액은 포괄손익계산서나 주석에 공시하지 않는다.

② 기업의 재무성과를 이해하는 데 목적적합한 경우에는 당기손익과 기타포괄손익을 표시하는 보고서에 항목, 제목 및 중간합계를 추가하여 표시한다.

③ 한 기간에 인식되는 모든 수익과 비용 항목은 한국채택국제회계기준이 달리 정하지 않는 한 당기손익으로 인식한다.

④ 기업은 수익에서 매출원가 및 판매비와관리비(물류원가 등을 포함)를 차감한 영업이익(또는 영업손실)을 포괄손익계산서에 구분하여 표시한다.

065 ☐☐☐

포괄손익계산서에 대한 설명으로 옳지 않은 것은?

① 비용을 기능별로 분류하는 기업은 감가상각비, 기타상각비와 종업원급여비용을 포함하여 비용의 성격에 대한 추가정보를 공시한다.

② 수익과 비용 항목의 별도 공시가 필요할 수 있는 상황은 유형자산의 취득, 투자자산의 취득, 소송사건의 해결을 포함한다.

③ 비용은 빈도, 손익의 발생가능성 및 예측가능성의 측면에서 서로 다를 수 있는 재무성과의 구성요소를 강조하기 위해 세분류로 표시하며, 성격별로 분류하거나 기능별로 분류하여 표시한다.

④ 수익과 비용 항목이 중요한 경우, 그 성격과 금액을 별도로 공시한다.

066 ☐☐☐

다음은 제조업을 영위하는 ㈜한국의 2017년 말 회계자료이다. 2017년 포괄손익계산서에 보고할 영업이익은?

• 매출액	₩ 300,000
• 매출원가	128,000
• 대손상각비(매출채권)	4,000
• 급여(판매사원)	30,000
• 사채이자비용	2,000
• 감가상각비(본사건물)	3,000
• 임차료(영업점)	20,000
• 임대료	15,000
• 법인세비용	50,000

① ₩ 83,000
② ₩ 106,000
③ ₩ 115,000
④ ₩ 130,000

067 ☐☐☐

제조기업인 ㈜한국의 20X1년도 자료를 이용하여 영업손익을 계산하면?

• 매출액	₩ 100,000
• 이자수익	10,000
• 감가상각비	10,000
• 매도가능금융자산평가이익	10,000
• 이자비용	5,000
• 매출원가	70,000
• 종업원급여	5,000
• 광고선전비	5,000

① 영업이익 ₩ 10,000
② 영업손실 ₩ 10,000
③ 영업이익 ₩ 20,000
④ 영업손실 ₩ 20,000

068 ☐☐☐

재무제표의 작성 및 표시와 관련된 설명으로 옳지 않은 것은?

① 자산과 부채는 각각 유동과 비유동으로 구분해야 하고 유동성이 큰 항목부터 배열한다.

② 현금및현금성자산은 교환이나 부채 상환 목적으로의 사용에 대한 제한기간이 보고기간 후 12개월 이상인 경우에는 유동자산으로 분류하지 않는다.

③ 투자자산의 시장가치가 보고기간(2013년) 말과 재무제표 발행 승인일 사이에 하락한 경우, 이를 반영하여 2013년 재무상태표의 투자자산 금액을 수정하지 않는다.

④ 「상법」 등에서 이익잉여금처분계산서의 작성을 요구하는 경우에는 이익잉여금처분계산서를 주석으로 공시한다.

069 ☐☐☐

재무제표와 관련된 설명 중 옳은 것만을 모두 고른 것은?

> ㄱ. 현금흐름표는 일정 회계기간 동안의 기업의 영업활동,
> 투자활동, 재무활동으로 인한 현금의 유입과 유출에 관
> 한 정보를 제공한다.
> ㄴ. 재무상태표는 일정시점의 기업의 재무상태에 관한 정보
> 를 제공한다.
> ㄷ. 자본변동표는 일정 회계기간 동안의 기업의 경영성과에
> 관한 정보를 제공한다.
> ㄹ. 재무제표의 작성과 표시에 대한 책임은 소유주인 주주
> 에게 있고, 반드시 공인회계사에게 외부검토를 받아야
> 한다.
> ㅁ. 포괄손익계산서에서는 당기순손익에 기타포괄손익을
> 더한 총포괄손익을 나타낸다.

① ㄱ, ㄴ, ㄷ   ② ㄱ, ㄴ, ㅁ
③ ㄴ, ㄷ, ㄹ   ④ ㄷ, ㄹ, ㅁ

070 ☐☐☐

한국채택국제회계기준에서 규정하고 있는 재무제표 작성과 표시에 대한 설명으로 옳은 것은?

① 자산과 부채를 표시함에 있어 계정과목은 유동과 비유동
으로 구분한 다음 유동성이 큰 순서대로 표시한다.
② 부채로 인식하기 위해서는 부채 인식 당시에 상환금액 및
상환시기를 확정할 수 있어야 한다.
③ 주석에는 '적용한 유의적인 회계정책의 요약'보다는 '한국
채택국제회계기준을 준수하였다는 사실'을 먼저 표시하
는 것이 일반적이다.
④ 현금흐름표 작성 시 배당금 수취는 영업 또는 투자활동으
로 분류할 수 있으나 배당금 지급은 재무활동으로 분류하
여 표시해야 한다.

071 ☐☐☐

기타포괄손익 중 재분류조정이 가능한 것은?

① 유형자산의 재평가잉여금
② 확정급여제도의 재측정요소
③ 기타포괄손익 - 공정가치 측정항목으로 지정한 지분 상품
의 평가손익
④ 기타포괄손익 - 공정가치 측정 채무상품의 평가손익

072 ☐☐☐

재무제표의 표시에 대한 설명으로 가장 옳은 것은?

① 유동성 순서에 따른 표시방법이 신뢰성 있고 더욱 목적적
합한 정보를 제공하는 경우를 제외하고는 자산과 부채를
유동항목과 비유동항목으로 구분하여 재무상태표에 표시
한다.
② 부적절한 회계정책을 적용할 경우 공시나 주석 또는 보충
자료를 통해 설명한다면 정당하다.
③ 기업은 발생기준 회계를 사용하여 모든 재무제표를 작성
한다.
④ 수익과 비용의 특별손익 항목은 주석에 표시한다.

073 □□□

포괄손익계산서에 대한 설명으로 옳지 않은 것은?

① 비용을 기능별로 분류하는 기업은 감가상각비, 기타상각
비와 종업원급여비용을 포함하여 비용의 성격에 대한 추
가정보를 공시한다.

② 재분류조정을 주석에 표시하는 경우에는 관련 재분류조
정을 반영한 후에 당기손익의 항목을 표시한다.

③ 수익과 비용의 어느 항목도 당기손익과 기타포괄손익을
표시하는 보고서 또는 주석에 특별손익 항목으로 표시할
수 없다.

④ 유형자산재평가잉여금을 이익잉여금으로 대체하는 경우
그 금액은 당기손익으로 인식하지 않는다.

074 □□□

주석에 관한 설명으로 옳지 않은 것은?

① 한국채택국제회계기준에서 요구하는 정보이지만 재무제
표 어느 곳에도 표시되지 않는 정보를 제공한다.

② 재무제표 어느 곳에도 표시되지 않지만 재무제표를 이해
하는 데 목적적합한 정보를 제공한다.

③ 재무제표의 이해가능성과 비교가능성에 미치는 영향을
고려하여 실무적으로 적용가능한 한 체계적인 방법으로
표시한다.

④ 재무제표에 첨부되는 서류로 주요 계정과목의 변동을 세
부적으로 기술한 보조적 명세서이다.

03 상기업의 회계처리와 수익의 인식

TOPIC 07 에누리 · 환출입 · 할인 · 운임 ★

001 □□□
2011년 국가직 9급

㈜대한의 2010 회계연도의 매출 및 매입 관련 자료에 대한 설명으로 옳은 것은?

· 총매출액	₩ 1,000	· 총매입액	₩ 700
· 기초재고	400	· 기말재고	300
· 매출환입	100	· 매입에누리	100
· 매출할인	100	· 매입할인	100
· 매입운임	100		

① 순매출액은 ₩ 900이다.
② 순매입액은 ₩ 800이다.
③ 매출원가는 ₩ 700이다.
④ 매출총이익은 ₩ 200이다.

002 □□□
2014년 지방직 9급

상품매매 기업인 ㈜우리의 결산시점에서 각 계정의 잔액이 다음과 같을 때 매출원가와 매출총이익은?

· 기초재고	₩ 48,000	· 당기총매입	₩ 320,000
· 매입에누리	3,000	· 매입할인	2,000
· 매입운임	1,000	· 매입환출	4,000
· 당기총매출	700,000	· 매출할인	16,000
· 매출에누리	18,000	· 매출환입	6,000
· 매출운임	1,000	· 광고비	39,000
· 급여	60,000	· 수선유지비	5,000
· 기말재고	30,000		

	매출원가	매출총이익
①	₩ 329,000	₩ 331,000
②	₩ 330,000	₩ 330,000
③	₩ 332,000	₩ 328,000
④	₩ 338,000	₩ 362,000

003 □□□
2014년 서울시 9급

다음은 갑회사의 회계자료이다. 매출원가는 얼마인가?

· 기초상품재고액	₩ 30,000
· 매입액	150,000
· 매입에누리	5,000
· 기말상품재고액	40,000
· 매입환출액	20,000

① ₩ 100,000 ② ₩ 105,000
③ ₩ 110,000 ④ ₩ 115,000
⑤ ₩ 120,000

004 □□□
2016년 지방직 9급

다음 자료를 이용하여 기초상품재고액을 계산하면?

· 총매출액	₩ 300,000	· 매출에누리	₩ 20,000
· 총매입액	210,000	· 매입할인	10,000
· 매출총이익	100,000	· 기말상품재고액	55,000

① ₩ 15,000 ② ₩ 25,000
③ ₩ 35,000 ④ ₩ 45,000

005 ☐☐☐

㈜한국은 2016년 1월 1일 영업을 개시하였다. 2016년 12월 31일 회계자료가 다음과 같을 때, 2016년도 매출총이익은?

· 매출총액	₩ 200,000	· 매출할인	₩ 5,000
· 매입총액	100,000	· 기말상품재고	15,000
· 매입운임	10,000	· 임차료	5,000
· 이자수익	10,000	· 급여	15,000
· 매입에누리	1,000	· 매입할인	1,000
· 매출운임	5,000	· 기계처분손실	2,000

① ₩ 102,000 ② ₩ 112,000
③ ₩ 122,000 ④ ₩ 132,000

006 ☐☐☐

㈜한국의 수정전시산표의 각 계정잔액이 다음과 같다. 매출총이익이 ₩ 2,000일 때, 총매입액은?

매출관련 자료		매입관련 자료	
총 매 출	₩ 11,000	총 매 입	?
매출에누리	₩ 1,000	매입에누리	₩ 800
매 출 운 임	₩ 300	매 입 운 임	₩ 200
재고관련 자료			
기 초 재 고	₩ 600		
기 말 재 고	₩ 500		

① ₩ 8,500 ② ₩ 8,600
③ ₩ 8,700 ④ ₩ 8,800

007 ☐☐☐

다음은 ㈜한국의 신용거래 및 대금회수 자료이다. 11월에 유입된 현금은?

- · 11월 8일 한국상사에 상품 ₩ 50,000을 외상 판매하였다.
- · 11월 10일 대금의 50%가 회수되었다.
- · 11월 30일 대금의 20%가 회수되었다(단, 외상매출에 대한 신용조건은 $\frac{5}{10}, \frac{n}{30}$이다).

① ₩ 32,950 ② ₩ 33,750
③ ₩ 34,250 ④ ₩ 34,750

TOPIC 08 수익인식 기준 ★★★

수익의 인식을 수반하지 않는 사건에 해당하는 것은?

① 상품을 도착지 인도기준으로 판매하기로 하고 운송선박에 선적하였다.

② 상품을 거래처에 위탁하여 판매하였다.

③ 이자부 채권을 매입하고 3개월이 지났으나 이자는 수취하지 못하였다.

④ 용역을 제공하고 용역대금으로 거래처에 대한 매입채무를 상계하였다.

2011년 8월 1일 ㈜한국은 개당 ₩800의 선풍기 400개를 ㈜서울에 판매를 위탁하고 운송비용 ₩1,000을 현금으로 지급하였다. 2012년 12월 31일 현재 200개의 선풍기를 판매하고 200개는 남아 있으며 판매수수료 10%, 판매촉진비 ₩2,000을 차감한 잔액을 회수하였다. 2012년 12월 31일 현재 ㈜한국의 재고자산금액은?

① ₩160,000 ② ₩160,500
③ ₩142,000 ④ ₩152,000

㈜대한은 ㈜민국에 TV를 위탁하여 판매하고 있다. 2016년 초 ㈜대한은 TV 10대(대당 판매가격 ₩1,000,000, 대당 원가 ₩800,000)를 ㈜민국에 발송하였으며, 운송업체에 발송비 ₩100,000을 지급하였다. ㈜민국은 ㈜대한으로부터 2016년 초 수탁한 TV 10대 중 8대를 2016년도에 판매하였다. ㈜민국의 위탁판매와 관련하여 ㈜대한이 2016년도에 인식할 매출원가는?

① ₩6,400,000 ② ₩6,480,000
③ ₩6,500,000 ④ ₩8,100,000

㈜대한은 20X1년 12월 초 위탁판매를 위해 ㈜민국에게 단위당 원가 ₩1,200인 상품 500개를 적송하면서 운임 ₩30,000을 현금 지급하였다. 20X2년 1월 초 위탁판매와 관련하여 ㈜대한은 ㈜민국에서 다음과 같은 판매현황을 보고받았다.

매출액	400개 × @₩1,500 =	₩600,000
판매수수료	₩18,000	
운임 및 보관료	₩12,000	(₩30,000)
㈜대한에게 송금한 금액		₩570,000

㈜대한이 위탁판매와 관련하여 20X1년 재무제표에 인식할 매출액과 적송품 금액은? [단, ㈜대한은 계속기록법을 채택하고 있다]

	매출액	적송품 금액
①	₩570,000	₩120,000
②	₩570,000	₩126,000
③	₩600,000	₩120,000
④	₩600,000	₩126,000

㈜한국은 20X1년부터 상품 A(단위당 판매가 ₩ 100,000, 단위당 매입원가 ₩ 60,000)의 위탁판매를 시작하면서, 수탁자에게 단위당 ₩ 10,000의 판매수수료를 지급하기로 하였다. 20X1년 ㈜한국이 수탁자에게 적송한 상품 A는 100개이며, 적송운임 ₩ 40,000은 ㈜한국이 부담하였다. 수탁자는 이 중 50개를 20X1년에 판매하였다. 20X1년 ㈜한국이 상품 A의 위탁판매와 관련하여 인식할 당기이익은?

① ₩ 1,460,000   ② ₩ 1,480,000
③ ₩ 1,500,000   ④ ₩ 2,960,000

㈜한국은 2013년 6월 1일에 원가 ₩ 300,000의 상품을 ₩ 500,000에 판매하였다. 판매대금은 2013년 6월 말부터 매월 말 ₩ 50,000씩 10회에 걸쳐 회수하기로 하였다. 당해 거래에서 할부매출의 명목금액과 현재가치의 차이가 중요하지 않은 경우, 2013년의 매출총이익은? (단, 당해 거래 이외의 매출거래는 없다)

① ₩ 140,000   ② ₩ 200,000
③ ₩ 250,000   ④ ₩ 350,000

12월 말 결산법인인 ㈜한국은 2009년 12월 5일 상품 110,000개를 개당 ₩ 50에 판매하는 계약을 ㈜대한과 체결하였다. 이 계약에 따라 2009년 12월에 50,000개, 2010년 1월과 2월에 각각 30,000개를 ㈜대한에 인도하였다. 한편 판매대금은 2009년 12월에 ₩ 3,000,000을, 2010년 1월과 2월에 각각 ₩ 1,500,000과 ₩ 1,000,000을 현금으로 받았다. 이 거래와 관련하여 2009년도에 ㈜한국이 인식해야 할 매출액은?

① ₩ 2,500,000   ② ₩ 3,000,000
③ ₩ 4,000,000   ④ ₩ 5,500,000

고객과의 계약에서 생기는 수익에 제시되어 있는 고객과의 계약을 식별하기 위한 기준과 일치하는 내용은?

① 계약당사자들이 계약을 서면으로만 승인해야 하며, 각자의 의무를 수행하기로 확약한다.
② 이전할 재화나 용역에 대한 각 당사자의 권리를 식별할 수 있다면, 재화나 용역의 대가로 받는 지급조건은 식별할 수 없어도 된다.
③ 계약에 상업적 실질 없이 재화나 용역을 서로 주고받을 수 있다.
④ 고객에게 이전할 재화나 용역에 대하여 받을 권리를 갖게 될 대가의 회수가능성이 높다.

고객과의 계약에서 생기는 수익에 대한 설명으로 옳지 않은 것은?

① 고객에게 이전할 재화나 용역에 대하여 받을 권리를 갖게 될 대가의 회수가능성이 높지 않더라도, 계약에 상업적 실질이 존재하고 이전할 재화나 용역의 지급조건을 식별할 수 있으면 고객과의 계약으로 회계처리한다.

② 수익을 인식하기 위해서는 '고객과의 계약 식별', '수행의무 식별', '거래가격 산정', '거래가격을 계약 내 수행의무에 배분', '수행의무를 이행할 때 수익인식'의 단계를 적용한다.

③ 거래가격 산정 시 제삼자를 대신해서 회수한 금액은 제외하며, 변동대가, 비현금대가, 고객에게 지급할 대가 등이 미치는 영향을 고려한다.

④ 고객에게 약속한 자산을 이전하여 수행의무를 이행할 때 수익을 인식하며, 자산은 고객이 그 자산을 통제할 때 이전된다.

고객과의 계약에서 생기는 수익의 측정에 대한 설명으로 옳지 않은 것은?

① 거래가격은 고객에게 약속한 재화나 용역을 이전하고 그 대가로 기업이 받을 권리를 갖게 될 것으로 예상하는 금액이며, 제삼자를 대신하여 회수한 금액(예 일부 판매세)도 포함한다.

② 계약에서 약속한 대가에 변동금액이 포함된 경우에 고객에게 약속한 재화나 용역을 이전하고 그 대가로 받을 권리를 갖게 될 금액을 추정한다.

③ 고객이 현금 외의 형태로 대가를 약속한 계약의 경우에 거래가격을 산정하기 위하여 비현금대가를 공정가치로 측정한다.

④ 고객에게 지급할 대가에는 기업이 고객에게 지급하거나 지급할 것으로 예상하는 현금 금액을 포함한다.

수익인식 단계에 대한 설명으로 옳은 것은?

① 수익인식 5단계 순서는 '수행의무 식별 → 계약식별 → 거래가격 산정 → 거래가격 배분 → 수행의무별 수익인식'이다.

② 계약 개시시점에 고객과의 계약에서 약속한 재화나 용역을 검토하여 고객에게 구별되는 재화나 용역을 이전하기로 한 약속을 하나의 수행의무로 식별한다.

③ 거래가격은 고객에게 약속한 재화나 용역을 이전하고 그 대가로 기업이 받을 권리를 갖게 될 것으로 예상하는 금액이며, 이때 제삼자를 대신하여 회수한 금액을 포함한다.

④ 계약당사자들이 계약을 승인하고 각자의 의무를 수행하기로 확약하거나, 이전할 재화나 용역과 관련된 각 당사자의 권리를 식별할 수만 있으면 계약을 식별할 수 있다.

고객과의 계약에서 생기는 수익에 대한 설명으로 옳지 않은 것은?

① 기댓값으로 변동대가를 추정하는 경우 가능한 대가의 범위에서 가능성이 가장 높은 단일 금액으로 추정한다.

② 변동대가와 관련된 불확실성이 나중에 해소될 때, 이미 인식한 누적 수익 금액 중 유의적인 부분을 되돌리지 않을 가능성이 매우 높을지를 평가할 때는 수익의 환원가능성 및 크기를 모두 고려한다.

③ 비현금대가의 공정가치를 합리적으로 추정할 수 없는 경우에는, 그 대가와 교환하여 고객에게 약속한 재화나 용역의 개별 판매가격을 참조하여 간접적으로 그 대가를 측정한다.

④ 고객에게 약속한 재화나 용역, 즉 자산을 이전하여 수행의무를 이행할 때 수익을 인식한다.

020 ⬜⬜⬜
2020년 국가직 9급

고객과의 계약으로부터 발생하는 수익에서 거래가격 산정에 대한 설명으로 옳지 않은 것은?

① 거래가격을 산정하기 위해서는 계약 조건과 기업의 사업 관행을 참고한다.
② 기업에 특성이 비슷한 계약이 많은 경우에 '기댓값'은 변동대가(금액)의 적절한 추정치일 수 있다.
③ 고객과의 계약에서 약속한 대가는 고정금액, 변동금액 또는 둘 다를 포함할 수 있다.
④ 비현금대가의 공정가치가 대가의 형태만이 아닌 이유로 변동된다면, 변동대가 추정치의 제약규정을 적용하지 않는다.

021 ⬜⬜⬜
2020년 국가직 7급

고객과의 계약에서 생기는 수익에 대한 설명으로 옳지 않은 것은?

① 거래가격을 배분하는 목적은 기업이 고객에게 약속한 재화나 용역을 이전하고 그 대가로 받을 권리를 갖게 될 금액을 나타내는 금액으로 각 수행의무에 거래가격을 배분하는 것이다.
② 개별 판매가격을 추정하기 위해 시장평가 조정 접근법을 적용하는 경우 개별 판매가격은 총거래가격에서 계약에서 약속한 그 밖의 재화나 용역의 관측 가능한 개별 판매가격의 합계를 차감하여 추정한다.
③ 할인액 전체가 계약상 하나 이상의 일부 수행의무에만 관련된다는 관측 가능한 증거가 있는 때 외에는, 할인액을 계약상 모든 수행의무에 비례하여 배분한다.
④ 거래가격의 후속 변동은 계약 개시시점과 같은 기준으로 계약상 수행의무에 배분하므로, 계약을 개시한 후의 개별 판매가격 변동을 반영하기 위해 거래가격을 다시 배분하지 않는다.

022 ⬜⬜⬜
2021년 국가직 7급

㈜한국은 대형 옥외전광판을 단위당 ₩ 30,000,000에 판매하고, 옥외전광판에 대한 연간 유지서비스를 단위당 ₩ 20,000,000에 제공하고 있다. 옥외전광판의 매출원가는 단위당 ₩ 20,000,000이며, 연간 유지서비스 원가는 단위당 ₩ 10,000,000이 발생한다. ㈜한국은 20X1년 7월 1일에 옥외전광판 1 단위와 이에 대한 1년간 유지서비스를 묶어서 ₩ 40,000,000에 판매하고 설치완료하였다. 이와 관련한 설명으로 옳지 않은 것은? (단, 기간은 월할 계산한다)

① 20X1년 7월 1일에 인식한 매출액은 ₩ 24,000,000이다.
② 20X1년의 매출액은 ₩ 32,000,000이다.
③ 20X1년의 매출총이익은 ₩ 7,000,000이다.
④ 20X2년의 매출총이익은 ₩ 6,000,000이다.

023 ⬜⬜⬜
2019년 서울시 7급

㈜한국은 공기청정기를 위탁판매방식으로 판매한다. 20X9년 7월 1일에 공기청정기 10대를 대당 ₩ 5,000에 판매하도록 ㈜민국에 발송하였다. 이때 발송비 ₩ 5,000은 ㈜한국이 현금으로 지급하였고, ㈜민국은 20X9년 12월 31일까지 8대의 공기청정기를 판매하였다. ㈜한국이 20X9년에 인식할 위탁매출 수익은?

① ₩ 30,000
② ₩ 35,000
③ ₩ 40,000
④ ₩ 50,000

024 ☐☐☐

12월 결산법인 ㈜서울은 20X1년 12월 1일 고객에게 A제품을 ₩50,000(원가 ₩40,000)에 인도하고 현금을 수령하였으며, ㈜서울은 20X2년 3월 31일에 동 A제품을 고객으로부터 ₩58,000에 재매입할 수 있는 콜옵션을 보유하고 있다. 20X2년 3월 31일 A제품의 시장가치는 20X1년 12월 1일 예상과 동일한 ₩56,000이며, ㈜서울은 20X2년 3월 31일 콜옵션을 행사하지 않았다. 동 거래에 대한 설명으로 가장 옳은 것은?

① ㈜서울은 20X1년 12월 1일 해당거래를 리스계약으로 회계처리 한다.
② ㈜서울은 20X1년 12월 31일 해당거래로 인식할 이자비용은 없다.
③ ㈜서울은 20X1년 12월 1일 해당거래로 인식할 매출액은 ₩50,000이다.
④ ㈜서울은 20X2년 3월 31일 해당거래로 인식할 매출액은 ₩58,000이다.

TOPIC 09 건설계약 ★★

025 ☐☐☐

㈜한국은 2012년에 ㈜민국과 컨설팅 용역을 3년간 제공하기로 하는 계약을 체결하였으며, 총계약금액은 ₩5,000,000이다. ㈜한국의 용역수익 인식은 진행기준을 적용하고 있으며, 3년 동안의 컨설팅 용역과 관련된 원가자료는 다음과 같다. ㈜한국의 2013년 용역이익은?

구분	2012년	2013년	2014년
당기발생용역원가	₩600,000	₩900,000	₩1,700,000
용역완료 시까지 추가소요 용역원가	₩2,400,000	₩1,500,000	–

① ₩600,000
② ₩975,000
③ ₩1,000,000
④ ₩1,600,000

026 ☐☐☐

㈜한국은 2016년 1월 1일 계약금액이 ₩5,000,000인 교량건설 정액도급계약을 수주하였고, 2017년 12월 31일에 완공하였다. ㈜한국은 진행기준으로 수익과 비용을 인식하며, 교량건설과 관련된 발생원가와 회수대금은 다음과 같다. ㈜한국이 2017년에 계상해야 할 이익은? (단, 진행률은 발생원가에 기초하여 계산한다)

	발생원가	회수대금
2016년	₩1,600,000	₩2,200,000
2017년	₩2,400,000	₩2,800,000

① ₩1,000,000
② ₩600,000
③ ₩500,000
④ ₩400,000

027 ☐☐☐

다음은 ㈜대한이 2011년 수주하여 2013년 완공한 건설공사에 관한 자료이다.

구분	2011년	2012년	2013년
당기발생계약원가	₩ 20억	₩ 40억	₩ 60억
총계약원가추정액	₩ 80억	₩ 100억	₩ 120억
계약대금청구	₩ 30억	₩ 40억	₩ 50억
계약대금회수	₩ 20억	₩ 30억	₩ 70억

이 건설계약의 최초 계약금액은 ₩ 100억이었으나, 2012년 중 설계변경과 건설원가 상승으로 인해 계약금액이 ₩ 120억으로 변경되었다. ㈜대한이 2012년에 인식할 계약손익은? (단, 진행률은 누적발생계약원가를 총계약원가추정액으로 나누어 계산한다)

① ₩ 5억 손실　　　　② ₩ 3억 손실
③ ₩ 3억 이익　　　　④ ₩ 7억 이익

028 ☐☐☐

㈜서울은 장기건설계약에 대하여 진행기준을 적용하고 있다. 2017년도에 계약금액 ₩ 20,000의 사무실용 빌딩 건설계약을 하였다. 2017년 말 현재 공사진행률은 30%, 당기에 인식한 공사이익의 누계액은 ₩ 1,500이고 추정총계약원가는 ₩ 15,000이다. 또한, 2018년 말 현재 공사진행률은 60%, 지금까지 인식한 공사이익의 누계액은 ₩ 2,400이고 추정총계약원가는 ₩ 16,000이다. 2018년도에 발생한 계약원가는 얼마인가?

① ₩ 4,500　　　　② ₩ 5,100
③ ₩ 6,000　　　　④ ₩ 9,600

029 ☐☐☐

㈜한국은 2014년 초에 시작되어 2016년 말에 완성되는 건설계약을 ₩ 300,000에 수주하였다. ㈜한국은 진행기준으로 수익과 비용을 인식하며, 건설계약과 관련한 원가는 다음과 같다. ㈜한국이 2016년에 인식할 공사손익은? (단, 진행률은 발생한 누적계약원가를 추정총계약원가로 나누어 계산한다)

구분	2014년	2015년	2016년
당기발생원가	₩ 30,000	₩ 50,000	₩ 120,000
완성 시까지 추가소요원가	₩ 70,000	₩ 20,000	–

① ₩ 60,000 이익　　　　② ₩ 60,000 손실
③ ₩ 80,000 이익　　　　④ ₩ 80,000 손실

030 ☐☐☐

12월 결산법인인 ㈜한국은 2007년 초에 공사계약금액이 ₩ 20,000,000인 건설공사를 수주하였으며 이와 관련된 자료는 다음과 같다. ㈜한국이 진행기준을 적용하여 수익을 인식하는 경우 2008년도의 공사손익은?

구분	2007년도	2008년도	2009년도
실제발생 원가누적액	₩ 4,000,000	₩ 11,000,000	₩ 21,000,000
예상추가 원가	₩ 12,000,000	₩ 10,000,000	–

① 공사손실 ₩ 1,000,000　　② 공사손실 ₩ 2,000,000
③ 공사이익 ₩ 1,000,000　　④ 공사이익 ₩ 2,000,000

031 ☐☐☐

㈜서울은 20X0년 5월 1일 ㈜한강과 건물신축공사계약을 체결하였다. 총공사도급액은 ₩ 10,000,000이며, 공사완료일은 20X2년 8월 31일이다. 다음의 자료를 이용하여 20X1년 손익계산서에 반영될 손익은 얼마인가? (단, 20X1년 본공사와 관련된 회계처리는 적정하게 이루어졌다고 가정한다)

구분	20X0년	20X1년	20X2년
누적공사원가	₩ 4,500,000	₩ 8,400,000	₩ 10,500,000
총공사원가추정액	₩ 9,000,000	₩ 10,500,000	₩ 10,500,000

① 공사이익 ₩ 1,000,000
② 공사손실 ₩ 1,000,000
③ 공사손실 ₩ 4,000,000
④ 공사손실 ₩ 500,000
⑤ 공사손실 ₩ 900,000

032 ☐☐☐

㈜대한은 2014년 1월 1일에 도로건설계약(공사기간: 2014. 1.1~2016.12.31)을 체결하고 공사를 진행하였다. 총계약수익은 ₩ 300,000이며, 이 도로를 건설하는 데 필요한 총계약원가는 ₩ 200,000으로 추정되었다. 당해 건설계약에서 실제로 발생한 누적계약원가가 다음과 같을 때, 이 건설계약에 대한 설명으로 옳지 않은 것은? (단, 진행률은 실제 발생한 누적계약원가를 추정총계약원가로 나눈 비율로 계산한다)

구분	2014년	2015년	2016년
누적계약원가	₩ 50,000	₩ 130,000	₩ 200,000

① 2014년의 계약진행률은 25%이다.
② 2016년의 계약수익은 ₩ 105,000이다.
③ 2015년까지의 누적계약진행률은 65%이다.
④ 2015년에 인식할 계약이익은 ₩ 65,000이다.

033 ☐☐☐

㈜서울은 20X1년부터 건설계약을 체결하고 공사를 진행하였다. 계약금액은 ₩ 200,000, 추정총계약원가는 ₩ 150,000이다. 계약원가는 20X1년에 20%, 20X2년에 50% 그리고 20X3년에 나머지가 지출될 것으로 추정되었고 실제 발생액과 일치하였다. 20X3년에 완성된 공사는 발주자에게 즉시 인도되었다. 해당 공사와 관련하여, ㈜서울이 20X3년에 인식할 진행기준과 완성기준에서의 이익의 차이는? (단, 진행기준의 진행률은 누적발생계약원가를 기준으로 결정한다)

① ₩ 15,000
② ₩ 20,000
③ ₩ 35,000
④ ₩ 50,000

034 ☐☐☐

㈜서울이 2017년 수주한 장기건설공사는 3년간에 걸쳐서 수행될 예정이며, 당해 건설계약의 결과를 신뢰성 있게 추정할 수 있다. 계약금액은 ₩ 2,500,000이다. 진행기준 적용 시 진척도는 총추정원가 대비 현재까지 발생한 누적원가의 비율을 사용한다. 관련 정보가 다음과 같을 때, 건설공사와 관련하여 2017년도의 미성공사 계정과 진행청구액 계정은 재무상태표에 어떻게 표시되는가?

항목	2017년	2018년
당기발생원가	₩ 500,000	₩ 1,300,000
완성 시까지 추가소요원가	₩ 1,500,000	₩ 1,200,000
대금청구액	₩ 550,000	₩ 2,490,000
대금회수액	₩ 450,000	₩ 2,000,000

① 계약자산(미청구공사) ₩ 75,000
② 계약자산(미청구공사) ₩ 125,000
③ 계약부채(초과청구공사) ₩ 75,000
④ 계약부채(초과청구공사) ₩ 125,000

035 ☐☐☐

㈜서울건설은 2013년 초에 도급금액이 ₩1,000이며 공사기간이 3년인 공사계약을 체결하였다. 그리고 계약시점부터 3년간의 공사예정원가를 ₩800으로 추정하였으며, 회사의 공사계약은 해당 계약 1건만 존재한다. 추가 자료는 아래와 같다. 당해 공사와 관련하여 2014년 말 재무상태표에 표시될 계약자산(미청구공사) 또는 계약부채(초과청구공사) 잔액은 얼마인가? (단, 진행률 산정기준은 투입원가 기준이다)

구분	2013년	2014년	2015년
당기발생원가	₩200	₩400	₩200
완성시점까지의 추가발생원가	₩600	₩200	–
공사대금청구액	₩300	₩400	₩300
공사대금수령액	₩200	₩400	₩400

① 계약자산(미청구공사) ₩50
② 계약자산(미청구공사) ₩100
③ 계약부채(초과청구공사) ₩600
④ 계약부채(초과청구공사) ₩700

036 ☐☐☐

㈜한국은 20X1년 1월 1일 총계약금액 ₩60,000의 건설공사를 수주하였다. ㈜한국이 진행기준을 사용하여 해당 건설공사를 회계처리하는 경우, 20X2년 말 재무상태표에 표시할 계약자산(미청구공사) 금액은?

항목	20X1년	20X2년	20X3년
발생 누적계약원가	₩8,000	₩35,000	₩50,000
총계약예정원가	₩40,000	₩50,000	₩50,000
계약대금청구	₩10,000	₩30,000	₩20,000
계약대금회수	₩7,000	₩28,000	₩25,000

① ₩2,000
② ₩3,000
③ ₩40,000
④ ₩42,000

정답 및 해설 p.35

TOPIC 10 현금및현금성자산의 분류 ★

001 □□□ 2019년 국가직 7급

㈜한국은 20X1년 12월 1일을 기준으로 현금실사를 실시한 결과 현금 잔액이 장부 상 잔액보다 ₩100,000이 적은 것을 확인하고 차이금액을 현금과부족 계정을 이용하여 회계처리하였다. ㈜한국은 여비교통비로 20X1년 11월에 ₩120,000을 현금 지급하였으나 장부에 기록하지 않은 것을 결산일에 발견하였으며, 그 밖의 원인을 밝혀내지 못한 현금과부족은 잡이익(잡손실)으로 보고하였다. ㈜한국이 결산일에 할 수정분개는?

	차변		대변	
①	여비교통비	₩120,000	현금과부족	₩120,000
	현금과부족	₩20,000	잡 이 익	₩20,000
②	현금과부족	₩120,000	여비교통비	₩120,000
	잡 손 실	₩20,000	현금과부족	₩20,000
③	여비교통비	₩100,000	현금과부족	₩100,000
	현금과부족	₩20,000	잡 이 익	₩20,000
④	현금과부족	₩100,000	여비교통비	₩100,000
	잡 손 실	₩20,000	현금과부족	₩20,000

002 □□□ 2011년 관세직 9급

한국채택국제회계기준에서 현금및현금성자산으로 분류하지 않는 것은?

① 결산일 현재 만기가 3개월 이내인 특정현금과 예금
② 취득당시 만기가 3개월 이내인 상환우선주
③ 취득당시 3개월 이내의 환매조건인 환매채
④ 당좌예금

003 □□□ 2007년 국가직 7급

㈜한국의 계정잔액 중 일부는 다음과 같다. 재무상태표에 보고될 금액 중 옳지 않은 것은?

· 통화	₩713,800
· 수입인지, 우표	3,200
· 양도성예금증서(만기: 4개월 후 도래)	1,512,000
· 가불증	64,000
· 거래처발행 가계수표	378,000
· 소액현금	32,000
· 외상대금으로 받은 약속어음	740,000

① 현금및현금성자산은 ₩1,127,000이다.
② 단기은행예치금은 ₩1,512,000이다.
③ 매출채권은 ₩740,000이다.
④ 대여금은 ₩64,000이다.

004 □□□ 2011년 국가직 9급

2010년 12월 31일 결산일 현재 ㈜대한이 보유하고 있는 자산 중 재무상태표에 계상할 현금및현금성자산은?

· 통화	₩1,500
· 수입인지	100
· 만기가 도래한 국채이자표	300
· 송금환	400
· 배당금지급통지표	50
· 만기가 1개월 후인 타인발행 약속어음	200
· 2010년 12월 1일에 취득한 환매채 (만기 2011.1.31.)	500

① ₩1,500　　　② ₩2,250
③ ₩2,750　　　④ ₩2,950

다음은 2013년 12월 31일 현재 ㈜한국이 보유하고 있는 항목들이다. ㈜한국이 2013년 12월 31일의 재무상태표에 현금및현금성자산으로 표시할 금액은?

· 지급기일이 도래한 공채이자표	₩ 5,000
· 당좌거래개설보증금	3,000
· 당좌차월	1,000
· 수입인지	4,000
· 선일자수표(2014년 3월 1일 이후 통용)	2,000
· 지폐와 동전 합계	50,000
· 2013년 12월 20일 취득한 만기 2014년 2월 20일인 양도성예금증서	2,000
· 2013년 10월 1일에 취득한 만기 2014년 3월 31일인 환매채	1,000

① ₩ 56,000 　　　② ₩ 57,000
③ ₩ 58,000 　　　④ ₩ 59,000

다음은 ㈜한국이 2013년 12월 31일 현재 보유하고 있는 자산의 일부이다. 2013년도 말 재무상태표에 보고되는 현금및현금성자산은 얼마인가?

· 회사가 보유 중인 현금	₩ 20,000
· 소모품	22,000
· 매출채권	15,000
· 우편환	10,000
· 보통예금	35,000
· 선급임차료	12,000
· 자기앞수표	34,000
· 당좌개설보증금	30,000
· 양도성예금증서(2013년 11월 15일 취득, 취득 시 잔여만기 2개월)	47,000
· 회사가 발행하였으나 은행에 지급 제시되지 않은 수표	46,000

① ₩ 99,000 　　　② ₩ 129,000
③ ₩ 146,000 　　　④ ₩ 176,000
⑤ ₩ 192,000

㈜한국의 2018년 12월 31일 결산일 현재 다음의 현금 및 예금 등의 자료를 이용할 때, 2018년 재무상태표에 보고할 현금및현금성자산 금액은?

· 현금	₩ 30,000
· 우편환증서	100,000
· 우표와 수입인지	20,000
· 은행발행 자기앞수표	20,000
· 보통예금(사용제한 없음)	10,000
· 정기적금(만기 2022년 1월 31일)	200,000
· 당좌차월	50,000
· 당좌개설보증금	80,000
· 환매조건부 채권 (2018년 12월 1일 취득, 만기 2019년 1월 31일)	300,000

① ₩ 360,000 　　　② ₩ 440,000
③ ₩ 460,000 　　　④ ₩ 660,000

재무상태표에 현금및현금성자산으로 표시될 금액은?

· 수입인지	₩ 50,000
· 송금수표	50,000
· 선일자수표	50,000
· 자기앞수표	100,000
· 타인발행수표	100,000
· 당좌개설보증금	100,000
· 취득 당시 만기 120일인 양도성예금증서	100,000

① ₩ 400,000 　　　② ₩ 350,000
③ ₩ 300,000 　　　④ ₩ 250,000

009 □□□   2018년 지방직 9급

㈜한국의 20X6년 12월 31일에 당좌예금 장부 상 잔액이 ₩ 37,500이었고, 당좌예금과 관련된 다음의 사건이 확인되었다면, ㈜한국이 거래은행에서 받은 20X6년 12월 31일자 예금잔액증명서 상 당좌예금 잔액은?

- ㈜한국의 거래처에서 매출대금 ₩ 15,000을 은행으로 입금하였으나, ㈜한국은 이 사실을 알지 못했다.
- 은행은 당좌거래 관련 수수료 ₩ 2,000을 ㈜한국의 예금계좌에서 차감하였다.
- 은행측 잔액증명서에는 반영되어 있으나 ㈜한국의 장부에 반영되지 않은 다른 예금에 대한 이자수익이 ₩ 5,000 있다.
- 은행측 잔액증명서에는 반영되어 있으나 ㈜한국의 장부에 반영되지 않은 부도수표가 ₩ 6,000 있다.
- ㈜한국은 은행에 ₩ 47,000을 예금하면서 ₩ 74,000으로 잘못 기록하였으나, 은행계좌에는 ₩ 47,000으로 올바로 기록되어 있다.

① ₩ 22,500   ② ₩ 24,500
③ ₩ 34,500   ④ ₩ 76,500

010 □□□   2011년 관세직 9급

㈜한국의 2011년 12월 31일 현재 당좌예금계정잔액은 ₩ 200,000이고, 은행의 잔액증명서 상 잔액은 ₩ 150,000으로 그 차이의 원인은 다음과 같다. 2011년 12월 31일 현재 재무상태표에 보고되어야 할 정확한 당좌예금 잔액은?

- 12월 31일 회사는 현금 ₩ 150,000을 당좌예입하였으나, 은행에서는 입금처리되지 않았다.
- 12월 10일 발행된 수표 중 지급제시되지 않은 수표 ₩ 50,000이 있다.
- 12월 30일 거래처인 ㈜충청이 ₩ 200,000을 ㈜한국의 당좌예금계좌에 입금하였으나, 회사에는 통보되지 않았다.
- 12월 31일 은행은 차입금에 대한 이자 ₩ 50,000을 회사의 당좌예금계좌에서 차감하였지만 회사는 이에 대한 회계처리를 하지 않았다.
- 12월 25일 외상매출금을 회수하여 당좌예입한 수표 ₩ 100,000을 ₩ 150,000으로 기록하였다.
- 12월 27일 비품을 처분한 대가로 받은 수표 ₩ 50,000을 당좌예입하였으나 부도처리되었다.

① ₩ 150,000   ② ₩ 200,000
③ ₩ 250,000   ④ ₩ 300,000

011 □□□   2016년 국가직 9급

다음 자료를 토대로 계산한 ㈜한국의 정확한 당좌예금 잔액은?

• ㈜한국의 조정 전 당좌예금계정 잔액	₩ 12,200
• 은행 예금잔액증명서 상 잔액	12,500
• ㈜한국에서 발행하였으나 은행에서 미인출된 수표	2,000
• ㈜한국에서 입금처리하였으나 은행에서 미기록된 예금	700
• ㈜한국에서 회계처리하지 않은 은행수수료	500
• 타회사가 부담할 수수료를 ㈜한국에 전가한 은행의 오류	200
• ㈜한국에서 회계처리하지 않은 이자비용	300

① ₩ 10,700   ② ₩ 11,400
③ ₩ 13,400   ④ ₩ 14,100

012 □□□   2012년 국가직 9급

㈜한국의 당좌예금에 대한 다음의 자료를 이용하여 계산한 2012년 12월 말의 정확한 당좌예금 잔액은?

- 2012년 12월 31일 ㈜한국의 당좌예금계정 잔액은 ₩ 920,000이다.
- 은행계정명세서 상의 2012년 12월 31일 잔액은 ₩ 1,360,000이다.
- 은행계정명세서와 ㈜한국의 장부를 비교해본 결과 다음과 같은 사실을 발견했다.
  - ₩ 60,000의 부도수표를 ㈜한국은 발견하지 못했다.
  - 은행에서 이자비용으로 ₩ 5,000을 차감하였다.
  - 기발행미결제수표가 ₩ 520,000이다.
- 마감시간 경과한 후 은행에 전달하여 미기록된 예금은 ₩ 240,000이다.
- 자동이체를 시켜놓은 임차료가 ₩ 185,000 차감되었는데 ㈜한국은 알지 못했다.
- 은행에서 ㈜서울에 입금시킬 돈 ₩ 410,000을 ㈜한국에 입금하였는데 ㈜한국은 알지 못했다.

① ₩ 670,000   ② ₩ 680,000
③ ₩ 690,000   ④ ₩ 700,000

013 ☐☐☐

다음은 ㈜대한의 2010년 12월 31일 현재 은행계정조정표를 작성하기 위한 자료이다. 은행에서 보내온 2010년 12월 31일 현재 수정전 예금잔액증명서 상의 잔액이 ₩30,000일 경우, ㈜대한의 2010년 12월 31일 현재 수정전 당좌예금계정 잔액은?

- 2010년 12월 중 ㈜대한에서 기발행되었으나, 기말 현재 은행에서 미인출된 수표는 ₩8,000이다.
- 2010년 12월 31일 현재 은행의 예금잔액증명서에 반영된 부도수표 ₩9,000이 ㈜대한의 당좌예금계정에는 반영되지 않았다.
- ㈜대한이 2010년 12월 31일 입금했으나, 은행에서는 2011년 1월 3일 입금처리된 금액은 ₩6,000이다.
- 2010년 12월 말까지 ㈜대한에 통보되지 않은 매출채권 추심액은 ₩12,000이다.

① ₩13,000   ② ₩25,000
③ ₩28,000   ④ ₩41,000

014 ☐☐☐

2013년 12월 31일 은행계정조정후 ㈜대한의 장부 상 정확한 당좌예금계정의 잔액은 ₩300,000이다. 이 금액은 거래은행이 보내온 2013년 12월 31일 은행계정명세서의 잔액과 차이가 있는데, 차이가 나는 원인은 다음과 같다.

- ㈜대한이 발행한 수표 ₩5,000을 거래은행이 실수로 ₩500으로 처리하였다.
- ㈜대한의 기발행미인출수표는 ₩20,000이다.
- 거래은행이 미처 기입하지 못한 ㈜대한의 당좌예금 입금액이 ₩10,000이다.
- ㈜민국이 발행한 수표 ₩4,000을 거래은행이 실수로 ㈜대한의 계정에서 차감하였다.

거래은행이 보내온 2013년 12월 31일 은행계정명세서의 잔액은?

① ₩289,500   ② ₩290,500
③ ₩310,500   ④ ₩309,500

015 ☐☐☐

㈜서울은 ㈜한국은행에 당좌예금계좌를 보유하고 있으며, 연말 결산 시 은행과의 잔액 일치 여부를 대조하고 있다. 12월 말 현재 은행측에 당좌예금 잔액을 확인해 본 결과 예금잔액증명서 상 수정전 잔액은 ₩40,000으로 밝혀졌다. ㈜서울이 다음과 같은 차이를 확인하였다면, ㈜서울의 수정전 당좌예금 잔액은 얼마인가?

- 거래처에서 은행에 직접 입금한 금액[은행이 ㈜서울에 통지하지 않았음]: ₩400
- 예금잔액에 대한 이자수익이 발생하였으나 은행은 ㈜서울에 통지하지 않았음: ₩100
- ㈜서울이 거래처로부터 수령하여 은행에 입금한 수표 중 부도처리된 것[㈜서울은 부도사실을 모르고 있었음]: ₩500
- 당좌거래에 대한 수수료가 발생하였으나 은행은 ㈜서울에 통지하지 않았음: ₩100
- 은행이 기록하지 않은 예금: ₩5,000

① ₩40,000   ② ₩41,100
③ ₩43,500   ④ ₩45,100

016 ☐☐☐

다음은 ㈜서울의 은행계정 조정에 관한 자료이다. 다음 자료를 이용하여 조정전 은행측 잔액을 계산하면 얼마인가? [단, 조정전 ㈜서울의 잔액은 ₩1,060,000이다]

- 예금이자 ₩50,000이 ㈜서울의 장부에 반영되지 않았다.
- 은행이 부도처리한 ₩240,000의 수표가 ㈜서울에게 통보되지 않았다.
- ㈜서울에 통지되지 않은 거래처 매출채권 추심액은 ₩130,000이다.
- ㈜서울이 입금한 ₩60,000이 은행에서 입금처리되지 않았다.
- ㈜서울이 거래처에 발행한 수표 중 ₩160,000이 인출되지 않았다.

① ₩1,000,000   ② ₩1,060,000
③ ₩1,080,000   ④ ₩1,100,000

017 ☐☐☐

㈜대한의 2016년 말 현재 은행계정조정표와 관련된 자료는 다음과 같다. 은행측은 기발행미인출수표가 누락되었음을 확인하였다. 기발행미인출수표 금액은?

- 은행의 예금잔액증명서 상 금액: ₩ 20,000
- ㈜대한의 장부 상 금액: ₩ 17,000
- 은행의 예금잔액증명서에는 반영되어 있으나 ㈜대한의 장부에 반영되지 않은 금액
  - 예금이자: ₩ 1,000
  - 부도수표: ₩ 2,000
- 은행은 ㈜민국의 발행수표 ₩ 6,000을 ㈜대한의 발행 수표로 착각하여 ㈜대한의 당좌예금계좌에서 인출하여 지급하였다.

① ₩ 16,000   ② ₩ 14,000
③ ₩ 12,000   ④ ₩ 10,000

018 ☐☐☐

㈜한국의 당좌예금계정 장부가액은 ₩ 1,500,000이다. 그러나 은행계산서의 당좌예금 잔액은 ₩ 4,000,000이다. 이러한 불일치의 원인이 다음과 같을 때, ㈜한국의 당좌예금계정 수정에 관한 설명으로 옳지 않은 것은?

- 기발행미인출 당좌수표   ₩ 2,600,000
- 부도처리 당좌수표   90,000
- 당좌차월에 대한 이자비용   10,000

① 기발행미인출 당좌수표와 관련하여 당좌예금 ₩ 2,600,000을 증가시키는 수정이 필요하다.
② 부도처리된 당좌수표와 관련하여 당좌예금 ₩ 90,000을 감소시키는 수정이 필요하다.
③ 당좌예금과 관련된 수정으로 보고이익이 ₩ 10,000 감소한다.
④ 당좌예금계정의 수정후잔액은 ₩ 1,400,000이다.

019 ☐☐☐

㈜서울은 11월 말에 다음과 같은 은행계정조정표를 작성하였다.

- 은행측 잔액   ₩ 6,000
- 은행측 미기입예금   1,000
- 기발행미인출수표   (2,400)
- 회사측 장부잔액   4,600

12월 한 달 동안 은행측 자료에 따르면 다음 정보가 이용가능하다.

- 입금액   ₩ 8,520
- 출금액   ₩ 12,520

11월 말 은행계정 조정항목은 12월 동안 은행에서 완전히 해결되었다. 12월 말 현재 기발행미인출수표의 합계는 ₩ 360이고 12월 말 현재 은행측 미기입예금은 없다. 12월 말 현재 수정후 회사측 장부잔액은?

① ₩ 640   ② ₩ 1,640
③ ₩ 2,000   ④ ₩ 3,360

020 ☐☐☐

㈜한국은 20X1년 6월 말 주거래 A 은행 측 당좌예금 잔액 ₩ 13,000이 당사의 당좌예금 장부 잔액과 일치하지 않는 것을 확인하였다. 다음과 같은 차이를 조정한 후 ㈜한국과 A 은행의 당좌예금 잔액은 ₩ 12,000으로 일치하였다. ㈜한국의 수정 전 당좌예금 잔액은?

- A 은행이 ㈜한국의 당좌예금에서 ₩ 3,000을 잘못 출금하였다.
- A 은행이 ㈜한국의 받을어음을 추심하고 ₩ 3,000을 당좌예금에 입금하였으나, ㈜한국은 이를 모르고 있었다.
- ㈜한국이 기발행한 ₩ 4,000의 수표가 A 은행에 아직 제시되지 않았다.
- ㈜한국이 ₩ 3,000의 수표를 발행하면서 장부에는 ₩ 8,000으로 잘못 기장하였다.
- ㈜한국이 20X1년 6월 12일에 입금한 ₩ 1,000의 수표가 부도로 판명되었으나, ㈜한국은 이를 모르고 있었다.

① ₩ 5,000   ② ₩ 8,000
③ ₩ 9,000   ④ ₩ 10,000

021 ▢▢▢

㈜서울은 외상매출의 결제대금으로 받은 60일 만기 액면가액 ₩10,000,000의 무이자부어음을 자금사정이 어려워 발행일로부터 30일이 지난 후인 10월 5일에 주거래은행에 연이자율 10%로 할인하여 현금으로 수령하고 다음과 같이 분개하였다. 이에 대한 설명으로 옳은 것은?

(차)현 금	₩9,917,809
매출채권처분손실	82,191
(대)받 을 어 음	10,000,000

① 어음할인을 양도거래로 보고 회계처리하였다.
② 이 거래는 회사의 주거래인 재화의 판매나 용역의 제공거래에 해당한다.
③ 은행에 받을어음을 맡기고 돈을 차입한 경우에 해당한다.
④ 결산 시에 결산조정분개가 필요한 거래이다.

022 ▢▢▢

㈜대한은 거래처에 상품을 외상으로 판매하고 액면금액 ₩5,000,000(만기 120일, 이자율 6%)인 받을어음(이자부어음)을 수령하였다. ㈜대한이 발행일로부터 30일이 지난 후 주거래 은행에 연이자율 12%의 조건으로 할인받은 경우 은행으로부터 수취할 금액은? (단, 1년의 계산기간은 360일로 처리한다)

① ₩4,800,000   ② ₩4,947,000
③ ₩4,998,000   ④ ₩5,048,000

023 ▢▢▢

㈜한국은 2011년 3월 1일에 상품판매대금 ₩400,000을 만기 3개월의 어음(액면이자율 연9%)으로 수령하였다. ㈜한국은 5월 1일에 대한은행에서 연12% 이자율로 동 어음을 할인하였다. 이 받을어음의 할인이 금융자산 제거조건을 충족할 때, ㈜한국이 행할 회계처리는? (단, 이자는 월할계산한다)

	(차)		(대)	
①	현 금	404,910	매 출 채 권	400,000
	금융자산처분손실	1,090	이 자 수 익	6,000
②	현 금	404,800	매 출 채 권	400,000
	금융자산처분손실	1,200	이 자 수 익	6,000
③	현 금	406,000	매 출 채 권	400,000
	금융자산처분손실	3,000	이 자 수 익	4,000
④	현 금	402,000	매 출 채 권	400,000
	금융자산처분손실	2,000	이 자 수 익	4,000

024 ▢▢▢

㈜한국은 고객에게 상품을 판매하고 그 대가로 액면가액 ₩10,000,000, 만기 3개월, 이자율 9%인 약속어음을 수령하였다. ㈜한국은 이 어음을 2개월간 보유한 후 은행에서 할인할 때 ₩10,122,750을 수령하였다. 이 어음에 대한 은행의 연간 할인율은? (단, 이자는 월할계산한다고 가정한다)

① 10%   ② 11%
③ 12%   ④ 13%

025 ☐☐☐

㈜한국은 20X1년 4월 1일에 고객에게 상품판매 대가로 이자부 약속어음(만기 5개월, 이자율 연 5%, 액면가액 ₩ 72,000)을 수령하였다. 이 어음을 2개월간 보유한 후 자금사정으로 ₩ 72,030을 받고 할인하였다. 이 어음의 할인율과 어음처분손실은? (단, 이자는 월할계산하며, 어음할인은 제거요건을 충족한다)

	할인율	어음처분손실
①	8%	₩ 570
②	8%	₩ 1,470
③	12%	₩ 570
④	12%	₩ 1,470

TOPIC 13   대손회계(매출채권 손상차손) ★★★

026 ☐☐☐

㈜한국은 고객에게 60일을 신용기간으로 외상매출을 하고 있으며, 연령분석법을 사용하여 기대신용손실을 산정하고 있다. 2017년 말 현재 ㈜한국은 매출채권의 기대신용손실을 산정하기 위해 다음과 같은 충당금설정률표를 작성하였다. 2017년 말 매출채권에 대한 손실충당금(대손충당금) 대변잔액 ₩ 20,000이 있을 때, 결산 시 인식할 손상차손(대손상각비)은?

구분	매출채권금액	기대신용손실률
신용기간 이내	₩ 1,000,000	1.0%
1~30일 연체	₩ 400,000	4.0%
31~60일 연체	₩ 200,000	20.0%
60일 초과 연체	₩ 100,000	30.0%

① ₩ 66,000 ② ₩ 76,000
③ ₩ 86,000 ④ ₩ 96,000

027 ☐☐☐

㈜한국의 20X8년 손실충당금(대손충당금) 기초잔액은 ₩ 30이고 20X8년 12월 31일에 매출채권계정을 연령별로 채무불이행률을 검사하고, 다음의 연령분석표를 작성하였다.

결제일 경과기간	매출채권	채무불이행률
미경과	₩ 90,000	1%
1일~30일	₩ 18,000	2%
31일~60일	₩ 9,000	5%
61일~90일	₩ 6,000	15%
91일 이상	₩ 4,000	30%

20X9년 1월 10일에 거래처인 ㈜부도의 파산으로 인해 매출채권 ₩ 4,500의 회수불능이 확정되었다. ㈜한국이 20X9년 1월 10일 인식할 손상차손(대손상각비)은?

① ₩ 630 ② ₩ 660
③ ₩ 690 ④ ₩ 720

㈜한국의 매출채권과 그에 대한 미래현금흐름 추정액은 다음과 같다. 충당금설정법을 사용할 경우, 기말에 인식하여야 하는 대손상각비는? (단, 할인효과가 중요하지 않은 단기매출채권이며, 기중 대손충당금의 변동은 없다)

	기초	기말
매출채권	₩ 26,000	₩ 30,000
추정 미래현금흐름	24,500	26,500

① ₩ 2,000　　　　　　② ₩ 3,000
③ ₩ 4,000　　　　　　④ ₩ 5,000

㈜한국은 2016년 10월 1일 거래처의 파산으로 매출채권 ₩ 2,000을 회수할 수 없게 되었으며, 대손에 대한 회계처리는 충당금설정법을 적용하고 있다. 2015년과 2016년의 매출채권 관련 자료가 다음과 같을 때, 2016년 12월 31일 대손충당금 설정에 대한 분개로 옳은 것은? (단, 2015년 초 대손충당금 잔액은 없으며, 미래현금흐름 추정액의 명목금액과 현재가치의 차이는 중요하지 않다)

	2015년 말	2016년 말
매출채권	₩ 100,000	₩ 120,000
추정 미래현금흐름	96,000	118,900

	(차)		(대)	
①	대 손 상 각 비	900	대 손 충 당 금	900
②	대 손 상 각 비	1,100	대 손 충 당 금	1,100
③	대 손 충 당 금	900	대손충당금환입	900
④	대 손 충 당 금	1,100	대손충당금환입	1,100

㈜대한은 상품의 취득원가에 30%의 이익을 가산하여 외상으로 판매하며, 신용기간이 경과한 후 현금으로 회수하고 있다. 기초 대손충당금 잔액이 ₩ 40,000이며 당기중 ₩ 25,000의 손상차손이 발생하였다. 기말매출채권 잔액의 손상차손 검사결과, 매출채권 중 ₩ 48,000의 자산손상이 발생할 객관적 증거가 존재하는 경우의 적절한 기말 회계처리는?

	(차)		(대)	
①	대손상각비(손상차손)	58,000	대손충당금	58,000
②	대손상각비(손상차손)	48,000	대손충당금	48,000
③	대손상각비(손상차손)	33,000	대손충당금	33,000
④	대손상각비(손상차손)	25,000	대손충당금	25,000

㈜한국의 결산일 현재 매출채권은 ₩ 6,150,000이다. 매출채권의 손상과 관련된 자료가 다음과 같을 때, 회수가능한 매출채권 추정액은?

• 기초매출채권 대손충당금 잔액	₩ 300,000
• 당기중 회수불능으로 대손처리한 매출채권	400,000
• 당기매출채권의 손상차손	950,000

① ₩ 5,100,000　　　　　　② ₩ 5,200,000
③ ₩ 5,300,000　　　　　　④ ₩ 7,000,000

032 □□□

다음 자료를 이용하여 당기말의 대손충당금 차감전 매출채권을 계산하면?

- 전기이월 대손충당금 잔액: ₩ 400,000
- 전기이월 대손충당금 잔액 중 당기 상각액: ₩ 300,000
- 당기 결산 시 계상한 대손상각비: ₩ 500,000
- 대손충당금 차감 후 매출채권 잔액: ₩ 3,200,000

① ₩ 3,800,000   ② ₩ 4,000,000
③ ₩ 4,200,000   ④ ₩ 4,400,000

033 □□□

㈜서울의 20X2년 초 매출채권과 대손충당금의 잔액은 각각 ₩ 400,000과 ₩ 4,000이었다. 20X2년 중 외상 매출액이 ₩ 1,000,000이고, 매출채권의 정상회수액이 ₩ 800,000이다. 20X2년 중 매출채권의 대손이 확정된 금액은 ₩ 3,000이다. ㈜서울이 20X2년 말에 회수가능한 매출채권 금액을 ₩ 590,000으로 추정할 경우, 20X2년에 인식할 대손상각비는?

① ₩ 1,000   ② ₩ 2,000
③ ₩ 6,000   ④ ₩ 7,000

034 □□□

㈜한국의 2013년 초 매출채권은 ₩ 100,000이며 대손충당금은 ₩ 10,000이었다. 그리고 ㈜한국의 2013년도 상품매출은 ₩ 1,000,000이며 상품의 하자로 인한 매출에누리가 ₩ 20,000이었다. 또한 2013년 중 고객으로부터의 판매대금 회수금액은 ₩ 700,000이었으며, 대손확정액은 ₩ 5,000이었다. 2013년 말 매출채권 손상에 대해 평가를 한 결과 미래현금흐름의 현재가치가 ₩ 290,000으로 추정될 때, ㈜한국이 당기비용으로 인식할 대손상각비는?

① ₩ 70,000   ② ₩ 75,000
③ ₩ 80,000   ④ ₩ 85,000

035 □□□

㈜서울의 매출채권과 관련된 다음의 자료를 이용하여 2017년의 대손상각비를 구하면 얼마인가?

- 2017년 초의 매출채권 잔액은 ₩ 1,000,000이고, 대손충당금 잔액은 ₩ 40,000이다.
- 2017년 4월에 회수불가능 매출채권 ₩ 30,000을 대손처리하였다.
- 2016년에 대손처리하였던 매출채권 ₩ 15,000을 2017년 7월에 현금으로 회수하였다.
- 2017년 말의 매출채권 잔액은 ₩ 900,000이며, 이 중에서 5%는 미래에 회수가 불가능한 것으로 추정된다.

① ₩ 0   ② ₩ 15,000
③ ₩ 20,000   ④ ₩ 35,000

036 □□□

12월 결산법인인 ㈜서울의 20X1년 1월 1일 외상매출금은 ₩ 1,100,000, 대손충당금은 ₩ 80,000이다. 20X1년 중 ₩ 3,000,000의 외상매출이 발생하였으며, 이 중 매출환입은 ₩ 100,000이다. 20X1년 중 외상매출금의 회수액은 ₩ 2,500,000이며, ₩ 100,000의 외상매출금이 회수불능으로 대손처리되었고, 대손처리한 외상매출금 중 ₩ 50,000이 회수되었다. ㈜서울 회수불능채권에 대하여 대손충당금을 설정하고 있으며, 매출채권 비율기준에 따라 매출채권의 5%를 회수불능채권으로 추정할 경우 20X1년 대손상각비는 얼마인가?

① ₩ 25,000
② ₩ 40,000
③ ₩ 55,000
④ ₩ 70,000
⑤ ₩ 100,000

037 □□□

㈜한국의 2017년도 수정전시산표는 다음과 같다.

현금	₩ 100,000	단기차입금	₩ 500,000
매출채권	500,000	손실충당금	40,000
건물	1,000,000	(대손충당금)	
감가상각비	100,000	감가상각누계액	200,000
급여	300,000	자본금	500,000
		매출	760,000
합계	₩ 2,000,000	합계	₩ 2,000,000

결산수정분개를 위한 자료가 다음과 같을 때, 당기순이익은?

· 단기차입금에 대한 미지급 이자비용 ₩ 50,000이 있다.
· 매출채권 기말잔액의 10%를 기대신용손실액으로 추정한다.

① ₩ 200,000
② ₩ 260,000
③ ₩ 300,000
④ ₩ 360,000

038 □□□

㈜한국은 모든 매출이 외상으로 발생하는 회사이다. 당기 총매출액은 ₩ 800,000이며, 매출채권으로부터 회수한 현금유입액은 ₩ 600,000이다. 다음의 당기 매출채권 관련 자료를 사용하여 ㈜한국이 인식할 당기 손상차손(대손상각비)은?

구분	기초	기말
매출채권	₩ 500,000	₩ 450,000
손실충당금(대손충당금)	₩ 50,000	₩ 50,000

① ₩ 250,000
② ₩ 350,000
③ ₩ 450,000
④ ₩ 550,000

039 □□□

㈜한국은 회수불능채권에 대하여 대손충당금을 설정하고 있으며 기말 매출채권 잔액의 1%가 회수 불가능할 것으로 추정하고 있다. 다음 자료를 이용하여 ㈜한국이 20X2년 포괄손익계산서에 인식할 대손상각비는?

· 매출채권, 대손충당금 장부상 자료

구분	20X1년 말	20X2년 말
매출채권	₩ 900,000	₩ 1,000,000
대손충당금	₩ 9,000	?

· 20X2년 중 매출채권 대손 및 회수 거래
  - 1월 10일: ㈜대한의 매출채권 ₩ 5,000이 회수불가능한 것으로 판명
  - 3월 10일: ㈜민국의 매출채권 ₩ 2,000이 회수불가능한 것으로 판명
  - 6월 10일: 1월 10일에 대손처리되었던 ㈜대한의 매출채권 ₩ 1,500 회수

① ₩ 1,000
② ₩ 6,500
③ ₩ 8,000
④ ₩ 10,000

040 □□□

2018년 서울시 9급

㈜서울의 기초매출채권 잔액은 ₩ 50,000이고 기말매출채권 잔액은 ₩ 40,000이다. 기중에 회수한 매출채권은 ₩ 60,000이고 대손이 확정된 매출채권은 ₩ 30,000이라면 기중에 발생한 외상판매액은?

① ₩ 40,000 ② ₩ 80,000
③ ₩ 90,000 ④ ₩ 100,000

042 □□□

2012년 서울시 9급

다음은 ㈜한국의 20X2년도 회계자료 일부이다. 20X2년도 매출액 가운데 현금매출이 차지하는 비율이 20%이라면, 기말매출채권은 얼마인가? (단, 대손상각은 고려하지 않는다)

• 기초매출채권	₩ 800,000
• 기초상품재고액	700,000
• 기말상품재고액	900,000
• 당기에 회수한 매출채권	2,200,000
• 당기 상품매입액	2,300,000
• 매출총이익률	30%

① ₩ 600,000 ② ₩ 700,000
③ ₩ 800,000 ④ ₩ 900,000
⑤ ₩ 1,000,000

041 □□□

2011년 서울시 9급

화재로 ㈜서울의 영업관련 중요서류가 소실되었다. 남은 자료로 다음의 내용을 추려낼 수 있었는데, 이를 근거로 화재 당시의 매출채권 잔액 산출 시의 금액은 얼마인가?

• 기초매출채권 잔액: ₩ 1,000
• 기초부터 화재발생일까지의 매출채권 회수금액: ₩ 4,600
• 기초부터 화재발생일까지의 상품매입액: ₩ 3,200
• 기초상품재고: ₩ 1,400
• 화재발생일 당시의 상품재고: ₩ 600
(판매가는 원가에 25%의 마진을 가산하며 현금매출은 없다)

① ₩ 600 ② ₩ 800
③ ₩ 1,000 ④ ₩ 1,200
⑤ ₩ 1,400

043 □□□

2017년 지방직 9급(12월 추가)

㈜한국의 회계자료가 다음과 같을 때, 기말 재무상태표에 표시될 매출채권은?

• 당기현금매출액	₩ 500
• 기초상품재고액	1,000
• 당기매출총이익	700
• 당기상품매입액	2,500
• 기초매출채권	1,500
• 기말상품재고액	1,200
• 당기매출채권회수액	2,000

① ₩ 1,500 ② ₩ 2,000
③ ₩ 2,500 ④ ₩ 3,000

044 □□□

㈜우리는 2009년 기말에 감사를 실시한 결과, 회계담당자가 매출채권 회수대금 중 일부를 횡령한 사실을 발견하였다. 감사결과 기말매출채권 잔액은 ₩15,000으로 확인되었고, 이 회사는 매출원가에 25％의 이익을 가산한 가격으로 신용판매하고 있다. 다음의 자료를 이용하여 회계담당자가 횡령한 금액을 추정하면?

・기초상품재고액	₩30,000
・당기매출채권회수금액	100,000
・기말상품재고액	20,000
・당기상품매입액	90,000
・기초매출채권	10,000

① ₩10,000   ② ₩15,000

③ ₩20,000   ④ ₩25,000

045 □□□

㈜한국은 상품을 신용에 의해서만 판매하는데, 경리담당자가 판매대금의 회수과정에서 공금을 횡령하였다. 매출채권의 실제 기말잔액은 ₩50,000이고, 기중에 대손처리된 금액은 없다. ㈜한국이 매출원가에 20％를 가산하여 판매가를 결정한다고 할 때, 다음 자료를 이용하여 경리담당자의 횡령액을 계산하면?

・기초상품재고액	₩20,000
・당기상품매입액	100,000
・기말상품재고액	10,000
・매출채권 기초잔액	30,000
・매출채권회수보고액	40,000

① ₩60,000   ② ₩72,000

③ ₩110,000   ④ ₩122,000

046 □□□

다음 자료에 의해 ㈜서울의 20X1년 12월 31일의 매출채권금액을 산출하면 얼마인가?

・전기이월 매출채권	₩600,000
・20X1년 중 매출채권회수액	1,300,000
・20X1년 중 현금매출액	300,000
・20X1년도 매출원가	1,000,000
・20X1년도 매출총이익	400,000
・20X1년도 대손처리한 매출채권	100,000

① ₩200,000   ② ₩300,000

③ ₩400,000   ④ ₩500,000

⑤ ₩600,000

047 □□□

㈜대한의 기초 및 기말 재무상태표의 매출채권 잔액은 각각 ₩1,000,000과 ₩2,000,000이고, 기초매출채권 중 절반이 당기중에 현금으로 회수되었다. ㈜대한의 당기매출원가 및 매출총이익율이 각각 ₩7,500,000과 25％인 경우에 ㈜대한의 당기매출액 중 현금회수액은?

① ₩7,000,000   ② ₩7,500,000

③ ₩8,000,000   ④ ₩8,500,000

05 재고자산

TOPIC 15　재고자산의 기초 ★

001 ☐☐☐

다음 설명 중 옳지 않은 것은?

① 회사 차량으로 상품을 배송하던 중 접촉사고가 발생하여 차량이 파손되고 그 손해금액이 파악된 경우 이는 회계상의 거래에 해당한다.

② 회사가 기말에 기간경과로 발생한 이자비용을 계상하기 위해 사용한 미지급비용계정은 영구계정에 해당한다.

③ 회사의 기초상품재고액이 기말상품재고액보다 큰 경우 회사의 당기상품매입액은 매출원가보다 크다.

④ 제조원가명세서는 한국채택국제회계기준에서 규정하고 있는 전체 재무제표에 포함되지 않는다.

002 ☐☐☐

㈜한국의 20X1년의 상품매출액은 ₩ 1,000,000이며, 매출총이익률은 20%이다. 20X1년의 기초상품재고액이 ₩ 50,000이고 당기의 상품매입액이 ₩ 900,000이라고 할 때, 20X1년 말의 재무상태표에 표시될 기말상품재고액은?

① ₩ 70,000　　　　② ₩ 100,000
③ ₩ 150,000　　　 ④ ₩ 180,000

003 ☐☐☐

다음은 ㈜한국의 기말 회계자료 중 일부이다. 포괄손익계산서에 보고될 매출액은?

• 기초상품재고액	₩ 240
• 기말상품재고액	220
• 매출총이익	180
• 매출채권회수액	520
• 당기상품매입액	400
• 당기현금매출액	100
• 기초매출채권	160

① ₩ 500　　　　② ₩ 600
③ ₩ 700　　　　④ ₩ 800

004 ☐☐☐

㈜한국의 2016년 재고자산 자료가 다음과 같을 때, ㈜한국의 2016년 매출액은?

• 기초상품재고	₩ 2,000
• 당기매입액	10,000
• 기말상품재고	4,000
• 매출원가에 가산되는 이익률	10%

① ₩ 6,600　　　　② ₩ 7,200
③ ₩ 8,000　　　　④ ₩ 8,800

005 □□□

아래는 ㈜서울과 ㈜한성의 매입 및 매출에 관련된 자료이다. (가)와 (나)의 금액은? (단, 재고감모손실 및 재고평가손실은 없다고 가정한다)

구분	기초재고액	당기매입액	기말재고액	매출원가
㈜서울	₩ 100,000	₩ 240,000	(가)	₩ 280,000
㈜한성	(나)	₩ 220,000	₩ 180,000	₩ 280,000

	(가)	(나)
①	₩ 60,000	₩ 240,000
②	₩ 340,000	₩ 240,000
③	₩ 60,000	₩ 320,000
④	₩ 340,000	₩ 320,000

006 □□□

다음은 ㈜갑의 2009년도 회계자료의 일부이다. ㈜갑의 2009년도 매출과 매입은 모두 외상으로 거래되었다. ㈜갑의 2009년도 손익계산서에 보고될 매출총이익은?

- 기초매출채권 ₩ 400,000, 기말매출채권 ₩ 750,000
- 기초매입채무 ₩ 300,000, 기말매입채무 ₩ 400,000
- 기초상품재고액 ₩ 150,000, 기말상품재고액 ₩ 300,000
- 매출채권회수액 ₩ 1,235,000, 매입채무지급액 ₩ 1,270,000

① ₩ 345,000　　② ₩ 355,000
③ ₩ 365,000　　④ ₩ 375,000

007 □□□

㈜한국은 2016년 1월 1일에 1년 된 돼지 5마리를 보유하고 있다. ㈜한국은 2016년 7월 1일에 1년 6개월 된 돼지 2마리와 새로 태어난 돼지 3마리를 매입하였다. 돼지의 일자별 마리당 순공정가치가 다음과 같을 때, ㈜한국이 동 생물자산과 관련하여 2016년도 기말재무상태표 상에 표시할 생물자산은? (단, 2016년 중 매각 등 감소된 돼지는 없다)

일자	내용	마리당 순공정가치
2016년 1월 1일	1년 된 돼지	₩ 8,000
2016년 7월 1일	1년 6개월 된 돼지	₩ 12,000
2016년 7월 1일	새로 태어난 돼지	₩ 3,000
2016년 12월 31일	6개월 된 돼지	₩ 5,000
2016년 12월 31일	2년 된 돼지	₩ 15,000

① ₩ 120,000　　② ₩ 141,000
③ ₩ 150,000　　④ ₩ 156,000

008 ☐☐☐

㈜서울이 보고한 2007년 당기순이익은 ₩ 1,000이다. 회사는 2006년 기말재고자산이 ₩ 300 과대계상되었고, 2007년 기말재고자산이 ₩ 300 과소계상되었음을 발견하였다. 이러한 재고자산 오류가 발생하지 않았다면 ㈜서울이 2007년도에 보고할 당기순이익은? (단, 법인세효과는 무시한다)

① ₩ 400　　　　　　　② ₩ 700
③ ₩ 1,000　　　　　　④ ₩ 1,600

009 ☐☐☐

기말재고자산 누락 시 나타나는 현상은?

① 매출원가 과소
② 매출총이익 과소
③ 당기순이익 과대
④ 법인세부담 증가
⑤ 영업이익 과대

010 ☐☐☐

12월 결산법인 ㈜서울은 2014년 기말재고자산을 ₩ 3,000 과대계상하였고, 2015년 기말재고자산을 ₩ 2,000 과소계상하였음을 2015년 말 장부마감 전에 발견하였다. 이러한 오류들을 수정하기 전의 2015년 당기순이익이 ₩ 10,000이라면, 오류수정후 2015년 당기순이익은 얼마인가? (단, 법인세효과는 고려하지 않는다)

① ₩ 5,000　　　　　　② ₩ 9,000
③ ₩ 11,000　　　　　　④ ₩ 15,000

011 ☐☐☐

㈜대한은 ㈜민국에게 판매 위탁한 상품 중 기말 현재 판매되지 않은 상품(원가 ₩ 10,000)을 기말재고자산에 판매가(₩ 15,000)로 포함시켰다. 이로 인한 당기와 차기의 순이익에 미치는 영향으로 옳은 것은?

① 당기에만 순이익이 과대계상된다.
② 당기에만 순이익이 과소계상된다.
③ 순이익이 당기에는 과대, 차기에는 과소계상된다.
④ 순이익이 당기에는 과소, 차기에는 과대계상된다.

012 □□□

㈜대한은 2016년에 처음 회계감사를 받았는데 기말상품재고에 대하여 다음과 같은 오류가 발견되었다. 각 연도별로 ㈜대한이 보고한 당기순이익이 다음과 같을 때, 2016년의 오류수정 후 당기순이익은? (단, 법인세효과는 무시한다)

연도	당기순이익	기말상품재고
2014년	₩ 15,000	₩ 2,000(과소평가)
2015년	₩ 20,000	₩ 3,000(과소평가)
2016년	₩ 25,000	₩ 2,000(과대평가)

① ₩ 25,000
② ₩ 23,000
③ ₩ 22,000
④ ₩ 20,000

013 □□□

㈜한국의 외부감사인은 ㈜한국이 제시한 2017년도 포괄손익계산서에서 다음과 같은 오류가 있음을 발견하였다.

· 임차료 과대계상액	₩ 900,000
· 이자수익 과소계상액	600,000
· 감가상각비 과소계상액	500,000
· 기말상품 과대계상액	300,000

오류를 수정한 후의 올바른 당기순이익은? (단, 오류수정전 당기순이익은 ₩ 10,000,000이다)

① ₩ 9,300,000
② ₩ 9,500,000
③ ₩ 9,800,000
④ ₩ 10,700,000

TOPIC 17 기말재고자산에 포함할 항목 ★★

014 □□□

다음은 2014년 12월 31일 현재 ㈜한국의 재고자산과 관련한 자료이다. 재무상태표에 표시되는 재고자산의 금액은?

- 매입을 위해 운송 중인 상품 ₩ 250(FOB 선적지기준 ₩ 150, FOB 도착지기준 ₩ 100)
- 시송품 중 매입의사가 표시되지 않은 상품: 판매가 ₩ 260(원가에 대한 이익률 30%)
- 적송품 중 판매되지 않은 상품 ₩ 300
- 창고재고 ₩ 1,000(수탁상품 ₩ 100 포함)

① ₩ 1,550
② ₩ 1,610
③ ₩ 1,710
④ ₩ 1,750

015 □□□

판매자의 기말재고자산에 포함되지 않는 것은?

① 고객이 구매의사를 표시하지 아니하고, 반환금액을 신뢰성 있게 추정할 수 없는 시용판매 상품
② 위탁판매를 하기 위하여 발송한 후, 수탁자가 창고에 보관 중인 적송품
③ 판매대금을 일정기간에 걸쳐 분할하여 회수하는 조건으로 판매 인도한 상품
④ 도착지 인도조건으로 선적되어 운송 중인 미착상품

㈜한국의 외부감사를 맡고 있는 A회계법인은 2011년도 12월 말 현재 미착상품(FOB 선적지 인도기준) ₩18,000에 대해 장부에는 매입으로 기록되었으나 실지재고조사과정에서 기말재고 자산에는 포함되지 않았음을 발견하였다. 수정전시산표 상 기초재고자산은 ₩50,000이고, 당기매입액은 ₩180,000이고, 실지재고조사법에 의해 조사된 기말재고자산은 ₩48,000이었다. 감사과정에서 발견된 사항을 반영하였을 경우 매출원가는? (단, 재고자산 감모손실은 없다)

① ₩164,000   ② ₩178,000
③ ₩182,000   ④ ₩200,000

㈜한국의 2015년 기초상품은 ₩2,000이고 당기상품매입액은 ₩15,000이다. 상품에 대해 실지재고조사법을 적용하고 있으며 다음의 자료를 고려하지 않은 기말상품은 ₩2,000이다. ㈜한국의 2015년 매출원가는? (단, 상품과 관련된 평가손실과 감모손실은 없다고 가정한다)

- 반품조건부로 판매한 상품 ₩3,000 중 ₩1,000은 반품률을 합리적으로 추정할 수 있다.
- 2015년 12월 24일에 FOB 선적지 인도조건으로 매입한 상품 ₩1,000이 2016년 1월 2일에 입고되었다.
- 시용판매한 상품 중 2015년 말 현재 고객이 구입의사를 표시하지 않은 금액은 ₩1,000(판매가)이며 시용매출의 경우 매출총이익률은 10%이다.
- 위탁판매를 하기 위해 발송한 상품 중 기말 현재 수탁자가 보관 중인 적송품은 ₩3,000이다.

① ₩7,100   ② ₩8,100
③ ₩9,100   ④ ₩11,100

2010년 12월 10일 위탁자인 ㈜한국은 수탁자인 ㈜대한에 상품을 인도하고 외상매출로 회계처리하였다. 이러한 회계처리가 ㈜한국의 2010년 재무제표에 미치는 영향으로 옳지 않은 것은? (단, 상품매매거래는 계속기록법을 적용한다)

① 재고자산 과소계상
② 매출 과대계상
③ 매출채권 과대계상
④ 매출원가 과소계상

㈜한국은 2017년 결산완료 직전 재고자산 실사로 다음 사항을 발견하였다.

- 외부 회사로부터 판매위탁을 받아 보관하고 있는 상품 ₩16,000을 기말재고자산에 포함시켰다.
- FOB 도착지기준으로 12월 27일에 ₩25,000의 상품구매계약을 체결하였으나, 그 상품이 기말까지 도착하지 않아 기말재고자산에 포함하지 않았다.
- 외부 창고에 보관하고 있는 ㈜한국의 상품 ₩22,000을 기말재고자산에 포함하지 않았다.
- 기말재고자산의 매입운임 ₩10,000을 영업비용으로 처리하였다.
- 중복 실사로 인해 상품 ₩8,000이 기말재고자산에 두 번 포함되었다.

위의 사항이 ㈜한국의 2017년 매출총이익에 미치는 영향은? (단, 재고자산은 실지재고조사법을 적용한다)

① 매출총이익 ₩8,000 증가
② 매출총이익 ₩33,000 증가
③ 매출총이익 ₩18,000 감소
④ 매출총이익 ₩24,000 감소

020 ☐☐☐

㈜한국은 재고자산의 수량결정방법으로 실지재고조사법을 사용하고 있다. 2011년 말 실지조사 결과 파악된 재고자산금액은 ₩120,000이었다. 다음의 추가자료를 결산에 반영할 경우 2011년 매출원가는?

- 당기 판매가능 재고자산금액 ₩700,000
- 적송품 ₩40,000(이 중 ₩22,000에 대한 매출계산서가 2011년 12월 26일에 도착하였음)
- 미착상품 ₩15,000(FOB 선적지 인도조건으로 2011년 12월 30일에 매입처리되었음)
- 시송품 ₩25,000(이 중 ₩12,000에 대해 고객이 매입의사를 표시하였음)
- 특별주문품 ₩40,000(생산이 완료되어 보관 중)

① ₩494,000　　　　② ₩534,000
③ ₩574,000　　　　④ ₩592,000

022 ☐☐☐

㈜한국의 2013년 재고자산을 실사한 결과 다음과 같은 오류가 발견되었다. 이러한 오류가 2013년 매출원가에 미치는 영향은? [단, ㈜한국은 실지재고조사법을 사용하고 있다]

- ㈜한국이 시용판매를 위하여 거래처에 발송한 시송품 ₩1,300,000(판매가격)에 대하여 거래처의 매입의사가 있었으나, 상품의 원가가 ㈜한국의 재고자산에 포함되어 있다. 판매가격은 원가에 30% 이익을 가산하여 결정한다.
- 2013년 중 ㈜한국은 선적지 인도기준으로 상품을 ₩1,000,000에 구입하고 운임 ₩100,000을 지급하였는데, 해당 상품이 선적은 되었으나 아직 도착하지 않아 재고자산 실사에 누락되었다.
- 2013년 중 ㈜한국은 도착지 인도기준으로 상품을 ₩1,000,000에 구입하고, 판매자가 부담할 운임은 ₩100,000이다. 이 상품은 회사 창고에 입고되었으나, 기말재고자산 실사에 누락되었다.

① ₩1,100,000 과대계상
② ₩1,200,000 과대계상
③ ₩1,100,000 과소계상
④ ₩1,200,000 과소계상

021 ☐☐☐

다음은 ㈜한국의 20X1년 1월 1일부터 12월 31일까지 재고자산 관련 자료이다. 20X1년 ㈜한국의 매출원가는?

- 기초재고자산 ₩200,000
- 당기매입액 ₩1,000,000
- 기말재고자산 ₩100,000 (창고보관분 실사 금액)
- 미착상품 ₩60,000 (도착지 인도조건으로 매입하여 12월 31일 현재 운송 중)
- 적송품 ₩200,000 (이 중 12월 31일 현재 80% 판매 완료)
- 시송품 ₩60,000 (이 중 12월 31일 현재 고객이 매입의사표시를 한 금액 ₩20,000)

① ₩780,000　　　　② ₩820,000
③ ₩920,000　　　　④ ₩1,020,000

023 ☐☐☐

㈜한국의 20X1년 기초재고자산은 ₩100,000, 당기매입액은 ₩200,000이다. ㈜한국은 20X1년 12월 말 결산과정에서 재고자산 실사 결과 기말재고가 ₩110,000인 것으로 파악되었으며, 다음의 사항은 고려하지 못하였다. 이를 반영한 후 ㈜한국의 20X1년 매출원가는?

- 도착지 인도조건으로 매입한 상품 ₩20,000은 20X1년 12월 31일 현재 운송 중이며, 20X2년 1월 2일 도착 예정이다.
- 20X1년 12월 31일 현재 시용판매를 위하여 고객에게 보낸 상품 ₩40,000(원가) 가운데 50%에 대하여 고객이 구매의사를 표시하였다.
- 20X1년 12월 31일 현재 ㈜민국에 담보로 제공한 상품 ₩50,000은 창고에 보관 중이며, 재고자산 실사 시 이를 포함하였다.

① ₩170,000　　　　② ₩180,000
③ ₩190,000　　　　④ ₩220,000

TOPIC 18   재고자산 원가흐름의 가정 ★★★

024 ☐☐☐
2018년 지방직 9급

재고자산의 회계처리에 대한 설명으로 옳지 않은 것은?

① 재고자산의 취득 시 구매자가 인수운임, 하역비, 운송기간 동안의 보험료 등을 지불하였다면, 이는 구매자의 재고자산의 취득원가에 포함된다.

② 위탁상품은 수탁기업의 판매시점에서 위탁기업이 수익으로 인식한다.

③ 재고자산의 매입단가가 지속적으로 하락하는 경우, 선입선출법을 적용하였을 경우의 매출총이익이 평균법을 적용하였을 경우의 매출총이익보다 더 높게 보고된다.

④ 재고자산의 매입단가가 지속적으로 상승하는 경우, 계속기록법 하에서 선입선출법을 사용할 경우와 실지재고조사법 하에서 선입선출법을 사용할 경우의 매출원가는 동일하다.

025 ☐☐☐
2017년 관세직 9급(4월 시행)

재고자산에 대한 설명으로 옳은 것은?

① 기초재고자산 금액과 당기매입액이 일정할 때, 기말재고자산 금액이 과대계상될 경우 당기순이익은 과소계상된다.

② 선입선출법은 기말에 재고로 남아 있는 항목은 가장 최근에 매입 또는 생산된 항목이라고 가정하는 방법이다.

③ 실지재고조사법을 적용하면 기록유지가 복잡하고 번거롭지만 특정시점의 재고자산잔액과 그 시점까지 발생한 매출원가를 적시에 파악할 수 있는 장점이 있다.

④ 도착지 인도기준에 의해서 매입이 이루어질 경우, 발생하는 운임은 매입자의 취득원가에 산입하여야 한다.

026 ☐☐☐
2012년 서울시 9급

원가흐름에 관한 다음의 내용 중 옳은 것은?

① 물가인상 시 다른 방법보다 선입선출법의 경우 이익이 과대계상된다.

② 재고자산의 원가를 확인할 수 있는 개별법 하에서는 이익 조작이 불가능하다.

③ 후입선출법의 경우 기말재고자산이 비교적 현행원가를 반영한다.

④ 선입선출법 하에서 이익 조작이 가능하다.

⑤ 계속기록법 하에서 적용되는 평균법은 총평균법이다.

027 ☐☐☐
2020년 국가직 7급

㈜한국은 상품을 외상매출하고 거래대금을 지급받지 않는 대신 거래상대방에게 상환해야 할 같은 금액의 채무를 변제하였다. 이 거래가 ㈜한국의 자산, 부채, 수익 및 순이익에 미치는 영향을 옳게 짝지은 것은? (단, 판매한 상품의 매출원가는 거래대금의 80%이고 재고자산은 계속기록법을 적용한다)

	자산	부채	수익	순이익
①	감소	감소	증가	증가
②	불변	감소	불변	증가
③	증가	불변	증가	불변
④	감소	불변	증가	불변

028 □□□

다음은 2009년 4월 1일에 영업을 시작한 ㈜갑의 4월 상품매입과 매출자료이다. ㈜갑은 매출원가를 산정하기 위해 수량파악은 계속기록법, 원가흐름은 선입선출법을 적용한다. ㈜갑의 2009년 4월 30일의 재고상품금액과 4월의 매출총이익은? (단, 4월 말 현재 재고상품의 실사결과 재고수량은 400개이다)

일자	매입		매출	
	수량(개)	매입단가(₩)	수량(개)	판매단가(₩)
4월 1일	1,000	25		
4월 8일			900	40
4월 14일	600	30		
4월 20일			500	50
4월 28일	800	40		
4월 30일			600	65

	재고상품금액	매출총이익
①	₩ 16,000	₩ 43,000
②	₩ 10,000	₩ 35,000
③	₩ 16,000	₩ 41,000
④	₩ 10,000	₩ 36,000

029 □□□

다음은 ㈜한국의 재고자산과 관련된 자료이다. 선입선출법으로 평가할 경우 매출총이익은? (단, 재고자산과 관련된 감모손실이나 평가손실 등 다른 원가는 없다)

일자	구분	수량(개)	단가(₩)
10월 1일	기초재고	10	100
10월 8일	매입	30	110
10월 15일	매출	25	140
10월 30일	매입	15	120

① ₩ 850
② ₩ 950
③ ₩ 1,050
④ ₩ 1,150

030 □□□

㈜갑의 10월 한 달간의 상품매입과 매출에 관한 자료는 아래와 같다. 회사는 실사법에 의해 기말재고수량을 파악하고, 원가흐름에 대한 가정으로 선입선출법을 적용한다. 10월 31일 현재 실사결과 상품재고수량은 100개로 파악되었다. ㈜갑의 10월 31일 현재 상품재고액은?

일자별	내역	수량	매입(판매)단가	금액
10월 1일	전월이월	100개	₩ 1,000	₩ 100,000
10월 10일	매입	300개	₩ 1,200	₩ 360,000
10월 11일	매입에누리 (10월 10일 매입상품)			₩ 30,000
10월 20일	매출	350개	₩ 2,000	₩ 700,000
10월 25일	매입	50개	₩ 1,300	₩ 65,000

① ₩ 65,000
② ₩ 75,000
③ ₩ 120,000
④ ₩ 125,000

031 □□□

㈜서울의 2017년 중 상품매매 내역은 다음과 같고, 상품의 회계처리는 실지재고조사법에 따르고 있다. ㈜서울의 2017년 상품매출원가는 선입선출법과 평균법의 경우 각각 얼마인가?

일자	거래	수량	1개당 매입단가	금액
2017년 초	-	50개	₩ 100	₩ 5,000
3월 1일	매입	100개	₩ 110	₩ 11,000
5월 1일	매출	60개	-	-
9월 1일	매입	50개	₩ 120	₩ 6,000
10월 1일	매출	90개	-	-

	선입선출법	평균법
①	₩ 15,000	₩ 15,500
②	₩ 15,500	₩ 15,000
③	₩ 16,000	₩ 16,500
④	₩ 16,500	₩ 16,000

032 ☐☐☐

2011년 지방직 9급

다음은 ㈜대한의 2010년 3월의 재고자산 입고 및 출고에 관한 자료이다. 선입선출법을 적용하는 경우와 총평균법을 적용하는 경우, ㈜대한의 2010년 3월 31일 현재 재고자산금액은?

일자	적요	수량(개)	단가(₩)
3월 1일	월초재고	20	100
7일	매입	20	100
11일	매출	20	150
14일	매입	20	130
27일	매출	20	200
31일	월말재고	20	

	선입선출법	총평균법
①	₩ 2,200	₩ 2,200
②	₩ 2,200	₩ 2,600
③	₩ 2,600	₩ 2,200
④	₩ 2,600	₩ 2,600

033 ☐☐☐

2016년 국가직 7급

㈜한국은 재고자산에 대해 가중평균법을 적용하고 있으며, 2016년 상품거래 내역은 다음과 같다. 상품거래와 관련하여 실지재고조사법과 계속기록법을 각각 적용할 경우, 2016년도 매출원가는? (단, 상품과 관련된 감모손실과 평가손실은 발생하지 않았다)

일자	적요	수량	단가	금액
1/1	월초재고	100개	₩ 8	₩ 800
3/4	매입	300	9	2,700
6/20	매출	(200)	–	–
9/25	매입	100	10	1,000
12/31	기말재고	300	–	–

	실지재고조사법	계속기록법
①	₩ 1,800	₩ 1,700
②	₩ 1,750	₩ 1,700
③	₩ 1,700	₩ 1,750
④	₩ 1,800	₩ 1,750

034 ☐☐☐

2015년 지방직 9급

다음은 ㈜한국의 2015년 1월의 상품매매에 관한 기록이다. 계속기록법에 의한 이동평균법으로 상품거래를 기록할 경우 2015년 1월의 매출총이익은?

일자	내역	수량	매입단가	판매단가
1월 1일	전기이월	150개	₩ 100	
1월 15일	현금매입	50개	₩ 140	
1월 20일	현금매출	100개		₩ 150
1월 25일	현금매입	100개	₩ 150	
1월 28일	현금매출	100개		₩ 160

① ₩ 2,000   ② ₩ 4,000
③ ₩ 7,000   ④ ₩ 9,000

035 ☐☐☐

2012년 국가직 7급

㈜경기의 6월 중 재고자산 거래가 다음과 같을 때, 이에 대한 설명으로 옳지 않은 것은?

일자	거래	수량	단가
6월 1일	월초재고	100개	₩ 10
6월 9일	매입	300	15
6월 16일	매출	200	25
6월 20일	매입	100	20
6월 28일	매출	200	30

① 회사가 총평균법을 사용할 경우 매출원가는 ₩ 6,000이다.
② 회사가 선입선출법을 사용할 경우 월말재고자산금액은 ₩ 2,000이다.
③ 총평균법을 사용할 경우보다 이동평균법을 사용할 경우에 순이익이 더 크다.
④ 계속기록법과 선입선출법을 사용할 경우보다 실지재고조사법과 선입선출법을 사용할 경우에 매출원가가 더 크다.

036 □□□

㈜한국의 2012년도 거래는 다음과 같다. 계속기록법을 적용하였을 경우 매출원가는? (단, 개별법을 적용한다)

- 1월 1일 전기이월된 상품은 ₩3,000이다.
- 2월 9일 ㈜대한으로부터 상품을 현금으로 구입하였는데, 매입대금 ₩8,000에는 매입운임 ₩1,000이 포함되어 있지 않다.
- 3월 8일 기초상품을 ㈜민국에 현금으로 ₩4,000에 판매하였다.
- 7월 9일 ㈜대한으로부터 구입한 상품 중 절반을 ㈜민국에 외상으로 ₩5,000에 판매하였다.

① ₩7,500 ② ₩7,000
③ ₩4,500 ④ ₩4,000

037 □□□

다음은 ㈜서울의 재고자산과 관련된 자료이다. 재고자산에 대한 원가흐름의 가정으로 선입선출법을 적용하는 경우 평균법을 적용하는 경우 대비 매출원가의 감소액은? (단, 재고자산과 관련된 감모손실이나 평가손실 등 다른 원가는 없으며, ㈜서울은 재고자산 매매거래에 대해 계속기록법을 적용한다)

일자	구분	수량	매입단가
1월 1일	기초재고	100개	₩10
5월 8일	매입	50개	₩13
8월 23일	매출	80개	
11월 15일	매입	30개	₩14

① ₩80 ② ₩120
③ ₩200 ④ ₩240

038 □□□

다음은 ㈜한국의 20X1년 6월 중 재고자산의 매입 및 매출과 관련된 자료이다. 선입선출법과 가중평균법을 적용한 매출원가는? (단, 재고수량 결정은 실지재고조사법에 따른다)

구분	수량	×	단가	=	금액
기초재고(6월 1일)	12		₩100		₩1,200
당기매입:					
6월 10일	20		₩110		₩2,200
6월 15일	20		₩130		₩2,600
6월 26일	8		₩150		₩1,200
판매가능액	60				₩7,200
당기매출:					
6월 12일	24				
6월 25일	20				
기말재고(6월 30일)	16				

	선입선출법	가중평균법
①	₩4,960	₩5,014
②	₩4,960	₩5,280
③	₩5,560	₩5,014
④	₩5,560	₩5,280

039 ☐☐☐

다음은 ㈜한국의 상품과 관련된 자료이다. ㈜한국이 당기에 인식해야 할 총비용은? (단, 비정상적인 감모손실은 없다)

• 기초상품재고액	₩ 100,000
• 당기상품매입액	700,000
• 장부 상 기말상품재고액	242,000
(220개, 단가 ₩ 1,100)	
• 기말상품 실제재고수량(200개)	
• 기말상품 개당 순실현가능가치	1,000

① ₩ 558,000
② ₩ 578,000
③ ₩ 580,000
④ ₩ 600,000

040 ☐☐☐

㈜ABC가 계속기록법과 이동평균법을 적용하여 계산한 기말상품원가(단위원가)는 ₩ 10이다. 기말 현재 당해 상품의 순실현가능가치(예상판매가격에서 판매비용을 차감)는 ₩ 9이다. 그리고 장부 상 기말상품수량은 100개이며, 실사에 의한 기말상품수량은 90개이다. ㈜ABC가 기말상품에 대한 평가손실을 기록하기 위해 수행할 결산수정분개로서 가장 옳은 것은?

	(차)		(대)	
①	재고자산 감모손실	90	상 품	90
②	재고자산 평가손실	90	재고자산 평가충당금	90
③	재고자산 평가손실	100	재고자산 평가충당금	100
④	재고자산 평가손실	100	상 품	100

041 ☐☐☐

㈜서울은 실지재고조사법을 사용하고 재고자산 평가손실은 전액 매출원가에 포함시키고 있으며 재고자산 평가충당금이라는 차감적 평가계정을 사용하여 회계처리한다. 기말상품 재고평가의 옳은 분개는?

• 재고수량	480개
• 1개당 매입원가	₩ 3,700
• 1개당 순실현가능가치	₩ 3,200

	(차)		(대)	
①	매출원가	240,000	상 품	240,000
②	매출원가	240,000	재고자산 평가충당금	240,000
③	재고자산 평가충당금	240,000	상 품	240,000
④	상품	240,000	매 출 원 가	240,000
⑤	재고자산 평가충당금	240,000	매 출 원 가	240,000

042 ☐☐☐

재고자산 평가손실과 정상적 원인에 의한 재고감모손실은 매출원가로, 비정상적인 감모손실은 기타비용으로 보고하는 경우 다음 자료를 토대로 계산한 매출원가는?

• 판매가능원가(= 기초재고원가 + 당기매입원가): ₩ 78,000
• 계속기록법에 의한 장부 상 수량: 100개
• 실지재고조사에 의해 파악된 기말재고 수량: 90개
• 재고부족수량: 40%는 비정상적 원인, 나머지는 정상적 원인에 의해 발생됨
• 기말재고자산의 원가: ₩ 100
• 기말재고자산의 순실현가능가치: ₩ 90

① ₩ 69,500
② ₩ 69,300
③ ₩ 68,400
④ ₩ 68,600

다음은 ㈜한국의 재고자산 관련 자료이다. 기말상품의 실사수량과 단위당 순실현가능가치는? (단, 재고자산 감모손실은 실사수량과 장부 상 재고수량의 차이로 인해 발생한 계정이며, 재고자산 평가손실은 취득원가와 순실현가능가치와의 차이로 인해 발생한 계정이다)

· 기초상품재고액(재고자산 평가충당금 없음)	₩ 20,000
· 당기매입액	400,000
· 장부 상 기말상품재고액(단위당 원가 ₩ 2,000)	200,000
· 재고자산 감모손실	20,000
· 재고자산 평가손실	18,000

	기말재고 실사수량	기말상품 단위당 순실현가능가치
①	80개	₩ 1,800
②	80개	₩ 2,000
③	90개	₩ 1,800
④	90개	₩ 2,000

㈜서울의 2016년 기말상품재고원가는 ₩ 100,000, 순실현가능가치는 ₩ 95,000이다. 2017년 당기매입액은 ₩ 850,000이고, 기말재고자산 평가와 관련된 자료는 다음과 같다. ㈜서울은 재고자산 감모손실을 제외한 금액을 매출원가로 인식할 때, 2017년 매출원가는 얼마인가? (단, 2016년 말 재고자산은 2017년도에 모두 판매되었다)

장부수량	실지재고수량	취득원가	단위당 순실현가능가치
100개	95개	₩ 1,100	₩ 1,000

① ₩ 844,500   ② ₩ 849,500
③ ₩ 850,000   ④ ₩ 855,000

㈜한국의 2018년 재고자산 관련 자료는 다음과 같다.

· 기초재고액	₩ 10,000
· 기말재고자산(장부수량)	100개
· 기말재고자산(실사수량)	90개
· 현행대체원가	₩ 380/개
· 재고자산 당기순매입액	₩ 100,000
· 장부 상 취득단가	₩ 500/개
· 추정판매가액	₩ 450/개
· 추정판매수수료	₩ 50/개

㈜한국은 재고자산 감모손실 중 40%를 정상적인 감모로 간주하며, 재고자산 평가손실과 정상적 재고자산감모손실을 매출원가에 포함한다. ㈜한국이 2018년 포괄손익계산서에 보고할 매출원가는? (단, 재고자산은 계속기록법을 적용하며 기초재고자산의 재고자산평가충당금은 ₩ 0이다)

① ₩ 60,000   ② ₩ 71,000
③ ₩ 75,000   ④ ₩ 79,000

㈜한국은 제품생산에 투입될 취득원가 ₩ 200,000의 원재료와 제조원가 ₩ 240,000의 제품재고를 보유하고 있다. 원재료의 현행대체원가가 ₩ 180,000이고 제품의 순실현가능가치가 ₩ 250,000일 때, 저가법에 의한 재고자산 평가손실은?

① ₩ 30,000   ② ₩ 20,000
③ ₩ 10,000   ④ ₩ 0

㈜한국의 20X1년 기말재고자산에 대한 자료가 다음과 같을 때, 20X1년 말에 인식할 재고자산 평가손실은? (단, 기초재고는 없으며, 원재료b를 이용하여 생산되는 제품B는 향후에 원가 이상으로 판매될 것으로 예상된다)

품목(수량)	단위당 취득원가	단위당 판매가격	단위당 추정판매비
제품A(10개)	₩ 10,000	₩ 9,500	₩ 500
원재료b(100㎏)	₩ 2,000	₩ 1,500	₩ 0

① ₩ 10,000   ② ₩ 50,000
③ ₩ 55,000   ④ ₩ 60,000

아래는 유통업을 하는 ㈜서울의 20X9년 결산일의 재고자산 자료이다. ㈜서울은 재고자산을 저가법으로 평가하고 있다. 20X9년 결산일에 ㈜서울이 인식해야 하는 것은?

상품	재고수량	단위당 취득원가	단위당 추정판매가	단위당 추정판매비
가	40개	₩ 200	₩ 250	₩ 100
나	20개	₩ 400	₩ 500	₩ 100
다	10개	₩ 100	₩ 200	₩ 50

① 재고자산 평가손실 ₩ 2,000
② 재고자산 평가손실 ₩ 1,500
③ 회계처리 없음
④ 재고자산 평가이익 ₩ 500

㈜한국의 2016년 기초상품재고는 ₩ 50,000이고 당기매입원가는 ₩ 80,000이다. 2016년 말 기말상품재고는 ₩ 30,000이며, 순실현가능가치는 ₩ 23,000이다. 재고자산 평가손실을 인식하기 전 재고자산 평가충당금 잔액으로 ₩ 2,000이 있는 경우, 2016년 말에 인식할 재고자산 평가손실은?

① ₩ 3,000   ② ₩ 5,000
③ ₩ 7,000   ④ ₩ 9,000

㈜한국의 20X1년 기말재고 관련 자료는 다음과 같으며 품목별로 저가법을 적용한다.

품목	수량	취득원가	예상판매가격	예상판매비용
상품a	2	₩ 5,000	₩ 7,000	₩ 1,500
상품b	3	₩ 8,000	₩ 9,000	₩ 2,000
상품c	2	₩ 2,500	₩ 3,000	₩ 1,000

기초상품재고액은 ₩ 50,000, 당기총매입액은 ₩ 1,000,000, 매입할인은 ₩ 50,000이며, ㈜한국은 재고자산 평가손실을 매출원가에 포함한다. ㈜한국의 20X1년 포괄손익계산서상 매출원가는?

① ₩ 962,000   ② ₩ 964,000
③ ₩ 965,000   ④ ₩ 1,050,000

다음은 도·소매 기업인 ㈜한국의 상품과 관련된 자료이다. 정상적 원인에 의한 재고감모손실은 매출원가로, 비정상적 감모손실은 기타비용으로 보고하는 경우 ㈜한국이 당기에 인식해야 할 매출원가는? (단, 재고감모손실의 30%는 비정상적 원인, 나머지는 정상적 원인에 의해 발생되었다)

· 기초상품재고액	₩ 100,000
· 당기상품매입액	900,000
· 기말상품재고액(장부금액)	220,000
· 기말상품재고액(실사금액)	200,000

① ₩ 766,000   ② ₩ 786,000
③ ₩ 794,000   ④ ₩ 800,000

다음은 ㈜한국의 재고자산 관련 자료로서 재고자산 감모손실은 장부 상 수량과 실지재고수량과의 차이에 의해 발생한다. 기말상품의 실지재고수량은?

· 기초상품재고액	₩ 120,000
· 당기매입액	900,000
· 장부 상 기말상품재고액(단위당 원가 ₩ 1,000)	200,000
· 재고자산 감모손실	30,000

① 100개   ② 140개
③ 170개   ④ 200개

㈜한국의 기말 재고자산평가충당금은?

· 재고자산은 실지재고조사법과 총평균법 적용	
· 기말재고자산 장부 상 취득단가	₩ 85/개
· 기말재고자산 현행대체원가	₩ 74/개
· 기말재고자산 순실현가치	₩ 83/개
· 기말재고자산(장부수량)	480개
· 기말재고자산(실사수량)	476개
· 기초재고자산평가충당금	₩ 0

① ₩ 0   ② ₩ 340
③ ₩ 952   ④ ₩ 5,236

054 ☐☐☐

㈜한국에 당기 중 화재가 발생하여 재고자산과 일부의 회계자료가 소실되었다. 소실 후 남아 있는 재고자산의 가액은 ₩ 1,500이었다. 복원한 회계자료를 통하여 기초재고 ₩ 2,000, 기중매입액은 ₩ 12,000, 기중매출액은 ₩ 15,000임을 알 수 있었다. ㈜한국의 매출총이익률이 30%인 경우 화재로 소실된 재고자산 금액은?

① ₩ 2,000　　　　　② ₩ 2,500
③ ₩ 3,000　　　　　④ ₩ 3,500

055 ☐☐☐

20X1년 9월 1일에 ㈜한국의 창고에서 화재가 발생하여 재고자산이 일부 소실되었다. 남아 있는 재고자산의 순실현가능가치는 ₩ 3,600이다. 다음의 자료를 이용하여 화재로 인한 재고자산손실액을 구하면?

· 20X1년 기초재고자산	₩ 25,000
· 20X1년 8월 말까지의 재고자산매입액	39,000
· 20X1년 8월 말까지의 매입환출금액	4,000
· 20X1년 8월 말까지의 총매출액	55,000
· 20X1년 8월 말까지의 매출할인액	3,000
· 매출총이익률	30%

① ₩ 17,900　　　　② ₩ 20,000
③ ₩ 23,600　　　　④ ₩ 24,000

056 ☐☐☐

2009년 7월 1일 ㈜갑의 한 창고에서 화재가 발생하였으나 신속한 화재진압으로 보관 중인 상품 중 60%는 피해를 입지 않았다. 2009년도 기초상품재고액은 ₩ 5,000이었으며, 화재 직전까지의 매입액과 매출액은 각각 ₩ 17,000과 ₩ 20,000이었다. 이 회사의 평균 매출총이익률이 20%라고 할 때, 화재로 인한 재고손실액을 추정하면?

① ₩ 2,400　　　　　② ₩ 4,000
③ ₩ 5,000　　　　　④ ₩ 6,000

057 ☐☐☐

㈜한국의 기초상품재고는 ₩ 200,000(원가), 당기매입액은 ₩ 900,000(원가), 매출액은 ₩ 1,000,000(매가)이며, 매출액 기준 매출총이익률은 30%이다. 기말에 창고에 화재가 발생한 후 남은 상품이 ₩ 100,000(원가)일 때, 상품의 화재손실액은? [단, ㈜한국은 매출총이익률법에 의하여 상품을 평가한다]

① ₩ 100,000　　　　② ₩ 200,000
③ ₩ 300,000　　　　④ ₩ 400,000

058 □□□

㈜서울은 2015년 2월 1일 창고에 화재가 발생하여 재고자산의 대부분이 소실되었다. 실사 결과, 화재 후 남은 재고자산이 ₩100,000으로 평가되었다. 회사는 재고자산 수량파악을 위해 실지재고조사법을 사용하고 있으며 2015년 2월 1일까지 관련 장부기록을 통해 확인된 자료는 다음과 같다. 아래의 자료를 이용하여 계산한 화재로 인한 재고자산의 손실금액은 얼마인가?

• 기초재고자산 재고액	₩400,000
• 매입환출 및 에누리액	200,000
• 당기매출액	2,150,000
• 매출할인액	200,000
• 당기매입액	1,600,000
• 매입할인액	100,000
• 매출환입 및 에누리액	150,000
• 매출총이익률	25%

① ₩100,000
② ₩150,000
③ ₩200,000
④ ₩250,000

059 □□□

재고자산과 관련된 자료가 다음과 같을 때, 화재로 소실된 상품의 추정원가는?

• 2013년 4월 30일 화재가 발생하여 보유하고 있던 상품 중 ₩350,000(원가)만 남고 모두 소실되었다.
• 2013년 1월 1일 기초재고원가는 ₩440,000이다.
• 2013년 1월 1일부터 2013년 4월 29일까지의 매입액은 ₩900,000이다.
• 2013년 1월 1일부터 2013년 4월 29일까지의 매출액은 ₩1,000,000이다.
• 해당 상품의 매출원가 기준 매출총이익률(= 매출총이익 ÷ 매출원가)은 25%이다.

① ₩150,000
② ₩190,000
③ ₩200,000
④ ₩240,000

060 □□□

㈜한국은 평균원가 소매재고법으로 재고자산을 평가하고 있으며, 모든 상품에 대하여 동일한 이익률을 적용하고 있다. 최근 도난 사건이 빈발하자, 재고관리 차원에서 재고조사를 실시한 결과 기말재고는 판매가격기준으로 ₩12,000이었다. 다음 자료를 이용할 때, 당기 도난 상품의 원가 추정액은?

구분	원가	판매가격
기초재고	₩4,000	₩5,000
당기매입	₩32,000	₩40,000
당기매출		₩30,000

① ₩2,400
② ₩2,600
③ ₩2,800
④ ₩3,000

061 □□□

㈜한국의 재고자산과 관련한 자료가 다음과 같을 때, 홍수로 소실된 상품의 추정원가는?

• 20X1년 1월 1일 기초상품재고액은 ₩250,000이다.
• 20X1년 7월 31일 홍수가 발생하여 ₩150,000의 상품만 남고 모두 소실되었다.
• 20X1년 7월 31일까지 당기상품매입액은 ₩1,300,000이다.
• 20X1년 7월 31일까지 당기매출액은 ₩1,200,000이다.
• ㈜한국의 매출총이익률은 20%이다.

① ₩200,000
② ₩260,000
③ ₩440,000
④ ₩590,000

062 ☐☐☐

소매재고법(매출원가환원법)을 적용하여 매출원가와 기말재고원가를 계산하면?

	원가	매가
기초재고액	₩ 240,000	₩ 360,000
당기매입액	2,700,000	3,840,000
매 출 액		3,900,000

	매출원가	기말재고
①	₩ 2,640,000	₩ 210,000
②	₩ 2,640,000	₩ 300,000
③	₩ 2,730,000	₩ 210,000
④	₩ 2,730,000	₩ 300,000

063 ☐☐☐

㈜한국은 재고자산평가방법으로 소매재고법을 적용하고 있다. 다음 자료를 이용한 ㈜한국의 2017년 매출원가는? (단, 단위원가 결정방법으로 가중평균법을 적용한다)

	원가	매가
2017년 기초재고	₩ 250,000	₩ 400,000
2017년 순매입액	1,250,000	1,600,000
2017년 매입운임	100,000	–
2017년 순매출액	–	1,800,000

① ₩ 1,120,000 ② ₩ 1,160,000
③ ₩ 1,280,000 ④ ₩ 1,440,000

064 ☐☐☐

선입선출 소매재고법을 적용하여 추정한 기말재고액은?

	원가	판매가격
기초재고	₩ 30,000	₩ 40,000
당기매입	50,000	60,000
매 출 액		70,000

① ₩ 24,000 ② ₩ 25,000
③ ₩ 30,000 ④ ₩ 35,000

065 ☐☐☐

㈜한국의 2017년도 재고자산과 관련된 자료는 다음과 같다. 선입선출법에 의한 소매재고법을 적용할 경우 기말재고자산 원가는?

구분	원가	소매가
기초재고	₩ 48,000	₩ 80,000
당기매입	₩ 120,000	₩ 160,000
매출	–	₩ 150,000

① ₩ 54,000 ② ₩ 58,500
③ ₩ 63,000 ④ ₩ 67,500

066 ☐☐☐

㈜서울은 재고자산평가방법으로 저가기준 선입선출소매재고법을 사용하고 있다. 아래의 자료를 근거로 계산한 기말재고자산의 원가는?

항목	원가	판매가
기초재고자산	₩ 800	₩ 1,000
당기매입	₩ 4,200	₩ 6,400
매입운임	₩ 900	
매출액		₩ 4,000
인상액		₩ 500
인상취소액		₩ 100
인하액		₩ 400
인하취소액		₩ 200

① ₩ 2,223 ② ₩ 2,290
③ ₩ 2,700 ④ ₩ 2,781

067 ☐☐☐

㈜한국은 원가기준 소매재고법을 사용하고 있으며, 원가흐름은 선입선출법을 가정하고 있다. 다음 자료를 근거로 한 기말재고자산 원가는?

구분	원가	판매가
기초재고	₩ 1,200	₩ 3,000
당기매입액	₩ 14,900	₩ 19,900
매출액		₩ 20,000
인상액		₩ 270
인상취소액		₩ 50
인하액		₩ 180
인하취소액		₩ 60
종업원할인		₩ 200

① ₩ 1,890 ② ₩ 1,960
③ ₩ 2,086 ④ ₩ 2,235

068 ☐☐☐

㈜한국은 선입선출법에 의한 원가기준 소매재고법을 사용하고 있다. 기말재고액(원가)은 ₩ 1,600이고, 당기매입원가율이 80 %인 경우 순인상액과 종업원할인은?

구분	원가	매가
기초재고	₩ 2,000	₩ 4,000
당기매입액	₩ 16,000	₩ 18,000
매출액		₩ 20,000
순인상액		㉠
순인하액		₩ 1,000
종업원할인		㉡

	순인상액(㉠)	종업원할인(㉡)
①	₩ 1,500	₩ 1,500
②	₩ 1,500	₩ 2,000
③	₩ 3,000	₩ 1,500
④	₩ 3,000	₩ 2,000

069 ☐☐☐

20X9년 7월 1일에 화재로 인하여 ㈜한국의 창고에 보관 중이던 재고자산의 30 %가 소실되었다. 20X9년 1월 1일부터 20X9년 7월 1일까지 발생한 관련 회계 기록은 아래와 같다. 화재로 인한 ㈜한국의 재고자산 손실액은?

· 20X9년 기초재고자산	₩ 1,500
· 20X9년 7월 1일까지의 매입액	700
· 20X9년 7월 1일까지의 매출액	2,000
· 매출총이익률	20 %

① ₩ 160 ② ₩ 180
③ ₩ 200 ④ ₩ 220

<보기>의 자료를 이용하여 계산한 ㈜서울의 기말재고자산의 원가는?

<보기>

· ㈜서울의 재고자산평가방법은 원가기준 가중평균 소매재고법이다.
· ㈜서울은 비정상파손품의 원가는 매출원가에 포함하지 않는다.

항목	원가	판매가
기초재고자산	₩ 1,000	₩ 1,500
당기매입액	₩ 20,000	₩ 24,000
매출액		₩ 22,000
순인상액		₩ 1,300
순인하액		₩ 700
정상파손		₩ 1,000
비정상파손	₩ 1,000	₩ 1,100

① ₩ 1,500   ② ₩ 1,600
③ ₩ 1,700   ④ ₩ 1,800

재무회계

2022 해커스공무원 현진환 회계학 단원별 기출문제집

TOPIC 21 유형자산의 취득(1) ★★★

001 □□□
2013년 국가직 7급

유형자산 취득원가를 인식할 때 경영진이 의도하는 방식으로 자산을 가동하기 위해 필요한 장소와 상태에 이르게 하는 데 직접 관련되는 원가의 예로 옳지 않은 것은?

① 설치장소 준비원가
② 최초의 운송 및 취급 관련원가
③ 새로운 시설을 개설하는 데 소요되는 원가
④ 전문가에게 지급하는 수수료

002 □□□
2011년 국가직 7급

유형자산에 해당하는 것은?

① 주택시장의 침체로 인하여 건설회사가 소유하고 있는 미분양 상태의 아파트
② 남해안에서 양식 중인 5년된 양식장의 참치
③ 해양천연가스를 발굴하기 위하여 설치한 대형 해양탐사 구조물
④ 시세가 상승할 것으로 예측하여 취득하였으나 아직 사용 목적을 결정하지 못한 대도시 외곽의 토지

003 □□□
2011년 국가직 7급

유형자산의 인식, 측정 및 평가에 대한 설명으로 옳지 않은 것은?

① 유형자산에 대한 후속원가 중 유형자산이 제공하는 미래 경제적효익이 증대되면 자산으로 인식한다.
② 석유화학공장에서 환경규제요건을 충족하기 위해 새로운 화학처리공정 설비를 설치하였을 경우 이를 관련증설원가로 보아 자산으로 인식한다.
③ 장기후불조건으로 구입하였을 경우 현금거래가격보다 높지만 실제 구입하여 발생된 것이므로 실제 총지급액을 원가로 보아 자산으로 인식한다.
④ 자산의 장부금액이 재평가로 인해 증가될 경우 증가액을 기타포괄손익으로 인식하고 재평가잉여금과목으로 자본에 가산한다.

004 □□□
2009년 지방직 9급

기업회계기준에서 규정하고 있는 유형자산의 취득원가 구성항목으로 옳지 않은 것은?

① 설치장소 준비를 위한 지출
② 유형자산의 취득과 관련하여 국채 또는 공채 등을 불가피하게 매입하는 경우 당해 채권의 매입가액
③ 자본화대상인 금융비용
④ 취득세, 등록세 등 유형자산의 취득과 직접 관련된 제세공과금

005 ☐☐☐

유형자산의 회계처리에 대한 설명으로 옳지 않은 것은?

① 주식을 발행하여 유형자산을 취득하는 경우 해당 주식의 발행가액이 액면가액 이상이면 액면가액에 해당되는 금액은 자본금으로, 액면가액을 초과하는 금액은 주식발행초과금으로 계상한다.

② 취득한 기계장치에 대한 취득세와 등록세 및 보유기간 중 발생된 화재보험료는 기계장치의 취득원가에 포함하여 감가상각한다.

③ 건설회사가 보유하고 있는 중장비의 주요 구성부품(예 궤도, 엔진, 굴삭기에 부착된 삽 등)의 내용연수와 경제적 효익의 소비행태가 다르다면, 해당 구성부품은 별도의 자산으로 계상하고 감가상각할 수 있다.

④ 유형자산의 내용연수가 경과되어 철거하거나 해체하게 될 경우 원상대로 회복시키는 데 소요될 복구비용(현재가치로 할인한 금액)은 유형자산의 취득원가에 포함한다.

006 ☐☐☐

유형자산의 취득원가에 대한 설명으로 옳지 않은 것은?

① 지상 건물이 있는 토지를 일괄취득하여 구 건물을 계속 사용할 경우 일괄구입가격을 토지와 건물의 공정가액에 따라 배분한다.

② 토지의 취득 시 중개수수료, 취득세, 등록세와 같은 소유권 이전비용은 토지의 취득원가에 포함한다.

③ 기계장치를 취득하여 기계장치를 의도한 용도로 사용하기 적합한 상태로 만들기 위해서 지출한 시운전비는 기계장치의 취득원가에 포함한다.

④ 건물 신축을 목적으로 건물이 있는 토지를 일괄취득한 경우, 구 건물의 철거비용은 신축 건물의 취득원가에 가산한다.

007 ☐☐☐

유형자산에 관한 다음의 내용 중 옳지 않은 것은?

① 중고품 구입 시 일반적으로 발생한 수리비는 취득원가에 포함한다.

② 토지를 취득하면서 토지 위의 구 건물 철거로 인해 발생한 수입이 있는 경우에는 이를 토지의 취득원가에서 차감한다.

③ 유형자산의 수선을 통해 당초 예상했던 품질수준이 회복되었다면 이를 자본적 지출로 회계처리한다.

④ 유형자산을 일괄구입하여 개별자산의 취득원가를 알 수 없는 경우에는 상대적 공정가치에 의해 배분한다.

⑤ 현금할인 조건으로 유형자산을 취득한 경우에는 이를 차감하여 취득원가를 결정한다.

008 ☐☐☐

㈜대한은 다음 자료와 같이 기계장치를 취득하였다. 기계장치의 취득원가는?

· 기계장치 구입대금	₩ 20,000
· 설치비	3,000
· 구입 후 수선비	2,000
· 운반비	1,000
· 시운전비	2,000

① ₩ 21,000 ② ₩ 25,000
③ ₩ 26,000 ④ ₩ 28,000

㈜한국은 공장 건물을 신축하기 위해 ㈜대한으로부터 장부가액이 각각 ₩50,000과 ₩100,000인 건물과 토지를 ₩300,000에 일괄취득하였다. 취득 즉시 ㈜한국은 기존 건물을 철거하면서 철거비 ₩20,000을 지출하였고 공장 건물 신축공사를 시작하였다. ㈜한국이 인식할 토지의 취득원가는?

① ₩200,000   ② ₩220,000
③ ₩300,000   ④ ₩320,000

㈜서울은 신사옥으로 토지·건물 포함 부동산을 ₩3,000,000에 취득하였다. 부동산의 건물공정가치는 ₩2,400,000, 토지의 공정가치는 ₩1,200,000이다. 건물의 취득원가는?

① ₩1,000,000   ② ₩1,200,000
③ ₩2,000,000   ④ ₩2,400,000
⑤ ₩3,000,000

㈜한국은 20X1년 초 토지, 건물 및 기계장치를 일괄취득하고 현금 ₩1,500,000을 지급하였다. 취득일 현재 자산의 장부금액과 공정가치가 다음과 같을 때, 각 자산의 취득원가는? (단, 취득자산은 철거 혹은 용도변경 없이 계속 사용한다)

구분	장부금액	공정가치
토지	₩1,095,000	₩1,350,000
건물	₩630,000	₩420,000
기계장치	₩380,000	₩230,000

	토지	건물	기계장치
①	₩1,350,000	₩420,000	₩230,000
②	₩1,095,000	₩630,000	₩380,000
③	₩1,095,000	₩315,000	₩162,500
④	₩1,012,500	₩315,000	₩172,500

㈜한국은 건물 신축을 위해 영업용 토지를 ₩1,000,000에 매입하였다. 매입 시 지급한 현금은 다음과 같다. 토지의 취득원가는?

• 구 건물 철거비용	₩225,000
• 소유권 이전 등기료	70,000
• 취득세	7,000
• 전세입주자 모집광고비	80,000

① ₩1,382,000   ② ₩1,302,000
③ ₩1,077,000   ④ ₩1,000,000

013 ▢▢▢

2017년 관세직 9급(10월 추가)

다음 자료의 토지 취득원가는?

- 토지구입비 ₩500,000, 취득세 ₩20,000을 지급하였다.
- 토지구입을 위한 조사비용 ₩15,000, 감정평가 비용 ₩20,000을 지급하였다.
- 토지 정지작업 중에 발견된 폐기물을 몰래 투기하여 범칙금 ₩5,000을 지급하였다.

① ₩500,000   ② ₩530,000
③ ₩555,000   ④ ₩560,000

014 ▢▢▢

㈜한국은 20X9년 공장을 신축하기 위해 토지를 취득하였다. 취득한 토지에는 철거예정인 건물이 있었으며 20X9년 관련 자료는 다음과 같다.

- 토지와 건물 일괄취득가격   ₩1,000,000
  (토지와 건물의 상대적 공정가치 비율 3 : 1)
- 토지 취득세 및 등기비용   100,000
- 공장신축 전 토지를 운영하여 발생한 수입   80,000
- 건물 철거비용   50,000
- 건물 철거 시 발생한 폐자재 처분수입   40,000
- 영구적으로 사용가능한 하수도 공사비   100,000

㈜한국의 20X9년 토지 취득원가는?

① ₩960,000   ② ₩1,110,000
③ ₩1,130,000   ④ ₩1,210,000

015 ▢▢▢

2017년 지방직 9급(12월 추가)

20X1년 ㈜한국의 사옥건설을 위해 매입한 토지와 건물신축과 관련된 금액이 다음과 같을 때, 토지의 취득원가는? (단, 토지진입로는 영구적이나 울타리는 내용연수가 5년이다)

내역	금액(₩)
구 건물 포함 토지 매입대금	3,000
구 건물 철거비	500
구 건물 철거 시 발생한 고철 매각대금	300
울타리 공사비	1,000
건물을 신축한 건설회사에 지급한 건설원가	6,000
토지진입로 공사비	1,000
건물 건설계약금	500
토지 취득 시 부담하기로 한 미지급 재산세	50
토지 취득 중개수수료	100
건축설계비	500
신축건물 지정차입금의 건설기간 이자비용	100
취득 후 토지분재산세	200

① ₩4,350   ② ₩4,500
③ ₩4,550   ④ ₩5,500

016 ▢▢▢

㈜한국은 20X1년 초에 토지를 새로 구입한 후, 토지 위에 새로운 사옥을 건설하기로 하였다. 이를 위해 토지 취득 후 토지 위에 있는 창고건물을 철거하였다. 토지의 취득 후 바로 공사를 시작하였으며, 토지 취득 및 신축 공사와 관련된 지출내역은 다음과 같다. 20X1년 12월 31일 현재 사옥 신축공사가 계속 진행 중이라면 건설중인자산으로 계상할 금액은?

- 토지의 구입가격   ₩20,000
- 토지의 구입에 소요된 부대비용   1,300
- 토지 위의 창고 철거비용   900
- 새로운 사옥의 설계비   2,000
- 기초공사를 위한 땅 굴착비용   500
- 건설자재 구입비용   4,000
- 건설자재 구입과 직접 관련된 차입금에서 발생한 이자 150
- 건설 근로자 인건비   1,700

① ₩8,200   ② ₩8,350
③ ₩9,100   ④ ₩9,250

06 유형자산과 투자부동산 및 무형자산 **97**

㈜한국은 당국의 허가를 받아서 자연보호구역 내의 소유토지에 주차장을 설치하였다. 이때 당국의 주차장 설치 허가조건은 3년 후 주차장을 철거하고 토지를 원상복구하는 것이다. 주차장은 2017년 1월 1일 ₩5,000,000에 설치가 완료되어 사용하기 시작하였으며, 동일자에 3년 후 복구비용으로 지출될 것으로 예상되는 금액은 ₩1,000,000으로 추정되었다. 이런 복구의무는 충당부채에 해당한다. 주차장(구축물)은 원가모형을 적용하며, 내용연수 3년, 잔존가치 ₩0, 정액법으로 감가상각한다. 2017년도 주차장(구축물)의 감가상각비는? (단, 복구공사 소요액의 현재가치 계산에 적용할 유효이자율은 연10%이며, 3년 후 ₩1의 현재가치는 0.7513이다)

① ₩1,917,100   ② ₩1,932,100
③ ₩1,992,230   ④ ₩2,000,000

㈜서울은 2016년 초에 구축물을 ₩100,000에 설치하였는데, 관련법에 따르면 내용연수 5년 경과 후 환경오염을 막기 위해서 원상회복을 해야 한다. 회사는 5년 후 원상회복에 소요될 원가를 ₩10,000으로 추정하였으며, 이 금액의 현재가치는 ₩7,000이다. 구축물을 잔존가치 없이 감가상각할 때 구축물의 회계처리에 대한 설명으로 옳지 않은 것은?

① 구축물의 최초인식금액은 ₩107,000이다.
② 원상회복에 소요되는 원가의 명목금액과 현재가치의 차이 ₩3,000은 5년 동안 금융수익으로 인식한다.
③ 구축물 취득시점에서 원상회복 의무 ₩7,000을 충당부채로 인식한다.
④ 실제 원상회복 시 소요 금액이 ₩10,000을 초과하면 발생시점에 비용으로 인식한다.

㈜한국은 20X1년 초 ₩720,000에 구축물을 취득(내용연수 5년, 잔존가치 ₩20,000, 정액법 상각)하였으며, 내용연수 종료 시점에 이를 해체하여 원상복구해야 할 의무가 있다. 20X1년 초 복구비용의 현재가치는 ₩124,180으로 추정되며 이는 충당부채의 요건을 충족한다. 복구비용의 현재가치 계산에 적용한 할인율이 10%일 때 옳지 않은 것은? (단, 소수점 발생 시 소수점 아래 첫째 자리에서 반올림한다)

① 20X1년 초 구축물의 취득원가는 ₩844,180이다.
② 20X1년 말 복구충당부채전입액(또는 이자비용)은 ₩12,418이다.
③ 20X1년 말 복구충당부채는 ₩136,598이다.
④ 20X1년 말 인식할 비용 총액은 ₩156,418이다.

㈜서울은 20X1년 초에 구축물(정액법 상각)을 취득하여 사용하기 시작하였다. 구축물의 취득대금은 20X1년 초에 ₩100,000을 지급하고, 잔금 ₩200,000은 20X2년 말에 일괄 지급하기로 하였는데, 이는 일반 신용기간을 초과하여 이연하는 것이다. ㈜서울은 구축물에 대해서 내용연수 5년 경과 후 원상회복을 해야 할 법적 의무를 부담하는데, 5년 후 원상회복에 ₩30,000의 원가가 소요될 것으로 예상된다. 구축물 취득 시 유효이자율과 원상회복의무 측정 시 할인율이 모두 연 5%일 때, 구축물과 관련하여 ㈜서울이 20X1년에 인식할 금융 비용 총액은? (단, 화폐의 시간가치 영향은 중요하며, 기간 2와 기간 5의 5% 단일금액의 현가계수는 각각 0.91과 0.78이다)

① ₩10,270   ② ₩13,600
③ ₩1,170   ④ ₩9,100

021 ☐☐☐

㈜한국은 공장을 신축하기 위하여 기존건물이 서 있던 토지를 구입하고 즉시 기존건물을 철거하였다. 관련 자료가 아래와 같을 때, 토지의 취득원가는?

· 토지 구입가격	₩ 1,000,000
· 토지 취득세	100,000
· 토지 취득 관련 중개수수료	100,000
· 신축공장 건축허가비용	20,000
· 신축공장건물 설계비용	50,000
· 기존건물 철거비용	100,000
· 기존건물 철거 시 발생한 폐자재 처분 수입	50,000
· 토지의 구획정리비용	400,000
· 신축건물공사원가	800,000

① ₩ 1,450,000   ② ₩ 1,550,000

③ ₩ 1,650,000   ④ ₩ 1,750,000

022 ☐☐☐

㈜한국은 20X1년 한 해 동안 영업사업부 건물의 일상적인 수선 및 유지를 위해 ₩ 5,300을 지출하였다. 이 중 ₩ 3,000은 도색 비용이고 ₩ 2,300은 소모품 교체비용이다. 또한, 해당 건물의 승강기 설치에 ₩ 6,400을 지출하였으며 새로운 비품을 ₩ 9,300에 구입하였다. 위의 거래 중 20X1년 12월 31일 재무 상태표에 자산으로 기록할 수 있는 지출의 총액은?

① ₩ 11,700   ② ₩ 15,700

③ ₩ 18,000   ④ ₩ 21,000

TOPIC 22   유형자산의 취득(2) - 교환 · 정부보조금 · 차입원가 ★★★

023 ☐☐☐

㈜민국은 취득원가 ₩ 500,000, 감가상각누계액 ₩ 300,000 인 기계장치를 보유하고 있다. ㈜민국은 해당 기계장치를 제공함과 동시에 현금 ₩ 50,000을 수취하고 새로운 기계장치와 교환하였다. ㈜민국이 보유하고 있던 기계장치의 공정가치가 ₩ 300,000으로 추정될 때, 교환에 의한 회계처리로 옳지 않은 것은?

① 상업적 실질이 있는 경우 새로운 기계장치의 취득원가는 ₩ 250,000으로 인식한다.

② 상업적 실질이 있는 경우 제공한 기계장치의 처분이익은 ₩ 50,000으로 인식한다.

③ 상업적 실질이 결여된 경우 새로운 기계장치의 취득원가는 ₩ 150,000으로 인식한다.

④ 상업적 실질이 결여된 경우 제공한 기계장치의 처분손익은 인식하지 않는다.

024 ☐☐☐

㈜서울은 영업부에서 사용하고 있는 차량운반구(장부금액 ₩ 50,000, 공정가치 ₩ 60,000)와 ㈜한성의 차량운반구 (장부 금액 ₩ 65,000, 공정가치 ₩ 70,000)를 교환하였다. 교환 시 ㈜서울은 현금 ₩ 15,000을 ㈜한성에 추가로 지급하였다. 동 자산의 교환 시 ㈜서울이 인식할 자산처분손익은? [단, 동 교환거래는 상업적 실질이 있으며, ㈜서울이 보유하던 차량운반구의 공정가치가 ㈜한성의 차량운반구 공정가치보다 더 명백하다]

① 손실 ₩ 10,000   ② 손실 ₩ 5,000

③ 이익 ₩ 5,000   ④ 이익 ₩ 10,000

025 □□□

㈜대한은 20X1년 1월 1일 컴퓨터A를 취득하였다(취득원가 ₩2,100,000, 잔존가치 ₩100,000, 내용연수 5년, 정액법 상각). 20X3년 1월 1일 ㈜대한은 사용하고 있는 컴퓨터A를 ㈜민국의 신형 컴퓨터B와 교환하면서 현금 ₩1,500,000을 추가로 지급하였다. 교환 당시 컴퓨터A의 공정가치는 ₩1,325,450이며, 이 교환은 상업적 실질이 있다. ㈜대한이 인식할 유형자산처분손익은?

① 처분손실 ₩25,450
② 처분이익 ₩25,450
③ 처분손실 ₩65,450
④ 처분이익 ₩65,450

027 □□□

㈜대한은 2016년 7월 1일 기계장치를 ㈜민국의 기계장치와 교환하면서 현금 ₩500,000을 추가로 지급하였다. 교환시점에서 두 기계장치의 공정가치는 명확하였으며, 기계장치에 대한 장부금액과 공정가치는 다음과 같다. ㈜대한이 교환시점에서 인식할 기계장치의 취득원가는? (단, 이 교환거래는 상업적 실질이 있다)

구분	㈜대한	㈜민국
장부금액	₩2,000,000	₩5,000,000
공정가치	2,700,000	3,100,000

① ₩2,500,000
② ₩3,100,000
③ ₩3,200,000
④ ₩3,600,000

026 □□□

2014년 1월 1일 ㈜한국은 당사의 기계장치X를 ㈜민국의 기계장치Y와 교환하고, ㈜한국은 ㈜민국으로부터 현금 ₩100,000을 수령하였다. 각 회사의 기계장치의 장부가액과 공정가치에 대한 정보는 다음과 같다.

구분	기계장치X	기계장치Y
장부가액	₩400,000	₩300,000
공정가치	₩700,000	₩600,000

기계장치X와 기계장치Y의 교환거래가 상업적 실질이 있는 경우와 상업적 실질이 없는 경우 각각에 대하여 ㈜한국이 교환으로 취득한 기계장치Y의 취득원가를 계산하면?

	상업적 실질이 있는 경우	상업적 실질이 없는 경우
①	₩300,000	₩600,000
②	₩500,000	₩200,000
③	₩600,000	₩300,000
④	₩700,000	₩400,000

028 □□□

㈜대한은 보유 중인 유형자산을 ㈜민국의 유형자산과 교환하였다. 교환일에 ㈜대한이 보유하고 있는 유형자산의 장부금액은 ₩600,000(취득원가 ₩800,000, 감가상각누계액은 ₩200,000)이고, 공정가치는 ₩650,000이다. ㈜대한은 ㈜민국에게 현금 ₩100,000을 추가로 지급하였으며, 동 교환거래는 상업적 실질이 있다. ㈜대한이 교환으로 취득한 유형자산의 취득원가는?

① ₩600,000
② ₩650,000
③ ₩700,000
④ ₩750,000

㈜서울은 공정가액이 ₩190,000인 신기계장치를 인수하고 현금 ₩60,000과 장부가액이 ₩120,000(취득원가 ₩135,000, 감가상각누계액 ₩15,000)인 구기계장치를 제공하였다. 단, 구기계장치의 공정가액은 ₩130,000이며 교환거래는 상업적 실질이 있다고 가정한다. 신기계장치의 취득원가는 얼마인가?

① ₩120,000　　　　　② ₩130,000
③ ₩180,000　　　　　④ ₩190,000

㈜대한은 2012년 1월 1일에 사용 중인 승용차(취득원가 ₩60,000, 감가상각누계액 ₩20,000)를 공정가치가 ₩75,000인 운반용 트럭과 교환하고 현금 ₩30,000을 지급하였다. 이 거래가 상업적 실질이 있을 때, ㈜대한이 인식할 유형자산처분손익은?

① ₩5,000 처분이익
② ₩5,000 처분손실
③ ₩10,000 처분이익
④ ₩10,000 처분손실

㈜대한과 ㈜민국은 사용하고 있는 기계장치를 서로 교환하였으며 이 교환은 상업적 실질이 있다. 교환시점에서 기계장치와 관련된 자료는 다음과 같다.

구분	㈜대한	㈜민국
취득가액	₩700,000	₩600,000
장부가액	₩550,000	₩350,000

기계장치의 교환시점에서 ㈜대한의 공정가치가 ㈜민국의 공정가치보다 더 명백하다. 이 교환거래로 ㈜대한은 ₩100,000의 손실을, ㈜민국은 ₩50,000의 손실을 인식하였다. 동 교환거래는 공정가치 차이만큼 현금을 수수하는 조건이다. ㈜대한이 ㈜민국으로부터 현금을 수령하였다고 가정할 경우, ㈜대한이 수령한 현금액은? (단, 교환거래로 발생한 손익은 제시된 손익 이외에는 없다)

① ₩100,000　　　　　② ₩150,000
③ ₩400,000　　　　　④ ₩450,000

㈜한국은 사용 중인 기계장치 A(장부금액 ₩300,000, 공정가치 ₩150,000)를 ㈜대한의 사용 중인 기계장치 B(장부금액 ₩350,000, 공정가치 ₩250,000)와 교환하였으며 공정가치 차액에 대하여 현금 ₩100,000을 지급하였다. 해당 교환거래가 상업적 실질이 존재하는 경우, ㈜한국과 ㈜대한이 각각 인식할 유형자산처분손실은?

	㈜한국	㈜대한
①	₩100,000	₩100,000
②	₩100,000	₩150,000
③	₩150,000	₩100,000
④	₩150,000	₩150,000

033

㈜한국은 2011년 7월 1일에 기계설비(내용연수 5년, 잔존가치 ₩ 2,000)를 ₩ 20,000에 취득하면서, '산업시설 및 기계 등의 설치 및 구입'으로 사용목적이 제한된 상환의무가 없는 정부보조금 ₩ 7,000을 받았다. 2013년 12월 31일 당해 기계설비의 장부금액(순액)은? [단, ㈜한국은 당해 기계설비에 대하여 정액법을 사용하여 월할기준으로 감가상각하며, 정부보조금은 관련된 유형자산의 차감계정으로 표시하는 회계정책을 적용하고 있다]

① ₩ 7,500
② ₩ 8,600
③ ₩ 11,000
④ ₩ 13,000

034

㈜서울은 20X1년 10월 1일에 연구개발용 설비를 ₩ 100,000에 취득하면서 정부로부터 ₩ 40,000의 상환의무가 없는 정부보조금을 수령하였다. ㈜서울은 동 설비에 대해서 내용연수 5년, 잔존가치 ₩ 0, 정액법으로 감가상각을 하고 있다. 정부보조금을 관련 자산에서 차감하는 원가차감법으로 회계처리할 경우에, 20X2년도 동 설비의 감가상각비와 기말장부금액은 각각 얼마인가?

	감가상각비	기말장부금액
①	₩ 12,000	₩ 45,000
②	₩ 12,000	₩ 75,000
③	₩ 20,000	₩ 45,000
④	₩ 20,000	₩ 75,000

035

㈜한국은 20X1년 10월 1일 ₩ 100,000의 정부보조금을 받아 ₩ 1,000,000의 설비자산을 취득(내용연수 5년, 잔존가치 ₩ 0, 정액법 상각)하였다. 정부보조금은 설비자산을 6개월 이상 사용한다면 정부에 상환할 의무가 없다. 20X3년 4월 1일 동 자산을 ₩ 620,000에 처분한다면 이때 처분손익은? (단, 원가모형을 적용하며 손상차손은 없는 것으로 가정한다)

① 처분손실 ₩ 10,000
② 처분이익 ₩ 10,000
③ 처분손실 ₩ 80,000
④ 처분이익 ₩ 80,000

036

㈜서울은 20X1년 7월 1일 기계장치를 ₩ 120,000에 취득(내용연수 4년, 잔존가치 ₩ 20,000, 연수합계법 상각)하면서 정부로부터 자산관련보조금 ₩ 40,000을 수령하였다. ㈜서울이 수령한 보조금을 기계장치의 장부금액에서 차감하는 방법으로 표시한다면 20X1년 말 재무상태표에 표시될 기계장치의 장부금액은? (단, 기계장치는 원가법을 적용하고, 손상차손은 없으며, 감가상각비는 월할계산한다)

① ₩ 68,000
② ₩ 88,000
③ ₩ 92,000
④ ₩ 100,000

차입원가와 관련한 설명으로 가장 옳지 않은 것은?

① 적격자산에 대한 적극적인 개발활동을 중단한 기간에는 차입원가의 자본화를 중단한다.

② 적격자산의 취득, 건설 또는 생산과 직접 관련된 차입원가는 당해 자산원가의 일부로 자본화하여야 한다.

③ 적격자산을 취득하기 위한 목적으로 특정하여 차입한 자금에 한하여, 회계기간 동안 그 차입금으로부터 실제 발생한 차입원가에서 당해 차입금의 일시적 운용에서 생긴 투자수익을 차감한 금액을 자본화가능차입원가로 결정한다.

④ 적격자산이란 의도된 용도로 사용(또는 판매)가능하게 하는 데 상당한 기간을 필요로 하는 자산으로, 재고자산·금융자산·유형자산 등이 해당된다.

㈜대한은 20X1년 1월 1일에 자가사용목적으로 공장을 착공하여 20X2년 9월 30일 완공하였다. 공사 관련 지출과 차입금에 대한 자료는 다음과 같다. ㈜대한이 20X1년에 자본화할 차입원가는? (단, 차입금의 일시적 운용수익은 없으며, 기간은 월할계산한다)

<공사 관련 지출>

일자	금액
20X1. 1. 1.	₩3,000
20X1. 10. 1.	₩2,000

<차입금 내역>

구분	금액	이자율 (연)	기간
특정차입금	₩1,000	4%	20X0. 12. 1. ~ 20X3. 12. 31.
일반차입금A	₩1,000	5%	20X1. 1. 1. ~ 20X2. 11. 30.
일반차입금B	₩2,000	8%	20X0. 7. 1. ~ 20X3. 6. 30.

① ₩40
② ₩175
③ ₩215
④ ₩280

㈜번영은 본사건물로 사용하기 위해 건물A의 소유주와 2010년 초 매매계약 체결과 함께 계약금 ₩200,000을 지급하고, 2010년 말 취득완료하였다. ㈜번영은 기업회계기준에 따라 자산취득 관련 금융비용을 자본화한다. 다음 자료를 이용하여 건물A의 취득원가를 구하면?

• 건물주에게 지급한 총매입대금	₩1,000,000
• 취득 및 등록세	100,000
• 건물A의 당기분 재산세	50,000
• ㈜번영의 건물A 취득 관련 평균지출액	500,000
• ㈜번영의 총차입금	1,000,000
• ㈜번영의 건물A 취득 관련 특정차입금	200,000
(2010년 초 차입, 이자율 15%, 2012년 일시상환조건)	
• ㈜번영의 일반차입금 자본화이자율	10%
• ㈜번영의 2010년에 발생한 일반차입금 이자비용	
	50,000

① ₩1,110,000
② ₩1,130,000
③ ₩1,150,000
④ ₩1,160,000

㈜한국은 20X1년 7월 1일부터 공장건물 신축공사를 시작하여 20X2년 4월 30일에 완공하였다. ㈜한국이 공장건물의 차입원가를 자본화하는 경우 20X1년도 포괄손익계산서 상 당기손익으로 인식할 이자비용은? (단, 이자비용은 월할계산한다)

<공사대금 지출>

20X1. 7. 1.	20X1. 10. 1.
₩50,000	₩40,000

<차입금 현황>

구분	금액	차입일	상환(예정)일	연이자율
특정 차입금	₩50,000	20X1. 7. 1.	20X2. 4. 30.	8%
일반 차입금	₩25,000	20X1. 1. 1.	20X2. 6. 30.	10%

① ₩1,000
② ₩1,500
③ ₩2,000
④ ₩2,500

041 ☐☐☐
2021년 국가직 7급

㈜한국은 20X1년 1월 1일부터 적격자산인 공장건물을 신축하기 시작하였으며, 20X2년 10월 31일 완공하였다. 공사대금 지출 및 신축공사와 관련되는 차입금의 자료는 다음과 같다.

구분	지출일· 차입일	금액	상환일	연 이자율
공사대금 지출액	20X1년 1월 1일	₩ 100,000	–	–
특정목적 차입금	20X1년 1월 1일	₩ 80,000	20X1년 12월 31일	5 %
일반목적 차입금	20X1년 1월 1일	₩ 200,000	20X2년 12월 31일	10 %

㈜한국이 20X1년 공장건물 신축과 관련하여 자본화한 차입원가는? (단, 이자비용은 월할 계산한다)

① ₩ 4,000
② ₩ 6,000
③ ₩ 20,000
④ ₩ 24,000

TOPIC 23 감가상각(1) ★★★

042 ☐☐☐
2013년 관세직 9급

유형자산의 감가상각에 대한 설명으로 옳지 않은 것은?

① 감가상각의 본질은 합리적이고 체계적인 원가의 배분과 정이다.
② 한국채택국제회계기준은 감가상각방법으로 정액법, 체감 잔액법, 생산량비례법 등을 예시하고 있다.
③ 감가상각방법은 자산에 내재된 미래경제적효익의 예상 소비형태를 반영하여야 한다.
④ 감가상각방법이 체계적이어야 한다는 것은 한번 결정된 방법은 매기 계속하여 적용하여야 한다는 의미이다.

043 ☐☐☐
2017년 국가직 9급

유형자산의 감가상각에 대한 설명 중 옳지 않은 것은?

① 유형자산의 기말 공정가치 변동을 반영하기 위해 감가상 각한다.
② 감가상각방법은 자산의 미래경제적효익이 소비될 것으로 예상되는 형태를 반영한다.
③ 각 기간의 감가상각액은 다른 자산의 장부금액에 포함되는 경우가 아니라면 당기손익으로 인식한다.
④ 잔존가치, 내용연수, 감가상각방법은 적어도 매 회계연도 말에 재검토한다.

044 □□□

자산의 회계처리에 대한 내용으로 옳지 않은 것은?

① 1년 이내에 소멸되는 소모품은 유동자산이다.
② 자동차 회사가 제조한 자동차를 운송하기 위하여 보유하는 차량은 유형자산이고 감가상각을 한다.
③ 커피숍에서 판매를 위해 전시한 커피잔은 재고자산이다.
④ 자체 사용목적으로 건설 중인 건물은 비유동자산이고 감가상각을 한다.

045 □□□

회계변경 또는 회계선택 결과로 당기순이익이 감소하는 것은? (단, 회계변경은 모두 정당한 변경으로 간주한다)

① 매입한 재고자산의 단가가 계속 상승할 때, 재고자산 단위원가결정방법을 가중평균법에서 선입선출법으로 변경하였다.
② 정액법을 적용하여 감가상각하는 비품의 내용연수를 5년에서 7년으로 변경하였다.
③ 신규취득 기계장치의 감가상각비 계산 시 정액법이 아닌 정률법을 선택하였다.
④ 정액법으로 감가상각하는 기계장치에 대해 수선비가 발생하여 이를 수익적 지출이 아닌 자본적 지출로 처리하였다.

046 □□□

㈜갑은 2009년 초에 내용연수가 3년이고 잔존가치가 없는 기계장치를 구입하였다. 회사는 감가상각방법으로 정액법, 연수합계법, 이중체감법을 고려하고 있다. 이 기계장치를 구입한 후 3년째 되는 마지막 회계연도에 보고할 감가상각비가 큰 순으로 감가상각방법을 바르게 나열한 것은?

① 정액법 > 연수합계법 > 이중체감법
② 정액법 > 이중체감법 > 연수합계법
③ 이중체감법 > 정액법 > 연수합계법
④ 이중체감법 > 연수합계법 > 정액법

047 □□□

㈜한국은 20X1년 초 차량 A(내용연수 4년, 잔존가치 ₩ 0, 감가상각방법 연수합계법 적용)를 ₩ 900,000에 매입하면서 취득세 ₩ 90,000을 납부하였고, 의무적으로 매입해야 하는 국공채를 액면가 ₩ 100,000(현재가치 ₩ 90,000)에 매입하였다. 차량 A를 취득한 후 바로 영업활동에 사용하였을 때, 차량 A와 관련하여 ㈜한국이 인식할 20X2년 감가상각비는?

① ₩ 300,000
② ₩ 324,000
③ ₩ 400,000
④ ₩ 432,000

048 ☐☐☐

㈜한국은 20X1년 10월 1일에 기계장치를 ₩ 1,200,000(내용연수 4년, 잔존가치 ₩ 200,000)에 취득하고 연수합계법을 적용하여 감가상각하고 있다. 20X2년 말 포괄손익계산서와 재무상태표에 보고할 감가상각비와 감가상각누계액은? (단, 감가상각비는 월할계산한다)

① 감가상각비 ₩ 375,000, 감가상각누계액 ₩ 475,000
② 감가상각비 ₩ 375,000, 감가상각누계액 ₩ 570,000
③ 감가상각비 ₩ 450,000, 감가상각누계액 ₩ 475,000
④ 감가상각비 ₩ 450,000, 감가상각누계액 ₩ 570,000

050 ☐☐☐

㈜한국은 2015년 7월 1일 토지와 건물을 ₩ 2,000,000에 일괄취득하였으며, 취득 당시 토지의 공정가치는 ₩ 1,000,000, 건물의 공정가치는 ₩ 1,500,000이었다. 건물의 경우 원가모형을 적용하며, 연수합계법(내용연수 3년, 잔존가치 ₩ 0)으로 상각한다. 건물에 대해 2016년에 인식할 감가상각비는? (단, 감가상각비는 월할상각한다)

① ₩ 750,000   ② ₩ 625,000
③ ₩ 600,000   ④ ₩ 500,000

049 ☐☐☐

㈜한국은 2016년 5월 1일 기계장치를 ₩ 4,000,000에 취득하였다. 추정잔존가치는 취득원가의 10%, 내용연수는 3년, 감가상각방법은 연수합계법이며 감가상각비는 월할로 계산한다. ㈜한국이 이 기계장치를 2017년 8월 31일 ₩ 2,000,000에 처분할 경우 처분 시점의 감가상각누계액과 처분손익은? (단, 원가모형을 적용하며 손상차손은 없다고 가정한다)

① 감가상각누계액 ₩ 1,000,000, 처분손실 ₩ 1,000,000
② 감가상각누계액 ₩ 1,800,000, 처분손실 ₩ 200,000
③ 감가상각누계액 ₩ 2,200,000, 처분이익 ₩ 200,000
④ 감가상각누계액 ₩ 2,600,000, 처분이익 ₩ 600,000

051 ☐☐☐

㈜한국은 2015년 4월 1일 기계장치를 ₩ 80,000에 취득하였다. 이 기계장치는 내용연수가 5년이고 잔존가치가 ₩ 5,000이며, 연수합계법에 의해 월할로 감가상각한다. ㈜한국이 이 기계장치를 2016년 10월 1일 ₩ 43,000에 처분한 경우 기계장치 처분손익은? [단, ㈜한국은 원가모형을 적용한다]

① 처분손실 ₩ 2,000
② 처분이익 ₩ 2,000
③ 처분손실 ₩ 3,000
④ 처분이익 ₩ 3,000

㈜한국은 20X1년 7월 1일에 건물이 정착되어 있는 토지를 ₩900,000에 취득하였다. 취득과정에서 발생한 수수료는 ₩100,000이었으며, 취득한 건물의 추정내용연수는 10년이다. 취득시점에서 토지 및 건물의 공정가치는 각각 ₩300,000과 ₩900,000이다. 건물의 잔존가치는 ₩50,000으로 추정하였으며, 감가상각방법은 정액법을 사용하고, 기중 취득자산의 감가상각비는 월할계산한다. 해당 건물의 20X1년도 감가상각비는 얼마인가?

① ₩31,875   ② ₩35,000

③ ₩42,500   ④ ₩63,750

㈜한국은 20X1년 7월 1일 생산에 필요한 기계장치를 ₩1,200,000에 취득(내용연수 4년, 잔존가치 ₩200,000)하였다. 동 기계장치를 연수합계법을 적용하여 감가상각할 때, 20X4년 손익계산서에 보고할 감가상각비는? (단, 원가모형을 적용하고 손상차손은 없으며, 감가상각은 월할 계산한다)

① ₩50,000   ② ₩150,000

③ ₩180,000   ④ ₩250,000

12월 결산법인 ㈜서울은 2015년 10월 1일에 건물과 기계를 ₩90,000에 일괄 구입하였다. 구입 당시 건물과 기계의 공정가치는 각각 ₩80,000과 ₩20,000이다. 기계의 내용연수는 10년, 잔존가치는 ₩1,000이다. 2015년 기계의 감가상각비는 얼마인가? (단, 기계에 대해 원가모형을 적용하고, 정액법으로 감가상각하며, 기중 취득한 자산은 월할계산한다)

① ₩425   ② ₩450

③ ₩472   ④ ₩500

㈜대한과 ㈜한국은 2010년 1월 1일에 각각 동일한 기계를 ₩100,000에 취득하였다. 두 회사 모두 기계의 내용연수는 4년이고, 잔존가치는 ₩10,000으로 추정한다. 이 기계의 감가상각을 위하여 ㈜대한은 상각률40%의 정률법을 적용하고, ㈜한국은 연수합계법을 적용한다면, 두 회사의 2011년 12월 31일 재무상태표에 보고되는 이 기계에 대한 감가상각누계액의 차이는?

① ₩1,000   ② ₩4,000

③ ₩5,400   ④ ₩6,000

㈜한국은 2010년 1월 1일에 기계장치를 ₩ 5,000,000에 매입하였다. 기계장치의 잔존가치는 ₩ 500,000이고, 내용연수는 5년이다. 매년 12월 31일에 감가상각을 실시하며, 2012년 12월 31일에 해당 기계를 ₩ 2,000,000에 매각했다. 해당 기계를 연수합계법으로 감가상각할 때, 매각 시 인식할 유형자산처분손익은?

① 유형자산처분이익 ₩ 500,000

② 유형자산처분이익 ₩ 600,000

③ 유형자산처분손실 ₩ 500,000

④ 유형자산처분손실 ₩ 600,000

12월 결산법인인 ㈜서울은 20X1년 5월 1일 건물을 ₩ 250,000에 구입하면서 중개수수료 ₩ 50,000, 취득세 ₩ 50,000을 지출하였다. 건물의 내용연수는 5년, 잔존가치는 ₩ 50,000이다. ㈜서울은 건물을 정액법으로 감가상각하고 있다. 20X3년 11월 1일 건물을 ₩ 100,000에 처분할 경우 유형자산처분손익은 얼마인가?

① 유형자산처분이익 ₩ 50,000

② 유형자산처분이익 ₩ 100,000

③ 유형자산처분손실 ₩ 20,000

④ 유형자산처분손실 ₩ 50,000

⑤ 유형자산처분손실 ₩ 100,000

12월 결산법인인 ㈜한국은 2007년 9월 1일에 기계장치를 취득하였다. 이 기계장치의 내용연수는 3년, 잔존가치는 취득원가의 10%이다. ㈜한국은 월할기준으로 연수합계법을 사용하여 감가상각비를 계산한다. ㈜한국이 이 기계장치를 2008년 11월 30일에 ₩ 450,000에 처분하고 유형자산처분손실 ₩ 25,000을 인식하였다면 이 기계장치의 취득원가는?

① ₩ 1,000,000   ② ₩ 1,100,000

③ ₩ 1,200,000   ④ ₩ 1,500,000

㈜한국은 2011년 5월 1일에 기계장치를 취득하였다. 이 기계장치는 2011년 7월 1일부터 사용하기 시작하였고 정액법으로 감가상각한다. 기계장치의 내용연수는 5년이고 잔존가치는 취득원가의 10%이다. 2012년 말의 감가상각누계액이 ₩ 810,000일 때, 동 기계의 취득원가는? (단, 기계장치는 월할상각한다)

① ₩ 1,000,000   ② ₩ 2,700,000

③ ₩ 3,000,000   ④ ₩ 4,000,000

060 ☐☐☐

㈜한국은 2008년 1월 1일에 추정내용연수가 8년이고 잔존가치는 ₩ 800,000인 절삭기계를 구입하였다. 연수합계법에 따라 2011년 12월 31일에 계상한 감가상각비는 ₩ 1,000,000이었다. 이 기계의 취득원가는?

① ₩ 7,200,000 ② ₩ 8,000,000
③ ₩ 9,800,000 ④ ₩ 9,000,000

062 ☐☐☐

다음은 ㈜한국의 기계장치 장부금액 자료이다.

구분	2014년 기말	2015년 기말
기계장치	₩ 11,000,000	₩ 12,500,000
감가상각누계액	(₩ 4,000,000)	(₩ 4,500,000)

㈜한국은 2015년 초에 장부금액 ₩ 1,500,000(취득원가 ₩ 2,500,000, 감가상각누계액 ₩ 1,000,000)인 기계장치를 ₩ 400,000에 처분하였다. 2015년에 취득한 기계장치의 취득원가와 2015년에 인식한 감가상각비는? (단, 기계장치에 대해 원가모형을 적용한다)

	취득원가	감가상각비
①	₩ 3,000,000	₩ 500,000
②	₩ 3,000,000	₩ 1,500,000
③	₩ 4,000,000	₩ 1,500,000
④	₩ 4,000,000	₩ 2,000,000

061 ☐☐☐

㈜미래는 2009년 1월 1일에 기계장치를 취득하여 이중체감잔액법을 적용하여 감가상각하고 있다. 기계장치의 내용연수는 5년이며, 잔존가치는 ₩ 50,000이다. ㈜미래가 2010년도에 인식한 당해 기계장치의 감가상각비가 ₩ 48,000이라고 한다면, 기계장치의 취득원가는?

① ₩ 150,000 ② ₩ 200,000
③ ₩ 250,000 ④ ₩ 300,000

063 ☐☐☐

다음은 ㈜한국이 보유하고 있는 건물들에 대한 자료이다. 당기에 매각한 건물들의 취득원가는?

·당기 건물 취득가액	₩ 210,000
·당기 건물 감가상각비	110,000
·건물의 기초장부금액	130,000
·건물의 기말장부금액	220,000
·당기에 매각한 건물의 감가상각누계액	40,000

① ₩ 10,000 ② ₩ 50,000
③ ₩ 90,000 ④ ₩ 120,000

064 ☐☐☐

㈜서울은 20X1년 초에 기계장치에 대한 수선비 ₩30,000을 기계장치에 대한 자본적 지출로 처리하면서, 잔존내용연수 5년, 잔존가액 ₩0, 정액법으로 감가상각하는 오류를 범하였다. 또한 20X1년 초에 취득한 비품 ₩20,000을 자산으로 인식하지 않고 당기소모품비로 처리했는데, 동 비품은 잔존내용연수 4년, 잔존가액 ₩0, 정액법으로 감가상각했어야 옳았다. 다음 중 두 오류의 수정이 20X2년 순이익에 미치는 영향으로 옳은 것은? (단, 이러한 오류는 중대하며 20X2년도 장부는 마감되지 않은 상태이다)

① ₩1,000 증가
② ₩1,000 감소
③ ₩11,000 증가
④ ₩11,000 감소

065 ☐☐☐

㈜한국은 2009년도 장부의 마감 전에 다음과 같은 오류를 발견하였다.

> • 2009년 1월 1일 기계장치를 취득하면서 취득세 ₩800,000을 수익적 지출로 회계처리
> • 2009년 1월 1일 차량에 대한 일상적인 수선비 ₩400,000을 자본적 지출로 회계처리

이러한 회계처리 오류가 2009년도 법인세비용 차감전 순이익에 미치는 영향은? (단, 차량 및 기계장치의 감가상각방법은 정률법이며, 상각률은 40%로 동일하다)

① ₩160,000 과대계상
② ₩240,000 과소계상
③ ₩320,000 과대계상
④ ₩480,000 과소계상

TOPIC 24 감가상각(2) – 감가상각요소의 변경 ★★★

066 ☐☐☐

다음은 ㈜한국의 기계장치와 관련된 자료이다. 2013년도 감가상각비는? (단, 감가상각방법 변경은 전진법으로 회계처리한다)

> ㈜한국은 2011년 1월 1일에 기계장치를 ₩100,000(내용연수 4년, 잔존가액 ₩20,000)에 취득하여 정액법으로 상각하였다. 2013년 1월 1일에 이 기계에 부속장치를 설치하기 위하여 ₩40,000을 추가 지출하였으며, 이로 인하여 기계의 잔존내용연수가 2년 증가하였고 2013년도부터 연수합계법을 적용하기로 하였다.

① ₩20,000
② ₩24,000
③ ₩28,000
④ ₩32,000

067 ☐☐☐

㈜한국은 2007년 초에 비품을 ₩3,200,000에 구입하였으며, 동 비품의 감가상각 관련 자료는 다음과 같다. 회계변경이 ㈜한국의 재무제표에 미치는 영향으로 옳은 것은?

> • 내용연수: 4년
> • 잔존가치: ₩200,000
> • 감가상각방법: 정액법
>
> 해당 비품을 2년간 사용한 후 2009년 초에 다음과 같이 회계변경하였다.
> • 잔존내용연수: 3년
> • 잔존가치: ₩50,000
> • 감가상각방법: 연수합계법

① 2009년도 재무제표에서 전기이월이익잉여금은 ₩300,000이 감소한다.
② 2010년도 감가상각비는 ₩850,000이다.
③ 2009년도 감가상각비는 ₩550,000이다.
④ 2009년도 감가상각비는 ₩825,000이다.

㈜태백은 2006년 1월 1일에 기계를 ₩140,000에 취득하였다. ㈜태백은 기계의 내용연수를 4년, 잔존가액을 ₩20,000으로 추정하여 정액법으로 감가상각을 계산하여 왔다. 2007년 1월 1일에 ㈜태백은 기계의 생산능력을 증진시키기 위해 ₩30,000의 자본적 지출을 하였으나 기계의 잔존가액 및 내용연수는 변함이 없었다. 2008년 7월 1일 최신모형을 구입하기 위해 기계를 현금으로 처분하는 과정에서 처분손실 ₩20,000이 발생하였다. 이 경우 기계 처분 시 현금 수취액은?

① ₩50,000   ② ₩80,000
③ ₩70,000   ④ ₩60,000

㈜구봉은 20X1년 1월 1일에 생산용 기계 1대를 ₩100,000에 구입하였다. 이 기계의 내용연수는 4년, 잔존가액은 ₩20,000으로 추정되었으며 정액법에 의해 감가상각하고 있었다. ㈜구봉은 20X3년도 초에 동 기계의 성능을 현저히 개선하여 사용할 수 있게 하는 대규모의 수선을 시행하여 ₩16,000을 지출하였다. 동 수선으로 내용연수는 2년이 연장되었으나 잔존가치는 변동이 없을 것으로 추정된다. 이 기계와 관련하여 20X3년도에 인식될 감가상각비는?

① ₩28,000   ② ₩24,000
③ ₩20,000   ④ ₩14,000

㈜한국은 2010년 1월 1일 건물을 ₩1,000,000에 구입하여 2015년 12월 31일까지 정액법(내용연수는 10년, 잔존가치 ₩100,000)으로 감가상각하였다. 2016년 1월 1일 동 건물에 대해 감가상각방법을 정액법에서 연수합계법으로 변경하였으며, 잔존가치는 ₩40,000으로 재추정하였고 향후 5년을 더 사용할 수 있을 것으로 예상하였다. 2016년 말에 인식해야 할 동 건물의 감가상각비는? (단, 유형자산에 대해 원가모형을 적용한다)

① ₩84,000   ② ₩90,000
③ ₩96,000   ④ ₩140,000

㈜한국은 2006년 초에 기계장치를 ₩5,000,000에 구입하였으며, 이 기계장치의 잔존가치는 없고, 내용연수는 10년이며, 감가상각은 정액법에 의한다. 이 기계장치를 5년간 사용한 후 2011년 초에 ₩1,500,000을 들여 대폭적인 수선을 한 결과 내용연수가 3년 더 연장되었다. 2011년 말에 계상해야 할 감가상각비는?

① ₩312,500   ② ₩500,000
③ ₩520,000   ④ ₩800,000

㈜한국은 2010년 초에 기계장치를 취득하고 정액법으로 감가상각하였다. 기계장치의 취득원가는 ₩5,000이며, 내용연수는 4년, 잔존가액은 ₩1,000으로 추정하였다. 2012년 초에 기업환경의 변화로 기계장치의 내용연수가 2015년 말까지 연장될 것으로 추정하였다. 2012년부터 기계장치의 감가상각방법을 정액법에서 연수합계법으로 변경하기로 하였으며, 이러한 변경의 타당성은 인정된다. 2012년도 기계장치의 감가상각비는?

① ₩600
② ₩700
③ ₩800
④ ₩900

㈜한국은 2012년 초에 업무용 차량운반구를 ₩10,000(내용연수 5년, 잔존가치 ₩0)에 취득하여 정액법으로 감가상각하여 오다가 2013년부터 감가상각방법을 연수합계법으로 변경하였다. 다른 사항은 변화가 없고 원가모형을 적용한다고 가정할 경우, 2013년 말 재무상태표에 표시되는 동 차량운반구의 장부금액은?

① ₩6,000
② ₩5,200
③ ₩4,800
④ ₩4,200

㈜한국은 2012년 1월 1일 기계(내용연수 5년, 잔존가치 ₩100,000)를 ₩600,000에 취득하였다. ㈜한국은 당해 기계에 대하여 원가모형을 적용하고 있으며, 감가상각방법으로 정액법을 사용한다. ㈜한국은 2013년에 정당한 사유에 의하여 감가상각방법을 연수합계법으로 변경하였고, 잔존가치는 없는 것으로 재추정하였다. 당해 기계에 대하여 ㈜한국이 2013년 12월 31일에 인식할 감가상각비는?

① ₩100,000
② ₩125,000
③ ₩200,000
④ ₩250,000

㈜서울은 2016년 3월 1일 기계장치를 ₩1,000,000에 취득하였다. 기계장치의 내용연수는 3년, 추정잔존가치는 ₩100,000이고 정액법을 이용하여 감가상각한다. ㈜서울은 2017년 7월 1일에 기계장치를 ₩730,000에 처분할 경우, 처분 시점의 감가상각누계액과 처분손익은 얼마인가?

① 감가상각누계액 ₩400,000, 처분이익 ₩130,000
② 감가상각누계액 ₩450,000, 처분이익 ₩180,000
③ 감가상각누계액 ₩400,000, 처분손실 ₩130,000
④ 감가상각누계액 ₩450,000, 처분손실 ₩180,000

㈜한국은 20X1년 1월 1일 기계장치를 ₩ 100,000에 취득하여 원가모형(잔존가치 ₩ 10,000, 내용연수 6년, 정액법 월할상각)으로 평가하고 있다. 20X2년 1월 1일 ㈜한국은 기계장치의 생산능력증대를 위해 ₩ 5,000을 지출하였고, 이러한 지출로 인해 기계장치의 잔존내용연수와 잔존가치 변동은 없다. ㈜한국이 20X3년 4월 1일 기계장치를 ₩ 65,000에 처분하였다면, 동 기계장치와 관련하여 인식할 기계장치처분손익은?

① 기계장치처분이익 ₩ 1,250
② 기계장치처분손실 ₩ 1,250
③ 기계장치처분손실 ₩ 5,000
④ 기계장치처분손실 ₩ 9,000

㈜한국은 20X6년 4월 초 기계장치를 ₩ 1,000,000에 취득하였다. 해당 자산의 내용연수는 4년, 잔존가치는 ₩ 0이며, 연수합계법으로 감가상각하였다. ㈜한국은 20X8년 1월 초 기계장치의 잔존가치를 ₩ 105,000으로 변경하였으며 감가상각방법은 정액법으로 변경하였다. 잔존가치와 감가상각방법의 변경 외 다른 회계추정의 변동이 없다면, 20X8년 인식할 감가상각비는? (단, 추정치의 변경은 모두 정당한 회계변경으로 가정하고, 감가상각비는 월할상각한다)

① ₩ 90,000   ② ₩ 120,000
③ ₩ 165,000   ④ ₩ 220,000

㈜한국은 20X1년 1월 1일 기계장치를 ₩ 1,550에 취득하고 연수합계법(잔존가치 ₩ 50, 내용연수 5년)으로 감가상각하였다. 20X3년 1월 1일 현재 동 기계장치의 감가상각방법을 정액법으로 변경하고, 잔존내용연수를 20X7년 말까지인 5년으로 변경하였다. 잔존가치의 변동이 없다고 할 경우 ㈜한국이 20X3년 포괄손익계산서에 인식할 감가상각비와 재무상태표에 인식할 감가상각누계액은?

	감가상각비	감가상각누계액
①	₩ 100	₩ 900
②	₩ 120	₩ 1,020
③	₩ 100	₩ 1,100
④	₩ 120	₩ 1,120

㈜한국은 20X1년 1월 1일에 기계장치를 ₩ 450,000에 취득하면서 운송비와 설치비로 ₩ 50,000을 지출하였다. 이 기계장치는 내용연수 5년, 잔존가치 ₩ 0으로 정액법을 적용하여 감가상각하고 있다. 20X3년 1월 1일 사용 중이던 동 기계장치의 생산능력을 높이고 사용기간을 연장하기 위해 ₩ 100,000을 지출하였으며, 일상적인 수선을 위해 ₩ 5,000을 지출하였다. 지출의 결과로 기계장치의 내용연수는 5년에서 7년으로 연장되었으며 잔존가치는 ₩ 50,000으로 변경되었다. ㈜한국이 20X3년도에 인식해야 할 감가상각비는? (단, 원가모형을 적용하며 손상차손은 없다)

① ₩ 50,000   ② ₩ 60,000
③ ₩ 70,000   ④ ₩ 80,000

080 □□□
2019년 서울시 9급

㈜서울은 2017년 3월 1일에 기계장치A(내용연수 5년, 잔존가치 ₩ 0)를 ₩ 3,600,000에 취득하여 원가모형을 적용하고 있다. 2018년 초 기계장치A에 대해 감가상각 방법을 기존의 연수합계법에서 정액법으로 변경하였다면 2018년도 감가상각비는? (단, 감가상각은 월할계산한다)

① ₩ 540,000   ② ₩ 624,000
③ ₩ 864,000   ④ ₩ 960,000

081 □□□
2020년 서울시 7급

㈜서울은 취득원가가 ₩ 200,000이고 잔존가치가 ₩ 20,000으로 추정되는 유형자산의 내용연수를 10년으로 예상하고 정액법을 적용하여 6년간 상각하여 왔다. 7차년도에 동 유형자산을 8년 동안 더 사용할 수 있는 것으로 재추정 하였고, 잔존가치도 ₩ 5,000으로 재추정하였다. 7차년도의 감가상각비는?

① ₩ 10,000   ② ₩ 10,875
③ ₩ 11,125   ④ ₩ 12,875

TOPIC 25 손상회계 ★★★

082 □□□
2015년 서울시 9급

다음은 20X1년 12월 31일 현재 기계(취득 20X1년 1월 1일, 내용연수 10년, 잔존가치 없음, 정액법 상각) 관련 부분재무상태표이다. 20X2년 12월 31일의 기계의 회수가능액이 ₩ 420억인 경우에 다음 중 옳지 않은 것은? (단, 언급된 기계는 원가모형을 적용하여 회계처리한다고 가정한다)

기 계	₩ 500억
감가상각누계액	(50억)
손상차손누계액	(90억)
	360억

① 20X2년 말의 기계 장부금액은 ₩ 420억이다.
② 20X2년의 감가상각비는 ₩ 40억이다.
③ 20X2년 말 현재 손상차손을 인식하지 않았다고 가정했을 경우, 기계의 장부금액은 ₩ 400억이다.
④ 20X2년에는 손상차손환입으로 ₩ 80억을 계상해야 한다.

083 □□□
2012년 서울시 9급

㈜대한은 20X1년 1월 1일 기계를 ₩ 1,500,000(잔존가치 ₩ 0, 내용연수 5년)에 구입하여 연수합계법으로 감가상각하기로 하였다. ㈜대한은 20X1년 12월 31일 해당 기계의 손상징후가 있어 손상검사를 실시한 결과, 순공정가치는 ₩ 600,000, 사용가치는 ₩ 500,000으로 추정되었다. 한편, 20X2년 12월 31일 회수가능액은 ₩ 700,000으로 회복되었다. ㈜대한은 원가모형을 적용하고 있다. 20X2년 12월 31일 결산일 현재 인식해야 할 기계와 관련한 손상차손환입은 얼마인가?

① ₩ 200,000   ② ₩ 240,000
③ ₩ 300,000   ④ ₩ 340,000
⑤ ₩ 400,000

㈜한국은 2011년 7월 1일 건물을 ₩11,000에 취득하여 정액법(잔존가치는 ₩1,000이고 내용연수는 10년)으로 월할상각하고 있다. ㈜한국은 당기 중 예상치 못한 금융위기로 인해 부동산 가격이 폭락함에 따라 손상징후가 있다고 판단하였다. 2011년 12월 31일 현재 동 건물의 순공정가치는 ₩2,000으로 추정되고 사용가치는 ₩2,500이다. ㈜한국이 2011년 12월 31일에 인식해야 할 손상차손은?

① ₩0
② ₩8,000
③ ₩8,500
④ ₩9,000

㈜한국은 2015년 초에 취득원가 ₩850,000의 기계장치를 구입하고, 원가모형을 적용하였다. 내용연수는 4년(잔존가액 ₩50,000)이며, 감가상각은 정액법에 의한다. 2016년 말에 처음으로 손상징후가 있었으며, 기계장치의 순공정가치와 사용가치는 각각 ₩300,000과 ₩350,000이었다. 2016년 말에 인식해야 할 손상차손은?

① ₩0
② ₩50,000
③ ₩100,000
④ ₩150,000

㈜한국은 2010년 1월 1일에 기계장치를 ₩1,000,000에 취득하였다. ㈜한국은 이 기계장치에 대하여 원가모형을 적용하며, 연수합계법(내용연수는 4년, 잔존가액은 ₩0)으로 상각한다. 2010년 말, 2011년 말, 2012년 말 동 자산의 회수가능액은 각각 ₩650,000, ₩180,000, ₩120,000이었다. 2012년 말 회계 처리로 옳은 것은?

	(차)	(대)
①	손상차손누계액 40,000	손상차손환입액 40,000
②	손상차손누계액 60,000	손상차손환입액 60,000
③	감가상각누계액 40,000	손상차손환입액 40,000
④	기 계 장 치 60,000	손상차손환입액 60,000

원가모형에 의하여 평가하고 있는 ㈜대한의 기계장치와 관련하여 2011년 12월 31일 결산일 현재 인식해야 할 손상차손환입은?

> ㈜대한은 2010년 1월 1일 잔존가치 ₩0, 내용연수 5년인 기계장치를 ₩500,000에 구입하여 정액법으로 감가상각하기로 하였다. 2010년 12월 31일 ㈜대한은 해당 기계장치의 손상징후가 있어 손상검사를 실시하여 회수가능액을 추정한 결과 순공정가치가 ₩200,000, 사용가치가 ₩150,000이었고, 2011년 12월 31일 기계장치의 회수가능액은 ₩400,000이었다.

① ₩100,000
② ₩150,000
③ ₩200,000
④ ₩250,000

088 □□□ 2014년 국가직 7급

㈜한국은 2012년 1월 1일에 기계장치(내용연수 5년, 잔존가치는 없음)를 ₩100,000에 취득하였다. ㈜한국은 당해 기계장치에 대하여 원가모형을 적용하고 있으며, 감가상각방법으로 정액법을 사용한다. 2012년 말 동 기계장치의 회수가능액이 ₩40,000으로 하락하여 손상차손을 인식하였다. 그러나 2013년 말 동 기계장치의 회수가능액이 ₩70,000으로 회복되었다. 2013년 말에 인식할 손상차손환입액은?

① ₩20,000 ② ₩30,000
③ ₩40,000 ④ ₩50,000

089 □□□ 2015년 지방직 9급

㈜한국은 2014년 초에 기계장치(잔존가치 ₩0, 내용연수 5년, 정액법 상각)를 ₩5,000에 취득하고, 원가모형을 사용하여 측정하고 있다. 2014년 말에 손상징후가 있어 손상검사를 실시한 결과, 기계장치의 순공정가치는 ₩2,500, 사용가치는 ₩2,800으로 판명되었다. 이후 2015년 말에 손상이 회복되어 기계장치의 회수가능액이 ₩4,000이 된 경우 기계장치의 장부금액은?

① ₩2,100 ② ₩3,000
③ ₩3,300 ④ ₩4,000

090 □□□ 2018년 서울시 7급

원가모형을 적용하는 ㈜서울은 20X1년 1월 1일에 건물을 ₩10,000,000에 취득(정액법 상각, 내용연수 10년, 잔존가치 없음)하여 사용하고 있다. 20X4년 12월 31일 동 건물에 손상이 발생하였으며, 이때 건물의 순공정가치와 사용가치는 각각 ₩3,000,000과 ₩3,600,000이었다. 반면 20X5년 12월 31일에는 동 건물의 순공정가치와 사용가치가 각각 ₩4,800,000과 ₩5,500,000으로 회복되어 손상차손환입이 발생하였다. ㈜서울이 20X5년도에 인식할 손상차손환입액은?

① ₩1,800,000 ② ₩2,000,000
③ ₩2,300,000 ④ ₩2,500,000

091 □□□ 2018년 국가직 9급

㈜한국은 20X1년 초 기계를 ₩480,000(내용연수 5년, 잔존가치 ₩0, 정액법 상각)에 구입하고 원가모형을 채택하였다. 20X2년 말 그 기계에 손상징후가 있었으며, 이때 기계의 순공정가치는 ₩180,000, 사용가치는 ₩186,000으로 추정되었다. 20X3년 말 회수가능액이 ₩195,000으로 회복되었다면 옳지 않은 것은?

① 20X2년 말 손상차손 인식전 장부금액은 ₩288,000이다.
② 20X2년 말 손상차손으로 인식할 금액은 ₩102,000이다.
③ 20X3년 말 감가상각비로 인식할 금액은 ₩62,000이다.
④ 20X3년 말 손상차손환입액으로 인식할 금액은 ₩71,000이다.

㈜한국은 2015년 1월 1일에 기계장치를 ₩ 200,000에 취득하고 원가모형을 적용하였다(내용연수 5년, 잔존가치 ₩ 0, 정액법 상각). 2015년 말 기계장치의 순공정가치와 사용가치는 각각 ₩ 120,000, ₩ 100,000이었다. 2016년 7월 1일에 ₩ 90,000의 현금을 받고 처분하였다. ㈜한국이 인식할 유형자산처분손익은? (단, 감가상각비는 월할상각한다)

① 처분이익 ₩ 50,000

② 처분이익 ₩ 30,000

③ 처분손실 ₩ 15,000

④ 처분손실 ₩ 12,000

㈜한국은 20X1년 1월 1일에 기계장치를 취득하고 원가모형을 적용하여 감가상각하고 있다. 기계장치와 관련된 자료는 다음과 같다.

- 취득원가 ₩ 2,000,000
- 잔존가치 ₩ 200,000
- 내용연수 6년
- 감가상각방법: 정액법

20X3년 말 기계장치에 대해 손상이 발생하였으며 손상시점의 순공정가치는 ₩ 600,000이고 사용가치는 ₩ 550,000이다. 20X3년 말 손상차손 인식 후 장부금액은?

① ₩ 550,000　　　　② ₩ 600,000

③ ₩ 650,000　　　　④ ₩ 700,000

㈜서울은 2016년 1월 1일 기계장치를 ₩ 1,000,000에 취득하였다. 내용연수는 4년, 잔존가치는 ₩ 100,000, 감가상각방법은 정액법이다. 기계장치에 대한 회수가능액이 2016년 기말, 2017년 기말, 2018년 기말에 각각 ₩ 490,000, ₩ 560,000, ₩ 325,000이라고 할 때, 2017년 말 재무상태표에 인식될 기계장치의 손상차손누계액과 포괄손익계산서의 감가상각비는 얼마인가? [단, ㈜서울은 기계장치에 대해 원가모형을 적용한다]

	손상차손누계액	감가상각비
①	₩ 95,000	₩ 90,000
②	₩ 95,000	₩ 130,000
③	₩ 105,000	₩ 90,000
④	₩ 105,000	₩ 130,000

㈜한국은 20X1년 1월 1일에 기계장치를 ₩ 4,000,000(정액법 상각, 내용연수 5년, 잔존가치 ₩ 0, 원가모형 적용)에 취득하였다. 각 회계연도 말 기계장치에 대한 회수가능액은 다음과 같다.

· 20X1년 말	₩ 3,200,000
· 20X2년 말	1,800,000
· 20X3년 말	1,200,000
· 20X4년 말	2,000,000

㈜한국은 20X2년 말에 기계장치에 대해 손상차손이 발생하였고, 20X4년 말에 손상차손환입이 발생하였다고 판단하였다. 20X4년에 계상될 손상차손환입액은?

① ₩ 200,000

② ₩ 600,000

③ ₩ 800,000

④ ₩ 1,400,000

096 ☐☐☐

㈜대한은 2011년 초에 토지를 ₩10,000에 구입하였다. ㈜대한은 이 토지에 대해 재평가모형을 적용하고 있으며, 2011년 말에 ₩14,000, 2012년 말에 ₩8,000으로 각각 재평가되었다. 2012년 말에 시행한 토지의 재평가가 2012년도 당기순이익에 미치는 영향은?

① 영향 없음   ② ₩2,000 감소
③ ₩4,000 감소   ④ ₩6,000 감소

097 ☐☐☐

㈜한국은 취득원가 ₩100,000의 토지를 2010년 5월 3일에 처음으로 재평가하였다. 이 토지가 ₩150,000으로 재평가된 경우, 2010년 말 ㈜한국의 재무제표에 미치는 영향으로 옳은 것은?

① 재평가이익 ₩50,000만큼의 이익잉여금이 증가한다.
② 재평가이익 ₩50,000은 포괄손익계산서에 보고되지 않는다.
③ 재평가이익 ₩50,000만큼의 당기순이익이 증가한다.
④ 재평가이익 ₩50,000만큼의 자본이 증가한다.

098 ☐☐☐

㈜지방은 20X1년 중에 토지를 ₩100,000에 취득하였으며, 매 보고기간마다 재평가모형을 적용하기로 하였다. 20X1년 말과 20X2년 말 현재 토지의 공정가치가 각각 ₩120,000과 ₩90,000이라고 할 때, 다음 설명 중 옳은 것은?

① 20X1년에 당기순이익이 ₩20,000 증가한다.
② 20X2년에 당기순이익이 ₩10,000 감소한다.
③ 20X1년 말 현재 재평가잉여금 잔액은 ₩10,000이다.
④ 20X2년 말 재무상태표에 보고되는 토지 금액은 ₩100,000이다.

099 ☐☐☐

㈜한국은 2014년 초 취득원가 ₩50,000의 토지를 매입하였으며, 재평가모형을 적용하고 있다. 해당 토지의 2014년 말 공정가치는 ₩45,000으로 추정되어 ₩5,000의 당기손실을 인식하였다. 2015년 말 토지의 공정가치는 ₩52,000으로 추정된다. ㈜한국의 2015년 말 토지에 대한 회계처리로 옳은 것은?

① (차) 토 지	7,000	(대) 재 평 가 이 익	5,000		
		재평가잉여금	2,000		
② (차) 토 지	7,000	(대) 재 평 가 이 익	7,000		
③ (차) 토 지	7,000	(대) 재 평 가 이 익	2,000		
		재평가잉여금	5,000		
④ (차) 토 지	7,000	(대) 재평가잉여금	7,000		

100 ☐☐☐

㈜서울은 토지를 취득한 후 재평가모형에 의하여 토지에 대한 회계처리를 한다. 토지의 취득원가와 각 회기 말 토지의 공정가치는 아래와 같다. 토지의 재평가와 관련하여 ㈜서울이 20X3년에 인식할 당기손실과 총포괄손실은? (단, 법인세 효과는 고려하지 않는다)

구분	취득원가	20X1년 말 공정가치	20X2년 말 공정가치	20X3년 말 공정가치
토지	₩ 2,500	₩ 3,000	₩ 2,700	₩ 2,300

① 당기손실 ₩ 400, 총포괄손실 ₩ 0
② 당기손실 ₩ 300, 총포괄손실 ₩ 100
③ 당기손실 ₩ 300, 총포괄손실 ₩ 400
④ 당기손실 ₩ 200, 총포괄손실 ₩ 400

101 ☐☐☐

㈜한국은 20X1년 초에 무형자산인 라이선스를 ₩ 500,000(정액법 상각, 내용연수 10년, 잔존가치 ₩ 0, 재평가모형 적용)에 취득하였다. 20X1년 말 라이선스의 공정가치가 ₩ 450,000, 20X2년 말 라이선스의 공정가치가 ₩ 525,000이라면, 20X2년 말 인식할 재평가이익은?

① ₩ 25,000
② ₩ 50,000
③ ₩ 75,000
④ ₩ 125,000

102 ☐☐☐

토지에 대해 재평가모형을 적용하고 있는 ㈜서울은 20X1년 초 영업에 사용할 목적으로 토지를 ₩ 500,000에 구입하였다. 20X1년 말 토지의 공정가치는 ₩ 600,000이었으며, 20X2년 말의 공정가치는 ₩ 550,000이었다. 특히 20X2년 말에는 토지의 순공정가치와 사용가치가 각각 ₩ 450,000과 ₩ 430,000으로 토지에 손상이 발생하였다고 판단하였다. 이 토지와 관련하여 ㈜서울이 20X2년도에 손상차손(당기손익)으로 인식할 금액은?

① ₩ 50,000
② ₩ 100,000
③ ₩ 150,000
④ ₩ 200,000

103 ☐☐☐

㈜한국은 보유하고 있는 토지에 대하여 2009년부터 매년 말 재평가모형을 적용하여 평가하고 있다. 다음은 ㈜한국이 보유하고 있는 토지의 장부가액과 공정가치에 대한 자료이다. 2012년 말 현재 ㈜한국의 토지와 관련된 기타포괄손익누계액은?

연도	장부가액	공정가치
2009	₩ 28,000	₩ 30,000
2010	30,000	27,000
2011	27,000	35,000
2012	35,000	31,000

① ₩ 2,000
② ₩ 3,000
③ ₩ 4,000
④ ₩ 5,000

㈜한국은 20X1년에 아래와 같이 공장과 토지 각각에 대해 손상차손을 인식할 필요가 있다고 결정하였다. 관련 정보가 다음과 같을 때, 각 자산의 손상차손인식에 대한 설명으로 옳지 않은 것은?

구분	공장	토지
최초 취득가액	₩ 1,700,000	₩ 2,400,000
전기말 재평가잉여금	-	₩ 450,000
전기말 장부금액	₩ 1,700,000	₩ 2,850,000
당기인식손상차손	₩ 200,000	₩ 500,000

① 공장의 손상차손 ₩ 200,000을 당기순손익에 반영한다.
② 토지의 손상차손 반영 후 장부가액은 ₩ 2,350,000이다.
③ 공장의 손상차손 반영 후 장부가액은 ₩ 1,500,000이다.
④ 토지의 손상차손 반영 후 재평가잉여금의 잔액은 ₩ 450,000이다.

㈜한국은 기계장치를 2016년 1월 1일 ₩ 100,000에 취득하여 정액법(내용연수 3년, 잔존가치 ₩ 10,000)으로 감가상각하였다. 2016년 말 기계장치의 공정가치가 ₩ 90,000인 경우 재평가모형 적용 시 인식할 재평가잉여금은?

① ₩ 10,000   ② ₩ 20,000
③ ₩ 30,000   ④ ₩ 40,000

㈜서울은 2018년 1월 초에 기계장치를 ₩ 1,000,000에 구입하였다. 동 기계장치의 내용연수는 5년이고 잔존가치는 없으며 정액법으로 감가상각한다. ㈜서울은 당해 기계장치에 대해 재평가모형을 적용하고 있으며 매년도 말에 자산재평가를 한다. 2018년 말 기계장치의 공정가치는 ₩ 1,040,000이다. 기계장치와 관련하여 감가상각누계액 전액 제거 방법에 의할 경우 ㈜서울이 2018년도에 인식할 재평가잉여금은 얼마인가?

① ₩ 40,000   ② ₩ 100,000
③ ₩ 200,000   ④ ₩ 240,000

㈜한국은 2015년 1월 1일 기계장치를 ₩ 1,000,000에 취득하여 정액법(내용연수 5년, 잔존가치 ₩ 0)으로 감가상각하고 있다. 동 기계장치에 대하여 감가상각누계액을 전액 제거하는 방법으로 재평가모형을 적용하고 있으며, 공정가치는 다음과 같다. 2016년 말 기계장치의 회수가능액이 ₩ 420,000인 경우, 2016년 말 포괄손익계산서에 인식할 당기비용은? (단, 2016년 말 기계장치에 대해 손상차손을 인식해야 할 객관적인 증거가 있다)

	2015년 말	2016년 말
공정가치	₩ 920,000	₩ 580,000

① ₩ 150,000   ② ₩ 280,000
③ ₩ 330,000   ④ ₩ 380,000

108 ☐☐☐

㈜서울은 20X1년 1월 1일에 건물을 ₩ 2,000,000에 취득하였다(내용연수 5년, 잔존가치 0, 정액법에 의한 감가상각). ㈜서울은 이 건물에 대하여 매년 말 공정가치로 재평가한다. 한편, 건물의 공정가치는 20X1년 12월 31일과 20X2년 12월 31일에 각각 ₩ 1,800,000과 ₩ 1,050,000이다. 동 건물에 대한 회계처리가 ㈜서울의 20X2년 당기 순손익에 미치는 영향은? (결산일은 매년 12월 31일이며, 재평가잉여금은 후속기간에 이익잉여금으로 대체하지 않는다)

① 순손실 ₩ 100,000
② 순손실 ₩ 300,000
③ 순손실 ₩ 450,000
④ 순손실 ₩ 550,000

109 ☐☐☐

㈜한국은 20X1년 초에 ₩ 15,000을 지급하고 항공기를 구입하였다. 20X1년 말 항공기의 감가상각누계액은 ₩ 1,000이며, 공정가치는 ₩ 16,000이다. 감가상각누계액을 전액 제거하는 방법인 재평가모형을 적용하고 있으며 매년 말 재평가를 실시하고 있다. 20X2년 말 항공기의 감가상각누계액은 ₩ 2,000이며, 공정가치는 ₩ 11,000이다. 상기의 자료만을 근거로 도출된 설명으로 옳지 않은 것은? (단, 재평가잉여금을 당해 자산을 사용하면서 이익잉여금으로 대체하는 방법은 선택하고 있지 않다)

① 20X1년 말 재평가잉여금은 ₩ 2,000이다.
② 20X1년 말 항공기의 장부금액은 ₩ 16,000이다.
③ 20X2년에 인식하는 재평가손실은 ₩ 3,000이다.
④ 20X2년에 인식하는 재평가손실은 포괄손익계산서의 비용항목으로 당기순이익에 영향을 준다.

110 ☐☐☐

㈜대한은 취득원가가 ₩ 10,000이고 내용연수는 10년이며 잔존가액이 ₩ 0인 기계장치를 1차연도 1월 1일에 취득하여 정액법으로 감가상각하였다. 다음의 사항을 회계처리한 결과로 옳지 않은 것은?

- 2차연도 1월 1일에 재평가모형을 선택하고 이 기계장치를 ₩ 13,500으로 재평가하였다.
- 2차연도 결산일에 감가상각비를 인식한 후 회수가능액 ₩ 6,400을 기준으로 손상차손을 인식하였다.
- 4차연도 결산일에 감가상각비를 인식한 후 유형자산의 회수가능가액이 ₩ 7,000으로 회복되었다.

① 2차연도 결산일에 계상될 감가상각비는 ₩ 1,500이다.
② 2차연도에 인식할 손상차손은 ₩ 1,100이다.
③ 3차연도 결산일에 계상될 감가상각비는 ₩ 800이다.
④ 4차연도 결산일에 종전에 인식한 손상차손 금액만큼 기계장치의 장부금액이 조정된다.

111 ☐☐☐

㈜서울은 2017년 1월 1일에 무형자산인 특허권을 ₩ 5,000,000에 취득하여 사용하기 시작하였다. 특허권의 잔존가치는 없으며, 내용연수는 5년, 정액법을 사용하여 상각하기로 하였다. 또한 특허권에 대한 활성시장이 존재하여 ㈜서울은 매 회계연도 말에 공정가치로 재평가하기로 하였다. 단, 재평가잉여금의 일부를 이익잉여금으로 대체하는 회계처리는 하지 않기로 하였다. 각 연도별 공정가치는 아래와 같을 때, 이 특허권과 관련하여 ㈜서울의 2018년 포괄손익계산서에 보고될 당기손익과 재무상태표에 보고될 재평가잉여금은?

2017. 12. 31.	2018. 12. 31.
₩ 3,600,000	₩ 3,100,000

① 손실 ₩ 600,000, 재평가잉여금 ₩ 0
② 손실 ₩ 500,000, 재평가잉여금 ₩ 0
③ 손실 ₩ 900,000, 재평가잉여금 ₩ 400,000
④ 이익 ₩ 300,000, 재평가잉여금 ₩ 300,000

112 ⬜⬜⬜

㈜한국은 유형자산에 대하여 재평가모형을 사용하고 있으며, 토지를 20X1년 초 ₩ 1,000,000에 취득하였다. 20X1년 말 재평가 결과 토지의 공정가치는 ₩ 900,000이었고, 20X2년 말 재평가 결과 토지의 공정가치가 ₩ 1,050,000인 경우, 20X2년 말 당기손익에 포함될 자산재평가이익과 자본항목에 표시될 재평가잉여금은?

	자산재평가이익	재평가잉여금
①	₩ 0	₩ 50,000
②	₩ 50,000	₩ 100,000
③	₩ 100,000	₩ 50,000
④	₩ 150,000	₩ 150,000

113 ⬜⬜⬜

다음 설비자산 자료를 이용한 20X2년 재평가잉여금 기말 잔액은? (단, 설비자산은 취득시부터 재평가모형을 적용하고, 재평가잉여금의 이익잉여금 대체를 고려하지 않는다)

- 20X1년 1월 1일에 설비자산을 ₩ 30,000에 취득 (정액법 상각, 내용연수 10년, 잔존가치 ₩ 5,000)
- 20X2년 1월 1일에 동 설비자산의 감가상각방법을 연수합계법으로 변경(내용연수 4년, 잔존가치 ₩ 7,500)
- 공정가치: 20X1년 말 ₩ 37,500, 20X2년 말 ₩ 25,000

① ₩ 0　　　　　② ₩ 500
③ ₩ 9,500　　　④ ₩ 10,000

114 ⬜⬜⬜

㈜한국은 20X1년 초 기계장치를 ₩ 10,000(정액법 상각, 내용연수 4년, 잔존가치 ₩ 2,000, 원가모형 적용)에 취득하였다. 기계장치 관련 자료가 다음과 같을 때 옳은 것은?

- 20X2년 중 최초로 기계장치에 대해 재평가모형으로 변경하였으며, 재평가 시 기존의 감가상각누계액은 전액 제거한 후 공정가치로 평가한다. (상각방법, 내용연수, 잔존가치의 변동은 없다)
- 20X2년 말 기계장치의 공정가치는 ₩ 12,000이다.
- 20X3년 말 기계장치를 현금 ₩ 8,000을 받고 처분하였다.

① 20X1년 감가상각비는 ₩ 2,500이다.
② 20X2년 재평가잉여금은 ₩ 4,000이다.
③ 20X3년 감가상각비는 ₩ 5,000이다.
④ 20X3년 기계장치 처분이익은 ₩ 2,000이다.

115 ⬜⬜⬜

㈜한국은 20X1년 1월 1일 무형자산 요건을 충족하는 특허권을 취득(취득원가 ₩ 10,000, 내용연수 5년, 잔존가치 ₩ 0, 정액법 상각)하고 재평가모형을 적용하고 있다. 특허권은 활성시장이 존재하며, 20X2년 말 손상이 발생하였고, 20X3년 말 손상이 회복되었다. 연도별 특허권의 공정가치와 회수가능액이 다음과 같을 경우, 20X3년 말 손상차손환입액과 재평가잉여금 증가액은? (단, 내용연수 동안 재평가잉여금의 이익잉여금 대체는 없는 것으로 가정한다)

구분	20X1년 말	20X2년 말	20X3년 말
공정가치	₩ 8,400	₩ 5,900	₩ 4,200
회수가능액	₩ 8,500	₩ 5,400	₩ 4,100

① 손상차손환입액 ₩ 500, 재평가잉여금 증가액 ₩ 0
② 손상차손환입액 ₩ 500, 재평가잉여금 증가액 ₩ 100
③ 손상차손환입액 ₩ 600, 재평가잉여금 증가액 ₩ 0
④ 손상차손환입액 ₩ 600, 재평가잉여금 증가액 ₩ 100

116 ☐☐☐

2018년 서울시 9급

투자부동산 회계처리 방법에 대한 설명으로 가장 옳은 것은?

① 원칙적으로 공정가치모형과 원가모형 중 하나를 선택할 수 있으므로 투자부동산인 토지는 공정가치모형을 적용하고, 투자부동산인 건물은 원가모형을 적용할 수도 있다.

② 공정가치모형을 선택한 경우에는 공정가치 변동으로 발생하는 손익은 발생한 기간의 기타포괄손익에 반영한다.

③ 자가사용부동산을 공정가치로 평가하는 투자부동산으로 대체하는 경우, 대체하는 시점까지 그 부동산을 감가상각하고, 발생한 손상차손을 인식한다.

④ 공정가치모형을 최초 적용할 경우에는 유형자산의 경우와 같이 예외 규정에 따라 비교 표시되는 과거기간의 재무제표를 소급하여 재작성하지 않는다.

118 ☐☐☐

2018년 서울시 7급

㈜서울은 아래의 3가지 자산을 소유하고 있으며 투자부동산으로 분류하고 있다. ㈜서울은 투자부동산에 대하여 공정가치모형을 사용하고 있다. 20X2년 ㈜서울의 포괄손익계산서에 포함되어야 할 손익은?

구분	취득원가	20X1년 말 공정가치	20X2년 말 공정가치
자산1	₩ 300	₩ 390	₩ 370
자산2	₩ 350	₩ 290	₩ 275
자산3	₩ 310	₩ 385	₩ 390

① ₩ 105 이익   ② ₩ 80 이익

③ ₩ 35 손실   ④ ₩ 30 손실

117 ☐☐☐

2016년 서울시 7급

㈜서울은 2016년 초에 ₩ 100,000에 3층 건물을 취득하여 임대목적으로 사용하기 시작하였다. 건물의 내용연수는 10년이며, ㈜서울은 보유하는 모든 건물에 대해서 잔존가치 없이 정액법으로 감가상각한다. ㈜서울이 2016년 초에 취득한 임대목적 건물에 대해 공정가치모형을 적용할 경우 2016년에 건물에 대해서 인식할 총비용은 얼마인가? (단, 2016년 말 현재 건물의 공정가치는 ₩ 94,000이다)

① ₩ 0   ② ₩ 4,000

③ ₩ 6,000   ④ ₩ 10,000

119 ☐☐☐

2015년 국가직 9급

㈜한국은 2013년 1월 1일에 투자목적으로 건물을 ₩ 10,000(내용연수 10년, 잔존가치 ₩ 0, 정액법 상각)에 취득하였다. 회사는 투자부동산을 공정가치모형으로 평가하고 있으며, 2013년 결산일과 2014년 결산일의 동 건물의 공정가치는 각각 ₩ 8,000과 ₩ 9,500이다. 이 경우 2013년과 2014년의 포괄손익계산서에 미치는 영향은?

	2013년		2014년	
①	감가상각비	₩ 1,000	감가상각비	₩ 1,000
②	투자부동산평가손실	₩ 2,000	투자부동산평가이익	₩ 1,500
③	투자부동산평가손실	₩ 2,000	투자부동산평가손실	₩ 500
④	투자부동산평가손실	₩ 1,000	투자부동산평가이익	₩ 500

2022 해커스공무원 현진환 회계학 단원별 기출문제집

120 ▢▢▢

---

120 ▢▢▢

2017년 서울시 7급

㈜서울은 2017년 1월 1일에 취득한 건물(취득원가 ₩1,000,000, 잔존가치 ₩0, 내용연수 20년)을 투자부동산으로 분류하였다. 동 건물에 대하여 원가모형을 적용할 경우와 공정가치모형을 적용할 경우 2017년도 법인세비용차감전순이익에 미치는 영향의 차이(감가상각비와 평가손익 포함)를 올바르게 설명한 것은? (단, 2017년 말 동 건물의 공정가치는 ₩930,000이며 감가상각방법은 정액법이다)

① 원가모형 적용 시 법인세비용차감전순이익이 ₩20,000 더 많다.
② 원가모형 적용 시 법인세비용차감전순이익이 ₩30,000 더 많다.
③ 공정가치모형 적용 시 법인세비용차감전순이익이 ₩10,000 더 많다.
④ 공정가치모형 적용 시 법인세비용차감전순이익이 ₩30,000 더 많다.

121 ▢▢▢

2019년 관세직 9급

㈜한국이 2018년 1월 초 건물을 취득하여 투자부동산으로 분류하였을 때, 다음 자료의 거래가 ㈜한국의 2018년 당기손익에 미치는 영향은? (단, 투자부동산에 대하여 공정가치모형을 적용하며, 감가상각비는 정액법으로 월할계산한다)

- 건물(내용연수 5년, 잔존가치 ₩0) 취득가액은 ₩2,000,000 이며, 이와 별도로 취득세 ₩100,000을 납부하였다.
- 2018년 6월 말 건물의 리모델링을 위해 ₩1,000,000을 지출하였으며, 이로 인해 건물의 내용연수가 2년 증가하였다.
- 2018년 12월 말 건물의 공정가치는 ₩4,000,000이다.

① ₩900,000   ② ₩1,000,000
③ ₩1,900,000   ④ ₩2,000,000

122 ▢▢▢

2018년 국가직 7급

㈜한국은 20X1년 초 건물을 ₩1,000,000에 취득하고 그 건물을 유형자산 또는 투자부동산으로 분류하고자 한다. 유형자산은 재평가모형을 적용하며 내용연수 10년, 잔존가치 ₩0, 정액법 상각하고, 투자부동산은 공정가치모형을 적용한다. 20X1년과 20X2년 기말 공정가치가 각각 ₩990,000, ₩750,000일 경우, 다음 설명 중 옳지 않은 것은? (단, 건물은 유형자산 또는 투자부동산의 분류요건을 충족하며, 내용연수 동안 재평가잉여금의 이익잉여금 대체는 없는 것으로 가정한다)

① 건물을 유형자산으로 분류한다면, 20X1년 말 재평가잉여금(기타포괄손익)이 계상된다.
② 건물을 유형자산으로 분류한다면, 20X2년 말 재평가손실(당기손익)이 계상된다.
③ 건물을 투자부동산으로 분류한다면, 20X1년 말 투자부동산평가이익(기타포괄손익)이 계상된다.
④ 건물을 투자부동산으로 분류한다면, 20X2년 말 투자부동산평가손실(당기손익)이 계상된다.

123 ▢▢▢

2019년 서울시 7급

투자부동산의 회계처리에 대한 설명 중 가장 옳지 않은 것은?

① 투자부동산의 후속측정방법으로 공정가치모형을 선택할 경우, 변동된 공정가치모형을 적용하여 감가상각비를 인식한다.
② 회사가 영업활동에 활용하지 않고, 단기적으로 판매하기 위하여 보유하지 않으며, 장기 시세차익을 얻을 목적으로 보유하는 토지는 투자부동산으로 분류한다.
③ 투자부동산에 대해서 공정가치모형을 적용할 경우, 공정가치 변동은 당기손익으로 인식한다.
④ 투자부동산의 취득원가는 투자부동산의 구입금액과 취득에 직접적으로 관련된 지출을 포함한다.

투자부동산에 대한 설명으로 가장 옳지 않은 것은?

① 장기 시세차익을 얻기 위하여 보유하고 있는 토지는 투자부동산으로 분류한다.

② 장래 자가사용할지, 통상적인 영업과정에서 단기간에 판매할지를 결정하지 못한 토지는 시세차익을 얻기 위하여 보유한다고 보아 투자부동산으로 분류한다.

③ 투자부동산은 기업이 보유하고 있는 다른 자산과는 거의 독립적으로 현금흐름을 창출한다는 점에서 자가사용부동산과 구별된다.

④ 부동산 중 일부분은 임대수익이나 시세차익을 얻기 위하여 보유하고, 일부분은 재화나 용역의 생산 또는 제공이나 관리목적에 사용하기 위하여 보유하는 경우 동 부동산은 모두 투자부동산으로 분류한다.

다음은 토지의 공정가치 변동자료이다. ㈜서울은 토지를 20X0년 7월 중에 취득하고 계속 보유 중이다. 동 토지가 투자부동산으로 분류되는 경우와 유형자산으로 분류되는 경우 각각 기말 재무상태표상의 이익잉여금에 미치는 영향은? (단, ㈜서울은 토지 회계처리 시 투자부동산의 경우 공정가치 모형을, 유형자산의 경우 재평가모형을 적용하고 있다)

• 20X0년 7월 중 취득 시 공정가치	₩ 100,000
• 20X0년 12월 31일 공정가치	150,000

	투자부동산으로 분류	유형자산으로 분류
①	변화없음	변화없음
②	변화없음	₩ 50,000 증가
③	₩ 50,000 증가	변화없음
④	₩ 50,000 증가	₩ 50,000 증가

㈜한국은 20X1년 1월 1일 임대수익과 시세차익을 목적으로 건물을 ₩ 100,000,000(내용연수 10년, 잔존가치 ₩ 0, 정액법)에 구입하고, 해당 건물에 대해서 공정가치모형을 적용하기로 하였다. 20X1년 말 해당 건물의 공정가치가 ₩ 80,000,000일 경우 ㈜한국이 인식해야 할 평가손실은?

① 기타포괄손실 ₩ 10,000,000

② 당 기 손 실 ₩ 10,000,000

③ 기타포괄손실 ₩ 20,000,000

④ 당 기 손 실 ₩ 20,000,000

다음 자료에 따른 건물 관련 손익이 20X2년 ㈜대한의 당기순이익에 미치는 영향은? (단, 감가상각은 월할상각한다)

- 20X1년 1월 1일 투자목적으로 건물(취득원가 ₩ 1,000, 잔존가치 ₩ 0, 내용연수 4년, 정액법 상각)을 취득한 후 공정가치 모형을 적용하였다.
- 20X2년 7월 1일 ㈜대한은 동 건물을 공장용 건물(잔존가치 ₩ 0, 내용연수 2.5년, 정액법 상각)로 대체하여 자가사용하기 시작하였으며 재평가모형을 적용하였다.
- 일자별 건물 공정가치

20X1년말	20X2. 7. 1.	20X2년말
₩ 1,200	₩ 1,400	₩ 1,500

① ₩ 300 증가   ② ₩ 280 감소

③ ₩ 180 증가   ④ ₩ 80 감소

128 ☐☐☐

무형자산에 관한 다음의 내용 중 옳지 않은 것은?

① 무형자산의 합리적 상각방법을 정할 수 없는 경우에는 정액법을 사용한다.

② 외부에서 구입한 무형자산은 자산으로 처리한다.

③ 내부에서 창출한 영업권은 자산으로 인식하지 아니한다.

④ 특정 의장이나 로고 등을 일정기간 독점적으로 사용할 수 있는 권리도 무형자산에 속한다.

⑤ 계약 상 권리로부터 발생하는 무형자산의 내용연수는 예외적으로 계약 상 권리기간을 초과할 수 있다.

129 ☐☐☐

재무상태표에 표시되는 무형자산에 대한 설명으로 옳지 않은 것은?

① 영업권을 제외한 무형자산은 식별가능성을 충족하여야 한다.

② 연구단계에서 발생한 지출은 무형자산으로 인식할 수 없다.

③ 무형자산의 상각기간은 20년을 초과할 수 없다.

④ 영업권에서 발생한 손상차손은 추후 회복할 수 없다.

130 ☐☐☐

재무상태표 작성 시 무형자산으로 분류표시되는 항목에 대한 설명으로 옳지 않은 것은?

① 내부적으로 창출한 영업권은 무형자산으로 인식하지 않는다.

② 무형자산을 상각하는 경우 상각방법은 자산의 경제적 효익이 소비되는 방법을 반영하여 정액법, 체감잔액법, 생산량비례법 등을 선택하여 적용할 수 있다.

③ 숙련된 종업원은 미래경제적효익에 대한 충분한 통제능력을 갖고 있지 않으므로 무형자산의 정의를 충족시키지 못하여 재무상태표에 표시하지 않는다.

④ 영업권을 제외한 모든 무형자산은 보유기간 동안 상각하여 비용 또는 기타자산의 원가로 인식한다.

131 ☐☐☐

무형자산에 대한 설명으로 옳지 않은 것은?

① 연구단계에서 발생한 지출은 자산의 요건을 충족하는지를 합리적으로 판단하여 무형자산으로 인식 또는 발생한 기간의 비용으로 처리한다.

② 내부적으로 창출한 브랜드와 이와 실질이 유사한 항목은 무형자산으로 인식하지 아니한다.

③ 무형자산의 상각방법은 자산의 미래경제적효익이 소비되는 형태를 반영한 합리적인 방법을 적용한다.

④ 무형자산은 물리적 실체는 없지만 식별가능한 비화폐성 자산이다.

132 ☐☐☐ 2011년 국가직 9급

무형자산의 회계처리에 대한 설명으로 옳지 않은 것은?

① 내용연수가 비한정인 무형자산은 상각하지 않고, 매년 손상검사를 실시하여 손상차손(또는 손상차손환입)을 인식한다.
② 내부적으로 창출한 영업권은 무형자산으로 인식하지 않는다.
③ 연구, 개발활동과 관련하여 연구단계와 개발단계에서 발생한 지출은 무형자산의 취득원가로 처리한다.
④ 무형자산은 미래경제적효익이 기업에 유입될 가능성이 높고 취득원가를 신뢰성 있게 측정할 수 있을 때 인식한다.

133 ☐☐☐ 2015년 국가직 9급

무형자산의 인식에 대한 설명으로 옳은 것은?

① 내부 프로젝트의 연구단계에 대한 지출은 자산의 요건을 충족하는지를 합리적으로 판단하여 무형자산으로 인식할 수 있다.
② 개발단계에서 발생한 지출은 모두 무형자산으로 인식한다.
③ 사업결합으로 취득하는 무형자산의 취득원가는 취득일의 공정가치로 인식하고, 내부적으로 창출한 영업권은 무형자산으로 인식하지 아니한다.
④ 내부적으로 창출한 브랜드, 출판표제, 고객목록과 이와 실질이 유사한 항목은 무형자산으로 인식한다.

134 ☐☐☐ 2017년 서울시 9급

다음 중 개별자산의 손상 회계에 대한 설명으로 옳지 않은 것은?

① 보고기간 말마다 자산손상 징후가 있는지를 검토하고, 그러한 징후가 있다면 해당 자산의 회수가능액을 추정한다.
② 자산의 회수가능액이 장부금액에 못 미치는 경우에 자산의 장부금액을 회수가능액으로 감액하고 손상차손을 인식한다.
③ 내용연수가 한정되어 있는 무형자산은 자산손상 징후가 있는지에 관계없이 일년에 한 번은 손상검사를 한다.
④ 재평가모형에 따라 재평가금액을 장부금액으로 하는 경우에는 재평가자산의 손상차손은 재평가감소액으로 처리한다.

135 ☐☐☐ 2017년 지방직 9급(12월 추가)

무형자산의 회계처리에 대한 설명으로 옳지 않은 것은?

① 무형자산의 회계정책으로 원가모형이나 재평가모형을 선택할 수 있으며, 재평가모형을 적용하는 경우 공정가치는 활성시장을 기초로 하여 결정한다.
② 내부적으로 창출한 영업권은 원가를 신뢰성 있게 측정할 수 없고 기업이 통제하고 있는 식별가능한 자원이 아니기 때문에 자산으로 인식하지 아니한다.
③ 내부 프로젝트의 연구단계에서는 미래경제적효익을 창출할 무형자산이 존재한다는 것을 제시할 수 있기 때문에, 내부 프로젝트의 연구단계에서 발생한 지출은 무형자산으로 인식할 수 있다.
④ 내용연수가 유한한 무형자산의 상각은 자산을 사용할 수 있는 때부터 시작하며, 상각대상금액은 내용연수 동안 체계적인 방법으로 배분하여야 한다.

136 ☐☐☐

2018년 지방직 9급

무형자산에 대한 설명으로 옳은 것은?

① 무형자산은 유형자산과 달리 재평가모형을 사용할 수 없다.

② 라이선스는 특정 기술이나 지식을 일정지역 내에서 이용하기로 한 권리를 말하며, 취득원가로 인식하고 일정기간 동안 상각한다.

③ 내부적으로 창출한 상호, 상표와 같은 브랜드 네임은 그 경제적 가치를 측정하여 재무제표에 자산으로 기록하여 상각한다.

④ 영업권은 내용연수가 비한정이므로 상각하지 않는다.

137 ☐☐☐

2018년 관세직 9급

무형자산에 대한 설명으로 옳지 않은 것은?

① 무형자산으로 정의되기 위해서는 식별가능성, 자원에 대한 통제 및 미래경제적효익의 존재라는 조건을 모두 충족하여야 한다.

② 무형자산에는 특허권, 상표권, 저작권 등이 있다.

③ 사업결합으로 취득한 식별가능 무형자산의 취득원가는 취득일의 공정가치로 평가한다.

④ 비한정내용연수를 가지는 것으로 분류되었던 무형자산이 이후에 유한한 내용연수를 가지는 것으로 변경된 경우에도 상각을 하지 않는다.

138 ☐☐☐

2019년 관세직 9급

자산의 감가상각 및 상각에 대한 설명으로 옳지 않은 것은?

① 유형자산을 구성하는 일부의 원가가 당해 유형자산의 전체원가에 비교하여 유의적이라면, 해당 유형자산을 감가상각할 때 그 부분은 별도로 구분하여 감가상각한다.

② 내용연수가 유한한 무형자산의 상각기간과 상각방법은 적어도 매 회계연도 말에 검토한다.

③ 내용연수가 비한정적인 무형자산에 대해 상각비를 인식하지 않는다.

④ 정액법을 적용하여 상각하던 기계장치가 유휴상태가 되면 감가상각비를 인식하지 않는다.

139 ☐☐☐

2019년 서울시 9급

무형자산에 대한 설명으로 가장 옳지 않은 것은?

① 내용연수가 비한정인 무형자산은 손상검사를 수행하지 않는다.

② 내부적으로 창출한 영업권은 자산으로 인식하지 아니한다.

③ 무형자산의 회계정책으로 원가모형이나 재평가모형을 선택할 수 있다.

④ 내용연수가 유한한 무형자산의 상각기간과 상각방법은 적어도 매 회계연도 말에 검토한다.

무형자산의 회계처리에 대한 설명으로 옳지 않은 것은?

① 무형자산을 최초로 인식할 때에는 원가로 측정한다
② 무형자산이란 물리적 실체는 없지만 식별할 수 있는 비화폐성자산이다.
③ 내부적으로 창출한 영업권은 자산으로 인식하지 아니한다.
④ 연구(또는 내부 프로젝트의 연구단계)에 대한 지출은 무형자산으로 인식한다.

다음은 ㈜한국이 2015년 12월 31일에 지출한 연구 및 개발활동 내역이다. ㈜한국이 2015년에 비용으로 인식할 총금액은? (단, 개발활동으로 분류되는 항목에 대해서는 지출금액의 50%가 자산인식요건을 충족했다고 가정한다)

• 새로운 지식을 얻고자 하는 활동	₩ 100,000
• 생산이나 사용 전의 시제품과 모형을 제작하는 활동	250,000
• 상업적 생산목적으로 실현가능한 경제적 규모가 아닌 시험공장을 건설하는 활동	150,000
• 연구결과나 기타 지식을 탐색, 평가, 응용하는 활동	300,000
• 재료, 장치, 제품, 공정, 시스템이나 용역에 대한 여러 가지 대체안을 탐색하는 활동	50,000

① ₩ 450,000　　　② ₩ 550,000
③ ₩ 650,000　　　④ ₩ 700,000

유·무형자산의 재평가모형에 대한 설명으로 옳지 않은 것은?

① 무형자산의 재평가모형에서 활성시장이 없는 경우 전문가의 감정가액을 재평가금액으로 할 수 있다.
② 자본에 계상된 재평가잉여금은 그 자산이 제거될 때 이익잉여금으로 직접 대체할 수 있다.
③ 재평가모형에서 원가모형으로 변경할 때 비교표시되는 과거기간의 재무제표를 소급하여 재작성한다.
④ 자산을 재평가하는 회계정책을 최초로 적용하는 경우의 회계정책 변경은 소급적용하지 않는다.

한국채택국제회계기준에서 규정하고 있는 연구활동의 예가 아닌 것은?

① 연구결과나 기타지식을 응용하는 활동
② 공정이나 시스템 등에 대한 여러 가지 대체안을 탐색하는 활동
③ 새로운 공정이나 시스템 등에 대한 여러 가지 대체안을 평가 또는 최종 선택하는 활동
④ 생산 전의 시제품과 모형을 시험하는 활동

144 ☐☐☐

무형자산의 개발비로 회계처리할 수 있는 활동은?

① 새로운 지식을 얻고자 하는 활동
② 생산 전이나 사용 전의 시제품과 모형을 설계, 제작 및 시험하는 활동
③ 재료, 장치, 제품 등에 대한 여러 가지 대체안을 탐구하는 활동
④ 연구결과 또는 기타지식을 탐색, 평가, 최종 선택 및 응용하는 활동

146 ☐☐☐

아래의 자료는 ㈜서울의 연구, 개발과 관련된 자료이다. 이와 관련하여 ㈜서울이 당기손익으로 인식할 연구비는? (단, 개발비로 분류되는 지출의 경우 개발비 자산인식요건을 충족한다고 가정한다)

새로운 지식을 얻고자 하는 활동의 지출	₩ 10,000
새롭거나 개선된 재료, 장치, 제품, 공정, 시스템이나 용역에 대한 여러가지 대체안을 제안, 설계, 평가, 최종 선택하는 활동의 지출	₩ 10,000
생산이나 사용 전의 시제품과 모형을 설계, 제작, 시험하는 활동의 지출	₩ 10,000
상업적 생산목적으로 실현가능한 경제적 규모가 아닌 시험 공장을 설계, 건설, 가동하는 활동의 지출	₩ 10,000
무형자산을 창출하기 위한 내부 프로젝트를 연구단계와 개발단계로 구분할 수 없는 경우 그 프로젝트에서 발생한 지출	₩ 10,000

① ₩ 20,000　　② ₩ 30,000
③ ₩ 40,000　　④ ₩ 50,000

145 ☐☐☐

다음은 ㈜서울의 2015년도 연구 및 개발활동 지출내역이다. ㈜서울의 2015년 말 재무제표에서 당기비용으로 인식될 금액은 얼마인가? (단, 개발단계에 포함되는 활동은 식별가능성과 통제가능성 및 미래경제적효익의 제공가능성이 확인되는 것으로 가정한다)

• 새로운 과학적 기술적 지식을 얻고자 탐구하는 활동 ₩ 500,000
• 생산이나 사용 전의 시제품과 모형을 제작하는 활동 550,000
• 상업적 생산목적으로 실현가능한 경제적 규모가 아닌 시험 공장을 설계하는 활동 600,000
• 연구결과나 기타지식을 이용하여 신기술 개발가능성을 연구하는 활동 450,000

① ₩ 950,000　　② ₩ 1,050,000
③ ₩ 1,150,000　　④ ₩ 1,100,000

147 ☐☐☐

㈜서울의 다음과 같은 지출자료를 바탕으로 할 때 무형자산으로 인식할 수 있는 최대금액은?

• 새로운 지식을 위한 연구실 지출 ₩ 120
• 실험실 시설물구축비 ₩ 110
• 신제품 선택가능한 안들을 제안 및 평가하기 위한 지출 80
• 제품생산 전 시제품 설계제작 등을 위한 지출 150
• 제품생산 중의 품질관리비 60

① ₩ 140　　② ₩ 150
③ ₩ 210　　④ ₩ 230
⑤ ₩ 290

148 ☐☐☐

㈜서울은 ㈜인천을 합병하기 위하여 총 ₩4,500,000을 현금으로 지급하였다. 합병일 현재 ㈜인천의 재무상태표 상 자산총액은 ₩30,000,000(공정가치: ₩35,000,000)이며, 부채총액은 ₩28,000,000(공정가치: ₩32,000,000)이었다. ㈜서울은 ㈜인천과의 합병거래에서 영업권을 얼마로 계상하여야 하는가?

① ₩1,000,000 ② ₩1,500,000
③ ₩2,000,000 ④ ₩2,500,000

150 ☐☐☐

2018년 초에 ㈜서울은 ㈜한성을 흡수합병하였다. 취득일 현재 ㈜한성이 보유한 자산의 장부금액과 공정가치는 각각 ₩100,000과 ₩120,000이고, 부채의 장부금액과 공정가치는 각각 ₩40,000과 ₩70,000이다. 합병 과정에서 ㈜서울은 이전대가로 현금 ₩50,000과 ㈜서울의 주식(액면금액 ₩20,000, 공정가치 ₩30,000)을 지급하였다. 이 합병으로 인해 ㈜서울이 인식할 영업권 금액은?

① ₩0 ② ₩10,000
③ ₩20,000 ④ ₩30,000

149 ☐☐☐

㈜한국은 ㈜민국을 합병하고 합병대가로 ₩20,000,000의 현금을 지급하였다. 합병 시점의 ㈜민국의 재무상태표 상 자산총액은 ₩15,000,000이고 부채총액은 ₩9,000,000이다. ㈜민국의 재무상태표 상 장부가치는 토지를 제외하고는 공정가치와 같다. 토지는 장부 상 ₩5,000,000으로 기록되어 있으나, 공정가치는 합병 시점에 ₩10,000,000인 것으로 평가되었다. 이 합병으로 ㈜한국이 영업권으로 계상하여야 할 금액은?

① ₩0 ② ₩4,000,000
③ ₩9,000,000 ④ ₩14,000,000

151 ☐☐☐

㈜한국은 20X1년 1월 1일 ㈜민국의 지분 100%를 취득하여 흡수합병하면서, 주당 공정가치 ₩10,000, 액면금액 ₩5,000의 ㈜한국 주식 100주를 발행하여 이전대가로 ㈜민국의 주주에게 지급하였다. 취득일 현재 ㈜민국의 식별가능한 자산과 부채의 장부금액과 공정가치가 다음과 같을 때, ㈜한국이 인식할 영업권은?

	재무상태표			
㈜민국				20X1. 1. 1. 현재
	장부금액	공정가치		장부금액 공정가치
현　금	₩100,000	₩100,000	단기차입금	₩50,000　₩50,000
재고자산	100,000	150,000	자 본 금	13,000
			(주당 ₩5,000)	
비유동자산	100,000	200,000	이익잉여금	120,000

① ₩0 ② ₩100,000
③ ₩250,000 ④ ₩600,000

152 ☐☐☐

2015년 초에 ㈜서울은 ㈜한양에게 보통주 50주(주당 액면 금액 ₩ 5,000, 주당 공정가치 ₩ 7,000)를 교부하고 ㈜한양을 흡수합병하였다. 합병 직전에 ㈜한양의 식별가능한 순자산 장부금액과 공정가치가 다음과 같을 때 합병 시 ㈜서울이 인식할 영업권 또는 염가매수차익은 얼마인가?

합병 직전 ㈜한양의 재무상태표

	장부금액	공정가치		장부금액	공정가치
재고자산	₩ 200,000	₩ 250,000	비유동부채	₩ 100,000	₩ 100,000
비유동자산	300,000	300,000	자 본 금	350,000	
			이익잉여금	50,000	
합 계	₩ 500,000		합 계	₩ 500,000	

① 영업권 ₩ 150,000
② 영업권 ₩ 100,000
③ 염가매수차익 ₩ 150,000
④ 염가매수차익 ₩ 100,000

154 ☐☐☐

㈜대한은 20X1년 7월 1일 ㈜한국의 모든 자산과 부채를 취득, 인수하는 사업결합을 하였다. 사업결합과 관련된 자료가 다음과 같을 때, 20X1년 7월 1일 ㈜대한이 인식해야 할 영업권은?

- 사업결합시점에 식별할 수 있는 ㈜한국의 순자산 장부금액은 ₩ 1,000,000이며, 순자산 공정가치는 ₩ 1,200,000 이다.
- ㈜대한은 사업결합의 이전대가로 ㈜한국의 주주들에게 ㈜대한의 보통주 100주(주당 액면금액 ₩ 7,000, 주당 공정가치 ₩ 14,000)를 발행하고 교부하였다.
- ㈜대한은 사업결합과 관련하여 보통주 발행과 직접 관련된 비용 ₩ 10,000과 기타 수수료 ₩ 10,000을 현금으로 지급하였다.

① ₩ 180,000
② ₩ 190,000
③ ₩ 200,000
④ ₩ 400,000

153 ☐☐☐

㈜한국은 ㈜민국에 대한 다음의 실사결과를 이용하여 인수를 고려하고 있다.

- 자산의 장부가치   ₩ 4,000 (공정가치   ?   )
- 부채의 장부가치   2,500 (공정가치 ₩ 2,500)
- 자본금   500
- 자본잉여금   300
- 이익잉여금   700

만약, 이 중 75%를 ₩ 2,000에 취득하고 영업권 ₩ 500을 인식한다면 ㈜민국의 자산 공정가치는?

① ₩ 3,500
② ₩ 4,000
③ ₩ 4,500
④ ₩ 5,000

155 ☐☐☐

㈜한국은 내용연수가 유한한 무형자산에 대하여 정액법(내용연수 5년, 잔존가치 ₩ 0)으로 상각하여 비용처리한다. ㈜한국의 2016년 무형자산 관련 자료가 다음과 같을 때, 2016년에 인식할 무형자산상각비는? (단, 2016년 이전에 인식한 무형자산은 없으며, 무형자산상각비는 월할상각한다)

- 1월 1일: 새로운 제품의 홍보를 위해 ₩ 10,000을 지출하였다.
- 4월 1일: 회계법인에 의뢰하여 평가한 '내부적으로 창출한 영업권'의 가치는 ₩ 200,000이었다.
- 7월 1일: 라이선스를 취득하기 위하여 ₩ 5,000을 지출하였다.

① ₩ 500
② ₩ 2,500
③ ₩ 30,500
④ ₩ 32,000

12월 결산법인인 ㈜서울은 20X1년 중 개발 중인 애플리케이션 S를 위해 ₩600,000을 지출하였다. 애플리케이션S는 20X2년 5월 1일까지 ₩100,000을 추가지출하고 개발을 완료하였다. ㈜서울은 애플리케이션S와 관련하여 20X1년 9월 1일 특허권을 취득하였으며, 특허권 취득과 관련하여 법적비용 ₩100,000과 특허권의 성공적 방어를 위한 법적비용 ₩200,000을 지출하였다. 취득한 특허권은 관련 법률에 따라 10년간 배타적인 권리가 보장되지만 경제적 효익이 발생하는 기간은 5년으로 추정된다. 무형자산을 정액법으로 감가상각할 경우 20X1년 특허권 상각비는 얼마인가?

① ₩10,000   ② ₩20,000
③ ₩30,000   ④ ₩50,000
⑤ ₩60,000

㈜한국은 차세대 통신기술 연구개발을 위해 다음과 같이 지출하였다.

구분	2016년	2017년
연구단계	₩100,000	₩100,000
개발단계	–	₩600,000

2017년 개발단계 지출액 ₩600,000은 무형자산 인식기준을 충족하였으며, 동년 7월 1일에 개발이 완료되어 사용하기 시작하였다. 동 무형자산은 원가모형을 적용하며, 정액법(내용연수 10년, 잔존가치 ₩0)으로 상각한다. 회수가능액이 2017년 말 ₩500,000이라고 할 때, 결산 시 인식할 손상차손은? (단, 상각비는 월할계산한다)

① ₩40,000   ② ₩70,000
③ ₩100,000   ④ ₩260,000

㈜대한은 2013년 1월 1일에 ㈜민국을 ₩23,000에 취득하였고, 취득 당시 ㈜민국의 식별가능한 순자산(부채는 없음)의 공정가치는 ₩20,000이었다. ㈜대한은 ㈜민국을 하나의 현금창출단위로 구분하였으며, ㈜민국의 식별가능한 자산에 대해서는 내용연수 10년 동안 정액법으로 감가상각을 하며 잔존가치는 없는 것으로 추정하였다. 2013년 12월 31일 ㈜민국의 회수가능액이 ₩15,000으로 추정될 경우, 손상검사 실시에 따른 ㈜대한의 동 현금창출단위에 대한 회계처리로 옳지 않은 것은?

① 영업권 장부금액 ₩3,000을 우선 감액시킨다.
② 영업권의 장부금액을 초과하는 손상차손은 현금창출단위에 속하는 다른 자산에 각각 장부금액에 비례하여 배분한다.
③ 손상차손으로 인식할 총액은 ₩8,000이다.
④ 영업권에 대해 인식한 손상차손은 차후에 환입할 수 없다.

내용연수가 유한한 무형자산의 상각에 대한 설명으로 가장 옳지 않은 것은?

① 상각기간과 상각방법은 적어도 매 회계연도 말에 검토하고, 자산의 예상 내용연수가 과거의 추정치와 다르다면 상각기간을 이에 따라 변경한다.
② 무형자산의 상각방법은 자산의 경제적 효익이 소비될 것으로 예상되는 형태를 반영한 방법이어야 한다. 다만, 그 형태를 신뢰성 있게 결정할 수 없는 경우에는 정액법을 사용한다.
③ 상각은 무형자산이 매각예정비유동자산으로 분류되는 날과 재무상태표에서 제거되는 날 중 이른 날에 중지한다.
④ 제조과정에서 사용된 무형자산의 상각액은 당기손익으로 인식한다.

TOPIC 29 사채의 장부금액 계산 ★★★

001 ☐☐☐
2014년 지방직 9급

㈜지방은 20X3년 1월 1일에 액면금액 ₩1,000, 표시이자율 연 7%, 만기 2년, 매년 말에 이자를 지급하는 사채를 발행하였다. 다음은 ㈜지방이 작성한 사채상각표의 일부를 나타낸 것이다.

일자	유효이자	표시이자	사채할인발행차금 상각	장부금액
20X3. 1. 1.				?
20X3.12.31.	?	?	₩25	?
20X4.12.31.	?	?	₩27	₩1,000

위의 자료를 이용한 사채에 대한 설명으로 옳지 않은 것은?

① 2년간 이자비용으로 인식할 총금액은 ₩140이다.
② 사채의 발행가액은 ₩948이다.
③ 20X4년 1월 1일 사채를 ₩1,000에 조기상환할 경우 사채상환손실은 ₩27이다.
④ 사채의 이자비용은 매년 증가한다.

002 ☐☐☐
2019년 국가직 9급

㈜한국은 20X1년 1월 1일에 액면금액 ₩120,000, 만기 2년, 이자지급일이 매년 12월 31일인 사채를 발행하였다. ㈜한국의 회계담당자는 다음과 같은 유효이자율법에 의한 상각표를 작성하였다. ㈜한국의 동 사채에 대한 설명으로 옳은 것은?

날짜	이자지급	유효이자	상각액	장부금액
20X1. 1. 1.				₩115,890
20X1. 12. 31.	₩10,800	₩12,748	₩1,948	₩117,838
20X2. 12. 31.	₩10,800	₩12,962	₩2,162	₩120,000

① 사채의 표시이자율은 연 8%이다.
② 20X1년 말 사채할인발행차금 상각액은 ₩2,162이다.
③ 20X2년 말 사채 관련 유효이자비용은 ₩12,962이다.
④ 사채의 유효이자율은 연 12%이다.

003 ☐☐☐
2012년 관세직 9급

㈜한국은 사채할인발행차금을 액면이자를 지급하는 매년 말 유효이자율법에 의하여 상각한다. 2012년 말 ㈜한국의 분개가 다음과 같고, 분개후 사채의 장부가액은 ₩167,000일 때, 사채의 유효이자율은?

(차)이 자 비 용	₩40,000
(대)사채할인발행차금	₩7,000
현 금	₩33,000

① 10% ② 15%
③ 20% ④ 25%

004 ☐☐☐
2012년 관세직 9급

사채할인발행차금의 상각이 당기순이익과 사채의 장부금액에 미치는 영향은?

	당기순이익	사채의 장부금액
①	증가	증가
②	증가	감소
③	감소	증가
④	감소	감소

㈜한국은 2013년 1월 1일 자금조달을 위해 액면가액 ₩ 10,000, 표시이자율 6%, 만기 3년, 매년 말 이자지급 조건의 사채를 발행하였다. 사채를 발행할 당시 시장이자율이 12%였다면, 2014년도에 인식할 사채 관련 이자비용은? (단, 사채발행 시, 사채의 현재가치는 아래의 현재가치표를 이용하여 계산하고, 계산과정에서 현가계수 외의 소수점 이하는 소수 첫째 자리에서 반올림한다)

기간	6%		12%	
	단일금액	연금	단일금액	연금
3년	0.84	2.67	0.71	2.40

① ₩ 696　　　　② ₩ 1,025
③ ₩ 1,076　　　④ ₩ 1,198

㈜한라는 2008년 1월 1일에 표시이자율 8%, 액면금액 ₩ 100,000인 3년 만기 사채를 ₩ 95,030에 발행하였다. 이자는 매년 12월 31일에 지급되며, 발생이자와 관련된 회계처리는 유효이자율법에 따르고 있다. 유효이자율이 10%일 때, 2009년 12월 31일 이 사채의 장부금액은?

① ₩ 85,527　　　② ₩ 93,527
③ ₩ 96,533　　　④ ₩ 98,186

㈜한국은 2011년 1월 1일에 액면금액이 ₩ 100,000, 만기가 3년, 이자지급일이 매년 12월 31일인 사채를 ₩ 92,269에 할인발행하였다. 이 사채의 2012년 1월 1일 장부금액이 ₩ 94,651일 때, 액면이자율은? (유효이자율은 연 8%이고, 문제풀이 과정 중에 계산되는 모든 금액은 소수점 이하 반올림한다)

① 4%　　　　② 5%
③ 6%　　　　④ 7%

㈜한국은 20X1년 1월 1일 액면금액 ₩ 100,000, 만기 3년의 사채를 ₩ 92,410에 발행하였다. 사채의 연간 액면이자는 매년 말 지급되며 20X1년 12월 31일 사채의 장부금액은 ₩ 94,730이다. 사채의 연간 액면이자율을 추정한 것으로 가장 가까운 것은? (단, 사채발행 시 유효이자율은 9%이다)

① 5%　　　　② 6%
③ 7%　　　　④ 8%

009 ☐☐☐

㈜한국은 2016년 1월 1일 액면금액 ₩1,000,000, 만기 3년의 사채를 유효이자율 연 10%를 적용하여 ₩925,390에 발행하였다. 2016년 12월 31일 장부금액이 ₩947,929이라면 이 사채의 표시이자율은?

① 7% ② 8%

③ 9% ④ 10%

011 ☐☐☐

㈜한국은 2017년 1월 1일 상품을 ₩3,500,000에 판매하였다. 판매 시에 현금 ₩500,000을 수령하고, 잔금 ₩3,000,000은 2017년 말부터 매년 말 ₩1,000,000씩 3년에 걸쳐 받기로 하였다. 이 매출거래와 관련하여 2017년에 인식할 매출액과 이자수익은? (단, 유효이자율은 10%이다)

기간	단일금액 ₩1의 현재가치	정상연금 ₩1의 현재가치
1	0.9091	0.9091
2	0.8264	1.7355
3	0.7513	2.4868

	매출액	이자수익
①	₩1,500,000	₩75,130
②	₩1,500,000	₩248,680
③	₩2,986,800	₩75,130
④	₩2,986,800	₩248,680

010 ☐☐☐

㈜서울은 2016년 1월 1일 액면금액 ₩1,000,000, 발행 당시의 유효이자율이 10%, 만기 3년의 사채를 ₩1,049,732에 발행하였다. 2016년 12월 31일 장부가액이 ₩1,034,705일 때, 표시이자율과 2017년 12월 31일 장부가액은 얼마인가? (단, 소수점 이하는 반올림한다)

	표시이자율	장부가액
①	10%	₩1,018,176
②	10%	₩1,019,678
③	12%	₩1,018,176
④	12%	₩1,019,678

012 ☐☐☐

㈜한국은 원가모형을 적용하던 기계장치를 20X1년 1월 1일에 매각하고 처분대금은 2년 후 일시불로 ₩100,000을 받기로 하였다. 매각 당시 기계장치의 취득원가는 ₩100,000, 감가상각누계액은 ₩80,000이다. 기계장치 처분대금의 명목금액과 현재가치의 차이는 중요하며, 본 거래에 적용할 유효이자율은 6%이다. 본 거래가 20X1년 ㈜한국의 당기순이익에 미치는 영향은? (단, 2기간 6% 단일금액 ₩1의 현재가치계수는 0.89이며, 법인세효과는 고려하지 않는다)

① ₩5,660 증가 ② ₩69,000 증가

③ ₩74,340 증가 ④ ₩80,000 증가

013 ☐☐☐

㈜한국은 20X8년 1월 1일에 3년 만기 사채를 발행하였다. 매년 말 액면이자를 지급하고 유효이자율법에 따라 사채할인발행차금을 상각한다. 20X9년 말 이자와 관련된 회계처리는 아래와 같고, 아래의 거래가 반영된 20X9년 말 사채의 장부금액은 ₩430,000이다. 이 경우 사채의 유효이자율은?

(차)이 자 비 용	₩60,000	
(대)사채할인발행차금		₩30,000
현 금		30,000

① 14%   ② 15%
③ 16%   ④ 17%

014 ☐☐☐

㈜한국은 20X1년 1월 1일에 액면금액 ₩100,000, 액면이자율 연 8%, 5년 만기의 사채를 ₩92,416에 발행하였다. 이자는 매년 12월 31일에 지급하기로 되어 있고 20X1년 1월 1일 시장이자율은 연 10%이다. 동 사채의 회계처리에 대한 설명으로 옳지 않은 것은? (단, 계산결과는 소수점 아래 첫째 자리에서 반올림한다)

① 사채발행 시 차변에 현금 ₩92,416과 사채할인발행차금 ₩7,584을 기록하고, 대변에 사채 ₩100,000을 기록한다.
② 20X1년 12월 31일 이자지급 시 차변에 사채이자비용 ₩9,242을 기록하고 대변에 현금 ₩8,000과 사채할인발행차금 ₩1,242을 기록한다.
③ 20X1년 12월 31일 사채의 장부금액은 ₩91,174이다.
④ 사채만기까지 인식할 총사채이자비용은 액면이자 합계액과 사채할인발행차금을 합한 금액이다.

TOPIC 30 사채발행의 형태 ★★

015 ☐☐☐

사채발행차금을 유효이자율법에 따라 상각할 때 설명으로 옳지 않은 것은? (단, 이자율은 0보다 크다)

① 할증발행 시 상각액은 매기 감소한다.
② 할인발행 시 이자비용은 매기 증가한다.
③ 할인발행 시 상각액은 매기 증가한다.
④ 할증발행 시 이자비용은 매기 감소한다.

016 ☐☐☐

사채 이자비용에 대한 설명으로 옳은 것은? (단, 이자율은 0보다 크다)

① 사채가 할증발행된다면 만기에 가까워질수록 매년 사채의 유효이자는 증가한다.
② 사채가 할인발행된다면 만기에 가까워질수록 매년 사채의 유효이자는 감소한다.
③ 사채가 할증발행된다면 매년 사채의 유효이자는 액면이자보다 적다.
④ 사채가 액면발행된다면 매년 사채의 유효이자는 액면이자와 같지 않다.

017 ☐☐☐

㈜한국은 5년 만기 사채를 유효이자율법을 적용하여 할인발행하였다. 사채의 발행시점부터 만기시점까지의 장부가액과 이자비용에 관한 설명 중 옳은 것은?

① 장부가액은 감소하고 이자비용은 증가한다.
② 장부가액은 증가하고 이자비용은 감소한다.
③ 장부가액과 이자비용은 증가한다.
④ 장부가액과 이자비용은 감소한다.
⑤ 장부가액과 이자비용은 일정하다.

018 ☐☐☐

사채의 발행에 관한 설명으로 옳지 않은 것은?

① 할인발행은 유효이자율이 표시이자율보다 큰 경우이다.
② 할증발행의 경우 발행연도의 현금지급이자는 사채이자비용보다 크다.
③ 할인발행의 경우 만기가 가까워질수록 사채의 이자비용이 감소한다.
④ 할증발행과 할인발행은 사채의 만기금액이 동일하다.

019 ☐☐☐

사채의 발행 및 발행 후 회계처리에 대한 설명으로 옳지 않은 것은?

① 상각후원가로 측정하는 사채의 경우 사채발행비가 발생한다면 액면발행, 할인발행, 할증발행 등 모든 상황에서 유효이자율은 사채발행비가 발생하지 않는 경우보다 높다.
② 사채를 할증발행한 경우 사채이자비용은 현금이자지급액에 사채할증발행차금 상각액을 가산하여 인식한다.
③ 사채의 할증발행 시 유효이자율법에 의해 상각하는 경우 기간 경과에 따라 매기 인식하는 할증발행차금의 상각액은 증가한다.
④ 사채의 할인발행 시 유효이자율법에 의해 상각하는 경우 기간 경과에 따라 매기 인식하는 할인발행차금의 상각액은 증가한다.

020 ☐☐☐

상각후원가측정금융부채로 분류하는 사채의 회계처리에 대한 설명으로 옳지 않은 것은?

① 사채발행시 사채발행비가 발생한 경우의 유효이자율은 사채발행비가 발생하지 않는 경우보다 높다.
② 사채의 액면이자율이 시장이자율보다 낮은 경우 사채를 할인발행하게 된다.
③ 사채를 할증발행한 경우 사채의 장부금액은 시간이 흐를수록 감소한다.
④ 사채의 할인발행과 할증발행의 경우 사채발행차금상각액이 모두 점차 감소한다.

021 ☐☐☐　　　　　　　　　　　　　　2010년 관세직 9급

㈜갑은 2001년도 초에 3년 만기, 액면가 ₩1,000,000인 사채를 발행하였다. 액면이자율은 6%이고, 발행 당시 유효이자율은 5%이며, 이자는 매년 말에 지급하기로 하였다. ㈜갑이 사채발행차금을 매 회계연도 말에 유효이자율법으로 상각할 경우, 옳지 않은 것은? (단, 회계기간은 1월 1일부터 12월 31일까지이다)

① ㈜갑의 2001년도 초 사채의 발행가액은 2003년도 말 사채의 상환가액보다 크다.
② ㈜갑의 2002년도 말 사채의 장부가액은 2001년도 말 사채의 장부가액보다 작다.
③ ㈜갑의 2002년도 사채이자비용은 2001년도 사채이자비용보다 작다.
④ ㈜갑의 2002년도 사채이자비용은 2002년도 현금이자지급액보다 크다.

022 ☐☐☐　　　　　　　　　　　　　　2011년 국가직 7급

㈜한국은 20X1년 1월 1일 액면가액 ₩1,000,000(표시이자율 연10%, 이자지급일 매년 말 후급, 만기일 20X3년 12월 31일)의 사채를 발행하였으며 발행 당시 유효이자율은 연12%였다. 이 사채를 20X2년 1월 1일에 ₩1,000,000에 상환하였다. 상환 당시의 분개는?

	(차)		(대)	
①	사　　　　채　XXX	현　　　　금　XXX
	사 채 상 환 손 실　XXX	사채할증발행차금　XXX
②	사　　　　채　XXX	현　　　　금　XXX
	사채할증발행차금　XXX	사 채 상 환 이 익　XXX
③	사　　　　채　XXX	현　　　　금　XXX
	사 채 상 환 손 실　XXX	사채할인발행차금　XXX
④	사　　　　채　XXX	현　　　　금　XXX
	사채할인발행차금　XXX	사 채 상 환 이 익　XXX

023 ☐☐☐　　　　　　　　　　　2017년 지방직 9급(6월 시행)

㈜한국은 2017년 4월 1일 사채(표시이자율 10%, 만기 3년, 액면금액 ₩100,000)를 ₩95,200에 발행하였다. 한편, 사채의 발행과 관련된 사채발행비 ₩2,000이 발생하였다. ㈜한국이 사채발행으로 만기까지 인식해야 할 이자비용 총액은?

① ₩30,000
② ₩34,800
③ ₩35,200
④ ₩36,800

024 ☐☐☐　　　　　　　　　　　　　　2019년 국가직 7급

㈜한국은 20X7년 1월 1일에 다음과 같은 조건으로 3년 만기 사채를 발행하였다.

- 발행일: 20X7년 1월 1일
- 액면금액: ₩100,000
- 이자지급: 매년 12월 31일에 액면금액의 연 8% 이자지급
- 발행가액: ₩105,344

발행일 현재 유효이자율은 6%이며, 유효이자율법에 따라 이자를 인식하고 이자는 매년 12월 31일에 지급한다. 연도별 상각액은 20X7년도 ₩1,679, 20X8년도 ₩1,780, 20X9년도 ₩1,885이며, 상각액 합계액은 ₩5,344이다. 이 사채발행 시부터 만기까지 인식할 총 이자비용은? (단, 사채발행비는 발생하지 않았다)

① ₩5,344
② ₩18,656
③ ₩24,000
④ ₩42,656

025 □□□

㈜서울은 20X1년 초에 아래와 같은 조건의 사채를 발행하였다. 사채발행 시 거래원가를 고려하지 않은 유효이자율은 연 6% (기간 3, 단일금액의 현가계수는 0.84, 연금의 현가계수는 2.67) 이다. 중도상환이 없다고 할 때, ㈜서울이 사채의 전체 기간 동안 인식할 총이자비용은?

- 액면금액: ₩ 1,000,000
- 이자지급: 매년 12월 31일에 액면금액의 4% 이자지급
- 상환: 20X3년 말에 일시 상환
- 사채발행 시 거래원가: ₩ 1,500

① ₩ 120,000
② ₩ 121,500
③ ₩ 173,200
④ ₩ 174,700

026 □□□

유효이자율법에 의한 사채할인발행차금 또는 사채할증발행차금에 대한 설명으로 옳은 것은?

① 사채를 할증발행할 경우, 인식하게 될 이자비용은 사채할증발행차금에서 현금이자지급액을 차감한 금액이다.
② 사채를 할인발행할 경우, 사채할인발행차금 상각액은 점차 감소한다.
③ 사채를 할인발행 또는 할증발행할 경우 마지막 기간 상각 완료 후 장부가액은 사채의 액면금액이 된다.
④ 사채할인발행차금의 총발생액과 각 기간 상각액의 합계금액은 같고, 사채할증발행차금의 총발생액과 각 기간 상각액의 합계금액은 다르다.

027 □□□

㈜한국은 20X1년 1월 1일에 액면금액 ₩ 1,000,000, 표시이자율 연 8%, 이자지급일 매년 12월 31일, 만기 3년인 사채를 할인발행하였다. 만기까지 상각되는 연도별 사채할인발행차금 상각액은 다음과 같다.

20X1. 12. 31.	20X2. 12. 31.	20X3. 12. 31.
₩ 15,025	₩ 16,528	₩ 18,195

이에 대한 설명으로 옳지 않은 것은?

① 20X2년 12월 31일에 인식할 이자비용은 ₩ 96,528이다.
② 20X1년 1월 1일 사채의 발행금액은 ₩ 950,252이다.
③ 이 사채의 표시이자율은 유효이자율보다 낮다.
④ 이 사채의 발행 기간에 매년 인식하는 이자비용은 동일한 금액이다.

028 □□□

㈜서울이 20X1년 1월 1일에 액면금액 ₩ 500,000, 매년 말 액면이자 8%, 3년 만기인 사채를 할인발행 하였다. 사채할인발행차금은 유효이자율법에 따라 상각 한다. 20X1년 말과 20X2년 말 사채 장부금액이 아래와 같고, 해당 사채가 만기상환 되었다고 할 때, ㈜서울이 20X2년부터 20X3년까지 2년 간 사채와 관련하여 인식한 총 이자비용은?

- 20X1년 말 사채 장부금액 = ₩ 482,600
- 20X2년 말 사채 장부금액 = ₩ 490,900

① ₩ 86,500
② ₩ 89,100
③ ₩ 97,400
④ ₩ 106,500

029 □□□

㈜서울은 액면금액이 ₩100,000, 표시이자율이 연 10%(1년에 1회 이자지급)인 사채를 이자지급일에 현금 ₩113,000을 지급하고 조기상환하였다. 이때 사채상환손실이 ₩8,000이었다면, 상환시점의 사채할인발행차금은?

① ₩8,000   ② ₩5,000
③ ₩3,000   ④ ₩2,000

030 □□□

㈜한국은 2014년 1월 1일 액면금액 ₩10,000인 사채(3년 만기, 표시이자율 5%)를 할인발행하였다. 2015년 1월 1일 동 사채의 장부금액은 ₩9,600이고, 2015년도에 발생한 이자비용은 ₩600이다. ㈜한국이 2016년 1월 1일 해당 사채를 ₩9,800에 조기상환하였다면, 이에 대한 분개로 옳은 것은?

	(차)		(대)	
①	사 채	₩10,000	현 금	₩9,800
			사 채 상 환 이 익	₩200
②	사 채	₩10,000	현 금	₩9,800
	사채상환손실	₩100	사채할인발행차금	₩300
③	사 채	₩10,000	현 금	₩9,800
	사채상환손실	₩700	사채할인발행차금	₩900
④	사 채	₩10,000	현 금	₩9,800
	사채상환손실	₩800	사채할인발행차금	₩1,000

031 □□□

㈜한국은 액면 ₩1,000,000의 사채를 2015년 초에 ₩950,260으로 발행하였다. 발행 당시 사채의 유효이자율은 10%, 표시이자율은 8%, 이자는 매년 말 후급, 만기일은 2017년 말이다. ㈜한국이 해당 사채 전액을 2016년 초에 ₩960,000의 현금을 지급하고 상환할 경우 사채상환이익(손실)은?

① ₩5,286 손실   ② ₩5,286 이익
③ ₩6,436 손실   ④ ₩6,436 이익

032 □□□

㈜한국은 2011년 1월 1일 만기 3년, 연이자율 10% (매년 12월 31일 이자지급), 액면금액 ₩100,000인 사채를 유효이자율 8% 기준으로 ₩105,151에 발행하였다. ㈜한국은 해당 사채를 2012년 12월 31일 ₩103,000에 조기상환을 하였다. 이러한 거래와 관련된 설명으로 옳지 않은 것은? (단, 사채할인발행차금은 유효이자율법으로 상각하며, 소수점 이하는 반올림한다)

① 2011년 1월 1일 사채할증발행차금 ₩5,151을 대변에 기록한다.
② 2011년 12월 31일 사채할증발행차금의 환입액은 ₩1,588이다.
③ 2012년 12월 31일 사채이자비용은 ₩8,285이다.
④ 2012년 12월 31일 사채상환손실 ₩152을 차변에 기록한다.

033 □□□

2010년 국가직 7급

㈜한국은 2007년 1월 1일 3년 만기, 액면 ₩ 1,000의 사채를 발행하였다. 이 사채의 액면이자율은 5%, 유효이자율은 10% 그리고 이자지급일은 매년 12월 31일이다. ㈜한국이 2009년 7월 1일, 경과이자를 포함하여 현금 ₩ 950을 지급하고 이 사채를 조기상환할 때, 사채상환손익은? (단, 2008년 12월 31일 현재 사채할인발행차금의 미상각잔액은 ₩ 40으로 가정한다)

① ₩ 58 손실
② ₩ 58 이익
③ ₩ 68 손실
④ ₩ 68 이익

035 □□□

2019년 관세직 9급

㈜한국은 2016년 1월 1일에 액면가액 ₩ 1,000, 액면이자율 연 8%, 유효이자율 연 10%, 만기 3년, 이자지급일 매년 12월 31일인 사채를 발행하였다. ㈜한국은 유효이자율법을 적용하여 사채할인발행차금을 상각하고 있으며, 2017년 12월 31일 사채의 장부금액은 ₩ 982이다. ㈜한국이 2018년 6월 30일 동 사채를 ₩ 1,020에 조기 상환하였다면, 이때의 사채상환손실은? (단, 계산은 월할계산하며, 소수점 발생 시 소수점 아래 첫째 자리에서 반올림한다)

① ₩ 11
② ₩ 20
③ ₩ 29
④ ₩ 31

034 □□□

2014년 관세직 9급

㈜한국은 2012년 12월 31일 장부금액 ₩ 91,322(액면금액 ₩ 100,000, 액면이자율 5%, 이자지급일 매년 12월 31일 후급, 만기 2014년 12월 31일)인 사채를 2013년 12월 31일 현금이자를 포함하여 총 ₩ 101,000에 상환하였다. ㈜한국이 사채상환과 관련하여 인식할 손익은? (단, 발행 당시 사채의 유효이자율은 10%이고, 금액은 소수점 첫째 자리에서 반올림한다)

① 사채상환손실 ₩ 546
② 사채상환손실 ₩ 684
③ 사채상환손실 ₩ 726
④ 사채상환이익 ₩ 684

036 □□□

2011년 서울시 9급

2010년 5월 1일 ㈜서울은 액면 ₩ 32,000, 표시이자 8%, 만기 5년인 사채를 ₩ 30,000에 발행하였다. 이자지급일은 4월 30일이며 유효이자율은 10%이다. 2010년 12월 31일 기말 사채의 이자비용은?

① ₩ 2,000
② ₩ 2,200
③ ₩ 2,500
④ ₩ 2,820
⑤ ₩ 3,011

㈜한강은 2004년 9월 1일에 액면가액 ₩300,000의 사채(만기 5년, 액면이자율 5%, 이자지급일 매년 8월 31일)를 ₩270,000에 발행하였다. 사채발행 시 유효이자율은 6%였다. 2005년 12월 31일 사채의 장부가액은 얼마인가?

① ₩270,000
② ₩271,624
③ ₩278,000
④ ₩282,000
⑤ ₩300,000

㈜한국은 20X1년 1월 1일에 사채(표시이자율 10%, 만기 3년, 액면금액 ₩100,000, 이자 후급)를 ₩95,200에 발행하였다. 20X1년 이자비용이 ₩11,400 발생하였을 경우, 20X1년 말 사채의 장부금액은?

① ₩95,200
② ₩96,600
③ ₩98,600
④ ₩101,400

㈜한국은 2015년 1월 1일에 액면금액 ₩1,000,000, 표시이자율 연 10%, 3년 만기의 사채를 유효이자율이 6개월간 8%가 되도록 발행하였다. ㈜한국은 사채발행차금을 유효이자율법에 의하여 상각하며 이자지급시기는 6월 30일과 12월 31일이다. 현재가치표는 다음과 같다.

구분	₩1의 현재가치		연금 ₩1의 현재가치	
	3기간	6기간	3기간	6기간
5%	0.864	0.746	2.723	5.076
8%	0.794	0.630	2.577	4.623
10%	0.751	0.565	2.487	4.355
16%	0.641	0.410	2.246	3.685

㈜한국이 2015년 7월 1일 상기 사채 전부를 ₩900,000에 상환하였다고 할 때 사채상환손익은 얼마인가?

① 상환손실 ₩15,152
② 상환이익 ₩15,152
③ 상환손실 ₩19,958
④ 상환이익 ₩19,958

㈜한국은 20X1년 1월 1일에 액면가 ₩10,000, 만기 3년, 표시이자율 8%, 이자지급일이 매년 12월 31일인 사채를 ₩9,503에 할인발행하였다. 이 사채를 20X2년 1월 1일에 ₩9,800을 지급하고 조기상환할 때, 사채상환손익은? (단, 발행일의 유효이자율은 10%이고, 금액은 소수점 첫째자리에서 반올림한다)

① 사채상환손실 ₩18
② 사채상환손실 ₩147
③ 사채상환이익 ₩18
④ 사채상환이익 ₩147

041 ☐☐☐
2018년 국가직 7급

㈜한국은 1월 1일 액면금액 ₩ 50,000(액면이자율 연 8%, 이자 매년 말 후급)의 사채를 발행하고자 하였으나, 실제로 같은 해 4월 1일에 발행하였다. 1월 1일과 4월 1일의 유효이자율은 10%로 동일한 것으로 가정하며, 1월 1일 사채의 현재가치는 ₩ 47,513이다. 다음 설명 중 옳지 않은 것은? (단, 사채발행비는 발생되지 않았고, 사채이자는 월단위로 계산하며, 소수점 발생 시 소수점 이하 첫째 자리에서 반올림한다)

① 4월 1일의 사채액면이자 미지급액은 ₩ 1,000이다.
② 4월 1일의 사채장부금액은 ₩ 47,701이다.
③ 4월 1일의 현금수령액은 ₩ 48,701이다.
④ 4월 1일의 사채할인발행차금은 ₩ 2,487이다.

TOPIC 32 충당부채 ★★★

042 ☐☐☐
2016년 지방직 9급

충당부채와 우발부채에 대한 설명으로 옳지 않은 것은?

① 충당부채는 지출의 시기 또는 금액이 불확실한 부채이다.
② 충당부채와 우발부채 모두 재무상태표에 인식하지 않고 주석으로 공시한다.
③ 충당부채로 인식하기 위해서는 현재의무가 존재하여야 할 뿐만 아니라 당해 의무를 이행하기 위한 경제적 효익이 내재된 자원의 유출가능성이 높아야 한다.
④ 현재의무를 이행하기 위한 자원의 유출가능성은 높지 않으나 신뢰성 있는 금액의 추정이 불가능한 경우에는 우발부채로 공시한다.

043 ☐☐☐
2017년 국가직 9급

충당부채에 대한 설명으로 옳지 않은 것은?

① 충당부채를 인식하기 위해서는 과거사건의 결과로 현재의무가 존재하여야 한다.
② 충당부채를 인식하기 위한 현재의 의무는 법적의무로서 의제의무는 제외된다.
③ 충당부채의 인식요건 중 경제적 효익이 있는 자원의 유출가능성이 높다는 것은 발생할 가능성이 발생하지 않을 가능성보다 더 높다는 것을 의미한다.
④ 충당부채를 인식하기 위해서는 과거사건으로 인한 의무가 기업의 미래행위와 독립적이어야 한다.

충당부채의 인식과 관련된 설명으로 옳지 않은 것은?

① 과거사건의 결과로 현재의무가 존재해야 한다.

② 당해 의무를 이행하기 위하여 경제적 효익을 갖는 자원이 유출될 가능성이 높아야 한다.

③ 입법 예고된 법규의 세부사항이 아직 확정되지 않은 경우에는 당해 법규안대로 제정될 것이 거의 확실한 때에만 의무가 발생한 것으로 본다.

④ 신뢰성 있는 금액의 추정이 불가능한 경우에도 부채로 인식해 재무상태표의 본문에 표시한다.

다음 중 충당부채의 발생을 야기하는 사유에 해당하지 않는 것은?

① 정기적으로 이루어지는 대규모 수선

② 손실부담계약

③ 타인의 채무에 대한 보증

④ 계류 중인 소송사건

⑤ 구조조정계획

TV를 제조하여 판매하는 ㈜한국은 보증기간 내에 제조상 결함이 발견된 경우, 제품을 수선하거나 새 제품으로 교환해주는 제품보증정책을 취하고 있다. 이에 대한 회계처리 방법으로 옳지 않은 것은?

① 경제적 효익을 갖는 자원의 유출가능성이 높고 금액을 신뢰성 있게 추정할 수 있는 경우, 충당부채로 인식한다.

② 경제적 효익을 갖는 자원의 유출가능성이 높으나 금액을 신뢰성 있게 추정할 수 없는 경우, 충당부채로 인식한다.

③ 경제적 효익을 갖는 자원의 유출가능성이 높지 않으나 아주 낮지도 않은 경우, 우발부채로 공시한다.

④ 경제적 효익을 갖는 자원의 유출가능성이 아주 낮은 경우, 공시하지 아니한다.

다음 중 충당부채에 대한 설명으로 옳지 않은 것은?

① 예상되는 자산처분이 충당부채를 발생시킨 사건과 밀접하게 관련되었다면 그 자산의 예상처분이익은 충당부채에서 차감한다.

② 충당부채로 인식하는 금액은 현재의무를 보고기간 말에 이행하기 위하여 소요되는 지출에 대한 최선의 추정치이어야 한다.

③ 불법적인 환경오염으로 인한 환경정화비용의 경우에는 기업의 미래행위에 관계없이 그 의무의 이행에 경제적 효익을 갖는 자원의 유출이 수반되므로 충당부채로 인식한다.

④ 화폐의 시간가치가 중요한 경우, 충당부채는 의무를 이행하기 위해 예상되는 지출액의 현재가치로 평가한다. 현재가치 평가 시 적용할 할인율은 부채의 특유위험과 화폐의 시간가치에 대한 현행시장의 평가를 반영한 세전 이자율이다.

충당부채, 우발부채, 우발자산에 대한 설명으로 옳지 않은 것은?

① 우발자산은 경제적 효익의 유입가능성이 높지 않은 경우에 주석으로 공시한다.

② 의무를 이행하기 위하여 경제적 효익이 있는 자원을 유출할 가능성이 높지 않은 경우 우발부채를 주석으로 공시한다.

③ 우발부채와 우발자산은 재무제표에 인식하지 아니한다.

④ 현재의무를 이행하기 위하여 해당 금액을 신뢰성 있게 추정할 수 있고 경제적 효익이 있는 자원을 유출할 가능성이 높은 경우 충당부채로 인식한다.

충당부채와 우발부채에 대한 설명으로 옳은 것은?

① 미래의 예상 영업손실에 대하여 충당부채로 인식한다.

② 우발부채는 자원의 유출가능성을 최초 인식시점에 판단하며 지속적으로 평가하지 않는다.

③ 제삼자와 연대하여 의무를 지는 경우에는 이행할 전체 의무 중 제삼자가 이행할 것으로 예상되는 부분을 우발부채로 처리한다.

④ 다수의 항목과 관련되는 충당부채를 측정하는 경우에 해당 의무는 가능한 모든 결과에 관련된 확률 중 최댓값으로 추정한다.

충당부채에 대한 설명으로 가장 옳지 않은 것은?

① 보고기간 말마다 충당부채의 잔액을 검토하고, 보고기간 말 현재 최선의 추정치를 반영하여 조정한다.

② 충당부채와 관련하여 포괄손익계산서에 인식한 비용은 제삼자의 변제와 관련하여 인식한 금액과 상계하여 표시할 수 없다.

③ 제삼자가 지급하지 않더라도 기업이 해당 금액을 지급할 의무가 없는 경우에는 이를 충당부채에 포함하지 아니한다.

④ 충당부채를 현재가치로 평가하여 표시하는 경우에는 장부금액을 기간 경과에 따라 증액하고 해당 증가 금액은 차입원가로 인식한다.

충당부채, 우발부채, 우발자산에 대한 설명으로 옳지 않은 것은?

① 제삼자와 연대하여 의무를 지는 경우에는 이행할 전체 의무 중 제삼자가 이행할 것으로 예상되는 부분을 우발부채로 처리한다.

② 관련 상황의 변화가 적절하게 재무제표에 반영될 수 있도록 우발자산을 지속적으로 평가하며, 상황 변화로 경제적 효익의 유입이 거의 확실하게 되는 경우에는 그러한 상황 변화가 일어난 기간의 재무제표에 그 자산과 관련 이익을 인식한다.

③ 현재 의무를 이행하기 위하여 필요한 지출 금액에 영향을 미치는 미래 사건이 일어날 것이라는 충분하고 객관적인 증거가 있는 경우에는 그 미래 사건을 고려하여 충당부채 금액을 추정한다.

④ 구조조정충당부채로 인식할 수 있는 지출은 구조조정에서 발생하는 직접비용과 간접비용을 포함하되, 구조조정 때문에 반드시 생기는 지출이며, 기업의 계속적인 활동과 관련 있는 지출이어야 한다.

2015년에 제품의 결함으로 인하여 피해를 입었다고 주장하는 고객이 ㈜한국을 상대로 손해배상청구 소송을 제기하였다. 법률전문가는 2015년 재무제표가 승인되는 시점까지는 회사의 책임이 밝혀지지 않을 가능성이 높다고 조언하였다. 그러나 2016년 말 현재 ㈜한국에 소송이 불리하게 진행 중이며, 법률전문가는 ㈜한국이 배상금을 지급하게 될 가능성이 높다고 조언하였다. ㈜한국의 충당부채 또는 우발부채 인식과 관련된 설명으로 옳지 않은 것은?

① 충당부채는 현재의 의무가 존재하고, 경제적 효익을 갖는 자원이 유출될 가능성이 높으며, 당해 금액을 신뢰성 있게 추정할 수 있을 경우에 인식한다.

② 2015년의 경우 현재의 의무가 없고, 배상금을 지급할 가능성이 아주 낮다고 하더라도 우발부채로 공시할 의무는 있다.

③ 2016년 말에는 현재의무가 존재하고 배상금에 대한 지급 가능성이 높으므로, 배상금을 신뢰성 있게 추정할 수 있다면 충당부채를 인식해야 한다.

④ 만약 2016년 말에 배상금을 신뢰성 있게 추정할 수 없다면 이를 충당부채로 인식하지 않고 우발부채로 공시한다.

㈜서울은 20X1년에 영업을 개시하여 20X1년 5월 1일 제품을 ₩ 100,000에 판매하였다. 이 제품은 1년 동안 제품의 하자를 보증하며, 동종업계의 과거의 경험에 의하면 제품보증기간 중에 매출액의 10 %에 해당하는 제품보증비용이 발생할 것으로 추정된다. 20X1년에 실제로 제품보증비용으로 ₩ 7,000이 지출되었다. 결산일 현재 재무상태표에 계상할 제품보증충당부채는 얼마인가?

① ₩ 0   ② ₩ 3,000

③ ₩ 7,000   ④ ₩ 10,000

㈜한국은 20X1년에 새로 출시된 건강음료의 판매를 촉진하기 위하여 제품 상자당 1장의 쿠폰을 인쇄하여 판매하고 있다. 고객은 쿠폰 10장과 원가 ₩ 2,500인 운동기구를 교환할 수 있으며 회사는 쿠폰의 회수율이 40%일 것으로 추정하고 있다. 20X1년 동안 회사가 판매한 건강음료는 총 4,200상자이고, 교환이 청구된 쿠폰수는 1,080장이다. ㈜한국이 20X1년 결산 시 계상하여야 할 경품충당부채는?

① ₩ 0   ② ₩ 130,000

③ ₩ 140,000   ④ ₩ 150,000

㈜갑은 판매한 제품에 대해 품질보증을 실시하고 있다. 2009년도 말 현재 품질보증과 관련하여 미래에 지출될 충당부채의 최선의 추정치는 ₩ 1,700이고, 수정전시산표의 제품보증충당부채 계정잔액은 ₩ 1,000이다. 2009년도 중에 품질보증과 관련되어 ₩ 100의 지출이 있었다. 2009년도 재무제표에 보고될 제품보증충당부채와 제품보증비용은?

	제품보증충당부채	제품보증비용
①	₩ 1,000	₩ 700
②	₩ 1,600	₩ 800
③	₩ 1,700	₩ 700
④	₩ 1,700	₩ 800

056 ☐☐☐

아래는 ㈜대한의 20X1년 말 결산 절차 중에 처리해야 할 사항들을 요약해 놓은 것이다. ㈜대한이 재무상태표에 인식해야 할 충당부채 금액은? (단, 제시된 금액은 모두 신뢰성 있게 측정되었다)

- 20X1년 중 판매한 제품에 대한 보증수리비용은 총 ₩2,000,000이 예상되며, 향후 2년간 발생할 것으로 예상된다.
- 20X1년 중 ㈜민국의 은행차입 ₩4,000,000에 대하여 지급보증을 해주었으나 영업부진으로 인하여 ㈜민국이 부도처리되었다. ㈜민국은 은행차입에 대한 상환능력이 없는 것으로 평가되었다. 해당 금액 지급의 일차적 책임은 ㈜대한에게 있다.
- ㈜대한은 20X1년 말 해상구조물을 현금 ₩3,000,000에 구입하였다. 환경과 관련된 법률에서는 이 구조물의 추정 내용연수가 종료된 후에는 훼손된 환경을 원상복구하도록 하고 있다. 이를 위하여 지출될 것으로 추정되는 금액은 ₩1,000,000이며, 현재가치는 ₩500,000이다.

---

① ₩9,500,000
② ₩7,000,000
③ ₩6,500,000
④ ₩6,000,000

08 자본

TOPIC 33 자본의 분류 및 자본금 ★★

001 ☐☐☐

자본을 구성하는 다음의 항목들을 기초로 자본잉여금을 구하면 얼마인가?

· 이익준비금	₩ 5억
· 미처분이익잉여금	1억
· 자기주식	2억
· 사업확장적립금	2억
· 주식발행초과금	5억
· 감자차익	3억
· 보통주자본금	5억
· 자기주식처분이익	3억
· 우선주자본금	5억
· 토지재평가잉여금	2억

① ₩ 3억 ② ₩ 5억
③ ₩ 8억 ④ ₩ 11억

002 ☐☐☐

㈜한국은 2012년 1월 1일에 영업을 시작하여 2012년 12월 31일 다음과 같은 재무정보를 보고하였다. 재무제표의 설명으로 옳지 않은 것은?

· 현금	₩ 500,000
· 자본금	200,000
· 사무용가구	1,000,000
· 재고자산	350,000
· 매출	3,000,000
· 미지급금	200,000
· 잡비	50,000
· 매출원가	2,000,000
· 매입채무	600,000
· 감가상각비	100,000

① 재무상태표에 보고된 총자산은 ₩ 1,850,000이다.
② 재무상태표에 보고된 총부채는 ₩ 800,000이다.
③ 손익계산서에 보고된 당기순이익은 ₩ 800,000이다.
④ 재무상태표에 보고된 총자본은 ₩ 1,050,000이다.

003 ☐☐☐

다음은 ㈜한국의 기말 현재 각 계정과목에 대한 잔액이다. 괄호 안에 들어갈 금액은?

· 현금	₩ 180	· 단기대여금	₩ 120
· 매출채권	267	· 대손충당금	2
· 상품	85	· 건물	400
· 매입채무	80	· 사채	100
· 자본금	( )	· 이익잉여금	250

① ₩ 380 ② ₩ 620
③ ₩ 870 ④ ₩ 1,050

004 ☐☐☐

포괄손익계산서에서 당기순손익과 총포괄손익 간에 차이를 발생시키는 항목은?

① 확정급여제도 재측정요소
② 감자차손
③ 자기주식처분이익
④ 사채상환손실

005 □□□

다음 자료에 따른 이익잉여금과 자본잉여금은?

· 매출원가	₩ 500
· 자본금	2,000
· 매출	2,500
· 기부금	500
· 주식발행초과금	500
· 재고자산	2,000
· 재평가잉여금	800
· 감자차익	100
· 사채	1,000
· 사채할증발행차금	250
· 감가상각비	500
· 현금성자산	2,750
· 배당금수익	100

	이익잉여금	자본잉여금
①	₩ 1,100	₩ 600
②	₩ 1,100	₩ 500
③	₩ 1,900	₩ 600
④	₩ 1,900	₩ 500

006 □□□

자본에 관한 설명 중 옳지 않은 것은?

① 자본조정은 당해 항목의 성격상 자본거래에 해당하지만, 자본의 차감 성격을 가지는 것으로 자본금이나 자본잉여금으로 처리할 수 없는 누적적 적립금의 성격을 갖는 계정이다.

② 상환우선주의 보유자가 발행자에게 상환을 청구할 수 있는 권리를 보유하고 있는 경우, 이 상환우선주는 자본으로 분류하지 않는다.

③ 자본잉여금은 납입된 자본 중에서 액면금액을 초과하는 금액 또는 주주와의 자본거래에서 발생하는 잉여금을 처리하는 계정이다.

④ 기타포괄손익누계액 중 일부는 당기손익으로의 재분류조정 과정을 거치지 않고 직접 이익잉여금으로 대체할 수 있다.

007 □□□

보통주 10,000주 (액면금액 ₩ 5,000)를 발행하여 2006년 기업을 시작한 ㈜한국은 2011년 1월 1일 누적적·비참가적 우선주 1,000주(액면금액 ₩ 5,000, 액면금액의 10 % 배당)를 발행하였다. ㈜한국은 2011년과 2012년 손실로 인하여 배당을 하지 못하였으나 2013년 당기순이익을 기록하면서 보통주와 우선주에 대하여 총액 ₩ 2,500,000의 현금배당을 결의하였다. 보통주와 우선주에 대한 배당금액은?

	보통주	우선주
①	₩ 500,000	₩ 2,000,000
②	₩ 1,000,000	₩ 1,500,000
③	₩ 1,500,000	₩ 1,000,000
④	₩ 2,000,000	₩ 500,000

008 □□□

다음은 2011년 12월 31일 ㈜한국의 자본계정에 관한 정보이다. 보통주 1주당 배당액은?

· 자본금내역	
- 보통주	₩ 10,000,000
- 우선주A (배당율 5 %, 비누적적, 비참가적)	5,000,000
- 우선주B (배당율 5 %, 누적적, 완전참가적)	5,000,000
· 모든 주식은 개업 시 발행하였으며 발행한 모든 주식의 주당 액면금액은 ₩ 5,000이다.	
· 우선주에 대한 1년분 배당이 연체되었다.	
· 정관에 의하여 이사회는 ₩ 1,550,000의 현금배당을 결의하였다.	

① ₩ 400		② ₩ 350	
③ ₩ 300		④ ₩ 250	

㈜한국은 2012년 1월 1일 영업을 개시하였으며, 2016년 12월 31일 현재 자본금은 다음과 같다. 모든 주식은 영업개시와 동시에 발행되었으며, 현재까지 배당을 실시한 적이 없다. 2017년 3월 정기주주총회에서 2016년 12월 31일을 배당기준일로 하여 ₩95,000의 현금배당을 선언하였다. ㈜한국의 보통주 주주에게 귀속될 배당금액은?

보통주(주당액면 ₩5,000, 발행주식수 60주)	₩300,000
우선주(5%, 비누적적·비참가적; 주당액면 ₩5,000, 발행주식수 20주)	₩100,000
우선주(5%, 누적적·완전참가적; 주당액면 ₩5,000, 발행주식수 40주)	₩200,000

① ₩15,000   ② ₩25,000
③ ₩30,000   ④ ₩50,000

㈜한국은 20X1년 1월 1일 영업을 시작하였으며, 20X2년 말 현재 자본금계정은 다음과 같다.

보통주(주당액면가액 ₩5,000, 발행주식수 80주)	₩400,000
우선주A(배당률 10%, 비누적적·비참가적; 주당액면가액 ₩5,000, 발행주식수 40주)	₩200,000
우선주B(배당률 5%, 누적적·완전참가적; 주당액면가액 ₩5,000, 발행주식수 80주)	₩400,000

모든 주식은 영업개시와 동시에 발행하였으며, 그 이후 아직 배당을 한 적이 없다. 20X3년 초 ₩100,000의 배당을 선언하였다면 배당금 배분과 관련하여 옳은 것은?

① 보통주 소유주에게 배당금 ₩20,000 지급
② 보통주 소유주에게 배당금 우선 지급 후 우선주A 소유주에게 배당금 지급
③ 우선주A 소유주에게 배당금 ₩30,000 지급
④ 우선주B 소유주에게 배당금 ₩50,000 지급

2005년 1월 1일에 영업을 시작한 12월 결산법인인 ㈜한국의 2007년 12월 31일 자본계정은 다음과 같다.

· 보통주자본금	₩5,000,000(1,000주)
· 우선주자본금 (4%, 비누적적·비참가적)	1,000,000(200주)
· 우선주자본금 (4%, 누적적·10%까지 부분참가적)	2,000,000(400주)
· 주당 액면가액은 모두 ₩5,000임	

㈜한국의 모든 주식은 영업개시와 동시에 발행되었으며, 영업 개시 이후 2007년 12월 31일까지 배당을 실시한 적은 없다. 이 회사의 이사회는 2008년 1월 2일에 ₩1,880,000의 배당을 결의하였다. 이 경우 보통주 1주당 배당금은?

① ₩1,250   ② ₩1,350
③ ₩1,480   ④ ₩1,580

㈜서울의 2015년 12월 31일 현재 자본계정은 아래와 같다. ㈜서울은 2012년 1월 1일에 설립되었으며 당기까지 배당은 없었다. 2016년 2월 3일 개최 예정인 주주총회에서 ₩240,000의 배당을 선언할 예정이다. 우선주의 배당률이 5%라고 가정할 때, 우선주의 유형에 따른 배당금과 관련된 다음의 설명 중 옳지 않은 것은?

· 보통주자본금 (액면 @₩100, 주식수 8,000주)	₩800,000
· 우선주자본금 (액면 @₩100, 주식수 4,000주)	₩400,000
· 이익잉여금	₩1,000,000

① 누적적이고 비참가적 우선주의 경우, 보통주 배당금은 ₩160,000이고 우선주 배당금은 ₩80,000이다.
② 비누적적이고 완전참가적 우선주의 경우, 보통주 배당금은 ₩160,000이고 우선주 배당금은 ₩80,000이다.
③ 비누적적이고 비참가적 우선주의 경우, 보통주 배당금은 ₩216,000이고 우선주 배당금은 ₩24,000이다.
④ 비누적적이고 부분참가적(배당률 11%까지) 우선주의 경우, 보통주 배당금은 ₩196,000이고 우선주 배당금은 ₩44,000이다.

013 ☐☐☐

㈜한국은 20X1년 1월 1일에 상환우선주 100주(주당 액면 금액 ₩5,000, 연 배당률 6%, 누적적 상환우선주)를 발행하였다. ㈜한국은 보유자의 청구에 따라 상환우선주를 20X3년 12월 31일에 주당 ₩6,000에 의무적으로 상환해야 한다. 배당금은 매년 말 지급하며, 상환우선주 발행 시 유효이자율은 연 10%이다. 상환우선주 발행이 ㈜한국의 재무제표에 미치는 영향으로 옳지 않은 것은? (단, 이자율 10%, 3년간 ₩1의 현가계수 및 연금 현가계수는 각각 0.75, 2.5라 가정하며, 현가계수 가정에 따른 상환우선주 발행가와 유효이자율에 의한 만기상환장부금액의 차이는 무시한다)

① 20X1년 1월 1일 상환우선주의 발행가액은 ₩525,000이다.

② 20X1년 12월 31일 상환우선주의 장부가액은 ₩547,500 이다.

③ 상환우선주의 발행으로 20X1년 당기순이익이 ₩52,500 감소한다.

④ 20X1년 배당금 ₩30,000은 자본요소와 관련되므로 당기손익의 분배로 인식한다.

TOPIC 34 납입자본 ★★★

014 ☐☐☐

다음 각 항목이 재무상태표의 자본금, 이익잉여금 및 자본총계에 미치는 영향으로 옳지 않은 것은?

항목	자본금	이익잉여금	자본총계
① 무상증자	증가	증가	증가
② 주식배당	증가	감소	불변
③ 주식분할	불변	불변	불변
④ 유상증자	증가	불변	증가

015 ☐☐☐

자본에 관한 설명으로 옳은 것만을 모두 고른 것은?

> ㄱ. 주식분할을 실시하면 자본총액은 변동하지 않고 자본금 은 증가한다.
> ㄴ. 주식배당을 실시하면 자본총액은 변동하지 않고 자본금 은 증가한다.
> ㄷ. 유상증자를 실시하면 자본총액은 변동하지 않고 자본금 은 증가한다.
> ㄹ. 무상증자를 실시하면 자본총액은 변동하지 않고 자본금 은 증가한다.

① ㄱ, ㄴ   ② ㄱ, ㄷ

③ ㄴ, ㄹ   ④ ㄷ, ㄹ

자본에 대한 설명 중 옳지 않은 것은?

① 무상증자는 자본총계를 증가시킨다.
② 주식분할은 총발행주식수를 증가시킨다.
③ 주식병합으로 자본총계는 변하지 않는다.
④ 주식배당은 자본금을 증가시킨다.

다음 각 항목이 재무상태표의 자본금, 이익잉여금 및 자본총계에 미치는 영향으로 옳지 않은 것은?

항목	주식배당	주식분할
① 자 본 총 계	불변	불변
② 이익잉여금	감소	불변
③ 주당액면가	불변	감소
④ 법정자본금	증가	증가

주식배당, 무상증자 및 주식분할에 대한 설명으로 옳지 않은 것은?

① 주식분할의 경우 발행주식수가 증가하여 자본금이 증가한다.
② 무상증자의 경우 자본총계는 불변이다.
③ 무상증자의 경우 주당 액면가액은 불변이지만, 주식분할의 경우는 주당 액면가액이 감소한다.
④ 주식배당의 경우 이익잉여금이 감소하지만, 주식분할의 경우 이익잉여금이 불변이다.

다음 중 자본의 구성항목은 변동이 없고, 주당 액면금액의 변동만 발생하는 자본거래는?

① 유상증자
② 주식분할
③ 무상증자
④ 주식배당

세무회계

2022 해커스공무원 현진환 회계학 단원별 기출문제집

020 ☐☐☐

주식배당, 무상증자, 주식분할, 주식병합에 대한 설명으로 가장 옳지 않은 것은?

① 주식배당, 무상증자의 경우 총자본은 변하지 않는다.

② 무상증자, 주식분할의 경우 자본금이 증가한다.

③ 주식병합의 경우 발행주식수가 감소하지만 주식분할의 경우 발행주식수가 증가한다.

④ 주식분할의 경우 주당 액면금액이 감소하지만 주식배당, 무상증자의 경우 주당 액면금액은 변하지 않는다.

021 ☐☐☐

무상증자, 주식배당, 주식분할, 주식병합에 대한 설명으로 옳지 않은 것은?

① 무상증자로 자본금은 변동하지 않는다.

② 주식배당은 발행주식수를 증가시킨다.

③ 주식분할은 발행주식수를 증가시킨다.

④ 주식병합으로 자본금은 변동하지 않는다.

022 ☐☐☐

자본총액에 영향을 주지 않는 거래는?

① 당기손익인식금융자산에 대하여 평가손실이 발생하다.

② 이익준비금을 자본금으로 전입하다.

③ 주주로부터 자산을 기부받다.

④ 자기주식을 재발행하다.

023 ☐☐☐

자본의 변동을 가져오는 거래는? (단, 제시된 거래 이외의 거래는 고려하지 않는다)

① 기계장치를 외상으로 구입하였다.

② 자기주식을 현금으로 구입하였다.

③ 미래에 제공할 용역의 대가를 미리 현금으로 받았다.

④ 외상으로 판매한 대금이 전액 회수되었다.

024 ☐☐☐

자본에 영향을 미치는 거래에 해당하지 않는 것은?

① 정기 주주총회에서 10%의 현금배당을 결의하다.
② 임차한 건물에 대한 임차료를 현금으로 지급하다.
③ 창고에 화재가 발생하여 보관 중인 상품 중 일부가 소실
되다.
④ 기계장치를 구입하고, 대금 중 절반은 현금으로 지급하고
잔액은 외상으로 하다.

026 ☐☐☐

**자산총액, 부채총액 및 자본총액 어느 것에도 영향을 주지 않는
거래는?**

① 건물을 장부금액으로 매각하고, 매각대금을 당좌예입하
였다.
② 보유 중인 단기매매금융자산에 대하여 평가손실이 발생
하였다.
③ 주주총회에서 현금배당을 실시하기로 결의하였다.
④ 보유 중인 자기주식을 매각하였다.

025 ☐☐☐

자본이 증감될 수 있는 경우만을 모두 고른 것은?

> ㄱ. 주식배당
> ㄴ. 임의적립금의 목적달성
> ㄷ. 해외사업환산손실의 발생
> ㄹ. 자기주식의 취득

① ㄱ, ㄴ   ② ㄱ, ㄹ
③ ㄴ, ㄷ   ④ ㄷ, ㄹ

027 ☐☐☐

다음 거래 중 자본합계에 영향을 미치지 않는 것은?

① 전환사채가 보통주로 전환됨에 따라 약정된 주식의 발행
② 주주들에게 현금배당, 10% 주식배당 실시
③ 보통주에 대한 100% 무상증자와 액면가를 절반으로 낮
추는 액면분할 실시
④ 회사가 발행한 주식을 최초 발행가보다 높은 가격으로 재
취득
⑤ 임직원에게 부여된 주식매수선택권 행사에 따라 주식
발행

028 ☐☐☐

자본을 실질적으로 증가시키는 거래는?

① 주식을 할인발행한 경우
② 유통 중인 발행주식을 액면 이상으로 취득하는 경우
③ 이익준비금을 자본전입한 경우
④ 주식배당을 한 경우

029 ☐☐☐

주식회사의 자본을 실질적으로 증가시키는 거래는?

① 임의적립금을 적립하다.
② 이익준비금을 재원으로 무상증자를 실시하다.
③ 주식배당을 실시하다.
④ 주주로부터 자산을 무상으로 기부받다.

030 ☐☐☐

자본에 대한 설명으로 옳지 않은 것은? (자기주식의 회계처리는 원가법을 따른다)

① 자기주식을 취득원가보다 낮은 금액으로 매각한 경우 자기주식처분손실이 발생하며 포괄손익계산서에 비용으로 계상한다.
② 감자 시 주주에게 지급하는 대가가 감소하는 주식의 액면금액보다 적을 때에는 차액을 감자차익으로 기록한다.
③ 실질적 감자의 경우 자본금과 자산이 감소하며, 감자차익 또는 감자차손이 발생할 수 있다.
④ 결손을 보전하기 위한 목적으로 형식적 감자를 실시하는 경우 자본금 감소가 이월결손금보다 큰 경우에는 감자차익이 발생한다.

031 ☐☐☐

㈜한국은 20X1년 3월 7일 자기주식 500주를 매입하고 20X1년 7월 7일 이 중 100주를 소각하였다. 그리고 20X1년 8월 31일 자기주식 200주를 ㈜서울에 매도하였다. ㈜한국의 20X1년 자기주식거래가 ㈜한국의 유통주식수에 미치는 영향은?

① 500주 감소
② 300주 감소
③ 200주 감소
④ 변화 없다.

032 □□□

㈜서울은 2018년 12월 말에 주당 액면금액 ₩ 5,000인 보통주 1,000주를 주당 ₩ 10,000에 발행(유상증자)하였으며, 주식인쇄비 등 주식발행과 관련된 비용이 ₩ 1,000,000 발생하였다. 유상증자 직전에 ㈜서울의 자본에는 주식할인발행차금의 미상각잔액이 ₩ 1,500,000 존재하였다. 이 거래와 관련하여 ㈜서울이 2018년 말에 보고할 주식발행초과금은?

① ₩ 2,500,000
② ₩ 4,000,000
③ ₩ 9,000,000
④ ₩ 10,000,000

033 □□□

㈜한국은 액면가액 ₩ 5,000인 보통주 100주를 주당 ₩ 15,000에 발행하였다. 발행대금은 전액 당좌예금에 입금하였으며, 주식인쇄 등 주식발행과 직접 관련된 비용 ₩ 20,000을 현금으로 지급하였다. 유상증자 이전에 주식할인발행차금 미상각잔액 ₩ 400,000이 존재할 때 동 유상증자 후 주식발행초과금의 잔액은?

① ₩ 100,000
② ₩ 500,000
③ ₩ 580,000
④ ₩ 980,000

034 □□□

㈜한국은 주식할인발행차금 잔액 ₩ 500,000이 있는 상태에서 주당 액면금액 ₩ 5,000인 보통주 1,000주를 주당 ₩ 10,000에 발행하였다. 주식발행과 관련한 직접적인 총비용은 ₩ 800,000이 발생하였다. 이 거래의 결과에 대한 설명으로 옳은 것은? (단, 모든 거래는 현금거래이다)

① 주식발행관련비용 ₩ 800,000은 비용처리된다.
② 자본증가액은 ₩ 9,200,000이다.
③ 주식할인발행차금 잔액은 ₩ 500,000이다.
④ 주식발행초과금 잔액은 ₩ 4,500,000이다.

035 □□□

㈜한국은 액면가액 ₩ 5,000인 주식 10,000주를 주당 ₩ 5,000에 발행하였다. ㈜한국은 유통주식수의 과다로 인한 주가관리 차원에서 20X1년에 1,000주를 매입소각하기로 주주총회에서 결의하였다. ㈜한국은 두 번에 걸쳐 유통주식을 매입하여 소각하였는데 20X1년 6월 1일 주당 ₩ 4,000에 500주를 매입한 후 소각했고, 20X1년 9월 1일에 주당 ₩ 7,000에 500주를 매입한 후 소각했다고 한다면 20X1년 9월 1일의 감자차손 잔액은?

① 감자차익 ₩ 500,000
② 감자차손 ₩ 1,000,000
③ 감자차손 ₩ 500,000
④ 감자차익 ₩ 1,000,000

036 ☐☐☐

㈜서울은 재작년에 액면 100원의 주식을 주당 ₩120에 발행하여 이를 작년 5월에 100주를 주당 ₩160에 구입하였다. 이 100주를 올 6월에 주당 ₩180에 처분하였다. 자기주식의 처분이 ㈜서울의 올해 재무상태에 미치는 영향은?

① 자본잉여금 증가 ₩2,000
② 자본잉여금 증가 ₩6,000, 이익잉여금 감소 ₩4,000
③ 이익잉여금 증가 ₩2,000
④ 이익잉여금 증가 ₩6,000, 자본잉여금 감소 ₩4,000
⑤ 이익잉여금 증가 ₩2,000, 자본잉여금 감소 ₩4,000

037 ☐☐☐

㈜한국은 액면금액 ₩500인 주식 10주를 주당 ₩600에 발행하였는데, 주식발행비로 ₩500이 지출되었다. 위의 주식발행이 ㈜한국의 재무제표에 미치는 영향에 대한 설명으로 옳은 것은? (단, 법인세효과는 무시한다)

① 순이익이 ₩500 감소한다.
② 이익잉여금이 ₩500 감소한다.
③ 자산총액이 ₩6,000 증가한다.
④ 자본총액이 ₩5,500 증가한다.

038 ☐☐☐

다음은 당기 중에 발생한 ㈜서울의 자기주식 관련 거래이다. 12월 31일에 ㈜서울이 인식해야 할 감자차손과 자기주식처분손실은 각각 얼마인가?

> · 3월 1일: ㈜서울이 발행한 보통주(주당 액면금액 ₩2,000) 중 100주를 주당 ₩5,000에 취득하였다.
> · 6월 1일: 자기주식 중 30주를 주당 ₩7,000에 매각하였다.
> · 8월 1일: 자기주식 중 30주를 주당 ₩2,000에 매각하였다.
> · 12월 1일: 자기주식 중 나머지 40주를 소각하였다.

	감자차손	자기주식처분손실
①	₩120,000	₩30,000
②	₩150,000	₩30,000
③	₩160,000	₩20,000
④	₩160,000	₩40,000

039 ☐☐☐

㈜한국은 2016년 초 보통주 200주(주당 액면금액 ₩5,000, 주당 발행금액 ₩6,000)를 발행하였으며, 주식발행과 관련된 직접원가 ₩80,000과 간접원가 ₩10,000이 발생하였다. ㈜한국의 주식발행에 대한 설명으로 옳은 것은? (단, 기초 주식할인발행차금은 없다고 가정한다)

① 자본의 증가는 ₩1,200,000이다.
② 자본잉여금의 증가는 ₩120,000이다.
③ 주식발행초과금의 증가는 ₩110,000이다.
④ 주식발행과 관련된 직·간접원가 ₩90,000은 비용으로 인식한다.

040 ☐☐☐

㈜한국의 2016년 자본 관련 거래가 다음과 같을 때, 2016년에 증가한 주식발행초과금은? (단, 기초 주식할인발행차금은 없다고 가정한다)

- 3월 2일: 보통주 100주(주당 액면금액 ₩ 500)를 주당 ₩ 700에 발행하였다.
- 5월 10일: 우선주 200주(주당 액면금액 ₩ 500)를 주당 ₩ 600에 발행하였다.
- 9월 25일: 보통주 50주(주당 액면금액 ₩ 500)를 발행하면서 그 대가로 건물을 취득하였다. 취득 당시 보통주 주당 공정가치는 ₩ 1,000이었다.

① ₩ 20,000 ② ₩ 40,000
③ ₩ 45,000 ④ ₩ 65,000

041 ☐☐☐

㈜한국의 20X1년 초의 재무상태표의 자본부분이 다음과 같을 때, 자기주식 취득과 처분 후의 재무상태표 상 자본총계는?

보통주자본금(액면가액 주당 ₩ 5,000)	₩ 100,000,000
주식발행초과금	10,000,000
이익잉여금	30,000,000
자본총계	₩ 140,000,000

20X1년 중 자본거래는 다음과 같다.
- 7월 1일 자기주식 1,000주를 ₩ 8,000에 취득
- 10월 1일 위의 자기주식 중에서 200주를 ₩ 9,000에 처분하였다.

① ₩ 132,000,000 ② ₩ 133,600,000
③ ₩ 133,800,000 ④ ₩ 140,000,000

042 ☐☐☐

다음은 ㈜한국의 2015년 12월 31일 자본 내역이다.

자본	
자본금(액면금액 @₩ 500)	₩ 3,000,000
주식발행초과금	1,500,000
이익준비금	2,000,000
미처분이익잉여금	5,500,000
합계	₩ 12,000,000

㈜한국은 주권상장법인이며, 2016년 2월 주주총회에서 2,000주의 주식배당과 이익준비금을 재원으로 한 2,000주의 무상증자를 실시하기로 하였다. 주식배당과 무상증자를 실시하여 주식을 교부하였다면, ㈜한국의 자본금은?

① ₩ 3,000,000 ② ₩ 4,000,000
③ ₩ 5,000,000 ④ ₩ 6,000,000

043 ☐☐☐

㈜한국은 2016년 초 보통주 10주(주당 액면금액 ₩ 500, 주당 발행금액 ₩ 600)를 발행하였으며, 주식발행과 직접 관련된 원가 ₩ 100이 발생하였다. ㈜한국의 주식발행에 대한 설명으로 옳은 것은? (단, 기초 주식할인발행차금은 없다고 가정한다)

① 자본은 ₩ 6,000 증가한다.
② 자본금은 ₩ 5,900 증가한다.
③ 자본잉여금은 ₩ 900 증가한다.
④ 주식발행과 직접 관련된 원가 ₩ 100은 당기비용으로 인식한다.

044 ☐☐☐

㈜한국은 자기주식에 대하여 원가법을 적용하고 있다. 기중에 자기주식 20주를 외상으로 ₩ 40,000에 취득하였고 이 중 10주를 현금 ₩ 30,000에 처분하였다. 이 주식거래로 인한 결과로 옳지 않은 것은? (단, 기초 자기주식처분손익은 없다고 가정한다)

① 자산은 ₩ 30,000 증가한다.
② 자본은 ₩ 20,000 감소한다.
③ 부채는 ₩ 40,000 증가한다.
④ 자본잉여금은 ₩ 10,000 증가한다.

046 ☐☐☐

㈜한국의 20X1년 초 자본잉여금은 ₩ 1,000,000이다. 당기에 다음과 같은 거래가 발생하였을 때, 20X1년 말 자본잉여금은? (단, 다음 거래를 수행하는 데 충분한 계정 금액을 보유하고 있으며, 자기주식에 대하여 원가법을 적용한다)

- 2월에 1주당 액면금액이 ₩ 2,000인 보통주 500주를 1주당 ₩ 3,000에 발행하였다.
- 3월에 주주총회에서 총액 ₩ 200,000의 배당을 결의하였다.
- 4월에 자기주식 100주를 1주당 ₩ 2,500에 취득하였다.
- 3월에 결의한 배당금을 4월에 현금으로 지급하였다.
- 4월에 취득한 자기주식 40주를 9월에 1주당 ₩ 4,000에 처분하였다.

① ₩ 1,000,000   ② ₩ 1,110,000
③ ₩ 1,510,000   ④ ₩ 1,560,000

045 ☐☐☐

㈜한국은 20X1년 1월 1일 영업을 시작하였다. 20X1년과 20X2년에 발생한 다음 거래들을 참고하여 20X2년 말 재무제표에 자산으로 계상하여야 할 금액은? (단, 일자는 월할계산하며, 금액정보가 없는 자산항목은 계산에 반영하지 않는다)

일자	내용
20X1. 3. 1.	제품 제작용 기기를 ₩ 10,000에 구입하면서 운반비 ₩ 500과 설치비 ₩ 1,500을 함께 지급하였다. 감가상각은 내용연수 5년, 잔존가액 ₩ 0으로 정액법을 사용한다.
20X2. 1. 7.	20X1년 말에 주차장으로 사용할 목적으로 토지를 ₩ 100,000에 구입하고 구입한 토지 위의 사용하지 못하는 건물에 대한 철거 비용으로 ₩ 20,000을 지급하였다. 철거에서 파생된 고철은 ₩ 5,000에 처분하였다.
20X2. 6. 1.	₩ 6,000 상당의 소모품을 구입하여 20X2년 12월 31일까지 $\frac{3}{4}$을 사용하였다.
20X2. 7. 1.	₩ 100,000 상당의 상품을 매입하여 이 중 ₩ 10,000 상당의 상품은 불량으로 인하여 반품하고 나머지 상품 중 90%는 20X2년 12월 31일까지 판매하였다.
20X2.10. 1.	₩ 20,000의 무상증자를 실시하였다.

① ₩ 128,100   ② ₩ 133,100
③ ₩ 134,100   ④ ₩ 153,100

047 ☐☐☐

20X1년 초 설립한 ㈜한국의 자본거래는 다음과 같다. ㈜한국의 20X1년 말 자본총액은?

- 20X1년 1월: 보통주 1,000주(주당 액면가 ₩ 5,000)를 액면발행하였다.
- 20X1년 3월: 자기주식 200주를 주당 ₩ 6,000에 매입하였다.
- 20X1년 4월: 자기주식 200주를 주당 ₩ 7,000에 매입하였다.
- 20X1년 5월: 3월에 구입한 자기주식 100주를 주당 ₩ 8,000에 처분하였다.
- 20X1년 9월: 3월에 구입한 자기주식 100주를 주당 ₩ 9,000에 처분하였다.

① ₩ 3,600,000   ② ₩ 4,100,000
③ ₩ 5,000,000   ④ ₩ 5,500,000

048 □□□

자본에 관한 다음 설명으로 옳은 것만을 모두 고르면?

> ㄱ. 이익잉여금은 당기순이익의 발생으로 증가하고 다른 요인으로는 증가하지 않는다.
> ㄴ. 주식배당을 실시하면 자본금은 증가하지만 이익잉여금은 감소한다.
> ㄷ. 무상증자를 실시하면 발행주식수는 증가하지만 자본총액은 변동하지 않는다.
> ㄹ. 주식분할을 실시하면 발행주식수는 증가하지만 이익잉여금과 자본금은 변동하지 않는다.

① ㄱ, ㄴ, ㄷ   ② ㄱ, ㄴ, ㄹ
③ ㄱ, ㄷ, ㄹ   ④ ㄴ, ㄷ, ㄹ

049 □□□

자본변동표의 금액에 변화를 초래하지 않는 것은?

① 자기주식 취득
② 유상증자
③ 회계정책의 변경으로 인한 누적효과
④ 이익잉여금의 법정적립금 처분

050 □□□

자본변동표가 제공하지 않는 정보는?

① 기타포괄손익 – 공정가치 측정 채무상품 처분손익
② 중대한 전기오류수정손익
③ 해외사업환산손익
④ 회계정책의 변경으로 인한 누적효과

051 □□□

주당 액면가액이 ₩500인 보통주 500,000주를 발행하고 있고, 이익잉여금 잔액이 ₩100,000,000인 ㈜한국은 20X1년 2월에 5%의 주식배당과 주당 ₩15의 현금배당을 선언하였다. 이러한 배당선언이 회사의 자본에 미치는 영향으로 옳지 않은 것은?

① 이익잉여금 ₩20,000,000이 배당의 재원으로 사용되었다.
② 현금배당액은 ₩7,500,000이 될 예정이다.
③ 주식배당액은 ₩7,500,000이 될 예정이다.
④ 배당선언으로 부채 ₩7,500,000이 증가한다.

052 ☐☐☐

다음의 자료에 의하면 차기이월 미처분이익잉여금은 얼마인가?

· 전기이월 미처분이익잉여금	₩ 100,000
· 당기순이익	30,000
· 현금배당	10,000
· 주식배당	10,000
· 이익준비금 적립액	20,000
· 임의적립금 이입액	20,000

① ₩ 90,000   ② ₩ 100,000

③ ₩ 110,000   ④ ₩ 120,000

⑤ ₩ 130,000

053 ☐☐☐

다음 자료로 회계처리할 때 나타나지 않는 거래형태는? (단, 상품매매는 계속기록법을 적용한다)

· 현금으로 자기주식 ₩ 1,000,000을 취득하다(원가법 적용).
· 리스계약에 의하여 기계를 ₩ 5,000,000에 취득하다.
· 감채기금으로 ₩ 1,000,000을 예치하다.
· 원가 ₩ 150,000인 상품을 ₩ 200,000에 외상판매하다.
· 주주로부터 업무용 토지 ₩ 500,000을 무상으로 기부받다.

① 부채의 감소   ② 부채의 증가

③ 자본의 감소   ④ 비용의 발생

054 ☐☐☐

㈜한국의 20X2 회계연도 초 자산, 부채, 자본의 내역은 다음과 같다.

· 현금및예금	₩ 2,000
· 상품	6,000
· 매입채무	8,000
· 자본금	5,000
· 단기매매금융자산	2,500
· 비품	7,000
· 미지급금	400
· 이익잉여금	( )
· 매출채권	5,000
· 미수금	200
· 사채	1,500

20X2년도의 당기순이익은 ₩ 2,000이며 기중 출자한 금액이 ₩ 1,000이고 기중 배당금은 ₩ 500이라면 기말이익잉여금은 얼마인가?

① ₩ 9,300   ② ₩ 9,800

③ ₩ 10,000   ④ ₩ 10,300

⑤ ₩ 10,800

055 ☐☐☐

다음 자료를 이용한 ㈜한국의 당기순이익은?

· 매출액	₩ 60,000
· 매출원가	20,000
· 급여	10,000
· 감가상각비	6,000
· 대손상각비	2,000
· 자기주식처분이익	3,000
· 기타포괄손익 - 공정가치측정 금융자산평가손실	5,000
· 임대료수익	1,000
· 미지급급여	500
· 선급비용	3,000
· 선수수익	6,000
· 미지급 배당금	1,000
· 유형자산처분이익	30,000

① ₩ 48,000   ② ₩ 50,000

③ ₩ 52,000   ④ ₩ 53,000

20X1년 자본과 관련한 다음 정보를 이용할 때, 20X1년 말 재무상태표에 표시될 이익잉여금은?

> · 20X1년 기초 이익잉여금 ₩ 200
> · 2월 25일: 주주총회에서 현금 ₩ 100 배당 결의와 함께 이익준비금 ₩ 10과 배당평균적립금 ₩ 20 적립 결의
> · 6월 30일: 전기 이전부터 보유하던 장부금액 ₩ 30의 자기주식을 32에 매각
> · 20X1년 당기순이익 ₩ 250

① ₩ 320 　　　　　　② ₩ 350
③ ₩ 352 　　　　　　④ ₩ 450

㈜서울의 20X1년 12월 31일 현재 자본의 구성내용은 다음과 같다.

> · 자본금 　　　　　　　　　　　　　　　₩ 50,000,000
> · 이익준비금 　　　　　　　　　　　　　24,500,000
> · 2010년 당기순이익 　　　　　　　　　10,000,000
> · 자본잉여금 　　　　　　　　　　　　　5,000,000
> · 사업확장적립금 　　　　　　　　　　　200,000
> · 재무구조개선적립금 　　　　　　　　　100,000

20X1년 2월 초 주주총회에서 ₩ 6,000,000의 현금배당을 한다고 선언하였을 경우, 이익준비금으로 적립해야 할 최소금액은 얼마인가?

① ₩ 300,000 　　　　　② ₩ 400,000
③ ₩ 500,000 　　　　　④ ₩ 600,000
⑤ ₩ 700,000

다음은 ㈜한국의 20X1년 12월 31일 현재의 수정후시산표잔액이다.

계정과목	차변	계정과목	대변
현금	₩ 20,000	매입채무	₩ 20,000
매출채권	₩ 10,000	차입금	₩ 100,000
재고자산	₩ 5,000	감가상각누계액	₩ 50,000
토지	₩ 100,000	대손충당금	₩ 2,000
건물	₩ 200,000	자본금	?
매출원가	₩ 10,000	이익잉여금	₩ 9,000
감가상각비	₩ 5,000	매출	₩ 20,000
급여	₩ 1,000		
합계	₩ 351,000	합계	₩ 351,000

㈜한국의 20X1년 12월 31일 현재 재무상태표의 이익잉여금과 자본총계는?

　　　이익잉여금　　　　자본총계
① 　₩ 13,000 　　　₩ 163,000
② 　₩ 13,000 　　　₩ 150,000
③ 　₩ 10,000 　　　₩ 150,000
④ 　₩ 10,000 　　　₩ 163,000

다음은 12월 결산법인인 ㈜한국의 2008년 중에 발생한 이익잉여금처분계산서 관련 자료이다. ㈜한국은 현금배당액의 10%를 이익준비금으로 적립할 것을 결의하였다. 또한 다음 사항들은 2009년 3월 주주총회에서 원안대로 승인되었다. 이 경우 ㈜한국의 이익잉여금처분계산서에 계상될 차기이월 미처분이익잉여금은?

> · 사업확장적립금으로부터의 이입액 　　　₩ 800,000
> · 현금배당 　　　　　　　　　　　　　　500,000
> · 주식배당 　　　　　　　　　　　　　　1,500,000
> · 재무구조개선적립금으로 처분 　　　　　600,000
> · 회계정책변경누적효과 　　　　　　　　1,200,000
> · 전기말 미처분이익잉여금 　　　　　　　3,000,000
> · 당기순이익 　　　　　　　　　　　　　5,000,000
> · 주식할인발행차금의 상각 　　　　　　　700,000
> · 감채적립금으로 처분 　　　　　　　　　600,000

① ₩ 5,650,000 　　　　② ₩ 5,750,000
③ ₩ 5,950,000 　　　　④ ₩ 6,050,000

060 ☐☐☐

㈜서울의 전기이월미처분이익잉여금은 ₩ 350,000이다. 2017년도에 ㈜서울은 임의적립금을 ₩ 50,000, 기타법정적립금을 ₩ 60,000 적립할 예정이다. 이익준비금 적립을 제외한 배당가능이익이 ₩ 330,000이라면 2017년도 당기순이익과 배당 최대금액은 얼마인가? [단, ㈜서울의 이익준비금은 자본금의 $\frac{1}{2}$에 미달되며 법정 최소금액을 이익준비금으로 적립한다]

	당기순이익	배당 최대금액
①	₩ 90,000	₩ 300,000
②	₩ 90,000	₩ 330,000
③	₩ 130,000	₩ 300,000
④	₩ 130,000	₩ 330,000

TOPIC 36 자본의 증감 ★★★

061 ☐☐☐

다음 A~C의 세 가지 거래는 독립적인 거래이다. ㄱ~ㄷ의 금액을 옳게 짝지은 것은? (단, 제시된 자료 외의 자본거래는 없다)

거래	기초자산	기초부채	기말부채	기말자본	총수익	총비용	배당금
A	ㄱ	₩3,000	₩8,000	₩9,000	₩9,000	₩10,000	₩2,000
B	₩15,000	₩9,000	₩10,000	ㄴ	₩10,000	₩7,000	₩3,000
C	₩20,000	₩15,000	₩9,000	₩7,000	ㄷ	₩8,000	₩4,000

	ㄱ	ㄴ	ㄷ
①	₩ 12,000	₩ 5,000	₩ 12,000
②	₩ 12,000	₩ 6,000	₩ 12,000
③	₩ 15,000	₩ 5,000	₩ 14,000
④	₩ 15,000	₩ 6,000	₩ 14,000

062 ☐☐☐

다음에서 제시되는 A~C의 세 가지 거래는 독립적인 거래이다. 빈칸에 들어가야 하는 (가) - (나) - (다)의 금액을 올바르게 나열한 것은?

거래	기초자산	기초부채	기말부채	기말자본
A	(가)	₩ 9,000	₩ 24,000	₩ 27,000
B	₩ 30,000	₩ 18,000	₩ 20,000	(나)
C	₩ 30,000	₩ 22,500	₩ 13,500	₩ 10,500

거래	총수익	총비용	현금배당금
A	₩ 27,000	₩ 30,000	₩ 6,000
B	₩ 20,000	₩ 14,000	₩ 6,000
C	(다)	₩ 12,000	₩ 6,000

	(가)	(나)	(다)
①	₩ 27,000	₩ 12,000	₩ 21,000
②	₩ 27,000	₩ 24,000	₩ 16,500
③	₩ 45,000	₩ 12,000	₩ 21,000
④	₩ 45,000	₩ 24,000	₩ 28,500

다음의 장부마감 전 자료를 토대로 계산한 기말자본은? (단, 수익과 비용에는 기타포괄손익 항목이 포함되어 있지 않다)

• 수익 합계	₩ 2,000,000
• 비용 합계	1,000,000
• 자본금	1,000,000
• 주식발행초과금	500,000
• 이익잉여금	500,000
• 자기주식	100,000
• 감자차익	100,000
• 재평가잉여금	200,000

① ₩ 3,500,000 ② ₩ 3,300,000
③ ₩ 3,200,000 ④ ₩ 3,000,000

㈜한국의 재무상태표 상 기말자산항목과 기말부채항목이 다음과 같을 경우 기말자본의 금액은?

• 상품	₩ 500,000
• 매입채무	120,000
• 미지급금	50,000
• 매출채권	140,000
• 선급비용	100,000
• 비품	200,000
• 현금	60,000
• 선수수익	70,000

① ₩ 360,000 ② ₩ 560,000
③ ₩ 760,000 ④ ₩ 900,000

㈜갑의 2009년도 수정후시산표의 계정잔액은 다음과 같다. ㈜갑의 2009년도 말 자본의 총계를 계산하면?

• 매출채권	₩ 3,600
• 건물	89,800
• 자본금	30,000
• 급여	18,000
• 중간배당	5,000
• 감가상각비	22,000
• 매입채무	3,450
• 현금	7,800
• 보험료	3,300
• 용역매출	95,250
• 이익잉여금(기초)	6,800
• 단기차입금	14,000

① ₩ 76,950 ② ₩ 80,450
③ ₩ 83,750 ④ ₩ 85,250

아래는 ㈜서울의 2018년 1월 1일 자본 관련 자료이다. 2018년 5월 초에 보통주 200주를 주당 ₩ 4,500에 발행(유상증자)하였으며, 11월 말에 자기주식 100주를 주당 ₩ 6,000에 현금 취득하였다. 2018년도 당기순이익이 ₩ 500,000이었다면, 2018년 말 자본총액은?

Ⅰ. 자 본 금	
보통주자본금 ₩ 10,000,000 (주당 액면금액 ₩ 5,000)	
Ⅱ. 자본잉여금	
주식발행초과금 ₩ 1,000,000	
Ⅲ. 이익잉여금 ₩ 2,300,000	
자본총액 ₩ 13,300,000	

① ₩ 13,800,000 ② ₩ 14,100,000
③ ₩ 14,300,000 ④ ₩ 14,700,000

067 ☐☐☐

다음 자료에 의하여 당기총포괄이익을 계산하면? (단, 법인세는 무시한다)

재무상태표	기초	기말
자 산	₩ 15,000	₩ 25,000
부 채	7,000	10,000

기중변동내역	
• 유상증자	₩ 3,000
• 현금배당	500
• 기타포괄손익 - 공정가치 측정 금융자산 평가이익	1,500

① ₩ 1,500   ② ₩ 3,000
③ ₩ 4,500   ④ ₩ 6,000

068 ☐☐☐

㈜한국의 자본은 납입자본, 이익잉여금 및 기타자본요소로 구성되어 있으며 2015년 기초와 기말의 자산과 부채총계는 다음과 같다.

구분	2015년 초	2015년 말
자산총계	₩ 100,000	₩ 200,000
부채총계	70,000	130,000

㈜한국은 2015년 중 유상증자 ₩ 10,000을 실시하고 이익처분으로 현금배당 ₩ 5,000, 주식배당 ₩ 8,000을 실시하였으며 ₩ 1,000을 이익준비금(법정적립금)으로 적립하였다. 2015년에 다른 거래는 없었다고 가정할 때, ㈜한국의 2015년도 포괄손익계산서 상 당기순이익은?

① ₩ 35,000   ② ₩ 40,000
③ ₩ 43,000   ④ ₩ 44,000

069 ☐☐☐

㈜대한의 2010 회계연도 기초자산총계는 ₩ 4,000,000이며 기초와 기말시점의 부채총계는 각각 ₩ 2,000,000과 ₩ 1,500,000이다. 또한, 당기 포괄손익계산서 상 수익총액이 ₩ 7,000,000, 비용총액이 ₩ 6,500,000이고, 당기중 주주의 출자액이 ₩ 1,000,000일 때 기말자산총계는? (단, 기타포괄손익은 없는 것으로 가정한다)

① ₩ 2,500,000   ② ₩ 3,000,000
③ ₩ 3,500,000   ④ ₩ 5,000,000

070 ☐☐☐

12월 결산법인인 ㈜한국의 2015년 초 기초재무상태표 상의 자산총계는 ₩ 300,000, 부채총계는 ₩ 100,000이었고, 자본항목 중 기타포괄손익누계액은 없었다. 2015년 결산마감분개 직전 재무상태표 상의 자산총계는 ₩ 350,000, 부채총계는 ₩ 120,000이었고, 포괄손익계산서 상의 기타포괄이익이 ₩ 1,000이었다. 2015년 결산마감분개 직전까지 본 문제에 기술된 사항을 제외한 자본항목의 변동은 없었고 2015회계연도 중 현금배당금 지급액이 ₩ 3,000이었다면, ㈜한국의 2015회계연도 당기순이익은?

① ₩ 26,000   ② ₩ 29,000
③ ₩ 32,000   ④ ₩ 33,000

다음 자료를 기초로 기말자산 금액을 구하면 얼마인가?

· 기초자산	₩ 3,000	· 기초부채	₩ 1,800
· 기말부채	1,900	· 기말자본	?
· 총수익	2,000	· 총비용	1,700
· 주식배당	50	· 현금배당	50
· 감자의 회계처리			
(차) 자 본 금	50	(대) 현 금	30
		감자차익	20

① ₩ 3,200

② ₩ 3,270

③ ₩ 3,300

④ ₩ 3,320

㈜서울의 2016년 초 자본은 ₩ 600,000이다. 2016년의 다음 자료에 따른 2016년 말의 자본은 얼마인가? (단, 법인세효과는 고려하지 않는다)

- 2016년 당기순이익은 ₩ 20,000이다.
- 액면금액 ₩ 500인 주식 40주를 주당 ₩ 1,000에 발행하였는데, 신주발행비로 ₩ 2,000을 지출하였다.
- 자기주식 3주를 주당 ₩ 3,000에 취득하였고, 그 이후 1주를 주당 ₩ 1,000에 처분하였다.
- 이익처분으로 현금배당 ₩ 3,000, 주식배당 ₩ 2,000을 실시하였으며, ₩ 2,000을 이익준비금(법정적립금)으로 적립하였다.

① ₩ 645,000

② ₩ 647,000

③ ₩ 649,000

④ ₩ 655,000

㈜한국은 20X1년 1월 1일 영업을 시작하였다. 20X1년 12월 31일 총자산과 총부채는 각각 ₩ 350,000과 ₩ 200,000이었으며, 20X1년도의 총포괄이익은 ₩ 125,000이었다. 그리고 20X1년 중에 배당금 ₩ 5,000을 현금으로 지급하였다. ㈜한국의 20X1년 1월 1일 시점의 순자산 장부금액은?

① ₩ 5,000

② ₩ 30,000

③ ₩ 50,000

④ ₩ 150,000

2010년 장부마감 후 ㈜서울은 2010년 중 다음과 같은 재무상태의 변동 및 사건을 파악하였다. ㈜서울의 자본은 자본금과 이익잉여금으로만 구성되어 있다. 2010년 ㈜서울의 순이익은?

· 자산증가	₩ 500
· 부채증가	300
· 신주액면발행	80
· 주식배당	20
· 현금배당	30

① ₩ 130

② ₩ 150

③ ₩ 170

④ ₩ 200

⑤ ₩ 230

075 ☐☐☐

다음 자료에 의한 당기순이익은?

• 기초자산총액	₩ 30,000
• 기초부채총액	26,000
• 기말자산총액	35,000
• 기말부채총액	28,000
• 당기중의 유상증자액	3,000
• 당기중의 현금배당액	1,000
• 당기중의 주식배당액	2,000

① ₩ 1,000 ② ₩ 2,000

③ ₩ 3,000 ④ ₩ 4,000

076 ☐☐☐

㈜한국의 기초자산은 ₩ 120,000이고, 기말자산은 ₩ 270,000이다. 또한 기초부채는 ₩ 70,000이고, 기말부채는 기초부채보다 ₩ 40,000이 증가하였다. 당기중 현금출자로 인해 납입자본은 ₩ 42,000 증가하였고, 기타포괄이익은 ₩ 50,000 (법인세효과 차감후 금액) 증가하였으며, 현금배당(당기에 선언한 것임)으로 ₩ 20,000을 지급하였다면, 당기순이익은? (단, 주어진 자료 이외의 사항은 고려하지 않는다)

① ₩ 32,000 ② ₩ 38,000

③ ₩ 42,000 ④ ₩ 48,000

077 ☐☐☐

다음은 ㈜한국의 2013년도 말 현재 재무상태표에 보고된 내용의 일부이다. 기초이익잉여금이 ₩ 2,690,000이었고 당기중에 현금배당 ₩ 20,000이 있었다면 ㈜한국의 2013년도 당기순이익은 얼마인가?

• 보통주자본금(주당 ₩ 100): ₩ 500,000
• 주식발행초과금: ₩ 2,800,000
• 이익잉여금: ₩ 2,780,000

① ₩ 60,000 ② ₩ 70,000

③ ₩ 90,000 ④ ₩ 120,000

⑤ ₩ 110,000

078 ☐☐☐

다음 거래로 인한 당기총자본의 증가 금액은 얼마인가?

• 주식 100주를 주당 ₩ 10,000에 현금 발행하였다.
• 자기주식 10주를 주당 ₩ 9,000에 현금 취득하였다.
• 위 자기주식 가운데 5주를 주당 ₩ 10,000에 현금 재발행하고 나머지는 전부 소각하였다.
• 주식발행초과금 ₩ 100,000을 자본금으로 전입하고 주식을 발행하였다.

① ₩ 910,000 ② ₩ 960,000

③ ₩ 1,010,000 ④ ₩ 1,060,000

079 □□□

㈜한국의 20X1년 재무상태 및 영업성과와 관련한 자료가 다음과 같을 때 기말부채는?

・기초자산	₩ 500
・기초부채	400
・기말자산	700
・기말부채	?
・총수익	200
・총비용	120
・유상증자	20
・주주에 대한 현금배당	50

① ₩ 500　　　　② ₩ 520
③ ₩ 550　　　　④ ₩ 570

080 □□□

㈜서울의 2018년 초와 2018년 말의 총자산은 각각 ₩ 150,000과 ₩ 270,000이며, 2018년 초와 2018년 말의 총부채는 각각 ₩ 80,000과 ₩ 120,000이다. ㈜서울은 2018년 중 ₩ 50,000의 유상증자를 실시하고 현금배당 ₩ 10,000과 주식배당 ₩ 7,000을 실시하였다. ㈜서울의 2018년 기타포괄손익이 ₩ 10,000인 경우 2018년 포괄손익계산서의 당기순이익은?

① ₩ 30,000　　　　② ₩ 37,000
③ ₩ 40,000　　　　④ ₩ 47,000

081 □□□

아래는 ㈜서울의 기초 및 기말의 자산, 부채 현황이다. ㈜서울은 당기중에 ₩ 1,000,000의 유상증자를 실시하였으며, ₩ 500,000의 현금배당과 10%의 주식배당을 완료하였다. ㈜서울의 당기순이익은? (단, 당기중 해당 내용 외의 자본거래는 없었으며, 기타포괄손익은 발생하지 않았다)

	기초	기말
자　산	₩ 35,000,000	₩ 39,000,000
부　채	20,000,000	22,000,000

① ₩ 1,500,000　　　　② ₩ 3,000,000
③ ₩ 4,000,000　　　　④ ₩ 5,000,000

082 □□□

㈜한국의 당기 포괄손익계산서에 보고할 당기순이익은?

- 기초자본은 자본금과 이익잉여금으로만 구성되어 있다.
- 기말자산은 기초자산에 비해 ₩ 500,000 증가하였고, 기말부채는 기초부채에 비해 ₩ 200,000 증가하였다.
- 당기중 유상증자 ₩ 100,000이 있었다.
- 당기중 기타포괄손익 - 공정가치 측정 금융자산의 평가손실 ₩ 10,000을 인식하였다.
- 당기중 재평가모형을 적용하는 유형자산의 재평가이익 ₩ 20,000을 인식하였다. (단, 전기 재평가손실은 없다)

① ₩ 180,000　　　　② ₩ 190,000
③ ₩ 200,000　　　　④ ₩ 300,000

다음은 ㈜한국의 20X1년도 및 20X2년도 말 부분재무제표이다.

구분	20X1년	20X2년
자산총계	₩ 45,000	₩ 47,000
부채총계	₩ 15,000	₩ 14,600
당기순이익	₩ 4,000	₩ 1,500

20X2년도 중에 ㈜한국은 ₩ 2,000을 유상증자하였고 현금배당 ₩ 3,000, 주식배당을 ₩ 1,000하였다. ㈜한국의 20X2년도 포괄손익계산서 상 기타포괄손익은?

① ₩ 1,600
② ₩ 1,700
③ ₩ 1,800
④ ₩ 1,900

㈜한국의 2017년 이익잉여금 기초잔액은 ₩ 50,000이었으며, 2017년 중 다음의 거래가 있었다.

- 원가 ₩ 1,000의 컴퓨터 1대를 ₩ 5,000에 판매하였으며, 판매대금 중 ₩ 1,500은 현금으로 수취하였고 잔액은 외상으로 하였다.
- 건물에 대한 감가상각비 ₩ 200, 기계에 대한 감가상각비 ₩ 100을 인식하였다.
- 장기차입금에 대한 당기 이자비용 ₩ 400을 현금 지급하였다.
- 배당결의를 하고 배당금 ₩ 300을 현금 지급하였다.

㈜한국의 2017년도 당기순이익과 2017년 말 이익잉여금은 각각 얼마인가?

	당기순이익	이익잉여금
①	₩ 3,000	₩ 53,000
②	₩ 3,000	₩ 53,300
③	₩ 3,300	₩ 53,000
④	₩ 3,300	₩ 53,300

다음은 ㈜한국의 2018년 1월 1일 자본계정의 내역이다.

자본금 (보통주, 주당 액면가 ₩ 1,000)	₩ 3,000,000
자본잉여금	1,500,000
이익잉여금	5,500,000
자본총계	₩ 10,000,000

다음과 같은 거래가 발생하였을 때, ㈜한국의 2018년 말 재무상태표 상 자본총계는? (단, 기초 주식할인발행차금은 없다)

- 4월 1일: 증자를 결의하고 보통주 1,000주(주당 액면가 ₩ 1,000)를 주당 ₩ 2,000에 전액 현금으로 납입받았다. 이때 신주발행비 ₩ 500,000은 모두 현금으로 지급하였다.
- 5월 1일: ㈜한국이 발행한 보통주 100주를 주당 ₩ 3,000에 매입하였다.
- 11월 1일: 자기주식 전량을 주당 ₩ 2,000에 외부 매각하였다.
- ㈜한국의 2018년 당기순이익은 ₩ 1,000,000이며, 2019년 3월 말 주주총회에서 보통주 1주당 0.1주의 주식배당을 결의하였다.

① ₩ 12,400,000
② ₩ 12,500,000
③ ₩ 12,800,000
④ ₩ 12,900,000

㈜한국의 20X1년 재무상태와 재무성과 자료는 다음과 같다.

	기초	기말
총 자 산	₩ 5,000,000	₩ 6,500,000
총 부 채	2,000,000	?
총 수 익		1,000,000
총 비 용		800,000

20X1년 기중에 ₩ 500,000을 유상증자하였으며, ₩ 100,000을 현금배당하였을 경우, 기말부채는? (단, 다른 자본항목의 변동은 없다)

① ₩ 2,700,000
② ₩ 2,900,000
③ ₩ 3,600,000
④ ₩ 4,300,000

㈜한국의 20X1년 12월 31일의 재무상태표 상의 자본은 보통주자본금 ₩ 100,000(주식수 100주, 주당 액면금액 ₩ 1,000), 주식발행초과금 ₩ 30,000, 이익잉여금 ₩ 50,000으로 구성되어 있다. 20X2년의 자본과 관련된 거래내역이 다음과 같을 때, 자본 변동에 대한 설명으로 옳지 않은 것은? (단, 자기주식에 대하여 원가법을 적용하고, 기초 자기주식처분손익은 없다)

- 3월 10일: 주주에게 보통주 한 주당 0.1주의 주식배당을 결의하였다.
- 3월 31일: 3월 10일에 결의한 주식배당을 실시하였다.
- 4월 9일: 자기주식 10주를 주당 ₩ 2,100에 취득하였다.
- 6월 13일: 4월 9일 취득한 자기주식 4주를 주당 ₩ 2,200에 매각하였다.
- 8월 24일: 4월 9일 취득한 자기주식 6주를 주당 ₩ 1,700에 매각하였다.
- 11월 20일: 보통주 1주를 2주로 하는 주식분할을 의결하고 시행하였다.

① 자본과 관련된 거래로 인해 이익잉여금은 ₩ 8,000 감소한다.
② 자기주식처분손실은 ₩ 2,000이다.
③ 20X2년 12월 31일의 보통주자본금은 ₩ 110,000이다.
④ 20X2년 12월 31일의 보통주 주식수는 220주이다.

㈜한국의 2017년 수정전시산표와 결산수정사항을 근거로 재무상태표에 공시될 자본은?

<2017년 수정전시산표>

현금	₩ 15,000	매입채무	₩ 3,000
매출채권	₩ 5,000	미지급금	?
재고자산	₩ 3,500	단기차입금	₩ 25,000
토지	₩ 10,000	감가상각누계액	?
건물	₩ 50,000	자본금	₩ 10,000
소모품	₩ 1,500	이익잉여금	₩ 21,000
매출원가	₩ 2,500	매출	₩ 18,000
보험료	₩ 500		
급여	₩ 1,000		
합계	₩ 89,000	합계	₩ 89,000

<결산수정사항>

- 광고선전비 ₩ 1,000이 발생하였으나 결산일 현재 지급하지 않았다.
- 결산일 현재 소모품 잔액은 ₩ 500이다.
- 건물은 2016년 7월 1일 취득하였으며 취득가액 ₩ 50,000, 내용연수 4년, 잔존가치 ₩ 10,000, 연수합계법을 적용하여 월할 감가상각한다.
- 토지는 2017년 중 취득하였으며 2017년 결산 시 공정가치모형을 적용한다. 2017년 말 공정가치는 ₩ 7,000이다.
- 단기차입 조건은 무이자 조건이며, 매출채권에 대한 대손충당금은 고려하지 않는다.

① ₩ 5,000   ② ₩ 22,500
③ ₩ 26,000   ④ ₩ 29,000

㈜서울은 주당 액면금액 ₩ 5,000인 보통주 100주를 ₩ 800,000에 유상증자하였다. 유상증자 시 ㈜서울의 장부에는 ₩ 110,000의 주식할인발행차금이 계상되어 있었고, 주식발행과 직접 관련된 원가 ₩ 50,000과 간접원가 ₩ 15,000이 발생하였다. ㈜서울의 유상증자로 인한 자본의 증가액은 얼마인가?

① ₩ 625,000   ② ₩ 640,000

③ ₩ 735,000   ④ ₩ 750,000

20X1년 기초 재무상태표와 기말 재무상태표의 자산 및 부채의 총액이 다음과 같고 수익과 비용의 합계액이 각각 ₩ 10,000,000과 ₩ 8,000,000인 경우, 20X1년의 추가적인 지분출자액은? (단, 배당금은 고려하지 않는다)

구분	기초	기말
자산총액	₩ 50,000,000	₩ 30,000,000
부채총액	₩ 65,000,000	₩ 20,000,000

① ₩ 20,000,000

② ₩ 23,000,000

③ ₩ 26,000,000

④ ₩ 29,000,000

㈜한국의 다음 재무자료를 이용한 기타포괄이익은?

· 기초자산	₩ 15,000	· 기초부채	₩ 8,000
· 기말자산	18,000	· 기말부채	5,000
· 당기순이익	3,000	· 유상증자	2,000
· 현금배당	1,000	· 기타포괄이익	?

① ₩ 0   ② ₩ 1,000

③ ₩ 2,000   ④ ₩ 3,000

TOPIC 37 금융상품의 정의와 분류 ★

001 □□□

2013년 관세직 9급

다음의 보기 중 금융상품으로만 묶인 것은?

ㄱ. 선급비용	ㄴ. 투자사채
ㄷ. 매출채권	ㄹ. 대여금
ㅁ. 이연법인세자산	

① ㄱ, ㄴ, ㄷ
② ㄱ, ㄹ, ㅁ
③ ㄴ, ㄷ, ㄹ
④ ㄷ, ㄹ, ㅁ

002 □□□

2018년 서울시 9급

금융부채에 해당하지 않는 것만을 아래에서 모두 고른 것은?

ㄱ. 미지급금	ㄴ. 사채
ㄷ. 미지급법인세	ㄹ. 차입금
ㅁ. 선수금	ㅂ. 매입채무

① ㄱ, ㄴ
② ㄴ, ㄹ
③ ㄷ, ㅁ
④ ㄹ, ㅂ

003 □□□

2012년 국가직 7급 변형

금융상품의 인식과 측정에 대한 설명으로 옳지 않은 것은?

① 금융자산은 최초인식 시에 공정가치로 측정한다.
② 금융자산의 정형화된 매입이나 매도는 매매일 또는 결제일에 인식하거나 제거한다.
③ 최초인식시점의 공정가치와 제공한 대가가 다른 경우에는 최초인식시점에 그 차이를 당기손익으로 인식한다.
④ 금융자산은 상각후원가 측정 금융자산의 경우에만 손상차손을 인식한다.

004 □□□

2018년 지방직 9급

금융자산이 손상되었다는 객관적인 증거에 해당하지 않는 것은?

① 금융자산의 발행자나 지급의무자의 유의적인 재무적 어려움
② 이자지급의 지연과 같은 계약 위반
③ 금융자산 관련 무위험이자율이 하락하는 경우
④ 채무자의 파산

005 ☐☐☐

㈜대한은 2016년 초에 ㈜민국의 주식 10주를 ₩ 300,000 (@₩ 30,000)에 취득하고 수수료 ₩ 20,000을 별도로 지급하였으며, 동 주식을 당기손익인식금융자산으로 분류하였다. 2016년 말 동 주식의 공정가치가 주당 ₩ 34,000일 때, ㈜대한이 동 주식에 대하여 인식해야 할 평가이익은?

① ₩ 10,000
② ₩ 20,000
③ ₩ 30,000
④ ₩ 40,000

006 ☐☐☐

다음 거래로 취득한 금융자산의 세부분류와 측정금액은?

> ㈜한국은 한국거래소에서 투자목적으로 ㈜서울의 주식 1주를 ₩ 10,000에 구입하고 수수료 ₩ 1,000을 지급하였다. ㈜한국은 당해 주식을 단기간 내에 매각할 예정이다.

① 당기손익인식금융자산 ₩ 11,000
② 기타포괄손익인식금융자산 ₩ 11,000
③ 당기손익인식금융자산 ₩ 10,000
④ 기타포괄손익인식금융자산 ₩ 10,000

007 ☐☐☐

12월 결산법인인 ㈜서울은 20X1년 1월 1일 단기투자목적으로 A사의 주식 500주를 주당 ₩ 1,000에 취득하였고 매입수수료 ₩ 10,000을 지출하였다. 20X1년 12월 31일 A사의 주식을 보유 중이며, A사의 1주당 공정가치는 ₩ 2,000이다. 20X2년 1월 3일 A사의 주식 전량을 ₩ 880,000에 처분하고 현금으로 수취하였다. A사 주식과 관련된 회계처리에 대한 설명으로 올바른 것은?

① 20X1년 당기손익인식금융자산의 취득금액은 ₩ 510,000 이다.
② 20X1년 당기손익인식금융자산의 평가이익은 ₩ 490,000 이다.
③ 20X1년 당기손익인식금융자산의 평가차익은 없다.
④ 20X2년 당기손익인식금융자산의 처분손실은 ₩ 120,000 이다.
⑤ 20X2년 당기손익인식금융자산의 처분손실은 ₩ 130,000 이다.

008 ☐☐☐

12월 결산법인 ㈜서울은 20X1년 2월 20일 ㈜경기의 주식 100주를 취득하고 당기손익-공정가치 측정 범주로 분류하였다. 20X1년 12월 31일 ㈜경기의 1주당 공정가치는 ₩ 1,200이다. 20X2년 3월 1일 ㈜경기는 무상증자 20%를 실시하였으며, ㈜서울은 무상신주 20주를 수령하였다. 20X2년 7월 1일 ㈜경기주식 60주를 ₩ 81,000에 처분하고 거래원가 ₩ 1,000을 차감한 금액을 수령하였을 경우 동 거래가 20X2년 ㈜서울의 법인세차감전순이익에 미치는 영향은?

① ₩ 21,000 증가
② ₩ 20,000 증가
③ ₩ 9,000 증가
④ ₩ 8,000 증가

㈜한국은 2015년 중 단기시세차익을 목적으로 ㈜대한과 ㈜민국의 주식을 다음과 같이 매입하였다. 취득 시 총매입금액의 1%인 ₩8,200을 거래수수료로 지급하였다. 주식의 주당 취득원가와 결산일인 2015년 12월 31일 현재 주식의 주당 공정가치가 다음과 같을 경우, 주식평가에 대한 회계처리로 옳은 것은?

구분	보유수량	주당 취득원가	주당 공정가치
㈜대한	100주	₩8,000	₩10,000
㈜민국	10주	₩2,000	₩3,000

	(차)		(대)	
①	당기손익인식 금 융 자 산	201,800	당기손익인식금융 자산평가이익	201,800
②	당기손익인식 금 융 자 산	210,000	당기손익인식금융 자산평가이익	210,000
③	기타포괄손익 인식금융자산	201,800	금융자산평가이익 (기타포괄손익)	201,800
④	기타포괄손익 인식금융자산	210,000	금융자산평가이익 (기타포괄손익)	210,000

다음은 ㈜한국이 보유하고 있는 지분증권과 관련된 거래내역이다. 이 거래가 2013년의 당기손익에 미치는 영향은? [단, ㈜한국은 각 피투자회사에 대해 유의적인 영향력을 행사할 수 없으며, 법인세는 무시한다]

- ㈜한국은 2013년 2월 20일 단기매매 목적으로 다음의 지분증권을 취득하였다.

종류	수량	주당 액면금액	주당 취득원가
A주식	10	₩1,000	₩2,500
B주식	15	₩2,000	₩3,000
C주식	20	₩1,000	₩1,500

- 2013년 3월 31일 A주식에 대한 배당금을 주당 ₩100씩 수령하였다.
- 2013년 6월 1일 A주식 5주를 주당 ₩2,250에, B주식 10주를 주당 ₩2,500에 처분하였다.
- 2013년 12월 31일 지분증권의 주당 공정가치는 다음과 같다.
  A주식: ₩2,000, B주식: ₩1,750, C주식: ₩1,600

① 손실 ₩6,250   ② 손실 ₩6,750
③ 손실 ₩12,000   ④ 손실 ₩13,000

㈜한국의 단기매매금융자산 거래가 다음과 같은 경우, 2015년의 법인세비용차감전순손익에 미치는 영향은? (단, 단가산정은 평균법에 의한다)

- 2014년에 A사 주식 100주(액면금액 주당 ₩5,000)를 ₩500,000에 취득하였으며, 2014년 말 공정가치는 ₩550,000이다.
- 2015년 2월에 A사는 현금배당 10%(액면기준)와 주식배당 10%를 동시에 실시하였으며, ㈜한국은 A사로부터 배당금과 주식을 모두 수취하였다.
- 2015년 10월에 보유 중이던 A사 주식 중 55주를 주당 ₩6,000에 처분하였다.
- 2015년 말 A사 주식의 주당 공정가치는 ₩7,000이다.

① ₩160,000 증가   ② ₩185,000 증가
③ ₩205,000 증가   ④ ₩215,000 증가

㈜갑은 2008년도 중에 ㈜을의 발행주식 10%에 해당하는 500주를 장기투자목적으로 주당 ₩1,000에 취득하였다. 2008년도 말 ㈜을의 1주당 시장가격은 ₩1,200이고, 2009년도 말 1주당 시장가격은 ₩900이었다. ㈜갑이 기타포괄손익 – 공정가치 측정 금융자산으로 보유하고 있는 ㈜을의 주식과 관련하여 2009년도 말 현재 기타포괄손익누계액으로 표시될 기타포괄손익 – 공정가치 측정 금융자산평가손익으로 옳은 것은?

① 기타포괄손익 – 공정가치 측정 금융자산평가이익
           ₩50,000

② 기타포괄손익 – 공정가치 측정 금융자산평가손실
           ₩50,000

③ 기타포괄손익 – 공정가치 측정 금융자산평가이익
           ₩150,000

④ 기타포괄손익 – 공정가치 측정 금융자산평가손실
           ₩150,000

013 ☐☐☐

㈜한국은 20X1년 중에 ㈜서울의 주식 10%를 장기투자목적으로 1주당 ₩13,000에 총 10주를 취득하였다. ㈜서울의 1주당 공정가치가 20X1년 말 ₩15,000이고, 20X2년 말 현재 ₩12,000이라면 20X2년 말 현재 재무상태표 상 표시될 기타포괄손익 – 공정가치 측정 금융자산평가손익은 얼마인가?

① 기타포괄손익 – 공정가치 측정 금융자산평가손실
　　　　　　　　　　　　　　　　　　　　₩10,000
② 기타포괄손익 – 공정가치 측정 금융자산평가이익
　　　　　　　　　　　　　　　　　　　　₩10,000
③ 기타포괄손익 – 공정가치 측정 금융자산평가손실
　　　　　　　　　　　　　　　　　　　　₩30,000
④ 기타포괄손익 – 공정가치 측정 금융자산평가이익
　　　　　　　　　　　　　　　　　　　　₩30,000

014 ☐☐☐

㈜한국은 2011년 9월 5일에 취득한 ㈜서울의 주식을 기타포괄손익 – 공정가치 측정 금융자산으로 분류한 후 2012년 12월 31일 현재에도 그대로 보유하고 있다. 동 주식의 공정가치가 다음과 같이 변화하였다면 ㈜한국의 2012년 12월 31일의 분개는?

취득 시 공정가치	공정가치(시가)	
2011년	2011년 말	2012년 말
₩500,000	₩480,000	₩510,000

	(차)		(대)	
①	기타포괄손익 – 공정 가치 측정 금융자산	30,000	금융자산평가손실 (기 타 포 괄 손 익)	20,000
			금융자산평가이익 (기 타 포 괄 손 익)	10,000
②	기타포괄손익 – 공정 가치 측정 금융자산	30,000	금융자산평가이익 (기 타 포 괄 손 익)	30,000
③	금융자산평가이익 (기 타 포 괄 손 익)	20,000	기타포괄손익 – 공정 가치 측정 금융자산	20,000
④	기타포괄손익 – 공정 가치 측정 금융자산	10,000	금융자산평가이익 (기 타 포 괄 손 익)	10,000

015 ☐☐☐

다음은 ㈜민국의 주식에 대한 ㈜한국의 회계처리로 옳지 않은 것은?

- ㈜한국은 2010년 1월 15일 ㈜민국의 주식을 ₩1,000,000에 취득하면서 기타포괄손익 – 공정가치 측정 금융자산으로 분류하였다.
- ㈜민국 주식의 공정가치는 2010년 12월 31일 ₩900,000이고 2011년 12월 31일 ₩1,200,000이다.
- 2012년 1월 10일에 ㈜민국 주식을 ₩1,200,000에 처분하였다.

① 2010년 12월 31일 기타포괄손익 – 공정가치 측정 금융자산평가손실이 ₩100,000 계상된다.
② 2011년 12월 31일 기타포괄손익 – 공정가치 측정 금융자산평가이익이 ₩200,000 계상된다.
③ 2011년 12월 31일 기타포괄손익 – 공정가치 측정 금융자산의 장부가액은 ₩1,000,000이다.
④ 2012년 1월 10일 기타포괄손익 – 공정가치 측정 금융자산의 처분과 관련된 손익은 발생하지 않는다.

016 ☐☐☐

㈜한국은 2011년 7월 1일 ㈜대한의 주식 300주를 ₩60,000에 취득하면서 기타포괄손익 – 공정가치 측정 금융자산으로 분류하였다. 2011년 말 동 주식의 공정가치는 ₩70,000이었으며, 2012년 6월 1일 ₩90,000에 전부 처분하였다. 2012년 이와 관련된 거래를 제외한 당기순이익이 ₩200,000일 때, ㈜한국의 총포괄손익은? [단, 해당거래를 제외하고 총포괄손익에 영향을 미치는 항목은 없는 것으로 가정한다]

① ₩200,000　　　　② ₩220,000
③ ₩230,000　　　　④ ₩290,000

176 해커스공무원 학원·인강 gosi.Hackers.com

㈜한국은 2016년 중 장기보유목적으로 A주식을 매입하여 기타포괄손익 - 공정가치 측정 금융자산으로 분류하고, 단기시세차익목적으로 B주식을 매입하였다. ㈜한국은 2016년 말 A주식과 B주식을 보유하고 있으며, 두 주식에 대한 취득원가와 공정가치는 다음과 같다. 2016년 말 재무제표에 미치는 영향으로 옳지 않은 것은? (단, 취득한 주식은 발행기업에 유의한 영향을 미치지 않는다)

종목	취득원가	2016년 말 공정가치
A주식	₩ 100,000	₩ 90,000
B주식	₩ 60,000	₩ 70,000

① 당기순이익이 ₩ 10,000 증가한다.
② 기타포괄손익이 ₩ 10,000 감소한다.
③ 이익잉여금은 변하지 않는다.
④ 총포괄손익은 변하지 않는다.

다음은 ㈜한국이 보유하고 있는 금융자산에 관한 자료이다. 2011년 말 금융자산평가손익이 포괄손익에 미치는 영향은? (단, 기타포괄손익 - 공정가치 측정 금융자산은 중대한 영향력을 행사할 수 없다)

구분	2010.5.1. 취득원가(₩)	2010.12.31. 공정가치(₩)	2011.12.31. 공정가치(₩)
당기손익인식금융자산	1,200,000	1,100,000	1,400,000
기타포괄손익 - 공정가치 측정 금융자산	1,000,000	1,500,000	1,700,000

① ₩ 200,000   ② ₩ 300,000
③ ₩ 500,000   ④ ₩ 900,000

㈜서울은 20X1년 중에 지분상품을 ₩ 101,000의 현금을 지급하고 취득하였다. 취득 시 지급한 현금에는 ₩ 1,000의 취득관련 거래원가가 포함되어 있으며, ㈜서울은 지분상품을 기타포괄손익-공정가치 측정 금융자산으로 분류하는 것을 선택하였다. ㈜서울은 20X2년 2월 초에 지분상품 전부를 처분하였다. ㈜서울이 20X1년도 재무제표와 20X2년도 재무제표에 상기 지분상품과 관련하여 인식할 기타포괄손익의 변동은? (단, 20X1년 말과 20X2년 2월 초 지분상품의 공정가치는 각각 ₩ 120,000과 ₩ 125,000이며, 처분 시 거래원가는 고려하지 않는다)

	20X1년	20X2년
① 기타포괄이익	₩ 19,000 증가	변동 없음
② 기타포괄이익	₩ 19,000 증가	₩ 5,000 증가
③ 기타포괄이익	₩ 20,000 증가	변동 없음
④ 기타포괄이익	₩ 20,000 증가	₩ 5,000 증가

2016년 초에 설립된 ㈜한국의 손익 자료가 다음과 같을 때, 2016년도의 당기순이익은? (단, 손상차손은 없다고 가정한다)

• 매출	₩ 2,000,000
• 당기손익인식금융자산평가손실	200,000
• 매출원가	500,000
• 기타포괄손익 - 공정가치 측정 금융자산평가손실	100,000
• 유형자산 감가상각비	100,000
• 유형자산 재평가잉여금	200,000
• 임대수익	100,000
• 이자비용	100,000

① ₩ 1,000,000   ② ₩ 1,100,000
③ ₩ 1,200,000   ④ ₩ 1,300,000

021 □□□

㈜서울은 20X1년 초에 ㈜한국의 주식을 거래원가 ₩ 10,000을 포함하여 ₩ 510,000에 취득하고, 당기손익-공정가치 측정 금융자산으로 분류하였다. 20X1년 말과 20X2년 말 공정가치는 각각 ₩ 530,000과 ₩ 480,000이고, 20X3년에 ₩ 490,000에 처분하였을 때, 주식 처분으로 당기손익에 미치는 영향은?

① 손익 영향 없음
② ₩ 8,000 이익
③ ₩ 10,000 이익
④ ₩ 12,000 이익

022 □□□

㈜한국은 20X1년 중에 지분증권을 ₩ 6,000에 현금으로 취득하였으며, 이 가격은 취득시점의 공정가치와 동일하다. 지분증권 취득 시 매매수수료 ₩ 100을 추가로 지급하였다. 동 지분증권의 20X1년 말 공정가치는 ₩ 7,000이며, ㈜한국은 20X2년 초에 지분증권 전부를 ₩ 7,200에 처분하였다. ㈜한국이 지분증권을 취득 시 기타포괄손익-공정가치 측정 금융자산으로 분류한 경우 20X1년과 20X2년 당기순이익에 미치는 영향은?

	20X1년 당기순이익에 미치는 영향	20X2년 당기순이익에 미치는 영향
①	₩ 900 증가	₩ 1,100 증가
②	₩ 1,000 증가	₩ 1,100 증가
③	영향 없음	₩ 900 증가
④	영향 없음	영향 없음

023 □□□

㈜한국은 20X1년 중에 ㈜민국의 지분상품을 ₩ 80,000에 취득하고, 이를 기타포괄손익-공정가치측정금융자산으로 선택분류하였다. 이 지분상품의 20X1년 말, 20X2년 말 공정가치는 각각 ₩ 70,000, ₩ 110,000이다. ㈜한국이 20X3년에 이 지분상품을 ₩ 90,000에 모두 처분하였을 경우 처분손익은? (단, 거래원가는 없다)

① ₩ 0
② 처분손실 ₩ 10,000
③ 처분이익 ₩ 10,000
④ 처분손실 ₩ 20,000

024 ☐☐☐

㈜한국은 20X1년 초 채무상품 A를 ₩ 950,000에 취득하고, 상각후원가 측정 금융자산으로 분류하였다. 채무상품 A로부터 매년 말 ₩ 80,000의 현금이자를 수령하며, 취득일 현재 유효이자율은 10 %이다. 채무상품 A의 20X1년 말 공정가치는 ₩ 980,000이며, 20X2년 초 해당 채무상품 A의 50 %를 ₩ 490,000에 처분하였을 때 ㈜한국이 인식할 처분손익은?

① 처분손실 ₩ 7,500
② 처분손익 ₩ 0
③ 처분이익 ₩ 7,500
④ 처분이익 ₩ 15,000

026 ☐☐☐

㈜한국은 20X1년 초 타사발행 사채A(액면금액 ₩ 500,000, 액면이자율 연 8 %, 유효이자율 연 10 %, 이자 매년 말 후급)를 ₩ 460,000에 취득하고, 이를 '기타포괄손익 – 공정가치 측정 금융자산'으로 분류하였다. 사채A의 20X1년 기말 공정가치는 ₩ 520,000이며, 20X2년 초 사채A의 50 %를 ₩ 290,000에 처분하였다. 사채A와 관련하여 ㈜한국이 인식할 20X1년 평가이익과, 20X2년 처분이익은?

① 평가이익 ₩ 54,000, 처분이익 ₩ 30,000
② 평가이익 ₩ 54,000, 처분이익 ₩ 57,000
③ 평가이익 ₩ 60,000, 처분이익 ₩ 30,000
④ 평가이익 ₩ 60,000, 처분이익 ₩ 57,000

025 ☐☐☐

㈜한국은 20X1년 1월 1일에 액면금액 ₩ 1,000,000(액면이자율 연 8 %, 유효이자율 연 10 %, 이자지급일 매년 12월 31일, 만기 3년)의 사채를 ₩ 950,258에 발행하였다. ㈜민국은 이 사채를 발행과 동시에 전액 매입하여 상각후원가 측정 금융자산으로 분류하였다. 다음 설명 중 옳지 않은 것은? (단, 거래비용은 없고 유효이자율법을 적용하며, 소수점 발생 시 소수점 아래 첫째 자리에서 반올림한다)

① ㈜한국의 20X1년 12월 31일 재무상태표 상 사채할인발행차금 잔액은 ₩ 34,716이다.
② ㈜민국이 20X2년 1월 1일에 현금 ₩ 970,000에 동 사채 전부를 처분할 경우 금융자산 처분이익 ₩ 19,742을 인식한다.
③ ㈜민국은 20X1년 12월 31일에 인식할 이자수익 중 ₩ 15,026을 상각후원가 측정 금융자산으로 인식한다.
④ ㈜한국이 20X1년 12월 31일에 인식할 이자비용은 ₩ 95,026이다.

027 ☐☐☐

㈜서울은 20X1년 초에 액면금액 ₩ 100,000(액면이자율 8 %, 만기 3년, 매년 말 이자지급 조건)의 회사채를 ₩ 95,000에 취득하여 기타포괄손익 – 공정가치 측정 금융자산으로 분류하였다. 20X1년 말에 동 회사채에 대해서 현금으로 이자를 수취하였으며 이자수익으로는 ₩ 9,500을 인식하였다. 동 회사채의 20X1년 말 공정가치는 ₩ 97,000이었으며, ㈜서울은 이 회사채를 20X2년 초에 ₩ 97,500에 매각하였다. 이 회사채의 20X1년 기말 평가손익과 20X2년 초 처분손익이 두 회계기간의 당기순이익에 미치는 영향으로 옳은 것은?

	20X1년	20X2년
①	영향 없음	₩ 500 증가
②	영향 없음	₩ 1,000 증가
③	₩ 500 증가	₩ 500 증가
④	₩ 500 증가	₩ 1,000 증가

028 ☐☐☐

㈜서울은 2016년 초에 발행된 ㈜한양의 사채(액면금액 ₩1,000,000)를 ₩946,800에 취득하여 기타포괄손익-공정가치 측정 금융자산으로 분류하였다. 2016년 말 사채의 공정가치가 ₩960,000일 때, ㈜서울이 인식할 기타포괄손익-공정가치 측정 금융자산평가손익은 얼마인가? (단, 사채의 표시이자율은 연 4%로 매년 말에 지급되는 조건이며, 유효이자율은 연 6%이다)

① 평가이익 ₩13,200
② 평가이익 ₩16,808
③ 평가손실 ₩3,608
④ 평가손실 ₩5,808

029 ☐☐☐

㈜한국은 2013년 1월 1일 ㈜민국이 발행한 사채를 ₩952,000에 취득하여 기타포괄손익-공정가치 측정 금융자산으로 분류하였다. ㈜민국이 발행한 사채는 액면금액 ₩1,000,000, 만기 3년, 액면이자율 연 10%, 이자는 매년 12월 31일에 지급한다. 2013년 12월 31일 사채의 공정가치는 ₩960,000이었다. ㈜한국은 사채의 가치가 더 하락할 것을 우려하여 2014년 1월 1일 해당 사채를 ₩920,000에 처분하였다. 위의 거래가 ㈜한국의 2013년도 당기순이익에 미치는 영향과 2014년 1월 1일에 인식할 처분손익으로 옳은 것은? (단, 발행 당시 해당 사채의 유효이자율은 12%이며 법인세효과는 없다고 가정한다)

① 당기순이익 ₩114,240 증가, 처분손실 ₩46,240
② 당기순이익 ₩114,240 증가, 처분손실 ₩40,000
③ 당기순이익 ₩108,000 증가, 처분손실 ₩46,240
④ 당기순이익 ₩108,000 증가, 처분손실 ₩40,000

030 ☐☐☐

㈜대한은 2011년 1월 1일 액면금액이 ₩1,000,000(액면이자율은 10%이고 유효이자율이 12%이며 매년 말 이자지급)이고 만기가 3년인 시장성 있는 사채를 투자목적으로 취득하였다. 2011년 12월 31일 이 사채의 공정가치는 ₩970,000이었고 2012년 1월 1일 ₩974,000에 처분하였다. 취득 시 기타포괄손익-공정가치 측정 금융자산으로 분류할 경우 이에 대한 회계처리로 옳지 않은 것은? (단, 현재가치 이자요소는 다음 표를 이용한다)

<현재가치 이자요소>

기간	이자율(10%)	이자율(12%)
1년	0.91	0.89
2년	0.83	0.80
3년	0.75	0.71
합계	2.49	2.40

① 취득시점에서의 공정가치는 ₩950,000이다.
② 2011년 12월 31일에 인식하여야 할 총이자수익은 ₩114,000이다.
③ 2011년 12월 31일 공정가치평가 전 장부금액은 ₩964,000이다.
④ 2012년 1월 1일 처분 시 기타포괄손익-공정가치 측정 금융자산처분이익은 ₩4,000이다.

031 ☐☐☐

㈜한국은 2016년 1월 1일 A주식 100주를 주당 ₩10,000에 취득하여 기타포괄손익-공정가치 측정 금융자산으로 분류하였으며, 2016년 4월 1일 3년 만기 B회사채(2016년 1월 1일 액면발행, 액면가액 ₩1,000,000, 표시이자율 연 4%, 매년 말 이자지급)를 ₩1,010,000에 취득하여 상각후원가 측정 금융자산으로 분류하였다. 2016년 말 A주식의 공정가치는 주당 ₩9,500이고, B회사채의 공정가치는 ₩1,050,000이다. ㈜한국의 A주식과 B회사채 보유가 2016년도 당기손익 및 기타포괄손익에 미치는 영향은?

① 당기손익 ₩40,000 감소, 기타포괄손익 ₩30,000 증가
② 당기손익 ₩40,000 증가, 기타포괄손익 ₩50,000 감소
③ 당기손익 ₩30,000 증가, 기타포괄손익 불변
④ 당기손익 ₩30,000 증가, 기타포괄손익 ₩50,000 감소

032 ☐☐☐

㈜서울은 20X1년 초 ㈜한국이 발행한 사채(액면금액 ₩100,000, 표시이자율 연 10%, 매년 말 이자지급)를 ₩90,000에 취득하고, 이를 '기타포괄손익–공정가치측정 금융자산'으로 분류하였다. ㈜한국이 발행한 사채의 20X1년말 공정가치가 ₩95,000인 경우, ㈜한국이 발행한 사채와 관련된 회계처리가 ㈜서울의 20X1년도 총포괄손익에 미치는 영향은?

① ₩10,000 감소   ② 영향 없음
③ ₩10,000 증가   ④ ₩15,000 증가

TOPIC 40 관계기업투자 ★★

033 ☐☐☐

금융자산 및 기업 간 투자에 대한 설명으로 옳은 것은?

① 관계기업투자주식을 보유한 기업이 피투자회사로부터 배당금을 받는 경우 관계기업투자주식의 장부가액은 증가한다.
② 타회사가 발행한 채무증권의 취득금액이 해당 기업의 보통주 가격의 20% 이상이 되는 경우, 해당 기업의 경영에 유의적인 영향력을 미칠 수 있기에 관계기업투자로 분류한다.
③ 금융기관이 가지고 있는 당기손익인식금융자산은 기말에 공정가치평가손익을 포괄손익계산서에서 기타포괄손익으로 표시한다.
④ 계약 상 현금흐름을 수취하기 위해 보유하는 것이 목적인 사업모형 하에서 금융자산을 보유하는 경우 금융자산을 상각후원가로 측정한다.

034 ☐☐☐

㈜서울은 20X1년 초에 ㈜한강의 보통주 50%를 취득하고 ₩1,400,000을 지급하였다. 관련 자료가 다음과 같을 때 20X1년 손익계산서에 기록될 지분법손익은?

> • 동일 ㈜한강의 순자산 장부가액은 ₩2,000,000이었으며, 이는 공정가치와 일치하였다.
> • 20X1년에 ㈜한강은 당기순이익 ₩400,000을 보고하였으며, ㈜서울이 ㈜한강의 순자산 공정가치를 초과하여 지급한 영업권의 손상은 없다.

① ₩120,000   ② ₩180,000
③ ₩200,000   ④ ₩280,000
⑤ ₩300,000

035 □□□

㈜서울은 12월 결산법인이다. ㈜서울은 2016년 1월 1일 ㈜한국의 유통보통주식 10,000주 가운데 30%에 해당하는 주식을 주당 ₩1,000에 취득함으로써 ㈜한국에 유의적인 영향력을 행사하게 되었다. 2016년 9월 1일 ㈜한국은 ₩200,000의 현금배당을 선언하고 지급하였다. 2016년 12월 31일 ㈜한국은 2016년 당기순이익으로 ₩1,000,000을 보고하였다. 2016년 12월 31일 ㈜서울이 보유하고 있는 ㈜한국 주식과 관련하여 재무제표에 보고해야 할 관계기업투자주식과 지분법손익은 얼마인가? [단, ㈜서울이 2016년 1월 1일에 ㈜한국의 주식 취득 시 투자제거 차액은 없다고 가정한다]

	관계기업투자주식	지분법손익
①	₩3,240,000	₩300,000
②	₩3,240,000	₩240,000
③	₩3,300,000	₩300,000
④	₩3,300,000	₩240,000

036 □□□

20X1년 초에 ㈜서울은 ㈜나라의 보통주식 20%를 ₩1,000,000에 취득하면서 ㈜나라에 대해 유의적인 영향력을 갖게 되었다. 20X1년 초 ㈜나라의 순자산의 장부금액은 ₩4,500,000이었으며, 건물을 제외한 자산과 부채에 대해서는 공정가액과 장부금액이 일치하였다. 동 건물의 공정가치는 장부금액보다 ₩200,000 높게 평가되었으며, 잔존내용연수 10년, 잔존가액 ₩0, 정액법으로 감가상각하고 있다. ㈜나라의 20X1년 순이익은 ₩100,000이다. ㈜서울의 20X1년 재무제표 상 관계기업투자주식은 얼마인가?

① ₩1,012,000
② ₩1,016,000
③ ₩1,020,000
④ ₩1,024,000

037 □□□

㈜한국은 20X1년 1월 1일 장기투자목적으로 ㈜서울의 발행주식 중 25%를 취득하였고, 이 주식에 지분법을 적용하고 있다. 취득 시점에 ㈜서울의 순자산장부금액에 대한 ㈜한국의 지분금액은 취득 당시 매입가격과 일치하였다. ㈜서울은 20X1년 당기순이익으로 ₩12,000을 보고하였고 동일 회계연도에 ₩6,000의 현금을 배당하였다. ㈜한국의 20X1년 회계연도 말 재무상태표에 표시된 ㈜서울에 대한 투자주식 금액이 ₩50,000이라면, ㈜한국의 20X1년 1월 1일 ㈜서울 주식의 취득원가는? (단, 두 기업 간 내부거래는 없었다)

① ₩48,500
② ₩50,000
③ ₩51,500
④ ₩53,000

038 □□□

㈜서울은 20X1년 1월 1일 ㈜경기의 발행주식 40%를 ₩800,000에 취득하여 지분법으로 평가하고 있다. 20X1년 1월 1일 ㈜경기의 순자산 장부금액은 ₩1,500,000이었으며, ㈜경기의 건물 장부금액은 공정가치보다 ₩300,000 과소평가되었다. 과소평가된 건물의 잔존내용연수는 6년, 정액법으로 감가상각된다고 가정한다. ㈜경기의 20X1년 당기순이익은 ₩100,000, 20X2년 당기순이익은 ₩200,000일 경우 20X2년 12월 31일 ㈜서울이 보고할 관계기업투자주식은?

① ₩800,000
② ₩820,000
③ ₩880,000
④ ₩920,000

039 ☐☐☐

㈜한국은 2016년 4월 1일에 ㈜대한의 의결권 있는 주식 25%를 ₩1,000,000에 취득하였다. 취득 당시 ㈜대한의 자산과 부채의 공정가치는 각각 ₩15,000,000, ₩12,000,000이다. ㈜대한은 2016년 당기순이익으로 ₩600,000을 보고하였으며 2017년 3월 1일에 ₩200,000의 현금배당을 지급하였다. 2017년 9월 1일에 ㈜한국은 ㈜대한의 주식 전부를 ₩930,000에 처분하였다. 위의 관계기업투자에 대한 설명으로 옳은 것은?

① ㈜대한의 순자산 공정가치는 ₩3,000,000이므로 ㈜한국은 ㈜대한의 주식 취득 시 ₩250,000의 영업권을 별도로 기록한다.
② ㈜대한의 2016년 당기순이익은 ㈜한국의 관계기업투자 장부금액을 ₩150,000만큼 증가시킨다.
③ ㈜대한의 현금배당은 ㈜한국의 당기순이익을 ₩50,000만큼 증가시킨다.
④ ㈜한국의 관계기업투자 처분손실은 ₩70,000이다.

040 ☐☐☐

㈜대한은 20X1년 1월 1일에 ㈜한국의 지분 30%를 ₩30,600에 취득하여 유의적인 영향력을 행사하게 되었다. 20X1년 1월 1일 ㈜한국의 장부상 순자산가액은 ₩100,000이며, 장부금액과 공정가치가 다른 항목은 다음과 같다.

구분	장부금액	공정가치	비고
상각자산	₩9,000	₩10,000	정액법 상각, 잔여 내용연수 5년, 잔존가치 ₩0
재고자산	₩3,000	₩4,000	20X1년 중 모두 ㈜A에 판매

㈜한국의 20X1년 당기순이익이 ₩2,200일 때, ㈜대한이 20X1년 인식할 지분법평가이익은?

① ₩60 ② ₩300
③ ₩600 ④ ₩660

재무회계

2022 해커스공무원 현진환 회계학 단원별 기출문제집

TOPIC 41 현금흐름표의 작성과 활동의 구분 ★

001 ☐☐☐
2015년 국가직 9급

이자와 배당의 현금흐름표 표시에 대한 설명으로 옳지 않은 것은?

① 금융기관이 아닌 경우 배당금 지급은 재무활동 현금흐름으로 분류할 수 있다.

② 금융기관이 지급이자를 비용으로 인식하는 경우에는 영업활동 현금흐름으로 분류하고, 지급이자를 자본화하는 경우에는 주석으로 공시한다.

③ 금융기관이 아닌 경우 이자수입은 당기순손익의 결정에 영향을 미치므로 영업활동 현금흐름으로 분류할 수 있다.

④ 금융기관의 경우 배당금수입은 일반적으로 영업활동으로 인한 현금흐름으로 분류한다.

002 ☐☐☐
2011년 관세직 9급

한국채택국제회계기준에서 현금흐름표 작성과 표시에 대한 설명으로 옳지 않은 것은?

① 영업활동 현금흐름은 직접법과 간접법 중 하나의 방법으로 보고한다.

② 금융회사가 아닌 다른 업종의 경우 배당금의 지급은 영업활동 또는 재무활동으로 분류할 수 있다.

③ 금융회사가 아닌 다른 업종의 경우 이자수입 및 배당금수입은 투자활동 또는 영업활동으로 분류할 수 있다.

④ 법인세로 인한 현금흐름은 별도로 공시하지 않고 영업활동 현금흐름으로 분류한다.

003 ☐☐☐
2017년 관세직 9급(4월 시행)

현금흐름표 상 재무활동 현금흐름이 발생할 수 없는 거래는?

① 차입금의 상환

② 유상증자

③ 사채의 발행

④ 주식배당

004 ☐☐☐
2013년 지방직 9급

영업활동 현금흐름과 관련된 항목만을 모두 고르면?

ㄱ. 단기매매금융자산의 처분
ㄴ. 기계장치의 구입
ㄷ. 유상증자
ㄹ. 토지의 처분
ㅁ. 사채의 발행
ㅂ. 로열티 수익

① ㄱ, ㄴ

② ㄱ, ㅂ

③ ㄴ, ㄹ

④ ㄷ, ㅁ

005 ☐☐☐

다음은 ㈜서울의 재무상태표와 현금흐름표에서 발췌한 2009년 현금흐름 관련 자료이다. 2009년도에 영업활동으로 인한 현금 흐름은?

· 2008년 12월 31일 현금 잔액	₩120,000
· 2009년 투자활동으로 인한 현금 감소	40,000
· 2009년 재무활동으로 인한 현금 증가	50,000
· 2009년 12월 31일 현금 잔액	150,000

① ₩10,000 ② ₩20,000

③ ₩30,000 ④ ₩40,000

007 ☐☐☐

다음 중 현금흐름표에서 영업활동 현금흐름에 해당하는 것은?

① 제3자에 대한 선급금 및 대여금의 회수에 따른 현금유입

② 단기매매목적으로 보유하는 계약에서 발생하는 현금유입

③ 유형자산 및 무형자산의 취득에 따른 현금유출

④ 자기주식의 취득에 따른 현금유출

006 ☐☐☐

영업활동 현금흐름의 예로 옳지 않은 것은?

① 단기매매목적으로 보유하는 계약에서 발생하는 현금유입과 현금유출

② 종업원과 관련하여 직·간접으로 발생하는 현금유출

③ 로열티, 수수료, 중개료 및 기타수익에 따른 현금유입

④ 리스이용자의 리스부채 상환에 따른 현금유출

008 ☐☐☐

㈜서울의 자료가 다음과 같을 때 재무활동으로 인한 현금유입액은?

· 사채의 발행	₩1,000,000
· 기계장치의 구입	1,300,000
· 피투자회사 주식의 처분	300,000
· 종업원에 대한 대여금	700,000
· 선수금의 수령	200,000
· 보통주의 발행	800,000
· 기계장치의 처분	100,000

① ₩1,800,000 ② ₩2,400,000

③ ₩1,350,000 ④ ₩2,600,000

⑤ ₩2,000,000

009　□□□

㈜한국은 당기에 발생한 외상매출과 미지급비용을 차기에 모두 회수하거나 지급한다. 다음 자료를 이용한 ㈜한국의 2017년 현금기준과 발생기준 당기순손익은?

	2016년도	2017년도
현금매출	₩ 320,000	₩ 450,000
외상매출	740,000	910,000
비용지출※	480,000	450,000
기말 미지급비용	210,000	370,000

※ '비용지출'은 당기 발생한 비용의 현금지출이며, 전기 미지급비용의 당기 현금지출은 포함하지 않는다.

	현금기준		발생기준	
①	당기순손익	₩ 0	당기순이익	₩ 540,000
②	당기순이익	₩ 530,000	당기순이익	₩ 540,000
③	당기순이익	₩ 540,000	당기순이익	₩ 530,000
④	당기순손실	₩ 160,000	당기순이익	₩ 370,000

010　□□□

㈜한국은 매월 말 결산을 하고 재무제표를 작성한다. 20X9년 4월에 다음과 같은 자료 및 거래가 있었다.

- 20X9년 4월에 상품을 ₩ 200,000에 판매하면서 ₩ 150,000은 현금수취하고 ₩ 50,000은 5월에 받기로 하였다.
- 20X9년 4월 1일 상품재고는 ₩ 50,000이 있었다.
- 20X9년 4월 중에 상품 ₩ 100,000을 구입하면서 ₩ 80,000은 현금 지급하고 ₩ 20,000은 5월에 지급하기로 하였다.
- 20X9년 4월 30일 기말에 남아 있는 상품은 ₩ 10,000이다.
- 20X9년 4월 종업원급여가 ₩ 10,000 발생하였고 결산일 현재 ₩ 5,000은 지급하지 않았다.
- 20X9년 4월 1일 향후 3개월 치 광고비 ₩ 3,000을 현금 지급하였고, 향후 2개월 치 임대수익 ₩ 2,000을 현금 수령하였다.

㈜한국의 20X9년 4월 현금기준의 순이익과 발생기준의 순이익 차이는?

① ₩ 14,000　　② ₩ 16,000
③ ₩ 18,000　　④ ₩ 20,000

TOPIC 42　직접법 ★★★

011　□□□

다음의 자료를 이용하여 계산한 ㈜한국의 당기 외상매출금액은? [단, ㈜한국의 매출은 전액 외상매출이다]

	기초가액	기말가액
매출채권	₩ 493,000	₩ 490,540
대손충당금	24,650	24,530
손익계산서 상 대손상각 비 계상액		23,400
매출로부터의 현금유입액		450,000

① ₩ 447,540　　② ₩ 397,540
③ ₩ 471,060　　④ ₩ 421,060

012　□□□

㈜서울의 20X1년 기초와 기말재고자산은 각각 ₩ 200,000과 ₩ 350,000이며, 20X1년 기초와 기말매입채무는 각각 ₩ 50,000과 ₩ 80,000이다. ㈜서울의 20X1년도 재고자산 매입으로 인한 현금유출액이 ₩ 250,000일 경우, ㈜서울의 20X1년도 매출원가는? (단, 재고자산의 감모 및 평가손실은 발생하지 않았다)

① ₩ 130,000　　② ₩ 200,000
③ ₩ 250,000　　④ ₩ 370,000

경비용역을 제공하는 ㈜공무는 20X5년에 경비용역수익과 관련하여 현금 ₩ 1,000,000을 수령하였다. 경비용역제공과 관련한 계정잔액이 다음과 같을 때, ㈜공무의 20X5년 포괄손익계산서 상 경비용역수익은? (단, 경비용역수익과 관련된 다른 거래는 없다)

구분	20X5년 1월 1일	20X5년 12월 31일
미수용역수익	₩ 700,000	₩ 800,000
선수용역수익	₩ 500,000	₩ 400,000

① ₩ 800,000
② ₩ 1,000,000
③ ₩ 1,100,000
④ ₩ 1,200,000

㈜한국의 2015년 기초와 기말 재무상태표에는 선급보험료가 각각 ₩ 24,000과 ₩ 30,000이 계상되어 있다. 포괄손익계산서에 보험료가 ₩ 80,000으로 계상되어 있다고 할 경우, 2015년에 현금으로 지급한 보험료는?

① ₩ 56,000
② ₩ 74,000
③ ₩ 80,000
④ ₩ 86,000

다음의 자료를 이용하여 20X3년의 현금흐름표를 직접법에 의하여 작성할 경우 공급자에 대한 현금유출액은?

- 20X3년 보고기간 동안 매출원가는 ₩ 50,000이다.
- 20X3년 재고자산 및 매입채무 관련 자료

구분	20X3년 1월 1일	20X3년 12월 31일
재고자산	₩ 5,000	₩ 7,000
매입채무	₩ 2,000	₩ 3,000

① ₩ 49,000
② ₩ 50,000
③ ₩ 51,000
④ ₩ 52,000

다음은 ㈜서울의 재무상태표 상 매출채권과 대손충당금에 관한 자료이다. 직접법으로 표시한 영업활동 현금흐름에서 고객으로부터 유입된 현금이 ₩ 469,000, 2016년도 포괄손익계산서상 매출액이 ₩ 500,000이라면 2016년 말 포괄손익계산서 상 대손상각비는 얼마인가?

구분	2016년 초	2016년 말
매 출 채 권	₩ 188,000	₩ 215,000
대손충당금	9,000	10,000

① ₩ 3,000
② ₩ 5,000
③ ₩ 57,000
④ ₩ 59,000

017 ☐☐☐

2012년 지방직 9급

다음은 ㈜대한의 2011년도 재무상태표와 포괄손익계산서의 일부자료이다. ㈜대한이 당기에 상품매입대금으로 지급한 현금액은?

・기초상품재고액	₩ 30,000
・기말상품재고액	45,000
・매입채무 기초잔액	18,000
・매입채무 기말잔액	15,000
・매출액	250,000
・매출총이익률	40%

① ₩ 150,000 ② ₩ 162,000
③ ₩ 165,000 ④ ₩ 168,000

018 ☐☐☐

2012년 국가직 7급

㈜한국의 2011년도 포괄손익계산서 상 당기매출액은 ₩ 70,000 이고 대손상각비는 ₩ 15,000이다. 2011년 동안 매출채권 잔액이 ₩ 18,000 감소하였다면 ㈜한국이 2011년 동안 고객으로부터 수취한 현금은?

① ₩ 55,000 ② ₩ 67,000
③ ₩ 73,000 ④ ₩ 88,000

019 ☐☐☐

2011년 지방직 9급

㈜한국의 2010년도 포괄손익계산서 상 이자비용은 ₩ 100,000이다. 2010년도 기초 미지급이자 ₩ 10,000, 기초 선급이자 ₩ 10,000, 기말 미지급이자 ₩ 25,000, 기말 선급이 자가 ₩ 5,000일 때, ㈜한국이 2010년도 현금으로 지급한 이자금액은?

① ₩ 60,000 ② ₩ 70,000
③ ₩ 80,000 ④ ₩ 90,000

020 ☐☐☐

2015년 서울시 9급

㈜한국의 20X1년 기초(1/1)의 선수금과 매출채권 잔액은 각각 ₩ 20억, ₩ 25억이고, 기말(12/31)의 선수금과 매출채권 잔액은 각각 ₩ 50억과 ₩ 40억이다. 또한 20X1년 거래처로부터의 현금수입액이 ₩ 160억이라면 20X1년의 매출액은 얼마인가?

① ₩ 110억 ② ₩ 125억
③ ₩ 130억 ④ ₩ 145억

021 ▢▢▢

㈜한국의 현금주의에 의한 당기매출액은 ₩10,000이다. 기초매출채권 잔액이 ₩5,000이고, 기말매출채권 잔액이 ₩3,000인 경우, ㈜한국의 발생주의에 의한 당기매출액은?

① ₩5,000 ② ₩8,000
③ ₩10,000 ④ ₩12,000

023 ▢▢▢

당기매출액은 ₩300,000이고 대손상각비는 ₩20,000이다. 매출채권과 대손충당금의 기초 및 기말 자료가 다음과 같을 때, 고객으로부터 유입된 현금은? (단, 매출은 모두 외상매출로만 이루어진다)

	기초	기말
매 출 채 권	₩300,000	₩500,000
대손충당금	₩20,000	₩20,000

① ₩80,000 ② ₩100,000
③ ₩200,000 ④ ₩280,000

022 ▢▢▢

도소매기업인 ㈜한국의 2016년 1월 1일부터 12월 31일까지 영업활동과 관련된 자료가 다음과 같을 때, 2016년 매출원가는? (단, 모든 매입거래는 외상 매입거래이다)

· 기초매입채무	₩43,000
· 기말매입채무	41,000
· 매입채무 현금상환	643,000
· 기초재고자산	30,000
· 기말재고자산	27,000

① ₩642,000 ② ₩644,000
③ ₩646,000 ④ ₩647,000

024 ▢▢▢

다음은 2011년도 ㈜한국의 매입채무와 관련된 자료이다.

· 기초매입채무	₩80
· 당기매입액 중 현금지급액	350
· 기초상품재고액	120
· 기말상품재고	110
· 당기매출액	500
· 매출총이익률	20%

2011년 말 재무상태표 상 표시되는 매입채무금액은? (단, 제시된 자료 이외의 사항은 고려하지 않는다)

① ₩110 ② ₩120
③ ₩130 ④ ₩140

㈜한국의 2013년도 손익계산서에는 이자비용이 ₩2,000 계상되어 있고, 현금흐름표에는 현금이자지출액이 ₩1,500 계상되어 있다. ㈜한국이 자본화한 이자비용은 없으며 2013년 12월 31일의 선급이자비용은 2012년 12월 31일에 비해 ₩200만큼 감소하였다. 2012년 12월 31일의 재무상태표에 미지급이자비용이 ₩300인 경우 2013년 12월 31일의 재무상태표에 표시되는 미지급이자비용은?

① ₩1,000   ② ₩800

③ ₩600   ④ ₩300

㈜한국의 20X1년도 미수이자와 선수임대료의 기초잔액과 기말잔액은 다음과 같다. 당기중 현금으로 수령한 이자는 ₩7,000이고 임대료로 인식한 수익은 ₩10,000이다. ㈜한국의 이자수익과 임대수익에 대한 설명으로 옳지 않은 것은?

구분	기초잔액	기말잔액
미수이자	₩2,000	₩3,200
선수임대료	₩4,000	₩3,500

① 수익으로 인식된 이자수익은 ₩8,200이다.
② 현금으로 수령한 임대료는 ₩9,500이다.
③ 이자와 임대료로 인한 수익증가액은 ₩17,700이다.
④ 이자와 임대료로 인한 현금증가액은 ₩16,500이다.

㈜한국의 2014년도 포괄손익계산서에 임차료와 이자비용은 각각 ₩150,000과 ₩100,000으로 보고되었고, 재무상태표 잔액은 다음과 같다. ㈜한국이 2014년도에 현금으로 지출한 임차료와 이자비용은?

	2014년 초	2014년 말
선급임차료	-	₩15,000
미지급이자	₩40,000	-

       임차료   이자비용

① ₩135,000   ₩60,000

② ₩135,000   ₩100,000

③ ₩165,000   ₩100,000

④ ₩165,000   ₩140,000

㈜한국의 2017년 중 거래가 다음과 같을 때 옳은 것은?

- ㈜한국은 2017년 중 용역을 제공하기로 하고 현금 ₩120,000을 받았다. 2017년 선수용역수익계정의 기초잔액은 ₩30,000이고, 기말잔액은 ₩40,000일 때 2017년도에 인식한 용역수익은?
- ㈜한국은 2017년 중 건물임차료로 현금 ₩70,000을 미리 지급하였다. 2017년 선급임차료계정의 기초잔액은 ₩10,000이고, 기말잔액은 ₩30,000일 때 2017년도에 인식한 임차료는?

      용역수익   임차료

① ₩110,000   ₩50,000

② ₩110,000   ₩70,000

③ ₩120,000   ₩50,000

④ ₩120,000   ₩70,000

029 □□□

다음은 ㈜한국의 2016년 거래 자료이다. 2016년 말 재무상태표 상 매입채무 잔액은? (단, 매입거래는 모두 외상거래이다)

• 기초매입채무	₩ 8,000
• 당기 중 매입채무 현금지급액	35,000
• 기초상품재고	12,000
• 기말상품재고	11,000
• 당기매출액	50,000
• 매출총이익	10,000

① ₩ 12,000
② ₩ 13,000
③ ₩ 14,000
④ ₩ 15,000

030 □□□

다음은 20X1년 ㈜한국의 재무제표와 거래 자료 중 일부이다.

• 기초매입채무	₩ 4,000
• 기말매입채무	6,000
• 현금지급에 의한 매입채무 감소액	17,500
• 기초상품재고	6,000
• 기말상품재고	5,500
• 매출총이익	5,000

20X1년 손익계산서상 당기 매출액은?

① ₩ 24,000
② ₩ 25,000
③ ₩ 26,000
④ ₩ 27,000

031 □□□

㈜서울의 2015년도 포괄손익계산서에 임차료비용과 이자비용은 각각 ₩ 300,000과 ₩ 450,000으로 보고되었다. 그리고 이러한 비용과 관련된 재무상태표 계정의 기말잔액은 다음과 같다. ㈜서울이 2015년도에 현금으로 지출한 임차료와 이자비용 금액으로 옳은 것은?

	2014년 말	2015년 말
선급임차료	₩ 0	₩ 75,000
미지급이자	200,000	0

	임차료비용	이자비용
①	₩ 225,000	₩ 250,000
②	₩ 225,000	₩ 650,000
③	₩ 375,000	₩ 250,000
④	₩ 375,000	₩ 650,000

032 □□□

㈜한국은 20X1년 직원들에게 ₩ 1,000의 급여를 현금 지급하였다. 20X1년 초 미지급급여가 ₩ 200, 20X1년 말 미지급급여가 ₩ 700이면 당기에 발생한 급여는?

① ₩ 1,000
② ₩ 1,200
③ ₩ 1,500
④ ₩ 1,700

㈜한국의 2016년도 영업활동 현금흐름에 영향을 미치는 재무상태표 항목의 변동사항은 다음과 같다. 2016년도에 영업활동 현금흐름이 ₩ 900,000 증가한 경우, 미지급비용의 증감은?

- 매출채권의 감소: ₩ 500,000
- 선수수익의 감소: ₩ 100,000
- 선급비용의 감소: ₩ 300,000
- 이연법인세자산의 증가: ₩ 200,000
- 미지급비용의 증가(또는 감소): ?

① ₩ 200,000 감소　　② ₩ 200,000 증가
③ ₩ 400,000 감소　　④ ₩ 400,000 증가

㈜한국의 2013년도 현금주의에 의한 영업이익은 ₩ 100,000이다. 2013년 1월 1일에 비해 2013년 12월 31일 선수수익은 ₩ 10,000 증가하였고 미수수익은 ₩ 20,000 증가하였다. ㈜한국의 2013년도 발생주의에 의한 영업이익은?

① ₩ 100,000　　② ₩ 110,000
③ ₩ 120,000　　④ ₩ 130,000

㈜한국은 포괄손익계산서를 현금주의회계에 의해 작성하였으나 발생주의회계로 전환하려고 한다. 현금주의회계에 의한 2011년도 수익은 ₩ 3,800,000이고, 기말매출채권은 ₩ 870,000이고, 기초매출채권은 ₩ 350,000이고, 기말선수수익은 ₩ 30,000이라고 할 때, 발생주의회계에 따른 2011년도 수익은?

① ₩ 3,310,000　　② ₩ 3,830,000
③ ₩ 4,290,000　　④ ₩ 4,320,000

기술용역과 기술자문을 수행하고 있는 ㈜한국의 1개월 동안의 현금주의에 의한 당기순이익(순현금유입액)은 ₩ 500,000이다. 3월 초와 말의 미수수익, 선수수익, 미지급비용 및 선급비용 내역이 다음과 같을 때 발생기준에 의한 당기순이익은?

구분	3월 1일	3월 31일
미수수익(기술용역료)	₩ 53,000	₩ 48,000
선수수익(기술자문료)	₩ 65,000	₩ 35,000
미지급비용(일반관리비)	₩ 24,000	₩ 34,000
선급비용(급여)	₩ 21,000	₩ 36,000

① ₩ 530,000　　② ₩ 525,000
③ ₩ 520,000　　④ ₩ 470,000

㈜한국이 발생기준에 따라 회계처리한 결과 2015년 기초와 기말의 계정잔액은 다음과 같다. 2015년 ㈜한국의 현금기준에 의한 당기순이익이 ₩ 50,000일 경우, 2015년 발생주의에 의한 당기순이익은 얼마인가?

구분	2015년 초	2015년 말
매출채권	₩ 36,500	₩ 43,500
재고자산	₩ 27,000	₩ 21,000
매입채무	₩ 45,000	₩ 54,000

① ₩ 40,000   ② ₩ 42,000
③ ₩ 58,000   ④ ₩ 60,000

다음은 ㈜한국의 상품매입 및 매출관련 자료이다. 매출총이익은? (단, 상품의 매입과 매출은 신용으로만 이루어진다)

• 기초매출채권	₩ 120,000
• 기말매출채권	80,000
• 당기매출관련 현금회수액	890,000
• 기초매입채무	80,000
• 기말매입채무	130,000
• 당기매입관련 현금지급액	570,000
• 기초상품재고	70,000
• 기말상품재고	90,000

① ₩ 210,000   ② ₩ 250,000
③ ₩ 340,000   ④ ₩ 400,000

㈜한국은 다음과 같이 1개월 동안의 경영성과에 대해 현금기준 포괄손익계산서를 작성하였다. 발생기준 포괄손익계산서로 작성할 경우 당기순이익은? (단, 법인세는 무시한다)

- 현금기준 포괄손익계산서(3월 1일~3월 31일)
  - 매출관련 현금수입   ₩ 1,820,000
  - 급료 및 일반관리비 관련 현금지출   1,220,000
  - 당기순이익   600,000
- 3월 1일과 3월 31일의 매출채권, 매입채무, 미지급비용, 선급비용 내역

	3월 1일	3월 31일
매 출 채 권	₩ 35,000	₩ 43,000
매 입 채 무	48,000	54,000
미지급비용	42,000	35,000
선 급 비 용	21,000	26,000

① ₩ 590,000   ② ₩ 600,000
③ ₩ 610,000   ④ ₩ 614,000

당기 현금흐름표 상 고객으로부터의 현금유입액은 ₩ 54,000이고 공급자에 대한 현금유출액은 ₩ 31,000이다. 포괄손익계산서 상의 매출채권손상차손이 ₩ 500일 때, 다음 자료를 이용하여 매출총이익을 계산하면? [단, 매출채권(순액)은 매출채권에서 손실충당금을 차감한 금액이다]

과목	기초	기말
매출채권(순액)	₩ 7,000	₩ 9,500
매입채무	₩ 4,000	₩ 6,000
재고자산	₩ 12,000	₩ 9,000

① ₩ 20,500   ② ₩ 21,000
③ ₩ 25,000   ④ ₩ 31,000

다음은 ㈜한국의 20X1년과 20X2년 수정전시산표의 일부이다.

계정과목	20X1년 말	20X2년 말
매출채권	₩ 200,000	₩ 100,000
재고자산	₩ 100,000	₩ 200,000
매입채무	₩ 200,000	₩ 300,000
매출	₩ 500,000	₩ 700,000
매입	₩ 600,000	₩ 500,000

20X2년 ㈜한국이 계상할 매출총이익과 직접법에 따른 영업활동으로 인한 현금증감액은?

	매출총이익	영업활동으로 인한 현금증감액
①	₩ 300,000	₩ 400,000 증가
②	₩ 300,000	₩ 400,000 감소
③	₩ 400,000	₩ 300,000 증가
④	₩ 400,000	₩ 300,000 감소

㈜한국은 내부보고목적으로 현금기준에 따라 순이익을 산출한 후 이를 발생기준으로 수정하여 외부에 공시하고 있다. ㈜한국의 현금기준 순이익이 ₩ 55,000일 경우, 다음 자료를 토대로 계산한 발생기준 순이익은? (단, 법인세효과는 무시한다)

· 재무상태표		
구분	기초금액	기말금액
매출채권	₩ 15,000	₩ 20,000
매입채무	₩ 25,000	₩ 32,000
미수수익	₩ 10,000	₩ 8,000
· 포괄손익계산서 상 감가상각비: ₩ 3,000		

① ₩ 48,000		② ₩ 54,000	
③ ₩ 56,000		④ ₩ 59,000	

㈜한국은 내부보고목적으로 현금주의에 의하여 재무제표를 작성하고 외부보고 시 이를 발생주의로 수정하여 공시한다. 2007년도 ㈜한국의 현금주의 순이익은 ₩ 200,000이다. 다음 자료를 이용하여 계산한 발생주의 순이익은? (단, 감가상각비는 ₩ 50,000이다)

계정과목	기초	기말
매출채권	₩ 400,000	₩ 350,000
재고자산	100,000	150,000
매입채무	60,000	80,000
미지급비용	30,000	60,000
선수금	70,000	90,000
미수수익	100,000	50,000

① ₩ 20,000		② ₩ 30,000
③ ₩ 40,000		④ ₩ 50,000

다음은 ㈜한국의 20X1년 11월에 발생한 거래이다.

- 상품 ₩ 70,000을 외상으로 매입하다.
- 원가 ₩ 70,000의 상품을 ₩ 100,000에 외상으로 판매하다.

㈜한국은 20X1년 12월에 상품판매대금 ₩ 100,000 중 ₩ 50,000을 회수하였고, 상품의 매입원가 ₩ 70,000 중 ₩ 35,000을 현금으로 지급하였다. 현금기준에 의한 20X1년의 순현금유입액과 발생기준에 의한 20X1년의 순이익은?

	현금기준에 의한 20X1년 순현금유입액	발생기준에 의한 20X1년 순이익
①	₩ 15,000	₩ 15,000
②	₩ 15,000	₩ 30,000
③	₩ 30,000	₩ 15,000
④	₩ 30,000	₩ 30,000

045 □□□

㈜한국은 지금까지 현금기준에 의해 손익계산서를 작성하여 왔는데, 앞으로는 발생기준에 의해 작성하고자 한다. 현금기준에 의한 20X1년의 수익은 ₩ 500,000이다. 20X1년의 기초 매출채권은 ₩ 30,000, 기말 매출채권은 ₩ 60,000, 기말 선수수익은 ₩ 20,000인 경우 발생기준에 의한 20X1년의 수익은?

① ₩ 490,000 ② ₩ 500,000

③ ₩ 510,000 ④ ₩ 520,000

TOPIC 43 투자활동과 재무활동 ★★

046 □□□

㈜한국은 취득원가 ₩ 70,000의 토지를 2017년 중 현금 ₩ 100,000을 받고 처분하였다. 또한 2017년 중 새로운 토지를 ₩ 90,000에 구입하면서 구입대금 중 ₩ 30,000은 현금으로 지급하고 나머지 ₩ 60,000은 미지급금으로 계상하였다. ㈜한국의 2017년 현금흐름표 상 투자활동 순현금흐름은?

① ₩ 10,000 ② ₩ 40,000

③ ₩ 70,000 ④ ₩ 100,000

047 □□□

㈜한국은 2016년 중 취득원가 ₩ 20,000인 토지를 ₩ 30,000에 처분하고 대금은 1년 후에 받기로 했으며, 장부금액 ₩ 60,000 (취득원가 ₩ 100,000, 감가상각누계액 ₩ 40,000)인 건물을 현금 ₩ 70,000에 처분하였다. ㈜한국의 2016년 현금흐름표 상 투자활동으로 인한 현금유입액은?

① ₩ 60,000 ② ₩ 70,000

③ ₩ 80,000 ④ ₩ 100,000

048 □□□

㈜대한은 2010년도 포괄손익계산서 상 기계장치와 관련하여 감가상각비 ₩ 35,000, 처분손실 ₩ 10,000을 보고하였다. 2010년도 중 취득한 기계장치가 ₩ 155,000인 경우, 다음 자료를 이용하여 기계장치를 처분하고 수수한 현금액을 계산하면? (단, 기계장치 처분은 전액 현금으로 이루어지며, 법인세비용은 없는 것으로 가정한다)

	2010년 1월 1일	2010년 12월 31일
기계장치	₩ 100,000	₩ 200,000
감가상각누계액	(20,000)	(40,000)

① ₩ 10,000　　　　② ₩ 20,000
③ ₩ 30,000　　　　④ ₩ 40,000

050 □□□

다음은 ㈜한국의 유형자산 및 감가상각누계액의 기초잔액, 기말잔액 및 당기 변동과 관련된 자료이다. ㈜한국은 당기중 취득원가 ₩ 40,000(감가상각누계액 ₩ 20,000)의 유형자산을 ₩ 15,000에 처분하였다. 모든 유형자산의 취득 및 처분거래는 현금거래라고 가정할 때, 유형자산과 관련한 투자활동 순현금흐름은? [단, ㈜한국은 유형자산에 대해 원가모형을 적용한다]

과목	기초	기말
유형자산	₩ 100,000	₩ 140,000
감가상각누계액	₩ (30,000)	₩ (25,000)

① ₩ 9,000 순유출　　　② ₩ 20,000 순유입
③ ₩ 60,000 순유입　　　④ ₩ 65,000 순유출

049 □□□

다음은 ㈜서울의 2016년도 비교재무상태표의 일부이다. 한편, ㈜서울은 2016년 중에 취득원가 ₩ 80,000이고 85 %를 감가상각한 기계장치를 ₩ 12,000에 매각하였다. ㈜서울이 2016년도 영업활동 현금흐름을 간접법으로 측정할 때 법인세차감전순이익에 가산할 감가상각비는 얼마인가?

	2016. 1. 1.	2016.12.31.
유형자산	₩ 215,000	₩ 350,000
감가상각누계액	₩ 50,000	₩ 40,000

① ₩ 58,000　　　　② ₩ 68,000
③ ₩ 70,000　　　　④ ₩ 78,000

051 □□□

㈜한국의 2016년 토지와 단기차입금 자료가 다음과 같을 때, 2016년의 투자 및 재무현금흐름에 대한 설명으로 옳은 것은? (단, 모든 거래는 현금거래이다)

	기초	기말
토지(유형자산)	₩ 150,000	₩ 250,000
단 기 차 입 금	100,000	180,000

<추가자료>
· 토지는 취득원가로 기록하며, 2016년에 손상차손은 없었다.
· 2016년 중에 토지(장부금액 ₩ 50,000)를 ₩ 75,000에 매각하였다.
· 2016년 중에 단기차입금 ₩ 100,000을 차입하였다.

① 토지 취득으로 인한 현금유출은 ₩ 100,000이다.
② 토지의 취득과 매각으로 인한 투자활동 순현금유출은 ₩ 75,000이다.
③ 단기차입금 상환으로 인한 현금유출은 ₩ 80,000이다.
④ 단기차입금의 상환 및 차입으로 인한 재무활동 순현금유입은 ₩ 100,000이다.

다음은 ㈜대한의 20X1년 현금흐름표를 작성하기 위한 회계자료의 일부다. ㈜대한이 20X1년 현금흐름표에 표시할 투자활동으로 인한 순현금흐름액은?

구분	전기말	당기말	당기발생
당기손익 – 공정가치 측정 금융자산	₩ 90,000	₩ 75,000	
기계장치	₩ 4,650,000	₩ 5,100,000	
감가상각누계액	₩ 1,425,000	₩ 1,545,000	
당기손익 – 공정가치 측정 금융자산 평가이익			₩ 15,000
기계장치 감가상각비			₩ 300,000
기계장치 처분이익			₩ 75,000

<추가자료>
- 당기손익 – 공정가치 측정 금융자산은 단기매매목적으로 취득한 금융자산이다.
- ₩ 750,000의 기계장치 취득거래가 발생하였다.
- 모든 거래는 현금거래이다.

① ₩ 525,000 유출
② ₩ 555,000 유출
③ ₩ 630,000 유출
④ ₩ 665,000 유출

㈜한국의 <재무상태표 상 자본> 및 <추가자료>가 다음과 같을 때, 재무활동으로 인한 순현금흐름은?

<재무상태표 상 자본>		
과목	기초	기말
자본금	₩ 300,000	₩ 350,000
자본잉여금	100,000	132,000
이익잉여금	20,000	25,000
자기주식	(10,000)	–
자본총계	410,000	507,000

<추가자료>
- 당기중 유상증자(주식의 총발행가액 ₩ 80,000, 총액면금액 ₩ 50,000)가 있었다.
- 기초 보유 자기주식을 기중에 전량 ₩ 12,000에 처분하였다.
- 당기순이익은 ₩ 15,000이며 배당금지급 이외 이익잉여금의 변동을 초래하는 거래는 없었다. (단, 배당금지급은 재무활동으로 인한 현금흐름으로 분류한다)

① ₩ 32,000   ② ₩ 52,000
③ ₩ 80,000   ④ ₩ 82,000

아래는 ㈜한국의 현금흐름표 작성을 위한 자료 중 일부이다. 당기중 취득원가가 ₩ 50,000, 감가상각누계액이 ₩ 20,000인 기계장치를 처분하면서 유형자산처분손실 ₩ 5,000이 발생하였다. 기계장치와 관련하여 ㈜한국의 당기 현금흐름표에 표시될 투자활동 현금흐름(순액)은?

계정과목	기초	기말
기계장치	₩ 200,000	₩ 250,000
감가상각누계액	(50,000)	(80,000)

① 순유입 ₩ 55,000
② 순유입 ₩ 75,000
③ 순유출 ₩ 55,000
④ 순유출 ₩ 75,000

055 ☐☐☐

2011년 국가직 9급

㈜대한의 2011회계연도 현금흐름표에 표시될 영업활동 현금흐름은? [단, 2011회계연도 ㈜대한의 당기순이익은 ₩ 300,000이었다]

· 감가상각비	₩ 20,000
· 유상증자	100,000
· 유형자산처분이익	30,000
· 매입채무의 증가	40,000
· 사채의 상환	50,000
· 매출채권의 증가	60,000

① ₩ 220,000　　　　② ₩ 270,000
③ ₩ 320,000　　　　④ ₩ 370,000

056 ☐☐☐

2011년 지방직 9급

㈜대한의 2010년 당기순이익이 ₩ 10,000인 경우 다음 자료를 이용하여 영업활동으로 인한 현금흐름을 계산하면?

· 당기의 감가상각비는 ₩ 1,000이다.
· 전기말보다 당기말에 재고자산이 ₩ 200 증가하였다.
· 전기말보다 당기말에 미지급보험료가 ₩ 100 감소하였다.
· ₩ 4,000에 구입한 건물(감가상각누계액 ₩ 3,000)을 당기에 ₩ 500에 매각하였다.

① ₩ 10,200　　　　② ₩ 11,000
③ ₩ 11,200　　　　④ ₩ 11,800

057 ☐☐☐

2015년 서울시 9급

다음은 ㈜한국의 비교재무상태표와 2015년도의 포괄손익계산서 항목들이다. 이 자료들을 바탕으로 ㈜한국의 2015년 영업활동으로 인한 현금흐름액을 구하면 얼마인가?

· 비교재무상태표	2014년 말	2015년 말
매 출 채 권	₩ 540,000	₩ 650,000
선급보험료	70,000	35,000
매 입 채 무	430,000	550,000
장기차입금	880,000	920,000

· 2015년도 포괄손익계산서 항목	
－ 당기순이익	₩ 200,000
－ 건물처분손실	150,000
－ 감가상각비	450,000
－ 기계장치처분이익	60,000

① ₩ 695,000　　　　② ₩ 785,000
③ ₩ 800,000　　　　④ ₩ 825,000

058 ☐☐☐

2018년 지방직 9급

20X6년 초에 컴퓨터 매매업을 시작한 ㈜한국에 대한 회계정보이다. 영업활동으로부터 조달된 현금액은?

· 포괄손익계산서(20X6년 1월 1일부터 12월 31일까지)	
매출액	₩ 700,000
매출원가	₩ 400,000
매출총이익	₩ 300,000
이자비용	₩ 150,000
감가상각비	₩ 35,000
당기순이익	₩ 115,000

· 현금을 제외한 유동자산과 유동부채의 20X6년 기말잔액	
매출채권	₩ 20,000
재고자산	₩ 12,000
매입채무	₩ 15,000

① ₩ 103,000　　　　② ₩ 133,000
③ ₩ 152,000　　　　④ ₩ 173,000

059 □□□

㈜한국의 20X1년도 당기순이익은 ₩ 90,000이고 영업활동 현금흐름은 ₩ 40,000이다. 간접법에 따라 영업활동 현금흐름을 구할 때, 다음 자료에 추가로 필요한 조정 사항은?

· 매출채권	₩ 45,000 증가
· 매입채무	10,000 증가
· 선급비용	15,000 감소
· 선수수익	2,000 감소
· 감가상각비	18,000 발생

① 미수임대료수익 ₩ 36,000 감소

② 미지급급여 ₩ 36,000 감소

③ 미수임대료수익 ₩ 100,000 증가

④ 미지급급여 ₩ 100,000 증가

060 □□□

다음은 ㈜한국의 2014년도 회계자료의 일부이다. 2014년도 현금흐름표에 표시될 간접법에 의한 영업활동 현금흐름은? (단, 투자활동이나 재무활동과 명백하게 관련된 법인세 등의 납부는 없다)

· 당기순이익	₩ 2,000,000
· 미수수익의 순증가액	150,000
· 매입채무의 순증가액	200,000
· 법인세비용	400,000
· 매출채권의 순감소액	500,000
· 미지급비용의 순감소액	300,000

① ₩ 1,850,000　　② ₩ 2,250,000

③ ₩ 2,350,000　　④ ₩ 2,650,000

061 □□□

다음은 ㈜한국의 2013년 회계자료이다. 2013년 영업활동에 의한 현금흐름(간접법)은? (단, 법인세지급은 영업활동으로 분류한다)

· 법인세비용차감전순이익	₩ 240,000
· 매출채권(순액)의 감소	40,000
· 감가상각비	3,000
· 유형자산처분손실	6,000
· 장기차입금의 증가	100,000
· 선수금의 증가	2,000
· 선급비용의 감소	4,000
· 기타포괄손익 - 공정가치 측정 채무상품의 처분이익	
	7,000
· 매입채무의 증가	30,000
· 자기주식처분이익	5,000
· 단기매매금융자산평가손실	10,000
· 법인세지급액	50,000

① ₩ 278,000　　② ₩ 288,000

③ ₩ 305,000　　④ ₩ 378,000

062 □□□

㈜한국의 2016년도 재무제표 자료는 다음과 같다. 2016년도 영업활동 현금흐름이 ₩ 1,000,000인 경우 당기순이익은?

· 대손상각비	₩ 30,000
· 매출채권(장부금액)증가액	80,000
· 감가상각비	100,000
· 재고자산평가손실	20,000
· 건물처분이익	200,000
· 재고자산(장부금액)감소액	50,000

① ₩ 1,130,000　　② ₩ 1,100,000

③ ₩ 1,080,000　　④ ₩ 870,000

063 □□□

㈜한국의 법인세비용차감전순이익은 ₩ 224,000이다. 다음 사항을 고려할 때 현금흐름표에 영업활동 현금흐름으로 표시할 금액은? (단, 이자수익과 이자비용 및 법인세지급은 모두 영업활동으로 분류한다)

• 감가상각비	₩ 40,000
• 유형자산처분이익	20,000
• 사채상환손실	10,000
• 이자수익	10,000
• 단기차입금 증가액	2,000
• 미수이자수익 감소액	6,000
• 매출채권 감소액	8,000
• 재고자산 증가액	14,000
• 법인세지급액	12,000
• 매입채무 증가액	5,000
• 미지급법인세 감소액	3,000
• 기타포괄손익 – 공정가치 측정 금융자산평가이익	4,000

① ₩ 237,000 ② ₩ 247,000
③ ₩ 249,000 ④ ₩ 250,000

064 □□□

㈜한국의 2012년도 사업활동과 관련한 다음의 자료를 이용하여 계산한 영업활동 현금흐름은? (단, 이자지급은 재무활동으로 분류한다)

• 법인세비용차감전순이익	₩ 5,000,000
• 유형자산감가상각비	750,000
• 유형자산손상차손	260,000
• 유형자산처분이익	340,000
• 매출채권 증가	290,000
• 재고자산 감소	300,000
• 매입채무 증가	250,000
• 미지급이자비용 증가	80,000
• 이자비용	310,000
• 법인세 비용	1,500,000
• 미지급법인세 증가	250,000

① ₩ 4,680,000 ② ₩ 4,760,000
③ ₩ 4,990,000 ④ ₩ 5,020,000

065 □□□

다음의 ㈜대한의 현금흐름에 관한 자료이다. ㈜대한의 당기 영업활동으로 인한 현금흐름은 ₩ 1,000일 때, 당기순이익은?

• 재고자산의 증가	₩ 1,000
• 매출채권의 감소	800
• 단기매매증권평가손실	900
• 유형자산처분이익	600
• 차량운반구의 취득	2,500
• 미지급비용의 증가	700
• 감가상각비	200
• 자기주식처분이익	1,100
• 매입채무의 감소	500
• 단기차입금의 증가	3,000

① ₩ 800 ② ₩ 700
③ ₩ 600 ④ ₩ 500

066 □□□

㈜서울이 보고한 2018년도의 당기순이익은 ₩ 300,000이다. 아래의 자료는 당기 현금흐름표 작성에 필요한 자료이다. ㈜서울의 2018년도 영업활동 현금흐름은?

항목	금액	항목	금액
금융자산처분이익	₩ 30,000	감 가 상 각 비	₩ 40,000
매출채권 순증가	20,000	매입채무 증가	30,000
유형자산처분이익	50,000	유형자산손상차손	10,000
매출채권손상차손	15,500	기계장치 취득	50,000

① ₩ 220,000 ② ₩ 260,000
③ ₩ 270,000 ④ ₩ 280,000

㈜한국의 다음 자료를 이용하여 간접법으로 계산한 영업활동 순현금흐름은? (단, 투자활동과 재무활동에 명백히 관련된 법인세는 없다고 가정한다)

· 당기순이익	₩ 1,500
· 감가상각비	100
· 매출채권 증가	450
· 매입채무 감소	270
· 미수수익 증가	120
· 대손상각비	120
· 법인세비용	280
· 재고자산 감소	320
· 선수금 증가	200
· 미지급법인세 증가	100

① ₩ 1,180   ② ₩ 1,500

③ ₩ 1,780   ④ ₩ 2,040

㈜한국의 20X1년 법인세비용차감전순이익은 ₩ 1,000,000이다. 다음 자료를 이용하여 간접법으로 구한 영업활동 현금흐름은?

· 감가상각비	₩ 50,000
· 유형자산처분손실	20,000
· 사채의 상환	800,000
· 매입채무의 감소	100,000
· 유상증자	2,000,000
· 건물의 취득	1,500,000
· 매출채권의 증가	150,000
· 재고자산의 증가	200,000

① ₩ 320,000   ② ₩ 620,000

③ ₩ 1,070,000   ④ ₩ 1,380,000

㈜한국의 20X1년도 당기순이익 ₩ 100,000이고, 감가상각비 ₩ 10,000, 유형자산처분이익 ₩ 8,000이다. 영업활동과 관련 있는 자산과 부채의 기말금액에서 기초금액을 차감한 변동금액이 다음과 같을 때, ㈜한국의 20X1년 영업활동 현금흐름은?

· 매출채권	₩ 9,000 증가
· 선급비용	4,000 감소
· 매입채무	5,000 증가
· 미지급비용	3,000 감소

① ₩ 95,000   ② ₩ 99,000

③ ₩ 101,000   ④ ₩ 105,000

TOPIC 45 법인세회계 ★★

001 ☐☐☐

현행 회계기준(서) 상 이연법인세에 대한 설명 중 가장 옳은 것은?

① 당해 연도의 법인세율과 차기 이후부터 입법화된 세율이 서로 상이한 경우 이연법인세자산과 이연법인세부채의 인식은 차기 이후부터 입법화된 세율의 평균세율을 적용하여 측정한다.

② 동일한 유동 및 비유동 구분 내의 이연법인세자산과 이연법인세부채가 동일한 과세당국과 관련된 경우에는 각각 상계하여 표시한다.

③ 이연법인세자산과 이연법인세부채는 보고기말 현재의 세율을 적용하여 측정한다.

④ 법인세비용은 이연법인세 변동액을 가감하기 전 법인세부담액을 말한다.

⑤ 회계이익은 기업회계기준에 의하여 산출되는 당기순이익을 말한다.

002 ☐☐☐

다음은 2012년 초에 설립된 ㈜한국의 법인세 관련 자료이다. 2012년 말 재무상태표에 계상될 이연법인세자산(또는 부채)은?

- 2012년도 법인세비용차감전순이익은 ₩50,000이다.
- 세무조정 결과 회계이익과 과세소득의 차이로 인해 차감할 일시적차이는 ₩10,000이고, 접대비 한도 초과액은 ₩5,000이다.
- 법인세율은 20%이며 차기 이후 세율변동은 없을 것으로 예상된다.

① 이연법인세자산 ₩3,000
② 이연법인세자산 ₩2,000
③ 이연법인세부채 ₩3,000
④ 이연법인세부채 ₩2,000

003 ☐☐☐

㈜서울의 당기 법인세비용차감전순이익은 ₩10,000이며, 당기 법인세 세무조정 사항은 다음과 같다. 이외 다른 세무조정 사항은 없으며, 법인세율은 30%이다. 당기 재무상태표에 보고되는 이연법인세자산 또는 이연법인세부채는 얼마인가?

- 비과세 이자수익은 ₩2,000이다.
- 당기 미수이자 ₩4,000은 차기에 현금으로 회수된다.
- 자기주식처분이익은 ₩6,000이다.

① 이연법인세자산 ₩600
② 이연법인세자산 ₩1,200
③ 이연법인세부채 ₩600
④ 이연법인세부채 ₩1,200

004 ☐☐☐

다음 자료에서 ㈜서울이 2015년에 계상해야 할 법인세비용과 이연법인세자산 또는 이연법인세부채는 각각 얼마인가? (단, ㈜서울은 제조업을 영위하는 기업으로 법인세율은 10% 단일세율로 미래에도 일정하고, 지방소득세는 없는 것으로 가정한다)

㈜서울은 2015년 3월 5일에 설립되었으며, 정관상 회계기간은 1월 1일부터 12월 31일까지이다. 2015년 법인세비용차감전순이익은 ₩10,000,000이다. 여기에는 당기손익인식금융자산으로 분류한 상장주식평가이익 ₩100,000이 포함되어 있으며, 그 외 세무조정사항은 없다.

	법인세비용	이연법인세자산	이연법인세부채
①	₩990,000	₩10,000	–
②	₩990,000	–	₩10,000
③	₩1,000,000	₩10,000	–
④	₩1,000,000	–	₩10,000

12월 결산법인인 ㈜한국은 2008년 1월 1일에 기계장치에 대해 새로운 부품을 ₩100,000에 구입하여 설치하고 수선비로 회계처리하였다. 그러나 세법에 의하면 동 수선비는 기계장치의 원가에 포함되며, 5년에 걸쳐 균등하게 상각된다고 가정한다. ㈜한국의 2008년도 법인세비용차감전순이익이 ₩200,000이고 법인세율이 10%라면 2008년도 말의 법인세 관련 회계처리로 옳은 것은?

	(차)		(대)	
①	법 인 세 비 용	28,000	미지급법인세	20,000
			이연법인세부채	8,000
②	법 인 세 비 용	40,000	미지급법인세	30,000
			이연법인세자산	10,000
③	법 인 세 비 용	20,000	미지급법인세	28,000
	이연법인세자산	8,000		
④	법 인 세 비 용	38,000	미지급법인세	48,000
	이연법인세부채	10,000		

㈜한국의 2016년 법인세비용차감전순이익은 ₩500,000이다. 세무조정 결과, ₩100,000의 차감할 일시적차이와 ₩150,000의 가산할 일시적차이가 발생하였다. 차감할 일시적차이는 모두 2017년에 소멸되고, 가산할 일시적차이는 2018년 이후에 소멸될 것으로 예상된다. 법인세율은 2016년에 30%이고, 개정된 세법에 따라 2017년에 25%, 2018년 이후에는 20%가 적용된다. 2016년 말 회계처리로 옳은 것은? (단, 이연법인세자산은 미래 과세소득의 발생가능성이 높다)

	(차)		(대)	
①	법 인 세 비 용	140,000	미지급법인세	135,000
	이연법인세자산	25,000	이연법인세부채	30,000
②	법 인 세 비 용	130,000	미지급법인세	135,000
	이연법인세자산	30,000	이연법인세부채	25,000
③	법 인 세 비 용	170,000	미지급법인세	165,000
	이연법인세자산	25,000	이연법인세부채	30,000
④	법 인 세 비 용	160,000	미지급법인세	165,000
	이연법인세자산	30,000	이연법인세부채	25,000

㈜서울의 2016년도 법인세 관련 자료가 아래의 표와 같을 때 전기이월 일시적차이가 없다면 ㈜서울의 2016년도 법인세비용은 얼마인가? (단, 가산할 일시적차이는 2018년에 소멸될 예정이며, 기타의 차이는 일시적차이가 아니다. 2016년도 과세소득에 적용할 법인세율은 25%이나, 세법이 개정되어 2017년부터 적용할 세율은 20%이다)

• 법인세비용차감전순이익	₩10,000
• 가산할 일시적차이	(2,000)
• 기타의 차이	1,000
• 과세소득	₩9,000

① ₩2,650   ② ₩2,450
③ ₩2,250   ④ ₩1,024

2016년 초에 설립된 12월 결산법인 ㈜서울의 2016년 법인세비용차감전순이익은 ₩50,000이다. 2016년의 세무조정사항은 다음과 같으며, 차감할 일시적차이가 사용될 수 있는 과세소득의 발생가능성은 높다. ㈜서울의 2016년 법인세비용은 얼마인가? (단, 당기의 평균세율은 20%이며, 차기 이후의 법인세 관련 세율의 변동은 없을 것으로 예상된다)

• 접대비 한도초과액 손금불산입	₩1,000
• 미수이자 익금불산입	3,000
• 감가상각비 한도초과액 손금불산입	7,000

① ₩10,000   ② ₩10,200
③ ₩11,000   ④ ₩11,800

㈜한국의 2012년 법인세비용차감전순이익은 ₩ 30,000이다. 2011년 말 이연법인세부채는 ₩ 2,000이며, 2012년 말 현재 장래의 과세소득을 증가시키는 가산할 일시적차이는 ₩ 10,000이다. 법인세율은 매년 30%로 일정하고, 법인세에 부가되는 세액은 없다고 가정한다. 2012년 법인세부담액이 ₩ 7,000일 경우, ㈜한국의 2012년 당기순이익과 2012년 말 이연법인세자산(또는 이연법인세부채)은?

	당기순이익	이연법인세자산(부채)
①	₩ 22,000	이연법인세부채 ₩ 3,000
②	₩ 22,000	이연법인세자산 ₩ 3,000
③	₩ 24,000	이연법인세부채 ₩ 3,000
④	₩ 24,000	이연법인세자산 ₩ 3,000

<보기>는 ㈜서울의 20X1년 법인세와 관련된 거래내용이다. ㈜서울의 20X1년 법인세비용차감전순이익은 ₩ 1,000,000이며, 당기 과세소득에 적용될 법인세율은 10%이다. 20X1년 포괄손익계산서의 법인세비용은? (단, 향후 세율은 일정하며, 과세소득은 20X1년과 동일하고 전기 이월 일시적차이는 없다)

<보기>

· 20X1년 접대비 한도초과액은 ₩ 100,000이다.
· 20X1년 7월 1일 ₩ 50,000에 취득한 자기주식을 20X1년 8월 31일 ₩ 100,000에 처분하였다.
· 20X1년 ₩ 100,000에 취득한 토지의 20X1년 12월 31일 공정가치는 ₩ 150,000이며 ㈜서울은 유형자산에 대하여 재평가모형을 적용하고 있으나, 세법은 이를 인정하지 않는다.

---

① ₩ 105,000   ② ₩ 110,000
③ ₩ 115,000   ④ ₩ 120,000

㈜서울의 2016년 및 2017년의 법인세 회계와 관련된 자료는 다음과 같다.

구분		2016년	2017년
법인세비용차감전순이익		₩ 5,000,000	₩ 6,000,000
세무조정금액	영구적차이	₩ 500,000	₩ 100,000
	일시적차이	₩ (700,000)	₩ 900,000
법인세과세소득		₩ 4,800,000	₩ 7,000,000

법인세율은 2016년의 30%에서 2017년의 20%로 인하되었다. 이러한 법인세율의 인하는 2016년 11월에 발표된 세법개정안에 따른 것이며, 2017년 이후에는 20%의 법인세율이 유지될 것으로 예상된다. 그리고 미래에 차감할 일시적차이를 활용할 수 있는 가능성은 거의 확실한 것으로 가정한다. 이를 토대로 하여 ㈜서울이 2017년의 법인세비용으로 계상할 금액을 구하면 얼마인가? [단, 2016년은 ㈜서울의 제1기 사업연도이다]

① ₩ 1,220,000   ② ₩ 1,260,000
③ ₩ 1,360,000   ④ ₩ 1,650,000

㈜한국은 2015년 초에 설립되었으며, 2015년 말 재무제표에서 다음과 같은 내용을 발견할 수 있었다. ㈜한국의 2015년도 법인세 평균세율은 30%이며, 향후 동 법인세율에는 변화가 없을 것으로 예상된다. 다음 설명 중 옳은 것은? (단, 2015년 말 현재 차감할 일시적차이는 2016년에 해소될 예정이며, 가산할 일시적차이는 2017년에 해소될 예정이다)

· 이연법인세자산: ₩ 285,000
· 이연법인세부채: ₩ 400,200
· 기타포괄손익누계액 중 토지재평가잉여금(법인세효과 차감후): ₩ 70,000
· 손익계산서 상 법인세비용: ₩ 410,000

---

① 2015년 말 회사의 자산과 부채의 장부금액과 세무기준액의 차이 중 가산할 일시적차이는 ₩ 950,000이다.
② 2016년도의 예상과세소득이 ₩ 750,000이라면, 일시적차이로 인한 법인세효과의 실현가능성을 검토하여 이연법인세자산을 인식한다.
③ 2015년도의 법인세 부담액은 ₩ 294,800이다.
④ 2015년 말 재무상태표에서 이연법인세자산은 유동자산으로, 이연법인세부채는 비유동부채로 보고해야 한다.

013 ☐☐☐

아래는 ㈜서울의 20X1년 법인세 관련 자료이다. ㈜서울은 수년 전부터 과세소득을 실현하고 있으며, 법인세비용차감전순이익은 20X1년도에 ₩500,000이고, 20X2년 이후에는 매년 ₩550,000씩 실현될 것이 확실하다. ㈜서울의 법인세율은 20X1년 25%, 20X2년 28%이며, 20X3년부터 그 이후는 계속 30%가 적용될 것으로 확정되었다. 20X1년 ㈜서울의 장부 상 기초 이연법인세자산(부채)은 없었다면, 20X1년도 손익계산서에 인식될 법인세비용은? [단, 이연법인세 자산(부채)의 인식조건은 충족된다]

> · 세무회계 상 손금한도를 초과한 접대비는 ₩70,000이다.
> · 취득원가 ₩400,000, 내용연수 4년, 잔존가치 ₩0인 기계장치를 20X1년 초에 취득하여 연수합계법으로 감가상각하고 있으나, 법인세법상 정액법을 사용하여야 한다.

① ₩157,500
② ₩139,900
③ ₩139,500
④ ₩125,000

014 ☐☐☐

㈜한국은 20X1년 4월 1일에 건물을 임대하고, 3년분 임대료 ₩360,000을 현금으로 수취하였다. 세법상 임대료의 귀속시기는 현금기준이며, ㈜한국은 임대료에 대해 발생기준을 적용하여 인식한다. 세율이 20X1년 30%, 20X2년 25%, 20X3년 이후는 20%라면, 20X1년 말 재무상태표에 보고될 이연법인세자산(부채)은? (단, 다른 일시적차이는 없고, 임대료는 월할 계산한다)

① 이연법인세자산 ₩60,000
② 이연법인세부채 ₩60,000
③ 이연법인세자산 ₩81,000
④ 이연법인세부채 ₩81,000

TOPIC 46 회계변경과 오류수정 ★★★

015 ☐☐☐

다음 회계변경 중 그 성격이 다른 하나는?

① 감가상각방법을 정액법에서 정률법으로 변경
② 금융자산에 대한 대손가능성 추정의 변경
③ 재고자산의 단가결정방법을 선입선출법에서 평균법으로 변경
④ 재고자산의 진부화에 대한 판단 변경

016 ☐☐☐

회계변경을 회계정책의 변경과 회계추정의 변경으로 분류할 때, 그 분류가 다른 것은?

① 감가상각자산의 감가상각방법을 정률법에서 정액법으로 변경
② 감가상각자산의 내용연수를 10년에서 15년으로 변경
③ 감가상각자산의 잔존가치를 취득원가의 10%에서 5%로 변경
④ 감가상각자산의 측정모형을 원가모형에서 재평가모형으로 변경

017 ☐☐☐   2017년 국가직 7급

회계정책의 변경에 해당하지 않는 것은?

① 유형자산 감가상각방법을 정액법에서 정률법으로 변경
② 투자부동산 평가방법을 원가모형에서 공정가치모형으로 변경
③ 재고자산 측정방법을 선입선출법에서 평균법으로 변경
④ 영업권에 대해 정액법 상각에서 손상모형으로 변경

018 ☐☐☐   2014년 국가직 7급

회계정책이나 회계추정의 변경과 관련된 설명으로 옳지 않은 것은?

① 측정기준의 변경은 회계추정의 변경이 아니라 회계정책의 변경에 해당한다.
② 유형자산에 대한 감가상각방법의 변경은 회계추정의 변경으로 간주한다.
③ '일반적으로 인정되는 회계원칙'이 아닌 회계정책에서 '일반적으로 인정되는 회계원칙'의 회계정책으로의 변경은 오류수정이다.
④ 소급법은 재무제표의 신뢰성은 유지되지만 비교가능성이 상실된다.

019 ☐☐☐   2015년 국가직 7급

기업회계기준서 제1008호 '회계정책, 회계추정의 변경 및 오류'에 대한 설명으로 옳은 것은?

① 회계정책의 변경은 특정기간에 미치는 영향이나 누적효과를 실무적으로 결정할 수 없는 경우를 제외하고는 소급적용한다.
② 과거에 발생하지 않았거나 발생하였어도 중요하지 않았던 거래, 기타사건 또는 상황에 대하여 새로운 회계정책을 적용하는 경우는 회계정책의 변경에 해당된다.
③ 유형자산이나 무형자산에 대하여 재평가하는 회계정책을 최초로 적용하는 경우의 회계정책 변경은 소급법을 적용한다.
④ 회계정책의 변경과 회계추정의 변경을 구분하기가 어려운 경우에는 이를 회계정책의 변경으로 본다.

020 ☐☐☐   2020년 지방직 9급

회계정책, 회계추정의 변경, 오류의 수정에 대한 설명으로 옳지 않은 것은?

① 회계정책의 변경은 특정기간에 미치는 영향이나 누적효과를 실무적으로 결정할 수 없는 경우를 제외하고는 소급적용한다.
② 회계정책의 변경과 회계추정의 변경을 구분하는 것이 어려운 경우에는 이를 회계정책의 변경으로 본다.
③ 측정기준의 변경은 회계추정의 변경이 아니라 회계정책의 변경에 해당한다.
④ 전기오류는 특정기간에 미치는 오류의 영향이나 오류의 누적효과를 실무적으로 결정할 수 없는 경우를 제외하고는 소급재작성에 의하여 수정한다.

021 ☐☐☐

다음은 ㈜한국이 20X1년도 재무제표 작성 시 누락한 거래들이다. 이를 반영할 경우 20X1년도에 증가하는 당기순이익은?

· 토지 최초 재평가로 인한 기말 평가이익	₩ 30,000
· 사업결합과정에서 발생한 염가매수차익	15,000
· 공정가치모형 적용 투자부동산의 기말 평가이익	14,000
· 주식 취득 시 발생한 거래원가(단, 주식은 당기손익 – 공정가치 측정 금융자산으로 분류)	10,000

① ₩ 5,000　　　　　② ₩ 19,000
③ ₩ 29,000　　　　 ④ ₩ 49,000

022 ☐☐☐

제조업을 영위하는 ㈜한국의 20X1년 말 재무상태표에는 매출채권에 대한 손실충당금(대손충당금) 기초 잔액은 ₩ 200,000이며, 이익잉여금 기초 잔액은 ₩ 30,000이었다. 20X1년 중 발생한 다음 사항을 반영하기 전의 당기순이익은 ₩ 150,000이다.

· 당기 중 거래처에 대한 매출채권 ₩ 70,000이 회수불능으로 확정되었다.
· 20X1년 말 매출채권 총액에 대한 기대신용손실액은 ₩ 250,000이다.
· 7월 1일 임대목적으로 ₩ 200,000의 건물을 취득하였다. 내용연수는 20년이고 잔존가치는 없다. ㈜한국은 투자부동산에 대해서 공정가치모형을 적용한다. 결산일인 20X1년 말 건물의 공정가치는 ₩ 250,000이다.

㈜한국의 20X1년 당기순이익과 20X1년 말 이익잉여금은?

	당기순이익	이익잉여금
①	₩ 80,000	₩ 70,000
②	₩ 90,000	₩ 70,000
③	₩ 80,000	₩ 110,000
④	₩ 90,000	₩ 110,000

023 ☐☐☐

결산과정에서 아래의 수정사항을 반영하기 전 법인세비용차감전순이익이 ₩ 100,000인 경우, 수정사항을 반영한 후의 법인세비용차감전순이익은? (단, 수정전시산표 상 재평가잉여금과 매도가능금융자산평가손익의 잔액은 없다)

· 선급보험료 ₩ 30,000 중 $\frac{1}{3}$의 기간이 경과하였다.
· 대여금에 대한 이자발생액은 ₩ 20,000이다.
· 미지급급여 ₩ 4,000이 누락되었다.
· 자산재평가손실 ₩ 50,000이 누락되었다.
· 기타포괄손익 – 공정가치 측정 금융자산평가이익 ₩ 16,000이 누락되었다.
· 자기주식처분이익 ₩ 30,000이 누락되었다.

① ₩ 56,000　　　　② ₩ 72,000
③ ₩ 102,000　　　 ④ ₩ 106,000

024 ☐☐☐

㈜서울은 당기순이익을 산출하였으나, 다음과 같은 사항이 누락되었음을 발견하였다. 누락사항을 반영한 후 당기순이익은 수정전 당기순이익과 비교하여 어떻게 되었는가?

· 수정전 당기순이익	₩ 6,000,000
· 미수임대료 과소계상	500,000
· 선급보험료 과소계상	500,000
· 감가상각비 과대계상	1,000,000
· 재고자산 과대계상	500,000
· 미지급비용 과대계상	500,000

① ₩ 500,000 증가　　　② ₩ 1,000,000 증가
③ ₩ 1,500,000 증가　　④ ₩ 2,000,000 증가
⑤ ₩ 2,500,000 증가

㈜한국은 당기에 다음과 같은 오류를 발견하고, 장부 마감 전에 이를 수정하였다. 오류수정전 당기순이익이 ₩100,000이라고 할 때, 오류수정후 당기순손익은?

- 당기 7월 1일 수령한 선수임대료 ₩120,000을 전액 임대료수익으로 계상하였다. (임대기간은 당기 7월 1일부터 차기 6월 30일까지이다)
- 당기 발생 미지급급여 ₩100,000을 누락하고 인식하지 않았다.
- 당기 발생 미수이자 ₩40,000을 누락하고 인식하지 않았다.
- FOB 도착지 인도조건으로 당기 12월 29일 선적하여 차기 1월 5일 인도예정인 상품에 대해 당기 12월 29일에 매출 ₩200,000과 매출원가 ₩150,000을 인식하였다.

① 당기순이익 ₩30,000
② 당기순이익 ₩70,000
③ 당기순손실 ₩70,000
④ 당기순손실 ₩150,000

다음 ㈜한국의 재무자료를 이용하여 계산한 2012년의 당기순이익은?

- 2012년의 수정전 당기순이익은 ₩46,000이다.
- 기말에 발견된 오류는 다음과 같다.
  - 기말재고자산을 ₩10,000 과대계상하였다.
  - 선급비용 ₩5,000을 당기비용으로 처리하였다.
  - 미지급비용 ₩3,000을 누락하였다.
  - 2012년 초에 현금으로 지급한 기계장치에 대해 자본적 지출액 ₩20,000을 수선비로 처리하였다.
  - 기계장치의 잔존가치는 없으며, 내용연수는 2012년 초부터 시작하여 5년이며, 정액법으로 감가상각한다.
  - 법인세는 무시하며, 모든 오류는 중대하다고 가정한다.

① ₩50,000   ② ₩54,000
③ ₩58,000   ④ ₩64,000

12월 결산법인인 ㈜서울 실지재고조사법으로 회계처리하는 회사이다. ㈜서울은 상품을 20X1년 12월 28일 선적지 인도조건으로 외상 매입하였으며, 12월 31일 현재 운송 중이다. ㈜서울은 해당 매입분에 대한 매입기록을 하지 않았으며, 기말재고자산에 누락하였다. 이에 대한 20X1년 말 자산, 부채, 자본, 당기순이익에 미치는 영향으로 올바른 것은?

	자산	부채	자본	당기순이익
①	영향없음	과소계상	과대계상	과대계상
②	영향없음	과대계상	과소계상	과소계상
③	과소계상	과소계상	영향없음	영향없음
④	과소계상	영향없음	과소계상	과소계상
⑤	과소계상	과대계상	과소계상	영향없음

㈜한국의 2016년 회계오류 수정전 법인세비용차감전순이익은 ₩300,000이다. 회계오류가 다음과 같을 때, 회계오류 수정후 2016년도 법인세비용차감전순이익은?

회계오류 사항	2015년	2016년
기말재고자산 오류	₩8,000 과소계상	₩4,000 과대계상
선급비용을 당기비용으로 처리	₩3,000	₩2,000

① ₩287,000   ② ₩288,000
③ ₩289,000   ④ ₩290,000

㈜서울은 2015년 설립되었으며 2016년에 장부를 마감하기 전에 외부감사를 받는다. ㈜서울이 감사를 받기 위해 감사인에게 제출한 손익계산서 상 당기순이익은 다음과 같다.

	2015	2016
수정전 당기순이익	₩ 100,000	₩ 150,000

한편, 외부감사인은 감사과정에서 <보기>와 같은 오류를 발견하였다. ㈜서울의 2016년 오류수정 후 당기순이익은 얼마인가? (단, 모든 오류는 중요한 오류이며 법인세는 없다고 가정한다)

<보기>

· 2015년 발생 오류
  - 기말재고자산이 ₩ 10,000 과대계상됨
  - 2015. 1. 1.에 기계장치에 대한 자본적 지출액 ₩ 20,000을 현금으로 지출하고 전액 수선비로 계상함 (기계장치의 잔존내용 연수는 5년, 잔존가치는 ₩ 0, 감가상각방법은 정액법임)
  - 2015. 7. 1.에 1년분 보험료 ₩ 6,000을 지출하면서 전액 비용처리하고 기말에 별도의 수정분개를 하지 않음
· 2016년 발생 오류
  - 미지급광고비 ₩ 5,000을 인식하지 않음
  - 기타포괄손익 – 공정가치 측정 금융자산평가이익 ₩ 2,000을 인식하지 않음
  - 자기주식처분이익 ₩ 4,000을 과대계상함

① ₩ 145,000   ② ₩ 148,000
③ ₩ 152,000   ④ ₩ 154,000

㈜서울은 20X1년과 20X2년에 당기순이익으로 각각 ₩ 1,000,000과 ₩ 2,000,000을 보고하였다. 그러나 20X1년과 20X2년의 당기순이익에는 아래와 같은 중요한 오류가 포함되어 있었다. 이러한 오류가 20X1년과 20X2년의 당기순이익에 미친 영향으로 가장 옳은 것은?

구분	20X1년	20X2년
감가상각비	₩ 100,000 과대계상	₩ 200,000 과대계상
기말선급보험료	₩ 30,000 과소계상	₩ 20,000 과소계상
기말미지급임차료	₩ 10,000 과대계상	₩ 40,000 과대계상
기말재고자산	₩ 70,000 과소계상	₩ 50,000 과소계상

	20X1년	20X2년
①	₩ 210,000 과대계상	₩ 200,000 과대계상
②	₩ 210,000 과대계상	₩ 200,000 과소계상
③	₩ 210,000 과소계상	₩ 200,000 과대계상
④	₩ 210,000 과소계상	₩ 200,000 과소계상

12월 말 결산법인인 ㈜한국은 당기와 전기금액을 비교표시하는 형태로 재무제표를 작성하고 있다. ㈜한국은 2011년 급여 ₩ 20,000에 대한 회계처리를 누락하고, 2011년도 결산이 마무리된 후인 2012년 6월 30일에 급여를 지급하여 비용으로 계상하였다. ㈜한국이 2012년 11월 1일에 이러한 오류를 발견하였다면, 전기오류수정을 위한 회계처리로 옳은 것은?

	(차)		(대)	
①	급 여	20,000	현 금	20,000
②	이익잉여금	20,000	급 여	20,000
③	급 여	20,000	이익잉여금	20,000
④	미지급급여	20,000	급 여	20,000

032 ☐☐☐

다음은 ㈜한국의 비품과 관련된 내용이다. 오류수정분개로 옳은 것은?

> ㈜한국은 2011년 1월 1일 비품에 대해 수선비 ₩10,000을 비용으로 회계처리했어야 하나, 이를 비품의 장부가액에 가산하여 정액법으로 상각하였다. 2011년 1월 1일 수선비 지출 시 비품의 잔여내용연수는 5년이고 잔존가치는 없다. 2013년 재무제표 마감 전 수선비 지출에 대한 오류가 발견되었다(단, 법인세효과는 무시하며 해당 비품의 최초 취득원가는 ₩500,000이다).

	(차)		(대)	
①	이 익 잉 여 금	10,000	비 품	10,000
	감가상각누계액	6,000	감가상각비	6,000
②	이 익 잉 여 금	10,000	비 품	10,000
	감가상각누계액	2,000	감가상각비	2,000
③	이 익 잉 여 금	4,000	비 품	10,000
	감가상각누계액	6,000		
④	이 익 잉 여 금	6,000	비 품	10,000
	감가상각누계액	6,000	감가상각비	2,000

033 ☐☐☐

㈜서울의 20X3년도 재무제표에는 아래와 같은 오류가 포함되어 있다. 오류수정전 ㈜서울의 20X3년 말 이익잉여금이 ₩67,000일 때, 오류수정의 영향을 모두 반영한 ㈜서울의 20X3년 말 이익잉여금은? (단, 오류는 모두 중대하며, 법인세는 없다)

> (가) 20X2년 말 재고자산 과대계상 ₩30,000, 20X3년 말 재고자산 과대계상 ₩20,000
>
> (나) 20X1년 초에 비용으로 인식했어야 할 수선비 ₩8,000을 기계장치의 장부금액에 가산(20X1년 초 현재 기계장치의 잔존내용연수는 4년, 잔존가치 없이 정액법 상각)

① ₩41,000   ② ₩43,000

③ ₩45,000   ④ ₩47,000

034 ☐☐☐

㈜한국은 2017년에 재고자산의 단위원가결정방법을 변경한 결과 2017년의 기초재고자산과 기말재고자산이 각각 ₩50,000과 ₩30,000 증가하였다. 이러한 회계변경의 효과로 인한 2017년 기초이익잉여금의 변동액은? (단, 회계변경은 모두 정당한 변경으로 간주하며 법인세효과는 고려하지 않는다)

① ₩30,000 증가   ② ₩50,000 증가

③ ₩80,000 증가   ④ ₩20,000 감소

035 ☐☐☐

㈜한국이 20X1년에 재고자산 평가방법을 선입선출법에서 총평균법으로 변경한 결과 20X1년 기초재고자산과 기말재고자산이 각각 ₩50,000, ₩20,000 감소하였다. 이와 같은 회계변경이 ㈜한국의 20X1년 기초이익잉여금과 당기순이익에 미치는 영향은?

	기초이익잉여금	당기순이익
①	₩50,000 감소	₩20,000 감소
②	₩50,000 증가	₩20,000 감소
③	₩50,000 감소	₩30,000 증가
④	영향 없음	₩30,000 증가

036 □□□ 　　　　　　　　　　　　2015년 국가직 7급

㈜한국은 2014년과 2015년에 대손상각 회계처리로 직접상각법을 사용하였다. 그러나 이러한 회계처리가 잘못된 것으로 밝혀져 충당금설정법으로 수정하려고 한다. 직접상각법으로 상각한 금액은 2014년 ₩100,000(전액 2014년 매출과 관련됨)이고, 2015년 ₩150,000(2014년 매출과 관련된 금액 ₩90,000과 2015년 매출과 관련된 금액 ₩60,000)이다. ㈜한국은 2014년과 2015년 판매분과 관련하여 이후로도 ₩200,000의 대손이 추가로 발생할 것으로 예상하고 있으며, 이 중에서 ₩40,000은 2014년 매출과 관련된 것이고 나머지 금액은 2015년 매출과 관련된 것이다. 2016년 초에 이러한 오류를 발견했을 때, 수정분개로 옳은 것은? (단, 2014년 이전에는 외상매출금이 없었으며, 2015년 장부는 아직 마감되지 않았다)

　　　　　　(차) 　　　　　　　　　　(대)

① 대 손 상 각 비 160,000 　대 손 충 당 금 160,000

② 대 손 상 각 비 120,000 　대 손 충 당 금 160,000
　전기오류수정손실 　40,000

③ 대 손 상 각 비 160,000 　대 손 충 당 금 200,000
　전기오류수정손실 　40,000

④ 대 손 상 각 비 　70,000 　대 손 충 당 금 200,000
　전기오류수정손실 130,000

037 □□□ 　　　　　　　　　　　　2019년 서울시 7급

㈜한국은 20X9년 1월 1일 건물 수선을 위해 ₩40,000을 지출하였다. 이 지출은 사실상 자본적 지출이었으나 수익적 지출로 잘못 회계처리하였다. ㈜한국은 정률법으로 감가상각을 하며, 상각률은 0.3이다. 이러한 회계처리의 오류가 20X9년 당기순이익에 미치는 영향은?

① 과소계상 ₩24,000

② 과소계상 ₩28,000

③ 과대계상 ₩24,000

④ 과대계상 ₩28,000

TOPIC 47 　재무비율분석 ★★★

038 □□□ 　　　　　　　　　　　　2014년 관세직 9급

㈜한국의 2013년도 자료가 다음과 같을 때, ㈜한국의 2013년도 자기자본순이익률(ROE = 당기순이익 ÷ 자기자본)은? (단, 기타포괄손익은 없다고 가정한다)

・자산총액: ₩2,000억(배당으로 인해 기초와 기말금액이 동일함)
・매출액순이익률: 10%
・총자산회전율: 0.5
・부채비율(= 부채 ÷ 자기자본): 300%

① 5%　　　　　　　　　② 10%

③ 15%　　　　　　　　④ 20%

039 □□□ 　　　　　　　　　　　　2011년 지방직 9급

㈜대한은 2010년 회계기간 동안 매출채권 기초잔액 ₩36,000, 기말잔액 ₩40,000, 현금매출액 ₩150,000, 매출채권회전율이 5.0이다. ㈜대한의 2010년 매출액은? (단, 매출채권회전율의 계산은 외상매출액 및 기초와 기말매출채권 잔액의 평균을 이용한다)

① ₩190,000　　　　　　② ₩340,000

③ ₩350,000　　　　　　④ ₩465,000

040 □□□

㈜한국의 20X1년 초 재고자산은 ₩ 25,000이고, 당기매입액은 ₩ 95,000이다. ㈜한국의 20X1년 말 유동비율은 120 %, 당좌비율은 70 %, 유동부채는 ₩ 80,000일 때, 20X1년도 매출원가는? (단, 재고자산은 상품으로만 구성되어 있다)

① ₩ 52,000 ② ₩ 64,000
③ ₩ 76,000 ④ ₩ 80,000

042 □□□

기초매출채권 잔액이 ₩ 800이고, 기말매출채권 잔액은 ₩ 1,200이다. 매출채권 평균회수기간이 36.5일이라면 당기매출액은? (단, 1년은 365일이라고 가정한다)

① ₩ 8,000 ② ₩ 10,000
③ ₩ 12,000 ④ ₩ 14,000

041 □□□

재무비율분석과 관련된 설명으로 옳은 것은?

① 기업영업활동의 수익성을 분석하는 주요 비율로 자기자본이익률과 이자보상비율이 사용된다.
② 총자산이익률은 매출액순이익률과 총자산회전율의 곱으로 표현할 수 있다.
③ 유동성비율은 기업의 단기지급능력을 분석하는 데 사용되며 유동비율, 당좌비율, 총자산이익률이 주요 지표이다.
④ 이자보상비율은 기업의 이자지급능력을 측정하는 지표로 이자 및 법인세비용차감전이익을 이자비용으로 나누어 구하며 그 비율이 낮은 경우 지급능력이 양호하다고 판단할 수 있다.

043 □□□

다음 자료를 토대로 계산한 ㈜한국의 당기순이익은?

· 평균총자산액	₩ 3,000
· 부채비율(= $\frac{부채}{자본}$)	200 %
· 매출액순이익률	20 %
· 총자산회전율 (평균총자산 기준)	0.5회

① ₩ 100 ② ₩ 200
③ ₩ 300 ④ ₩ 400

다음은 ㈜서울의 재무비율과 관련된 자료이다. 재무비율에 대한 설명으로 가장 옳지 않은 것은?

• 재무상태표 항목	
– 평균 총자산	₩ 40,000
– 평균 자기자본	₩ 10,000
• 포괄손익계산서 항목	
– 매출액	₩ 20,000
– 당기순이익	₩ 2,000
• 자기자본이익률은 매출액순이익률, 총자산회전율, 레버리지비율의 곱으로 계산된다.	

① 레버리지비율은 3배이다.
② 매출액순이익률은 10%이다.
③ 총자산회전율은 0.5회이다.
④ 자기자본이익률은 20%이다.

기초 및 기말상품재고액이 각각 ₩ 46,000과 ₩ 34,000이고, 당기의 매출총이익이 ₩ 48,000이며, 당기의 재고자산회전율이 4.8회일 때, 당기의 매출액은? (단, 재고자산회전율 계산 시 평균금액을 이용한다)

① ₩ 198,000   ② ₩ 200,000
③ ₩ 220,000   ④ ₩ 240,000

12월 결산법인인 ㈜서울의 12월 말 재무제표에는 다음의 계정과목을 포함하고 있다.

• 외상매입금	₩ 10,000
• 감가상각누계액	10,000
• 급여	10,000
• 미지급이자	10,000
• 광고비	10,000
• 지급어음A	10,000
• 미지급급여	10,000
• 지급어음B	10,000
• 이자비용	10,000
• 장기차입금	10,000

지급어음A의 만기는 1개월이며, 지급어음B의 만기는 5년이다. 유동자산이 ₩ 100,000이라면 ㈜서울의 유동비율은 얼마인가?

① 1   ② 1.5
③ 2   ④ 3
⑤ 2.5

기말재고자산은 개별법, 평균법 및 선입선출법 등의 방법으로 평가한다. 이와 같은 재고자산의 평가방법에 의하여 영향을 받지 않는 것은?

① 부채비율   ② 당좌비율
③ 이자보상비율   ④ 주가이익비율

048 ☐☐☐

2017년 관세직 9급(4월 시행)

다음 자료를 이용할 경우 재고자산회전율은? (단, 재고자산회전율과 매입채무회전율의 분모 계산 시 기초와 기말의 평균값을 이용한다)

・기초재고자산	₩ 700,000
・기초매입채무	340,000
・매입채무회전율	4회
・기말재고자산	500,000
・기말매입채무	160,000

① 4회

② 3회

③ 2회

④ 1회

050 ☐☐☐

㈜한국의 매출채권회전율은 8회이고 재고자산회전율은 10회이다. 다음 자료를 이용한 ㈜한국의 매출총이익은? (단, 재고자산회전율은 매출원가를 기준으로 한다)

과목	기초	기말
매출채권	₩ 10,000	₩ 20,000
재고자산	₩ 8,000	₩ 12,000

① ₩ 20,000

② ₩ 16,000

③ ₩ 13,000

④ ₩ 12,000

049 ☐☐☐

㈜한국은 20X1년 1월 1일 토지를 ₩ 100,000에 구입하였고 이 토지에 재평가모형을 적용한다. 20X1년 12월 31일 이 토지를 재평가한 결과 공정가치는 ₩ 90,000이다. 이 재평가회계처리에 영향을 받지 않는 재무비율은?

① 부채대자본비율

② 매출액순이익률

③ 총자산회전율

④ 당좌비율

051 ☐☐☐

㈜대한의 기초재고자산과 기말재고자산은 각각 ₩ 400, 유동부채는 ₩ 500, 매출총이익은 ₩ 6,000, 유동비율은 200 %, 매출총이익률은 60 %인 경우 재고자산회전율과 당좌비율은? (단, 재고자산회전율은 매출원가를 기준으로 한다)

	재고자산회전율(회)	당좌비율(%)
①	10	60
②	10	120
③	25	60
④	25	120

214 해커스공무원 학원·인강 gosi.Hackers.com

㈜한국의 현재 유동비율은 130%, 당좌비율은 80%이다. 매입채무를 현금으로 상환하였을 때, 유동비율과 당좌비율에 각각 미치는 영향은?

	유동비율	당좌비율
①	감소	영향 없음
②	증가	영향 없음
③	감소	증가
④	증가	감소

㈜한국은 상품을 ₩500에 구입하면서 대금 중 ₩250은 현금으로 지급하고 나머지는 3개월 이내에 갚기로 하였다. 이 거래 직전의 유동비율과 당좌비율이 각각 200%, 100%라고 할 때, 이 거래가 유동비율과 당좌비율에 미치는 영향으로 옳은 것은?

	유동비율	당좌비율
①	감소	감소
②	변동 없음	감소
③	감소	변동 없음
④	변동 없음	변동 없음

유동비율이 300%, 당좌비율이 150%인 기업이 상품을 ₩2,000,000에 구입하고 대금 중 ₩1,000,000은 받을어음을 배서양도하고 나머지 금액에 대해서는 약속어음을 발행하여 지급하였다. 유동비율과 당좌비율에 미치는 영향으로 맞게 짝지어진 것은?

	유동비율	당좌비율
①	변화 없음	변화 없음
②	변화 없음	감소함
③	감소함	감소함
④	증가함	감소함

유동비율이 150%일 때, 유동비율을 감소시키는 거래는?

① 매출채권의 현금회수
② 상품의 외상매입
③ 매입채무의 현금지급
④ 장기대여금의 현금회수

056 ☐☐☐

㈜한국의 현재 유동비율은 130%, 당좌비율은 80%이다. 매입채무를 현금으로 상환하였을 때 유동비율과 당좌비율에 각각 미치는 영향은?

	유동비율	당좌비율
①	감소	영향 없음
②	증가	영향 없음
③	감소	증가
④	증가	감소

057 ☐☐☐

㈜한국의 현재 유동비율과 부채비율은 각각 200%와 100%이다. ㈜한국이 2년 후 만기가 도래하는 장기차입금을 현금으로 조기 상환한 경우 유동비율과 부채비율에 미치는 영향은?

	유동비율	부채비율
①	증가	증가
②	감소	감소
③	증가	감소
④	감소	증가

058 ☐☐☐

유동비율의 증가 혹은 감소에 관한 설명으로 옳은 것은?

① 취득 이후 3년간 감가상각한 기계장치를 장부가액으로 처분하면 유동비율에 변화가 없다.
② 유동비율이 150%인 상황에서 미지급배당금을 현금으로 지급하면 유동비율이 감소한다.
③ 유동비율이 90%인 상황에서 매입채무를 현금으로 상환하면 유동비율이 증가한다.
④ 보통주를 액면가액보다 낮은 가액으로 발행하여 현금을 조달하면 유동비율이 증가한다.

059 ☐☐☐

㈜서울의 현재 당좌비율은 100%이고 매출채권회전율은 10회이다. 아래의 거래를 모두 반영할 경우 당좌비율과 매출채권회전율의 변동으로 가장 옳은 것은?

> • 은행차입금에 대한 이자비용 ₩1,000,000을 현금으로 지급하였다.
> • 재고자산 ₩2,000,000을 현금으로 구입하였다.
> • 매출채권 ₩4,000,000을 현금으로 회수하였다.

	당좌비율	매출채권회전율
①	증가	증가
②	증가	감소
③	감소	증가
④	감소	감소

060 ☐☐☐

12월 결산법인인 ㈜한강의 2009년도 기초 및 기말의 유동비율은 각각 200%, 150%이다. 2009년도에 유동항목의 변화가 다음과 같을 때, 2009년도 말 유동자산은?

· 매출채권의 증가	₩ 5,000
· 미지급비용의 증가	8,000
· 매입채무의 감소	10,000
· 재고자산의 감소	15,000

① ₩ 12,000 ② ₩ 14,000
③ ₩ 16,000 ④ ₩ 18,000

061 ☐☐☐

㈜한국은 결산일 현재 총자산이 ₩ 100,000이고 총부채가 ₩ 70,000이다. 총자산 중 유동자산은 ₩ 30,000이고, 총부채 중 유동부채는 ₩ 50,000이다. 회사는 유동비율과 부채비율을 100%로 유지하는 것을 목표로 하고 있다. 이러한 목표를 달성하기 위한 조치로 적절한 것은?

① 유동부채 ₩ 20,000을 현금으로 상환한다.
② 유상증자를 실시하여 현금 ₩ 20,000을 조달한다.
③ 유동부채 ₩ 20,000을 출자전환한다.
④ 유동자산을 처분하여 유동부채 ₩ 20,000을 상환한다.

062 ☐☐☐

실지재고조사법을 적용하고 있는 ㈜한국은 2013년도 재무제표를 작성하는 중에 2013년 매입이 ₩ 300 누락되었고, 2013년 기말재고자산이 ₩ 150 과대평가되었음을 확인하였다. 이와 같은 오류를 수정하지 않았을 경우에 대한 설명으로 옳지 않은 것은? (단, 재고자산회전율은 매출액을 평균재고자산으로 나눈 값으로 하며, 법인세는 무시한다)

① 2014년 재고자산회전율은 실제보다 증가된다.
② 2013년 당기순이익은 ₩ 450 과대평가된다.
③ 2014년 당기순이익은 ₩ 150 과소평가된다.
④ 2013년 재고자산회전율은 실제보다 감소된다.

063 ☐☐☐

실지재고조사법을 사용하는 ㈜한국은 기말 현재 선적지 인도기준으로 운송 중에 있는 매입상품이 있다. 이 거래가 당기의 재무제표에 반영될 경우 당기의 총자산회전율과 이자보상비율에 미치는 영향으로 옳은 것은?

① 총자산회전율은 감소하고, 이자보상비율은 증가한다.
② 총자산회전율은 증가하고, 이자보상비율은 감소한다.
③ 총자산회전율은 감소하고, 이자보상비율은 변함없다.
④ 총자산회전율은 증가하고, 이자보상비율은 변함없다.

064 ☐☐☐

㈜한국은 원가모형을 적용해오던 건물에 대해 2017년부터 재평가모형을 적용하기로 하였다. 재평가 시 건물의 장부가액이 공정가치보다 낮을 경우, 다음 설명 중 옳지 않은 것은? (단, 다른 재무제표항목의 변동과 회계처리방법의 변경은 없다고 가정한다)

① 기타포괄이익이 2017년의 포괄손익계산서에 보고된다.

② 2017년 말 부채비율(기말부채 ÷ 기말자본)이 원가모형 적용에 비해 하락한다.

③ 2017년 재평가한 건물의 감가상각비는 원가모형 적용 시의 감가상각비보다 크다.

④ 2017년 말 자기자본이익률(당기순이익 ÷ 기말자본)은 원가모형을 적용할 경우에 비해 상승한다.

065 ☐☐☐

㈜한국의 현재 유동자산은 ₩100, 유동부채는 ₩200이다. 다음 거래가 ㈜한국의 유동비율에 미치는 영향으로 옳지 않은 것은?

① 토지를 ₩30에 취득하면서 취득대금 중 ₩10은 현금으로 지급하고 나머지는 2년 후에 지급하기로 한 거래는 유동비율을 감소시킨다.

② 재고자산을 현금 ₩10에 구입한 거래는 유동비율에 영향을 미치지 않는다.

③ 단기차입금을 현금 ₩20으로 상환한 거래는 유동비율에 영향을 미치지 않는다.

④ 3년 만기 사채를 발행하고 현금 ₩30을 수령한 거래는 유동비율을 증가시킨다.

066 ☐☐☐

다음은 ㈜한국의 2015년 12월 31일 재무상태표이다.

재무상태표

㈜한국	2015년 12월 31일 현재		(단위: 원)
현금	₩2,000	매입채무	?
매출채권	?	단기차입금	₩2,000
재고자산	?	사채	10,000
유형자산	20,000	자본금	?
		이익잉여금	5,000
자산합계	₩50,000	부채와 자본합계	₩50,000

2015년 12월 31일 현재 유동비율이 300%일 때, 자본금은?

① ₩15,000   ② ₩20,000

③ ₩23,000   ④ ₩25,000

067 ☐☐☐

아래는 ㈜서울의 2018년 말 재무상태표 자료이다. 2018년 말 유동비율이 150%일 경우, 자본금은?

• 현금	₩150,000
• 단기차입금	200,000
• 매출채권	200,000
• 건물	1,100,000
• 매입채무	250,000
• 사채	500,000
• 유동성장기부채	150,000
• 장기충당부채	300,000
• 미수금	100,000
• 자본금	?
• 재고자산	?
• 이익잉여금	350,000

① ₩100,000   ② ₩150,000

③ ₩200,000   ④ ₩250,000

㈜한국의 2017년 재고자산과 매입채무 T계정에 대한 설명 중 옳지 않은 것은?

재고자산			
기초재고	₩600,000	매출원가	₩5,150,000
X	?	기말재고	400,000
	₩5,550,000		₩5,550,000

매입채무			
현금	₩5,030,000	기초매입채무	₩700,000
기말매입채무	620,000	Y	?
	₩5,650,000		₩5,650,000

· 재고자산 매입거래는 모두 외상거래이다.
· 재고자산은 계속기록법을 적용한다.
· 재고자산회전율과 매입채무회전율의 분모 계산 시 기초와 기말의 평균값을 이용한다.

① 당기매입채무 결제로 인한 현금유출액은 ₩5,030,000이다.
② 당기재고자산 매입금액은 ₩5,080,000이다.
③ 재고자산회전율은 10.3이다.
④ 매입채무회전율은 7.5이다.

2015년의 총자산이익률은 2%이고 부채비율은 200%이다. 2016년의 매출액이익률은 4%이고 부채비율은 100%이다. 2016년 자기자본이익률이 2015년 자기자본이익률의 2배일 때 아래의 보기를 활용하여 2016년 총자산회전율을 구하면 얼마인가?

· 총자산이익률 = $\dfrac{\text{당기순이익}}{\text{평균자산}}$

· 부채비율 = $\dfrac{\text{평균부채}}{\text{평균자본}}$

· 매출액이익률 = $\dfrac{\text{당기순이익}}{\text{매출액}}$

· 자기자본이익률 = $\dfrac{\text{당기순이익}}{\text{평균자본}}$

· 총자산회전율 = $\dfrac{\text{매출액}}{\text{평균자산}}$

① 1.5   ② 2

③ 2.5   ④ 3

㈜한국의 당기매출은 외상 거래만 있었다고 할 때, 다음 자료를 이용한 활동성 비율분석의 해석으로 옳지 않은 것은? (단, 활동성 비율 계산 시 분모는 기초잔액과 기말잔액의 평균금액을 이용하며, 1년을 360일로 계산한다)

매출채권			
기초	₩1,000	현금	₩47,000
매출액	50,000		

재고자산			
기초	₩1,000	매출원가	₩25,000
매입채무	20,000		
현금	8,000		

① 매출채권회전율은 20회이다.
② 재고자산회전율은 12회이다.
③ 매출채권의 평균회수기간은 18일이다.
④ 재고자산의 평균판매기간은 36일이다.

㈜한국의 20X1년 매출액은 ₩3,000,000이고, 기초재고자산은 ₩100,000이었다. 20X1년 말 유동부채는 ₩100,000, 유동비율은 400%, 당좌비율은 100%이다. 또한, 재고자산평균처리기간이 36일이라면 매출총이익은? (단, 재고자산은 상품으로만 구성되어 있고, 1년은 360일로 계산한다)

① ₩0   ② ₩500,000

③ ₩1,000,000   ④ ₩2,000,000

072 ☐☐☐

다음의 20X1년 재무정보를 이용한 매출총이익은? (단, 회전율 계산시 기초와 기말의 평균값을 이용한다)

매출채권회전율	10회	재고자산회전율 (매출원가 기준)	6회
기초매출채권	₩ 600	기초재고자산	₩ 500
기말매출채권	400	기말재고자산	700

① ₩ 1,000
② ₩ 1,400
③ ₩ 1,900
④ ₩ 2,200

073 ☐☐☐

다음은 상품매매 기업인 ㈜한국의 재무비율을 산정하기 위한 자료이다.

· 매출	₩ 4,500,000	· 매출원가	₩ 4,000,000
· 기초매출채권	150,000	· 기말매출채권	450,000
· 기초재고자산	240,000	· 기말재고자산	160,000

㈜한국은 매출이 전액 외상으로 이루어지며, 재고자산회전율 계산 시 매출원가를 사용할 경우, 매출채권회전율과 재고자산평균처리기간은? (단, 1년은 360일, 회전율 계산 시 기초와 기말의 평균값을 이용한다)

	매출채권회전율(회)	재고자산평균처리기간(일)
①	15	18
②	15	36
③	30	18
④	30	36

074 ☐☐☐

12월 말 결산법인인 ㈜서울의 기초 유통보통주식수는 100,000주이다. ㈜서울은 2018년 4월 1일에 무상증자를 실시하여 20,000주를 발행하였고, 10월 1일에는 유상증자를 실시하여 12,000주를 공정가치로 발행하였다. 당기 기본주당이익 계산에 필요한 가중평균유통보통주식수는?

① 100,000주
② 118,000주
③ 123,000주
④ 132,000주

075 ☐☐☐

다음 ㈜국제의 회계정보에 대한 설명으로 옳은 것은? (단, 당기 중 유통주식수의 변화는 없었다)

· 당기매출액	₩ 1,500,000
· 당기순이익	200,000
· 총자산순이익률	20%
· 발행주식수	50,000주
· 자기주식수	10,000주

① 주당순이익은 ₩ 5이다.
② 유통주식수는 50,000주이다.
③ 평균총자산은 ₩ 3,000,000이다.
④ 총자산회전율은 3회이다.

㈜한국의 2011년 당기순이익은 ₩ 3,000,000이다. ㈜한국의 2011년 1월 1일 유통주식수는 10,000주이며, 4월 1일 자기주식 1,000주를 취득하였고, 10월 1일에는 유상증자를 통해 3,000주를 발행하였다. 2011년 우선주 배당금이 ₩ 400,000인 경우 ㈜한국의 주당순이익은? (단, 가중평균유통주식수는 월수로 계산한다)

① ₩ 200   ② ₩ 250

③ ₩ 260   ④ ₩ 300

2017년 1월 1일에 ㈜한국의 보통주 1,000주(주당액면가 ₩ 5,000)가 유통되고 있었으며, 10월 1일에 보통주 800주가 추가로 발행되었다. 다음 자료에 따른 ㈜한국의 기본주당순이익은? (단, 유통보통주식수의 가중평균은 월수로 계산하며, 다른 자본의 변동은 없는 것으로 가정한다)

- 우선주(주당액면가 ₩ 5,000) 유통주식수: 100주
- 우선주배당률: 연10%
- 2017년 당기순이익: ₩ 650,000

① ₩ 500   ② ₩ 550

③ ₩ 600   ④ ₩ 650

2015년 ㈜서울의 보통주 발행주식수 변동상황은 다음과 같다. 2015년 ㈜서울의 당기순이익이 ₩ 2,070,000이라면 기본주당순이익은 얼마인가? (단, 가중평균유통보통주식수 계산은 월할로 하며, 기본주당순이익은 소수점 첫째 자리에서 반올림하여 계산한다)

일자	변동내용	발행주식수
2015년 1월 1일	기초	1,500주
2015년 7월 1일	무상증자	400주
2015년 10월 1일	유상증자	400주
2015년 12월 31일	기말	2,300주

① ₩ 900   ② ₩ 1,035

③ ₩ 1,150   ④ ₩ 1,250

다음은 ㈜ABC와 관련된 자료이다. 이를 활용하여 주가이익비율(PER; Price Earnings Ratio)을 구하면?

- 당기순이익: ₩ 200,000
- 가중평균유통보통주식수: 100주
- 우선주배당금: ₩ 20,000
- 보통주시가(1주): ₩ 9,000

① 0.2   ② 4.5

③ 4.8   ④ 5.0

080 ☐☐☐

㈜한국의 주식은 주당 ₩1,000에 시장에서 거래되고 있다. 다음 자료를 이용하여 계산한 ㈜한국의 가중평균유통보통주식수는? (단, 우선주는 없다)

- 당기순이익: ₩60,000
- 부채총계: ₩3,000,000
- 자본총계: ₩1,000,000
- 주가수익률(PER): 5(500%)
- 자본금: ₩200,000

① 200주　　　　　② 300주
③ 400주　　　　　④ 500주

081 ☐☐☐

신설법인인 ㈜한국의 당기순이익은 ₩805,000이며, 보통주 1주당 ₩200의 현금배당을 실시하였다. 유통보통주식수는 1,000주(주당 액면금액 ₩500), 우선주식수는 500주(주당 액면금액 ₩100, 배당률 10%)이다. 보통주의 주당 시가를 ₩4,000이라 할 때 옳은 것은? (단, 적립금은 고려하지 않는다)

① 보통주의 기본주당순이익은 ₩805이다.
② 보통주의 주가수익비율은 20%이다.
③ 보통주의 배당수익률은 5%이다.
④ 배당성향은 20%이다.

082 ☐☐☐

㈜한국의 최고재무책임자 (CFO)인 홍길동 전무가 2014년 12월 31일 결산 후 추가성과급을 받을 수 있는 경우는? (단, 법인세는 무시한다)

- 홍길동 전무는 2014년 12월 31일 결산 후 ㈜한국의 주당 순이익이 ₩500 이상이면 추가성과급을 받는 조건의 근로계약이 체결되어 있다.
- ㈜한국의 2014년 12월 31일 장부 마감 전 당기순이익은 ₩6,000,000이다.
- 비참가적우선주에 대한 우선주배당금은 ₩240,000이다.
- ㈜한국의 보통주 관련 자료는 다음과 같다.
  - 2014년 1월 1일: 10,000주
  - 2014년 7월 1일(납입기일): 유상증자 5,000주
  - 2014년 10월 1일: 자기주식 2,000주 취득

① 주당순이익이 ₩500 이상이므로 아무런 행동을 취하지 않는다.
② 재고자산의 평가방법을 변경하여 기말재고자산 잔액을 ₩200,000 증가시킨다.
③ 유형자산의 내용연수를 변경하여 당해 연도 감가상각액을 ₩230,000 감소시킨다.
④ 장부가액이 ₩500,000인 유형자산을 현금 ₩750,000을 받고 장부마감 전 매각처분한다.

083 ☐☐☐

㈜서울의 2015년 보통주의 변동내역은 아래와 같다. 4월 1일 실시한 보통주식의 유상증자는 주주우선 배정방식에 따른 것으로, 공정가치 미만으로 실시되었다. 유상증자 직전 주당 공정가치는 ₩80이며 유상증자 시 주당 실제 발행금액은 ₩40이다. 이때 2015년도 ㈜서울의 가중평균유통보통주식수는 몇 주인가? (단, 모든 계산은 월 단위 계산을 기준으로 하며, 이론적 권리락 주당공정가치 및 조정비율 계산 시 소수점 둘째 자리 이하는 버린다)

구분	보통주식수
기초	9,000
4월 1일 유상증자	2,000
기말	11,000

① 10,125주　　　　② 10,325주
③ 10,525주　　　　④ 10,725주

다음의 자료를 이용하여 산출한 ㈜한국의 20X1년 말 주가 이익비율(PER)은? (단, 가중평균유통보통주식수는 월할계산 한다)

- 20X1년도 당기순이익: ₩ 88
- 20X1년 1월 1일 유통보통주식수: 30주
- 20X1년 7월 1일 유상증자: 보통주 25주(주주우선배정 신주발행으로 1주당 발행가액은 ₩ 4이며, 이는 유상증자 권리락 직전 주당 종가 ₩ 5보다 현저히 낮음)
- 20X1년 12월 31일 보통주 시가: 주당 ₩ 6

① 1.5   ② 2.0
③ 2.5   ④ 3.0

아래의 자료에 따른 20X1년 ㈜대한의 기본주당순이익은? (단, 답은 소수점 둘째 자리에서 반올림한다)

- 20X1년의 ㈜대한의 당기순이익과 영업이익은 각각 ₩ 100,000, ₩ 150,000이다.
- 20X1년 1월 1일 ㈜대한의 보통주와 우선주는 각각 1,000주, 200주이다.
- 20X1년 우선주에 대한 배당률은 4%이다.
- 보통주자본금과 우선주자본금은 각각 ₩ 500,000, ₩ 100,000이다.
- 20X1년 1월 1일 ㈜대한의 자기주식은 50주이다.
- 20X1년 2월 1일 ㈜대한은 자본금을 확충하기 위하여 발행 중인 보통주에 대하여 10%의 무상증자를 실시하였다.
- 20X1년의 ㈜대한의 법인세율은 20%이다.

① 91.9   ② 92.9
③ 93.9   ④ 94.9

다음은 ㈜한국에 관한 20X1년 자료이다. 이를 이용하여 계산한 ㈜한국의 20X1년 희석주당이익은? (단, 가중평균유통주식 수는 월할계산하며, 소수점 발생 시 소수점 이하 첫째 자리에서 반올림한다)

- 기초유통보통주식수 2,000주(액면금액 ₩ 1,000)
- 기초유통우선주식수 1,000주(비누적적·비참가적 전환우선주, 액면금액 ₩ 1,000, 전환비율 1 : 1)
- 7월 1일 보통주 600주 시장가격으로 발행
- 기말까지 미전환된 전환우선주는 액면금액의 5%를 배당
- 기중 전환된 우선주는 없었다.
- 당기순이익은 ₩ 1,000,000

① ₩ 264   ② ₩ 278
③ ₩ 288   ④ ₩ 303

다음은 ㈜한국의 20X1년 주당이익 계산과 관련한 자료이다. ㈜한국의 배당결의가 이미 이루어졌을 경우 기본주당이익은?

- 기초유통보통주식수: 800주 (액면금액 ₩ 1,000)
- 기초전환우선주: 500주 (액면금액 ₩ 1,000, 비누적적, 비참가적)
- 20X1년 7월 1일에 400주의 전환우선주가 400주의 보통주로 전환(기중 전환된 우선주에 대해서는 보통주 배당금 지급)
- 당기순이익: ₩ 50,000
- 연 배당율: 우선주 10%, 보통주 8%

① ₩ 30
② ₩ 35
③ ₩ 40
④ ₩ 62.5

088 ☐☐☐   2018년 서울시 7급

종업원급여에 대한 내용 중 퇴직급여에 대한 설명으로 가장 옳은 것은?

① 확정기여제도에서 기업이 보험수리적위험(급여가 예상에 미치지 못할 위험)과 투자위험(투자한 자산이 예상급여액을 지급하는 데 충분하지 못할 위험)을 실질적으로 부담한다.

② 지배기업과 종속기업처럼 동일 지배 아래에 있는 기업들이 위험을 공유하는 확정급여제도는 복수사용자제도에 해당한다.

③ 확정급여제도에서는 종업원이 근무용역을 제공함에 따라 채무가 생기며, 그 급여가 미래의 근무용역 제공을 조건으로 지급되는지와 관계없이, 즉 급여가 가득되었는지와 관계없이 생긴다.

④ 기타포괄손익에 인식되는 순확정급여부채(자산)의 재측정요소는 후속 기간에 당기손익으로 재분류하며, 기타포괄손익에 인식된 금액은 자본 내에서 대체할 수 없다.

089 ☐☐☐   2017년 서울시 7급

다음 중 종업원급여에 대한 설명으로 옳지 않은 것은?

① 종업원이 회계기간에 근무용역을 제공할 때, 그 대가로 지급이 예상되는 단기종업원급여는 할인하지 않은 금액으로 인식한다.

② 이익분배제도와 상여금제도와 관련된 원가는 이익분배가 아닌 당기비용으로 인식한다.

③ 누적유급휴가는 종업원이 실제로 유급휴가를 사용하기 전에는 부채나 비용으로 인식하지 않는다.

④ 기업의 제안이 아닌 종업원의 요청에 따른 해고에 따라 생기는 종업원급여는 해고급여에 포함하지 않는다.

090 ☐☐☐   2020년 지방직 9급

종업원급여의 회계처리에 대한 설명으로 옳지 않은 것은?

① 확정급여채무의 현재가치란 종업원이 당기와 미래기간에 근무용역을 제공하여 생긴 채무를 결제하기 위해 필요한 예상 미래지급액의 현재가치를 의미한다.

② 퇴직급여채무를 할인하기 위해 사용하는 할인율은 보고기간 말 현재 우량회사채의 시장수익률을 참조하여 결정한다.

③ 확정급여제도의 초과적립액이 있는 경우 순확정급여자산은 초과적립액과 자산인식상한 중에서 작은 금액으로 측정한다.

④ 기타포괄손익에 인식되는 순확정급여부채 또는 순확정급여자산의 재측정요소는 후속 기간에 당기손익으로 재분류하지 않는다.

091 ☐☐☐   2021년 국가직 7급

㈜대한은 퇴직급여제도로 확정급여제도를 채택하고 있다. 20X1년 초 확정급여채무의 장부금액은 ₩15,000이며, 사외적립자산의 공정가치는 ₩12,000이다. 20X1년의 확정급여제도와 관련하여 발생한 재측정요소는 확정급여채무 재측정손실 ₩2,500, 사외적립자산 재측정이익 ₩600이다. 다음의 자료를 이용할 때, 20X1년 말 순확정급여부채는? (단, 자산인식상한은 고려하지 않는다)

- 20X1년 순확정급여부채 계산 시 적용되는 할인율은 연 10%이다.
- 20X1년 당기근무원가는 ₩4,000이다.
- 20X1년 말 퇴직종업원에게 ₩3,000의 현금이 사외적립자산에서 지급되었다.
- 20X1년 말 사외적립자산에 ₩5,000을 현금으로 출연하였다.

① ₩4,200
② ₩4,400
③ ₩4,600
④ ₩4,800

중간재무보고에 관련된 K-IFRS의 설명으로 옳지 않은 것은?

① 적시성과 재무제표 작성 비용의 관점에서 또한 이미 보고된 정보와의 중복을 방지하기 위하여 중간재무보고서에는 연차재무제표에 비하여 적은 정보를 공시할 수 있다.

② 직전 연차재무보고서를 연결기준으로 작성하였다면 중간재무보고서도 연결기준으로 작성해야 한다.

③ 직전 연차재무보고서에 이미 보고된 정보에 대한 갱신사항이 상대적으로 경미하다면 중간재무보고서에 주석으로 보고할 필요는 없다.

④ 중요성을 평가하는 과정에서 중간기간의 측정은 연차재무자료의 측정에 비하여 추정에 의존하는 정도가 크다는 점을 고려하여야 한다.

⑤ 연차재무보고서 및 중간재무보고서가 한국채택국제회계기준에 따라 작성되었는지는 통합하여 평가한다.

중간재무보고에 대한 설명으로 옳지 않은 것은?

① 중간재무보고는 6개월, 3개월 등으로 보고기간을 설정할 수 있다.

② 직전 연차 재무보고서를 연결기준으로 작성하였다면 중간재무보고서도 연결기준으로 작성해야 한다.

③ 중간재무보고서는 당해 회계연도 누적기간을 직전 연차 보고기간 말과 비교하는 형식으로 작성한 재무상태표를 포함하여야 한다.

④ 중간재무보고서는 당해 회계연도 누적기간을 직전 회계연도의 동일기간과 비교하는 형식으로 작성한 현금흐름표를 포함하여야 한다.

㈜한국은 20X1년 1월 1일 권당 액면금액 ₩ 1,000인 전환사채 1,000권(개)을 발행하였다. 전환사채의 만기는 3년이고 액면이자율은 연 8 %로 매년 말 지급하며, 만기시점까지 사채액면 ₩ 2,000당 1주의 보통주(주당 액면가액 ₩ 1,000)로 전환할 수 있는 권리가 있다. 전환사채 발행시점에 전환옵션이 없는 동일한 일반사채에 대한 현행 시장이자율은 10 %이다. 자본요소(전환권)가 ₩ 0보다 클 때, ㈜한국이 발행한 전환사채의 자본요소(전환권)의 가치는? (단, A와 B는 각각 이자율 10 %, 만기 3년의 단일금액 ₩ 1 및 연금 ₩ 1의 현재가치를 나타낸다)

① (₩ 1,000,000 × A + ₩ 80,000 × B) − ₩ 1,000,000

② (₩ 1,000,000 × B + ₩ 80,000 × A) − ₩ 1,000,000

③ ₩ 1,000,000 − (₩ 1,000,000 × A + ₩ 80,000 × B)

④ ₩ 1,000,000 − (₩ 1,000,000 × B + ₩ 80,000 × A)

㈜서울은 20X1년 초에 액면금액 ₩ 10,000의 전환사채를 액면발행하였다. 동 전환사채는 액면이자율 8 %, 만기 3년, 매년도 말 이자지급 조건으로 발행되었으며, 만기일 상환 시에는 액면금액에 상환할증금을 부여하도록 되어 있다. 사채발행 당시 시장이자율은 12 %였다. 전환사채 발행과 관련된 회계처리가 다음과 같을 경우, 다음 설명 중 옳지 않은 것은? (단, 소수점 이하는 반올림한다)

<20X1. 1. 1.>			
(차)		(대)	
현 금	10,000	전 환 사 채	10,000
전환권조정	1,152	사채상환할증금	662
		전 환 권 대 가	490

① 발행 시 전환사채의 장부금액은 ₩ 9,510이다.

② 전환사채 발행 시의 자본요소는 ₩ 490이다.

③ 20X1년 말에 인식할 이자비용은 ₩ 1,141이다.

④ 전환사채의 보장수익률은 시장수익률인 12 %이다.

096 □□□

12월 결산법인 ㈜서울은 20X1년 1월 1일 액면금액 ₩100,000, 표시이자율 연 2%, 2년 만기 전환사채를 ₩97,000에 할인발행하였다. 이자는 매년 말 지급된다. 전환권을 행사하지 않는 경우 전환사채의 만기일에 상환할증금 ₩10,000을 액면금액에 추가하여 지급한다. 전환권이 없는 유사한 채무상품에 대한 현행시장이자율은 10%(기간 2, 단일금액의 현가계수는 0.8, 연금의 현가계수는 1.5)일 때 전환사채 발행일 전환권대가는?

① ₩3,000 ② ₩6,000
③ ₩8,000 ④ ₩10,000

097 □□□

㈜한국의 2017년 말 재무상태표 상 순확정급여부채는?

- 2016년 말 확정급여제도에 따라 계상해야 할 확정급여채무는 ₩300,000, 사외적립자산에 출연된 금액은 ₩290,000이다.
- 2017년 중 퇴직한 종업원에게 지급한 퇴직금은 ₩10,000이다.
- 2017년에 추가로 인식해야 할 확정급여채무는 ₩20,000, 사외적립자산 추가 적립액은 ₩19,000이다.
- 이자수익(비용)과 화폐의 시간가치는 고려하지 않는다.

① ₩1,000 ② ₩10,000
③ ₩11,000 ④ ₩21,000

098 □□□

㈜한국은 20X1년 1월 1일에 종업원 100명에게 주식선택권을 10개씩 부여하였고, 동 주식선택권은 종업원이 앞으로 3년간 용역을 제공할 경우 가득된다. 20X1년 1월 1일 현재 ㈜한국이 부여한 주식선택권의 단위당 공정가치는 ₩12이고, 각 연도 말 주식선택권의 단위당 공정가치가 다음과 같을 때, ㈜한국이 인식할 20X2년도 주식보상비용은? (단, 주식선택권을 부여받은 종업원 중 퇴사할 종업원은 없다고 가정한다)

일자	20X1. 12. 31.	20X2. 12. 31.	20X3. 12. 31.
단위당 공정가치	₩12	₩15	₩18

① ₩0 ② ₩4,000
③ ₩5,000 ④ ₩6,000

099 □□□

㈜서울은 20X1년 초 종업원 100명에게 1인당 주식선택권을 10개씩 부여하였으며, 관련 자료는 <보기>와 같다. ㈜서울이 20X3년 인식할 주식보상비용은?

<보기>
- 가득요건: 20X1년 초부터 4년간 근무
- 20X1년 초 주식선택권의 단위당 공정가치: ₩100
- 연도별 세부자료

연도	주식선택원 단위당 기말공정가치	해당연도 실제 퇴직자	향후 추가퇴직예상자
20X1	₩120	3명	14명
20X2	₩130	2명	7명
20X3	₩150	1명	4명
20X4	₩160	4명	–

① ₩13,500 ② ₩23,500
③ ₩33,500 ④ ₩43,500

100 □□□

㈜한국은 20X1년 11월 1일에 제품을 해외판매하고 대금 $100를 20X2년 1월 31일에 받기로 하였다. 같은 날 ㈜한국은 환율변동위험을 회피하기 위하여 20X2년 1월 31일에 $100를 ₩1,130/$1의 환율로 매도하는 통화선도계약을 체결하였다. 환율에 대한 자료는 다음과 같다. ㈜한국이 20X2년도 손익계산서에 보고해야 하는 통화선도계약으로부터 발생하는 이익(손실)은? (단, 이 통화선도계약은 확정계약에 대한 효과적인 위험회피수단이며, 공정가치 위험회피요건을 충족한 것으로 가정한다. 그리고 매출계약 및 통화선도계약에 대한 현재가치평가는 생략한다)

일자	현물환율(₩/$)	통화선도환율(₩/$)
20X1. 11. 1.	1,000	1,130(만기 3개월)
20X1. 12. 31.	900	1,010(만기 1개월)
20X2. 1. 31.	1,060	

① 이익 ₩3,000　　② 이익 ₩5,000
③ 손실 ₩3,000　　④ 손실 ₩5,000

101 □□□

㈜한국의 기능통화는 원화이며, 달러화 대비 원화의 환율은 다음과 같다.

일자	20X1. 10. 1.	20X1. 12. 31.	20X2. 3. 1.
환율	₩1,000	₩1,040	₩1,020

㈜한국은 20X1년 10월 1일 캐나다에 소재하는 사업목적의 토지를 $10,000에 취득하였고, 20X1년 12월 31일 현재 토지의 공정가치는 $12,000이다. ㈜한국은 재평가모형을 적용하고 있으며 매년 재평가를 실시한다. 20X2년 3월 1일에 토지를 $15,000에 판매한 경우 인식해야 하는 유형자산처분이익은?

① ₩5,300,000　　② ₩5,100,000
③ ₩2,820,000　　④ ₩2,480,000

102 □□□

<보기1>과 <보기2>는 ㈜서울의 해외 종속회사인 S사의 20X1년 수정후시산표 및 20X1년 $1당 원화자료이다. 기능통화인 달러화로 표시되어 있는 수정후시산표를 표시 통화인 원화로 환산하여 재무제표를 작성한다면, S사의 포괄손익계산서 상 총포괄이익은? (단, S사는 20X1년 초 설립되었으며, 설립 이후 자본거래는 없었다)

<보기1> 20X1년 S사 수정후시산표

과목	금액	과목	금액
자산	$400	부채	$170
비용	$70	자본금	$200
		수익	$100
합계	$470	합계	$470

<보기2> 20X1년 $1당 원화자료

구분	환율
20X1년 초 환율	₩800
20X1년 평균환율	₩900
20X1년 말 마감환율	₩1,000

(단, 환산 시 수익·비용항목은 평균환율을, 자본항목은 해당거래일의 환율을 적용한다)

① ₩27,000　　② ₩30,000
③ ₩50,000　　④ ₩70,000

103 ☐☐☐

금융상품 인식과 측정에서 위험회피회계에 대한 설명으로 옳지 않은 것은?

① 위험회피효과란 회피대상위험으로 인한 위험회피대상항목의 공정가치나 현금흐름의 변동이 위험회피수단의 공정가치나 현금흐름의 변동으로 상쇄되는 정도이다.

② 예상거래란 이행해야 하는 구속력을 가지며, 향후 발생할 것으로 예상되는 거래이다.

③ 위험회피수단이란 공정가치나 현금흐름의 변동이 지정된 위험회피대상항목의 공정가치나 현금흐름의 변동을 상쇄할 것으로 기대하여 지정한 파생상품 또는 비파생금융자산(또는 비파생금융부채)이다.

④ 확정계약이란 미래의 특정시기에 거래대상의 특정 수량을 특정 가격으로 교환하기로 하는 구속력 있는 약정이다.

104 ☐☐☐

「한국채택국제회계기준」에 따르면 단기리스나 소액기초자산리스에 해당하는 경우에는 리스이용자가 리스계약을 리스로 인식하지 않고 회계처리 할 수 있다. 단기리스나 소액기초자산리스에 대한 설명으로 가장 옳지 않은 것은?

① 단기리스란 리스기간이 12개월 이하인 리스이다.

② 소액기초자산리스 여부의 평가는 리스이용자의 규모, 특성, 상황에 따라 영향을 받는다.

③ 소액기초자산은 다른 자산에 대한 의존도가 매우 높지는 않다.

④ 리스이용자가 소액기초자산 그 자체를 사용하여 효익을 얻거나 리스이용자가 쉽게 구할 수 있는 다른 자원과 함께 그 자산을 사용하여 효익을 얻을 수 있다.

105 ☐☐☐

리스이용자인 ㈜서울은 리스개시일인 20X1년 1월 1일에 <보기>와 같은 조건의 리스계약을 체결하고 기초자산(본사사옥)을 리스하였다. ㈜서울은 사용권자산과 리스부채를 인식하는 회계처리를 선택하였다. 리스개시일의 리스부채 최초 측정금액이 ₩2,630인 경우, ㈜서울의 리스거래가 20X1년도 포괄손익계산서의 당기순이익에 미치는 영향은?

<보기>
- 기초자산의 리스기간은 20X1년 1월 1일부터 20X3년 12월 31일까지이다.
- 기초자산의 내용연수는 10년이고, 내용연수 종료시점의 잔존가치는 없으며, 정액법으로 감가상각한다.
- 고정리스료는 ₩1,000이며, 리스기간 동안 매년 말 지급한다.
- ㈜서울은 리스기간 종료시점에 기초자산을 현금 ₩200에 매수할 수 있는 선택권을 가지고 있으며, 리스개시일 현재 동 매수선택권을 행사할 것이 상당히 확실하다고 판단하였다.
- 사용권자산은 원가모형을 적용하여 정액법으로 감가상각하고, 잔존가치는 없다.
- 20X1년 1월 1일에 동 리스의 내재이자율은 연 10%로 리스제공자와 리스이용자가 이를 쉽게 산정할 수 있다.
---

① ₩263 감소 ② ₩526 감소

③ ₩663 감소 ④ ₩1,040 감소

106 ☐☐☐

리스에 대한 설명으로 옳지 않은 것은?

① 리스제공자는 리스개시일에 금융리스에 따라 보유하는 자산을 재무상태표에 인식하고 그 자산을 리스순투자와 동일한 금액의 수취채권으로 표시한다.

② 포괄손익계산서에서 리스이용자는 리스부채에 대한 이자비용을 사용권자산의 감가상각비와 구분하여 표시한다.

③ 제조자 또는 판매자인 리스제공자는 고객을 끌기 위하여 의도적으로 낮은 이자율을 제시하기도 하며, 이러한 낮은 이자율의 사용은 리스제공자가 거래에서 생기는 전체 이익 중 과도한 부분을 리스개시일에 인식하는 결과를 가져온다.

④ 제조자 또는 판매자인 리스제공자는 금융리스 체결과 관련하여 부담하는 원가를 리스개시일에 자산으로 인식한다.

gosi.Hackers.com

원가관리회계

01 제조기업의 회계처리

정답 및 해설 p.154

TOPIC 49　원가의 분류 ★

001 ▢▢▢
2013년 국가직 9급

기본원가와 가공원가에 공통적으로 해당하는 항목은?

① 제품제조원가
② 제조간접원가
③ 직접재료원가
④ 직접노무원가

003 ▢▢▢
2014년 국가직 9급

원가행태에 대한 설명으로 옳지 않은 것은?

① 고정원가는 조업도가 증감하더라도 전체 범위에서는 고정적이기 때문에, 다른 조건이 동일하다면 제품단위당 고정원가는 조업도의 증가에 따라 감소한다.
② 관련범위 내에서 조업도 수준과 관계없이 고정원가 발생총액은 일정하다.
③ 관련범위 내에서 조업도가 증가하면 변동원가 발생총액은 비례적으로 증가한다.
④ 변동원가는 조업도의 증감에 따라 관련범위 내에서 일정하게 변동하기 때문에, 다른 조건이 동일하다면 제품단위당 변동원가는 조업도의 증감에 관계없이 일정하다.

002 ▢▢▢
2021년 국가직 9급

다음은 ㈜한국이 생산하는 제품에 대한 원가자료이다.

· 단위당 직접재료원가	₩ 28,000
· 단위당 직접노무원가	40,000
· 단위당 변동제조간접원가	60,000
· 월간 총고정제조간접원가	200,000

㈜한국의 제품 단위당 기초(기본)원가와 단위당 가공(전환)원가는? (단, 고정제조간접가는 월간 총생산량 20단위를 기초로 한 것이다)

	단위당 기초(기본)원가	단위당 가공(전환)원가
①	₩ 68,000	₩ 110,000
②	₩ 68,000	₩ 128,000
③	₩ 110,000	₩ 68,000
④	₩ 128,000	₩ 68,000

004 ▢▢▢
2015년 지방직 9급

원가에 대한 설명으로 옳지 않은 것은?

① 기회원가는 여러 대안 중 최선안을 선택함으로써 포기된 차선의 대안에서 희생된 잠재적 효익을 의미하며, 실제로 지출되는 원가는 아니다.
② 매몰원가는 과거 의사결정의 결과에 의해 이미 발생한 원가로서 경영자가 더 이상 통제할 수 없는 과거의 원가로 미래 의사결정에 영향을 미치지 못하는 원가이다.
③ 당기총제조원가는 특정 기간 동안 완성된 제품의 제조원가를 의미하며, 당기제품제조원가는 특정 기간 동안 재공품 계정에 가산되는 총금액으로 생산완료와는 상관없이 해당 기간 동안 투입된 제조원가가 모두 포함된다.
④ 관련범위 내에서 조업도 수준이 증가함에 따라 총변동원가는 증가하지만 단위당 변동원가는 일정하다.

005 ☐☐☐

기간비용에 대한 설명으로 옳지 않은 것은?

① 발생기간의 비용으로 계상된다.
② 손익계산서에 판매비와관리비로 계상된다.
③ 제품제조와 직접 관련이 없는 활동들에 대한 원가로 이루어진다.
④ 기간비용의 원가배분 계산으로 제품별 수익성과 정확성을 높일 수 있다.
⑤ 손익계산서에 수익과 비용의 기간별 대응이 효과적으로 이루어질 수 있다.

006 ☐☐☐

준고정(계단)원가에 대한 설명으로 옳은 것은? (단, 조업도 이외의 다른 조건은 일정하다고 가정한다)

① 조업도와 관계없이 단위당 원가는 항상 일정하다.
② 일정 조업도 범위 내에서는 조업도의 변동에 정비례하여 총원가가 변동한다.
③ 일정 조업도 범위 내에서는 총원가가 일정하지만, 일정 조업도 범위를 초과하면 총원가가 일정액만큼 증가한다.
④ 일정 조업도 범위 내에서는 조업도의 변동에 관계없이 총원가가 일정하므로, 단위당 원가는 조업도의 증가에 따라 증가한다.

007 ☐☐☐

원가행태에 대한 설명으로 옳지 않은 것은?

① 월급제로 급여를 받는 경우, 작업자가 받는 급여는 노무시간에 비례하지 않지만, 총생산량에 따라 작업자의 인원을 조정할 수 있으면 총노무원가는 계단원가가 된다.
② 제품수준(유지)원가는 제품 생산량과 무관하게 제품의 종류수 등 제품수준(유지)원가동인에 비례하여 발생한다.
③ 고정제조간접원가가 발생하는 기업에서 전부원가계산을 채택하면 생산량이 많아질수록 제품단위당 이익은 크게 보고된다.
④ 초변동원가계산에서는 직접재료원가와 직접노무원가를 제품원가로 재고화하고 제조간접원가는 모두 기간비용으로 처리한다.

008 ☐☐☐

제조원가 관련 자료가 다음과 같고 직접노무원가 발생액이 실제 가공원가의 40%일 때, 기본(기초)원가는? (단, 재료소비액은 모두 직접재료원가이다)

· 기초재료	₩ 50,000
· 기초재공품	100,000
· 당기재료매입액	170,000
· 기말재료	30,000
· 공장감독자급여	30,000
· 공장기계 감가상각비	20,000
· 수도광열비(본사 50%, 공장 50% 배부)	20,000

① ₩ 200,000 ② ₩ 230,000
③ ₩ 260,000 ④ ₩ 300,000

009 ☐☐☐

㈜한국은 단일 제품을 생산 판매하고 있다. ㈜한국의 1월 중 생산활동과 관련된 정보가 다음과 같을 때, 1월의 직접재료원가는?

· 당월총제조원가는 ₩ 2,000,000이고 당월제품제조원가는 ₩ 1,940,000이다.
· 1월 초 재공품은 1월 말 재공품원가의 80%이다.
· 직접노무원가는 1월 말 재공품원가의 60%이며, 제조간접원가는 직접재료원가의 40%이다.

① ₩ 1,000,000 ② ₩ 1,100,000
③ ₩ 1,200,000 ④ ₩ 1,300,000

010 ☐☐☐

다음은 ㈜한국의 2010년 7월의 원가자료이다.

	2010년 7월 1일	2010년 7월 31일
직접재료	₩ 10,000	₩ 20,000
재 공 품	100,000	200,000
제 품	100,000	50,000

㈜한국의 2010년 7월의 직접재료 매입액이 ₩ 610,000이고, 매출원가는 ₩ 2,050,000이다. 가공원가가 직접노무원가의 300%라고 할 때, ㈜한국의 2010년 7월의 제조간접원가는?

① ₩ 800,000 ② ₩ 1,000,000
③ ₩ 1,600,000 ④ ₩ 2,000,000

011 ☐☐☐

다음 자료에 의한 당기제품제조원가는?

· 직접재료 구입액		₩ 1,000
· 직접노무원가		3,000
· 감가상각비(공장설비)		5,000
· 감가상각비(영업용화물차)		4,000
· 공장감독자급여		1,000
· 기타제조간접원가		2,000
	기초재고액	기말재고액
직접재료	₩ 3,000	₩ 1,000
재 공 품	10,000	8,000

① ₩ 15,000 ② ₩ 16,000
③ ₩ 17,000 ④ ₩ 18,000

012

다음은 ㈜한국의 제품제조 및 판매와 관련된 계정과목들이다. (가)~(라) 중 옳지 않은 것은?

· 직접재료원가	₩ 900
· 직접노무원가	700
· 제조간접원가	(가)
· 당기총제조원가	2,000
· 기초재공품재고액	14,000
· 기말재공품재고액	(나)
· 당기제품제조원가	13,000
· 기초제품재고액	8,000
· 기말제품재고액	(다)
· 매출원가	(라)
· 매출액	25,000
· 매출총이익	8,000

① (가): ₩ 400 ② (나): ₩ 3,000

③ (다): ₩ 5,000 ④ (라): ₩ 17,000

013

다음 자료에 의한 당기재료매입액은?

매 출 원 가		₩ 1,000
직접노무원가		300
제조간접원가		400

	기초재고액	기말재고액
재 료	₩ 250	₩ 200
재 공 품	200	250
제 품	350	300

① ₩ 150 ② ₩ 250

③ ₩ 450 ④ ₩ 650

014

다음은 ㈜서울의 20X1년 자료이다. ㈜서울의 기초제품재고액은 얼마인가?

- 기말재공품재고액은 기초에 비해 ₩ 40,000 증가하였다.
- 당기중 직접노무원가 발생액은 ₩ 120,000이고 기초원가 발생액은 ₩ 270,000이며 가공원가 발생액은 ₩ 180,000이다.
- 당기매출액은 ₩ 500,000이며 매출총이익률은 36%이다.
- 당기말 제품재고액은 ₩ 50,000이다.

① ₩ 80,000 ② ₩ 90,000

③ ₩ 100,000 ④ ₩ 110,000

⑤ ₩ 120,000

015

㈜한국의 2013년 원가자료는 다음과 같다. 제조간접비가 직접노무비의 3배로 발생할 때 ㈜한국의 당기제품제조원가는 얼마인가?

· 기초재공품재고액	₩ 10,000
· 기초원가	40,000
· 기말재공품재고액	15,000
· 가공원가	64,000

① ₩ 24,000 ② ₩ 48,000

③ ₩ 88,000 ④ ₩ 83,000

⑤ ₩ 104,000

다음 자료를 토대로 계산한 ㈜대한의 매출총이익은?

- 당기중 직접재료원가는 전환원가의 50%이다.
- 직접노무원가 발생액은 매월 말 미지급임금으로 처리되며 다음 달 초에 지급된다. 미지급임금의 기초금액과 기말금액은 동일하며, 당기중 직접노무원가의 지급액은 ₩450이다.
- 재공품 및 제품의 기초금액과 기말금액은 ₩100으로 동일하다.
- 기타발생비용으로 감가상각비(생산현장) ₩100, 감가상각비(영업점) ₩100, CEO 급여 ₩150, 판매수수료 ₩100이 있다. CEO 급여는 생산현장에 $\frac{1}{3}$, 영업점에 $\frac{2}{3}$ 배부된다.
- 매출액은 ₩2,000이다.

① ₩1,050   ② ₩1,100
③ ₩1,150   ④ ₩1,200

㈜한국의 2010년 1월 중 발생한 제조원가 및 비용에 대한 자료가 다음과 같을 때, 2010년 1월에 발생한 가공비는? (단, ㈜한국은 2010년 1월 초에 ₩3,000, 1월 말에 ₩1,000의 직접재료가 있었다)

항목	금액
직접재료 매입비	₩2,000
직접노무비	₩3,000
감가상각비 – 공장건물	₩500
감가상각비 – 영업점포	₩300
공장감독자급여	₩100
기타제조간접비	₩200
합계	₩6,100

① ₩3,800   ② ₩4,100
③ ₩5,000   ④ ₩6,100

㈜갑은 제조기업이다. 다음 자료에 의하여 당기의 매출원가를 산출하면?

• 기초제품재고액	₩1,500
• 당기총제조비용	5,000
• 기초재공품재고액	1,000
• 기말재공품재고액	800
• 기말제품재고액	1,200

① ₩4,500   ② ₩5,000
③ ₩5,300   ④ ₩5,500

다음 자료를 이용하여 직접재료원가를 계산하면?

• 영업사원급여	₩35,000
• 간접재료원가	50,000
• 공장감가상각비	50,000
• 매출액	700,000
• 공장냉난방비	60,000
• 기본(기초)원가	350,000
• 본사건물임차료	40,000
• 가공(전환)원가	300,000

① ₩160,000   ② ₩190,000
③ ₩210,000   ④ ₩250,000

다음 자료에 따른 당기제품제조원가와 매출총이익은? (단, 매출총이익률은 17%이다)

	기초재고	기말재고
원 재 료	₩ 400,000	₩ 300,000
재 공 품	650,000	700,000
제 품	600,000	1,250,000
당기총제조원가	9,000,000	

	당기제품제조원가	매출총이익
①	₩ 8,300,000	₩ 1,070,000
②	₩ 8,300,000	₩ 1,700,000
③	₩ 8,950,000	₩ 1,070,000
④	₩ 8,950,000	₩ 1,700,000

㈜한강은 단일제품을 생산·판매하고 있다. 이 회사의 2008년 12월 한 달 동안의 매출총이익은 ₩ 2,640이며, 당기제품제조원가는 ₩ 13,600이다. 월초 및 월말재고자산이 다음과 같을 경우 2008년 12월의 매출액은?

	12월 1일	12월 31일
원 재 료	₩ 1,000	₩ 300
재 공 품	1,120	1,520
제 품	1,800	2,080

① ₩ 15,840   ② ₩ 16,940
③ ₩ 16,540   ④ ₩ 15,960

다음은 ㈜독도의 2008 회계연도 말의 제조원가명세서와 손익계산서에서 얻은 자료이다. 다음 설명 중 옳지 않은 것은?

• 기초재료재고액	₩ 10,000
• 기말재료재고액	20,000
• 기초재공품재고액	40,000
• 기말재공품재고액	20,000
• 기초제품재고액	100,000
• 당기노무비 발생액	200,000
• 당기재료비 발생액	140,000
• 매출원가	460,000
• 당기경비 발생액	50,000

① 당기의 판매가능제품원가를 계산하기 위하여 기초제품재고에 가산해야 할 당기완성품원가는 ₩ 410,000이다.
② 당기총제조원가는 ₩ 390,000이다.
③ 당기재료매입액은 ₩ 150,000이다.
④ 2008 회계연도의 기말재무상태표에 보고해야 할 재고자산가액은 ₩ 40,000이다.

다음 자료를 이용하여 2009년 1월의 매출원가를 계산하면?

	2009. 1. 1.	2009. 1. 31.
직접재료	₩ 30,000	₩ 40,000
재 공 품	50,000	30,000
제 품	70,000	50,000

• 2009년 1월 중 직접재료매입액은 ₩ 110,000이다.
• 2009년 1월 중 직접노무원가의 발생액은 가공원가 발생액의 60%이다.
• 2009년 1월 중 제조간접원가 발생액은 ₩ 80,000이다.

① ₩ 340,000   ② ₩ 370,000
③ ₩ 400,000   ④ ₩ 420,000

㈜한국의 2012년도 기초제품재고액과 기말제품재고액은 각각 ₩ 6,000과 ₩ 3,000이며, 기초재공품재고액과 기말재공품재고액은 각각 ₩ 1,000과 ₩ 2,000이다. 또한 당기 중 발생한 재료원가와 노무원가는 각각 ₩ 1,500과 ₩ 1,000이다. 한편 ㈜한국은 해당연도에 구입한 원재료는 모두 당기중에 사용하는 정책을 적용하고 있다. ㈜한국의 2012년도 매출원가가 ₩ 7,000일 때, 당기중 발생한 제조간접원가는?

① ₩ 1,500
② ₩ 2,500
③ ₩ 3,500
④ ₩ 4,500

㈜대한의 2010 회계연도 중 재료구입액은 ₩ 200,000이고, 직접노무원가와 제조간접원가 발생액이 각각 ₩ 150,000과 ₩ 155,000일 경우 다음 자료를 이용하여 당기제품제조원가와 매출원가를 계산하면?

	2010. 1. 1.	2010. 12. 31.
재　　료	₩ 100,000	₩ 80,000
재 공 품	120,000	150,000
제　　품	150,000	200,000

	제품제조원가	매출원가
①	₩ 495,000	₩ 445,000
②	₩ 495,000	₩ 475,000
③	₩ 505,000	₩ 445,000
④	₩ 505,000	₩ 475,000

다음은 ㈜한국제조의 2011년 원가자료이다. 이를 바탕으로 산정한 당기제품제조원가 및 매출원가는?

구분	기초재고	당기매입액	당기투입액	기말재고
원재료	₩ 50,000	₩ 700,000		₩ 100,000
재공품	₩ 200,000			₩ 500,000
제품	₩ 300,000			₩ 200,000
직접노무원가	N/A	N/A	₩ 350,000	N/A
제조간접원가	N/A	N/A	₩ 500,000	N/A

	제품제조원가	매출원가
①	₩ 1,200,000	₩ 1,000,000
②	₩ 1,200,000	₩ 1,300,000
③	₩ 1,500,000	₩ 1,000,000
④	₩ 1,500,000	₩ 1,300,000

다음 자료를 토대로 계산한 당기총제조원가와 당기제품제조원가는?

· 기초직접재료재고액	₩ 15,000
· 당기직접재료매입액	50,000
· 기말직접재료재고액	10,000
· 직접노무원가 발생액	25,000
· 제조간접원가 발생액	40,000
· 기초재공품재고액	30,000
· 기말재공품재고액	21,000
· 기초제품재고액	15,000
· 기말제품재고액	30,000

	당기총제조원가	당기제품제조원가
①	₩ 110,000	₩ 120,000
②	₩ 120,000	₩ 111,000
③	₩ 120,000	₩ 129,000
④	₩ 129,000	₩ 114,000

028 ☐☐☐

다음은 ㈜한국의 2014년 중에 발생한 원가 및 비용에 관한 자료이다. 이 자료를 이용하여 기초원가와 전환원가를 계산하면?

·직접재료원가	₩60,000
·간접재료원가	15,000
·직접노무원가	15,000
·간접노무원가	7,500
·공장건물감가상각비	10,000
·영업사원급여	12,000
·공장수도광열비	7,000
·본사비품감가상각비	10,500
·공장소모품비	5,000
·본사임차료	15,000

	기초원가	전환원가
①	₩75,000	₩59,500
②	₩75,000	₩97,000
③	₩97,500	₩44,500
④	₩97,500	₩82,000

029 ☐☐☐

㈜서울의 2016년의 직접재료 매입액은 ₩225,000이며, 가공원가는 ₩168,000이 발생하였다. 직접노무원가는 제조간접원가의 60%이며, ㈜서울의 2016년에 발생한 원가 관련 자료는 다음과 같다. ㈜서울의 2016년의 기본(기초)원가는 얼마인가?

	기초재고	기말재고
직접재료	₩45,000	₩30,000
재공품	20,000	28,000
제품	35,000	60,000

① ₩273,000 ② ₩303,000
③ ₩315,000 ④ ₩340,800

030 ☐☐☐

㈜대한의 20X1년 기초 및 기말재고자산 가액은 다음과 같다. 원재료의 제조공정 투입금액은 모두 직접재료원가이고, 20X1년 중 매입한 원재료는 ₩56,000이다. 20X1년의 기본(기초)원가는 ₩320,000이고, 가공(전환)원가의 60%가 제조간접원가이다. ㈜대한의 20X1년 매출원가는?

	기초	기말
원재료	₩34,000	₩10,000
재공품	37,000	20,000
제품	10,000	48,000

① ₩659,000 ② ₩695,000
③ ₩899,000 ④ ₩959,000

031 ☐☐☐

㈜한국의 20X1년도 회계자료가 다음과 같고, 당기총제조원가가 ₩300,000일 때, ㄱ~ㄹ에 들어갈 금액으로 옳지 않은 것은?

·직접재료 구입액	₩100,000
·직접재료 기초재고	20,000
·직접재료 기말재고	(ㄱ)
·직접재료원가	(ㄴ)
·직접노무원가	80,000
·제조간접원가	110,000
·재공품 기초재고	5,000
·재공품 기말재고	20,000
·당기제품제조원가	(ㄷ)
·제품 기초재고	(ㄹ)
·제품 기말재고	40,000
·매출원가	400,000

① ㄱ: ₩10,000 ② ㄴ: ₩110,000
③ ㄷ: ₩285,000 ④ ㄹ: ₩115,000

032 ☐☐☐

아래의 원가자료를 이용하여 계산한 ㈜서울의 당기매출원가는?

• 당기제조간접원가	₩180,000
• 기초재공품재고액	10,000
• 기초제품재고액	20,000
• 당기총제조원가	320,000
• 기말재공품재고액	5,000
• 기말제품재고액	22,000

① ₩321,000　　　② ₩322,000
③ ₩323,000　　　④ ₩325,000

034 ☐☐☐

다음 자료를 이용하여 계산한 20X1년도 매출총이익은?

구분	20X1년 초	20X1년 기중	20X1년 말
직접재료	₩20		₩15
재공품	₩30		₩10
제품	₩20		₩10
직접재료 매입액		₩350	
직접노무원가		₩250	
간접노무원가		₩80	
공장 임차료		₩10	
영업장 화재보험료		₩5	
공장 수도광열비		₩15	
판매원 상여금		₩40	
매출액		₩1,400	

① ₩660　　　② ₩665
③ ₩730　　　④ ₩740

033 ☐☐☐

㈜한국의 20X1년 4월 초와 4월 말 재고자산금액은 다음과 같다.

	20X1. 4. 1.	20X1. 4. 30.
직접재료	₩18,000	₩16,000
재공품	4,000	14,000
제품	16,000	12,000

4월 중 직접재료 매입액은 ₩150,000이고, 가공원가는 ₩594,000이다. ㈜한국의 4월 매출원가는?

① ₩726,000　　　② ₩738,000
③ ₩740,000　　　④ ₩752,000

035 ☐☐☐

다음은 ㈜한국의 20X1년 기초·기말재고에 대한 자료이다. 20X1년도 직접재료매입액은 ₩125,000이고, 제조간접원가는 직접노무원가의 50%였으며, 매출원가는 ₩340,000이었다. ㈜한국의 20X1년 기본원가(기초원가, prime cost)는?

	20X1년 1월 1일	20X1년 12월 31일
직접재료	₩20,000	₩25,000
재공품	35,000	30,000
제품	100,000	110,000

① ₩150,000　　　② ₩195,000
③ ₩225,000　　　④ ₩270,000

036 ☐☐☐

㈜한국은 단일제품을 생산하고 있다. 20X1년 자료가 다음과 같을 때, 당기직접재료매입액과 당기에 발생한 직접노무원가는?

재고자산	기초재고	기말재고
직 접 재 료	₩18,000	₩13,000
재 공 품	25,000	20,000
기 본 원 가	85,000	
가 공 원 가	75,000	
당기제품제조원가	130,000	
매 출 원 가	120,000	

	직접재료매입액	직접노무원가
①	₩45,000	₩35,000
②	₩45,000	₩40,000
③	₩50,000	₩35,000
④	₩50,000	₩40,000

037 ☐☐☐

다음은 ㈜한국의 20X1년 기초 및 기말 재고자산과 관련한 자료이다.

구분	기초	기말
직접재료	₩2,000	₩7,000
재공품	₩8,000	₩5,000
제품	₩7,000	₩10,000

㈜한국은 매출원가의 20%를 매출원가에 이익으로 가산하여 제품을 판매하고 있으며, 20X1년 매출액은 ₩60,000이다. ㈜한국의 20X1년 직접재료 매입액은 ₩15,000이고, 제조간접원가는 가공원가(conversion cost)의 40%일 때, 20X1년의 기초원가(prime cost)는?

① ₩24,000 ② ₩32,800
③ ₩34,000 ④ ₩40,000

038 ☐☐☐

2017년 2월부터 4월까지의 ㈜서울의 예상 상품 매출액은 다음과 같다. 매월 기말재고액은 다음 달 예상 매출원가의 50%이며, 상품의 매출총이익률은 40%이다. ㈜서울의 3월 예상 상품 매입액은 얼마인가?

	월별 예상 매출액	
2월	₩460,000	
3월	500,000	
4월	400,000	

① ₩270,000 ② ₩280,000
③ ₩290,000 ④ ₩300,000

039 ☐☐☐

㈜한국은 제품 1단위에 2kg의 원재료를 사용하고 있으며, 원재료 1kg당 가격은 ₩10이다. 각 분기말 원재료 재고량은 다음 분기 원재료 예상사용량의 10%를 유지하고 있다. ㈜한국이 1분기 초에 보유하고 있는 원재료는 220kg이다. 분기별 실제(=목표)생산량이 다음과 같을 때, 1분기의 원재료 예산구입액은? (단, 재공품 및 제품재고는 없다)

	1분기	2분기
실제생산량(=목표생산량)	1,100개	1,500개

① ₩17,200 ② ₩18,800
③ ₩22,800 ④ ₩23,000

040 ☐☐☐ 　　　　2018년 서울시 9급

보조부문의 원가를 제조부문에 배부하는 방법에 대한 설명으로 가장 옳은 것은?

① 상호배부법은 보조부문 상호간의 용역수수관계를 완전히 무시하고, 보조부문원가를 제조부문에만 배부하는 방법이다.

② 단계배부법은 보조부문 간의 용역수수관계를 부분적으로 고려하는 방법으로 보조부문의 배부순서가 달라지면 배부 후의 결과가 달라진다.

③ 이중배부율법은 보조부문원가를 변동원가와 고정원가로 구분하지 않고, 하나의 배부기준을 이용하여 총원가를 배부하는 방법이다.

④ 직접배부법은 보조부문 상호간의 용역수수관계를 완전히 고려하여 각 보조부문원가를 제조부문과 다른 보조부문에도 배부하는 방법으로, 가장 논리적이고 정확한 정보를 제공해 주는 방법이다.

041 ☐☐☐ 　　　　2015년 지방직 9급

보조부문원가 배부방법에 대한 설명으로 옳지 않은 것은?

① 상호배부법은 연립방정식을 이용하여 보조부문 간의 용역제공비율을 정확하게 고려해서 배부하는 방법이다.

② 단계배부법은 보조부문원가의 배부순서를 적절하게 결정할 경우 직접배부법보다 정확하게 원가를 배부할 수 있다.

③ 단계배부법은 우선순위가 높은 보조부문의 원가를 우선순위가 낮은 보조부문에 먼저 배부하고, 배부를 끝낸 보조부문에는 다른 보조부문원가를 재배부하지 않는 방법이다.

④ 직접배부법은 보조부문 간의 용역수수관계를 정확하게 고려하면서 적용이 간편하다는 장점이 있어 실무에서 가장 많이 이용되는 방법이다.

042 ☐☐☐ 　　　　2017년 지방직 9급(6월 시행)

보조부문원가의 배부에 대한 설명으로 옳은 것은?

① 보조부문원가는 제조부문에 배부하지 않고 기간비용으로 처리하여야 한다.

② 보조부문원가의 배부순서가 중요한 배부방법은 상호배부법이다.

③ 직접배부법은 보조부문의 배부순서에 관계없이 배부액이 일정하다.

④ 상호배부법은 보조부문 상호간의 용역수수관계가 중요하지 않을 때 적용하는 것이 타당하다.

043 ☐☐☐ 　　　　2013년 지방직 9급

경영의사결정에서 원가의 합리적인 배부는 중요한 정보를 제공할 수 있다. 일반적인 원가배부기준으로 옳지 않은 것은?

① 원가집적대상이 제공받는 수혜정도에 따라 원가를 배부해야 한다.

② 원가가 발생한 원인을 파악하여 인과관계에 의해 원가를 배부해야 한다.

③ 원가집적대상이 부담할 수 있는 능력에 따라 원가를 배부해야 한다.

④ 기업전체의 적정한 이익을 유지하기 위해 재량적으로 원가를 배부해야 한다.

다음 중에서 자동차 생산기업의 제조간접원가에 포함되는 항목은?

① 특정 자동차 생산라인에서 일하는 생산직의 급여
② 타이어 생산업체에서 구입한 타이어
③ 판매관리직의 인건비
④ 생산을 지원하는 구매부나 자재관리부직원의 급여

보조부문인 수선부와 전력부에서 발생한 원가는 각각 ₩20,000과 ₩12,000이며, 수선부원가에 이어 전력부원가를 배부하는 단계배부법으로 제조부문인 A공정과 B공정에 배부한다. 보조부문이 제공한 용역이 다음과 같을 때, 보조부문의 원가 ₩32,000 중에서 A공정에 배부되는 금액은?

제공＼사용	수선부	전력부	A공정	B공정	합계
수선부	-	4,000	4,000	2,000	10,000시간
전력부	8,000	-	4,000	4,000	16,000kWh

① ₩13,000   ② ₩14,000
③ ₩16,000   ④ ₩18,000

㈜서울은 보조부문(동력부문과 수선부문) 중 동력부문의 원가를 먼저 배부하는 단계배부법을 적용하고 있다. 다음 자료에 의하여 조립부문에 배부되는 보조부문원가를 계산하면 얼마인가? (단, 제조부문은 절단부문과 조립부문만 있는 것으로 가정한다)

보조부문	부문원가	용역제공비율			
		절단부문	조립부문	동력부문	수선부문
동력부문	₩1,000,000	40%	40%	-	20%
수선부문	₩600,000	30%	50%	20%	-

① ₩975,000   ② ₩900,000
③ ₩875,000   ④ ₩800,000
⑤ ₩775,000

㈜한국에는 보조부문에 수선부와 전력부가 있고, 제조부문에 A와 B가 있다. 수선부의 변동원가 당기 발생액은 ₩10,000이며, 전력부와 두 제조부문에 1,000시간의 수선 용역을 제공하였다. 전력부의 변동원가 당기 발생액은 ₩7,000이며, 수선부와 두 제조부문에 2,000kwh의 전력을 제공하였다. ㈜한국이 보조부문원가 중 수선부원가를 먼저 배부하는 단계배부법을 사용할 경우, 제조부문 A에 배부되는 보조부문의 원가는?

제공＼사용	수선부	전력부	제조부문A	제조부문B
수선부	-	200	500	300
전력부	500	-	1,000	500

① ₩11,000   ② ₩12,000
③ ₩13,000   ④ ₩14,000

048 ☐☐☐ 2016년 서울시 9급

㈜서울은 두 개의 보조부문 동력부(S1), 수선부(S2)와 두 개의 제조부문 절단부(P1), 조립부(P2)를 운영하고 있다. 2016년 중 부문 상호간의 용역수수관계와 부문별로 집계된 원가는 다음과 같다. ㈜서울은 단계배부법에 의하여 보조부문원가를 배분하고 있다. 동력부(S1)의 원가부터 배분할 경우 절단부(P1)의 배분후원가는 얼마인가?

제공부문 \ 사용부문	동력부 (S1)	수선부 (S2)	절단부 (P1)	조립부 (P2)
동력부(S1)	–	50%	20%	30%
수선부(S2)	20%	–	40%	40%
부문별 원가	₩100,000	₩50,000	₩200,000	₩250,000

① ₩265,000 ② ₩270,000
③ ₩275,000 ④ ₩280,000

---

050 ☐☐☐ 2009년 지방직 9급

다음 자료를 이용하여 제1제조부에 배부되는 동력부부문원가를 직접배부법에 의해 계산하면?

- 부문원가 합계: ₩1,200,000
- 제조부문: 제1제조부 ₩500,000, 제2제조부 ₩300,000
- 보조부문: 동력부 ₩240,000, 수선부 ₩160,000
- 부문별 배부율

보조부문		동력부	수선부
부문별 배부율	제1제조부	30%	40%
	제2제조부	20%	40%
	동력부	–	20%
	수선부	50%	–

① ₩144,000 ② ₩128,000
③ ₩72,000 ④ ₩250,000

---

049 ☐☐☐ 2011년 국가직 9급

휴대폰 부품을 생산하는 ㈜대한은 두 제조부문(가), (나)와 두 보조부문(A), (B)로 나누어 부문원가를 계산하고 있다. 단계배부법을 이용하여 보조부문원가를 배부할 때 두 제조부문에 최종적으로 집계되는 원가는? (단, 보조부문원가의 배부순서는 다른 보조부문에 제공한 서비스 제공비율이 큰 부문을 먼저 배부한다)

구분	(가) 제조부문	(나) 제조부문	(A) 보조부문	(B) 보조부문
1차 집계원가	₩120,000	₩130,000	₩50,000	₩60,000
보조부문의 각 부문별 서비스 제공비율				
(A) 보조부문	40%	40%	–	20%
(B) 보조부문	40%	30%	30%	–

	(가)제조부문	(나)제조부문
①	₩171,200	₩175,200
②	₩178,000	₩182,000
③	₩180,000	₩180,000
④	₩182,000	₩178,000

---

051 ☐☐☐ 2007년 국가직 9급

㈜한국은 두 개의 제조부문A와 B가 있고, 두 개의 보조부문X와 Y가 있다. 보조부문X에서 발생한 원가는 ₩400,000이고, 보조부문Y에서 발생된 원가는 ₩200,000이다. 보조부문X는 부문 Y, A, B에 각각 5 : 2 : 3의 비율로 서비스를 제공하고, 보조부문Y가 부문X, A, B에 제공하는 서비스의 비율은 4 : 3 : 3이다. 상호배부법에 의하여 보조부문원가를 배분한다면 제조부문B에 배분되는 보조부문의 원가는 전부 얼마인가?

① ₩330,000 ② ₩322,500
③ ₩277,500 ④ ₩270,000

㈜한국은 보조부문인 동력부와 제조부문인 절단부, 조립부가 있다. 동력부는 절단부와 조립부에 전력을 공급하고 있으며, 각 제조부문의 월간 전력 최대사용가능량과 3월의 전력 실제사용량은 다음과 같다.

	절단부	조립부	합계
최대사용가능량	500kw	500kw	1,000kw
실 제 사 용 량	300kw	200kw	500kw

한편, 3월 중 각 부문에서 발생한 제조간접원가는 다음과 같다.

	동력부	절단부	조립부	합계
변동원가	₩50,000	₩80,000	₩70,000	₩200,000
고정원가	100,000	150,000	50,000	300,000
합　계	₩150,000	₩230,000	₩120,000	₩500,000

이중배부율법을 적용할 경우 절단부와 조립부에 배부될 동력부의 원가는?

	절단부	조립부
①	₩75,000	₩75,000
②	₩80,000	₩70,000
③	₩90,000	₩60,000
④	₩100,000	₩50,000

㈜한국은 제조부문인 조립부문과 도장부문이 있으며, 보조부문으로 전력부문이 있다. 20X1년 3월 중에 부문별로 발생한 제조간접원가와 제조부문이 사용한 전력의 실제사용량과 최대사용가능량은 다음과 같다. 한편, 전력부문에서 발생한 제조간접원가 ₩325,000은 변동원가가 ₩100,000이고, 고정원가는 ₩225,000이다.

구분	전력부문	조립부문	도장부문	합계
제조간접원가	₩325,000	₩250,000	₩400,000	₩975,000
실제사용량		300kw	700kw	1,000kw
최대사용가능량		500kw	1,000kw	1,500kw

㈜한국이 이중배분율법을 적용하여 보조부문원가를 제조부문에 배부할 때, 조립부문에 배분되는 전력부문의 원가는?

① ₩97,500　　　　　② ₩105,000
③ ₩108,330　　　　④ ₩120,000

정답 및 해설 p.166

TOPIC 52 실제(정상)개별원가계산 ★

001 ☐☐☐
2010년 지방직 9급

㈜태양은 주문에 의한 제품생산을 하고 있는 조선업체이다. 2010년 중에 자동차운반선(갑)과 LNG운반선(을)을 완성하여 주문자에게 인도하였고, 2010년 말 미완성된 컨테이너선(병)이 있다. 갑, 을, 병 이외의 제품주문은 없었다고 가정한다. 다음은 2010년의 실제원가 자료이다.

구분	갑	을	병	합계
기초재공품	₩300	₩400	₩100	₩800
직접재료원가	₩150	₩200	₩160	₩510
직접노무원가	₩60	₩80	₩40	₩180
직접노무시간	200시간	500시간	300시간	1,000시간

2010년에 발생한 총제조간접원가는 ₩1,000이다. ㈜태양은 제조간접원가를 직접노무시간에 따라 배부한다고 할 때, ㈜태양의 2010년 기말재공품원가는?

① ₩300
② ₩600
③ ₩800
④ ₩1,000

002 ☐☐☐
2013년 국가직 9급

다음의 개별원가계산 자료에 의한 당기총제조원가는?

- 직접재료원가는 ₩3,000이며 직접노동시간은 30시간이고 기계시간은 100시간이다.
- 직접노무원가의 임률은 직접노동시간당 ₩12이다.
- 회사는 기계시간을 기준으로 제조간접원가를 배부한다.
- 제조간접원가 예정배부율이 기계시간당 ₩11이다.

① ₩4,460
② ₩4,530
③ ₩4,600
④ ₩4,670

003 ☐☐☐
2007년 국가직 9급

㈜전북의 5월 생산 및 원가자료는 다음과 같다. 월초제품재고액은 ₩400,000이고, 월말제품재고액은 ₩500,000이다. 그리고 제조지시서#1은 완성되었으나, 제조지시서#2는 완성되지 못하였다. 손익계산서에 계상될 매출원가는 얼마인가?

<원가계산표>

과목	제조지시서#1	제조지시서#2
월초재공품	₩180,000	–
직접재료비	₩950,000	₩380,000
직접노무비	₩650,000	₩200,000
제조간접비	₩220,000	₩100,000
합계	₩2,000,000	₩680,000

① ₩1,800,000
② ₩1,900,000
③ ₩2,000,000
④ ₩2,100,000

004 ☐☐☐
2021년 국가직 9급

㈜한국은 정상(예정)개별원가계산을 적용하며, 기계시간을 기준으로 제조간접원가를 예정배부한다. 20X1년 예정기계시간이 10,000시간이고 원가 예산이 다음과 같을 때, 제조간접원가 예정배부율은?

항목	금액
직접재료원가	₩25,000
간접재료원가	₩5,000
직접노무원가	₩32,000
공장건물 임차료	₩20,000
공장설비 감가상각비	₩7,000
판매직원 급여	₩18,000
공장설비 보험료	₩13,000
광고선전비	₩5,000

① ₩4/기계시간
② ₩4.5/기계시간
③ ₩7.2/기계시간
④ ₩10.2/기계시간

005 ☐☐☐   2011년 지방직 9급

㈜한국은 직접노동시간을 기준으로 제조간접비를 예정배부하고 있다. 당기의 제조간접비예산은 ₩ 500,000이고, 예상되는 직접노동시간은 1,000시간이다. 당기 제조간접비 실제발생액은 ₩ 530,000이고 실제 직접노동시간은 1,100시간일 때, 제조간접비의 과소 또는 과대배부액은?

① ₩ 20,000 과대배부   ② ₩ 20,000 과소배부
③ ₩ 30,000 과대배부   ④ ₩ 30,000 과소배부

006 ☐☐☐   2012년 지방직 9급

㈜한국은 정상개별원가계산제도를 적용하고 있다. ㈜한국의 제조간접원가의 배부기준은 기계가동시간이며, 2011년 제조간접원가 예산은 ₩ 400,000이고, 기계가동 예상시간은 40,000시간이었다. 2011년 8월 작업별 기계가동시간은 다음과 같다.

구분	#201	#202	합계
기계가동시간	1,200	2,000	3,200

2011년 8월 제조간접원가 실제발생액이 ₩ 34,000일 때, 제조간접원가 배부차이는?

① ₩ 2,000 과소배부
② ₩ 2,000 과대배부
③ ₩ 32,000 과소배부
④ ₩ 32,000 과대배부

007 ☐☐☐   2016년 지방직 9급

㈜한국은 정상개별원가계산을 사용하고 있으며, 제조간접원가는 직접재료원가를 기준으로 배부하고 있다. 2016년 말 ㈜한국의 제조간접원가 과대 또는 과소배부액은?

	2016년도 예산	2016년도 실제 발생액
직접재료원가	₩ 2,000,000	₩ 3,000,000
직접노무원가	1,500,000	2,200,000
제조간접원가	3,000,000	4,550,000

① 과대배부액 ₩ 150,000
② 과대배부액 ₩ 50,000
③ 과소배부액 ₩ 150,000
④ 과소배부액 ₩ 50,000

008 ☐☐☐   2015년 국가직 9급

㈜서울은 제조간접원가를 기계작업시간을 기준으로 예정배부한다. 다음 자료를 기초로 제조간접원가 실제발생액을 구하면 얼마인가?

- 제조간접원가 예산: ₩ 200,000
- 예정조업도: 100,000시간
- 실제조업도: 80,000시간
- 제조간접원가 배부차이: ₩ 20,000(과소)

① ₩ 140,000   ② ₩ 160,000
③ ₩ 180,000   ④ ₩ 200,000

원가관리회계 / 2022 해커스공무원 현진환 회계학 단원별 기출문제집

009 ☐☐☐

㈜대한은 정상개별원가계산을 적용하고 있으며, 제조간접원가 배부기준은 직접노무시간이다. 20X1년 제조간접원가 예산은 ₩ 2,000이고, 예정 직접노무시간은 200시간이었다. 20X1년 실제 직접노무시간은 210시간, 제조간접원가 과대배부액이 ₩ 200이었다. 제조간접원가 실제발생액은?

① ₩ 1,700
② ₩ 1,800
③ ₩ 1,900
④ ₩ 2,000

011 ☐☐☐

㈜서울은 정상개별원가계산을 사용하고 있다. 제조간접원가는 직접노무시간을 기준으로 작업별로 예정배부를 하고 있는데, 20X1년 제조간접원가 예정배부율은 직접노무시간당 ₩ 100이다. 20X1년 한 해 동안 제조간접원가는 ₩ 52,500이 실제 발생하였으며 ₩ 2,500이 과대배부된 것으로 나타났다. 그리고 실제 직접노무시간은 예정 직접노무시간을 50시간 초과하였다. 20X1년도 제조간접원가예산은 얼마인가?

① ₩ 50,000
② ₩ 55,000
③ ₩ 60,000
④ ₩ 65,000

010 ☐☐☐

㈜한국은 직접노동시간을 기준으로 제조간접원가를 예정배부하고 있다. 2012년 제조간접원가와 관련된 다음 자료를 이용하여 계산한 정상조업도는?

- 제조간접원가 예산액: ₩ 30,000
- 실제조업도(직접노동시간): 200시간
- 제조간접원가 실제발생액: ₩ 22,000
- 제조간접원가 배부차이: 과대배부 ₩ 2,000

① 100시간
② 150시간
③ 200시간
④ 250시간

012 ☐☐☐

다음의 자료는 ㈜한강의 2010년 3월의 재공품계정 차변 내용의 일부이다.

· 기초재공품	₩ 6,000
· 직접재료원가	12,000
· 직접노무원가	8,000

한편, ㈜한강의 당기제품제조원가는 ₩ 24,000이고, 기말 현재 미완성인 작업은 #10이며, 기말재공품에는 직접노무원가가 ₩ 1,000 포함되어 있다. ㈜한강의 제조간접원가를 직접노무원가의 50 %의 비율로 예정배부하고 있다. 기말재공품에 포함되어 있는 직접재료원가는? (단, 제조간접원가의 배부차이는 매출원가에서 조정한다)

① ₩ 500
② ₩ 1,000
③ ₩ 4,500
④ ₩ 5,000

248 해커스공무원 학원·인강 gosi.Hackers.com

013 ☐☐☐

㈜한국은 개별원가계산제도를 사용하고 있으며 직접노무비를 기준으로 제조간접비를 예정배부하고 있다. 2013년 6월의 제조원가 관련 정보가 다음과 같을 때, 과소 또는 과대 배부된 제조간접비에 대한 수정분개로 옳은 것은? (단, 과소 또는 과대배부된 금액은 매출원가로 조정한다)

- 직접노무비와 제조간접비에 대한 예산은 각각 ₩ 200,000과 ₩ 250,000이다.
- 직접재료비 ₩ 520,000과 직접노무비 ₩ 180,000이 발생되었다.
- 실제 발생한 제조간접비는 ₩ 233,000이다.

	차변		대변	
①	제조간접비	₩ 8,000	매출원가	₩ 8,000
②	매출원가	₩ 8,000	제조간접비	₩ 8,000
③	매출원가	₩ 17,000	제조간접비	₩ 17,000
④	제조간접비	₩ 17,000	매출원가	₩ 17,000

014 ☐☐☐

㈜한국은 정상개별원가계산을 채택하고 있으며, 당기에 발생한 제조간접원가의 배부차이는 ₩ 9,000(과대배부)이다. 다음의 원가자료를 이용하여 총원가비례법으로 배부차이를 조정하는 경우 조정후의 매출원가는?

• 기말재공품	₩ 20,000
• 기말제품	30,000
• 매출원가	450,000

① ₩ 441,000　　　　② ₩ 441,900
③ ₩ 458,100　　　　④ ₩ 459,000

015 ☐☐☐

정상개별원가계산을 적용하는 ㈜대한은 제조간접가를 예정배부하며, 예정배부율은 직접노무가의 50 %이다. 제조간접가의 배부차이는 매기말 매출원가에서 전액 조정한다. 당기에 실제 발생한 직접재료원가는 ₩ 24,000이며, 직접노무원가는 ₩ 16,000이다. 기초재공품은 ₩ 5,600이며, 기말재공품에는 직접재료원가 ₩ 1,200과 제조간접원가 배부액 ₩ 1,500이 포함되어 있다. 또한 기초제품은 ₩ 4,700이며 기말제품은 ₩ 8,000이다. 제조간접원가 배부차이를 조정한 매출원가가 ₩ 49,400이라면 당기에 발생한 실제 제조간접원가는?

① ₩ 8,000　　　　② ₩ 10,140
③ ₩ 12,800　　　　④ ₩ 13,140

016 ☐☐☐

새롭게 사업을 시작한 ㈜서울은 직접노무시간 기준으로 제조간접비를 예정배부하는 정상개별원가계산을 사용하며, 제조간접원가 배부차이는 제조간접원가 예정배부액의 비율에 따라 배분한다. ㈜서울은 당기에 두 개의 작업 #101과 #102를 수행하여 #101은 완성하여 판매하였으며, #102는 완성되지 않았다. 관련 자료가 다음과 같을 때, 정상개별원가계산을 적용한 경우와 비교하여 실제개별 원가계산의 당기영업이익은 얼마나 변화하는가?

구분	#101	#102
실제 직접노무시간	200시간	200시간
제조간접원가 예산	₩ 300,000	
예정조업도	300시간	
실제 제조간접원가	₩ 450,000	

① ₩ 25,000 증가　　　② ₩ 25,000 감소
③ ₩ 50,000 증가　　　④ ₩ 50,000 감소

017 □□□

㈜한국은 정상원가계산을 적용하여 제조간접원가 배부차이 금액을 재공품, 제품, 매출원가의 조정전 기말잔액의 크기에 비례하여 배분한다. 다음 자료를 이용하여 제조간접원가 배부차이 조정 전후 설명으로 옳지 않은 것은?

	조정전 기말잔액
재 공 품	₩ 500,000
제 품	300,000
매 출 원 가	1,200,000
합 계	2,000,000

- 실제발생 제조간접비 ₩ 1,000,000
- 예정배부된 제조간접비 ₩ 1,100,000
- 재공품과 제품의 기초재고는 없는 것으로 가정한다.

① 조정전 기말잔액에 제조간접원가가 과대배부되었다.
② 제조간접원가 배부차이 금액 중 기말재공품에 ₩ 25,000이 조정된다.
③ 제조간접원가 배부차이 조정후 기말제품은 ₩ 315,000이다.
④ 제조간접원가 배부차이 조정후 매출원가 ₩ 60,000이 감소된다.

018 □□□

정상개별원가계산을 적용하는 경우 발생할 수 있는 제조간접원가 배부차이에 대한 설명 중 옳지 않은 것은?

① 제조간접원가 배부차이는 회계기간 중에 배분된 제조간접원가 예정배부액과 회계기말에 집계된 제조간접원가 실제발생액의 차이로 발생한다.
② 원가요소별 비례배분법은 기말의 재공품, 제품 및 매출원가에 포함되어 있는 제조간접원가 실제배부액의 비율에 따라 제조간접원가 배부차이를 조정한다.
③ 제조간접원가 배부시 실제배부율은 사후적으로 계산되지만, 예정배부율은 기초에 사전적으로 계산된다.
④ 제조간접원가 과대배부액을 매출원가조정법에 의해 회계처리하는 경우, 매출원가가 감소하게 되므로 이익이 증가하는 효과가 있다.

TOPIC 55   활동기준원가계산 ★★★

019 □□□

활동기준원가계산(ABC)에 대한 다음의 설명 중 가장 옳지 않은 것은?

① 공정의 자동화로 인한 제조간접원가의 비중이 커지고 합리적인 원가배부기준을 마련하기 위한 필요에 의해 도입되었다.
② 발생하는 원가의 대부분이 하나의 원가동인에 의해 설명이 되는 경우에는 ABC의 도입효과가 크게 나타날 수 없다.
③ 활동별로 원가를 계산하는 ABC를 활용함으로써 재무제표 정보의 정확성과 신속한 작성이 가능해지게 되었다.
④ ABC의 원가정보를 활용함으로써 보다 적정한 가격결정을 할 수 있다.

020 □□□

다음 중 활동기준원가계산제도가 추구하는 목적이나 장점과 거리가 먼 것은?

① 인과관계에 기초한 원가유발요인을 인식하여 원가계산의 적정성을 제고한다.
② 직접재료원가 외에는 고정원가로 처리하고자 한다.
③ 제품별 또는 부문별 성과평가에 신뢰성을 기할 수 있다.
④ 제품, 고객, 부문 등 다양한 원가대상에 대해 적용이 용이하다.
⑤ 예산의 편성에도 유용하다.

활동기준원가계산을 적용하는 ㈜대한은 다음과 같은 활동별 관련 자료를 입수하였다. 생산제품 중 하나인 제품 Z에 대해 당기 중에 발생한 기초원가는 ₩ 50,000, 생산준비횟수는 10회, 기계사용시간은 20시간, 검사수행횟수가 10회일 때, 제품 Z의 총원가는?

활동	원가동인	최대활동량	총원가
생산준비	생산준비횟수	100회	₩ 100,000
기계사용	기계사용시간	300시간	₩ 600,000
품질검사	검사수행횟수	200회	₩ 80,000

① ₩ 54,000   ② ₩ 90,000
③ ₩ 102,000   ④ ₩ 104,000

㈜한국은 제품 A와 제품 B를 생산하고 있으며, 최근 최고경영자는 활동기준원가계산제도의 도입을 검토하고 있다. 활동기준원가계산 관점에서 분석한 결과가 다음과 같을 때, 옳지 않은 것은?

활동	제조간접비	원가동인	제품 A	제품 B
제품설계	₩ 400	부품수	2개	2개
생산준비	₩ 600	준비횟수	1회	5회

① 제품설계활동의 원가동인은 부품수, 생산준비활동의 원가동인은 준비횟수이다.
② 활동기준원가계산 하에서 제품 A에 배부되는 제조간접비는 ₩ 300, 제품 B에 배부되는 제조간접비는 ₩ 700이다.
③ 만약 ㈜한국의 제품종류가 더 다양해지고 각 제품별 생산수량이 줄어든다면 활동기준원가계산제도를 도입할 실익이 없다.
④ 기존의 제품별원가와 이익수치가 비현실적이어서 원가계산의 왜곡이 의심되는 상황이면 활동기준원가계산제도의 도입을 적극 고려해볼 수 있다.

㈜서울은 두 종류의 제품 A, B를 생산하고 있다. 회사는 활동기준원가계산에 의하여 제품원가를 계산하고 있으며, 회사의 활동 및 활동별 제조간접원가 자료는 다음과 같다. 제품 A를 100개 생산하기 위한 직접재료원가가 ₩ 30,000, 직접노무원가가 ₩ 10,000이며, 재료의 가공을 위해 소요된 기계작업은 500시간, 조립작업은 200시간이다. 이렇게 생산한 제품 A의 단위당 판매가격이 ₩ 700이고, 매출총이익 ₩ 20,000을 달성하였다면, 제품 A의 제조를 위한 생산준비횟수는 몇 회인가? (단, 기초재고자산과 기말재고자산은 없다고 가정한다)

구분	원가동인	단위당 배부액
생산준비	생산준비횟수	₩ 50
기계작업	기계시간	15
조립작업	조립시간	10

① 8회   ② 10회
③ 12회   ④ 14회

㈜한국은 보급형과 고급형 두 가지 모델의 제품을 생산·판매하고, 제조간접원가 배부를 위해 활동기준원가계산을 적용한다. ㈜한국은 당기에 보급형 800개, 고급형 100개를 생산·판매하였으며, 제조원가 산정을 위한 자료는 다음과 같다. ㈜한국의 고급형 모델의 단위당 제조원가는? (단, 기초재고와 기말재고는 없다)

구분		보급형	고급형
직접재료원가		₩ 32,000	₩ 5,000
직접노무원가		₩ 24,000	₩ 3,500
제조간접원가	작업준비	₩ 6,000	
	제품검사	9,000	
	합계	₩ 15,000	

활동	원가동인	활동사용량		
		보급형	고급형	계
작업준비	준비횟수	20회	10회	30회
제품검사	검사시간	100시간	100시간	200시간

① ₩ 100   ② ₩ 120
③ ₩ 135   ④ ₩ 150

㈜대한은 각 작업에 대해서 활동기준원가를 계산하기 위하여 아래의 자료를 수집하였다. 활동기준원가계산을 이용하여 계산한 제품 A의 총원가는?

활동	원가	원가동인	최대활동량
생산준비	₩30,000	생산준비시간	1,000시간
재료처리	₩30,000	재료처리횟수	3,000회
기계사용	₩500,000	기계작업시간	20,000시간

제품	기초원가	생산수량	생산준비	재료처리	기계작업
A	₩300,000	12,000단위	50시간	100회	2,000시간

① ₩352,500   ② ₩362,500
③ ₩372,500   ④ ₩382,500

㈜한국은 가공원가에 대해 활동기준원가계산을 적용하고 있다. 회사의 생산활동, 활동별 배부기준, 가공원가 배부율은 다음과 같다.

생산활동	활동별 배부기준	가공원가 배부율	
기계작업	기계작업시간	기계작업시간당	₩10
조립작업	부품수	부품 1개당	₩6

당기에 완성된 제품은 총 100단위이고, 총직접재료원가는 ₩6,000이다. 제품 1단위를 생산하기 위해서는 4시간의 기계작업시간이 소요되고 5개 부품이 필요하다. 당기에 생산된 제품 100단위를 단위당 ₩200에 모두 판매가 가능하다고 할 때, 매출총이익은?

① ₩7,000   ② ₩9,000
③ ₩11,000   ④ ₩13,000

03 종합원가계산과 결합원가계산

정답 및 해설 p.171

TOPIC 56 종합원가계산의 기초 ★

001 □□□
2013년 지방직 9급

종합원가계산제도에 대한 설명으로 옳은 것은?

① 평균법은 기초재공품의 제조가 당기 이전에 착수되었음에도 불구하고 당기에 착수된 것으로 가정한다.

② 선입선출법 또는 평균법을 사용할 수 있으며, 평균법이 실제물량흐름에 보다 충실한 원가흐름이다.

③ 평균법은 기초재공품원가와 당기발생원가를 구분하지 않기 때문에 선입선출법보다 원가계산이 정확하다는 장점이 있다.

④ 선입선출법은 당기투입분을 우선적으로 가공하여 완성시킨 후 기초재공품을 완성한다고 가정한다.

002 □□□
2013년 국가직 9급

종합원가계산에서 완성품환산량 산출 시 선입선출법이나 평균법 어느 것을 적용하든지 완성품환산량의 단위당 원가가 동일한 경우는?

① 기초재고가 전혀 없는 경우

② 표준원가계산방법을 사용하는 경우

③ 기말재고가 전혀 없는 경우

④ 기초재고와 기말재고의 완성도가 50%로 동일한 경우

003 □□□
2007년 서울시 9급

다음 중 완성품환산량 계산에 필요한 원가흐름에 대한 가정의 서술로 부적합한 것은?

① 선입선출법은 실제 물량흐름과 가장 가까운 원가흐름의 가정이다.

② (가중)평균법의 경우 선입선출법에 비해 원가계산이 단순화된다.

③ 기말에 재공품을 거의 발생시키지 않은 생산시스템의 경우, 선입선출법과 평균법은 거의 유사한 원가정보를 제공한다.

④ 기간별로 재공품재고의 변동이 큰 경우, 가중평균법의 적용이 보다 합리적이다.

⑤ 가중평균법의 경우 기초재공품을 마치 모두 당기착수·완성한 것으로 가정한다.

004 □□□
2015년 국가직 9급

다음 중 가중평균법에 의한 종합원가계산에서 완성품환산량 단위당 원가는 어느 원가를 사용하는가?

① 당기투입원가

② 당기투입원가 + 기초재공품원가

③ 당기투입원가 + 기말재공품원가

④ 당기투입원가 - 기초재공품원가

005 ☐☐☐

2018년 지방직 9급

㈜한국은 단일의 생산공장에서 단일 제품을 생산하고 있다. 회계연도 말에 원가를 계산하면서 기말재공품에 대한 완성도를 실제보다 30 % 낮게 평가하여 계산하였다. 재공품 완성도의 오류가 결산재무제표에 미치는 영향으로 옳지 않은 것은? (단, 당기 생산 제품은 모두 판매되었고, 기말제품재고액은 없다)

① 영업이익의 과소계상
② 매출원가의 과소계상
③ 기말재공품의 과소계상
④ 이익잉여금의 과소계상

TOPIC 57 완성품환산량 계산 ★★★

006 ☐☐☐

2013년 국가직 9급

㈜한국은 선입선출법을 이용하여 종합원가계산을 실시한다. 다음 자료에 의한 재료원가와 가공원가의 완성품환산량은? (단, 재료는 공정 개시시점에서 전량 투입되고, 가공원가는 공정전체를 통해 균등하게 발생한다)

- 기초재공품 수량: 300개(완성도 30 %)
- 당기착수량: 3,500개
- 당기완성량: 3,300개
- 기말재공품 수량: 500개(완성도 40 %)

	재료원가	가공원가
①	3,510	3,300
②	3,600	3,200
③	3,800	3,010
④	3,500	3,410

007 ☐☐☐

2009년 국가직 9급

㈜경상반도체의 제1공정의 기초재공품은 5,000개, 재료비와 가공비의 완성도는 각각 100 %와 30 %이다. 1공정의 생산착수량은 50,000개이며, 당기에 40,000개가 완성되었다. 기말재공품의 재료비와 가공비 완성도는 각각 100 %와 50 %이다. 선입선출법과 평균법에 의한 가공비의 당기완성품환산량은?

	선입선출법	평균법
①	47,500	46,000
②	45,000	43,500
③	43,500	45,000
④	46,000	47,500

종합원가계산을 실시하는 ㈜대한은 원재료를 공정 개시시점에서 전량 투입하고, 가공비는 전 공정을 통해 균일하게 발생한다. ㈜대한이 재공품의 평가방법으로 평균법과 선입선출법을 사용할 경우, 다음 자료를 이용하여 가공비의 당기 완성품환산량을 계산하면?

- 기초재공품 수량: 200개(완성도 40%)
- 착수량: 3,500개
- 완성품수량: 3,200개
- 기말재공품 수량: 500개(완성도 50%)

	평균법	선입선출법
①	3,450개	3,330개
②	3,700개	3,450개
③	3,450개	3,370개
④	3,700개	3,750개

㈜한국은 종합원가계산방법을 적용하고 있으며, 원가 관련 자료는 다음과 같다. ㈜한국의 완성품환산량에 대한 설명으로 옳은 것은?

- 직접재료는 공정의 초기에 전량 투입되고, 전환원가는 공정의 진행에 따라 균일하게 발생된다.
- 기초재공품의 완성도는 50%, 기말재공품의 완성도는 10%이다.
- 기초재공품은 2,000개, 당기착수 13,000개, 기말재공품 3,000개이다.

① 평균법의 직접재료원가 완성품환산량은 13,000개이다.
② 평균법의 전환원가 완성품환산량은 10,300개이다.
③ 선입선출법의 직접재료원가 완성품환산량은 15,000개이다.
④ 선입선출법의 전환원가 완성품환산량은 11,300개이다.

다음의 자료를 이용하여 가공비의 완성품환산량을 계산할 때, 선입선출법과 평균법의 완성품환산량의 차이는 몇 개인가?

- 기초재공품: 5,000개(가공비 완성도 60%)
- 당기착수량: 23,000개
- 완성품수량: 20,000개
- 기말재공품: 8,000개(가공비 완성도 50%)

① 1,000개　　　　② 2,000개
③ 3,000개　　　　④ 4,000개
⑤ 5,000개

㈜한국은 2010년 10월 1일 현재 완성도가 60%인 월초재공품 8,000개를 보유하고 있다. 직접재료원가는 공정 초기에 투입되고, 가공원가는 전 공정을 통해 균등하게 투입된다. 10월 중에 34,000개가 생산에 착수되었고, 36,000개가 완성되었다. 10월 말 현재 월말재공품은 완성도가 80%인 6,000개이다. 10월의 완성품환산량 단위원가를 계산할 때 가중평균법에 의한 완성품환산량이 선입선출법에 의한 완성품환산량보다 더 많은 개수는?

	직접재료원가	가공원가
①	0	3,200
②	0	4,800
③	8,000	3,200
④	8,000	4,800

012 □□□

㈜한국은 종합원가계산을 사용하고 있으며, 가중평균법을 적용하여 완성품환산량을 계산하고 있다. 회사의 기초제품 수량은 25,000개, 당기판매량은 20,000개, 기말제품 수량은 15,000개이다. 기초재공품 수량은 1,000개(완성도 70%), 기말재공품 수량이 5,000개(완성도 50%)일 때, 회사의 당기 가공원가에 대한 완성품환산량은? (단, 가공원가는 공정 전반에 걸쳐 균등하게 발생한다)

① 10,000개 ② 12,500개
③ 13,500개 ④ 15,000개

013 □□□

㈜한국은 종합원가계산제도를 채택하고 있으며, 원가의 흐름으로 선입선출법을 적용하고 있다. 재료는 공정초기에 50%가 투입되고 나머지는 가공이 50% 진행된 시점부터 공정진행에 따라 비례적으로 투입된다. 다음의 5월 자료를 이용한 재료원가의 완성품환산량은?

- 기초재공품(공정의 완성도 70%): 2,000개
- 당기투입: 5,000개
- 완성품: 5,000개
- 기말재공품(공정의 완성도 40%): 2,000개

① 4,400개 ② 4,600개
③ 4,800개 ④ 5,000개

014 □□□

㈜한국은 종합원가계산을 사용하며 선입선출법을 적용한다. 제품은 제1공정을 거쳐 제2공정에서 최종 완성되며, 제2공정 관련 자료는 다음과 같다.

	물량단위(개)	가공비 완성도
기 초 재 공 품	500	30%
전공정대체량	5,500	
당 기 완 성 량	?	
기 말 재 공 품	200	30%

제2공정에서 직접재료가 가공비 완성도 50% 시점에서 투입된다면, 직접재료비와 가공비 당기작업량의 완성품환산량은? (단, 가공비는 공정 전반에 걸쳐서 균일하게 발생하며, 제조공정의 공손·감손은 없다)

	직접재료비 완성품환산량	가공비 완성품환산량
①	5,300개	5,300개
②	5,800개	5,650개
③	5,800개	5,710개
④	5,800개	5,800개

015 □□□

㈜서울은 종합원가계산을 적용하고 있으며, 제품을 생산하기 위해 재료 A와 재료 B를 사용하고 있다. 재료 A는 공정 초기에 전량 투입되며, 재료 B는 공정의 60% 시점에서 일시에 전량 투입되고, 가공원가는 공정 전반에 걸쳐서 균등하게 발생한다. 당기 제품제조활동과 관련한 자료가 아래와 같을 때, 선입선출법을 적용하여 계산한 완성품환산량은?

구분	물량
기초재공품	300개(완성도 20%)
당기착수	1,500개
당기완수	1,300개
기말재공품	500개(완성도 50%)

	재료원가 A	재료원가 B	가공원가
①	1,500개	1,300개	1,490개
②	1,500개	1,550개	1,490개
③	1,800개	1,300개	1,550개
④	1,800개	1,550개	1,550개

016 □□□

㈜한국은 선입선출법을 이용하여 종합원가계산을 한다. 원재료는 공정시작 시점에서 전량 투입되며, 가공원가는 공정 전반에 걸쳐 균등하게 발생한다고 가정할 때, 다음의 자료를 이용한 가공원가의 완성품환산량은? (단, 공손과 감손은 없다)

구분	수량(개)	가공원가완성도
기초재공품	300	50%
완성품	1,000	100%
기말재공품	500	40%

① 800개 ② 950개
③ 1,050개 ④ 1,150개

TOPIC 58 완성품·기말재공품 원가계산 ★★

017 □□□

㈜한국은 제조원가 계산 시에 기말재공품 평가는 선입선출법을 적용하고 있다. 그리고 생산과정에서 재료는 제조 착수시점에 전량 투입되고, 가공비는 공정진행에 따라 평균적으로 발생한다. 다음의 원가자료를 이용하여 당기제품제조원가를 계산하면?

구분	수량	재료원가	가공원가
기초재공품 원가 및 수량	80개 (완성도 50%)	₩ 5,000	₩ 4,000
당기제조원가	–	16,000	27,000
기말재공품 수량	40개 (완성도 50%)		
완성품 수량	200개		

① ₩ 36,000 ② ₩ 43,000
③ ₩ 45,000 ④ ₩ 52,000

---

018 □□□

다음은 2015년 ㈜서울의 원가계산과 관련된 자료이다. 2015년 직접재료원가와 가공원가의 완성품환산량 단위당 원가는 각각 얼마인가? [단, ㈜서울은 선입선출법에 의한 종합원가계산시스템을 도입하고 있다]

- 기초재공품 1,000(수량) 100%(직접재료원가완성도)
  40%(가공원가완성도)
- 기말재공품 2,000(수량) 100%(직접재료원가완성도)
  20%(가공원가완성도)
- 기초재공품 재료원가 ₩ 10,000
- 기초재공품 가공원가 6,000
- 당기착수량 20,000
- 당기완성품 수량 19,000
- 당기투입 재료원가 240,000
- 당기투입 가공원가 380,000

	직접재료원가	가공원가
①	₩ 10	₩ 15
②	₩ 10	₩ 20
③	₩ 12	₩ 15
④	₩ 12	₩ 20

2017년에 영업을 시작한 ㈜서울은 종합원가계산제도를 채택하고 있다. 2017년 당기착수량은 100개, 기말재공품은 40개(완성도 50%), 당기투입원가는 직접재료원가와 가공원가가 각각 ₩10,000과 ₩24,000이다. 직접재료원가는 공정초기에 전량 투입되고 가공원가는 공정 전체를 통하여 균등하게 발생한다. 기말재공품의 원가는 얼마인가?

① ₩9,600　　　　　　② ₩10,000

③ ₩11,000　　　　　　④ ₩12,000

㈜대한전자의 5월 중 제조활동에 투입된 생산자료와 원가자료는 다음과 같다.

> - 기초재공품: 수량 100개(완성도: 50%), 가공원가 ₩2,000
> - 당기투입: 수량 340개, 가공원가 ₩17,500
> - 당기완성품: 수량 390개
> - 기말재공품: 수량 50개(완성도: 20%)

재료는 공정초기에 전량 투입되었으며, 가공원가는 전 공정에 걸쳐 평균적으로 발생한다. 선입선출법을 적용할 때, 완성품의 가공원가는?

① ₩17,000　　　　　　② ₩17,500

③ ₩19,000　　　　　　④ ₩19,500

㈜한국은 평균법에 의한 종합원가계산을 채택하고 있다. 기초재공품이 75,000단위이고 당기착수량이 225,000단위이다. 기말재공품이 50,000단위이며 직접재료는 전량투입되었고, 가공원가완성도는 70%이다. 기초재공품에 포함된 가공원가가 ₩14,000이고 당기발생 가공원가가 ₩100,000인 경우 기말재공품에 배부되는 가공원가는?

① ₩12,000　　　　　　② ₩14,000

③ ₩18,000　　　　　　④ ₩20,000

종합원가계산제도를 채택하고 있는 갑회사의 기초재공품은 10개(완성도 50%), 당기착수량은 50개, 기말재공품은 20개(완성도 50%), 기초재공품원가는 ₩5,000, 당기투입원가는 ₩15,000이다. 재공품의 평가에는 평균법을 하고, 모든 원가는 공정 전체를 통하여 균등하게 발생한다. 기말재공품의 원가는 얼마인가?

① ₩2,500　　　　　　② ₩3,000

③ ₩3,500　　　　　　④ ₩4,500

⑤ ₩4,000

기초재공품 가공원가는 ₩ 250,000, 당기 발생 가공원가는 ₩ 2,250,000, 당기 완성품의 가공원가는 ₩ 2,400,000이다. 기초재공품의 수량은 800단위, 당기 완성수량은 4,800단위일 때, 가중평균법을 적용하는 경우 기말재공품의 가공원가 완성품 환산량은? (단, 공손은 발생하지 않는다고 가정한다)

① 100단위

② 150단위

③ 200단위

④ 250단위

㈜서울은 종합원가계산방법을 적용하고 있으며, 당기 생산활동 관련 자료는 아래와 같다. 모든 제조원가는 공정 진척정도에 따라 투입되는 것으로 할 때, 완성품환산량 단위당 원가가 ₩ 200이면 기말재공품의 완성도는?

- 기초재공품: 없음
- 당기착수량: 1,600단위
- 당기투입원가: ₩ 240,000
- 당기완성품 수량: 800단위

① 30%

② 40%

③ 50%

④ 60%

㈜한국은 가중평균법을 이용한 종합원가계산을 적용하고 있다. 모든 원가는 공정 전반에 걸쳐 균등하게 발생하고, 기초재공품원가는 ₩ 2,000, 당기에 투입된 직접재료원가와 가공원가의 합계는 ₩ 10,000이다. 생산활동에 관한 자료가 다음과 같고, 완성품환산량 단위당 원가가 ₩ 30이라면 기말재공품의 완성도는?

구분	수량	완성도
기말재공품	200개	?
완성품	300개	100%

① 30%

② 35%

③ 45%

④ 50%

026 ☐☐☐
2014년 국가직 9급

㈜한국의 2013년 11월 생산자료는 다음과 같다. 원재료는 공정 초에 투입되며, 가공비의 경우 월초재공품은 70% 완성되고 월말재공품은 60% 완성되었다. 공손은 공정의 완료시점에서 발견되었다. ㈜한국이 평균법에 의한 종합원가계산을 할 때, 가공비의 당월 완성품환산량은?

- 11월 1일 월초재공품: 2,500개
- 11월 착수량: 12,000개
- 11월 30일 월말재공품: 4,500개
- 완성 후 제품계정 대체: 9,300개
- 비정상공손: 500개

① 12,500개 　　　　② 12,700개
③ 13,200개 　　　　④ 14,500개

027 ☐☐☐
2016년 지방직 9급

㈜한국은 선입선출법에 의한 종합원가계산을 채택하고 있으며, 당기의 생산 관련 자료는 다음과 같다. 원재료는 공정 초기에 전량 투입되며, 가공비는 공정 전반에 걸쳐 균등하게 발생한다. 품질검사는 가공비 완성도 40% 시점에서 이루어지며, 당기 검사를 통과한 정상품의 5%에 해당하는 수량은 정상공손으로 간주한다. 당기의 비정상공손수량은?

구분	물량(개)	가공비 완성도
기초재공품	1,000	30%
당기착수량	4,300	
당기완성량	4,300	
공손품	300	
기말재공품	700	50%

① 50개 　　　　② 85개
③ 215개 　　　　④ 250개

028 ☐☐☐
2007년 국가직 9급

㈜미래는 컴퓨터칩을 생산하고 있다. 공손품은 제품을 검사하는 시점에서 파악된다. 정상적인 공손품은 품질검사시점을 통과한 합격품의 10%의 비율로 가정한다. 월초재공품(완성도 30%) 5,000단위, 당월 생산착수량 45,000단위, 월말재공품(완성도 80%) 7,000단위, 공손품 8,000단위이다. 품질검사가 생산공정의 20% 시점에서 실시되는 경우 정상공손품 수량은 몇 단위인가? (단, 생산의 흐름은 선입선출법을 가정한다)

① 4,000단위 　　　　② 3,700단위
③ 3,000단위 　　　　④ 3,500단위

029 ☐☐☐
2016년 국가직 9급

㈜대한은 종합원가계산방법을 적용하고 있다. 직접재료는 공정 초기에 전량 투입되며, 전환원가는 공정 전반에 걸쳐 균등하게 발생한다. 당기완성품환산량 단위당 원가는 직접재료원가 ₩60, 전환원가 ₩40이었다. 공정의 50% 시점에서 품질검사를 수행하며, 검사에 합격한 전체 수량의 10%를 정상공손으로 처리하고 있다. ㈜대한의 물량흐름 자료가 다음과 같을 때, 정상공손원가는?

- 기초재공품 　　　　1,000개(완성도 30%)
- 당기완성량 　　　　2,600개
- 당기착수량 　　　　3,000개
- 공손수량 　　　　　500개
- 기말재공품 　　　900개(완성도: 60%)

① ₩17,500 　　　　② ₩20,800
③ ₩28,000 　　　　④ ₩35,000

030 □□□

㈜한국은 하나의 공정에서 단일 제품을 생산하며 선입선출법을 적용하여 완성품환산량을 계산한다. 직접재료 중 $\frac{1}{2}$은 공정 초에 투입되고 나머지는 가공이 50% 진행된 시점부터 공정의 종점까지 공정 진행에 따라 비례적으로 투입된다. 가공원가는 공정 전반에 걸쳐 균등하게 투입된다. 검사는 공정의 60% 시점에서 실시되며 일단 검사를 통과한 제품에 대해서는 더 이상 공손이 발생하지 않는 것으로 가정한다. 정상공손은 검사통과수량의 10%로 잡고 있다. 3월의 수량 관련 자료가 다음과 같을 때, 비정상공손수량 직접재료원가의 완성품환산량은?

구분	수량(개)	가공원가완성도(%)
기초재공품	2,800	30%
완성량	10,000	
공손량	2,000	
기말재공품	3,000	70%

① 420개　　② 430개
③ 440개　　④ 450개

031 □□□

㈜한국은 단일제품을 대량으로 생산하고 있으며, 종합원가계산을 적용하고 있다. 원재료는 공정초기에 투입되고 가공원가는 공정전반에 걸쳐 균등하게 발생하는데, ㈜한국의 20X1년 4월의 생산자료는 다음과 같다.

· 기초재공품 (완성도 60%)	100,000개
· 당기완성량	600,000개
· 당기착수량	800,000개
· 기말재공품 (완성도 80%)	200,000개

㈜한국은 선입선출법을 적용하고 있으며, 생산공정에서 발생하는 공손품의 검사는 공정의 50%시점에서 이루어지며, 검사를 통과한 합격품의 10%를 정상공손으로 허용하고 있을 때 비정상공손 수량은?

① 10,000개　　② 30,000개
③ 60,000개　　④ 70,000개

TOPIC 60　결합원가계산 ★★

032 □□□

㈜한국은 결합공정에서 연산품A와 B를 생산한다. 당기중 원재료 10,000kg이 공정에 투입되어 다음과 같이 생산되었다.

연산품	생산량	최종판매가치	추가가공비
A	2,000kg	₩10,000	₩2,000
B	8,000kg	₩48,000	₩6,000

결합원가 ₩40,000을 분리점의 순실현가치로 배분할 때, 연산품B에 배분될 결합원가는?

① ₩6,400　　② ₩32,000
③ ₩33,600　　④ ₩40,000

033 □□□

판매가치법에 의할 때, 연산품 갑과 을의 단위당 원가는? (연산품의 결합원가는 ₩200,000이다)

연산품	생산량	판매원가
갑	200	₩300
을	200	₩200

① 갑 ₩200, 을 ₩200
② 갑 ₩300, 을 ₩200
③ 갑 ₩600, 을 ₩400
④ 갑 ₩400, 을 ₩200
⑤ 갑 ₩400, 을 ₩300

㈜국민제철은 A공정과 추가공정을 거쳐 두 종류의 철강을 생산하고 있다. A공정 다음에 추가공정 B를 거치면 고급 철강제품 '갑'이 생산되고, A공정 다음에 추가공정 C를 거치면 보통 철강제품 '을'이 생산된다. 2009년 1월 중 A공정의 제조원가는 ₩1,000,000이고, 추가공정 B의 제조원가는 ₩800,000이고, 추가공정 C의 제조원가는 ₩400,000이다. ㈜국민제철은 1월 중에 고급 철강제품 '갑'을 400톤 생산해 톤당 ₩8,000에 판매하였고, 보통 철강제품 '을'을 600톤 생산해 톤당 ₩5,000에 판매하였다. A공정의 제조원가(결합원가)를 순실현가치법에 의해 배분하면 보통 철강제품 '을'의 1월 중 제조원가는? (단, 판매비용은 고려하지 않는다)

① ₩920,000   ② ₩520,000

③ ₩733,333   ④ ₩448,387

㈜경기는 연산품A와 B를 생산하고 있다. 2009년 3월 연산품 생산에서 발생한 결합원가는 ₩100,000이고, 각 연산품의 생산량, 판매가격, 분리점 이후의 단위당 분리원가와 관련된 자료는 다음과 같다. 순실현가능가치를 기준으로 결합원가를 배분할 경우 각 연산품의 단위당 원가를 계산하면?

연산품	생산량	단위당 판매가격	단위당 분리원가
A	30개	₩3,000	₩1,000
B	20개	₩5,000	₩3,000

	연산품A	연산품B
①	₩3,000	₩5,000
②	₩2,000	₩4,000
③	₩2,000	₩5,000
④	₩3,000	₩4,000

㈜한국은 결합제품 A, B를 생산하고 있으며, 결합원가는 분리점에서의 상대적 순실현가치를 기준으로 배분한다. ㈜한국의 20X1년 원가자료는 다음과 같다.

구분	제품 A	제품 B
생산량	2,000단위	5,000단위
단위당 추가가공원가	₩100	₩80
추가가공 후 단위당 판매가격	₩400	₩160
결합원가	₩350,000	

기초와 기말제품재고는 없다고 가정할 때, 20X1년도 제품 A와 제품 B의 매출총이익은?

	제품 A	제품 B
①	₩325,000	₩325,000
②	₩390,000	₩260,000
③	₩425,000	₩225,000
④	₩500,000	₩150,000

다음은 제품 A~C에 대한 자료이다. 이 중에서 제품A에 대한 설명으로 옳지 않은 것은? (단, 결합원가 ₩70,000의 배분은 순실현가치기준법을 사용한다)

제품	생산량	각 연산품 추가가공비	단위당 공정가치
A	100kg	₩15,000	₩500
B	150kg	₩8,000	₩300
C	200kg	₩12,000	₩200

① 매출액은 ₩50,000이다.

② 순실현가치는 ₩35,000이다.

③ 단위당 제조원가는 ₩245이다.

④ 결합원가의 배분액은 ₩24,500이다.

038 ☐☐☐

㈜서울은 사과를 가공해서 사과주스원액과 사과비누원액을 생산한 후, 추가가공을 거쳐 사과주스와 사과비누를 생산하고 있다. 20X1년 1월 사과 1,000kg을 투입(분리점까지 발생원가: ₩3,000,000)하여 사과주스원액 500L와 사과비누원액 500L가 생산되었다. 사과주스원액 500L는 추가원가 ₩500,000으로 사과주스 2,000개가 생산되었으며, 사과비누원액 500L는 추가원가 ₩700,000으로 사과비누 2,000개가 생산되었다. 제품별 판매가격은 아래와 같다. 기초 및 기말재고자산은 없으며 생산된 제품은 모두 판매되었다. 분리점에서의 판매가치법(sales value at split-off method)을 이용하여 결합원가를 배분할 경우 사과주스의 매출총이익은?

- 사과주스원액 판매가격: L당 ₩1,000
- 사과주스 판매가격: 개당 ₩2,000
- 비누원액 판매가격: L당 ₩2,000
- 비누판매가격: 개당 ₩3,000

---

① ₩1,200,000　　② ₩1,500,000
③ ₩2,000,000　　④ ₩2,500,000

039 ☐☐☐

㈜한국은 단일의 공정을 거쳐 A, B 두 종류의 결합제품을 생산하고 있으며, 사업 첫 해인 당기에 발생한 결합원가는 ₩200이다. 다음의 자료를 이용하여 결합원가를 균등이익률법으로 배부할 경우 제품 A와 B에 배부될 결합원가로 옳은 것은?

구분	추가가공 후 최종가치(매출액)	추가가공원가
제품 A	₩100	₩50
제품 B	₩300	₩50

	제품 A	제품 B
①	₩25	₩175
②	₩50	₩150
③	₩150	₩50
④	₩175	₩25

04 변동원가계산과 CVP분석

TOPIC 61 이익차이조정 ★★

001 □□□
2014년 서울시 9급

변동원가계산과 관련된 다음의 설명 중 옳지 않은 것은?

① 변동제조간접원가는 매출원가에 포함된다.
② 공헌이익에 대한 정보를 제공하므로 단기의사결정과 성과평가에 유용하다.
③ 외부보고 및 조세목적을 위해서 일반적으로 인정되는 방법이다.
④ 고정제조간접원가는 매출원가에 포함되지 않는다.
⑤ 제품의 생산량이 영업이익에 영향을 미치지 않는다.

002 □□□
2020년 국가직 9급

전부원가계산과 변동원가계산에 대한 설명으로 옳지 않은 것은? (단, 주어진 내용 외의 다른 조건은 동일하다)

① 전부원가계산에서 판매량이 일정하다면 생산량이 증가할수록 영업이익은 증가한다.
② 전부원가계산은 외부보고목적보다 단기의사결정과 성과평가에 유용하다.
③ 변동원가계산에서는 고정제조간접원가를 제품원가에 포함시키지 않는다.
④ 변동원가계산에서 생산량의 증감은 이익에 영향을 미치지 않는다.

003 □□□
2018년 국가직 9급

신설법인인 ㈜한국의 기말제품재고는 1,000개, 기말재공품 재고는 없다. 다음 자료를 근거로 변동원가계산 방법에 의한 공헌이익은?

· 판매량	4,000개
· 단위당 판매가격	₩ 1,000
· 생산량	5,000개
· 단위당 직접재료원가	300
· 단위당 직접노무원가	200
· 단위당 변동제조간접원가	100
· 총고정제조간접비	1,000,000
· 단위당 변동판매관리비	150
· 총고정판매관리비	800,000

① ₩ 1,000,000 ② ₩ 1,250,000
③ ₩ 1,600,000 ④ ₩ 2,000,000

20X1년 초에 영업을 개시한 ㈜한국의 원가관련 자료는 다음과 같다.

· 생산량	10,000개
· 판매량	8,000개
· 단위당 변동제조원가	₩ 110
· 단위당 변동판매관리비	40
· 고정제조간접원가	180,000
· 고정판매관리비	85,000

제품의 단위당 판매가격이 ₩ 200인 경우에 ㈜한국의 20X1년 말 변동원가계산에 의한 영업이익과 기말제품재고액은?

	영업이익	기말제품재고액
①	₩ 135,000	₩ 220,000
②	₩ 135,000	₩ 256,000
③	₩ 171,000	₩ 220,000
④	₩ 171,000	₩ 256,000

㈜한국의 다음 자료를 이용한 변동제조원가발생액은? (단, 기초제품재고와 기초 및 기말 재공품재고는 없다)

· 당기 제품생산량: 50,000개	
· 당기 제품판매량: 50,000개	
· 변동매출원가: ₩ 900,000	

① ₩ 600,000   ② ₩ 700,000
③ ₩ 800,000   ④ ₩ 900,000

㈜한국은 변동원가계산을 사용하여 ₩ 100,000의 순이익을 보고하였다. 기초 및 기말재고자산은 각각 15,000단위와 19,000단위이다. 매 기간 고정제조간접비배부율이 단위당 ₩ 3이었다면 전부원가계산에 의한 순이익은? (단, 법인세는 무시한다)

① ₩ 88,000   ② ₩ 145,000
③ ₩ 43,000   ④ ₩ 112,000

㈜서울은 내부 경영의사결정목적으로는 변동원가계산방법을 사용하고, 외부보고를 위해서는 전부원가계산방법을 사용하고 있다. 다음 자료에 의하여 20X1년 ㈜서울의 전부원가계산방법에 의한 영업이익을 계산하면 얼마인가?

· 기초재고수량: 200개	
· 기말재고수량: 300개	
· 변동원가계산 하의 영업이익: ₩ 2,000,000	
· ㈜서울의 제품단위당 고정제조간접원가는 ₩ 1,000으로 매년 동일함	

① ₩ 1,800,000   ② ₩ 1,900,000
③ ₩ 2,100,000   ④ ₩ 2,200,000
⑤ ₩ 2,300,000

20X1년 1월에 영업을 시작한 ㈜서울은 실제원가계산을 하고 있는데 20X1년 1월과 2월의 생산 및 판매자료는 다음과 같다.

구분	1월	2월
생산량	500개	400개
판매량	350개	350개
고정제조간접원가	₩ 1,100,000	₩ 1,000,000
고정판매비와관리비	450,000	500,000

20X1년 2월 전부원가계산에 의한 영업이익이 ₩ 1,020,000일 때, 변동원가계산에 의한 영업이익은 얼마인가?

① ₩ 720,000
② ₩ 850,000
③ ₩ 1,180,000
④ ₩ 1,350,000
⑤ ₩ 1,520,000

2010년 1월 1일에 영업을 개시한 ㈜대한은 2010년에 10,000단위의 제품을 생산하여 9,000단위를 판매하였으며, 2010년 12월 31일 현재 기말재공품 및 원재료 재고는 없다. 실제 제품원가는 제품단위당 직접재료원가 ₩ 40, 직접노무원가 ₩ 20, 변동제조간접원가 ₩ 10이었고, 총고정제조간접원가는 ₩ 200,000이었다. ㈜대한이 실제원가계산을 하는 경우 2010년도 전부원가계산에 의한 영업이익과 변동원가계산에 의한 영업이익의 차이는?

① ₩ 20,000
② ₩ 90,000
③ ₩ 180,000
④ ₩ 200,000

㈜한국은 2015년에 영업을 시작하였으며, 당해 연도의 생산 및 판매와 관련된 자료는 다음과 같다. ㈜한국이 실제원가계산에 의한 전부원가계산방법과 변동원가계산방법을 사용할 경우, 영업이익이 더 높은 방법과 두 방법 간 영업이익의 차이는?

- 제품생산량   1,000개
- 제품판매량   800개
- 고정제조간접원가   ₩ 1,000,000
- 고정판매비와관리비   1,100,000
- 기말재공품은 없음

	영업이익이 더 높은 방법	영업이익의 차이
①	전부원가계산	₩ 200,000
②	변동원가계산	₩ 200,000
③	전부원가계산	₩ 220,000
④	변동원가계산	₩ 220,000

아래의 자료로 계산한 변동원가계산방법과 전부원가계산방법 간 영업이익의 차이는?

- 기초재고수량   0개
- 생산량   200개
- 판매량   180개
- 매출액   ₩ 180,000
- 총변동재료원가   100,000
- 총변동가공원가   20,000
- 총고정제조간접원가   30,000
- 총고정판매비   10,000

① ₩ 2,000
② ₩ 3,000
③ ₩ 5,000
④ ₩ 7,000

20X1년 초에 영업을 개시한 ㈜한국은 동 기간에 5,000단위의 제품을 생산·완성하였으며, 단위당 ₩ 1,200에 판매하고 있다. 영업활동에 관한 자료는 다음과 같다.

· 단위당 직접재료원가	₩ 450
· 단위당 직접노무원가	300
· 단위당 변동제조간접원가	100
· 단위당 변동판매관리비	100
· 고정제조간접원가	500,000
· 고정판매관리비	300,000

전부원가계산에 의한 영업이익이 변동원가계산에 의한 영업이익보다 ₩ 300,000이 많을 경우, 20X1년 판매수량은?

① 1,000단위   ② 2,000단위

③ 3,000단위   ④ 4,000단위

다음은 단일제품을 생산하여 개당 ₩ 50에 판매하는 ㈜서울 (20X1년 초 설립)의 20X1년도 제조원가와 생산량에 대한 자료이다. ㈜서울의 20X1년도 변동원가계산에 의한 영업이익이 ₩ 600,000일 때, 전부원가계산에 의한 영업이익은? (단, 판매관리비는 발생하지 않는다고 가정한다)

· 단위당 직접재료원가	₩ 10
· 단위당 직접노무원가	8
· 단위당 변동제조간접원가	12
· 연간 총 고정제조간접원가	1,000,000
· 당기 생산량	100,000개

① ₩ 400,000   ② ₩ 600,000

③ ₩ 800,000   ④ ₩ 1,000,000

전부원가계산에 의한 영업이익이 변동원가계산에 의한 영업이익보다 ₩ 10,000이 더 클 때, 다음의 자료를 이용한 당기 생산량은?

구분	수량 / 금액
판매량	500개
고정판매관리비	₩ 15,000
고정제조간접원가(총액)	₩ 30,000
기초재고	없음

① 650개   ② 700개

③ 750개   ④ 800개

015 ☐☐☐

㈜글로벌은 볼펜을 생산하고 있다. 지난 1년간의 생산 및 원가자료를 이용하여 원가행태를 추정하려고 한다. 다음 자료를 기초로 고저점법을 이용하여 원가를 추정한 결과를 바르게 나타낸 것은?

월	생산량	원가(₩)	월	생산량	원가(₩)
1	100	15,100	7	160	20,500
2	120	16,300	8	130	18,100
3	150	18,700	9	120	17,900
4	110	14,940	10	110	16,000
5	130	17,500	11	170	20,700
6	120	16,900	12	140	19,100

	고정원가	단위당 변동원가
①	₩ 80	₩ 7,100
②	₩ 7,100	₩ 80
③	₩ 96	₩ 4,380
④	₩ 4,380	₩ 96

016 ☐☐☐

다음은 제조업체인 ㈜한국의 2012년도 수도광열비와 관련된 월간자료이다.

구분	최고	최저
작업시간	3,000시간	2,000시간
수도광열비	₩ 60,000	₩ 50,000

㈜한국의 2012년도 총작업시간은 30,000시간이었으며 2012년의 수도광열비 연간납부금액은 ₩ 700,000이었다. 이들 자료를 이용하여 고저점법에 의해 계산한 고정원가와 변동원가는?

	고정원가	변동원가
①	₩ 250,000	₩ 450,000
②	₩ 400,000	₩ 400,000
③	₩ 350,000	₩ 350,000
④	₩ 400,000	₩ 300,000

017 ☐☐☐

최근 2년간 생산량과 총제조원가는 아래와 같다. 2년간 고정원가와 단위당 변동원가는 변화가 없었다.

구분	생산량	총제조원가
2013년	2,000개	₩ 50,000,000
2014년	3,000개	₩ 60,000,000

2015년도에 고정원가가 10% 증가하고 단위당 변동원가가 20% 감소하면 생산량이 4,000개일 때 총제조원가는 얼마인가?

① ₩ 60,000,000   ② ₩ 62,000,000
③ ₩ 65,000,000   ④ ₩ 70,000,000

018 ☐☐☐

㈜한국의 최근 2년간 생산량과 총제품제조원가는 다음과 같다. 2년간 고정원가와 단위당 변동원가는 변화가 없었다. 2013년도에 고정원가는 10% 증가하고 단위당 변동원가가 20% 감소하면, 생산량이 500개일 때 총제품제조원가는?

연도	생산량	총제품제조원가
2011	100개	₩ 30,000
2012	300개	₩ 60,000

① ₩ 76,500   ② ₩ 75,500
③ ₩ 94,500   ④ ₩ 70,000

019 ☐☐☐

2020년 국가직 7급

㈜한국은 단일제품을 생산·판매하고 있으며 제품 1단위를 생산하는 데 11시간의 직접노무시간을 사용하고 있고, 제품 단위당 변동판매관리비는 ₩25이다. ㈜한국의 총제조원가에 대한 원가동인은 직접노무시간이고, 고저점법에 의하여 원가를 추정하고 있다. 제품의 총제조원가와 직접노무시간에 대한 자료는 다음과 같다.

구분	총제조원가	직접노무시간
1월	₩14,000	120시간
2월	₩17,000	100시간
3월	₩20,000	135시간
4월	₩19,000	150시간

㈜한국이 5월에 30단위의 제품을 단위당 ₩500에 판매한다면 총공헌이익은?

① ₩850
② ₩1,050
③ ₩1,250
④ ₩1,450

020 ☐☐☐

2021년 국가직 7급

㈜대한은 상품운반용 신제품 드론 1대를 생산하였다. 1대를 생산하는 데 소요되는 원가자료는 다음과 같다.

- 직접재료원가   ₩80,000
- 직접노무시간   100시간
- 직접노무원가   ₩1,000/직접노무시간
- 변동제조간접원가   ₩500/직접노무시간

직접노무시간에 대해 80% 누적평균시간 학습모형이 적용될 때, 드론 3대를 추가로 생산할 경우 발생할 제조원가는? (단, 추가 생산 시 단위당 직접재료원가, 직접노무원가, 변동제조간접원가의 변동은 없으며, 고정제조간접원가는 발생하지 않는다)

① ₩234,000
② ₩318,000
③ ₩396,000
④ ₩474,000

TOPIC 63   CVP분석 ★★★

021 ☐☐☐

2015년 지방직 9급

다음은 단일제품인 곰인형을 생산하고 있는 ㈜한국의 판매가격 및 원가와 관련된 자료이다. 법인세율이 20%인 경우, 세후 목표이익 ₩200,000을 달성하기 위한 곰인형의 판매수량은? (단, 생산설비는 충분히 크며, 생산량과 판매량은 같다고 가정한다)

· 단위당 판매가격	₩1,000
· 단위당 직접재료원가	450
· 단위당 직접노무원가	200
· 단위당 변동제조간접원가	100
· 단위당 변동판매원가	50
· 고정원가 총액	300,000

① 2,250단위
② 2,500단위
③ 2,750단위
④ 3,000단위

022 ☐☐☐

2018년 지방직 9급

제품단위당 변동비가 ₩800이며, 연간 고정비 발생액은 ₩3,600,000이다. 공헌이익률은 20%이며 법인세율이 20%인 경우, 법인세차감후순이익 ₩3,600,000을 달성하기 위해서 연간 몇 단위의 제품을 제조·판매해야 하는가? (단, 기초재고는 없다)

① 34,000단위
② 40,500단위
③ 44,500단위
④ 50,625단위

023 ☐☐☐

㈜서울의 2018년 매출이 ₩ 18,000,000이고, 총비용은 ₩ 15,000,000이다. 총비용 중 고정비와 변동비의 비율은 2 : 3 이다. ㈜서울의 손익분기점이 되는 매출액은?

① ₩ 6,000,000   ② ₩ 9,000,000
③ ₩ 12,000,000   ④ ₩ 15,000,000

025 ☐☐☐

㈜한국의 20X1년도 손익분기점 매출액은 ₩ 100,000이고 단위당 공헌이익률은 20 %, 순이익은 ₩ 30,000이다. ㈜한국의 20X1년도 총고정원가는?

① ₩ 250,000   ② ₩ 150,000
③ ₩ 20,000   ④ ₩ 6,000

024 ☐☐☐

㈜한국의 6월 제품 판매가격과 원가구조는 다음과 같다. ㈜한국이 세전순이익 ₩ 4,000을 달성하기 위한 6월 매출액은? (단, 판매량은 생산량과 동일하며, 법인세율은 30 %이다)

• 제품단위당 판매가격: ₩ 5
• 공헌이익률: 20 %
• 고정원가: ₩ 10,000

① ₩ 60,000   ② ₩ 70,000
③ ₩ 80,000   ④ ₩ 90,000

026 ☐☐☐

㈜서울은 단일 제품을 생산하여 판매하고 있다. 제품의 단위당 판매가격은 ₩ 2,000이며, 단위당 변동제조원가는 ₩ 1,000이고, 단위당 변동판매관리비는 ₩ 250이다. 연간 고정제조간접원가는 ₩ 1,000,000이며, 고정판매관리비는 ₩ 500,000이 발생하였다. 목표이익 ₩ 3,000,000을 달성하기 위한 제품의 판매량은 몇 단위인가?

① 3,000단위   ② 4,000단위
③ 4,500단위   ④ 6,000단위

갑회사는 계산기를 제조하여 판매하고 있다. 계산기의 단위당 판매가격은 ₩5,000, 단위당 변동비는 ₩3,000, 총고정비는 ₩500,000이다. 법인세율이 40%라고 할 때, 세후목표이익 ₩120,000을 달성하기 위해 필요한 계산기의 판매량은?

① 250개   ② 300개
③ 310개   ④ 350개
⑤ 380개

㈜서울이 판매하는 제품과 관련된 자료는 다음과 같다. 영업외수익과 비용이 없다고 가정할 때 연간 순이익 ₩20,000을 달성하기 위한 연간 제품판매량은?

· 단위당 판매가격	₩500
· 단위당 변동비	300
· 연간 총고정비	100,000

① 500개   ② 550개
③ 600개   ④ 650개

다음은 ㈜서울의 공헌이익계산서이다. 회사는 다음연도 목표이익을 ₩120,000으로 계획하고 있다. 이를 달성하기 위해 ㈜서울은 제품을 몇 개 판매해야 하는가? (단, 제품의 단위당 판매가격은 ₩100이다)

· 매출액	₩1,000,000	· 변동비	₩700,000
· 공헌이익	300,000	· 고정비	240,000
· 영업이익	60,000		

① 12,000개   ② 13,000개
③ 14,000개   ④ 15,000개
⑤ 16,000개

의자 및 책상을 제조 판매하는 ㈜한국의 의자사업부문의 2012년 제조량은 총 100개이며, 제품단위당 판매가격은 ₩2,000이다. 의자사업부문 제조원가명세서에 나타난 직접재료원가와 직접노무원가는 각각 ₩100,000과 ₩50,000이고, 나머지 제조비용 ₩30,000은 모두 고정원가이다. 2012년도 이 회사 의자사업부문의 손익분기점 판매액은?

① ₩180,000   ② ₩150,000
③ ₩120,000   ④ ₩80,000

2022 해커스공무원 현진환 회계학 단원별 기출문제집

031 □□□

2011년 서울시 9급

한양사는 장애인 교육프로그램을 계획하였다. 이 프로그램의 수혜시민 1인당 10만 원의 복지효과가 창출된다. 이 프로그램의 실행을 위한 비용은 1인당 7만 원의 변동비와 고정비 600만 원이다. 프로그램 실행 시 순효과(한양사의 총복지효과에서 순비용을 차감한 순성과)가 '0'보다 작지 않기 위한 수혜자는 몇 명인가? (단, 이 프로그램을 실시하게 되면 한 복지재단에서 참가자 1인당 1만 원의 보조금을 한양사에 지급한다)

① 100명
② 125명
③ 150명
④ 175명
⑤ 200명

032 □□□

2012년 지방직 9급

㈜한국의 공헌이익률은 30%이고, 목표 영업이익은 매출액의 16%이다. 매출액을 S, 총고정비를 F라 할 때, 목표 영업이익을 달성하기 위하여 요구되는 매출액은?

① $\dfrac{0.3}{F}$
② $\dfrac{F}{0.14}$
③ $\dfrac{F}{0.3}$
④ $\dfrac{0.14}{F}$

033 □□□

2013년 지방직 9급

손익분기점 매출액이 ₩ 360이며, 공헌이익률은 30%일 때, 목표이익 ₩ 84을 달성하기 위한 총매출액은?

① ₩ 280
② ₩ 480
③ ₩ 560
④ ₩ 640

034 □□□

2015년 국가직 9급

㈜한국의 손익분기점매출액이 ₩ 100,000,000, 고정비는 ₩ 40,000,000, 단위당 변동비는 ₩ 1,200일 때, 단위당 판매가격은?

① ₩ 1,500
② ₩ 1,600
③ ₩ 1,800
④ ₩ 2,000

㈜한국은 개당 ₩100에 호빵을 팔고 있으며, 사업 첫달의 매출액은 ₩10,000, 총변동비는 ₩6,000, 총고정비는 ₩2,000이다. 이에 대한 설명으로 옳지 않은 것은?

① 공헌이익률은 60%이다.
② 단위당 공헌이익은 ₩40이다.
③ 손익분기점 매출액은 ₩5,000이다.
④ 매출이 ₩8,000이라면 이익은 ₩1,200이다.

2013년 1월 1일에 영업을 개시한 ㈜대한은 단위당 판매가격 ₩1,000, 단위당 변동원가 ₩700 그리고 총고정원가가 ₩70,000인 연필을 생산하여 판매하고 있다. ㈜대한의 당해 연도에 생산된 연필은 당기중에 모두 판매된다. 한편 ㈜대한의 세전이익에 대해 ₩10,000까지는 10%, ₩10,000을 초과하는 금액에 대해서는 20%의 세율이 적용된다. 만일 ㈜대한이 2013년도에 ₩17,000의 세후순이익을 보고하였다면 2013년도에 판매한 연필의 수량은?

① 200개
② 250개
③ 300개
④ 350개

김철수 씨는 버스정류장 근처에서 조그만 컨테이너 박스를 임대하여 김밥을 판매하고 있다. 김밥은 개당 ₩1,000에 구입하여 ₩2,000에 판매하고, 매월임대료 등 고정비용은 ₩600,000이다. 김철수 씨는 최근 월임대료 ₩180,000의 인상을 통보받았다. 또한 김밥의 구입단가도 ₩1,200으로 인상되었다. 김철수 씨는 종전과 같은 월 손익분기매출수량을 유지하기 위해 김밥의 판매가격 조정을 고려하고 있다. 새로 조정될 김밥 판매가격은?

① ₩1,500
② ₩2,000
③ ₩2,500
④ ₩3,000

A제품의 매출액이 ₩500,000이고, 제품단위당 변동원가가 ₩6, 판매가격이 ₩8이다. 고정원가가 ₩100,000일 경우 안전한계는?

① ₩25,000
② ₩100,000
③ ₩125,000
④ ₩275,000

039 □□□

㈜한강전자는 한 종류의 휴대전화기를 제조·판매한다. 휴대전화기의 단위당 판매가격은 ₩80이고, 단위당 변동원가는 ₩60, 고정원가는 ₩240,000이며, 관련 범위는 18,000단위이다. 다음 중 옳지 않은 것은? (단, 세금은 고려하지 않는다)

① 휴대전화기의 단위당 공헌이익률은 25%이다.
② 매출수량이 12,000단위이면 안전한계는 0이다.
③ 제품단위당 변동원가가 ₩10 감소하면 손익분기점 판매량은 4,000단위가 감소한다.
④ 고정원가가 ₩192,000으로 감소하면 공헌이익률은 20% 증가한다.

040 □□□

㈜대한은 A투자안과 B투자안 중에서 원가구조가 이익에 미치는 영향을 고려하여 하나의 투자안을 선택하고자 한다. 두 투자안의 예상 판매량은 각 100단위이고, 매출액 등의 자료가 다음과 같을 때, 두 투자안에 대한 비교 설명으로 옳은 것은?

구분	A투자안	B투자안
매출액	₩20,000	₩20,000
변동비	₩12,000	₩10,000
고정비	₩4,000	₩6,000
영업이익	₩4,000	₩4,000

① A투자안의 변동비율이 B투자안의 변동비율보다 작다.
② A투자안의 단위당 공헌이익이 B투자안의 단위당 공헌이익보다 크다.
③ A투자안의 손익분기점 판매량이 B투자안의 손익분기점 판매량보다 적다.
④ A투자안의 안전한계는 B투자안의 안전한계보다 작다.

041 □□□

㈜한국의 자료가 다음과 같을 때, 옳지 않은 것은?

· 상품단위당 판매가격	₩100
· 당기 판매량	100개
· 당기총고정원가	₩500
· 공헌이익률	10%
· 법인세율	50%

① 세후이익은 ₩250이다.
② 손익분기점 매출액은 ₩5,000이다.
③ 안전한계는 ₩5,000이다.
④ 영업레버리지도는 3이다.

042 □□□

㈜한국의 다음 자료를 이용한 영업레버리지도는? (단, 기말재고와 기초재고는 없다)

· 매출액: ₩1,000,000	
· 공헌이익률: 30%	
· 고정원가: ₩180,000	

① 0.4 ② 0.6
③ 2.0 ④ 2.5

㈜한국의 20X1년도 고정비는 ₩600,000이고 손익분기점 매출액이 ₩1,500,000이며, 안전한계율이 40%일 경우, 영업이익은?

① ₩0
② ₩200,000
③ ₩400,000
④ ₩1,000,000

㈜한국의 20X1년 제품단위당 변동원가는 ₩600, 연간 고정원가는 ₩190,000이다. 국내시장에서 단위당 ₩1,000에 300개를 판매할 계획이며, 남은 제품은 해외시장에서 ₩950에 판매가능하다. 20X1년 손익분기점 판매량은? (단, 해외시장에 판매하더라도 제품단위당 변동원가는 동일하며 해외판매는 국내수요에 영향을 주지 않는다)

① 500개   ② 950개
③ 1,050개   ④ 1,100개

㈜한국은 단일 제품을 생산하여 판매하고 있다. 제품단위당 판매가격은 ₩500이며, 20X1년 매출 및 원가자료는 다음과 같다. 법인세율이 30%라고 할 때, (가) 손익분기점 판매량과 (나) 세후목표이익 ₩70,000을 달성하기 위한 매출액은? (단, 기초재고와 기말재고는 없다)

· 매출액	₩600,000
· 변동원가	360,000
· 고정원가	200,000

	(가)	(나)
①	1,000개	₩675,000
②	1,000개	₩750,000
③	1,200개	₩675,000
④	1,200개	₩750,000

㈜서울은 당기에 생산한 제품을 전량 판매하고 있는데, 제품단위당 변동원가는 ₩450이고 공헌이익률은 25%이다. 총고정원가는 생산량이 1,500단위 이하일 경우 ₩180,000이고, 1,500단위를 초과할 경우 ₩240,000이다. 목표이익 ₩60,000을 달성하기 위한 생산·판매량은? (단, 법인세는 없다)

① 1,200단위   ② 1,400단위
③ 1,600단위   ④ 2,000단위

047 ☐☐☐

단일 제품 A를 제조하는 ㈜한국의 제품생산 및 판매와 관련된 자료는 다음과 같다.

• 총판매량	200개
• 총공헌이익	₩ 200,000
• 총고정원가	₩ 150,000

법인세율이 20 % 일 경우, 세후순이익 ₩ 120,000을 달성하기 위한 제품 A의 판매수량은? (단, 제품 A의 단위당 공헌이익은 동일하다)

① 120개
② 150개
③ 270개
④ 300개

048 ☐☐☐

㈜한국은 급여체계를 일부 변경하려고 고민하고 있는데, 현재의 자료는 다음과 같다.

• 제품단위당 판매가격	₩ 100
• 공헌이익률	60%
• 연간고정원가	
– 임차료	₩ 15,000
– 급여	21,000
– 광고선전비	12,000

만약 매출액의 10 %를 성과급으로 지급하는 방식으로 급여체계를 변경한다면 고정급여는 ₩ 6,000이 절약될 것으로 추정하고 있다. 급여체계의 변경으로 인한 손익분기점 판매량의 변화는?

① 40단위 증가
② 40단위 감소
③ 50단위 증가
④ 50단위 감소

049 ☐☐☐

서울상사의 가전 사업부는 투자중심점으로 운영되고 투자수익률에 근거하여 성과를 평가하는데, 목표 투자수익률은 20 %이다. 가전 사업부의 연간 생산 및 판매에 대한 예상 자료는 다음과 같다. 목표 투자수익률을 달성하기 위한 가전 사업부의 제품 단위당 최소판매가격은? (단, 기초재고는 없으며 투자수익률은 평균총자산을 기준으로 한다)

구분	금액
고정원가	₩ 60,000,000
생산단위당 변동원가	₩ 3,000
생산 및 판매 대수	40,000대
평균총자산	₩ 100,000,000

① ₩ 3,500
② ₩ 4,000
③ ₩ 4,500
④ ₩ 5,000

050 ☐☐☐

㈜한국은 제품X, Y를 생산하고 있으며 관련 자료는 다음과 같다.

구분	제품X	제품Y
단위당 판매가격	₩ 110	₩ 550
단위당 변동원가	₩ 100	₩ 500
총고정원가	₩ 180,000	

㈜한국은 제품X, Y를 하나의 묶음으로 판매하고 있으며, 한 묶음은 제품X 4개, 제품Y 1개로 구성된다. 손익분기점에서 각 제품의 판매량은?

	제품X	제품Y
①	1,000개	1,000개
②	2,000개	2,000개
③	2,000개	8,000개
④	8,000개	2,000개

051 ☐☐☐

2007년 서울시 9급

㈜관세는 동일한 생산설비를 이용하여 제품 A, B, C를 생산·판매하고 있으며 총고정비는 ₩ 1,000,000이다.

제품	판매단가	단위당 변동비
A	₩ 900	₩ 700
B	₩ 1,000	₩ 600
C	₩ 900	₩ 500

제품 A, B, C의 판매량 구성이 4 : 2 : 1일 때, 손익분기점에 이르는 총판매액은?

① ₩ 1,875,000 　　② ₩ 2,500,000

③ ₩ 3,250,000 　　④ ₩ 4,500,000

⑤ ₩ 5,050,000

052 ☐☐☐

2020년 서울시 7급

㈜서울은 두 종류의 제품 A와 B를 생산하여 판매하며, 각 제품 매출액이 회사 총 매출액에서 차지하는 비중은 각각 50%이다. 매출액에 대한 변동비는 제품 A가 60%, 제품 B가 40%이다. 총고정비는 ₩ 100,000이며, 그 밖의 다른 비용은 없다. 총고정비가 20%만큼 증가 한다고 가정할 때, ₩ 10,000의 순이익을 얻기 위하여 필요한 매출액은? (단, 세금효과는 고려하지 않는다)

① ₩ 130,000 　　② ₩ 220,000

③ ₩ 240,000 　　④ ₩ 260,000

TOPIC 64　관련원가분석 ★★

053 ☐☐☐

2009년 국가직 9급

의사결정을 할 때 특정 대안의 선택에 영향을 주지 않는 비관련 원가에 해당하는 것은?

① 매몰원가 　　② 차액원가

③ 증분원가 　　④ 기회원가

054 ☐☐☐

2010년 국가직 9급

㈜한국은 화재로 인하여 100개의 재고자산이 파손되었다. 파손된 재고자산은 ₩ 40,000에 처분하거나, 혹은 ₩ 20,000의 수선비를 지출하여 수선을 하면 ₩ 70,000에 처분할 수 있다. 그러나 ㈜한국의 생산부장은 위의 파손된 재고자산을 생산과정에 재투입하여 재가공하기로 하였다. ㈜한국의 파손된 재고자산의 재가공에 따른 기회비용은?

① ₩ 70,000 　　② ₩ 50,000

③ ₩ 40,000 　　④ ₩ 20,000

㈜한국은 당기에 손톱깎이 세트 1,000단위를 생산·판매하는 계획을 수립하였으며, 연간 최대조업능력은 1,200단위이다. 손톱깎이 세트의 단위당 판매가격은 ₩1,000, 단위당 변동원가는 ₩400이며, 총고정원가는 ₩110,000이다. 한편, ㈜한국은 당기에 해외 바이어로부터 100단위를 단위당 ₩600에 구매하겠다는 특별주문을 받았으며, 이 주문을 수락하기 위해서는 단위당 ₩150의 운송원가가 추가로 발생한다. 특별주문의 수락이 ㈜한국의 당기이익에 미치는 영향은?

① ₩35,000 감소
② ₩5,000 감소
③ ₩5,000 증가
④ ₩20,000 증가

㈜서울은 ㈜한강으로부터 2012년 1년간 5,000개의 제품을 개당 ₩110에 구매하겠다는 특별주문을 받았다. 이 특별주문을 받아들일 경우 추가로 소요되는 고정판매비와관리비 증가분은 ₩20,000이고, 이 외의 원가 행태에는 영향을 주지 않는다. 특별주문 전의 생산판매와 관련한 다음의 자료를 이용할 때, ㈜서울이 5,000개 제품 전체의 특별주문을 수락하는 경우, 2012년도 손익에 미치는 영향은?

- ㈜서울의 최대생산능력은 13,000개이고 특별주문을 받아들이더라도 추가적인 설비 증설은 없다.
- 매년 평균 10,000개의 제품을 시장의 수요에 의해 생산판매해왔고, 특별주문을 수락하더라도 이를 제외한 시장의 수요에는 변화가 없다.
- 일반적인 판매방식의 제품 판매가격 및 발생원가
  - 제품단위당 판매가격   ₩150
  - 변동제조원가   ₩90
  - 변동판매비와관리비   ₩10
- 생산량과 판매량은 동일하다.

① ₩20,000 감소   ② ₩70,000 감소
③ ₩30,000 증가   ④ ₩80,000 증가

㈜서울은 전동킥보드를 생산판매하고 있으며 이와 관련된 자료는 <보기>와 같다. 현재 월간 생산판매수량은 2,000단위이나 ㈜한국으로부터 800단위를 공급해 달라는 특별주문을 받았다. 동 주문은 변동제조원가가 기존보다 5% 증가하고 변동판매관리비는 기존의 10%만 발생하며 고정비에는 영향을 주지 않는다. ㈜서울이 동 주문을 수락하기 위한 단위당 최저 판매가격은?

• 월간최대생산량	₩2,500
• 단위당 판매단가	20,000
• 단위당 변동제조원가	10,000
• 단위당 변동판매관리비	2,000
• 월간 고정원가	10,000,000

① ₩10,700   ② ₩11,700
③ ₩12,700   ④ ₩13,700

㈜서울은 화장품 제조회사로 화장품을 담는 용기도 함께 생산하고 있다. 화장품 용기 생산량은 매년 1,000개이며, 1,000개 조업도 수준 하에서 화장품 용기의 단위당 제조원가는 아래의 표와 같다. 그런데 외부의 용기 생산업자가 화장품 용기 1,000개를 개당 ₩95에 공급하겠다고 제안하였다. ㈜서울이 이 제안을 수락할 경우 화장품 용기 생산에 사용되는 설비를 연 ₩10,000에 다른 회사에 임대할 수 있다. 한편, 화장품 용기를 외부에서 구입하더라도 고정제조간접원가의 50%는 계속해서 발생된다. ㈜서울이 외부공급업자의 제안을 수락할 경우 연간 이익은 얼마만큼 증가 혹은 감소하겠는가?

구분	단위당 원가
직접재료원가	₩30
직접노무원가	20
변동제조간접원가	10
고정제조간접원가	40
화장품 용기의 단위당 제조원가	100

① ₩5,000 증가   ② ₩5,000 감소
③ ₩10,000 증가   ④ ₩10,000 감소

05 표준원가

TOPIC 65 변동제조원가 차이분석 ★★★

001 ☐☐☐
2011년 국가직 9급

각 사업부의 성과를 평가하고 그 결과에 따른 보상제도를 실시하려고 할 경우 고려해야 할 적절한 원가는?

① 고정원가
② 매몰원가
③ 통제가능원가
④ 기회원가

003 ☐☐☐
2011년 국가직 9급

표준원가제도를 도입하고 있는 ㈜대한의 재료원가에 대한 표준과 제품 1,000단위를 생산한 지난 달의 실제재료원가 발생액은 다음과 같다. 재료가격차이와 재료수량차이는?

- 제품단위당 표준재료원가:
  수량 10단위, 재료단위당 가격   ₩ 100
- 실제발생 재료가:
  재료소비량 12,000단위, 재료원가   ₩ 1,080,000

	재료가격차이	재료수량차이
①	₩ 100,000 불리	₩ 180,000 유리
②	₩ 100,000 유리	₩ 180,000 불리
③	₩ 120,000 불리	₩ 200,000 유리
④	₩ 120,000 유리	₩ 200,000 불리

002 ☐☐☐
2017년 국가직 9급

원가계산방법과 분석기법에 대한 설명으로 옳은 것은?

① 고저점법은 원가를 기준으로 최저점과 최고점에 해당하는 과거의 자료를 이용하여 혼합원가 추정식을 구하는 방법이다.
② 변동원가계산과 비교하여 전부원가계산은 회계기간 말에 불필요한 생산을 늘려 이익을 증가시키려는 유인을 방지할 수 있다.
③ 단위당 판매가와 총고정원가가 일정할 경우 단위당 변동원가가 커지면 손익분기점은 높아진다.
④ 차이분석에서 유리한 차이는 실제원가가 예산보다 낮은 경우이므로 추가적인 관리를 할 필요가 전혀 없다.

004 ☐☐☐
2010년 국가직 9급

2009년 5월 중 ㈜대한의 노무비와 관련된 다음의 자료를 이용하여 직접노무비 능률차이를 구하면?

- 제품단위당 표준직접노무시간   3시간
- 시간당 표준임률   ₩ 20
- 시간당 실제임률   ₩ 22
- 5월 중 제품생산량   2,100단위
- 5월 중 실제직접노무시간   6,000시간

① ₩ 6,000 불리
② ₩ 6,000 유리
③ ₩ 6,600 불리
④ ₩ 6,600 유리

005 □□□

㈜한국의 2012년 11월 중 원가관련 자료가 다음과 같을 때, 11월 중 실제임률은?

> - 표준 직접노동시간: 1,450시간
> - 표준임률: ₩ 400/시간
> - 직접노무원가 임률차이: ₩ 30,000(유리)
> - 직접노무원가 능률차이: ₩ 20,000(불리)

① ₩ 365/시간   ② ₩ 370/시간
③ ₩ 375/시간   ④ ₩ 380/시간

006 □□□

제품 100개를 생산할 때 총직접노동시간은 500시간이 걸릴 것으로 추정하고 있으며 표준임률은 시간당 ₩ 200이다. 당기실제 생산량은 120개였고 실제작업시간은 600시간이었다. 당기에 ₩ 15,000의 불리한 임률차이가 발생하였다면, 실제임률은?

① ₩ 225   ② ₩ 205
③ ₩ 195   ④ ₩ 175

007 □□□

2011년 12월 ㈜한강의 직접노무원가 실제발생액은 ₩ 130,200,000이며, 실제직접노동시간은 21,000시간이다. 12월의 표준직접노동시간은 20,000시간이며, 직접노무원가에 대한 차이분석 결과 임률차이는 ₩ 4,200,000 불리한 것으로 나타났다. 12월의 직접노무원가 능률차이는?

① ₩ 6,000,000 유리
② ₩ 6,000,000 불리
③ ₩ 10,200,000 유리
④ ₩ 10,200,000 불리

008 □□□

㈜한국은 표준원가계산을 사용하고 있다. 다음 자료를 근거로 한 직접노무원가의 능률차이는?

• 실제 직접노동시간	7,000시간
• 표준 직접노동시간	8,000시간
• 직접노무원가 임률차이	₩ 3,500(불리)
• 실제 노무원가 총액	₩ 24,500

① ₩ 3,000 유리   ② ₩ 3,000 불리
③ ₩ 4,000 유리   ④ ₩ 4,000 불리

009 ☐☐☐

㈜한국의 당기 실제 제품 생산량은 400개, 직접노무비 실제발생액은 ₩ 31,450, 제품단위당 표준 직접노동시간은 5시간이다. 표준원가계산 하에서 계산된 직접노무비 임률차이는 ₩ 3,700 불리한 차이, 직접노무비 능률차이는 ₩ 2,250 유리한 차이이다. 직접노무비의 시간당 표준임률은?

① ₩ 14
② ₩ 15
③ ₩ 16
④ ₩ 17

011 ☐☐☐

다음 자료를 이용하여 직접재료비 차이분석을 하였을 경우 옳은 것은? (단, 직접재료의 기초재고는 없는 것으로 가정한다)

> 20X1년 10월 재료 100kg을 ₩ 90,000에 구입하여, 그 가운데 96kg을 제품생산에 사용하였다. 직접재료의 표준수량은 2kg/개이며, 표준가격은 kg당 ₩ 1,000이다. 20X1년 10월의 예산수량은 50개이며, 실제 생산량은 45개이다.

① 불리한 가격차이 ₩ 9,600
② 유리한 가격차이 ₩ 9,600
③ 불리한 수량차이 ₩ 5,000
④ 유리한 수량차이 ₩ 5,000
⑤ 불리한 총차이 ₩ 4,600

010 ☐☐☐

㈜서울의 직접재료원가 관련 자료가 다음과 같다면, 직접재료가격차이와 직접재료수량차이로 옳은 것은?

• 직접재료 표준사용량	1,000단위
• 직접재료 실제사용량	1,200단위
• 직접재료 단위당 표준가격	₩ 23
• 직접재료 단위당 실제가격	₩ 20

	직접재료가격차이	직접재료수량차이
①	₩ 3,000 유리	₩ 4,000 불리
②	₩ 3,000 불리	₩ 4,000 유리
③	₩ 3,600 유리	₩ 4,600 불리
④	₩ 3,600 불리	₩ 4,600 유리

012 ☐☐☐

표준원가계산제도를 사용하고 있는 ㈜서울은 제품단위당 표준직접재료원가로 ₩ 200을 설정하였으며 단위당 표준직접재료원가의 산정 내역과 2018년 3월 동안 제품을 생산하면서 집계한 자료는 아래와 같다. ㈜서울의 직접재료원가 변동예산차이에 대한 설명으로 가장 옳지 않은 것은?

직접재료 표준원가 산정내역	실제 제품생산관련 자료
• 제품단위당 직접재료 표준사용량: 10kg • 직접재료의 표준가격: ₩ 20/kg	• 제품 생산량: 100단위 • 실제 직접재료 사용량: 1,050kg • 실제 직접재료원가: ₩ 20,600

① 총변동예산차이는 ₩ 600(불리한 차이)이다.
② 가격차이는 ₩ 400(유리한 차이)이다.
③ 능률차이는 ₩ 1,000(불리한 차이)이다.
④ 총변동예산차이는 ₩ 600(유리한 차이)이다.

013 ☐☐☐

㈜강원은 표준원가제도를 채택하고 있다. 직접재료의 수량표준은 제품단위당 4.2kg이며, 1kg당 ₩200이다. 2009년 3월 중에 520개의 제품을 생산하였으며, 직접재료 2,200kg을 사용하였다. ㈜강원은 2009년 3월 중에 직접재료 2,500kg을 ₩490,000에 구입하였다. 가격차이를 재료구입시점에서 분리할 경우, ㈜강원의 2009년 3월의 재료비가격차이와 수량차이를 계산하면?

	가격차이	수량차이
①	₩10,000 불리	₩3,200 불리
②	₩10,000 유리	₩3,200 불리
③	₩10,000 불리	₩3,200 유리
④	₩10,000 유리	₩3,200 유리

014 ☐☐☐

㈜한국의 4월 직접재료원가에 대한 자료는 다음과 같다. 4월의 유리한 재료수량차이(능률차이)는?

- 실제재료구매량: 3,000kg
- 실제생산에 대한 표준재료투입량: 2,400kg
- 실제재료구입단가: ₩310/kg
- 실제재료사용량: 2,200kg
- 불리한 재료가격차이(구입시점기준): ₩30,000

① ₩50,000 ② ₩55,000
③ ₩60,000 ④ ₩65,000

015 ☐☐☐

㈜서울의 표준원가계산자료는 아래와 같다. 당기중의 실제직접노무시간은?

· 실제제품생산량	10,000개
· 실제직접노무원가총액	₩5,000,000
· 제품단위당 표준직접노무시간	10시간
· 직접노무원가 임률차이(유리한 차이)	720,000
· 직접노무원가 능률차이(불리한 차이)	520,000

① 100,000시간 ② 110,000시간
③ 120,000시간 ④ 130,000시간

016 ☐☐☐

표준원가계산제도를 채택하고 있는 ㈜한국의 2010년 4월의 기준생산조업도는 50,000기계작업시간이고, 제조간접원가는 기계작업시간을 기준으로 배부한다. 제품 한 단위당 표준기계작업시간은 5시간이고, 기계작업시간당 고정제조간접원가는 ₩3으로 제품단위당 표준고정제조간접원가는 ₩15이다. 2010년 4월 중 제품 9,000개를 생산하였는데 실제기계작업시간은 44,000시간이었고, 고정제조간접원가 ₩160,000이 발생하였다. 고정제조간접원가의 생산조업도 차이는?

① ₩10,000 유리　　　② ₩10,000 불리
③ ₩15,000 유리　　　④ ₩15,000 불리

017 ☐☐☐

㈜한국은 내부관리 목적으로 표준원가계산시스템을 채택하고 있고, 표준노무시간은 제품단위당 5시간이다. 제품의 실제생산량은 2,100단위이고 고정제조간접원가 실제발생액은 ₩900,000이다. 이 회사는 고정제조간접원가를 노무시간을 기준으로 배부하며 기준조업도는 10,000노무시간이다. 고정제조간접원가 예산차이가 ₩100,000 유리하다면 조업도차이는?

① ₩40,000 불리　　　② ₩40,000 유리
③ ₩50,000 불리　　　④ ₩50,000 유리

018 ☐☐☐

㈜한국은 표준원가계산제도를 사용하여 제품의 원가를 계산한다. 2011년 예산생산량은 110단위였으나, 실제는 120단위를 생산하였다. 기초와 기말재공품은 없으며, 실제 발생한 고정제조간접원가는 ₩13,000이었다. 단위당 고정제조간접원가 계산을 위해 사용되는 기준조업도는 100단위이며, 제품단위당 고정제조간접원가 배부율은 ₩100일 때, 고정제조간접원가의 예산차이와 조업도차이는?

	예산차이	조업도차이
①	₩3,000 불리	₩2,000 유리
②	₩3,000 유리	₩2,000 불리
③	₩3,000 불리	₩1,000 유리
④	₩3,000 유리	₩1,000 불리

019 ☐☐☐

㈜한국은 표준원가계산제도를 적용하고 있으며, 당기 변동제조간접원가 예산은 ₩1,500,000, 고정제조간접원가 예산은 ₩2,000,000이다. ㈜한국의 제조간접원가 배부율을 구하기 위한 기준조업도는 1,000기계시간이며, 당기 실제 기계시간은 800시간이었다. 변동제조간접원가 능률차이가 ₩75,000 불리한 것으로 나타났다면, 고정제조간접원가 조업도차이는?

① ₩250,000 유리　　　② ₩250,000 불리
③ ₩500,000 유리　　　④ ₩500,000 불리

정부회계

01 정부회계

정부회계

정답 및 해설 p.198

TOPIC 67 국가회계기준에 관한 규칙 ★★★

001 ☐☐☐

2013년 국가직 9급

「국가회계법」상 재무제표에 포함하지 않는 것은?

① 재정상태표
② 재정운영표
③ 순자산변동표
④ 예산결산요약표

003 ☐☐☐

2013년 국가직 9급

「국가회계기준에 관한 규칙」에 따른 재정운영표의 재정운영순원가는?

· 프로그램총원가	₩ 350,000
· 프로그램수익	200,000
· 관리운영비	100,000
· 비배분비용	50,000
· 비배분수익	20,000
· 비교환수익	10,000

① ₩ 150,000
② ₩ 270,000
③ ₩ 280,000
④ ₩ 500,000

002 ☐☐☐

2016년 국가직 7급

「국가회계기준에 관한 규칙」에 대한 설명으로 옳지 않은 것은?

① 국세징수활동표는 재무제표의 내용을 보완하고 이해를 돕기 위하여 제공되는 필수보충정보이다.
② 유산자산의 종류, 수량 및 관리상태는 주석으로 표시한다.
③ 금융리스는 리스료를 내재이자율로 할인한 가액과 리스자산의 공정가액 중 낮은 금액을 리스자산과 리스부채로 각각 계상하여 감가상각한다.
④ 장기연불조건의 거래에서 발생하는 채권·채무로서 명목가액과 현재가치의 차이가 중요한 경우에는 현재가치로 평가한다.

004 ☐☐☐

2013년 국가직 7급

「국가회계기준에 관한 규칙」에서 정하고 있는 국세의 수익인식기준에 대한 설명으로 옳지 않은 것은?

① 정부가 부과하는 방식의 국세는 국가가 고지하는 때에 인식
② 신고·납부하는 방식의 국세는 납세의무자가 세액을 자진신고하는 때에 인식
③ 원천징수하는 국세는 원천징수의무자가 납세자로부터 원천징수하는 때에 인식
④ 연부연납 또는 분납이 가능한 국세는 징수할 세금이 확정된 때에 그 납부할 세액 전체를 인식

005 ☐☐☐

「국가회계기준에 관한 규칙」의 수익 인식에 관한 설명으로 옳지 않은 것은?

① 정부가 부과하는 방식의 국세는 국가가 국세를 수납하는 때에 수익으로 인식한다.

② 원천징수하는 국세는 원천징수의무자가 원천징수한 금액을 신고, 납부하는 때에 수익으로 인식한다.

③ 분납이 가능한 국세는 징수할 세금이 확정된 때에 그 납부할 세액 전체를 수익으로 인식한다.

④ 기부금 수익은 청구권이 확정된 때에 그 확정된 금액을 수익으로 인식한다.

006 ☐☐☐

「국가회계기준에 관한 규칙」에 대한 설명으로 옳지 않은 것은?

① 국세수익은 중앙관서 또는 기금의 재정운영표에는 표시되지 않지만, 국가의 재정운영표에는 표시된다.

② 비교환수익은 수익창출활동이 끝나고 그 금액을 합리적으로 측정할 수 있을 때 인식한다.

③ 신고·납부하는 방식의 국세는 납세의무자가 세액을 자진신고하는 때에 수익으로 인식한다.

④ 원천징수하는 국세는 원천징수의무자가 원천징수한 금액을 신고·납부하는 때에 수익으로 인식한다.

007 ☐☐☐

다음 중 「국가회계기준에 관한 규칙」에 따른 재무제표에 대한 설명 중 옳은 것은?

① 재무제표는 「국가회계법」 제14조 제3호에 따라 재정상태표, 재정운영표, 순자산변동표로 구성하되, 재무제표에 대한 주석과 필수보충정보를 포함한다.

② 재무제표의 과목은 해당 항목의 중요성에 따라 별도의 과목으로 표시하거나 다른 과목으로 통합하여 표시할 수 있다.

③ 재무제표를 통합하여 작성할 경우 중앙 관서의 재정상태 및 재정운영에 관한 정보를 명확히 구분할 수 있도록 내부거래는 상계하지 않는다.

④ 비교하는 형식으로 작성되는 두 회계연도의 재무제표는 계속성의 원칙에 따라 작성하며, 「국가회계법」에 따른 적용범위, 회계정책 또는 규칙 등이 변경된 경우에는 그 내용을 필수보충정보로 공시한다.

⑤ 「국고금 관리법 시행령」 제2장에 따른 출납정리기한 중에 발생하는 거래에 대한 회계처리는 차기 회계연도에 발생한 거래로 본다.

008 ☐☐☐

「국가회계기준에 관한 규칙」에 대한 설명으로 옳지 않은 것은?

① 재무제표는 재정상태표, 재정운영표, 순자산변동표로 구성하되 재무제표에 대한 주석을 포함한다.

② 현재 세대와 미래 세대를 위하여 정부가 영구히 보존하여야 할 자산으로서 역사적, 자연적, 문화적, 교육적 및 예술적으로 중요한 가치를 갖는 자산(유산자산)은 자산으로 인식하지 아니하고 그 종류와 현황 등을 필수보충정보로 공시한다.

③ 재정상태표에 표시하는 부채의 가액은 원칙적으로 현재가치로 평가한다.

④ 사회기반시설 중 관리·유지 노력에 따라 취득 당시의 용역 잠재력을 그대로 유지할 수 있는 시설에 대해서는 감가상각하지 아니하고 관리·유지 노력에 투입되는 비용으로 감가상각비용을 대체할 수 있다.

「국가회계기준에 관한 규칙」에서 규정하고 있는 자산의 평가와 관련된 설명으로 옳지 않은 것은?

① 융자보조원가충당금은 융자사업에서 발생한 융자금 원금과 추정 회수가능액의 현재가치와의 차액으로 평가하며, 보증충당부채는 보증채무불이행에 따른 추정 순현금유출액의 현재가치로 평가한다.

② 재정상태표일 현재 장기 및 단기투자증권의 신뢰성 있는 공정가치를 측정할 수 있어 당해 자산을 공정가치로 평가할 경우 장기투자증권평가손익은 순자산변동으로 회계처리하고, 단기투자증권평가손익은 재정운영표의 수익 또는 비용으로 보고한다.

③ 기부채납을 통해 무상취득한 일반유형자산의 경우에는 취득 당시의 공정가액을 취득원가로 계상하는데, 일반유형자산에 대한 사용수익권은 해당 자산의 차감항목에 표시한다.

④ 효율적인 사회기반시설 관리시스템으로 사회기반시설의 용역잠재력이 취득 당시와 같은 수준으로 유지된다는 것이 객관적으로 증명되는 경우에 사회기반시설 중 관리·유지 노력에 따라 취득 당시의 용역잠재력을 그대로 유지할 수 있는 시설에 대해서는 감가상각을 하지 않고, 관리·유지에 투입되는 비용으로 감가상각비용을 대체할 수 있다.

「국가회계기준에 관한 규칙」상 비교환수익의 유형에 따른 수익인식기준에 대한 설명으로 옳지 않은 것은?

① 신고·납부하는 방식의 국세: 납세의무자가 세액을 자진신고하는 때에 수익으로 인식

② 정부가 부과하는 방식의 국세: 국가가 고지하는 때에 수익으로 인식

③ 연부연납 또는 분납이 가능한 국세: 납세의무자가 납부한 때에 납부한 세액을 수익으로 인식

④ 부담금수익: 청구권이 확정된 때에 그 확정된 금액을 수익으로 인식

「국가회계기준에 관한 규칙」상 자산의 인식기준으로 옳지 않은 것은?

① 자산은 공용 또는 공공용으로 사용되는 등 공공서비스를 제공할 수 있거나 직접적 또는 간접적으로 경제적 효익을 창출하거나 창출에 기여할 가능성이 매우 높아야 한다.

② 자산은 그 가액을 신뢰성 있게 측정할 수 있어야 한다.

③ 국가안보와 관련된 자산은 기획재정부장관과 협의하여 자산으로 인식하지 아니할 수 있다.

④ 현재 세대와 미래 세대를 위하여 정부가 영구히 보존하여야 할 자산으로서 역사적, 자연적, 문화적, 교육적 및 예술적으로 중요한 가치를 갖는 유산자산은 재정상태표 상 자산으로 인식한다.

「국가회계기준에 관한 규칙」상 자산과 부채의 평가에 대한 설명으로 옳지 않은 것은?

① 재고자산의 시가가 취득원가보다 낮은 경우에는 시가를 재정상태표 가액으로 하며, 생산과정에 투입될 원재료의 시가는 순실현가능가액을 말한다.

② 재고자산은 제조원가 또는 매입가액에 부대비용을 더한 금액을 취득원가로 한다.

③ 재고자산은 실물흐름과 원가산정방법 등에 비추어 선입선출법 이외의 방법을 적용하는 것이 보다 합리적이라고 인정되는 경우에는 개별법, 이동평균법 등을 적용하고 그 내용을 주석으로 표시한다.

④ 국가회계실체 사이에 발생하는 관리전환은 무상거래일 경우에는 자산의 장부가액을 취득원가로 하고, 유상거래일 경우에는 자산의 공정가액을 취득원가로 한다.

013 □□□

「국가회계기준에 관한 규칙」에 대한 설명으로 옳지 않은 것은?

① 재무제표는 재정상태표, 재정운영표, 순자산변동표로 구성하되, 재무제표에 대한 주석을 포함한다.
② 재무제표는 해당 회계연도분과 직전 회계연도분을 비교하는 형식으로 작성한다.
③ 재무제표는 국가의 재정활동에 직접적 또는 간접적으로 이해관계를 갖는 정보이용자가 국가의 재정활동 내용을 파악하고, 합리적으로 의사결정을 할 수 있도록 유용한 정보를 제공하는 것을 목적으로 한다.
④ 재무제표를 통합하여 작성하더라도 내부거래는 상계하지 않는다.

014 □□□

「국가회계기준에 관한 규칙」상 유가증권 평가에 대한 설명으로 옳지 않은 것은?

① 유가증권은 자산의 분류기준에 따라 단기투자증권과 장기투자증권으로 구분한다.
② 유가증권은 매입가액에 부대비용을 더하고 종목별로 총평균법 등을 적용하여 산정한 가액을 취득원가로 한다.
③ 채무증권, 지분증권 및 기타 장단기투자증권은 취득원가로 평가한다.
④ 유가증권의 회수가능액이 장부가액 미만으로 하락하고 그 하락이 장기간 계속되어 회복될 가능성이 없을 경우에는 장부가액과의 차액을 감액손실로 인식하고 재정운영순원가에 반영한다.

015 □□□

「국가회계기준에 관한 규칙」에서 정한 재정상태표 요소의 구분과 표시에 대한 설명으로 옳지 않은 것은?

① 재정상태표는 자산, 부채, 순자산으로 구성되며, 자산항목과 부채 또는 순자산항목을 상계하지 않고 총액으로 표시한다.
② 자산은 유동자산, 투자자산, 일반유형자산, 유산자산, 무형자산 및 기타비유동자산으로 구분한다.
③ 부채는 유동부채, 장기차입부채, 장기충당부채 및 기타비유동부채로 구분한다.
④ 순자산은 기본순자산, 적립금 및 잉여금, 순자산조정으로 구분한다.

016 □□□

「국가회계기준에 관한 규칙」에서 정한 자산과 부채의 평가에 대한 내용으로 옳지 않은 것은?

① 일반유형자산에 대한 사용수익권은 해당 자산의 차감항목에 표시한다.
② 사회기반시설 중 관리·유지 노력에 따라 취득 당시 용역잠재력을 그대로 유지할 수 있는 시설에 대해서는 감가상각하지 아니하고 관리·유지에 투입되는 비용으로 감가상각비용을 대체할 수 있다.
③ 유가증권은 부대비용을 제외한 매입가액에 종목별로 총평균법을 적용하여 산정한 가액을 취득원가로 한다.
④ 재정상태표에 표시하는 부채의 가액은 국가회계기준에 관한 규칙에 따로 정한 경우를 제외하고는 원칙적으로 만기상환가액으로 평가한다.

017 □□□

「국가회계기준에 관한 규칙」상 재정상태표에 대한 설명으로 옳은 것은?

① 자산은 유동자산, 투자자산, 일반유형자산, 사회기반시설, 주민편의시설 및 기타비유동자산으로 구분한다.

② 부채의 가액은 「국가회계기준에 관한 규칙」에 따로 정한 경우를 제외하고는 원칙적으로 현재가치로 평가한다.

③ 국가안보와 관련된 자산과 부채는 기획재정부장관과 협의하여 자산과 부채로 인식하지 아니할 수 있다.

④ 순자산은 고정순자산, 특정순자산 및 일반순자산으로 분류한다.

018 □□□

「국가회계기준에 관한 규칙」에 대한 설명으로 옳은 것은?

① 현재 세대와 미래 세대를 위하여 정부가 영구히 보존하여야 할 자산으로서 역사적, 자연적, 문화적, 교육적 및 예술적으로 중요한 가치를 갖는 자산은 자산으로 인식하지 아니하고 그 종류와 현황 등을 필수보충정보로 공시한다.

② 미래예상거래의 현금흐름변동위험을 회피하는 파생상품계약에서 발생하는 평가손익은 발생한 시점의 재정운영순원가에 반영한다.

③ 압수품 및 몰수품이 비화폐성 자산인 경우 압류 또는 몰수 당시의 시장가격으로 평가하며 감정가액으로 평가할 수 없다.

④ 우발자산은 과거의 거래나 사건으로 발생하였으나 국가회계실체가 전적으로 통제할 수 없는 하나 이상의 불확실한 미래 사건의 발생 여부로만 그 존재 유무를 확인할 수 있는 잠재적 자산을 말하며, 경제적 효익의 유입 가능성이 매우 높은 경우 재정상태표에 자산으로 공시한다.

019 □□□

「국가회계기준에 관한 규칙」의 내용으로 옳지 않은 것은?

① 자산과 부채는 유동성이 높은 항목부터 배열한다. 이 경우 유동성이란 현금으로 전환되기 쉬운 정도를 말한다.

② 정부가 부과하는 방식의 국세는 납세의무자가 세액을 납부하는 때에 수익으로 인식한다.

③ 압수품 및 몰수품 중 화폐성자산은 압류 또는 몰수 당시의 시장가격으로 평가한다.

④ 순자산은 자산에서 부채를 뺀 금액을 말하며, 기본순자산, 적립금 및 잉여금, 순자산조정으로 구분한다.

020 □□□

다음 중 국가회계 재정운영표 양식 구조에서 재정운영순원가의 계산에 반영되는 항목이 아닌 것은?

① 관리운영비　　　　② 비배분수익

③ 비교환수익　　　　④ 비배분비용

「국가회계기준에 관한 규칙」상 자산의 정의와 인식기준으로 가장 옳지 않은 것은?

① 자산은 공용 또는 공공용으로 사용되는 등 공공서비스를 제공할 수 있거나 직접적 또는 간접적으로 경제적 효익을 창출하거나 창출에 기여할 가능성이 매우 높고 그 가액을 신뢰성 있게 측정할 수 있을 때에 인식한다.

② 현재 세대와 미래 세대를 위하여 정부가 영구히 보존하여야 할 자산으로서 역사적, 자연적, 문화적, 교육적 및 예술적으로 중요한 가치를 갖는 유산자산은 자산으로 인식하지 아니하고 그 종류와 현황 등을 필수보충정보로 공시한다.

③ 국가안보와 관련된 자산은 기획재정부장관과 협의하여 자산으로 인식하지 아니할 수 있다. 이 경우 해당 중앙관서의 장은 해당 자산의 종류, 취득시기 및 관리현황 등을 별도의 장부에 기록하여야 한다.

④ 자산은 과거의 거래나 사건의 결과로 현재 국가회계실체가 소유(실질적으로 소유하는 경우를 제외한다)하고 있는 자원으로서 미래에 공공서비스를 제공할 수 있거나 직접 또는 간접적으로 경제적 효익을 창출할 것으로 기대하는 자원을 말한다.

022 □□□   2017년 서울시 7급

「국가회계기준에 관한 규칙」에 따른 재무제표에 대한 설명으로 옳지 않은 것은?

① 재정운용표에는 프로그램(정책사업)별로 원가가 집계·표시된다.

② 재정상태표 상 자산과 부채는 유동성배열법에 따라 표시된다.

③ 직접적인 반대급부가 없이 법령에 따라 납부의무가 발생한 금품의 수납은 재정운용표에 비교환수익으로 보고한다.

④ 재정상태표를 작성함에 있어서 자산에 대한 사용수익권은 무형자산 항목으로 표시된다.

023 □□□   2018년 국가직 9급

「국가회계기준에 관한 규칙」에 대한 설명으로 옳은 것은?

① 회계처리와 재무제표 작성을 위한 계정과목과 금액은 그 중요성에 따라 실용적인 방법으로 결정하여야 한다.

② 자산항목과 부채 또는 순자산항목을 상계함으로써 그 전부 또는 일부를 재정상태표에서 제외할 수 있다.

③ 이 규칙에서 정하는 것 외의 사항에 대해서는 일반적으로 인정되는 회계원칙을 따를 수 있으나, 일반적으로 공정하고 타당하다고 인정되는 회계관습은 따르지 않는다.

④ 재무제표는 재정상태표, 재정운영표, 순자산변동표로 구성하되 재무제표에 대한 주석은 제외한다.

024 □□□   2018년 지방직 9급

「국가회계기준에 관한 규칙」상 수익의 인식기준에 대한 설명으로 옳지 않은 것은?

① 신고·납부하는 방식의 국세는 납세의무자가 세액을 자진신고하는 때 수익으로 인식한다.

② 정부가 부과하는 방식의 국세는 국가가 고지하는 때 수익으로 인식한다.

③ 연부연납(年賦延納) 또는 분납이 가능한 국세는 세금이 징수되는 시점에 분납되는 세액을 수익으로 인식한다.

④ 원천징수하는 국세는 원천징수의무자가 원천징수한 금액을 신고·납부하는 때에 수익으로 인식한다.

025 ☐☐☐

「국가회계기준에 관한 규칙」상 '자산과 부채의 평가'에 대한 설명으로 옳지 않은 것은?

① 국가회계실체 사이에 발생하는 관리전환이 무상거래일 경우에는 취득 당시의 공정가액을 취득원가로 한다.
② 무형자산은 정액법에 따라 해당 자산을 사용할 수 있는 시점부터 합리적인 기간 동안 상각한다.
③ 비화폐성 외화자산을 역사적원가로 측정하는 경우 해당 자산을 취득한 당시의 적절한 환율로 평가한다.
④ 보증충당부채는 보증채무불이행에 따른 추정 순현금유출액의 현재가치로 평가한다.

026 ☐☐☐

「국가회계기준에 관한 규칙」의 수익과 비용에 대한 설명으로 옳은 것은?

① 정부가 부과하는 방식의 국세는 납세의무자가 세액을 자진신고하는 때에 수익으로 인식한다.
② 신고·납부하는 방식의 국세는 국가가 고지하는 때에 수익으로 인식한다.
③ 원가는 중앙관서의 장 또는 기금관리주체가 프로그램의 목표를 달성하고 성과를 창출하기 위하여 직접적·간접적으로 투입한 경제적 자원의 가치를 말한다.
④ 재화나 용역의 제공 등 국가재정활동 수행을 위하여 자산이 감소하고 그 금액을 합리적으로 측정할 수 있을 때 또는 금액을 합리적으로 측정할 수 없더라도 법령 등에 따라 지출에 대한 의무가 존재한다면 비용으로 인식한다.

027 ☐☐☐

「국가회계기준에 관한 규칙」상 '수익과 비용'에 대한 설명으로 옳지 않은 것은?

① 부담금수익은 청구권 등이 확정된 때에 그 확정된 금액을 수익으로 인식한다.
② 몰수품이 화폐성 자산이어서 몰수한 때에 금액을 확정할 수 있는 경우에는 몰수한 때에 수익으로 인식한다.
③ 재화나 용역의 제공 등 국가재정활동 수행을 위하여 자산이 감소한 경우 금액을 합리적으로 측정할 수 없더라도 비용을 인식한다.
④ 과거에 자산으로 인식한 자산의 미래경제적효익이 감소 또는 소멸하거나 자원의 지출 없이 부채가 발생 또는 증가한 것이 명백한 때에 비용으로 인식한다.

028 ☐☐☐

「국가회계기준에 관한 규칙」상 '부채의 분류 및 평가'에 대한 설명으로 옳지 않은 것은?

① 재정상태표 상 부채는 유동부채, 장기차입부채 및 기타유동부채로 분류한다.
② 장기연불조건의 거래, 장기금전대차거래 또는 이와 유사한 거래에서 발생하는 채권·채무로서 명목가액과 현재가치의 차이가 중요한 경우에는 현재가치로 평가한다.
③ 화폐성 외화부채는 재정상태표일 현재의 적절한 환율로 평가한다.
④ 재정상태표에 표시되는 부채의 가액은 「국가회계기준에 관한 규칙」에서 따로 정한 경우를 제외하고는 원칙적으로 만기상환가액으로 평가한다.

029 ☐☐☐

「국가회계기준에 관한 규칙」에 대한 설명으로 옳지 않은 것은?

① 재정상태표 상 순자산은 자산에서 부채를 뺀 금액을 말하며, 기본순자산, 적립금 및 잉여금, 순자산조정으로 구분한다.

② 융자보조원가충당금은 융자사업에서 발생한 융자금 원금과 추정 회수가능액의 현재가치와의 차액으로 평가한다.

③ 유가증권의 회수가능가액이 장부가액 미만으로 하락하고 그 하락이 장기간 계속되어 회복될 가능성이 없을 경우에는 장부가액과의 차액을 감액손실로 인식하고 재정운영순원가에 반영한다.

④ 일반유형자산에 대해서는 재평가를 할 수 있으나 사회기반시설에 대해서는 재평가를 할 수 없다.

030 ☐☐☐

국가회계기준에 대한 설명으로 옳지 않은 것은?

① 재무제표는 재정상태, 재정운영표, 순자산변동표로 구성하되, 재무제표에 대한 주석도 포함된다.

② 자산은 유동자산, 투자자산, 일반유형자산, 사회기반시설, 무형자산 및 기타비유동자산으로 구분하여 재정상태표에 표시한다.

③ 순자산은 자산에서 부채를 뺀 금액을 말하며, 기본순자산, 적립금 및 잉여금, 순자산조정으로 구분한다.

④ 재정상태표에 표시하는 자산의 가액은 해당 자산의 공정가액을 기초로 하여 계상한다.

031 ☐☐☐

「국가회계기준에 관한 규칙」에 대한 설명으로 옳지 않은 것은?

① 국채는 국채발행수수료 및 발행과 관련하여 직접 발생한 비용을 뺀 발행가액으로 평가한다.

② 파생상품은 공정가액으로 평가하여 해당 계약에 따라 발생한 권리와 의무를 각각 자산 및 부채로 계상한다.

③ 화폐성 외화부채는 재정상태표일 현재의 적절한 환율로 평가한다.

④ 사회기반시설에 대한 사용수익권은 부채로 표시한다.

032 ☐☐☐

「국가회계기준에 관한 규칙」상 자산과 부채의 평가에 대한 설명으로 옳지 않은 것은?

① 재정상태표에 표시하는 자산의 가액은 해당 자산의 취득원가를 기초로 하여 계상한다.

② 국채는 국채발행수수료 및 발행과 관련하여 직접 발생한 비용을 뺀 발행가액으로 평가한다.

③ 일반유형자산은 해당 자산의 건설원가 또는 매입가액에 부대비용을 더한 금액을 취득원가로 하고, 객관적이고 합리적인 방법으로 추정한 기간에 정액법 등을 적용하여 감가상각한다.

④ 국가회계실체 사이에 발생하는 관리전환은 무상거래일 경우에는 자산의 공정가액을 취득원가로 하고, 유상거래일 경우에는 자산의 장부가액을 취득원가로 한다.

033 □□□

다음의 자료를 이용하여 중앙관서 A의 재정운영표를 작성하는 경우 재정운영순원가는?

· 프로그램순원가	₩ 300,000
· 이자비용	130,000
· 부담금수익	30,000
· 관리운영비	150,000
· 유형자산처분이익	150,000
· 채무면제이익	300,000

① ₩ 150,000   ② ₩ 220,000
③ ₩ 380,000   ④ ₩ 430,000

035 □□□

중앙부처 A의 다음 재정운영표 자료에 근거하여 산출한 재정운영결과는?

· 프로그램수익	₩ 40,000
· 프로그램총원가	300,000
· 비배분수익	20,000
· 비배분비용	30,000
· 비교환수익	24,000
· 관리운영비	60,000

① (-) ₩ 306,000   ② (+) ₩ 306,000
③ (-) ₩ 330,000   ④ (+) ₩ 330,000

034 □□□

중앙관서 A의 재정운영표를 작성하기 위한 자료가 다음과 같을 때 재정운영순원가는?

· 프로그램수익	₩ 400
· 비배분비용	50
· 국세수익	100
· 관리운영비	100
· 프로그램총원가	700
· 비배분수익	70

① ₩ 280   ② ₩ 350
③ ₩ 380   ④ ₩ 450

036 □□□

다음 자료를 이용하여 국가회계실체인 A부의 재정상태표에 표시할 자산의 장부가액은?

- · 국가회계실체인 B부가 ₩ 200,000,000으로 계상하고 있던 토지를 관리전환받아 공정가액 ₩ 300,000,000을 지급하고 취득함
- · 국가 외의 상대방으로부터 공정가액 ₩ 1,000,000,000인 건물을 무상으로 기부받고 동시에 건물에 대하여 10년에 걸쳐 사용수익권 ₩ 500,000,000을 기부자에게 제공하기로 함
- · 공정가액 ₩ 700,000,000인 무주토지를 발굴하여 자산에 등재함

① ₩ 1,400,000,000   ② ₩ 1,500,000,000
③ ₩ 2,000,000,000   ④ ₩ 2,500,000,000

정부기관인 A부처는 2016년 7월 1일 ㈜한국과 수익(교환 또는 비교환)이 발생하는 계약을 체결하였다. 계약기간은 2016년 9월 1일부터 2017년 8월 31일까지이며, 계약금액총액은 ₩1,200,000이다. 계약서 상 청구권 확정/고지일과 금액이 다음과 같을 때, A부처가 2016년에 인식할 수익에 대한 설명으로 옳은 것은? (단, 해당 수익이 교환수익이면 사용료수익, 비교환수익이면 부담금수익으로 가정한다)

청구권 확정/고지일	청구금액
2016. 10. 31.	₩200,000
2017. 1. 31.	300,000
2017. 4. 30.	300,000
2017. 8. 31.	400,000

① 교환수익에 해당할 경우 비교환수익에 해당할 경우보다 수익을 ₩800,000 덜 인식한다.
② 교환수익에 해당할 경우 비교환수익에 해당할 경우보다 수익을 ₩200,000 더 인식한다.
③ 교환수익에 해당할 경우와 비교환수익에 해당할 경우 인식할 수익금액은 동일하다.
④ 비교환수익에 해당할 경우 인식할 수익금액은 ₩400,000이다.

「국가회계기준에 관한 규칙」에 규정된 필수보충정보에 해당하지 않는 것은?

① 총잉여금·재정운영결과조정표
② 국세징수활동표
③ 수익·비용 성질별 재정운영표
④ 순자산조정명세

다음은 A 중앙관서의 일반회계 20X1년도 자료이다. 이를 근거로 A 중앙관서의 20X1년 말 순자산변동표에 계상될 기말순자산액은?

- 20X1년 기초순자산은 ₩300,000이고, 재정운영결과는 ₩200,000이다.
- 20X1년 중 국고수입은 ₩150,000이고, 채무면제이익은 ₩50,000이다.
- 20X1년 중 국고이전지출은 ₩120,000이고, 무상이전지출은 ₩40,000이다.
- 20X1년 중 투자목적 장기투자증권을 ₩10,000에 취득하였으며, 재정상태표일 현재 공정가액은 ₩30,000이다.

① ₩160,000   ② ₩180,000
③ ₩550,000   ④ ₩560,000

다음은 20X1년 중앙관서 A 부처 기타특별회계의 재무제표 작성을 위한 자료이다. 재무제표에 대한 설명으로 옳지 않은 것은?

- 프로그램총원가 ₩28,000, 프로그램수익 ₩12,000
- 관리운영비: 인건비 ₩5,000, 경비 ₩3,000
- 프로그램과 직접적인 관련이 없는 수익과 비용: 이자비용 ₩1,000, 자산처분손실 ₩1,000, 자산처분이익 ₩2,000
- 국고수입 ₩10,000, 부담금수익 ₩5,000, 채무면제이익 ₩10,000, 국고이전지출 ₩3,000
- 기초순자산 ₩20,000(기본순자산 ₩5,000, 적립금 및 잉여금 ₩10,000, 순자산조정 ₩5,000)

① 재정운영표상 재정운영결과는 ₩24,000이다.
② 순자산변동표상 재원의 조달 및 이전은 ₩22,000이다.
③ 순자산변동표상 기말 적립금 및 잉여금은 ₩7,000이다.
④ 순자산변동표상 기말순자산은 ₩18,000이다.

정부회계의 특징에 대한 설명으로 적절하지 않은 것은?

① 정부회계도 기업회계와 같이 수익과 비용의 차이인 재정운영의 결과가 클수록 운영성과가 좋다고 평가한다.

② 정부의 지출은 예산에 의해서 통제를 받는다.

③ 예산의 집행에 따른 기록이나 절차는 법령의 규정에 따라서 이루어진다.

④ 정부회계는 일반회계, 특별회계, 기금회계 등 다수의 회계실체가 존재한다.

산업통상자원부는 일반회계에서 용역비 2억을 지출하기 위하여 기획재정부의 승인을 얻어 예산 내에서 집행하였다. 국고금회계에서 수행해야 할 분개는?

	(차)			(대)	
①	세출예산지출액	2억	한국은행국가예금	2억
②	용 역 비	2억	국 고 이 전 수 익	2억
③	국 고 이 전 지 출	2억	한국은행국가예금	2억
④	한국은행국가예금	2억	국 고 이 전 지 출	2억

「국가재정법」에 대한 설명으로 옳지 않은 것은?

① 기금은 국가가 특정한 목적을 위하여 특정한 자금을 신축적으로 운용할 필요가 있을 때에 한하여 법률로써 설치하며, 세입세출예산에 의하지 않고 운용할 수 있다.

② 예산총계주의는 한 회계연도의 모든 수입을 세입으로 하고 모든 지출을 세출로 하며, 세입과 세출은 예외 없이 모두 예산에 계상하여야 한다.

③ 세입세출예산은 독립기관 및 중앙관서의 소관별로 구분한 후 소관 내에서 일반회계와 특별회계로 구분한다.

④ 정부는 예산이 여성과 남성에게 미칠 영향을 미리 분석한 성인지 예산서를 작성하여야 한다.

아래의 중앙관서 또는 기금의 재정운영표에 표시된 수익과 비용을 이용하여 계산한 재정운영순원가는?

· 프로그램총원가	₩ 250,000
· 프로그램수익	80,000
· 관리운영비	50,000
· 비배분수익	40,000
· 비배분비용	30,000
· 비교환수익	150,000

① ₩ 110,000   ② ₩ 160,000
③ ₩ 170,000   ④ ₩ 210,000

045 □□□

「지방자치단체 회계기준에 관한 규칙」에서 규정하고 있는 자산분류를 나타낸 것으로 적절하지 않은 것은?

① 유동자산: 현금및현금성자산, 단기금융상품, 미수세외수입금 등
② 투자자산: 장기금융상품, 장기대여금, 장기투자증권 등
③ 주민편의시설: 주차장, 도로, 공원 등
④ 사회기반시설: 상수도시설, 수질정화시설, 하천부속시설 등

046 □□□

「지방자치단체 회계기준에 관한 규칙」에 의한 재무보고서에 포함되지 않는 것은?

① 성과보고서
② 재무제표
③ 세입세출결산
④ 국유재산관리운용 보고서

047 □□□

「지방자치단체 회계기준에 관한 규칙」에 대한 설명으로 옳지 않은 것은?

① 비용은 자산의 감소나 부채의 증가를 초래하는 회계연도 동안의 거래로 생긴 순자산의 감소를 말하며, 회계 간의 재산이관, 물품 소관의 전환 등으로 생긴 순자산의 감소도 비용에 포함된다.
② 문화재, 예술작품, 역사적 문건 및 자연자원은 자산으로 인식하지 아니하고 필수보충정보의 관리책임자산으로 보고한다.
③ 지방자치단체의 재무제표는 재정상태표, 재정운영표, 현금흐름표, 순자산변동표 및 주석으로 구성된다.
④ 순자산의 감소사항은 전기오류수정손실, 회계기준변경으로 생긴 누적손실 등을 말한다.

048 □□□

다음은 어느 지방자치단체의 재정운영표 내용이다. 재정운영순원가는?

· 사업총원가	₩ 117,000
· 사업수익	39,000
· 관리운영비	65,000
· 비배분비용	47,000
· 비배분수익	38,000
· 일반수익	37,000

① ₩ 106,000
② ₩ 115,000
③ ₩ 143,000
④ ₩ 152,000

049 ☐☐☐

2016년 지방직 9급

「지방자치단체 회계기준에 관한 규칙」에 대한 설명으로 옳지 않은 것은?

① 순자산은 특정순자산, 고정순자산, 일반순자산으로 분류되는데, 일반순자산은 고정순자산과 특정순자산을 제외한 나머지 금액을 의미한다.

② 지방세, 보조금 등의 비교환거래로 생긴 수익은 비록 금액을 합리적으로 측정할 수 없더라도 해당 수익에 대한 청구권이 발생한 시점에 수익으로 인식한다.

③ 일반유형자산과 주민편의시설 중 상각대상 자산에 대한 감가상각은 정액법을 원칙으로 한다.

④ 문화재, 예술작품, 역사적 문건 및 자연자원은 자산으로 인식하지 아니하고 필수보충정보의 관리책임자산으로 보고한다.

050 ☐☐☐

2016년 서울시 9급 변형

「지방자치단체 회계기준에 관한 규칙」에 대한 다음의 설명 중 가장 옳지 않은 것은?

① 무상으로 취득한 자산의 가액은 공정가액을 취득원가로 한다.

② 재정운영순원가는 사업순원가에서 관리운영비 및 비배분비용은 더하고, 비배분수익을 빼서 표시한다.

③ 자산은 미래에 공공서비스를 제공할 수 있거나 직접적 또는 간접적으로 경제적 효익을 창출하거나 창출에 기여할 가능성이 높고 그 가액을 신뢰성 있게 측정할 수 있을 때에 인식한다.

④ 지방자치단체 재무제표는 일반회계·기타특별회계·기금회계 및 지방공기업특별회계의 유형별 재무제표를 통합하여 작성한다. 이 경우 내부거래는 상계하고 작성한다.

051 ☐☐☐

2017년 국가직 9급

「지방자치단체 회계기준에 관한 규칙」에서 규정하는 자산의 회계처리에 대한 설명으로 옳은 것은?

① 재고자산은 구입가액에 부대비용을 더하고 이에 총평균법을 적용하여 산정한 가액을 취득원가로 평가함을 원칙으로 한다.

② 장기투자증권은 매입가격에 부대비용을 더하고 이에 종목별로 선입선출법을 적용하여 산정한 취득원가로 평가함을 원칙으로 한다.

③ 주민편의시설 중 상각대상 자산에 대한 감가상각은 정액법을 원칙으로 한다.

④ 사회기반시설 중 유지보수를 통하여 현상이 유지되는 도로, 도시철도, 하천부속시설 등에 대한 감가상각은 사용량비례법을 원칙으로 한다.

052 ☐☐☐

2017년 서울시 9급

「지방자치단체 회계기준에 관한 규칙」상의 자산 및 부채 평가와 관련된 다음 설명 중 가장 옳은 것은?

① 사회기반시설 중 유지보수를 통하여 현상이 유지되는 도로, 도시철도, 하천부속시설 등도 감가상각하여야 한다.

② 지방채증권은 발행가액으로 평가하되, 발행가액은 지방채증권 발행수수료 및 발행과 관련하여 직접 발생한 비용을 가산한 가액으로 한다.

③ 일반유형자산과 주민편의시설에 대한 사용수익권은 해당 자산의 차감항목으로 표시한다.

④ 퇴직급여충당부채는 회계연도 말 현재 「공무원연금법」을 적용받는 지방공무원이 일시에 퇴직할 경우 지방자치단체가 지급하여야 할 퇴직금에 상당한 금액으로 한다.

「지방자치단체 회계기준에 관한 규칙」상 재무제표의 작성원칙으로 옳지 않은 것은?

① 개별 회계실체의 재무제표를 작성할 때에는 지방자치단체 안의 다른 개별 회계실체와의 내부거래를 상계한다.

② 지방자치단체의 재무제표는 일반회계·기타특별회계·기금회계 및 지방공기업특별회계의 유형별 재무제표를 통합하여 작성한다.

③ 유형별 회계실체의 재무제표를 작성할 때에는 해당 유형에 속한 개별 회계실체의 재무제표를 합산하여 작성한다.

④ 재무제표는 당해 회계연도분과 직전 회계연도분을 비교하는 형식으로 작성되어야 한다.

지방자치단체 수익에 대한 설명으로 옳지 않은 것은?

① 지방자치단체가 과세권을 바탕으로 징수하는 세금은 자체조달수익으로 분류한다.

② 지방자치단체가 기부채납방식으로 자산을 기부받는 경우 기부시점에 수익으로 인식한다.

③ 회계실체가 국가 또는 다른 지방자치단체로부터 이전받은 수익은 정부간이전수익으로 분류한다.

④ 교환거래로 생긴 수익은 수익창출이 끝나고 그 금액을 합리적으로 측정할 수 있을 때에 인식한다.

「지방자치단체 회계기준에 관한 규칙」상 수익과 비용의 정의 및 인식기준에 대한 설명으로 옳지 않은 것은?

① 교환거래로 생긴 수익은 사용료, 수수료, 보조금 등을 포함한다.

② 회계 간의 재산이관, 물품소관의 전환 등으로 생긴 순자산의 감소는 비용에 포함하지 아니한다.

③ 교환거래로 생긴 수익은 수익창출활동이 끝나고 그 금액을 합리적으로 측정할 수 있을 때에 인식한다.

④ 비교환거래에 의한 비용은 가치의 이전에 대한 의무가 존재하고 그 금액을 합리적으로 측정할 수 있을 때에 인식한다.

「지방자치단체 회계기준에 관한 규칙」에 대한 설명으로 옳지 않은 것은?

① 재무제표는 재정상태표, 재정운영표, 현금흐름표, 순자산변동표, 주석으로 구성된다.

② 재무제표는 일반회계, 기타특별회계, 기금회계 및 지방공기업특별회계의 유형별 재무제표를 통합하여 작성한다. 이 경우 내부거래는 상계하지 않는다.

③ 재무제표는 당해 회계연도분과 직전 회계연도분을 비교하는 형식으로 작성한다.

④ 회계실체는 그 활동의 성격에 따라 행정형 회계실체와 사업형 회계실체로 구분할 수 있다.

057 ☐☐☐

2021년 지방직 9급

지방자치단체회계에 대한 설명으로 옳지 않은 것은?

① 지방자치단체의 회계는 신뢰할 수 있도록 객관적인 자료와 증명서류에 의하여 공정하게 처리되어야 한다.

② 지방재정활동에 따라 발생하는 경제적 거래 등을 발생사실에 따라 복식부기 방식으로 회계처리 하는데 필요한 기준은 행정안전부령으로 정한다.

③ 지방자치단체의 회계는 재정활동의 내용과 그 성과를 쉽게 파악할 수 있도록 충분한 정보를 제공하고, 간단·명료하게 처리되어야 한다.

④ 재무제표는 지방회계기준에 따라 작성하여야 하고, 「공인회계사법」에 따른 공인회계사의 감사의견을 첨부하여야 한다.

058 ☐☐☐

2019년 지방직 9급

「지방자치단체 회계기준에 관한 규칙」상 자산의 평가에 대한 설명으로 옳은 것은?

① 미수세금은 합리적이고 객관적인 기준에 따라 평가하여 대손충당금을 설정하고 이를 미수세금 금액에서 차감하는 형식으로 표시하며, 대손충당금의 내역은 주석으로 공시한다.

② 재고자산은 구입가액에 부대비용을 더하고 이에 총평균법을 적용하여 산정한 가액을 취득원가로 할 수 있으나, 그 내용을 주석으로 공시할 필요는 없다.

③ 도로, 도시철도, 하천부속시설 등 사회기반시설은 예외 없이 감가상각하여야 한다.

④ 장기투자증권은 매입가격에 부대비용을 더하고 이에 종목별로 총평균법을 적용하여 산정한 취득원가로 기록한 후, 매년 말 공정가치와 장부금액을 비교하여 평가손익을 인식한다.

059 ☐☐☐

2021년 국가직 9급

「지방자치단체 회계기준에 관한 규칙」의 자산 및 부채의 평가에 대한 설명으로 옳은 것은?

① 일반유형자산과 주민편의시설은 당해 자산의 건설원가나 매입가액을 취득원가로 평가함을 원칙으로 한다.

② 무형자산은 정률법에 따라 당해 자산을 사용할 수 있는 시점부터 합리적인 기간동안 상각한다.

③ 사회기반시설 중 유지보수를 통하여 현상이 유지되는 도로, 도시철도, 하천부속시설 등은 감가상각대상에서 제외할 수 없다.

④ 퇴직급여충당 부채는 회계연도말 현재 「공무원연금법」을 적용받는 지방공무원을 제외한 무기계약근로자 등이 일시에 퇴직할 경우 지방자치단체가 지급하여야 할 퇴직금에 상당한 금액으로 한다.

060 ☐☐☐

2019년 지방직 9급

「지방자치단체 회계기준에 관한 규칙」상 재무제표의 작성원칙으로 옳은 것은?

① 지방자치단체의 재무제표는 기금회계의 유형별 재무제표를 제외한 일반회계·기타특별회계 및 지방공기업특별회계의 유형별 재무제표를 통합하여 작성한다.

② 유형별 회계실체의 재무제표를 작성할 때에는 해당 유형에 속한 개별 회계실체의 재무제표를 합산하여 작성한다. 이 경우 유형별 회계실체 안에서의 내부거래는 상계하고 작성한다.

③ 개별 회계실체의 재무제표를 작성할 때에는 지방자치단체 안의 다른 개별 회계실체와의 내부거래를 상계하고 작성한다. 이 경우 내부거래는 해당 지방자치단체에 속하지 아니한 다른 회계실체 등과의 거래와 다르기 때문이다.

④ 재무제표는 당해 회계연도분과 직전 회계연도분을 비교하는 형식으로 작성되어야 한다. 이 경우 비교식으로 작성되는 양 회계연도의 재무제표는 계속성의 원칙에 따라 작성되어야 하며 회계변경은 허용되지 않는다.

「지방자치단체 회계기준에 관한 규칙」에서 규정하고 있는 재무제표 작성원칙이 아닌 것은?

① 유형별 회계실체의 재무제표를 작성할 때에는 해당 유형에 속한 개별 회계실체의 재무제표를 합산하여 작성한다.
② 지방자치단체의 재무제표는 일반회계·기타특별회계·기금회계 및 지방공기업특별회계의 유형별 재무제표를 통합하여 작성한다. 이 경우 내부거래는 상계하여 작성한다.
③ 개별 회계실체의 재무제표를 작성할 때에는 지방자치 단체 안의 다른 개별 회계실체와의 내부거래를 상계하여 작성한다.
④ 재무제표는 당해 회계연도분과 직전 회계연도분을 비교하는 형식으로 작성되어야 한다.

다음 자료를 이용하여 계산한 지방자치단체의 재정상태표에 표시될 일반순자산은?

· 자산총계	₩ 2,000,000
· 부채총계	1,000,000
· 일반유형자산, 주민편의시설, 사회기반시설투자액	900,000
· 무형자산투자액	200,000
· 일반유형자산 투자재원을 위해 조달된 차입금	450,000
· 적립성기금의 원금	150,000

① ₩ 200,000　　　　② ₩ 350,000
③ ₩ 400,000　　　　④ ₩ 650,000

아래는 어느 지방자치단체의 재정운영표의 내용이다. 일반수익은?

· 사업순원가	₩ 180,000
· 관리운영비	220,000
· 비배분비용	40,000
· 비배분수익	30,000
· 재정운영결과	150,000

① ₩ 180,000　　　　② ₩ 210,000
③ ₩ 260,000　　　　④ ₩ 270,000

「지방자치단체 회계기준에 관한 규칙」에 대한 설명 중 가장 옳지 않은 것은?

① 지방자치단체의 재무제표는 일반회계·기타특별회계·기금회계 및 지방공기업특별회계의 유형별 재무제표를 통합하여 작성한다.
② 현금흐름표는 회계연도 동안의 현금자원의 변동에 관한 정보로서 자금의 원천과 사용결과를 표시하는 재무제표로서 경상활동, 투자활동 및 재무활동으로 구성된다.
③ 재정운영표의 수익과 비용은 그 발생원천에 따라 명확하게 분류하여야 하며, 해당 항목의 중요성에 따라 별도의 과목으로 표시하거나 다른 과목과 통합하여 표시할 수 있다.
④ 재정상태표의 순자산은 지방자치단체의 기능과 용도를 기준으로 고정순자산과 일반순자산의 2가지로 분류한다.

065 □□□

「지방자치단체 회계기준에 관한 규칙」에서 현금흐름표, 순자산변동표, 주석에 대한 내용으로 가장 옳지 않은 것은?

① 현금흐름표는 회계연도 동안의 현금자원의 변동에 관한 정보로서 자금의 원천과 사용결과를 표시하는 재무제표로서 경상활동, 투자활동 및 재무활동으로 구성된다.

② 현금흐름표에서 현금의 유입과 유출은 회계연도 중의 증가나 감소를 상계하여 순증감액으로 적는다. 다만, 거래가 잦아 총금액이 크고 단기간에 만기가 도래하는 경우에는 총액으로 적을 수 있다.

③ 현물출자로 인한 유형자산 등의 취득, 유형자산의 교환 등 현금의 유입과 유출이 없는 거래 중 중요한 거래에 대하여는 주석(註釋)으로 공시한다.

④ 순자산변동표에서 순자산의 증가사항은 전기오류수정이익, 회계기준변경으로 생긴 누적이익 등을 말하며, 순자산의 감소사항은 전기오류수정손실, 회계기준변경으로 생긴 누적손실 등을 말한다.

066 □□□

「지방자치단체 회계기준에 관한 규칙」상 현금흐름표에 대한 설명으로 옳지 않은 것은?

① 현금흐름표는 회계연도 동안의 현금자원의 변동 즉, 자금의 원천과 사용결과를 표시하는 재무제표로서 영업활동, 투자활동, 재무활동으로 구분하여 표시한다.

② 현금의 유입과 유출은 회계연도 중의 증가나 감소를 상계하지 아니하고 각각 총액으로 적는 것이 원칙이지만, 거래가 잦아 총금액이 크고 단기간에 만기가 도래하는 경우에는 순증감액으로 적을 수 있다.

③ 현물출자로 인한 유형자산 등의 취득, 유형자산의 교환 등 현금의 유입과 유출이 없는 거래 중 중요한 거래에 대하여는 주석으로 공시한다.

④ 투자활동은 자금의 융자와 회수, 장기투자증권·일반유형자산·주민편의시설·사회기반시설 및 무형자산의 취득과 처분 등을 말한다.

067 □□□

「국가회계기준에 관한 규칙」과 「지방자치단체 회계기준에 관한 규칙」에 대한 설명으로 옳지 않은 것은?

① 국가회계기준의 재무제표에는 현금흐름표가 포함되나, 지방자치단체 회계기준의 재무제표에는 현금흐름표가 포함되지 않는다.

② 국가회계기준의 자산 분류에는 주민편의시설이 포함되지 않으나, 지방자치단체 회계기준의 자산 분류에는 주민편의시설이 포함된다.

③ 국가회계기준에서는 일반유형자산에 대하여 재평가모형을 적용할 수 있으나, 지방자치단체회계기준에서는 일반유형자산에 대하여 재평가모형을 적용하지 않는다.

④ 국가회계기준과 지방자치단체 회계기준 모두 자산과 부채는 유동성이 높은 항목부터 배열하는 것을 원칙으로 한다.

068 □□□

국가재정상태표에는 존재하지 않고, 지방자치단체 재정상태표에만 존재하는 항목은?

① 사회기반시설
② 투자자산
③ 주민편의시설
④ 유동자산

069 □□□

다음은 「국가회계기준에 관한 규칙」과 「지방자치단체 회계기준에 관한 규칙」에 대한 설명이다. 가장 옳지 않은 것은?

① 「국가회계기준에 관한 규칙」 및 「지방자치단체 회계기준에 관한 규칙」에서는 재무제표 작성원칙에 따라 재무제표의 과목은 해당 항목의 중요성에 따라 별도의 과목으로 표시하거나 다른 과목으로 통합하여 표시가능하다고 명시적으로 규정하고 있다.

② 「지방자치단체 회계기준에 관한 규칙」에서는 「국가회계기준에 관한 규칙」과 달리 자산의 분류에 주민편의시설이 포함된다.

③ 「지방자치단체 회계기준에 관한 규칙」에서는 「국가회계기준에 관한 규칙」과 달리 현금흐름표가 재무제표에 포함된다.

④ 「국가회계기준에 관한 규칙」에서 순자산은 기본순자산, 적립금 및 잉여금, 순자산조정으로 구분되나, 「지방자치단체 회계기준에 관한 규칙」에서는 고정순자산, 특정순자산 및 일반순자산으로 분류하고 있다.

070 □□□

「국가회계기준에 관한 규칙」과 「지방자치단체 회계기준에 관한 규칙」에 대한 설명으로 옳지 않은 것은?

① 국가의 일반유형자산과 사회기반시설을 취득한 후 재평가할 때에는 공정가액으로 계상하여야 한다.

② 국가와 지방자치단체의 금융리스는 리스료를 내재이자율로 할인한 가액과 리스자산의 공정가액 중 낮은 금액을 리스자산과 리스부채로 각각 계상하여 감가상각한다.

③ 국가의 유가증권은 매입가액에 부대비용을 더하고 종목별로 총평균법 등을 적용하여 산정한 가액을 취득원가로 한다.

④ 기부채납 등으로 인한 지방자치단체의 순자산 증가는 수익에 포함한다.

071 □□□

「지방회계법 시행령」상 세입과 세출의 회계연도 구분에 대한 설명으로 가장 옳지 않은 것은?

① 납부기한이 정해져 있는 수입은 그 납부기한이 속하는 연도의 세입이다.

② 납입고지서를 발급하는 수시수입은 그 납입고지서의 납부기한이 속하는 연도의 세입이다.

③ 실비보상·급여·여비·수수료 또는 그 밖에 이와 유사한 것은 지급을 하여야 할 사실이 발생한 날이 속하는 연도의 세출이다.

④ 사용료·보관료·전기료 또는 그 밖에 이에 유사한 것은 지급청구를 받은 날이 속하는 연도의 세출이다.

072 □□□

「지방자치단체 회계기준에 관한 규칙」의 재정상태표에 대한 설명으로 가장 옳지 않은 것은?

① 재정상태표는 특정 시점의 회계실체의 자산과 부채의 내역 및 상호관계 등 재정상태를 나타내는 재무제표로서 자산·부채 및 자본으로 구성된다.

② 부채는 회계실체가 부담하는 현재의 의무를 이행하기 위하여 경제적 효익이 유출될 것이 거의 확실하고 그 금액을 신뢰성 있게 측정할 수 있을 때에 인식한다.

③ 자산과 부채는 유동성이 높은 항목부터 배열하는 것을 원칙으로 한다.

④ 가지급금이나 가수금 등의 미결산항목은 그 내용을 나타내는 적절한 과목으로 표시하고, 비망계정은 재정상태표의 자산 또는 부채항목으로 표시하지 않는다.

「국가회계기준에 관한 규칙」과 「지방자치단체 회계기준에 관한 규칙」상 자산, 부채의 평가에 대한 설명으로 옳지 않은 것은?

① 국가의 도로는 관리, 유지 노력에 따라 취득 당시의 용역 잠재력을 그대로 유지할 수 있는 경우 감가상각 대상에서 제외할 수 있다.

② 재정상태표에 기록하는 자산의 가액은 해당 자산의 취득원가를 기초로 하여 계상함을 원칙으로 한다.

③ 부채의 가액은 따로 정한 경우를 제외하고는 원칙적으로 만기상환가액으로 평가한다.

④ 국가 외 지방자치단체의 일반유형자산과 사회기반시설은 공정가액으로 재평가하여야 한다.

지방자치단체 갑(甲)의 재정상태표상 순자산총계는 ₩10억이고, 고정순자산은 ₩6억이며, 특정순자산은 ₩1억이다. 지방자치단체 갑(甲)의 주민편의시설이 ₩2억 증가하였고, 그 시설의 투자재원을 마련할 목적으로 조달한 장기차입금이 ₩1억 증가하였으며, 순자산총계는 ₩3억 증가하였다. 언급한 사항을 제외한 고정순자산과 특정순자산의 변동은 없다고 가정할 때, 지방자치단체 갑(甲)의 일반순자산의 변동은?

① ₩1억 감소　　　　② 변동 없음
③ ₩1억 증가　　　　④ ₩2억 증가

「지방자치단체 회계기준에 관한 규칙」에서 특별회계에 대한 설명으로 가장 옳지 않은 것은?

① 특별회계예산은 특정 사업이나 자금을 운영하거나 특정한 세입으로 특정한 세출에 충당하는 경우를 위한 예산이다.

② 지방자치단체의 특별회계는 일반특별회계와 기타특별회계로 구분된다.

③ 특별회계를 설치하기 위해서는 법률이나 조례에 근거가 있어야 한다.

④ 특별회계는 행정기관이 자유재량을 갖도록 하여 행정능률을 높이기 위해 설치하는 것이다.

gosi.Hackers.com

실전동형
모의고사

소요시간: _____ / 15분　　　　　맞힌 답의 개수: _____ / 20

정답 및 해설 p.212

문 1.　'재무보고를 위한 개념체계'의 내용으로 옳지 않은 것은?

① 일반목적 재무보고의 목적을 달성하기 위해 회계기준위원회는 '개념체계'의 관점에서 벗어난 요구사항을 정하는 경우가 있을 수 있다.

② 유용한 재무정보의 질적 특성은 그 밖의 방법으로 제공되는 재무정보뿐만 아니라 재무제표에서 제공되는 재무정보에도 적용된다.

③ 자산이나 부채를 인식하기 위해서는 측정을 해야 한다. 많은 경우 그러한 측정은 추정되어야 하며 따라서 측정불확실성의 영향을 받는다. 합리적인 추정의 사용은 재무정보 작성의 필수적인 부분이며 추정치를 명확하고 정확하게 기술하고 설명한다면 정보의 유용성을 훼손하지 않는다.

④ 인식은 어떤 항목을 명칭과 화폐금액으로 나타내고, 그 항목을 해당 재무제표의 하나 이상의 합계에 포함시키는 것과 관련된다. 자산, 부채 또는 자본이 재무상태표에 인식되는 금액을 '평가금액'이라고 한다.

문 2.　포괄손익계산서와 재무상태표에 관한 설명으로 옳지 않은 것은?

① 기업의 정상영업주기가 명확하게 식별되지 않는 경우 그 주기는 12개월인 것으로 가정한다.

② 비용의 성격별 분류방법은 기능별 분류방법보다 자의적인 배분과 상당한 정도의 판단이 더 개입될 수 있다.

③ 해당 기간에 인식한 모든 수익과 비용의 항목은 단일 포괄손익계산서 또는 두 개의 보고서(당기손익 부분을 표시하는 별개의 손익계산서와 포괄손익을 표시하는 보고서) 중 한 가지 방법으로 표시한다.

④ 영업주기는 영업활동을 위한 자산의 취득시점부터 그 자산이 현금이나 현금성 자산으로 실현되는 시점까지 소요되는 기간이다.

문 3.　우발부채 및 우발자산에 관한 설명으로 옳지 않은 것은?

① 기업은 관련 상황의 변화가 적절하게 재무제표에 반영될 수 있도록 우발자산을 지속적으로 평가하여야 한다.

② 제삼자와 연대하여 의무를 지는 경우, 이행할 전체 의무 중 제삼자가 이행할 것으로 예상되는 부분에 대해서는 우발부채로 처리한다.

③ 과거에 우발부채로 처리한 항목에 대해서는, 미래경제적효익의 유출가능성이 높아지고 해당 금액을 신뢰성 있게 추정할 수 있는 경우라 하더라도, 재무제표에 충당부채로 인식할 수 없다.

④ 우발자산이란 과거사건으로 생겼으나, 기업이 전적으로 통제할 수는 없는 하나 이상의 불확실한 미래 사건의 발생 여부로만 그 존재 유무를 확인할 수 있는 잠재적 자산을 말한다.

문 4.　자본에 관한 설명으로 옳지 않은 것은?

① 자본금은 발행된 주식의 액면금액 합계를 의미하므로, 기업이 무액면주식을 발행하는 경우 자본금의 변동은 없다.

② 자본총액은 그 기업이 발행한 주식의 시가총액 또는 순자산을 나누어서 처분하거나 기업 전체로 처분할 때 받을 수 있는 대가와 일치하지 않는 것이 일반적이다.

③ 자본은 자산 및 부채와 함께 재무상태의 측정에 직접 관련되는 요소이다.

④ 무상증자나 무상감자(형식적 감자)가 있는 경우 원칙적으로 기업의 자본총계는 변하지 않는다.

문 5. 다음 자료를 이용하여 계산한 ㈜한국의 기말매출채권 잔액은?

> - 기초매출채권은 ₩ 10,000이고, 당기매출채권 현금회수액은 ₩ 40,000이며, 당기현금매출액은 ₩ 7,000이다.
> - 기초와 기말의 상품재고액은 각각 ₩ 16,000과 ₩ 22,000이며, 당기상품 매입액은 ₩ 32,000이다.
> - 당기매출총이익은 ₩ 13,000이다.

① ₩ 0
② ₩ 1,000
③ ₩ 2,000
④ ₩ 22,000

문 6. ㈜한국의 20X1년의 기초미지급사채이자는 ₩ 220이고, 기말미지급사채이자는 ₩ 250이다. 20X1년도 사채이자비용이 ₩ 6,000(사채할인발행차금 상각액 ₩ 400 포함)이라면, ㈜한국이 20X1년에 현금으로 지급한 이자액은?

① ₩ 5,030
② ₩ 5,200
③ ₩ 5,570
④ ₩ 5,970

문 7. ㈜한국은 20X1년 초에 본사건물을 ₩ 2,000,000에 취득(정액법 상각, 내용연수 5년, 잔존가치 없음)하여 사용하고 있으며, 매년 말 공정가치로 재평가한다. 한편 본사건물의 20X1년 말 공정가치는 ₩ 1,800,000이며, 20X2년 말 공정가치는 ₩ 1,050,000이다. 동 본사건물과 관련된 회계처리가 ㈜한국의 20X2년도 당기순이익에 미치는 영향은? (단, 재평가잉여금은 이익잉여금으로 대체하지 않는다)

① ₩ 200,000 감소
② ₩ 350,000 감소
③ ₩ 400,000 감소
④ ₩ 550,000 감소

문 8. ㈜한국은 20X1년 1월 1일 다음과 같은 조건의 사채를 발행하여 만기에 상환할 예정이다. 다음 설명 중 옳지 않은 것은? (단, 동 사채는 상각후원가로 후속 측정하는 금융부채이다. 또한 다음의 현가계수를 이용하며, 계산 시 화폐금액은 소수점 첫째 자리에서 반올림한다)

> - 액면금액: ₩ 1,000,000
> - 표시이자율: 연 7%(이자는 매년 말 지급)
> - 발행시점의 유효이자율: 연 10%
> - 만기: 4년

기간	단일금액 ₩ 1의 현재가치		정상연금 ₩ 1의 현재가치	
	7%	10%	7%	10%
1	0.9346	0.9091	0.9346	0.9091
2	0.8734	0.8264	1.8080	1.7355
3	0.8163	0.7513	2.6243	2.4868
4	0.7629	0.6830	3.3872	3.1699

① 20X1년 초 사채의 발행금액은 ₩ 904,893이다.
② 20X1년 말 사채의 장부금액은 ₩ 925,382이다.
③ 20X1년도에 인식하는 이자비용은 ₩ 90,489이다.
④ 20X2년도에 인식하는 이자비용은 ₩ 93,538이다.

문 9. ㈜한국의 주식기준보상에 관한 자료는 다음과 같다. 다음 설명 중 옳지 않은 것은?

> ㈜한국은 20X1년 1월 1일 영업부서에 근무하는 종업원 50명에게 각각 10개의 주식선택권(개당 ₩1,000에 ㈜한국의 주식 1주를 취득할 수 있는 권리)을 부여하고, 2년의 용역제공조건을 부과하였다. 20X1년 1월 1일 현재 주식선택권의 개당 공정가치는 ₩500으로 추정되었다. 또한 ㈜한국은 20X1년 말에 가득기간 동안 종업원 중 10%가 퇴사할 것으로 추정하였다.

① 주식기준보상의 측정기준일은 20X3년 1월 1일이다.
② 주식기준보상의 가득기간은 20X1년 1월 1일부터 20X2년 12월 31일까지이다.
③ 주식기준보상거래와 관련하여 ㈜한국이 인식할 20X1년도 주식보상비용은 ₩112,500이다.
④ 주식기준보상의 부여일은 20X1년 1월 1일이다.

문 10. ㈜한국은 ㈜대한의 지분 100%를 현금으로 인수(사업결합)하였는데, 인수일 현재 ㈜대한의 식별가능한 자산과 부채의 장부금액과 공정가치는 다음과 같다. 다음 설명 중 옳지 않은 것은?

구분	장부금액	공정가치
현금	₩200,000	₩200,000
재고자산	500,000	200,000
유형자산	600,000	1,000,000
특허권	–	100,000
유동부채	100,000	100,000
순자산	1,200,000	1,400,000

① ₩3,000,000에 인수하였다면 인식하는 자산총액은 ₩3,100,000이다.
② ₩400,000에 인수하였다면 인식하는 염가매수차익은 당기이익으로 인식한다.
③ ₩3,000,000에 인수하였다면 인식하는 영업권은 ₩1,700,000이다.
④ ₩400,000에 인수하면서 인식하는 무형자산의 금액은 ₩3,000,000에 인수하면서 인식하는 무형자산의 금액과 달라지게 된다.

문 11. ㈜한국은 20X1년 7월 1일 자기주식 100주(1주당 액면 ₩500)를 1주당 ₩800에 취득하였다. ㈜한국은 동 자기주식 중 50주를 20X1년 10월 1일 1주당 ₩1,000에 처분하였다. 다음 설명 중 옳은 것은?

① 20X1년 7월 1일 자기주식의 장부금액은 ₩50,000이다.
② 20X1년 7월 1일 자기주식 취득 거래로 인해 자본총액이 ₩80,000 증가한다.
③ 20X1년 10월 1일 자기주식 처분 거래로 인해 당기순이익이 ₩20,000 증가한다.
④ 20X1년 10월 1일 자기주식 처분 거래로 인해 자본총액이 ₩50,000 증가한다.

문 12. 다음 중 보조부문원가의 배부에 대한 설명으로 옳은 것은?

① 보조부문원가는 제조부문에 배부하지 않고 기간비용으로 처리해야 한다.
② 단계배부법은 보조부문의 배부순서가 달라져도 배부금액에 차이가 나지 않는다.
③ 상호배부법은 보조부문 상호간의 용역수수관계가 중요하지 않을 때 적용하는 것이 타당하다.
④ 직접배부법은 보조부문 상호간의 용역수수관계를 고려하지 않는 방법이다.

문 13. ㈜한국은 종합원가계산을 사용하고 있으며, 가중평균법을 적용하여 완성품환산량을 계산하고 있다. 다음 자료에 의하여 기말재공품의 완성도를 계산하면 몇 %인가?

・기초재공품 가공원가	₩ 150,000
・당기투입 가공원가	350,000
・기말재공품 가공원가	100,000
・당기완성품 수량	800개
・기말재공품 수량	400개

① 35% ② 40%
③ 45% ④ 50%

문 14. ㈜한국은 제품 A를 100,000단위 판매할 것을 계획하고 있다. 현재 ㈜한국의 고정원가 총액은 ₩ 3,000,000이고 변동원가는 판매가격의 60%이다. ㈜한국이 ₩ 4,500,000의 목표이익을 달성하고자 한다면 단위당 판매가격은 얼마가 되어야 하는가? (단, 법인세는 무시한다)

① ₩ 125 ② ₩ 135
③ ₩ 187.5 ④ ₩ 197.5

문 15. ㈜한국은 20X1년 초 채무상품(액면금액 ₩ 100,000, 표시이자율 연 15%, 매년 말 이자지급, 5년 만기)을 ₩ 110,812에 구입하여 기타포괄손익-공정가치 측정 금융자산으로 분류하였다. 취득 당시 유효이자율은 연 12%이고, 20X1년 말 동 채무상품의 공정가치가 ₩ 95,000이다. 20X1년 ㈜한국이 이 금융자산과 관련하여 인식할 기타포괄손실은? (단, 화폐금액은 소수점 첫째 자리에서 반올림한다)

① ₩ 10,812 ② ₩ 14,109
③ ₩ 15,812 ④ ₩ 17,434
⑤ ₩ 17,515

문 16. ㈜한국은 20X1년 초 지분상품을 거래원가 ₩ 2,000을 포함하여 ₩ 52,000에 구입하였고, 이 지분상품의 20X1년 말 공정가치는 ₩ 49,000이다. ㈜한국은 20X2년 4월 초 공정가치인 ₩ 51,000에 지분상품을 처분하였다. 이 지분상품을 (A) 당기손익-공정가치 측정 금융자산으로 인식했을 때와 (B) 기타포괄손익-공정가치 측정 금융자산으로 최초 선택하여 인식했을 때 처분으로 인한 당기손익은? (단, 처분 시 거래원가는 발생하지 않았다)

	(A)	(B)
①	₩ 0	손실 ₩ 1,000
②	₩ 0	₩ 0
③	₩ 0	이익 ₩ 2,000
④	이익 ₩ 2,000	₩ 0

문 17. 다음 중 국가회계에서 규정하는 자산과 부채의 평가 기준에 대한 설명으로 옳지 않은 것은?

① 미수채권 등은 객관적인 기준에 따라 산출한 대손추산액을 대손충당금으로 설정하여 평가한다.

② 사회기반시설 중 관리·유지 노력에 따라 취득 당시의 용역 잠재력을 그대로 유지할 수 있는 시설에 대해서는 감가상각하지 아니한다.

③ 재고자산은 제조원가 또는 매입원가에 부대비용을 더한 금액을 취득원가로 하고 품목별로 총평균법을 적용함을 원칙으로 한다.

④ 일반유형자산은 객관적이고 합리적인 방법으로 추정한 기간에 정액법 등을 적용하여 감가상각한다.

문 18. '지방자치단체 회계기준에 관한 규칙'에 대한 설명으로 옳지 않은 것은?

① 지방자치단체의 재무제표는 일반회계·기타특별회계·기금회계의 유형별 재무제표를 통합하여 작성하며, 지방공기업특별회계는 포함하지 아니한다.

② 문화재, 예술작품, 역사적 문건 및 자연자원은 자산으로 인식하지 아니하고 필수보충정보의 관리책임자산으로 보고한다.

③ 지방자치단체의 재무제표는 재정상태표, 재정운영표, 현금흐름표, 순자산변동표 및 주석으로 구성된다.

④ 재정운영표는 회계연도 동안 회계실체가 수행한 사업의 원가와 회수된 원가정보를 포함한 재정운영결과를 나타내는 재무제표로 사업순원가, 재정운영순원가, 재정운영결과로 구분하여 표시한다.

문 19. 재무보고를 위한 개념체계에서 유용한 재무정보의 질적 특성에 관한 설명으로 옳은 것은?

① 재무정보가 예측가치를 갖기 위해서 그 자체가 예측치 또는 예상치일 필요는 없다.

② 계량화된 정보가 검증가능하기 위해서 단일점 추정치이어야 한다.

③ 재고자산 평가손실의 인식은 보수주의 원칙이 적용된 것이며, 보수주의는 표현충실성의 한 측면으로 포함할 수 있다.

④ 재무정보에 예측가치가 있다면 그 재무정보는 나타내고자 하는 현상을 충실하게 표현한다.

문 20. 다음은 ㈜한국의 20X1년도 재고자산 거래와 관련된 자료이다.

일자	적요	수량	단가
1월 1일	기초재고	100개	₩90
3월 9일	매입	200	150
5월 16일	매출	150	
8월 20일	매입	50	200
10월 25일	매입	50	220
11월 28일	매출	200	

다음 설명 중 옳지 않은 것은?

① 실지재고조사법을 적용하여 선입선출법을 사용할 경우 기말재고자산 금액은 ₩11,000이다.

② 실지재고조사법을 적용하여 가중평균법을 사용할 경우 매출원가는 ₩52,500이다.

③ 선입선출법을 사용할 경우, 계속기록법을 적용하였을 때보다 실지재고조사법을 적용하였을 때 매출원가가 더 크다.

④ 가중평균법을 사용할 경우, 실지재고조사법을 적용하였을 때보다 계속기록법을 적용하였을 때 당기순이익이 더 크다.

문 1. '재무보고를 위한 개념체계'의 질적 특성과 관련한 내용으로 옳지 않은 것은?

① 많은 경우, 경제적 현상의 실질과 그 법적 형식은 같다. 만약 같지 않다면, 법적 형식에 따른 정보만 제공해서는 경제적 현상을 충실하게 표현할 수 없을 것이다.

② 중립성은 신중을 기함으로써 뒷받침된다. 신중성은 불확실한 상황에서 판단할 때 주의를 기울이는 것이다.

③ 신중을 기하는 것이 비대칭의 필요성을 내포하는 것은 아니다. 따라서 나타내고자 하는 바를 충실하게 표현하는 가장 목적적합한 정보를 선택하려는 결정의 결과가 비대칭성이라면, 비대칭적인 정보를 제외해야 한다.

④ 경우에 따라 경제적 현상에 대한 유용한 정보를 제공한다는 재무보고의 목적을 달성하기 위해 근본적 질적 특성 간 절충(trade-off)이 필요할 수도 있다.

문 2. 재고자산에 관한 설명으로 옳지 않은 것은?

① 후속 생산단계에 투입하기 전 보관이 필요한 경우의 보관원가는 재고자산의 취득원가에 포함한다.

② 통상적으로 상호 교환가능한 대량의 재고자산 항목에 개별법을 적용하는 것은 적절하지 아니하다.

③ 재고자산의 지역별 위치차이로 인해 동일한 재고자산에 다른 단위원가 결정방법을 적용하는 것이 정당화될 수는 없다.

④ 표준원가법, 매출총이익법 등의 원가측정방법은 자산 통제나 재무보고목적으로 사용할 수 있다.

문 3. 유형자산과 관련된 다음 자료를 이용하여 계산된 유형자산 금액은? (단, 각 항목들은 상호 독립적이다)

• 구입한 토지 위에 있는 구건물 철거비용	₩ 1,500,000
• 토지의 취득세	600,000
• 토지의 재산세	600,000
• 공장설비 설치 시 발생한 시운전비	2,000,000
• 구축물의 내용연수 종료 후 발생할 복구원가의 현재가치	300,000
• 신축건물 특정차입금의 자본화 차입원가	200,000
• 지금까지 본사건물로 사용해 오던 건물의 철거비용	1,000,000
• 철거당시 본사건물의 미상각장부금액	5,000,000
• 중고자동차 취득 시 정상적 운행을 위해 지출한 수리비용	300,000

① ₩ 2,900,000　　② ₩ 3,400,000
③ ₩ 4,600,000　　④ ₩ 4,900,000

문 4. ㈜한국은 재고자산과 관련하여 실지재고조사법을 사용하고 있으며, ㈜한국의 창고에 실물로 보관되어 있는 재고자산에 대한 20X1년 12월 31일 현재 실사금액은 ₩ 1,000,000(2,000개, 단위당 ₩ 500)이다. 다음 자료를 고려할 경우 ㈜한국이 20X1년 12월 31일 재무상태표에 보고할 재고자산은?

> - ㈜한국이 FOB 선적지 인도조건으로 20X1년 12월 25일에 ㈜일본으로 출하한 상품(원가 ₩ 100,000)이 20X1년 12월 31일 현재 운송 중에 있다.
> - ㈜한국이 위탁판매하기 위해 ㈜민국에 20X1년 12월 10일에 적송한 상품(원가 ₩ 300,000) 중 30%가 20X1년 12월 31일 현재 외부고객에게 판매되었다.
> - ㈜한국이 FOB 도착지 인도조건으로 20X1년 12월 26일에 ㈜우주로부터 외상으로 주문한 상품(원가 ₩ 150,000)이 20X1년 12월 31일 현재 운송 중에 있다.
> - ㈜한국이 20X1년 12월 15일에 외부고객에게 발송한 시송품(원가 ₩ 200,000) 중 40%가 20X1년 12월 31일 현재 외부고객으로부터 매입의사를 통보받지 못한 상태이다.

① ₩ 1,080,000
② ₩ 1,210,000
③ ₩ 1,290,000
④ ₩ 1,350,000

문 5. 퇴직급여제도로 확정급여제도를 채택하고 있는 ㈜한국의 20X1년 초 확정급여채무의 현재가치는 ₩ 700,000이다. ㈜한국이 20X1년에 인식한 당기근무원가는 ₩ 150,000이며, 20X1년에 사외적립자산에서 지급된 퇴직급여는 ₩ 90,000이다. 한편 ㈜한국이 확정급여채무 계산 시 적용한 20X1년 초 할인율은 연 10%이다. 20X1년 말 확정급여채무의 현재가치가 ₩ 850,000일 경우, ㈜한국이 20X1년도에 기타포괄손익으로 인식할 확정급여채무에 대한 보험수리적손익(재측정요소)은? (단, 모든 거래는 연도 말에 발생하였다고 가정한다)

① 손실 ₩ 90,000
② 손실 ₩ 70,000
③ 손실 ₩ 20,000
④ 이익 ₩ 20,000

문 6. ㈜한국은 20X1년 12월 31일 주거래은행으로부터 당좌예금잔액증명서 상 잔액이 ₩ 7,810,000이라는 통지를 받았으나, 회사의 12월 31일 현재 총계정원장 상 당좌예금 잔액과 불일치하였다. ㈜한국이 이러한 불일치의 원인을 조사한 결과 다음과 같은 사항을 발견하였다. 이들 자료를 활용하여 ㈜한국의 수정전 당좌예금 계정 잔액(A)과 수정후 재무상태표에 당좌예금으로 계상할 금액(B)은?

> - ㈜한국이 발행하고 인출 기록한 수표 ₩ 2,100,000이 은행에서 아직 지급되지 않았다.
> - 매출거래처로부터 받아 예금한 수표 ₩ 1,500,000이 부도처리되었으나, ㈜한국의 장부에 기록되지 않았다.
> - 주거래은행에 추심의뢰한 받을어음 ₩ 500,000이 ㈜한국의 당좌예금 계좌로 입금처리되었으나, 통보받지 못하였다.
> - 지난 달 주거래은행에 현금 ₩ 190,000을 당좌예입하면서 회계직원의 실수로 장부 상 ₩ 910,000으로 잘못 기장된 것이 확인되었다.

① A: ₩ 5,990,000 B: ₩ 5,210,000
② A: ₩ 5,990,000 B: ₩ 5,710,000
③ A: ₩ 7,430,000 B: ₩ 5,710,000
④ A: ₩ 7,430,000 B: ₩ 6,430,000

문 7. ㈜한국의 20X1년 12월 31일 현재 재무상태는 다음과 같다.

자산총계	₩ 880,000
매출채권	120,000
재고자산	240,000
비유동자산	520,000
비유동부채	540,000
자본총계	100,000

만약 ㈜한국이 현금 ₩ 50,000을 단기차입한다고 가정하면 이러한 거래가 당좌비율(A)과 유동비율(B)에 미치는 영향은?

① A: 감소 B: 증가
② A: 감소 B: 감소
③ A: 증가 B: 감소
④ A: 증가 B: 증가

문 8. 다음은 ㈜한국이 20X1년에 연구개발 프로젝트와 관련하여 지출한 내역이다. 20X1년에 ㈜한국이 인식할 무형자산의 취득원가는 얼마인가? (단, 개발단계에서 발생한 지출은 무형자산의 인식요건을 충족하는 것으로 가정한다)

- 연구결과나 기타지식을 평가 및 최종 선택하는 활동 ₩ 100,000
- 생산이나 사용 전의 시제품과 모형을 제작하는 활동 ₩ 150,000
- 새로운 기술과 관련된 금형을 설계하는 활동 ₩ 210,000
- 개발된 제품의 대량생산을 위해 필요한 기계장치의 취득 ₩ 600,000
- 개발 후 해당 자산을 운용하는 직원에 대한 교육훈련비 ₩ 32,000

① ₩ 360,000 ② ₩ 392,000
③ ₩ 460,000 ④ ₩ 960,000

문 9. 무상증자, 주식배당, 주식분할 및 주식병합 간의 비교로 옳지 않은 것은?

① 무상증자, 주식배당 및 주식병합의 경우 총자본은 변하지 않지만 주식분할의 경우 총자본은 증가한다.
② 무상증자와 주식배당의 경우 자본금은 증가한다.
③ 주식배당과 주식분할의 경우 자본잉여금은 변하지 않는다.
④ 주식배당의 경우 이익잉여금이 감소하지만 주식분할의 경우 이익잉여금은 변하지 않는다.

문 10. ㈜한국의 20X1년 자료가 다음과 같을 때, 재무자본유지개념 하에서 불변구매력단위를 이용하여 측정한 당기순이익은? (단, 주어진 자료 외 다른 거래는 없다)

- 20X1년 초 현금 ₩ 100,000으로 영업을 개시하였다.
- 20X1년 초 재고자산 15개를 단위당 ₩ 5,000에 현금 구입하였다.
- 20X1년 기중에 재고자산 15개를 단위당 ₩ 8,000에 현금 판매하였다.
- 20X1년 초 물가지수가 100이라고 할 때, 20X1년 말 물가지수는 125이다.
- 20X1년 말 재고자산의 단위당 구입가격은 ₩ 6,500으로 인상되었다.
- 20X1년 말 현금 보유액은 ₩ 145,000이다.

① ₩ 0 ② ₩ 15,000
③ ₩ 20,000 ④ ₩ 30,000

문 11. ㈜한국은 다음과 같은 조건의 3년 만기 일반사채를 발행하고, 동 사채를 상각후원가로 후속 측정하는 금융부채로 분류하였다.

- 액면금액: ₩ 1,000,000 (사채발행비는 발생하지 않음)
- 표시이자율: 연 5% (표시이자는 매년 12월 31일 연간 1회 지급)
- 권면 상 발행일: 20X1년 1월 1일 (권면 상 발행일의 시장이자율: 연 10%)
- 실제 발행일: 20X1년 7월 1일 (실제 발행일의 시장이자율: 연 8%)

사채의 현재가치 계산은 아래의 표를 이용한다. (단, 이자 및 상각액은 월할계산하며, 화폐금액은 소수점 첫째 자리에서 반올림한다)

기간	단일금액 ₩ 1의 현재가치		정상연금 ₩ 1의 현재가치	
	8%	10%	8%	10%
3	0.7938	0.7513	2.5771	2.4868

동 사채발행으로 인해 20X1년 7월 1일에 증가한 ㈜한국의 부채금액은?

① ₩ 922,655 ② ₩ 913,204
③ ₩ 959,561 ④ ₩ 934,561

2022 해커스공무원 현진환 회계학 단원별 기출문제집

문 12. ㈜한국은 20X1년 초 내용연수 종료시점에 복구조건이 있는 구축물을 취득(취득원가 ₩ 1,000,000, 잔존가치 ₩ 0, 내용연수 5년, 정액법 상각)하였다. 내용연수 종료시점의 복구비용은 ₩ 200,000으로 추정되었으나, 실제 복구비용은 ₩ 230,000이 지출되었다. 복구비용에 적용되는 할인율은 연 8%(5기간 단일금액 ₩ 1의 미래가치 1.4693, 현재가치 0.6806)이며, 이 할인율은 변동되지 않는다. 동 구축물의 복구비용은 충당부채 인식요건을 충족하고 원가모형을 적용하였을 경우, 다음 중 옳은 것은?

① 20X1년 초 복구충당부채는 ₩ 156,538이다.
② 20X1년 초 취득원가는 ₩ 863,880이다.
③ 20X1년 말 감가상각비는 ₩ 227,224이다.
④ 20X1년 말 복구충당부채에 대한 차입원가(이자비용)는 ₩ 23,509이다.

문 13. 다음은 ㈜한국이 생산·판매하는 제품A에 관한 자료이다.

구분	자료 내용
최대 생산가능 수량	10,000단위
현재 생산·판매수량	8,000단위
단위당 외부 판매가격	₩ 300
단위당 변동제조원가	₩ 100
단위당 변동판매비	₩ 40
단위당 고정제조간접원가	₩ 90 (최대 생산가능 수량기준)

㈜한국은 ㈜한국에게 제품A에 특수장치를 부착한 제품B를 제작하여, 단위당 ₩ 220에 1,500단위를 공급해 줄 것을 제안하였다. ㈜한국은 제품A의 생산라인에서 제품B를 생산할 수 있으며, ㈜한국의 주문으로 기존 판매 및 원가구조는 영향을 받지 않는다. ㈜한국은 제품A에 단위당 ₩ 30의 특수장치를 추가하여 제품B를 생산하며, 제품B의 단위당 변동판매비는 ₩ 30이 된다. ㈜한국이 ㈜한국의 특별주문을 수락하는 경우 이익에 미치는 영향은?

① ₩ 90,000 감소
② ₩ 90,000 증가
③ ₩ 120,000 감소
④ ₩ 120,000 증가

문 14. 다음은 단일 제품을 생산·판매하는 ㈜한국의 20X1년 요약 공헌이익 손익계산서이다.

구분	금액	단위당 금액
매출액	₩ 80,000	₩ 250
변동원가	₩ 48,000	₩ 150
공헌이익	₩ 32,000	₩ 100
고정원가	₩ 15,000	–
영업이익	₩ 17,000	–

㈜한국은 20X2년에 고정원가를 ₩ 5,000 증가시키고 단위당 변동원가를 ₩ 20 감소시켜, ₩ 22,000의 영업이익을 달성하고자 한다. 20X2년의 판매단가가 20X1년과 동일하다면 20X2년의 판매량은 20X1년보다 몇 단위가 증가하여야 하는가? (단, 매년 생산량과 판매량은 동일하다)

① 15단위
② 20단위
③ 25단위
④ 30단위

문 15. 국가회계와 지방자치단체회계를 비교하는 다음의 설명 중 옳지 않은 것은?

① 주민편의시설은 지방자치단체의 재정상태표에만 존재한다.
② 국가회계는 무형자산을 별도로 인식하고 지방자치단체는 기타비유동자산에 포함하여 인식한다.
③ 국가회계는 장기충당부채를 별도로 인식하지만 지방자치단체회계는 인식하지 않는다.
④ 지방자치단체회계는 무상관리전환과 유상관리전환을 구분하여 각각의 방법으로 취득원가를 인식하지만 국가회계는 구분하지 않는다.

문 16. ㈜한국은 20X1년 초 기계장치를 ₩100,000에 취득하고 재평가모형을 적용하기로 하였다. 기계장치의 내용연수는 5년, 잔존가치는 ₩0이며 정액법으로 감가상각한다. 다음은 연도별 기계장치의 공정가치와 회수가능액이다.

	20X1년 말	20X2년 말
공 정 가 치	₩88,000	₩60,000
회수가능액	90,000	48,000

㈜한국은 20X2년 말에 기계장치에 대해서 손상이 발생하였다고 판단하였다. 기계장치와 관련하여 20X2년도 포괄손익계산서 상 당기순이익과 기타포괄이익에 미치는 영향은 각각 얼마인가? (단, 기계장치를 사용함에 따라 재평가잉여금의 일부를 이익잉여금으로 대체하지 않는다)

	당기순이익에 미치는 영향	기타포괄이익에 미치는 영향
①	₩10,000 감소	₩2,000 증가
②	₩10,000 감소	₩8,000 감소
③	₩32,000 감소	₩2,000 감소
④	₩32,000 감소	₩8,000 감소

문 17. ㈜한국은 20X1년 초 공장건물을 신축하기 시작하여 20X1년 말에 완공하였다. 다음은 공장건물의 신축을 위한 ㈜한국의 지출액과 특정차입금 및 일반차입금에 대한 자료이다.

구분	연평균금액	이자비용
공장건물에 대한 지출액	₩320,000	
특정차입금	₩160,000	₩18,400
일반차입금	₩100,000	₩12,000

20X1년 공장건물과 관련하여 자본화할 차입원가는? (단, 이자비용은 20X1년 중에 발생한 금액이며, 공장건물은 차입원가를 자본화하는 적격자산에 해당된다)

① ₩12,000
② ₩18,400
③ ₩30,400
④ ₩31,200

문 18. ㈜한국은 20X1년 1월 1일에 액면금액 ₩1,000,000 (표시이자율 연 8%, 매년 말 이자지급, 만기 3년)의 사채를 발행하였다. 발행당시 시장이자율은 연 13%이다. 20X1년 12월 31일 현재 동 사채의 장부금액은 ₩916,594이다. 동 사채와 관련하여 ㈜한국이 20X3년도 인식할 이자비용은? (단, 단수차이로 인한 오차가 있으면 가장 근사치를 선택한다)

① ₩103,116
② ₩107,026
③ ₩119,157
④ ₩124,248

문 19. ㈜한국은 표준원가계산을 적용하고 있다. 당기의 제품 생산량은 15단위이며, 직접노무원가와 관련된 자료는 다음과 같다.

• 실제직접노무원가	₩130,000
• 실제직접노무시간	130시간
• 제품단위당 표준직접노무시간	8시간
• 직접노무시간당 표준임률	₩900

직접노무원가 능률차이는? (단, 기초 및 기말재공품은 없다)

① ₩9,000 불리
② ₩10,000 불리
③ ₩12,000 불리
④ ₩13,000 불리

문 20. 다음은 ㈜한국의 20X1년 8월 재고자산에 관한 자료이다.

	8월 1일	8월 31일
직접재료	₩4,000	₩5,000
재 공 품	7,000	6,000
제 품	20,000	22,000

㈜한국의 20X1년 8월 중 직접재료 매입액은 ₩25,000이고, 매출원가는 ₩68,000이다. ㈜한국의 20X1년 8월의 가공원가는?

① ₩45,000
② ₩48,000
③ ₩50,000
④ ₩53,000

소요시간: _____ / 15분   맞힌 답의 개수: _____ / 20

정답 및 해설 p.220

문 1. '재무보고를 위한 개념체계'의 내용으로 옳지 않은 것은?

① 자산은 과거사건의 결과로 기업이 통제하는 현재의 경제적 자원이다. 경제적 자원은 경제적 효익을 창출할 잠재력을 지닌 권리이다.

② 수익은 자산의 증가 또는 부채의 감소로서 자본의 증가를 가져오며, 자본청구권 보유자의 출자와 관련된 것을 제외한다.

③ 자본청구권 보유자로부터의 출자는 수익이 아니며 자본청구권 소유주에 대한 분배는 비용이 아니다.

④ 부채는 과거사건의 결과로 기업이 경제적 자원을 이전해야 하는 현재의무이다. 의무는 과거사건의 결과 또는 미래계획에 의해 발생한다.

문 2. 유형자산에 관한 설명으로 옳지 않은 것은?

① 건설시작 전에 건설용지를 주차장으로 사용함에 따라 획득한 수익은 건설원가에 포함하지 아니한다.

② 자산에 내재된 미래경제적효익의 예상 소비형태가 유의적으로 달라졌다면 감가상각방법을 변경하고 회계정책 변경으로 처리한다.

③ 유형자산에 내재된 미래경제적효익이 다른 자산의 생산에 사용된다면 감가상각액은 해당 자산원가의 일부가 된다.

④ 항공기를 감가상각할 경우 동체와 엔진을 별도로 구분하여 감가상각하는 것이 적절할 수 있다.

문 3. 20X1년 초 설립된 ㈜한국의 20X3년 말 자본계정은 다음과 같으며, 설립 후 현재까지 자본금 변동은 없었다. 그동안 배당가능이익의 부족으로 어떠한 형태의 배당도 없었으나, 20X3년 말 배당재원의 확보로 20X4년 3월 10일 정기 주주총회에서 ₩7,500,000의 현금배당을 선언할 예정이다. ㈜한국이 우선주에 배분할 배당금은?

구분	액면금액	발행 주식수	자본금총계	비고
보통주 자본금	₩5,000	12,000주	₩60,000,000	배당률 3%
우선주 자본금	₩10,000	3,000주	₩30,000,000	배당률 5%, 누적적, 완전 참가적

① ₩3,900,000   ② ₩4,500,000
③ ₩4,740,000   ④ ₩4,900,000

문 4. ㈜한국은 정상원가계산을 사용하고 있으며, 직접노무시간을 기준으로 제조간접원가를 예정배부하고 있다. ㈜한국의 20X1년도 연간 제조간접원가 예산은 ₩600,000이고, 실제 발생한 제조간접원가는 ₩650,000이다. 20X1년도 연간 예정조업도는 20,000시간이고, 실제 직접노무시간은 18,000시간이다. ㈜한국은 제조간접원가 배부차이를 전액 매출원가에서 조정하고 있다. 20X1년도 제조간접원가 배부차이 조정전 매출총이익이 ₩400,000이라면, 포괄손익계산서에 인식할 매출총이익은?

① ₩290,000   ② ₩360,000
③ ₩400,000   ④ ₩450,000

문 5. ㈜한국은 20X1년 6월 1일 액면금액 ₩100,000인 상품권 10매를 10% 할인한 금액으로 발행하였다. 상품권의 만기는 발행일로부터 3년이며, 고객은 상품권 액면금액의 80% 이상 사용하면 잔액을 현금으로 돌려받을 수 있다. 20X1년 12월 말까지 회수된 상품권은 7매이며, 판매한 상품의 가격에 맞추기 위해 잔액 ₩20,000을 고객에게 현금으로 지급하였다. ㈜한국이 상품권과 관련하여 20X1년에 인식할 수익은 얼마인가?

① ₩610,000　　　　② ₩630,000

③ ₩680,000　　　　④ ₩700,000

문 6. 다음 중 기말 재고자산에 포함되지 않는 항목은?

① 상품에 대한 점유가 이전되었으나 고객이 매입의사를 아직 표시하지 않은 시송상품

② 목적지에 아직 도착하지 않은 도착지 인도기준의 판매상품

③ 고객에게 재고자산을 인도하였지만 대금의 일부가 아직 회수되지 않은 할부판매상품

④ 자금을 차입하고 그 담보로 제공한 상품으로 아직 저당권이 실행되지 않은 저당상품

문 7. ㈜한국은 20X1년 12월 31일 창고에 화재가 발생하여 재고자산의 80%가 소실되었다. ㈜한국의 장부를 검토하여 다음과 같은 정보를 확인하였다. 재고자산 추정 손실금액은 얼마인가? [단, ㈜한국의 매출과 매입은 모두 신용거래이며, 최근 3년간 평균매출총이익률은 30%이다]

• 기초매입채무	₩30,000
• 기말매입채무	20,000
• 기초재고자산	10,000
• 기초매출채권	60,000
• 기말매출채권	40,000
• 당기매출채권 현금회수액	50,000
• 당기매입채무 현금지급액	40,000

① ₩8,000　　　　② ₩10,000

③ ₩15,200　　　　④ ₩19,000

문 8. ㈜한국은 20X1년 초 건물을 ₩100,000에 구입하면서 정부발행 채권을 액면가액(₩50,000)으로 의무 매입하였다. 동 채권은 3년 만기이며, 액면이자율은 5%이고, 이자는 매년 말에 후급한다. ㈜한국은 취득한 채권을 상각후원가 측정 금융자산으로 분류하였으며, 구입 당시 시장이자율은 8%이다. 20X1년 초에 인식할 건물의 취득원가는 얼마인가? (단, 8%, 3기간의 단일금액 ₩1의 현재가치는 0.79, 정상연금 ₩1의 현재가치는 2.58이다)

① ₩104,050　　　　② ₩106,450

③ ₩139,500　　　　④ ₩145,950

문 9. ㈜한국은 본사 건물 신축공사를 20X1년 2월 1일에 개시하여 20X1년 12월 31일에 완공하였다. 신축공사에 지출된 금액은 다음과 같으며, 건물 신축을 위한 목적으로 20X1년 2월 1일 특정차입금 ₩120,000을 은행으로부터 연 10% 이자율로 차입하였다(만기일: 20X1년 12월 31일). 이 중에서 ₩30,000은 20X1년 2월 1일부터 2개월간 연 8% 수익률로 일시투자하였다. 20X1년 ㈜한국이 특정차입금과 관련하여 자본화할 차입원가는 얼마인가? (단, 연평균지출액과 이자비용은 월할로 계산한다)

날짜	지출액
20X1년 2월 1일	₩90,000
20X1년 4월 1일	₩60,000
20X1년 12월 31일	₩40,000

① ₩8,250　　　　② ₩10,500
③ ₩10,600　　　　④ ₩11,000

문 10. ㈜한국의 영업주기는 상품의 매입시점부터 판매 후 대금의 회수시점까지의 기간으로 정의된다. 다음은 ㈜한국의 20X1년 재무자료의 일부이다. 주어진 자료를 이용하여 ㈜한국의 평균영업주기를 계산하면 얼마인가? (단, 매출은 전액 신용매출이며, 1년은 360일로 간주한다)

• 매출액	₩180,000
• 매출원가	105,000
• 연평균 매출채권	30,000
• 연평균 재고자산	35,000

① 120일　　　　② 150일
③ 180일　　　　④ 210일

문 11. ㈜한국은 20X1년 2월에 자기주식 200주를 주당 ₩4,000에 취득하였고, 4월에 자기주식 50주를 주당 ₩5,000에 매도하였다. 20X1년 9월에는 보유하고 있던 자기주식 중 50주를 주당 ₩3,500에 매도하였다. 20X1년 말 ㈜한국 주식의 주당 공정가치는 ₩5,000이다. 주어진 거래만 고려할 경우 ㈜한국의 20X1년 자본총액 변동은? (단, 자기주식은 원가법으로 회계처리하며, 20X1년 초 자기주식과 자기주식처분손익은 없다고 가정한다)

① ₩325,000 감소
② ₩375,000 감소
③ ₩375,000 증가
④ ₩425,000 감소

문 12. ㈜한국의 재고자산 관련 자료는 다음과 같다.

	원가(₩)	판매가(₩)
기초재고액	1,400,000	2,100,000
당기매입액	6,000,000	9,800,000
매 입 운 임	200,000	
매 입 할 인	400,000	
당기매출액		10,000,000
종업원할인		500,000
순 인 상 액		200,000
순 인 하 액		100,000

㈜한국이 선입선출법에 의한 저가기준 소매재고법을 이용하여 재고자산을 평가하고 있을 때 매출원가는?

① ₩6,300,000　　　　② ₩6,307,500
③ ₩6,321,150　　　　④ ₩6,330,000

문 13. 재무제표 표시에 관한 설명으로 옳은 것은?

① 기업은 재무제표, 연차보고서, 감독기구 제출서류 또는 다른 문서에 표시되는 그 밖의 정보 등 외부에 공시되는 모든 재무적 및 비재무적 정보에 한국 채택국제회계기준을 적용하여야 한다.

② 투자자산 및 영업용자산을 포함한 비유동자산의 처분손익은 처분대가에서 그 자산의 장부금액과 관련 처분비용을 차감하여 상계표시한다.

③ 경영진이 기업을 청산하거나 경영활동을 중단할 의도를 가지고 있거나 청산 또는 경영활동의 중단의도가 있을 경우에도 계속기업을 전제로 재무제표를 작성한다.

④ 한국채택국제회계기준의 요구사항을 모두 충족하지 않더라도 일부만 준수하여 재무제표를 작성한 기업은 그러한 준수 사실을 주석에 명시적이고 제한 없이 기재한다.

문 14. 상각후원가로 후속 측정하는 일반사채에 관한 설명으로 옳지 않은 것은?

① 사채를 할인발행하고 중도상환 없이 만기까지 보유한 경우, 발행자가 사채발행시점부터 사채만기까지 포괄손익계산서에 인식한 이자비용의 총합은 발행시점의 사채할인발행차금과 연간 액면이자 합계를 모두 더한 값과 일치한다.

② 사채발행비가 존재하는 경우, 발행시점의 발행자의 유효이자율은 발행시점의 시장이자율보다 낮다.

③ 사채를 할증발행한 경우, 중도상환이 없다면 발행자가 포괄손익계산서에 인식하는 사채 관련 이자비용은 매년 감소한다.

④ 사채를 할인발행한 경우, 중도상환이 없다면 발행자가 재무상태표에 인식하는 사채의 장부금액은 매년 체증적으로 증가한다.

문 15. ㈜한국은 20X1년 초 기계장치를 취득(취득원가 ₩1,000,000, 내용연수 5년, 잔존가치 ₩0, 정액법 상각)하였으며, 재평가모형을 적용함과 동시에 손상징후가 있을 경우 자산손상 기준을 적용하고 있다. 공정가치와 회수가능액이 다음과 같을 때, 20X3년 말 감가상각액을 제외한 당기이익은? (단, 처분부대비용은 무시할 수 없을 정도이며, 재평가잉여금은 이익잉여금으로 대체하지 않는다)

구분	20X1년 말	20X2년 말	20X3년 말
공정가치	₩900,000	₩650,000	₩460,000
회수가능액	₩900,000	₩510,000	₩450,000

① ₩10,000
② ₩45,000
③ ₩55,000
④ ₩65,000

문 16. ㈜한국의 20X1년 초 유통보통주식수는 1,000주(주당 액면금액 ₩1,000), 유통우선주식수는 200주(주당 액면금액 ₩1,000)이다. 20X1년 9월 1일에 ㈜한국은 보통주 1,000주의 유상증자를 실시하였는데, 발행금액은 주당 ₩1,200이고 유상증자 직전 주당 공정가치는 ₩2,000이다. 20X1년도 당기순이익은 ₩280,000이며, 우선주(비누적적, 비참가적)의 배당률은 5%이다. 20X1년도 기본주당이익은? (단, 유상증자대금은 20X1년 9월 1일 전액 납입완료되었으며, 유통보통주식수 계산 시 월할계산한다)

① ₩135
② ₩140
③ ₩168.75
④ ₩180

문 17. 국가회계기준에 관한 규칙에 대한 설명으로 옳지 않은 것은?

① 원천징수하는 국세는 원천징수의무자가 원천징수한 금액을 신고·납부하는 때에 수익으로 인식한다.

② 필수보충정보는 재무제표에는 표시하지 아니하였으나, 재무제표의 내용을 보완하고 이해를 돕기 위하여 필수적으로 제공되어야 하는 정보를 말하며 수익·비용 기능별 재정운영표는 필수보충정보로 제공되어야 한다.

③ 신고·납부하는 방식의 국세는 납세의무자가 세액을 자진신고하는 때에 수익으로 인식한다.

④ 국세수익은 중앙관서 또는 기금의 재정운영표에는 표시되지 않지만, 국가의 재정운영표에는 표시된다.

문 18. 다음 중 「국가회계기준에 관한 규칙」에 대한 설명으로 옳은 것은?

① 「국고금 관리법 시행령」에 따른 출납정리기한 중에 발생하는 거래는 다음 회계연도에 발생한 거래로 보아 회계처리한다.

② 자산은 유동자산, 투자자산, 일반유형자산, 주민편의시설, 무형자산 및 기타비유동자산으로 구분하여 재정상태표에 표시한다.

③ 부담금수익, 기부금수익, 무상이전수입은 청구권 등이 확정된 때에 그 확정된 금액을 수익으로 인식한다.

④ 투자목적의 장기투자증권 또는 단기투자증권인 경우에는 재정상태표일 현재 신뢰성 있게 공정가액을 측정할 수 있으면 그 공정가액으로 평가하며, 장부가액과 공정가액의 차이금액은 재정운영표상 재정운영순원가에 반영한다.

문 19. 단일 제품을 생산·판매하는 ㈜한국의 당해 연도 공헌이익 손익계산서는 아래와 같다.

매 출 액(1,000개×₩ 800)	₩ 800,000
변 동 비	480,000
공헌이익	₩ 320,000
고 정 비	200,000
영업이익	₩ 120,000

내년에는 당해 연도의 단위당 판매가격과 원가구조가 동일하게 유지되나 판매수량의 감소가 예상된다. 내년도에 영업손실이 발생되지 않으려면 판매수량이 최대 몇 개까지 감소하여도 되는가?

① 325개 ② 350개
③ 375개 ④ 400개

문 20. 다음은 A제품의 20X4년과 20X5년의 생산관련 자료이며, 총고정원가와 단위당 변동원가는 일정하였다.

구분	생산량(개)	총제조원가(원)
20X4년	1,000	50,000,000
20X5년	2,000	70,000,000

20X6년도에는 전년도에 비해 총고정원가는 20% 증가하고 단위당 변동원가는 30% 감소한다면, 생산량이 3,000개일 때 총제조원가는?

① ₩ 62,000,000 ② ₩ 72,000,000
③ ₩ 78,000,000 ④ ₩ 86,000,000

소요시간: ＿＿＿＿＿ / 15분　　　　　맞힌 답의 개수: ＿＿＿＿＿ / 20

정답 및 해설 p.224

문 1. 재무보고를 위한 개념체계에 관한 설명으로 옳지 않은 것은?

① 이해가능성은 합리적인 판단력이 있고 독립적인 서로 다른 관찰자가 어떤 서술이 충실하게 표현되었다는 데 대체로 의견이 일치할 수 있다는 것을 의미한다.

② 적시성은 의사결정에 영향을 미칠 수 있도록 의사결정자가 정보를 제때에 이용가능하게 하는 것을 의미한다.

③ 비교가능성, 검증가능성, 적시성 및 이해가능성은 목적적합하고 충실하게 표현된 정보의 유용성을 보강시키는 질적 특성이다.

④ 목적적합한 재무정보는 정보이용자의 의사결정에 차이가 나도록 할 수 있다.

문 2. 자본유지개념과 이익의 결정에 관한 설명으로 옳지 않은 것은?

① 재무자본유지개념을 사용하기 위해서는 현행원가기준에 따라 측정해야 한다.

② 자본유지개념은 기업의 자본에 대한 투자수익과 투자회수를 구분하기 위한 필수 요건이다.

③ 자본유지개념 중 재무자본유지는 명목화폐단위 또는 불변구매력단위를 이용하여 측정할 수 있다.

④ 재무자본유지개념과 실물자본유지개념의 주된 차이는 기업의 자산과 부채에 대한 가격변동 영향의 처리방법에 있다.

문 3. ㈜한국은 20X1년 1월 1일 공장 신축을 위하여 ㈜한국건설과 건설계약을 체결하였으며, 건설기간은 20X1년 1월 1일부터 20X3년 6월 30일까지이다. ㈜한국은 동 공장 신축과 관련하여 20X1년 1월 1일에 ₩ 6,000,000을 지출하였다. ㈜한국이 일반적인 목적으로 자금을 차입하여 동 공장 신축에 사용하는 일반차입금과 관련된 내역은 다음과 같다.

차입금액	차입일	상환일	연 이자율 및 이자지급조건
₩ 5,000,000	20X0년 1월 1일	20X2년 12월 31일	10%, 매년 말 지급

한편 ㈜한국은 20X1년 1월 1일 금융기관으로부터 동 공장 신축을 위한 목적으로 특정하여 3년 만기 조건(연 이자율 10%, 매년 말 지급)의 자금을 차입(특정차입금)하고 동 일자에 동 공장 신축에 전액 지출하였다. ㈜한국이 20X1년도에 일반차입금과 관련하여 자본화한 차입원가가 ₩ 400,000이라면, ㈜한국이 20X1년 1월 1일에 금융기관으로부터 차입한 특정차입금은?

① ₩ 1,200,000　　② ₩ 1,400,000

③ ₩ 1,600,000　　④ ₩ 2,000,000

문 4. 다음은 20X1년 초에 설립하여 단일 품목의 상품을 판매하는 ㈜한국의 20X1년 말 상품재고에 관한 자료이다.

장부상 재고	실지재고	단위당 취득원가	단위당 확정판매 계약가격	단위당 예상판매 가격
100단위	100단위	₩ 700	₩ 690	₩ 750

위 상품 중 40단위는 취소불능의 확정판매계약을 이행하기 위하여 보유 중인 재고자산이다. 확정판매계약을 맺은 상품의 경우에는 판매비용이 발생하지 않으나, 나머지 상품의 경우에는 단위당 ₩ 80의 판매비용이 발생할 것으로 예상된다. ㈜한국이 동 상품과 관련하여 20X1년도에 인식할 재고자산 평가손실은?

① ₩ 1,800　　② ₩ 2,200

③ ₩ 2,800　　④ ₩ 3,600

2022 해커스공무원 현진환 회계학 단원별 기출문제집

문 5. 투자부동산에 관한 설명으로 옳지 않은 것은?

① 미래에 투자부동산으로 사용하기 위하여 건설 또는 개발 중인 부동산은 투자부동산에 해당한다.

② 소유 투자부동산은 최초 인식시점에 원가로 측정하며, 거래원가는 최초 측정치에 포함한다.

③ 통상적인 영업과정에서 판매하기 위한 부동산이나 이를 위하여 건설 또는 개발 중인 부동산은 투자부동산에 해당하지 않는다.

④ 투자부동산을 개발하지 않고 처분하기로 결정하는 경우에는 재고자산으로 재분류한다.

문 6. 다음은 ㈜한국의 20X1년 세무조정사항 등 법인세 계산 자료이다. ㈜한국의 20X1년도 법인세비용은?

> · 접대비 한도초과액은 ₩ 24,000이다.
> · 감가상각비 한도초과액은 ₩ 10,000이다.
> · 20X1년 초 전기이월 이연법인세자산은 ₩ 7,500이고, 이연법인세부채는 없다.
> · 20X1년도 법인세비용차감전순이익은 ₩ 150,000이고, 이후에도 매년 이 수준으로 실현될 가능성이 높다.
> · 과세소득에 적용될 세율은 25%이고, 향후에도 변동이 없다.

① ₩ 37,500   ② ₩ 40,500

③ ₩ 43,500   ④ ₩ 45,500

문 7. 20X1년 초 영업을 개시한 ㈜한국의 20X1년도와 20X2년도의 생산 및 판매와 관련된 자료는 다음과 같다.

구분	20X1년	20X2년
생산량	5,000개	10,000개
판매량	4,000개	10,000개
직접재료원가	₩ 500,000	₩ 1,000,000
직접노무원가	₩ 600,000	₩ 1,200,000
변동제조간접원가	₩ 400,000	₩ 800,000
고정제조간접원가	₩ 200,000	₩ 250,000
변동판매관리비	₩ 200,000	₩ 400,000
고정판매관리비	₩ 300,000	₩ 350,000

㈜한국의 20X2년도 전부원가계산에 의한 영업이익이 ₩ 100,000일 때, 변동원가계산에 의한 영업이익은? (단, 재공품은 없으며 원가흐름은 선입선출법을 가정한다)

① ₩ 85,000   ② ₩ 115,000

③ ₩ 120,000   ④ ₩ 135,000

문 8. ㈜한국은 단일제품 8,000단위를 생산 및 판매하고 있다. 제품의 단위당 판매가격은 ₩ 500, 단위당 변동원가는 ₩ 300이다. ㈜한국은 ㈜한국으로부터 단위당 ₩ 450에 1,500단위의 특별주문을 받았다. 이 특별주문을 수락하는 경우, 별도의 포장 작업이 추가로 필요하여 단위당 변동원가가 ₩ 20 증가하게 된다. ㈜한국의 연간 최대생산능력이 9,000단위라면, 이 특별주문을 수락하는 경우, 증분손익은?

① 손실 ₩ 105,000   ② 손실 ₩ 75,000

③ 손실 ₩ 55,000   ④ 이익 ₩ 95,000

문 9. 다음 중 고객과의 계약으로 회계처리하기 위한 충족 기준에 해당되지 않는 것은?

① 계약당사자들이 계약을 서면으로, 구두로, 그 밖의 사업 관행에 따라 승인하고 각자의 의무를 수행하기로 확약한다.

② 이전할 재화나 용역의 지급조건을 식별할 수 있다.

③ 고객에게 이전할 재화나 용역에 대하여 받을 권리를 갖게 될 대가의 회수가능성이 높다.

④ 계약당사자들이 그 활동이나 과정에서 생기는 위험과 효익을 공유한다.

문 10. ㈜한국의 20X1년 재무자료는 다음과 같다.

매출액	₩ 10,000
기초유동자산	3,500
기초재고자산	1,000
기말유동자산	3,000
기말재고자산	2,000
기초유동부채	1,000
당기재고자산매입액	8,500
기말유동부채	1,500

유동자산은 재고자산과 당좌자산으로만 구성된다. 다음 중 옳은 것은?

① 20X1년 재고자산회전율은 8회보다 높다.

② 20X1년 말 유동비율은 20X1년 초보다 높다.

③ 20X1년 초 당좌비율은 20X1년 말보다 높다.

④ 20X1년 매출총이익률은 15%이다.

문 11. 국가회계기준 상의 재정상태표에 대한 설명으로 옳지 않은 것은?

① 자산과 부채는 유동과 비유동으로 구분하여 표시한다.

② 자산, 부채 및 순자산은 총액으로 표시한다.

③ 자산은 서비스를 제공할 수 있거나 경제적 효익을 창출할 가능성이 매우 높고 그 가액을 신뢰성 있게 측정할 수 있을 때 인식한다.

④ 자산에서 부채를 뺀 금액은 순자산으로 표시하고, 기본순자산, 적립금 및 잉여금, 순자산조정으로 구분한다.

문 12. ㈜한국은 개별원가계산을 적용하고 있으며 직접작업시간을 기준으로 제조간접원가를 예정배부한다. 20X9년 제조간접원가 예정배부율은 직접작업시간당 ₩ 65이다. 20X9년 실제 발생한 제조간접원가는 ₩ 1,500,000이었고, 제조간접원가가 ₩ 200,000 과소배부된 것으로 나타났다. 20X9년의 실제조업도는 예정(예산)조업도의 80%였다. 20X9년 제조간접원가 예산금액은 얼마인가?

① ₩ 1,250,000 ② ₩ 1,300,000
③ ₩ 1,460,000 ④ ₩ 1,625,000

문 13. ㈜한국은 20X9년에 특별모델 10,000개, 일반모델 80,000개가 생산판매될 것으로 예상하며, 제조간접비는 ₩1,500,000이 발생될 것으로 추정한다. 각 제품의 단위당 직접재료비와 단위당 직접노무비, 총제조간접비에 대하여 다음과 같이 예상한다.

구분	특별모델	일반모델
직접재료비	₩50	₩40
직접노무비	₩34	₩35

활동	활동원가 (₩)	원가동인	활동사용량 (원가동인량)		
			특별모델	일반모델	계
구매주문	600,000	주문횟수	100	200	300
제품검사	900,000	검사시간	800	1,200	2,000
총제조간접비	1,500,000	–		–	

20X9년 특별모델의 단위당 제조원가는 얼마인가?

① ₩56 ② ₩110
③ ₩126 ④ ₩140

문 14. 다음 설명 중 옳은 것만을 모두 고른 것은?

> ㄱ. 특정 유형자산을 재평가할 때, 해당 자산이 포함되는 유형자산 분류 전체를 재평가한다.
> ㄴ. 자가사용부동산을 공정가치로 평가하는 투자부동산으로 대체하는 시점까지 그 부동산을 감가상각하고, 발생한 손상차손을 인식한다.
> ㄷ. 무형자산으로 인식되기 위해서는 식별가능성, 자원에 대한 통제 및 미래경제적효익의 존재 중 최소 하나 이상의 조건을 충족하여야 한다.
> ㄹ. 무형자산을 창출하기 위한 내부 프로젝트를 연구단계와 개발단계로 구분할 수 없는 경우에는 그 프로젝트에서 발생한 지출은 모두 개발단계에서 발생한 것으로 본다.

① ㄱ, ㄴ ② ㄱ, ㄷ
③ ㄴ, ㄹ ④ ㄷ, ㄹ

문 15. ㈜한국은 본사 사옥을 신축하기 위하여 토지를 취득하였는데 이 토지에는 철거예정인 창고가 있었다. 다음 자료를 고려할 때, 토지의 취득원가는?

토지 구입대금	₩1,000,000
사옥 신축 개시 이전까지 토지 임대를 통한 수익	25,000
토지 취득세 및 등기수수료	70,000
창고 철거비	10,000
창고 철거 시 발생한 폐자재 처분 수입	5,000
본사 사옥 설계비	30,000
본사 사옥 공사대금	800,000

① ₩1,050,000 ② ₩1,075,000
③ ₩1,080,000 ④ ₩1,100,000

문 16. ㈜한국은 선입선출법에 의한 저가기준을 적용하여 소매재고법으로 재고자산을 평가하고 있다. 20X8년도 상품재고 거래와 관련된 자료가 다음과 같은 경우 ㈜한국의 20X8년도 매출원가는?

구분	원가(₩)	매가(₩)
기초재고자산	162,000	183,400
당기매입액	1,220,000	1,265,000
인상액	–	260,000
인하액	–	101,000
인하취소액	–	11,000
당기매출액	–	960,000

① ₩526,720 ② ₩532,600
③ ₩849,390 ④ ₩855,280

문 17. ㈜한국은 20X3년도부터 재고자산 평가방법을 선입선출법에서 가중평균법으로 변경하였다. 이러한 회계정책의 변경은 한국채택국제회계기준에서 제시하는 조건을 충족하며, ㈜한국은 이러한 변경에 대한 소급효과를 모두 결정할 수 있다. 다음은 ㈜한국의 재고자산 평가방법별 기말재고와 선입선출법에 의한 당기순이익이다.

구분	20X1년	20X2년	20X3년
기말 재고자산:			
선입선출법	₩ 1,100	₩ 1,400	₩ 2,000
가중평균법	1,250	1,600	1,700
당기순이익	₩ 21,000	₩ 21,500	₩ 24,000

회계변경 후 20X3년도 당기순이익은? (단, 20X3년도 장부는 마감 전이다)

① ₩ 23,500
② ₩ 23,700
③ ₩ 24,000
④ ₩ 24,300

문 18. ㈜한국은 20X1년 초에 하수처리장치를 ₩ 20,000,000에 구입하여 즉시 가동하였으며, 하수처리장치의 내용연수는 3년이고 잔존가치는 없으며 정액법으로 감가상각한다. 하수처리장치는 내용연수 종료 직후 주변환경을 원상회복하는 조건으로 허가받아 취득한 것이며, 내용연수 종료시점의 원상회복비용은 ₩ 1,000,000으로 추정된다. ㈜한국의 내재이자율 및 복구충당부채의 할인율이 연 8%일 때, 20X1년도 감가상각비는? (단, 계산결과는 가장 근사치를 선택한다)

기간	단일금액 ₩ 1의 현재가치	정상연금 ₩ 1의 현재가치
	8%	8%
3	0.79	2.58

① ₩ 6,666,666
② ₩ 6,931,277
③ ₩ 7,000,000
④ ₩ 7,460,497

문 19. 충당부채, 우발부채 및 우발자산에 관한 설명으로 옳지 않은 것은?

① 우발자산은 과거사건으로 생겼으나, 기업이 전적으로 통제할 수는 없는 하나 이상의 불확실한 미래 사건의 발생 여부로만 그 존재 유무를 확인할 수 있는 잠재적 자산을 말한다.
② 제품보증이나 이와 비슷한 계약 등 비슷한 의무가 다수 있는 경우에 의무 이행에 필요한 자원의 유출가능성은 해당 의무 전체를 고려하여 판단한다.
③ 재무제표는 미래시점의 예상 재무상태가 아니라 보고기간 말의 재무상태를 표시하는 것이므로, 미래 영업에서 생길 원가는 충당부채로 인식한다.
④ 손실부담계약은 계약상 의무의 이행에 필요한 회피불가능원가가 그 계약에서 받을 것으로 예상되는 경제적 효익을 초과하는 계약을 말한다.

문 20. 20X1년 말 현재 ㈜한국의 외부감사 전 재무상태표 상 재고자산은 ₩ 1,000,000이다. ㈜한국은 실지재고조사법을 사용하여 창고에 있는 상품만을 기말재고로 보고하였다. 회계감사 중 공인회계사는 ㈜한국의 기말재고자산과 관련하여 다음 사항을 알게 되었다.

- 20X1년 12월 27일 FOB 선적지 조건으로 ㈜대한에게 판매한 상품(원가 ₩ 300,000)이 20X1년 말 현재 운송 중에 있다.
- 수탁자에게 20X1년 중에 적송한 상품(원가 ₩ 100,000) 중 40%가 20X1년 말 현재 판매완료되었다.
- 고객에게 20X1년 중에 인도한 시송품의 원가는 ₩ 200,000이며, 이 중 20X1년 말까지 매입의사표시를 해 온 금액이 ₩ 130,000이다.
- 20X1년 12월 29일 FOB 도착지 조건으로 ㈜민국으로부터 매입한 상품(원가 ₩ 200,000)이 20X1년 말 현재 운송 중에 있다.

위의 내용을 반영하여 작성된 20X1년 말 재무상태표 상 재고자산은?

① ₩ 1,010,000
② ₩ 1,110,000
③ ₩ 1,130,000
④ ₩ 1,330,000

소요시간: _____ / 15분   맞힌 답의 개수: _____ / 20

정답 및 해설 p.228

문 1. 재무제표의 표시에 관한 설명으로 옳지 않은 것은?

① 매출채권에 대한 대손충당금과 같은 평가충당금을 차감하여 관련 자산을 순액으로 측정하는 것은 상계표시에 해당한다.

② 총포괄손익은 당기순손익과 기타포괄손익의 모든 구성요소를 포함한다.

③ 계속기업의 가정이 적절한지의 여부를 평가할 때 경영진은 적어도 보고기간 말로부터 향후 12개월 기간에 대하여 이용가능한 모든 정보를 고려한다.

④ 재분류조정은 당기나 과거기간에 기타포괄손익으로 인식되었으나 당기손익으로 재분류된 금액을 말한다.

문 2. 유동자산을 증가시키는 거래만을 모두 고른 것은?

> ㄱ. 창고에 보관 중인 재고자산의 일부를 도난당했다.
> ㄴ. 1년 만기 어음을 발행하여 영업용 차량운반구를 취득하였다.
> ㄷ. 사용 중인 건물을 담보로 제공하고 은행에서 차입하였다.
> ㄹ. 만기가 도래하기 전 사채를 현금으로 상환하였다.
> ㅁ. 주식을 발행하고 전액 현금으로 납입받았다.

① ㄱ, ㄷ   ② ㄱ, ㄹ
③ ㄷ, ㅁ   ④ ㄷ, ㄹ

문 3. 무형자산에 관한 설명으로 옳지 않은 것은?

① 특정 소프트웨어가 없으면 기계장치의 가동이 불가능한 경우 그 소프트웨어는 기계장치의 일부로 회계처리한다.

② 최초에 비용으로 인식한 무형항목에 대한 지출은 그 이후에 무형자산의 원가로 인식할 수 있다.

③ 무형자산에 대한 대금지급기간이 일반적 신용기간보다 긴 경우 무형자산 원가는 현금가격상당액이 된다.

④ 제조과정에서 무형자산을 사용하면 수익을 증가시킬 수도 있지만 제조원가를 감소시킬 수도 있다.

문 4. ㈜한국은 20X1년 초 건물을 ₩480,000에 취득(정액법 상각, 내용연수 4년, 잔존가치 없음)하여 사용하던 중 20X4년 9월 말 ₩130,000에 처분하였다. ㈜한국은 20X3년 초에 동 건물의 내용연수에 대한 추정을 변경하여 내용연수를 당초보다 1년 연장하였으나, 감가상각방법과 잔존가치에 대한 변경은 없었다. ㈜한국이 20X4년 9월 말 상기 건물의 처분 시점에 인식할 유형자산처분이익은? (단, 감가상각비는 월할계산한다)

① ₩0   ② ₩18,000
③ ₩24,000   ④ ₩30,000

문 5. 다음은 ㈜한국의 20X1년 발생 거래내역이다. 다음 거래의 결과로 증가되는 ㈜한국의 자본총액은?

> - 3월 10일: 주당 액면금액 ₩ 1,000의 자기주식 100주를 주당 ₩ 3,000에 취득하였다.
> - 6월 30일: 3월 10일에 취득한 자기주식 중 50주를 주당 ₩ 3,600에 처분하였다.
> - 10월 13일: 3월 10일에 취득한 자기주식 중 50주를 소각하였다.
> - 11월 30일: 주당 액면금액 ₩ 1,000의 보통주 50주를 주당 ₩ 4,000에 발행하면서, 추가적으로 주식발행비 ₩ 35,000을 지출하였다.
> - 12월 31일: ₩ 200,000의 당기순이익과 ₩ 130,000의 기타포괄이익을 보고하였다.

① ₩ 260,000　　　　② ₩ 375,000

③ ₩ 410,000　　　　④ ₩ 710,000

문 6. ㈜한국은 20X1년도의 결산과정에서 다음의 중요한 오류를 발견하였다.

> - 20X0년과 20X1년의 기말재고자산을 각각 ₩ 8,000과 ₩ 3,000 과소계상하였다.
> - 20X1년 초에 연구비(당기비용)로 처리하여야 할 지출액 ₩ 20,000을 모두 무형자산으로 인식하고, 1년간의 무형자산상각비(당기비용)로 ₩ 4,000을 인식하였다.

20X1년도의 오류수정전 법인세비용차감전순이익이 ₩ 500,000인 경우, 오류수정후 ㈜한국의 20X1년도 법인세비용차감전순이익은? [단, ㈜한국의 20X1년도 장부는 아직 마감되지 않았고, 재고자산에 대한 장부기록방법으로 실지재고조사법을 사용한다고 가정한다]

① ₩ 472,000　　　　② ₩ 476,000

③ ₩ 479,000　　　　④ ₩ 516,000

문 7. 무형자산의 회계처리에 관한 설명으로 옳은 것만을 모두 고른 것은?

> ㄱ. 내용연수가 비한정적인 무형자산은 상각하지 않고, 무형자산의 손상을 시사하는 징후가 있을 경우에 한하여 손상검사를 수행해야 한다.
> ㄴ. 무형자산을 창출하기 위한 내부 프로젝트를 연구단계와 개발단계로 구분할 수 없는 경우에는 그 프로젝트에서 발생한 지출은 모두 연구단계에서 발생한 것으로 본다.
> ㄷ. 브랜드, 제호, 출판표제, 고객목록 및 이와 실질이 유사한 항목은 그것을 외부에서 창출하였는지 또는 내부적으로 창출하였는지에 관계없이 취득이나 완성 후의 지출은 발생시점에 무형자산의 원가로 인식한다.
> ㄹ. 내용연수가 유한한 무형자산의 잔존가치는 적어도 매 회계연도 말에는 검토하고, 잔존가치의 변동은 회계추정의 변경으로 처리한다.
> ㅁ. 무형자산은 처분하는 때 또는 사용이나 처분으로부터 미래경제적효익이 기대되지 않을 때 재무상태표에서 제거한다.

① ㄱ, ㄷ, ㄹ　　　　② ㄱ, ㄹ, ㅁ

③ ㄴ, ㄷ, ㅁ　　　　④ ㄴ, ㄹ, ㅁ

문 8. 건강식품을 생산하는 ㈜한국은 ㈜대한에 판매를 위탁하고 있다. ㈜한국은 20X1년 초 단위당 판매가격이 ₩ 2,000(단위당 원가 ₩ 1,400)인 건강식품 100단위를 ㈜대한에 발송하였으며, 운반비 ₩ 8,000을 운송업체에 현금으로 지급하였다. 한편, ㈜대한은 ㈜한국으로부터 수탁한 건강식품 중 60%를 20X1년도에 판매하였다. ㈜한국은 판매금액의 5%를 ㈜대한에 수수료로 지급한다. 이 거래로 20X1년도에 ㈜대한이 인식할 수익(A)과 ㈜한국이 인식할 매출원가(B)는?

① A: ₩ 6,000　B: ₩ 84,000

② A: ₩ 6,000　B: ₩ 88,800

③ A: ₩ 6,240　B: ₩ 84,000

④ A: ₩ 6,240　B: ₩ 88,800

문 9. ㈜한국의 총변동원가가 ₩ 240,000, 총고정원가가 ₩ 60,000, 공헌이익률이 40%이며, 법인세율은 20% 이다. 이에 관한 설명으로 옳지 않은 것은? (단, 기초 재고와 기말재고는 동일하다)

① 매출액은 ₩ 400,000이다.
② 안전한계율은 62.5%이다.
③ 영업레버리지도는 1.2이다.
④ 세후 영업이익은 ₩ 80,000이다.

문 10. ㈜한국은 단위당 판매가격이 ₩ 300이고, 단위당 변동원가가 ₩ 180인 단일제품을 생산 및 판매하고 있다. ㈜한국의 최대조업도는 5,000단위이고, 고정원가는 조업도 수준에 따라 변동하며 이와 관련된 자료는 다음과 같다.

연간 조업도	고정원가
0 ~ 2,000단위	₩ 300,000
2,001 ~ 4,000단위	450,000
4,001 ~ 5,000단위	540,000

㈜한국이 달성할 수 있는 최대영업이익은?

① ₩ 12,000 ② ₩ 60,000
③ ₩ 30,000 ④ ₩ 24,000

문 11. 재무제표 표시에 대한 설명으로 옳지 않은 것은?

① 상이한 성격이나 기능을 가진 항목은 통합하여 표시하지만, 중요하지 않은 항목은 성격이나 기능이 유사한 항목과 구분하여 표시할 수 있다.
② 한국채택국제회계기준에서 요구하거나 허용하지 않는 한 자산과 부채 그리고 수익과 비용은 상계하지 아니한다.
③ 한국채택국제회계기준이 달리 허용하거나 요구하는 경우를 제외하고는 당기 재무제표에 보고되는 모든 금액에 대해 전기 비교정보를 공시한다.
④ 재무제표가 계속기업의 기준 하에 작성되지 않는 경우에는 그 사실과 함께 재무제표가 작성된 기준 및 그 기업을 계속기업으로 보지 않는 이유를 공시하여야 한다.

문 12. 다음 중 현금흐름표 상 재무활동 현금흐름에 해당하는 것은?

① 판매목적으로 보유하는 재고자산을 제조하거나 취득하기 위한 현금의 유출
② 보험회사의 경우 보험금과 관련된 현금의 유출
③ 유형자산의 취득 및 처분에 따른 현금의 유출입
④ 주식 등의 지분상품 발행에 따른 현금의 유입

문 13. '고객과의 계약에서 생기는 수익'에서 언급하고 있는 수익인식의 5단계 순서로 옳은 것은?

> ㄱ. 고객과의 계약식별
> ㄴ. 수행의무의 식별
> ㄷ. 거래가격 산정
> ㄹ. 거래가격을 계약 내 수행의무에 배분
> ㅁ. 수행의무 충족 시 수익인식

① ㄱ → ㄴ → ㄷ → ㄹ → ㅁ
② ㄱ → ㄷ → ㄴ → ㄹ → ㅁ
③ ㄴ → ㄱ → ㄷ → ㄹ → ㅁ
④ ㄴ → ㄷ → ㄱ → ㄹ → ㅁ

문 14. ㈜한국은 20X1년 초 최고경영자 갑에게 주식선택권 (개당 ₩1,000에 ㈜한국의 보통주 1주를 취득할 수 있는 권리)을 부여하고, 2년의 용역제공조건과 동시에 제품의 판매증가율과 연관된 성과조건을 다음과 같이 부과하였다. 20X1년 초 현재 주식선택권의 개당 공정가치는 ₩600으로 추정되었다.

2년 평균 판매증가율	용역제공조건 경과 후 가득되는 주식선택권 수량
10% 미만	없음
10% 이상 ~ 20% 미만	100개
20% 이상	300개

20X1년 초 제품의 2년 평균 판매증가율은 12%로 추정되었으며, 실제로 20X1년 판매증가율은 12%이다. 따라서 ㈜한국은 갑이 주식선택권 100개를 가득할 것으로 예상하고 20X1년의 주식보상비용을 인식하였다. 하지만 20X2년 ㈜한국의 2년 평균 판매증가율은 22%가 되어 20X2년 말 갑은 주식선택권 300개를 가득하였다. ㈜한국이 주식선택권과 관련하여 20X2년 포괄손익계산서에 인식할 주식보상비용은?

① ₩30,000   ② ₩60,000
③ ₩90,000   ④ ₩150,000

문 15. 「국가회계기준에 관한 규칙」과 「지방자치단체 회계기준에 관한 규칙」에 대한 다음 설명 중 옳지 않은 것은?

① 국가의 우발자산은 과거의 거래나 사건으로 발생하였으나 국가회계실체가 전적으로 통제할 수 없는 하나 이상의 불확실한 미래사건의 발생 여부로만 그 존재 유무를 확인할 수 있는 잠재적 자산을 말하며, 경제적 효익의 유입가능성이 매우 높은 경우 주석에 공시한다.
② 국가의 일반유형자산 및 사회기반시설에 대한 사용수익권은 재정상태표에 부채로 표시한다.
③ 국가의 자산은 유동자산, 투자자산, 일반유형자산, 사회기반시설, 무형자산 및 기타비유동자산으로 구분하여 재정상태표에 표시하고, 지방자치단체의 자산은 유동자산, 투자자산, 일반유형자산, 주민편의시설, 사회기반시설, 기타비유동자산으로 분류한다.
④ 지방자치단체의 기타비유동부채는 유동부채와 장기차입부채에 속하지 아니하는 부채로서 퇴직급여충당부채, 장기예수보증금, 장기선수수익 등을 말한다.

문 16. 「국가회계기준에 관한 규칙」에서 정하는 자산과 부채의 평가에 대한 다음 설명 중 옳지 않은 것은?

① 장기연불조건의 거래, 장기금전대차거래 또는 이와 유사한 거래에서 발생하는 채권·채무로서 명목가액과 현재가치의 차이가 중요한 경우에도 명목가액으로 평가한다.
② 재정상태표에 표시하는 부채의 가액은 「국가회계기준에 관한 규칙」에서 따로 정한 경우를 제외하고는 원칙적으로 만기상환가액으로 평가한다.
③ 투자목적의 장기투자증권 또는 단기투자증권인 경우에는 재정상태표일 현재 신뢰성 있게 공정가액을 측정할 수 있으면 그 공정가액으로 평가하며, 장부가액과 공정가액의 차이금액은 순자산변동표에 조정항목으로 표시한다.
④ 일반유형자산 및 사회기반시설의 내용연수를 연장시키거나 가치를 실질적으로 증가시키는 지출은 자산의 증가로 회계처리하고, 원상회복시키거나 능률유지를 위한 지출은 비용으로 회계처리한다.

문 17. ㈜한국은 20X1년 초 ₩ 100,000인 건물(내용연수 10년, 잔존가치 ₩ 0, 정액법 상각)을 취득하였다. ㈜한국은 동 건물에 대하여 재평가모형을 적용하며, 20X1년 말과 20X2년 말 현재 건물의 공정가치는 각각 ₩ 99,000과 ₩ 75,000이다. 동 건물 관련 회계처리가 ㈜한국의 20X2년도 당기순이익에 미치는 영향은? (단, 건물을 사용함에 따라 재평가잉여금의 일부를 이익잉여금으로 대체하지 않는다)

① ₩ 11,000 감소   ② ₩ 15,000 감소
③ ₩ 20,000 감소   ④ ₩ 24,000 감소

문 18. 다음은 ㈜한국의 20X1년도 현금흐름표를 작성하기 위한 자료이다.

·20X1년도 포괄손익계산서 자료	
– 당기순이익	₩ 100,000
– 대손상각비	5,000(매출채권에서 발생)
– 감가상각비	20,000
– 유형자산처분이익	7,000
– 사채상환손실	8,000
·20X1년 말 재무상태표 자료	
– 재고자산	80,000 감소
– 매입채무	4,000 감소
– 매출채권(순액)	50,000 증가
– 미지급급여	6,000 증가
– 유형자산(순액)	120,000 감소
– 사채(순액)	90,000 감소

㈜한국의 20X1년도 영업활동 순현금흐름은?

① ₩ 89,000   ② ₩ 153,000
③ ₩ 158,000   ④ ₩ 160,000

문 19. ㈜한국은 20X1년 초 액면금액 ₩ 5,000인 상환우선주 100주를 발행하였다. 동 상환우선주의 연 배당률은 5%이며, 상환우선주 발행 시 유효이자율은 연 7%이다. ㈜한국은 보유자의 청구에 따라 20X4년 초 주당 ₩ 6,000에 의무적으로 상환해야 한다. 동 상환우선주가 배당에 있어서 누적적 우선주인 경우 상환우선주 발행 시 ㈜한국이 수령하는 현금은? (단, 계산금액은 소수점 첫째 자리에서 반올림한다)

할인율	3기간 단일금액 ₩ 1의 현재가치	3기간 정상연금 ₩ 1의 현재가치
5%	0.8638	2.7232
7%	0.8163	2.6243

① ₩ 535,388   ② ₩ 555,388
③ ₩ 590,926   ④ ₩ 600,000

문 20. 다음은 20X1년 말 ㈜한국이 보유한 자산의 내역이다. 20X1년 말 ㈜한국의 현금및현금성자산은?

·지폐 및 주화	₩ 12,800
·양도성예금증서(취득일 20X1년 9월 1일, 만기 20X2년 1월 12일)	7,400
·보통예금	34,200
·선일자수표	12,800
·수입인지	7,500
·환매조건부채권(취득일 20X1년 12월 1일, 만기 20X2년 2월 1일)	25,000

① ₩ 47,000   ② ₩ 59,800
③ ₩ 72,000   ④ ₩ 84,800

2022 대비 최신개정판

해커스공무원
현진환
회계학

단원별 기출문제집

개정 2판 1쇄 발행 2021년 11월 5일

지은이	현진환
펴낸곳	해커스패스
펴낸이	해커스공무원 출판팀

주소	서울특별시 강남구 강남대로 428 해커스공무원
고객센터	1588-4055
교재 관련 문의	gosi@hackerspass.com
	해커스공무원 사이트(gosi.Hackers.com) 교재 Q&A 게시판
	카카오톡 플러스 친구 [해커스공무원강남역], [해커스공무원노량진]
학원 강의 및 동영상강의	gosi.Hackers.com

ISBN	979-11-6662-798-9 (13320)
Serial Number	02-01-01

최단기 합격 공무원학원 1위,
해커스공무원 gosi.Hackers.com

해커스 공무원

· 해커스 스타강사의 **본 교재 인강** (교재 내 할인쿠폰 수록)
· 다회독에 최적화된 무료 **회독 학습 점검표 · 회독용 답안지**
· 합격을 위해 꼭 필요한 '회독'의 방법과 공부 습관을 제시하는 **해커스 회독증강 콘텐츠** (교재 내 할인쿠폰 수록)
· 해커스공무원 스타강사의 **공무원 회계학 무료 동영상강의**

헤럴드미디어 2018 대학생 선호 브랜드 대상 '대학생이 선정한 최단기 합격 공무원학원' 부문 1위

최단기 합격 공무원학원 1위

공시생 전용 주간/월간 학습지
해커스 회독증강

주간 학습지 회독증강
국어/영어/한국사

월간 학습지 회독증강
행정학/행정법총론

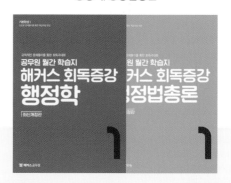

실제 합격생들이 중요하다고 말하는 '회독'
해커스공무원이 새로운 회독의 방법부터 공부 습관까지 제시합니다.

회독증강 진도를 따라가며 풀다 보니, 개념 회독뿐만 아니라 이미 기출문제는 거의 다 커버가 됐더라고요. 한창 바쁠 시험기간 막바지에도 회독증강을 했던 국어, 한국사 과목은 확실히 걱정&부담이 없었습니다. 그만큼 회독증강만으로도 준비가 탄탄하게 됐었고, 심지어 매일매일 문제를 풀다 보니 실제 시험장에서도 문제가 쉽게 느껴졌습니다.

국가직 세무직 7급 합격생 김*경

공시 최적화 단계별 코스 구성	매일 하루 30분, 회독 수 극대화	작심을 부르는 학습관리	스타 선생님의 해설강의

2022 대비 최신개정판

해커스공무원
**현진환
회계학** 단원별 기출문제집

약점 보완 해설집

해커스공무원

해커스공무원
현진환
회계학 단원별 기출문제집

약점 보완 해설집

계 해커스공무원

현진환

약력

성균관대학교 경영학과 졸업
성균관대학교 경영대학원 수료

현 | 세무사
현 | 해커스공무원 회계학 강의
현 | KG에듀원 회계학 강의
전 | 메가랜드 부동산세법 강의
전 | 강남이지경영아카데미 대표 세무사

저서

해커스공무원 현진환 회계학 단원별 기출문제집, 해커스패스
해커스공무원 현진환 회계학 기본서, 해커스패스
다이어트객관식 회계학 재무회계, 배움
객관식 원가관리회계, 로앤오더
다이어트 원가관리회계, 배움
다이어트 K-IFRS 재무회계, 배움

재무회계

정답

p.16

001	①	002	④	003	①	004	①	005	③
006	③	007	①	008	①	009	②	010	①
011	④	012	①	013	①	014	③	015	④
016	②	017	③	018	④	019	④	020	④
021	③	022	③	023	①	024	③	025	④
026	①	027	②	028	①	029	①	030	③
031	②	032	①	033	③	034	②	035	①
036	①	037	③	038	①	039	①	040	①
041	④	042	①	043	②	044	①	045	①
046	③	047	②	048	①	049	②	050	①
051	①	052	②	053	③	054	③	055	①
056	②	057	④	058	②	059	③	060	③
061	②	062	③	063	③	064	④	065	③

001 재무회계의 기초

답 ①

기업의 재무제표 작성 책임이 있는 자는 회사의 대표이사와 회계담당 임원(회계담당 임원이 없는 경우에는 회계업무를 집행하는 직원)이다.

002 재무제표의 기초

답 ④

외부감사를 받는 이유는 독립된 외부감사인에게 재무제표가 일반적으로 인정된 회계원칙에 근거하여 적정하게 작성되었는지를 검증받아 재무제표의 신뢰성을 높이기 위함이다.

003 재무제표의 기초

답 ①

유동비율이 높다는 것은 유동자산이 상대적으로 많다는 것인데, 유동자산은 투자자산 등에 비해서 수익성이 낮으므로 수익성 측면에서 불리하다.

(선지분석)
② 재무제표를 작성할 책임은 회사 경영자에게 있다.
③ 재무회계의 주된 목적은 외부정보이용자에게 유용한 정보를 제공하는 데 있고, 경영자의 경영의사결정을 돕는 것을 목표로 하는 것은 관리회계이다.
④ 외부감사인의 재무제표에 대한 감사의견은 해당 재무제표가 일반적으로 인정된 회계원칙에 근거하여 적정하게 작성되었는지를 판단하는 것이다.

004 재무제표의 기초

경영자는 회계정보의 공급자이면서 수요자이다.

005 재무제표의 기초

답 ③

1,000(제품보증충당부채) + 2,000(선수임대료) + 1,000(매입채무) = 4,000

006 회계의 순환과정

답 ③

위의 거래를 분개로 나타내면 아래와 같다.

(차) 차 입 금   1,000   (대) 현   금   1,120
    이 자 비 용   120

위 분개의 결과로 부채가 감소하고 비용이 발생하며 자산이 감소한다.

007 회계의 순환과정

답 ①

자산과 비용은 차변잔액을, 부채와 자본 및 수익은 대변잔액을 갖는다. 따라서 자산에 해당하는 대여금은 차변에 잔액이 나타나고, 부채인 미지급비용 및 선수수익과 자본인 자본금은 대변에 잔액이 나타난다.

008 회계의 순환과정

답 ①

외상용역대금을 현금으로 회수하면 차변에 자산이 증가하고 대변에 자산이 감소한다.

009 회계의 순환과정

답 ②

• 기초자본: 기초자산(50,000) − 기초부채(30,000) = 20,000
• 기말자본: 기말자산(90,000) − 기말부채(40,000) = 50,000
• 당기순이익 = 자본증가액 = 기말자본(50,000) − 기초자본(20,000) = 30,000
• 당기순이익(30,000) = 수익총액(X) − 비용총액(120,000)
  ∴ 수익총액(X) = 150,000

010 회계의 순환과정

답 ①

(선지분석)
② 자산과 자본의 증가
③ 자산과 자본의 감소
④ 자산과 부채의 증가

011 회계의 순환과정 답 ④

기말자본 = 기말자산 − 기말부채
$$= 800,000 − 100,000 − 1,000,000 + 200,000 + 700,000 + 400,000 − 500,000 + 600,000$$
$$= 1,100,000$$

012 회계의 순환과정 답 ①

- 자산(150,000 증가) = 부채(300,000 증가) + 자본(150,000 감소)
- 기말자산: 700,000 + 900,000 + 500,000 + 200,000 + 600,000 = 2,900,000
- 기초자산: 2,900,000 − 150,000 = 2,750,000

013 회계의 순환과정 답 ①

회계상의 거래가 되기 위해서는 기업의 자산·부채에 변화가 있어야 한다. 계약을 체결한 것만으로는 기업의 자산·부채에 변화가 일어나지 않는다. 따라서 ㄴ, ㄷ은 회계 상의 거래에 해당하지 않는다.

014 회계의 순환과정 답 ③

회계상의 거래가 되기 위해서는 기업의 자산·부채에 변화가 있어야 한다. 계약을 체결한 것만으로는 기업의 자산·부채에 변화가 일어나지 않는다.

015 회계의 순환과정 답 ④

양해각서(MOU) 교환과 같은 단순한 계약의 체결로는 기업의 자산(부채)가 변동하지 않으므로 회계 상의 거래에 해당하지 않는다.

016 회계의 순환과정 답 ②

②의 상황만 회계 상의 거래에 해당한다.

017 회계의 순환과정 답 ③

1/18 은행에서 100,000을 차입하여 현금을 수취하였다.

018 회계의 순환과정 답 ④

대여금 100,000을 현금으로 회수하면서 현금계정에 100,000 차기하고, 대여금계정에 200,000 대기하였다.
⇨ 차변금액(100,000) ≠ 대변금액(200,000)

(선지분석)

① 비품 100,000을 현금으로 구입하면서 비품계정에 100,000 차기하고, 현금계정에 100,000 대기하는 기록을 두 번 반복하였다. ⇨ 차변금액 = 대변금액
② 매입채무 200,000을 현금으로 지급하면서 현금계정에 100,000 대기하고, 매입채무계정에 100,000 차기하였다. ⇨ 차변금액 = 대변금액
③ 매출채권 100,000을 현금으로 회수하면서 매출채권계정에 100,000 차기하고, 현금계정에 100,000 대기하였다. ⇨ 차변금액 = 대변금액

019 회계의 순환과정 답 ④

차변에 전기한 금액은 없고 대변에만 같은 금액을 두 번 전기했으므로 차변금액과 대변금액의 합계가 일치하지 않을 것이다.

(선지분석)

① 같은 거래를 두 번 분개하여도 차변금액과 대변금액은 동일하다.
② 시산표는 계정과목의 오류를 검증하지 못한다.
③ 실제 거래한 금액과 다르더라도 차변과 대변에 동일한 금액을 기록한 경우 시산표는 검증하지 못한다.

020 회계의 순환과정 답 ④

시산표는 차변과 대변의 합계금액이 일치하는 경우에는 오류를 발견할 수 없다. 차변이나 대변 내에서 계정과목을 잘못 설정하는 경우에도 차변과 대변의 합계금액은 일치할 것이므로 시산표로 발견할 수 있는 오류는 아니다. 대변잔액(사채계정)을 갖는 계정과목을 차변(만기보유금융자산계정)에 기록하게 되면 차변과 대변금액의 합계가 달라질 것이므로 시산표로 검증할 수 있는 오류에 해당한다.

021 회계의 순환과정 답 ③

시산표는 차변금액의 합계와 대변금액의 합계가 일치하지 않는 오류만 검증할 수 있다. 차변과 대변의 금액이 서로 같은 경우에는 시산표를 통해서 검증할 수 없다.

022 회계의 순환과정 답 ③

차변금액은 53,000 대변금액은 35,000이 계상되므로 차변합계와 대변합계가 불일치한다.

023	회계의 순환과정	답 ①

차변기입금액과 대변기입금액이 다른 경우에는 시산표상에서 발견되는 오류이다.

ㄱ. 차변기입 800,000 ≠ 대변기입 80,000

024	회계의 순환과정	답 ③

수정후 시산표

현 금	130,000	매 입 채 무	170,000
재 고 자 산	200,000	미 지 급 금	50,000
선 급 비 용	70,000	미 지 급 비 용	80,000
미 수 수 익	50,000	매 출	120,000
매 출 원 가	100,000	자 본 금	40,000
급 여	50,000	기초이익잉여금	140,000
합 계	600,000	합 계	600,000

025	기말수정분개	답 ④

올바른 수정분개는 아래와 같다.

ㄱ.	(차) 선 수 수 익	20,000	(대) 용 역 매 출	20,000
ㄴ.	(차) 보 험 료	8,000	(대) 선 급 보 험 료	8,000
ㄷ.	(차) 미 수 수 익	6,000	(대) 용 역 매 출	6,000

026	기말수정분개	답 ①

기말수정분개를 나타내면 아래와 같다.

①	(차) 선 급 보 험 료	XXX	(대) 보 험 료	XXX
②	(차) 임 대 료	XXX	(대) 선 수 임 대 료	XXX
③	(차) 대 손 상 각 비	XXX	(대) 대 손 충 당 금	XXX
④	(차) 이 자 비 용	XXX	(대) 미 지 급 이 자	XXX

위 분개에서 ①은 당기순이익을 증가시키고, 나머지 항목은 당기순이익을 감소시킨다.

⇨ 선급보험료 계상: 자산·부채 차변 ⇨ 수익·비용 대변

(선지분석)

② 선수임대료 계상: 자산·부채 대변 ⇨ 수익·비용 차변

③ 대손상각비 계상: 수익·비용 차변

④ 미지급이자 계상: 자산·부채 대변 ⇨ 수익·비용 차변

027	기말수정분개	답 ②

- 당기보험료: $1,200 \times \dfrac{4}{12} = 400$

- 보험료 비용 400을 인식하고 선급보험료 400을 차감하는 분개를 누락하였으므로 당기순이익과 자산이 400만큼 과대계상된다.

028 기말수정분개 답 ①

거래상대방인 ㈜대한이 당기에 10,000을 비용으로 인식했으므로 ㈜한국도 10,000을 당기 수익으로 인식한다.

(차) 선 수 보 험 료　　　10,000　　　(대) 보 험 료 수 익　　　10,000

029 기말수정분개 답 ①

장래에 용역을 제공하기로 하고 대금을 미리 받은 경우, 결산기말까지 용역을 제공한 부분은 수익으로 계상하고 미제공한 부분은 부채로 계상한다.

030 기말수정분개 답 ③

(차) 임 대 수 익　　　60,000　　　(대) 선 수 임 대 료　　　60,000
위의 기말수정분개를 누락하면 수익 60,000(과대), 부채 60,000(과소)된다.

031 기말수정분개 답 ②

270,000(기초) + 700,000(구입) = 사용 + 360,000(기말)
∴ 사용 = 610,000

032 기말수정분개 답 ①

15,000,000 − 1,000,000 + 800,000 − 700,000 − 400,000 = 13,700,000

033 기말수정분개 답 ③

가수금 중 거래처 외상대금 회수분은 '(차) 가수금 20,000/(대) 매출채권 20,000'으로 분개하므로 당기손익에 영향을 미치지 않는다.
500,000 + 10,000 − 13,000 + 18,000 = 515,000

034 기말수정분개 답 ②

주어진 자료를 이용해 결산수정분개를 수행하면 아래와 같다.

(차) 보 험 료　　　10,000　　　(대) 선 급 보 험 료　　　10,000
　　 이 자 수 익　　　20,000　　　　　 선 수 이 자　　　20,000
　　 선 급 임 차 료　　10,000　　　　　 임 차 료　　　10,000
　　 소 모 품　　　 2,000　　　　　 소 모 품 비　　　 2,000
　　 매 출 원 가　 780,000　　　　　 매 입　　　780,000
(−)10,000 − 20,000 + 10,000 + 2,000 − 780,000 = (−)798,000

035 기말수정분개   답 ①

$(7,000 - 2,000) - 800 - 700 + 700 + 600 = 4,800$

036 기말수정분개   답 ①

- 당기 보험료: $3,000 + 12,000 \times \dfrac{6}{12} = 9,000$
- 당기 임대료(수익): $3,000 + 24,000 \times \dfrac{9}{12} = 21,000$
- 당기손익에 미치는 영향: $21,000 - 9,000 = 12,000$(증가)

037 기말수정분개   답 ③

$10,000 - 4,500 - 900 + 500 - 400 - 200 + 1,200 = 5,700$

038 기말수정분개   답 ①

서울㈜의 기말수정분개는 아래와 같다.
(차) 선 급 보 험 료   400,000   (대) 보 험 료   400,000
(차) 소 모 품 비   150,000   (대) 소 모 품   150,000
위 분개를 반영하면 자산과 법인세비용차감전순이익은 250,000만큼 증가한다.

039 기말수정분개   답 ①

1,000,000(수정전 이익) − 100,000(급여) − 100,000(감가상각비) − 50,000(이자비용) + 50,000(이자수익) = 800,000

040 기말수정분개   답 ①

㈜한국의 기말수정분개는 아래와 같다.
(차) 소 모 품 비   28,000   (대) 소 모 품   28,000
(차) 급 여   25,000   (대) 미 지 급 급 여   25,000
(차) 미 수 이 자   6,000   (대) 이 자 수 익   6,000
(차) 임 차 료   12,000   (대) 미 지 급 임 차 료   12,000
$400,000 - 28,000 - 25,000 + 6,000 - 12,000 = 341,000$

041 기말수정분개   답 ④

- 선수수익: 자산 · 부채 대변 ⇨ 수익 · 비용 차변
- 선급비용: 자산 · 부채 차변 ⇨ 수익 · 비용 대변
- 미지급비용: 자산 · 부채 대변 ⇨ 수익 · 비용 차변
- 미수수익: 자산 · 부채 차변 ⇨ 수익 · 비용 대변
- 정확한 당기순이익: 200,000(수정전 당기순이익) − 10,000(선수수익) + 15,000(선급비용) − 20,000 (미지급비용) + 25,000(미수수익) = 210,000

042 기말수정분개   답 ①

(차) 미수이자 30,000 (대) 이자수익 30.000의 분개가 반영되며, 이는 당기순이익을 증가시킨다.

(선지분석)
② 감가상각비계상 ③ 소모품비계상 ④ 선수수익의 이연은 당기순이익을 감소시킨다.

043 기말수정분개   답 ②

기말수정분개는 기본적으로 기말에 외부와의 거래가 없이 수행하므로 대손이 확정된 매출채권을 대손충당금과 상계처리하는 것은 기말수정분개에 해당하지 않는다.

044 기말수정분개   답 ①

회사가 기중 매입한 소모품에 대해 전액 비용으로 인식하였으나 기초소모품에 비해 기말소모품 잔액이 증가하였으므로 당기소모품 중 미사용분이 존재한다.
- 기중 매입 소모품 중 미사용 금액: 70,000(기말소모품) − 50,000(기초소모품) = 20,000
- 미사용소모품에 대해서는 당기 인식한 소모품비 20,000을 취소하고 소모품 자산으로 대체한다.

045 기말수정분개   답 ①

기말수정분개를 수행하면 아래와 같다.
(차) 소 모 품   200,000   (대) 소 모 품 비   200,000
(차) 보 험 료   1,000,000   (대) 선 급 보 험 료   1,000,000
(차) 급 여   5,000,000   (대) 미 지 급 급 여   5,000,000
(차) 미 수 이 자   1,000,000   (대) 이 자 수 익   1,000,000

위 분개를 반영하면, 자산 200,000 증가, 부채 5,000,000 증가, 수익 1,000,000 증가, 비용 5,800,000 증가, 당기순이익(자본) 4,800,000 감소의 효과가 발생한다.
따라서 기말수정분개를 누락하면 위의 설명과 반대의 결과를 가져올 것이다.

046 기말수정분개   답 ③

올바른 기말수정분개는 다음과 같다.
(차) 선 급 임 차 료   50,000   (대) 임   차   료   50,000

047 기말수정분개   답 ②

ⓒ과 관련하여 아래와 같은 기말수정분개가 있었을 것이다.
(차) 매 출 원 가	1,500	(대) 상 품	1,500
매 출 원 가	6,000	매 입	6,000
상 품	2,500	매 출 원 가	2,500

048 기말수정분개   답 ①

	차변		대변	
㉠ 선 수 수 익	3,000	이 자 수 익	3,000	

049 기말수정분개   답 ②

㈜한국의 기말수정분개는 아래와 같다.
(차) 임 차 료	200,000	(대) 선 급 임 차 료	200,000
(차) 감 가 상 각 비	450,000	(대) 감 가 상 각 누 계 액	450,000
(차) 급 여	250,000	(대) 미 지 급 급 여	250,000
(차) F P L	150,000	(대) F P L 평 가 이 익	150,000

• 첫 번째 기말수정분개는 아래와 같이 분석된다.
  –차변을 증가시키고 동시에 차변을 감소시키는 기록

차변의 증가와 차변의 감소	
자 산	부 채
⇧⇩	자 본
비 용	수 익

$$자산(200,000) + 비용 200,000 = 부채 + 자본 + 수익$$

  –따라서 시산표의 차변합계에 영향을 미치지 않는다.
• 두 번째 기말수정분개에서 감가상각누계액은 재무상태표에 표시할 때는 자산(차변)의 차감계정이지만 시산표에 표시할 때는 대변잔액으로 표시한다.

3,000,000(수정전 차변합계) + 450,000(감가상각비) + 250,000(급여) + 150,000(FVPL)
= 3,850,000

050 기말수정분개   답 ①

| (차) 소 모 품 | 200,000 | (대) 소 모 품 비 | 200,000 |
| 미 수 이 자 | 1,000,000 | 이 자 수 익 | 1,000,000 |

- 당기순이익 증가: 200,000 + 1,000,000 = 1,200,000

051 기말수정분개   답 ①

㈜한국의 기말수정분개는 다음과 같다.

| (차) 선 급 임 차 료 | 30,000 | (대) 임 차 료 | 30,000 |
| (차) 급 여 | 20,000 | (대) 미 지 급 급 여 | 20,000 |

- 수정후시산표의 차변합계 증가액: 30,000 + 20,000 − 30,000(임차료) = 20,000

052 기말수정분개   답 ②

㈜한국의 기말수정분개는 다음과 같다.

| (차) 보 험 료 | 9,000 | (대) 선 급 보 험 료 | 9,000 |
| (차) 미 수 임 대 료 | 6,000 | (대) 임 대 료 | 6,000 |

- 수정후시산표의 대변합계 증가액: 6,000(임대료)
- 당기순이익 증감액: 9,000(보험료) − 6,000(임대료) = 3,000(감소)
- 자산 증감액: 9,000(선급보험료) − 6,000(미수임대료) = 3,000(감소)

053 기말수정분개   답 ③

(차) 임대료(수익)	4,000	(대) 선수임대료(부채)	4,000
보험료(비용)	3,000	선급보험료(자산)	3,000
이자비용(비용)	1,000	미지급이자(부채)	1,000
미수이자(자산)	2,000	이자수익(수익)	2,000

- 수익: 90,000 − 4,000 + 2,000 = 88,000
- 비용: 70,000 + 3,000 + 1,000 = 74,000
- 당기순이익: 88,000 − 74,000 = 14,000

054 기말수정분개   답 ③

(차) 소 모 품	30,000	(대) 소 모 품 비	30,000
선 급 보 험 료	55,000	보 험 료	55,000
미 수 수 익	15,000	수 익	15,000
이 자 비 용	10,000	미 지 급 이 자	10,000

- 수정전 차변합계 + 15,000(미수수익) + 10,000(이자비용) = 1,025,000,
  수정전 차변합계 = 1,000,000

055 기말수정분개   답 ①

92,000(현금) + 60,000(매출채권 − 순액) + 3,500(상품) + 240,000(건물 − 순액) + 1,750(선급보험료)
= 397,250

056 기말수정분개   답 ②

12,000(매출) − 5,000(급여) − 2,000(임차료) − 1,500(감가상각비) − 500(이자비용) − 500(대손상각비)
− 5,000(매출원가)*¹ = (−)2,500

[*1] 매출원가: 2,000(기초) + 5,000(매입) − 2,000(기말) = 5,000

057 기말수정분개   답 ④

1,000,000 + 40,000(기말상품) + 70,000(사무용품) + 70,000(금융자산) + 30,000(선수수익) −
100,000(이자수익) = 1,110,000

058 기말수정분개   답 ②

300,000 − 30,000(보험료) − 60,000(선수임대료) − 5,000(이자비용) = 205,000

059 기말수정분개   답 ③

(차) 선 급 보 험 료   50,000   (대) 보   험   료   50,000
     소   모   품   비   230,000   소   모   품   230,000
     임   대   료   수   익   100,000   선   수   임   대   료   100,000

비용: 230,000(소모품비) − 50,000(보험료) = 180,000(증가)

(선지분석)
① 자산: 50,000(선급보험료) − 230,000(소모품) = (−)180,000(감소)
② 부채: 100,000 증가(선수임대료)
④ 당기순이익: (−)100,000(임대료수익) − 180,000 = (−)280,000(감소)

060 기말수정분개   답 ③

• 화재보험료 1년 총액: $450,000 \times \dfrac{12개월}{9개월} = 600,000$

• 3월 말 기준 기계장치의 잔존내용연수: 매월 감가상각비가 $100,000(\dfrac{6,000,000}{60개월})$이고, 3월 말 장부금액이
3,600,000이므로 잔존내용연수는 36개월이다.

061 기말수정분개 답 ②

- 임차료: 차변잔액이 10,000이므로 대변에 (집합손익으로) 10,000을 기록하여 마감한다.
- 지급어음: 대변잔액이 50,000이므로 차변에 (차기이월로) 50,000을 기록하여 마감한다.

062 기말수정분개 답 ③

(1) 수정전시산표 오류수정

계정과목	차변	대변
현금	200	
매출		300
매출채권	500	
건물	1,000	
미지급금		150
재고자산	200	
선급보험료	50	
자본금		1,000
소모품	30	
선수수익		50
미수수익	10	
차입금		500
매입채무		50
임차비용	30	
급여	30	
합계	2,050	2,050

(2) 결산조정사항
① (차) 매 출 원 가   190   (대) 재 고 자 산 평 가   190
       (평 가 손 실)   충   당   금
② (차) 이 자 비 용   10   (대) 미 지 급 이 자   10

(3) 수정후시산표 차변잔액: 2,050 + 190 + 10 = 2,250

(별해)

(1) 수정전시산표 오류수정: (2,390 + 1,710) ÷ 2 = 2,050

(2) 결산조정사항 반영 후 수정후시산표 차변잔액: 2,050 + 190 + 10 = 2,250

063 기말수정분개 답 ③

구분	발생기준	현금기준
(1) 이 자 수 익	$100,000 \times 0.04 \times \dfrac{6}{12} = 2,000$	0 (20X2년에 인식)
(2) 종업원급여	(1,000)	0 (20X2년에 인식)
(3) 임대료수익	2,000	6,000

시산표T계정을 이용한 풀이방법

자산		비용		부채		수익	
				선수임대료 1,400 증가		임대료 1,400 감소	
미수이자 100 증가						이자수익 100 증가	
선급보험료 2,200 증가		보험료 2,200 감소					
자산 2,300 증가		비용 2,200 감소		부채 1,400 증가		수익 1,300 감소	

수정 후 시산표

자산	비용	부채	수익
	10,000	10,000	
(10,000)	10,000		
		(10,000)	10,000
	10,000	10,000	

따라서, 부채는 10,000 과소 계상된다.

정답

p.34

001	②	002	③	003	②	004	②	005	④
006	④	007	①	008	②	009	③	010	③
011	③	012	②	013	④	014	①	015	④
016	③	017	③	018	④	019	①	020	①
021	③	022	③	023	④	024	②	025	②
026	②	027	③	028	④	029	③	030	①
031	②	032	①	033	②	034	④	035	③
036	④	037	③	038	②	039	①	040	①
041	④	042	②	043	④	044	②	045	④
046	③	047	②	048	①	049	②	050	④
051	①	052	②	053	③	054	③	055	④
056	②	057	③	058	③	059	④	060	④
061	④	062	④	063	④	064	①	065	②
066	③	067	①	068	①	069	②	070	③
071	④	072	①	073	②	074	④		

001　재무정보의 질적 특성　　　　　　　　　　　답 ②

근본적 질적 특성에는 목적적합성과 충실한 표현이 있다.

002　재무정보의 질적 특성　　　　　　　　　　　답 ③

중립적 서술은 재무정보의 선택이나 표시에 편의가 없는 것이다. 중립적 서술은, 정보이용자가 재무정보를 유리하게 또는 불리하게 받아들일 가능성을 높이기 위해 편파적이 되거나, 편중되거나, 강조되거나, 경시되거나 그 밖의 방식으로 조작되지 않는다. 중립적 정보는 목적이 없거나 행동에 대한 영향력이 없는 정보를 의미하지 않는다.

003　재무정보의 질적 특성　　　　　　　　　　　답 ②

회계기준위원회는 중요성에 대한 획일적인 계량 임계치를 정하거나 특정 상황에서 무엇이 중요한 것이지를 미리 결정할 수 없다.

004　재무정보의 질적 특성　　　　　　　　　　　답 ②

일관성은 비교가능성을 달성하기 위한 수단으로 일관성과 비교가능성은 동일한 개념에 해당하지 않는다.

005 재무정보의 질적 특성   답 ④

목적적합성의 하부속성으로 예측가치, 확인가치, 중요성이 있다.

006 재무정보의 질적 특성   답 ④

재무정보가 예측가치를 갖기 위해서는 그 자체가 예측치 또는 예상치일 필요는 없다.

007 재무정보의 질적 특성   답 ①

목적적합한 재무정보는 정보이용자의 의사결정에 유리한 차이가 나도록 할 수 있다.

008 재무정보의 질적 특성   답 ②

(선지분석)

ㄴ. 중요성은 재무제표 표시와 관련된 임계치나 판단기준으로 연결재무제표의 작성과는 관계가 없다. 연결재무제표는 거래의 형식보다는 실질을 중요시하는 원칙에 의해 작성되는 것이다.

009 재무정보의 질적 특성   답 ③

검증가능성은 보강적 질적 특성으로 표현충실성과 무관하다.

010 재무정보의 질적 특성   답 ③

측정불확실성이 높은 수준이더라도 그러한 추정이 무조건 유용한 재무정보를 제공하지 못하는 것은 아니다.

011 재무정보의 질적 특성   답 ③

근본적 질적 특성인 표현충실성에 대한 설명이다.

012 재무정보의 질적 특성   답 ②

표현충실성에 대한 설명으로, 표현충실성은 근본적 질적 특성에 해당한다.

(선지분석)

보강적 질적 특성으로는 비교가능성(①), 검증가능성, 적시성(③), 이해가능성(④)이 있다.

013 재무정보의 질적 특성 답 ④

오류가 없다는 것은 현상의 기술에 오류나 누락이 없고, 보고정보를 생산하는 데 사용되는 절차의 선택과 적용 시 절차 상 오류가 없음을 의미하며, 모든 면에서 완벽하게 정확하다는 것을 의미하지는 않는다.

014 재무정보의 질적 특성 답 ①

(선지분석)

ㄷ. 비교가능성, 검증가능성, 적시성 및 이해가능성은 목적적합하고 충실하게 표현된 정보의 유용성을 보강 시키는 질적 특성이다.

ㄹ. 일반목적 재무보고의 목적을 달성하기 위해 회계기준위원회는 '개념체계'의 관점에서 벗어난 요구사항 을 정하는 경우가 있을 수 있다.

015 재무정보의 질적 특성 답 ④

표현충실성을 위해서는 서술이 완전하고(①), 중립적이며(②), 오류가 없어야(③) 한다.

016 재무정보의 질적 특성 답 ③

비교가능성은 정보이용자가 항목 간의 유사점과 차이점을 식별하고 이해할 수 있게 하는 질적 특성이다.

017 재무정보의 질적 특성 답 ③

③은 검증가능성에 대한 설명이다.

018 재무정보의 질적 특성 답 ④

(선지분석)

① 근본적 질적 특성인 목적적합성을 갖추기 위한 요소이다.

② 비교가능성에 대한 설명이다.

③ 적시성에 대한 설명이다.

019 재무정보의 질적 특성 답 ①

일관성은 비교가능성과 관련은 되어 있지만 동일하지는 않다. 비교가능성은 목표이고 일관성은 그 목표를 달성하는 데 도움을 준다.

020 재무정보의 질적 특성　　　　　　　답 ①

충실한 표현이 모든 면에서 정확해야 하는 것을 의미하지는 않는다. 오류가 없다는 것은 현상의 기술에 오류나 누락이 없고, 보고정보를 생산하는 데 사용되는 절차의 선택과 적용에 있어서 오류가 없음을 의미한다.

021 재무정보의 질적 특성　　　　　　　답 ③

이해가능성에 대한 설명이 아닌 검증가능성에 대한 설명이다.

022 재무정보의 질적 특성　　　　　　　답 ③

단 하나의 경제적 현상을 충실하게 표현하는데 여러 가지 방법이 있을 수 있으나 동일한 경제적 현상에 대해 대체적인 회계처리방법을 허용하면 비교가능성이 감소한다.

023 재무보고를 위한 개념체계　　　　　　답 ④

일반목적 재무보고의 목적을 달성하기 위해 회계기준위원회는 '개념체계'의 관점에서 벗어난 요구사항을 정하는 경우가 있을 수 있다.

024 재무보고를 위한 개념체계　　　　　　답 ②

미래현금흐름 예측에 유용한 정보는 정보이용자의 의사결정에 도움이 되는 정보이므로 재무회계는 이러한 정보를 제공하는 것을 목적으로 한다.

025 일반목적재무보고　　　　　　　　답 ②

일반목적재무보고서는 현재 및 잠재적 투자자, 대여자와 그 밖의 채권자가 필요로 하는 모든 정보를 제공하지는 않으며 제공할 수도 없다.

026 재무보고를 위한 개념체계　　　　　　답 ②

일반목적재무보고서가 정보이용자가 필요로 하는 모든 정보를 제공할 수는 없다.

027 재무보고를 위한 개념체계　　　　　　답 ③

보강적 질적 특성에는 비교가능성, 검증가능성, 적시성 및 이해가능성이 있다.

028 재무보고를 위한 개념체계   답 ④

경영활동을 청산하거나 중요하게 축소할 의도나 필요성이 있다면 계속기업을 가정한 기준과는 다른 기준을 적용하여 작성하는 것이 타당할 수 있으며, 이때 적용한 기준은 별도로 공시한다.

029 재무보고를 위한 개념체계   답 ③

보고기업의 경영진도 해당 기업에 대한 재무정보에 관심이 있다. 그러나 경영진은 그들이 필요로 하는 재무정보를 내부에서 구할 수 있기 때문에 일반목적재무보고서에 의존할 필요가 없다.

030 재무보고를 위한 개념체계   답 ①

자산이나 부채를 인식하기 위해서는 측정을 해야 한다. 많은 경우 그러한 측정은 추정되어야 하며 따라서 측정불확실성의 영향을 받는다.

031 부채의 정의   답 ②

(선지분석)
① 의무는 항상 다른 당사자(또는 당사자들)에게 이행해야 한다. 다른 당사자는 사람이나 또 다른 기업, 사람들 또는 기업들의 집단, 사회 전반이 될 수 있다. 한편, 의무를 이행할 대상인 당사자(또는 당사자들)의 신원을 알 필요는 없다.
③ 의무에는 기업이 경제적자원을 다른 당사자(또는 당사자들)에게 이전하도록 요구받게 될 잠재력이 있어야 한다. 그러한 잠재력이 존재하기 위해서는, 기업이 경제적자원의 이전을 요구받을 것이 확실하거나 그 가능성이 높아야 하는 것은 아니다.
④ 새로운 법률이 제정되는 경우에는, 그 법률의 적용으로 경제적효익을 얻게 되거나 조치를 취한 결과로, 기업이 이전하지 않아도 되었을 경제적자원을 이전해야 하거나 이전하게 될 수도 있는 경우에만 현재의 의무가 발생한다.

032 재무보고를 위한 개념체계   답 ①

(선지분석)
ㄴ. 부채를 발생시키거나 인수하면서 수취한 대가에서 거래원가를 차감한 가치이다.
ㄹ. 공정가치는 자산을 취득할 때 발생한 거래원가로 인해 증가하지 않는다.

033 재무보고를 위한 개념체계   답 ②

공정가치는 자산의 궁극적인 처분이나 부채의 이전 또는 결제에서 발생할 거래의 원가를 반영하지 않는다.

034 재무보고를 위한 개념체계 답 ④

실물자본유지개념을 사용하기 위해서는 현행원가기준에 따라 측정해야 한다. 그러나 재무자본유지개념은 특정한 측정기준의 적용을 요구하지 아니한다. 재무자본유지개념 하에서 측정기준의 선택은 기업이 유지하려는 재무자본의 유형과 관련이 있다.

035 재무보고를 위한 개념체계 답 ③

보고기업이 반드시 법적 실체일 필요는 없다.

036 재무제표과 보고기업 답 ④

연결재무제표는 특정 종속기업의 자산, 부채, 자본, 수익 및 비용에 대한 별도의 정보를 제공하지는 않는다.

037 재무제표 표시 답 ③

재무제표에는 중요하지 않아 구분하여 표시하지 않은 항목이라도 주석에서는 구분 표시해야 할 만큼 충분히 중요할 수 있다.

038 재무제표 표시 답 ②

우리나라의 회계원칙

(1) 한국채택국제회계기준(K – IFRS): 상장기업은 의무적으로 적용하여야 하며, 비상장기업은 선택에 따라 적용할 수 있다.

(2) 일반기업회계기준: K – IFRS를 선택하지 않은 비상장기업이 적용한다.

039 재무제표 표시 답 ①

재고자산에 대한 재고자산평가충당금과 매출채권에 대한 대손충당금과 같은 평가충당금을 차감하여 관련 자산을 순액으로 측정하는 것은 상계표시에 해당하지 아니한다.

040 재무제표 표시 답 ①

외환손익 또는 단기매매금융상품에서 발생하는 손익과 같이 유사한 거래의 집합에서 발생하는 차익과 차손은 순액으로 표시한다. 다만, 차익과 차손이 중요한 경우에는 구분하여 표시한다.

041 재무제표 표시 답 ④

이익잉여금처분계산서(결손금처리계산서)는 한국채택국제회계기준에서 정하고 있는 재무제표에 포함되지 않는다.

042   재무제표 표시 답 ②

기업이 경영활동을 청산하거나 중요하게 축소할 의도나 필요성이 있다면 재무제표는 계속기업을 가정한 기준과는 다른 기준을 적용하여 작성하는 것이 타당할 수 있으며 이때 적용한 기준은 별도로 공시하여야 한다.

043   재무제표 표시 답 ④

매출채권에 대해 대손충당금을 차감하여 순액으로 측정하는 것은 상계표시에 해당하지 않는다.

044   재무제표 표시 답 ②

기업이 가지고 있는 자원의 활용을 나타내는 것은 자산이다.

045   재무제표 표시 답 ④

(선지분석)
① 재무상태표에 자산과 부채는 유동·비유동으로 구분하거나 유동성 순서에 따라 배열한다.
② 포괄손익계산서 또는 주석에 특별손익을 표시할 수 없다.
③ 부적절한 회계정책은 공시나 주석 또는 보충 자료를 통해 정당화될 수 없다.

046   재무제표 표시 답 ③

당기 재무제표를 이해하는 데 목적적합하다면 서술형정보의 경우에도 비교정보를 포함한다.

047   재무제표 표시 답 ②

보고기간 종료일을 변경하는 경우에는 일시적으로 재무제표의 보고기간이 1년을 초과하거나 미달할 수 있다.

048   재무제표 표시 답 ①

경영진은 재무제표를 작성할 때, 계속기업으로서의 존속가능성을 평가한다.

049   재무제표 표시 답 ②

재무제표의 표시통화를 천 단위나 백만 단위로 표시할 때 더욱 이해가능성이 제고될 수 있다. 이러한 표시는 금액 단위를 공시하고 중요한 정보가 누락되지 않는 경우에 허용될 수 있다.

050 재무제표 표시   답 ④

매입채무와 같은 유동부채는 기업의 정상영업주기 내에 사용되는 운전자본의 일부이므로 보고기간 후 12개월 후에 결제일이 도래한다 하더라도 유동부채로 분류한다.

051 재무제표 표시   답 ①

이연법인세 자산(부채)은 유동자산(부채)으로 분류하지 않는다.

052 재무제표 표시   답 ②

재무상태표일로부터 1년 이내에 상환되어야 하는 채무는 재무상태표일과 재무제표가 사실상 확정된 날 사이에 재무상태표일로부터 1년을 초과하여 상환하기로 합의하더라도 유동부채로 분류한다.

053 재무제표 표시   답 ③

200,000(정기예금) + 50,000(당좌예금) + 150,000(단기매매금융자산) = 400,000

054 재무제표 표시   답 ③

(차) 선 수 금	20,000	(대) 매 출	80,000
매 출 채 권	60,000		
매 출 원 가	50,000	제 품	50,000

비유동자산은 영향이 없다.

(선지분석)
① 선수금 20,000 감소
② 수익(매출) 80,000 증가
④ 순유동자산 30,000 증가(20,000 + 60,000 − 50,000)

055 재무제표 표시   답 ④

포괄손익계산서 또는 주석에 특별손익 항목을 표시할 수 없다.

056 재무제표 표시   답 ②

매출원가, 물류원가, 관리활동원가 등으로 구분하여 표시하는 것은 기능별 분류이다. 해당 분류법에서는 최소한 매출원가는 구분하여 표시하여야 하며 매출원가법이라고도 한다.

057 재무제표 표시

답 ③

📝Memo

선지분석

① 비용의 기능별 분류는 성격별 분류보다 재무제표이용자에게 더욱 목적적합한 정보를 제공할 수 있다.

② 비용의 기능별 분류는 비용을 배분하는 데 자의성과 상당한 정도의 판단이 개입될 수 있다.

④ 비용의 성격별 분류는 미래현금흐름을 예측하는 데 더 유용하다.

058 재무제표 표시

답 ③

성격별 분류법에서는 당기손익에 포함된 비용은 그 성격별(예 감가상각비, 원재료의 구입, 운송비, 종업원급여와 광고비)로 통합하며, 기능별로 재배분하지 않는다.

059 재무제표 표시

답 ④

비용을 기능별로 분류하는 기업은 감가상각비, 종업원급여비용 등을 포함하여 비용의 성격별 분류에 대한 추가 정보를 제공한다.

060 재무제표 표시

답 ④

수익과 비용의 어느 항목도 포괄손익계산서, 별개의 손익계산서(표시하는 경우) 또는 주석에 특별손익 항목으로 표시할 수 없다.

061 재무제표 표시

답 ④

선지분석

① 재무상태표 상 자산과 부채는 유동성 순서에 따라 표시하거나 유동·비유동으로 구분하여 표시한다.

② 한국채택국제회계기준은 재무제표에만 적용한다.

③ 매출채권에서 대손충당금을 차감하여 매출채권을 순액으로 표시하는 것은 상계에 해당하지 않는다.

062 재무제표 표시

답 ④

선지분석

① 재무제표 중 현금흐름표는 현금기준으로 작성한다.

② 포괄손익계산서 상의 비용은 성격별 분류법과 기능별 분류법 중 선택하여 표시한다.

③ 재무제표 표시에 있어 유사한 항목은 중요성 분류에 따라 재무제표에 구분하여 표시하며, 상이한 성격이나 기능을 가진 항목은 구분하여 표시한다.

063 재무제표 표시

답 ④

당기손익과 기타포괄손익을 표시하는 보고서나 주석에 특별손익 항목을 별도로 표시할 수 없다.

064 재무제표 표시

답 ①

기타포괄손익의 항목(재분류조정 포함)과 관련한 법인세비용금액은 포괄손익계산서나 주석에 공시한다.

065 재무제표 표시

답 ②

유형자산 및 투자자산의 취득에서는 수익과 비용이 발생하지 아니한다. 따라서 수익과 비용 항목의 별도 공시가 필요할 수 있는 상황이 아니다. 수익과 비용 항목의 별도 공시가 필요할 수 있는 상황은 유형자산의 처분, 투자자산의 처분, 소송사건의 해결 등이 있다.

066 재무제표 표시

답 ③

$300,000 - 128,000 - 4,000(대손비) - 30,000(급여) - 3,000(감가비) - 20,000(임차료) = 115,000$

067 재무제표 표시

답 ①

$100,000(매출) - 70,000(매출원가) - 10,000(감가상각비) - 5,000(종업원급여) - 5,000(광고선전비) = 10,000$

068 재무제표 표시

답 ①

자산과 부채는 유동·비유동 구분법과 유동성 순서 배열법 중 선택해서 표시한다.

069 재무제표 표시

답 ②

(선지분석)
ㄷ. 포괄손익계산서는 일정 회계기간 동안의 기업의 경영성과에 관한 정보를 제공한다.
ㄹ. 재무제표의 작성과 표시에 대한 책임은 회사(경영자)에 있다.

📝Memo

주석은 재무제표이용자가 재무제표를 이해하고 다른 기업의 재무제표와 비교하는 데 도움을 줄 수 있도록 일반적으로 다음 순서로 표시한다.

- 한국채택국제회계기준을 준수하였다는 사실
- 적용한 유의적인 회계정책의 요약
- 재무상태표, 포괄손익계산서, 별개의 손익계산서(표시하는 경우), 자본변동표 및 현금흐름표에 표시된 항목에 대한 보충정보
- 다음을 포함한 기타 공시
  - 우발부채와 재무제표에서 인식하지 아니한 계약 상 약정사항
  - 비재무적 공시항목(예 기업의 재무위험관리목적과 정책)

(선지분석)
① 재무상태표의 자산과 부채는 유동·비유동구분법과 유동성순서배열법 중 선택하여 표시한다.
② 충당부채는 상환금액 및 상환시기 등이 불확실한 부채이다.
④ 현금흐름표 작성 시 배당금 지급은 영업활동 또는 재무활동으로 분류한다.

기타포괄손익 – 공정가치 측정 채무상품의 평가손익은 채무상품 처분 시에 처분손익(당기손익)으로 재분류한다.

(선지분석)
② 부적절한 회계정책을 적용한 경우 공시나 주석 또는 보충자료를 통해 설명하더라도 정당화 할 수 없다.
③ 기업은 현금흐름정보를 제외하고 발생기준 회계를 사용하여 재무제표를 작성한다.
④ 수익과 비용의 어느 항목도 포괄손익계산서 또는 주석에 특별손익으로 표시할 수 없다.

재분류조정을 주석에 표시하는 경우에는 관련 재분류조정을 반영한 후에 기타포괄손익의 항목을 표시한다.

주석은 재무제표의 일부로서 재무제표에 포함된다.

재무회계

2022 해커스공무원 현진환 회계학 단원별 기출문제집

정답

p.53

001	③	002	②	003	④	004	③	005	①
006	①	007	②	008	①	009	②	010	②
011	④	012	②	013	②	014	①	015	④
016	①	017	①	018	②	019	①	020	④
021	②	022	④	023	③	024	④	025	①
026	②	027	④	028	②	029	②	030	②
031	②	032	④	033	③	034	①	035	①
036	①								

001 에누리·환출입·할인·운임　　　　　　　　　　　　　　　　답 ③

포괄손익계산서

매출	$1{,}000 - 100(환입) - 100(할인) =$	800
매출원가		700
기초상품	400	
(＋)당기매입	$700 - 100(에누리) - 100(할인) + 100(운임) = 600$	
(－)기말상품	300	
매출총이익		100

002 에누리·환출입·할인·운임　　　　　　　　　　　　　　　　답 ②

매출운임, 광고비, 급여, 수선유지비는 판매비와 관리비 등으로 처리되는 계정으로 매출총이익을 구하는 과정에 포함하지 않는다.

포괄손익계산서

매출	$700{,}000 - 18{,}000(에누리) - 16{,}000(할인) - 6{,}000(환입) =$	660,000
매출원가		330,000
기초상품	48,000	
(＋)당기매입	$320{,}000 - 3{,}000(에누리) - 2{,}000(할인) + 1{,}000(운임) - 4{,}000(환출) = 312{,}000$	
(－)기말상품	30,000	
매출총이익		330,000

003 에누리·환출입·할인·운임　　　　　　　　　　　　　　　　답 ④

- 순매입액: $150{,}000(총매입) - 20{,}000(매입환출) - 5{,}000(매입에누리) = 125{,}000$
- 매출원가: $30{,}000(기초재고) + 125{,}000(순매입액) - 40{,}000(기말재고) = 115{,}000$

004　에누리·환출입·할인·운임　　　답 ③

- 매출원가: 280,000(순매출액) − 100,000(매출총이익) = 180,000
- X(기초상품) + 200,000 = 180,000(매출원가) + 55,000(기말상품)
  - ∴ X(기초상품) = 35,000

005　에누리·환출입·할인·운임　　　답 ①

- 순매출액: 200,000 − 5,000(매출할인) = 195,000
- 순매입액: 100,000 + 10,000(매입운임) − 1,000(매입에누리) − 1,000(매입할인) = 108,000
- 매출원가: 108,000(순매입액) − 15,000(기말상품) = 93,000
- 매출총이익: 195,000 − 93,000 = 102,000

006　에누리·환출입·할인·운임　　　답 ①

- 매출원가: 10,000 − 2,000 = 8,000
- 순매입: 8,000 + 500 − 600 = 7,900
- 총매입: 7,900 + 800 − 200 = 8,500

007　에누리·환출입·할인·운임　　　답 ②

신용조건에 따라 11월 10일에 회수된 대금에 대해서는 5% 할인을 적용한다.
현금 유입액: 50,000 × 50% × 95% + 50,000 × 20% = 33,750

008　수익인식 기준　　　답 ①

도착지 인도조건으로 판매하고 기말 현재 운송 중인 미착상품에 대해서는 수익을 인식하지 아니한다.

009　수익인식 기준　　　답 ②

- 적송품 총원가: 800 × 400개 + 1,000 = 321,000
- 기말적송품: $321,000 \times \dfrac{200개}{400개} = 160,500$

010 수익인식 기준

매출원가: (800,000 × 10대 + 100,000) × 80% = 6,480,000

011 수익인식 기준 답 ④

- 매출액: 600,000
- 기말 적송품: $(1,200 \times 500개 + 30,000) \times \dfrac{1}{5} = 126,000$

012 수익인식 기준 답 ②

- 이익을 구하는 것이므로 수익(매출)에서 관련비용(매출원가 및 판매비)을 차감하여야 한다.
- 100,000 × 50개 − 6,040,000 × 0.5(매출원가) − 50개 × 10,000(판매수수료) = 1,480,000

013 수익인식 기준 답 ②

상품 판매의 경우 판매기준을 적용하므로 현금회수와 관계없이 판매시점에 전액 매출을 인식한다.
매출총이익: 500,000 − 300,000 = 200,000

014 수익인식 기준 답 ①

일반적인 재화의 판매로 인한 수익의 인식은 인도기준에 의한다. 따라서 2009년에 인식해야 할 매출액은
50,000개 × 50 = 2,500,000이다.

015 수익인식 기준 답 ④

다음 기준을 모두 충족하는 때에만, 고객과의 계약으로 회계처리한다.
- 계약당사자들이 계약을 (서면으로, 구두로, 그 밖의 사업 관행에 따라) 승인하고 각자의 의무를 수행하기로 확약한다.
- 이전할 재화나 용역과 관련된 각 당사자의 권리를 식별할 수 있다.
- 이전할 재화나 용역의 지급조건을 식별할 수 있다.
- 계약에 상업적 실질이 있다(계약의 결과로 기업의 미래현금흐름의 위험, 시기, 금액이 변동될 것으로 예상된다).
- 고객에게 이전할 재화나 용역에 대하여 받을 권리를 갖게 될 대가의 회수가능성이 높다.

016 수익인식 기준 답 ①

고객에게 이전할 재화나 용역에 대하여 받을 권리를 갖게 될 대가의 회수가능성이 높은 경우에 수익을 인식한다.

017 수익인식 기준
답 ①

제삼자를 대신하여 회수한 금액은 수익에 포함하지 않고 부채로 인식한다.

018 수익인식 기준
답 ②

(선지분석)

① 수익인식 5단계: 계약식별 → 수행의무 식별 → 거래가격 산정 → 거래가격 배분 → 수행의무별 수익인식

③ 제삼자를 대신하여 회수한 금액은 수익에 포함하지 않는다(부채에 해당).

④ 다음 기준을 모두 충족하는 때에만, 고객과의 계약을 식별할 수 있다.
- 계약당사자들이 계약을 승인하고 각자의 의무를 수행하기로 확약한다.
- 이전할 재화나 용역과 관련된 각 당사자의 권리를 식별할 수 있다.
- 이전할 재화나 용역의 지급조건을 식별할 수 있다.
- 계약에 상업적 실질이 있다.
- 고객에게 이전할 재화나 용역에 대하여 받을 권리를 갖게 될 대가의 회수가능성이 높다.

019 수익인식 기준
답 ①

변동대가(금액)는 다음 중에서 기업이 받을 권리를 갖게 될 대가(금액)를 더 잘 예측할 것으로 예상하는 방법을 사용하여 추정한다.
- 기댓값: 기댓값은 가능한 대가의 범위에 있는 모든 금액에 각 확률을 곱한 금액의 합이다. 기업에 특성이 비슷한 계약이 많은 경우에 기댓값은 변동대가(금액)의 적절한 추정치일 수 있다.
- 가능성이 가장 높은 금액: 가능성이 가장 높은 금액은 가능한 대가의 범위에서 가능성이 가장 높은 단일 금액이다. 계약에서 가능한 결과치가 두 가지뿐일 경우에는 가능성이 가장 높은 금액이 변동대가의 적절한 추정치가 될 수 있다.

020 수익인식 기준
답 ④

비현금대가의 공정가치가 대가의 형태만이 아닌 이유로 변동된다면, 변동대가 추정치의 제약규정을 적용한다.

021 수익인식 기준
답 ②

개별 판매가격을 추정하기 위해 잔여접근법을 적용하는 경우 개별 판매가격은 총거래가격에서 계약에서 약속한 그 밖의 재화나 용역의 관측 가능한 개별 판매가격의 합계를 차감하여 추정한다.

022 수익인식의 5단계 모형

답 ④

수익인식의 5단계 모형을 적용하면 다음과 같다

> - 1단계: 계약의 식별
>   20X1년 7월 1일 판매계약의 체결에 따라 계약을 식별할 수 있다.
> - 2단계: 수행의무의 식별
>   옥외전광판을 인도하는 수행의무와 유지서비스를 제공하는 수행의무로 구성된다.
> - 3단계: 거래가격의 산정
>   거래가격은 40,000,000 이다.
> - 4단계: 거래가격을 수행의무에 배분
>   - 옥외전광판에 배부될 거래가격: $40,000,000 \times \dfrac{30,000,000}{50,000,000} = 24,000,000$
>   - 유지서비스에 배부될 거래가격: $40,000,000 \times \dfrac{20,000,000}{50,000,000} = 16,000,000$
> - 5단계: 수행의무를 이행할 때 수익인식
>   - 20X1년도의 매출액: $24,000,000 + 16,000,000 \times \dfrac{6}{12} = 32,000,000$
>   - 20X2년도의 매출액: $16,000,000 \times \dfrac{6}{12} = 8,000,000$

20X2년의 매출총이익: 8,000,000 − 5,000,000 = 3,000,000

(선지분석)

① 20X1년 7월 1일에 인식한 매출액: 옥외전광판 판매분 ₩ 24,000,000이다.

② 20X1년의 매출액: $24,000,000 + 16,000,000 \times \dfrac{6}{12} = 32,000,000$

③ 20X1년의 매출총이익: 32,000,000 − 20,000,000 − 5,000,000 = 7,000,000

023 수익인식 기준

답 ③

5,000 × 8대 = 40,000

024 재매입약정

답 ④

20X2년 3월 31일 콜옵션을 행사하지 않았으므로 제품에 대한 통제권이 고객한테 이전되므로 매출액을 인식한다.

025 건설계약

답 ①

- 2012년 이익: $(5,000,000 - 3,000,000) \times \dfrac{6}{30} = 400,000$
- 2013년 이익: $(5,000,000 - 3,000,000) \times \dfrac{15}{30} - 400,000 = 600,000$

026 건설계약

답 ②

본 문제는 16년 말에 17년에 발생할 계약원가를 정확히 예측한다는 가정 하에 풀이하였다.

- 2016년 계약이익: $1{,}000{,}000 \times \dfrac{16}{40} = 400{,}000$
- 2017년 계약이익: $1{,}000{,}000 - 400{,}000 = 600{,}000$

027 건설계약

답 ④

- 2011년 이익: $(100억 - 80억) \times \dfrac{20}{80} = 5억$
- 2012년 이익: $(120억 - 100억) \times \dfrac{60}{100} - 5억 = 7억$

028 건설계약

답 ②

- 2017년도 진행률 30% = 2017년도 계약원가(X) ÷ 15,000
  ∴ 2017년도 계약원가(X) = 4,500
- 2018년도 진행률 60% = {4,500 + 2018년도 계약원가(Y)} ÷ 16,000
  ∴ 2018년도 계약원가(Y) = 5,100

029 건설계약

답 ②

- 2015년 계약손익: $(300{,}000 - 100{,}000) \times \dfrac{8}{10} = 160{,}000(이익)$
- 2016년 계약손익: $(300{,}000 - 200{,}000) - 160{,}000 = 60{,}000(손실)$

030 건설계약

답 ②

- 2007년 계약이익: $(20{,}000{,}000 - 16{,}000{,}000) \times \dfrac{4}{16} = 1{,}000{,}000$
- 2008년 계약이익: $(20{,}000{,}000 - 21{,}000{,}000) - 1{,}000{,}000 = 2{,}000{,}000(손실)$

031 건설계약

답 ②

- 20X0년 계약이익: $(10{,}000{,}000 - 9{,}000{,}000) \times \dfrac{45}{90} = 500{,}000$
- 20X1년 계약이익: $(10{,}000{,}000 - 10{,}500{,}000) - 500{,}000 = 1{,}000{,}000(손실)$

031 건설계약 답 ②

- 20X0년 계약이익: $(10,000,000 - 9,000,000) \times \dfrac{45}{90} = 500,000$
- 20X1년 계약이익: $(10,000,000 - 10,500,000) - 500,000 = 1,000,000(손실)$

032 건설계약 답 ④

- 2014년 계약이익: $(300,000 - 200,000) \times \dfrac{5}{20} = 25,000$
- 2015년 계약이익: $(300,000 - 200,000) \times 65\% - 25,000 = 40,000$

(선지분석)

① 2014년의 계약진행률: $\dfrac{5}{20} = 25\%$

② 2015년까지 계약수익: $300,000 \times \dfrac{13}{20} = 195,000$

　　2016년 계약수익: $300,000 - 195,000 = 105,000$

③ 2015년까지의 누적계약진행률: $\dfrac{13}{20} = 65\%$

033 건설계약 답 ③

- 완성기준 20X3년 이익: $200,000 - 150,000 = 50,000$
- 진행기준 20X3년 이익: $50,000 \times 30\% = 15,000$

034 건설계약 답 ①

- 미성공사(누적계약수익): $2,500,000 \times \dfrac{5}{20} = 625,000$
- 진행청구액: 550,000
- $625,000 - 550,000 = 75,000(계약자산 - 미청구공사)$

035 건설계약 답 ①

- 미성공사(= 누적계약수익): $1,000 \times \dfrac{6}{8} = 750$
- 진행청구액: $300 + 400 = 700$
- 계약자산(미청구공사): $750 - 700 = 50$

036 건설계약 답 ①

- 미성공사(누적계약수익): $60,000 \times \dfrac{35}{50} = 42,000$
- 진행청구액: $10,000 + 30,000 = 40,000$
- 계약자산(미청구공사): $42,000 - 40,000 = 2,000$

정답

p.63   📝Memo

001	①	002	①	003	①	004	③	005	②
006	③	007	③	008	④	009	①	010	③
011	②	012	①	013	②	014	③	015	④
016	④	017	④	018	①	019	②	020	①
021	①	022	②	023	①	024	③	025	①
026	②	027	③	028	①	029	③	030	③
031	③	032	①	033	③	034	③	035	③
036	②	037	③	038	①	039	②	040	②
041	⑤	042	⑤	043	②	044	③	045	②
046	②	047	④						

001 현금및현금성자산의 분류
답 ①

• 현금과부족 100,000 제거 필요: 현금 100,000 대변 기입
• 여비교통비 120,000 인식 필요: 여비교통비 120,000 차변 기입
• 차변과 대변이 일치하지 않는 금액은 잡이익(잡손실) 처리

(차) 여 비 교 통 비	120,000	(대) 현 금 과 부 족	100,000
현 금 과 부 족	20,000	잡 이 익	20,000

002 현금및현금성자산의 분류
답 ①

결산일 현재 만기가 3개월 이내인 특정현금과 예금은 유동자산으로 분류한다.

003 현금및현금성자산의 분류
답 ①

통화	현금및현금성자산으로 분류한다.
수입인지, 우표	소모품으로 분류한다.
양도성예금증서(만기: 4개월 후 도래)	단기금융상품으로 분류한다.
가불증	대여금으로 분류한다.
거래처발행 가계수표	현금및현금성자산으로 분류한다.
소액현금	현금및현금성자산으로 분류한다.
외상대금으로 받은 약속어음	매출채권으로 분류한다.

현금및현금성자산: 통화(713,800) + 거래발행 가계수표(373,800) + 소액현금(32,000) = 1,123,800

004 현금및현금성자산의 분류   답 ③

수입인지는 소모품으로 분류하고, 약속어음은 매출채권으로 분류한다.

통화(1,500) + 국채이자표(300) + 송금환(400) + 배당금지급통지표(50) + 환매채(500) = 2,750

005 현금및현금성자산의 분류   답 ②

당좌거래개설보증금은 장기금융상품으로, 당좌차월은 단기차입금으로, 수입인지는 소모품으로, 선일자수표는 매출채권으로, 환매채는 단기금융상품으로 각각 분류한다.

공채이자표(5,000) + 지폐와 동전(50,000) + 양도성예금증서(2,000) = 57,000

006 현금및현금성자산의 분류   답 ③

30,000 + 100,000 + 20,000 + 10,000 + 300,000 = 460,000

007 현금및현금성자산의 분류   답 ③

'회사가 발행하였으나 은행에 지급 제시되지 않은 수표'는 ㈜한국이 보유한 수표가 아닌 ㈜한국이 발행하여 타인에게 지급한 것이다. 현재 회사가 소지한 것이 아니므로 ㈜한국의 현금및현금성자산에 해당하지 않는다.

현금(20,000) + 우편환(10,000) + 보통예금(35,000) + 자기앞수표(34,000) + 양도성예금증서(47,000) = 146,000

008 현금및현금성자산의 분류   답 ④

50,000(송금수표) + 100,000(자기앞수표) + 100,000(타인발행수표) = 250,000

009 은행계정조정표   답 ①

<은행계정조정표>

수정전 회사측 잔액	37,500	수정전 은행측 잔액	22,500
미착예금	15,000		
수 수 료	(2,000)		
이자수익	5,000		
부도수표	(6,000)		
오 류	(27,000)		
올바른 잔액	22,500		22,500

010 은행계정조정표 답 ③

<은행계정조정표>

수정전 회사측 잔액	200,000	수정전 은행측 잔액	150,000
미착예금	200,000	미기입예금	150,000
이자비용	(50,000)	미결제수표	(50,000)
오 류	(50,000)		
부도수표	(50,000)		
올바른 잔액	250,000		250,000

011 은행계정조정표 답 ②

<은행계정조정표>

수정전 회사측 잔액	12,200	수정전 은행측 잔액	12,500
은행수수료	(500)	미인출수표	(2,000)
이 자 비 용	(300)	미기입예금	700
		오 류	200
올바른 잔액	11,400		11,400

012 은행계정조정표 답 ①

<은행계정조정표>

수정전 회사측 잔액	920,000	수정전 은행측 잔액	1,360,000
부도수표	(60,000)	미결제수표	(520,000)
이자비용	(5,000)	미기입예금	240,000
임 차 료	(185,000)	오 류	(410,000)
올바른 잔액	670,000		670,000

013 은행계정조정표 답 ②

<은행계정조정표>

수정전 회사측 잔액	X	수정전 은행측 잔액	30,000
부도수표	(9,000)	미인출수표	(8,000)
매출채권 추심액	12,000	미기입예금	6,000
올바른 잔액	28,000		28,000

∴ 수정전 회사측 잔액(X) = 25,000

014 은행계정조정표

<은행계정조정표>

수정전 회사측 잔액	불필요한 자료임	수정전 은행측 잔액	X
		수 표 오 류	(4,500)
		기발행미인출수표	(20,000)
		입금누락액	10,000
		수 표 오 류	4,000
올바른 잔액	300,000		300,000

∴ 수정전 은행측 잔액(X) = 310,500

015 은행계정조정표

답 ④

<은행계정조정표>

수정전 회사측 잔액	45,100	수정전 은행측 잔액	40,000
미통지입금	400	미기입예금	5,000
이 자 수 익	100		
부 도 수 표	(500)		
은행수수료	(100)		
올바른 잔액	45,000		45,000

016 은행계정조정표

답 ④

<은행계정조정표>

수정전 회사측 잔액	1,060,000	수정전 은행측 잔액	1,100,000
이자수익	50,000	미기입예금	60,000
부도수표	(240,000)	미인출수표	(160,000)
매출채권 회수	130,000		
올바른 잔액	1,000,000		1,000,000

017 은행계정조정표

답 ④

<은행계정조정표>

수정전 회사측 잔액	17,000	수정전 은행측 잔액	20,000
예금이자	1,000	오류	6,000
부도수표	(2,000)	기발행미인출수표	(10,000)
올바른 잔액	16,000		16,000

🗒Memo

<은행계정조정표>

수정전 회사측 잔액	1,500,000	수정전 은행측 잔액	4,000,000
부도수표	(90,000)	미인출수표	(2,600,000)
이자비용	(10,000)		
올바른 잔액	1,400,000		1,400,000

(선지분석)

③ 회사측에서 이자비용 10,000을 인식해야 하므로 보고이익이 10,000 감소한다.

019 은행계정조정표 답 ②

4,600(12월 초 회사잔액) + 7,520(입금액)^{*1} − 10,480(출금액)^{*2} = 1,640(12월 말 회사잔액)

$^{(*1)}$ 8,520(은행장부 상 입금액) − 1,000(전월미기입 입금) = 7,520

$^{(*2)}$ 12,520(은행장부 상 출금액) − 2,040(전월발행수표 출금) = 10,480

020 은행계정조정표 답 ①

<은행계정조정표>

	은행측잔액	회사측잔액
수정 전 잔액	13,000	X
조정항목 :		
① 은행측출금오류	3,000	
② 미통지입금		3,000
③ 기발행미인출수표	(4,000)	
④ 회사측 오류		5,000
⑤ 부도수표		(1,000)
수정 후 잔액	12,000	12,000

∴ X(수정전 당좌예금잔액) = 5,000

021 어음의 할인 답 ①

위 거래가 차입거래인 경우(제거요건을 충족시키지 못한 경우) 매출채권처분손실 대신 이자비용을 기록하고 받을어음을 제거하는 대신 차입금을 증가시킬 것이다.

022 어음의 할인 답 ②

· 만기가액	$5,000,000 \times (1 + 6\% \times \frac{120}{360}) =$	5,100,000
· 할 인 료	$5,100,000 \times 12\% \times \frac{90}{360} =$	(153,000)
· 할인일의 현금수령액		4,947,000

023 어음의 할인 답 ①

- 만기가액 $400,000 \times (1 + 9\% \times \frac{3}{12}) =$ 409,000
- 할 인 료 $409,000 \times 12\% \times \frac{1}{12} =$ (4,090)
- 할인일의 현금수령액   404,910
- 이자수익 $400,000 \times 9\% \times \frac{2}{12} =$ 6,000
- 금융자산처분손실 $(400,000 + 6,000) - 404,910 =$ 1,090

024 어음의 할인 답 ③

- 만기가액 $10,000,000 \times (1 + 9\% \times \frac{3}{12}) =$ 10,225,000
- 할 인 료 $10,225,000 \times 할인율 \times \frac{1}{12} =$ (102,250)
- 할인일의 현금수령액   10,122,750
- 할인율 = 12%

025 어음의 할인 답 ①

- 만기가액: $72,000 \times (1 + 5\% \times \frac{5}{12}) = 73,500$
- 할인액: $73,500 \times 할인율 \times \frac{3}{12} = 1,470^{*1}$, 할인율 = 8%

  $^{(*1)}\ 73,500 - 72,030 = 1,470$

  (차) 현   금   72,030   (대) 받 을 어 음   72,000
      어 음 처 분 손 실   570   이 자 수 익^{*2} 600

  $^{(*2)}\ 72,000 \times 5\% \times \frac{2}{12} = 600$

026 대손회계(매출채권 손상차손) 답 ②

- 기말대손예상액: $1,000,000 \times 1\% + 400,000 \times 4\% + 200,000 \times 20\% + 100,000 \times 30\%$
  $= 96,000$
- 대손상각비: $96,000 - 20,000 = 76,000$

027 대손회계(매출채권 손상차손) 답 ③

- 20X8년 말 손실충당금: $90,000 \times 1\% + 18,000 \times 2\% + 9,000 \times 5\% + 6,000 \times 15\% + 4,000 \times 30\%$
  $= 3,810$
- 20X9년 손상차손: $4,500 - 3,810 = 690$

028 대손회계(매출채권 손상차손)

답 ①

- 기초 대손충당금: 26,000 − 24,500 = 1,500
- 기말 대손충당금: 30,000 − 26,500 = 3,500
- 기말 대손상각비: 3,500 − 1,500 = 2,000

029 대손회계(매출채권 손상차손)

답 ③

- 기말 수정전 대손충당금 잔액: 40,000 − 25,000 = 15,000
- 대손충당금 추가 설정액: 48,000 − 15,000 = 33,000

030 대손회계(매출채권 손상차손)

답 ③

- 수정분개전 대손충당금 잔액: 4,000(기초) − 2,000(대손확정) = 2,000
- 기말 대손충당금: 120,000 − 118,900 = 1,100
- 대손충당금 설정(환입)액: 1,100 − 2,000 = 900(환입)

031 대손회계(매출채권 손상차손)

답 ③

	기초	기말
매출채권	불필요	6,150,000
대손충당금	300,000 − 400,000 + 950,000 =	850,000
		5,300,000

032 대손회계(매출채권 손상차손)

답 ①

- 기말 대손충당금: 기초(400,000) − 상각액(300,000) + 대손상각비(500,000) = 600,000
- 대손충당금 차감전 매출채권: 3,200,000(차감후매출채권) + 600,000(대손충당금) = 3,800,000

033 대손회계(매출채권 손상차손)

답 ③

	기초		기말
매출채권	400,000 + 1,000,000 − 800,000 − 3,000	=	597,000
대손충당금	4,000	− 3,000 + 6,000(대손상각비) =	7,000
	396,000		590,000

034 대손회계(매출채권 손상차손) 답 ③

	기초				기말
매출채권	100,000	(+)980,000	(−)700,000	(−)5,000 =	375,000
대손충당금	10,000			(−)5,000	85,000
					290,000

- 당기 대손상각비: 85,000 − 5,000(결산전 대손충당금) = 80,000

035 대손회계(매출채권 손상차손) 답 ③

- 결산 전 대손충당금: 40,000 − 30,000 + 15,000 = 25,000
- 대손상각비(대손충당금 추가 설정액): 900,000 × 5% − 25,000 = 20,000

036 대손회계(매출채권 손상차손) 답 ②

	기초		기말
매출채권	1,100,000 + 2,900,000 − 2,500,000 − 100,000	=	1,400,000
대손충당금	80,000	− 100,000 + 50,000	70,000
			1,400,000 × 5%

- 당기 대손상각비: 70,000 − 30,000(결산 전 대손충당금) = 40,000

037 대손회계(매출채권 손상차손) 답 ③

- 당기 대손상각비: 500,000(매출채권잔액) × 10% − 40,000(대손충당금잔액) = 10,000
- 760,000(매출) − 100,000(감가) − 300,000(급여) − 50,000(이자비용) − 10,000(대손비) = 300,000

038 대손회계(매출채권 손상차손) 답 ①

매출채권 T계정에서 기중대손발생액을 구한다음 대손충당금 T계정을 이용해서 포괄손익계산서상의 대손상각비를 계상하면 된다.

매출채권

기 초	500,000	현 금 회 수	600,000
		대 손 발 생	250,000
외 상 매 출	800,000	기 말	450,000
합 계	1,300,000	합 계	1,300,000

손실충당금

대 손 발 생	250,000	기 초	50,000
기 말	50,000	대 손 상 각 비	250,000
합 계	300,000	합 계	300,000

039 대손회계(매출채권 손상차손)　　　　답 ②

대손충당금

대　손　확　정	5,000	기　　　　초	9,000
대　손　확　정	2,000	상 각 채 권 회 수	1,500
기　　　　말	10,000	대 손 상 각 비 (I / S)	6,500
합　　　　계	17,000	합　　　　계	17,000

∴ 대손상각비: 6,500

040 매출채권의 분석　　　　답 ②

매출채권: 50,000(기초) + 외상매출 = 60,000(회수) + 30,000(대손) + 40,000(기말)

∴ 외상매출 = 80,000

041 매출채권의 분석　　　　답 ⑤

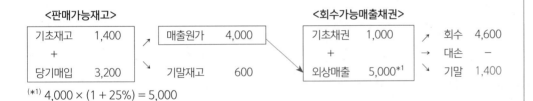

$^{(*1)}$ 4,000 × (1 + 25%) = 5,000

042 매출채권의 분석　　　　답 ⑤

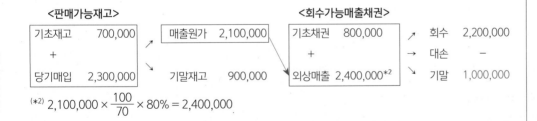

$^{(*2)}$ 2,100,000 × $\dfrac{100}{70}$ × 80% = 2,400,000

043 매출채권의 분석　　　　답 ②

• 매출원가: 1,000(기초상품) + 2,500(당기매입) − 1,200(기말상품) = 2,300
• 당기 외상매출액: (2,300 + 700) − 500(현금매출) = 2,500
• 기말 매출채권: 1,500(기초채권) + 2,500(당기 외상매출) − 2,000(회수액) = 2,000

- 기초상품(30,000) + 당기매입(90,000) = 매출원가(X) + 기말상품(20,000)

  ∴ 매출원가(X) = 100,000
- 매출액: 매출원가(100,000) × (1 + 25%) = 125,000
- 기초 매출채권(10,000) + 매출액(125,000) = 회수액(100,000) + 기말 매출채권(X)

  ∴ 기말 매출채권(X) = 35,000
- 횡령액: 35,000 − 15,000 = 20,000

- 기초상품(20,000) + 당기매입(100,000) = 매출원가(X) + 기말상품(10,000)

  ∴ 매출원가(X) = 110,000
- 매출액: 매출원가(110,000) × (1 + 20%) = 132,000
- 기초 매출채권(30,000) + 매출액(132,000) = 매출채권회수액(40,000) + 기말 매출채권(X)

  ∴ 기말 매출채권(X) = 122,000
- 횡령액: 122,000 − 50,000 = 72,000

- 당기 외상매출액: 매출원가(1,000,000) + 매출총이익(400,000) − 현금매출액(300,000)
  　　　　　　　 = 1,100,000
- 기초 매출채권(600,000) + 외상매출액(1,100,000) = 매출채권회수액(1,300,000) + 대손처리액
  (100,000) + 기말 매출채권(X)

  ∴ 기말 매출채권(X) = 300,000

- 매출채권: 기초(1,000,000) + 당기매출(10,000,000)[*1] = 회수(9,000,000) + 기말(2,000,000)

  [*1] 당기매출: 7,500,000(매출원가) × $\frac{100}{75}$ = 10,000,000
- 매출채권 회수액 9,000,000 중 500,000(= 1,000,000 × 50%)은 기초 매출채권을 회수한 부분이므로 당기 매출액을 회수한 부분은 나머지 8,500,000이다.

05 재고자산

정답

p.75

📝Memo

001	③	002	③	003	②	004	④	005	①
006	③	007	①	008	④	009	②	010	④
011	③	012	④	013	④	014	①	015	③
016	①	017	④	018	②	019	①	020	③
021	④	022	①	023	①	024	③	025	②
026	①	027	①	028	③	029	①	030	③
031	③	032	③	033	④	034	③	035	④
036	①	037	①	038	②	039	④	040	②
041	②	042	①	043	③	044	①	045	②
046	④	047	①	048	①	049	②	050	③
051	③	052	③	053	③	054	①	055	③
056	①	057	③	058	④	059	②	060	①
061	③	062	③	063	④	064	②	065	④
066	③	067	③	068	④	069	②	070	②

---

001 재고자산의 기초   답 ③

'기초상품재고액 + 당기매입액 = 매출원가 + 기말상품재고액'이므로, 기초상품재고액이 기말상품재고액보다 클 경우, 당기매입액은 매출원가보다 작다.

---

002 재고자산의 기초   답 ③

기말상품: 50,000(기초) + 900,000(매입) − 1,000,000 × 80%(매출원가) = 150,000

---

003 재고자산의 기초   답 ②

- 기초상품(240) + 당기매입(400) = 매출원가(X) + 기말상품(220)
  ∴ 매출원가(X) = 420
- 매출액: 매출원가(420) + 매출총이익(180) = 600

---

004 재고자산의 기초   답 ④

- 매출원가: 2,000(기초) + 10,000(매입) − 4,000(기말) = 8,000
- 매출액: 8,000 × (1 + 10%) = 8,800

재무회계

2022 해커스공무원 현진환 회계학 단원별 기출문제집

005 재고자산의 기초
답 ①

- ㈜서울의 재고자산: 100,000(기초) + 240,000(매입) = 280,000(판매) + 기말
  - ∴ 기말 = 60,000
- ㈜한성의 재고자산: 기초 + 220,000(매입) = 280,000(판매) + 180,000(기말)
  - ∴ 기초 = 240,000

006 재고자산의 기초
답 ③

- 기초매출채권(400,000) + 당기매출액(X) = 매출채권회수액(1,235,000) + 기말매출채권(750,000)
  - ∴ 당기매출액(X) = 1,585,000
- 기초매입채무(300,000) + 당기매입액(X) = 매입채무지급액(1,270,000) + 기말매입채무(400,000)
  - ∴ 당기매입액(X) = 1,370,000
- 매출원가 = 기초상품(150,000) + 당기매입액(1,370,000) − 기말상품(300,000) = 1,220,000
- 매출총이익: 당기매출(1,585,000) − 매출원가(1,220,000) = 365,000

007 재고자산의 기초
답 ①

생물자산은 최초 인식시점과 매 보고기간 말에 공정가치에서 추정 매각부대원가를 차감한 금액(순공정가치)으로 측정하고 여기에서 발생한 평가손익은 발생한 기간의 당기손익에 반영한다(K − IFRS 제1041호 농림어업).

- 기말생물자산: 6개월 된 돼지 3마리 × 5,000 + 2년 된 돼지 7마리 × 15,000 = 120,000

008 재고자산의 오류
답 ④

	기초재고 (+) 당기매입 =	매출원가	(+)기말재고
2007년	300 과대	300 과대	
		300 과대	300 과소

- 매출원가 600 과대 → 당기순이익 600 과소 → 정확한 당기순이익 1,600

009 재고자산의 오류
답 ②

	기초재고 (+) 당기매입 =	매출원가	(+)기말재고
		과대	과소

- 매출원가 과대 → 이익 과소 → 법인세 감소

010 재고자산의 오류

답 ④

	기초재고 (+) 당기매입	=	매출원가	(+)기말재고
2015년	3,000 과대		5,000 과대	2,000 과소

• 수정후 당기순이익: 10,000(수정전 이익) + 5,000(매출원가 감소) = 15,000

011 재고자산의 오류

답 ③

기초재고 (+) 당기매입 = 매출원가 (+)기말재고

• 당기: 기말재고 과대 → 매출원가 과소 → 순이익 과대
• 차기: 기초재고 과대 → 매출원가 과대 → 순이익 과소

012 재고자산의 오류

답 ④

	기초재고 (+) 당기매입	=	매출원가	(+)기말재고
2016년	3,000 과소		3,000 과소 2,000 과소	2,000 과대

• 매출원가 5,000과소 → 당기순이익 5,000과대 → 정확한 당기순이익 20,000
• 2014년 기말재고자산 오류는 2016년의 이익에 영향을 미치지 않는다.

013 재고자산의 오류

답 ④

10,000,000 + 900,000(임차료취소) + 600,000(이자수익인식) − 500,000(감가상각비인식)
− 300,000(매출원가증가) = 10,700,000

014 기말재고자산에 포함할 항목

답 ①

$150(선적지기준) + 260 \times \frac{100}{130}(시송품) + 300(적송품) + 900(창고재고) = 1,550$

015 기말재고자산에 포함할 항목

답 ③

할부판매의 경우 대금회수 여부와 관계없이 재고자산의 인도시점에 수익을 인식하므로 이미 인도가 이루어진 상품은 판매자의 기말재고에 포함하지 아니한다.

016 기말재고자산에 포함할 항목

답 ①

선적지 인도조건이므로 미착상품 18,000을 ㈜한국의 기말재고자산에 포함하여야 한다.
50,000 + 180,000 − (48,000 + 18,000) = 164,000

017 기말재고자산에 포함할 항목 답 ④

- 수탁자에게 상품을 발송한 것은 단순한 재고보관장소의 이동이므로 매출로 인식할 수 없다.
- 위탁시점에 매출을 인식하게 되면 매출과 매출원가를 과대계상하는 결과를 가져온다.

따라서 매출 및 매출채권과 매출원가는 과대계상되고, 재고자산은 과소계상된다.

018 기말재고자산에 포함할 항목 답 ②

- 기말재고액: $2,000 + 2,000 + 1,000 + 900 + 3,000 = 8,900$
- 매출원가: $2,000 + 15,000 - 8,900 = 8,100$

019 기말재고자산에 포함할 항목 답 ①

- 기말재고: $(-)16,000 + 22,000 + 10,000 - 8,000 = 8,000$(증가)
- 기말재고 8,000 증가 → 매출원가 감소 → 매출총이익 증가

020 기말재고자산에 포함할 항목 답 ③

특별주문품은 진행기준을 적용하여 수익을 인식하므로 생산이 완료된 경우 수익을 전액 인식하였다. 따라서 회사의 기말재고에 포함해서는 안 된다. 그러나 회사가 보관하고 있어 기말재고실사에 포함되었을 것이므로 별도로 기말재고실사액에서 차감하여야 한다.

- 정확한 기말재고금액: 실사액(120,000) + 적송품(18,000) + 미착상품(15,000) + 시송품(13,000) - 특별주문품(40,000) = 126,000
- 매출원가: 판매가능재고(700,000) - 기말재고(126,000) = 574,000

021 기말재고자산에 포함할 항목 답 ④

- 기말재고자산: $100,000 + 200,000 \times 0.2 + 60,000 - 20,000 = 180,000$
- 매출원가: $200,000 + 1,000,000 - 180,000 = 1,020,000$

022 기말재고자산에 포함할 항목 답 ①

- 시송품: 기말재고 1,000,000 과대계상(원가: $1,300,000 \times \dfrac{100}{130} = 1,000,000$)
- 선적지 인도기준 미착상품: 기말재고 1,100,000 과소계상
- 도착지 인도기준 상품: 기말재고 1,000,000 과소계상
- 기말재고: 1,000,000(과대) + 1,100,000(과소) + 1,000,000(과소) = 1,100,000(과소)

  기초재고 (+) 당기매입 = │   매출원가   │ (+)기말재고

  　　　　　　　　　　1,100,000 과대　　　1,100,000 과소

023 대손회계(매출채권 손상차손)　　　　　　　　　　　답 ①

- 기말재고자산: 110,000 + 40,000 × 0.5 = 130,000
- 매출원가: 100,000 + 200,000 − 130,000 = 170,000

024 재고자산 원가흐름의 가정　　　　　　　　　　　答 ③

재고자산의 매입단가가 지속적으로 하락하는 경우, 선입선출법을 적용하였을 경우의 매출총이익이 평균법을 적용하였을 경우의 매출총이익보다 더 낮게 보고된다.

025 재고자산 원가흐름의 가정　　　　　　　　　　　답 ②

(선지분석)

① 기초재고자산 금액과 당기매입액이 일정할 때, 기말재고자산 금액이 과대계상될 경우 매출원가가 과소계상되므로 당기순이익은 과대계상된다.

③ 계속기록법을 적용하면 기록유지가 복잡하고 번거롭지만, 특정시점의 재고자산 잔액과 그 시점까지 발생한 매출원가를 적시에 파악할 수 있는 장점이 있다.

④ 구매자가 운임을 부담하는 경우는 매입운임으로 매입에 가산하고, 판매자가 운임을 부담하는 경우에는 매출운임으로 기간비용으로 인식한다.

026 재고자산 원가흐름의 가정　　　　　　　　　　　답 ①

선입선출법은 최근의 매출에 과거의 원가를 대응시키므로 물가인상 시 이익이 과대계상된다.

(선지분석)

② 개별법은 판매되는 재고의 단가를 일대일로 대응시키는 데 유사한 종류의 제품을 판매할 경우 회계담당자가 임의로 단가를 대응시킬 수 있으므로 이익 조작의 여지가 있다.

③ 후입선출법의 경우 기말재고자산은 과거의 원가가 남게 되므로 현행원가를 반영하지 못한다.

④ 선입선출법은 규정된 방법으로 매출원가를 대응시키므로 이익 조작의 여지가 적다.

⑤ 계속기록법 하에서 적용되는 평균법은 이동평균법이다.

027 재고자산 감모손실과 평가손실　　　　　　　　　　答 ①

(차) 매 입 채 무	100	(대) 매 출 액	100
(차) 매 출 원 가	80	(대) 상 품	80

위 회계처리 내용으로 보아 자산은 감소하고 부채는 감소하고 수익은 증가하고 순이익은 증가한다.

028　재고자산 원가흐름의 가정　　　　　　답 ③

선입선출법이므로 4월 28일 매입분 400개가 기말재고로 남고 나머지가 매출원가가 된다.
- 기말재고: 400개 × 40 = 16,000
- 매출원가: 1,000개 × 25 + 600개 × 30 + 400개 × 40 = 59,000
- 매출액: 900개 × 40 + 500개 × 50 + 600개 × 65 = 100,000
- 매출총이익: 매출(100,000) − 매출원가(59,000) = 41,000

029　재고자산 원가흐름의 가정　　　　　　답 ①

매출총이익: 25개 × 140 − (10개 × 100 + 15개 × 110) = 850

030　재고자산 원가흐름의 가정　　　　　　답 ③

- 기말재고수량: (100개 + 300개 + 50개) − 350개 = 100개
  (선입선출법이므로 10/25 매입분 50개와 10/10 매입분 50개가 기말재고로 남는다)
- 10월 10일 매입분 평균단가: (360,000 − 30,000) ÷ 300개 = 1,100
- 기말재고: 1,300 × 50개 + 1,100 × 50개 = 120,000

031　재고자산 원가흐름의 가정　　　　　　답 ③

- 선입선출법: 5,000 + 11,000 = 16,000
- 평균법: 150개 × 110[*1] = 16,500
- [*1] 총평균단가: 22,000 ÷ 200개 = 110

032　재고자산 원가흐름의 가정　　　　　　답 ③

- 선입선출법(기말재고): 20개(3/14 매입분) × 130 = 2,600
- 총평균단가: (20개 × 100 + 20개 × 100 + 20개 × 130) ÷ 60개 = 110
- 총평균법(기말재고): 20개 × 110 = 2,200

033　재고자산 원가흐름의 가정　　　　　　답 ④

- 실지재고조사법(총평균법)
  - 기말 평균매입단가: 9
  - 매출원가: 200개 × 9 = 1,800
- 계속기록법(이동평균법)
  - 6/20까지 평균매입단가: $8 \times \frac{1}{4} + 9 \times \frac{3}{4} = 8.75$
  - 매출원가: 200개 × 8.75 = 1,750

034 재고자산 원가흐름의 가정 답 ③

- 1월 20일의 평균단가: (100 × 150개 + 140 × 50개) ÷ 200개 = 110
- 1월 20일의 매출원가: 110 × 100개 = 11,000
- 1월 28일의 평균단가: (110 × 100개 + 150 × 100개) ÷ 200개 = 130
- 1월 28일의 매출원가: 130 × 100개 = 13,000
- 매출총이익: (100개 × 150 + 100개 × 160) − (11,000 + 13,000) = 7,000

035 재고자산 원가흐름의 가정 답 ④

선입선출법은 계속기록법과 실지재고조사법 중 어떤 방법과 결합하든지 결과가 동일하다.

(선지분석)

① 총평균법 하의 평균단가: (100개 × 10 + 300개 × 15 + 100개 × 20) ÷ 500개 = 15
   매출원가: 15 × 400개 = 6,000
② 선입선출법 하의 기말재고: 100개 × 20 = 2,000
③ 재고자산의 매입단가가 증가하고 재고수량이 증가할 경우, 당기순이익의 크기는 선입선출법 > 이동평균법 > 총평균법 > 후입선출법이다.

036 재고자산 원가흐름의 가정 답 ①

- 3월 8일 매출원가: 3,000
- 7월 9일 매출원가: (8,000 + 1,000) × 50% = 4,500
- 총매출원가: 3,000 + 4,500 = 7,500

037 재고자산 원가흐름의 가정 답 ①

- 선입선출법의 경우 매출원가 : 80개 × @10 = 800
- 평균법의 경우 매출원가 : 80개 × 11[*1] = 880
  [*1] (100개 × @10 + 50개 × @13) ÷ 150 = @11

038 재고자산 원가흐름의 가정 답 ②

- 선입선출법을 적용한 매출원가: 1,200 + 2,200 + 12개 × 130 = 4,960
- 가중평균법을 적용한 매출원가: 44개 × 120[*2] = 5,280
  [*2] 7,200 ÷ 60개 = 120/개

- 판매가능재고: 100,000 + 700,000 = 800,000
- 기말상품의 순실현가능가치: 200개 × 1,000 = 200,000
- 당기에 인식할 총비용: 800,000 − 200,000 = 600,000
  (600,000을 매출원가, 재고자산감모손실, 재고자산평가손실로 구분할 수 있지만 문제에서는 단순히 당기비용만 묻고 있으므로 더 자세한 계산은 할 필요가 없다)

---

040 재고자산 감모손실과 평가손실 답 ②

재고자산감모손실을 먼저 인식한 후에 평가손실을 인식한다.
- 재고자산 감모손실: (100개 − 90개) × 10 = 100
- 재고자산 평가손실: 90개 × (10 − 9) = 90

위 상황의 분개를 나타내면 아래와 같다.

(차) 재고자산감모손실   100   (대) 재 고 자 산   100
(차) 재고자산평가손실   90   (대) 재고자산평가충당금   90

---

041 재고자산 감모손실과 평가손실 답 ②

주어진 상황의 분개를 나타내면 아래와 같다.

(차) 재고자산평가손실 240,000   (대) 재고자산평가충당금 240,000
(차) 매 출 원 가 240,000   (대) 재고자산평가손실 240,000

---

042 재고자산 감모손실과 평가손실 답 ①

판매가능재고   78,000

          (계속기록법)   68,000 ⇨ 매출원가

장부 상 재고   100개 × 100 = 10,000

              1,000 ⇨ 재고자산감모손실

          90개 × 100 = 9,000

              900 ⇨ 재고자산평가손실

기말재고실사   90개 × 90 = 8,100
매출원가: 68,000 + 1,000 × 60% + 900 = 69,500

043 재고자산 감모손실과 평가손실   답 ③

- 장부 상 기말재고: 200,000 = 100개 × 2,000
- 감모손실 인식후 기말재고: 180,000 = 90개 × 2,000
- 평가손실 인식후 기말재고(재무상태표 보고금액): 162,000 = 90개 × 1,800

044 재고자산 감모손실과 평가손실   답 ①

- 계속기록법에 의한 매출원가: 95,000(기초) + 850,000 − 100개 × 1,100(기말) = 835,000
- 재고자산 평가손실: 95개 × (1,100 − 1,000) = 9,500
- 매출원가: 835,000 + 9,500 = 844,500

045 재고자산 감모손실과 평가손실   답 ②

- 판매가능재고: 10,000 + 100,000 = 110,000
- 장부 상 재고: 100개 × 500 = 50,000
- 감모손실만 반영: 90개 × 500 = 45,000
- 실사액: 90개 × (450 − 50) = 36,000
- (계속기록법)매출원가: 110,000 − 50,000 = 60,000
- 감모손실: 50,000 − 45,000 = 5,000
- 평가손실: 45,000 − 36,000 = 9,000
- 매출원가: 60,000 + 5,000 × 40% + 9,000 = 71,000

046 재고자산 감모손실과 평가손실   답 ④

- 제품: 순실현가능가치가 취득원가 이상이므로 저가법을 적용하지 않는다.
- 원재료: 최종제품이 저가법 적용대상이 아니므로 원재료도 저가법을 적용하지 않는다.

047 재고자산 감모손실과 평가손실   답 ①

- 제품B가 평가손실 인식 대상이 아니므로 원재료b에 대해서도 평가손실을 인식하지 않는다.
- (10,000 − 9,000) × 10개 = 10,000

048 재고자산 감모손실과 평가손실   답 ①

재고자산평가손실: 40개(가) × (200 − 150) = 2,000

049 재고자산 감모손실과 평가손실 답 ②

- 기말재고자산 평가충당금 누계액: 30,000 − 23,000 = 7,000
- 당기말재고자산 평가충당금 적립액: 7,000 − 2,000(전기까지 적립액) = 5,000

050 재고자산 감모손실과 평가손실 답 ③

- 20X1년 말 재고자산: 2개(A) × 5,000 + 3개(B) × 7,000 + 2개(C) × 2,000 = 35,000
- 20X1년 매출원가: 50,000(기초) + 950,000(순매입) − 35,000(기말) = 965,000

051 재고자산 감모손실과 평가손실 답 ③

100,000 + 900,000 − 200,000 − 20,000 × 0.3(비정상감모손실) = 794,000

052 재고자산 감모손실과 평가손실 답 ③

- 장부 상의 재고수량 = 200,000 ÷ 1,000 = 200개
- 재고자산 감모수량 = 30,000 ÷ 1,000 = 30개
- 상품의 실지재고수량 = 200개 − 30개 = 170개

053 재고자산 감모손실과 평가손실 답 ③

476개 × (85 − 83) = 952

054 재고자산의 추정 - 매출총이익법·소매재고법 답 ①

판매가능재고: 14,000

| 기초: 2,000 |
| (+) |
| 매입: 12,000 |

매출원가(계산) = 15,000 × 70% = 10,500

기말재고(추정) = 3,500

재고자산 손실액: 3,500 − 1,500 = 2,000

055 재고자산의 추정 - 매출총이익법·소매재고법 답 ②

- 판매가능재고: 25,000 + (39,000 − 4,000) = 60,000
- 매출원가: (55,000 − 3,000) × (1 − 30%) = 36,400
- 기말재고 추정액: 판매가능재고(60,000) − 매출원가(36,400) = 23,600
- 재고자산 손실액: 23,600 − 3,600 = 20,000

056 재고자산의 추정 - 매출총이익법·소매재고법   답 ①

- 매출원가: $20,000 \times 80\% = 16,000$
- 기말재고 추정액: $5,000(기초상품) + 17,000(당기매입) - 16,000(매출원가) = 6,000$
- 재고손실액: $6,000 \times 40\% = 2,400$

057 재고자산의 추정 - 매출총이익법·소매재고법   답 ③

- 판매가능재고: $200,000 + 900,000 = 1,100,000$
- 매출원가: $1,000,000 \times (1 - 30\%) = 700,000$
- 기말재고 추정액: $1,100,000 - 700,000 = 400,000$
- 화재손실액: $400,000 - 100,000 = 300,000$

058 재고자산의 추정 - 매출총이익법·소매재고법   답 ④

- 판매가능재고: $400,000 + (1,600,000 - 200,000 - 100,000) = 1,700,000$
- 매출원가: $(2,150,000 - 150,000 - 200,000) \times 75\% = 1,350,000$
- 기말재고 추정액: $1,700,000 - 1,350,000 = 350,000$
- 재고자산 손실금액: $350,000 - 100,000 = 250,000$

059 재고자산의 추정 - 매출총이익법·소매재고법   답 ②

- 판매가능재고: $1,340,000$

| 기초: 440,000 |
| (+) |
| 매입: 900,000 |

→ 매출원가(계산) $= 1,000,000 \times \dfrac{100}{125} = 800,000$

↘ 기말재고(추정)

- 재고자산 손실액: $540,000 - 350,000 = 190,000$

060 재고자산의 추정 - 매출총이익법·소매재고법   답 ①

- 도난 상품 매가액: $(5,000 + 40,000 - 30,000) - 12,000 = 3,000$
- 도난 상품 원가액: $3,000 \times \dfrac{(4,000 + 32,000)}{(5,000 + 40,000)} = 2,400$

061 재고자산의 추정 - 매출총이익법·소매재고법   답 ③

- 판매가능상품: $250,000 + 1,300,000 = 1,550,000$
- 매출원가 추정액: $1,200,000 \times (1 - 0.2) = 960,000$
- 기말재고 추정액: $1,550,000 - 960,000 = 590,000$
- 화재손실액: $590,000 - 150,000 = 440,000$

- 원가율: (240,000 + 2,700,000) ÷ (360,000 + 3,840,000) = 70%
- 기말재고(매가): 360,000 + 3,840,000 − 3,900,000 = 300,000
- 기말재고 추정액: 300,000 × 70% = 210,000
- 매출원가: 기초상품(240,000) + 당기매입(2,700,000) − 기말재고(210,000) = 2,730,000

063 재고자산의 추정 - 매출총이익법·소매재고법 답 ④

- 판매가능재고: 250,000 + 1,250,000 + 100,000 = 1,600,000
- 기말재고(매가): 400,000 + 1,600,000 − 1,800,000 = 200,000
- 원가율: (250,000 + 1,250,000 + 100,000) ÷ (400,000 + 1,600,000) = 80%
- 기말재고(원가): 200,000 × 80% = 160,000
- 매출원가: 1,600,000 − 160,000 = 1,440,000

064 재고자산의 추정 - 매출총이익법·소매재고법 답 ②

선입선출소매재고법이므로 기초재고는 전부판매되었고 기말재고는 당기매입액으로만 구성되어 있다고 가정한다.

- 원가율: $50,000 ÷ 60,000 = \dfrac{5}{6}$
- 기말재고(매가): 40,000 + 60,000 − 70,000 = 30,000
- 기말재고 추정액: $30,000 × \dfrac{5}{6} = 25,000$

065 재고자산의 추정 - 매출총이익법·소매재고법 답 ④

- 판매가능재고: 48,000 + 120,000 = 168,000
- 기말재고(매가): 80,000 + 160,000 − 150,000 = 90,000
- 원가율: 120,000 ÷ 160,000 = 75%
- 기말재고(원가): 90,000 × 75% = 67,500

066 재고자산의 추정 - 매출총이익법·소매재고법 답 ③

- 기말재고의 매가: 1,000 + 6,400 − 4,000 + 400(순인상) − 200(순인하) = 3,600
- 원가율: 5,100 ÷ (6,400 + 400) = 75%
- 기말재고의 원가: 3,600 × 75% = 2,700

067 재고자산의 추정 - 매출총이익법·소매재고법   답 ③

- 판매가능재고: 1,200 + 14,900 = 16,100
- 기말재고(매가): 3,000 + 19,900 − 20,000 + 220(순인상) − 120(순인하) − 200(할인) = 2,800
- 원가율: 14,900 ÷ (19,900 + 220 − 120) = 74.5%(종업원할인은 정상적인 경로의 판매가 아니므로 원가율에 반영하지 않는다)
- 기말재고(원가): 2,800 × 74.5% = 2,086

068 재고자산의 추정 - 매출총이익법·소매재고법   답 ④

- T계정을 이용하여 표시

구분	원가	매가	구분	원가	매가
기초재고	2,000	4,000	판매분		20,000
당기매입액	16,000	18,000	종업원할인		ⓛ
순인상액		㉠			
순인하액		(1,000)	기말재고	1,600	2,000
합계	18,000	24,000	합계	18,000	24,000

- 선입선출법 매입원가율: 16,000 ÷ (18,000 + ㉠ − 1,000) = 0.8   ∴ ㉠ = 3,000
- 종업원할인: ⓛ = 24,000 − 22,000 = 2,000

069 재고자산의 추정 - 매출총이익법·소매재고법   답 ②

- 매출원가: 2,000 × 80% = 1,600
- 기말재고 추정액: (1,500 + 700) − 1,600 = 600
- 재고자산 손실액: 600 × 30% = 180

070 재고자산의 추정 - 매출총이익법·소매재고법   답 ②

T계정을 이용하여 풀이

구분	원가	매가	구분	원가	매가
기초재고	1,000	1,500	판매분	(4)	22,000
당기매입액	20,000	24,000			1,000
순인상액		1,300			
순인하액		(700)			
비정상파손	(1,000)	(1,100)	기말재고	(3) = (1) × (2)	(1)
합계	20,000	25,000	합계	20,000	25,000

(1) 기말재고(매가): 25,000 − 23,000 = 2,000

(2) 원가율: 20,0000 ÷ 25,000 = 0.8(80%)

(3) 기말재고(원가): 2,000 × 0.8 = 1,600

정답

p.94

📝 Memo

001	③	002	③	003	③	004	②	005	②
006	④	007	③	008	③	009	④	010	③
011	④	012	②	013	③	014	④	015	①
016	②	017	①	018	②	019	④	020	①
021	③	022	②	023	②	024	④	025	②
026	③	027	③	028	④	029	④	030	①
031	②	032	③	033	①	034	①	035	①
036	①	037	④	038	④	039	③	040	②
041	②	042	④	043	①	044	④	045	③
046	①	047	①	048	①	049	③	050	④
051	①	052	②	053	①	054	②	055	①
056	②	057	⑤	058	①	059	③	060	②
061	②	062	③	063	②	064	①	065	②
066	④	067	④	068	④	069	④	070	④
071	②	072	③	073	③	074	③	075	①
076	③	077	②	078	②	079	③	080	②
081	②	082	①	083	②	084	②	085	③
086	①	087	②	088	②	089	②	090	②
091	④	092	③	093	②	094	②	095	①
096	②	097	④	098	②	099	①	100	④
101	④	102	①	103	②	104	④	105	②
106	④	107	④	108	④	109	③	110	④
111	②	112	③	113	③	114	③	115	②
116	③	117	③	118	④	119	②	120	①
121	①	122	③	123	①	124	④	125	③
126	④	127	④	128	⑤	129	③	130	④
131	①	132	③	133	③	134	③	135	③
136	④	137	④	138	④	139	①	140	④
141	①	142	③	143	④	144	②	145	①
146	②	147	②	148	②	149	③	150	④
151	④	152	④	153	③	154	③	155	①
156	②	157	②	158	③	159	④		

001 유형자산의 취득(1)　　　　　　　　　　　　답 ③

경영진이 의도한 방식으로 자산을 가동하는 데 필요한 장소와 상태에 이르게 하는 데 직접 관련되는 원가는 다음과 같다.

- 유형자산의 매입 또는 건설과 직접적으로 관련되어 발생한 종업원급여
- 설치장소 준비원가
- 최초의 운송 및 취급 관련원가
- 설치원가 및 조립원가
- 유형자산이 정상적으로 작동되는지 여부를 시험하는 과정에서 발생하는 원가
- 전문가에게 지급하는 수수료

002 유형자산의 취득(1)　　　　　　　　　　　　답 ③

해양탐사구조물은 구축물로 유형자산으로 분류한다.

(선지분석)

①, ②, ④ 건설회사가 소유하는 아파트와 생물자산은 재고자산으로 분류하고, 시세가 상승할 것으로 예측하여 취득한 토지는 투자부동산으로 분류한다.

003 유형자산의 취득(1)　　　　　　　　　　　　답 ③

유형자산의 대금지급이 일반적인 신용기간을 초과하여 이연되는 경우, 유형자산의 원가는 인식시점의 현금가격상당액으로 한다. 이때, 현금가격상당액과 실제 총지급액의 차액은 자본화대상이 되는 차입원가가 아닌 한 신용기간에 걸쳐 이자로 인식한다.

004 유형자산의 취득(1)　　　　　　　　　　　　답 ②

유형자산 취득과 관련하여 국공채 등을 매입하는 경우 국공채의 공정가액은 별도의 투자자산으로 인식하고 공정가액과 매입가액의 차액은 유형자산의 취득원가로 인식한다.

005 유형자산의 취득(1)　　　　　　　　　　　　답 ②

화재보험료는 기계장치의 취득원가로 계상할 수 없고 발생한 기간에 비용으로 처리한다.

006 유형자산의 취득(1)　　　　　　　　　　　　답 ④

건물 신축을 목적으로 건물이 있는 토지를 일괄취득한 경우, 구 건물의 철거비용은 토지의 취득원가에 가산한다.

007 유형자산의 취득(1)　　　　　　　　　　　　답 ③

당초 예상했던 품질수준을 회복하는 정도의 지출은 자산 요건을 충족시키지 못하므로 수익적 지출로 처리한다.

008 유형자산의 취득(1)   답 ③

- 구입 후 수선비는 유형자산을 사용가능한 상태로 만드는 데 필요한 원가가 아니므로 취득원가에 가산하지 않는다.
- 취득원가: 20,000 + 3,000 + 1,000 + 2,000 = 26,000

009 유형자산의 취득(1)   답 ④

300,000 + 20,000 = 320,000

010 유형자산의 취득(1)   답 ③

건물의 취득원가: $3,000,000 \times \dfrac{2,400,000}{(2,400,000+1,200,000)} = 2,000,000$

011 유형자산의 취득(1)   답 ④

- 일괄취득 시 각 자산의 공정가치 비율로 공통원가를 각 자산으로 안분한다.
- 토지: $1,500,000 \times \dfrac{135}{200} = 1,012,500$
- 건물: $1,500,000 \times \dfrac{42}{200} = 315,000$
- 기계장치: $1,500,000 \times \dfrac{23}{200} = 172,500$

012 유형자산의 취득(1)   답 ②

전세입주자 모집광고비는 당기비용(광고비) 처리한다.
토지의 취득원가: 1,000,000 + 225,000 + 70,000 + 7,000 = 1,302,000

013 유형자산의 취득(1)   답 ③

500,000 + 20,000 + 15,000 + 20,000 = 555,000

014 유형자산의 취득(1)   답 ④

- 토지만 사용할 목적으로 토지와 건물을 일괄취득하는 경우, 모든 구입대가를 토지의 원가로 인식한다. 또한 건물철거비용 및 폐자재 처분수입은 토지의 원가에 가감하고 내용연수가 영구적인 상하수도 공사비는 토지의 원가에 가산한다. 한편, 건물 신축 전 주차장 등의 용도로 토지를 활용하여 발생한 수입은 토지의 원가에 가감하지 않고 별도의 손익으로 인식한다.
- 1,000,000 + 100,000 + 50,000 − 40,000 + 100,000 = 1,210,000

015 유형자산의 취득(1)　　　　　답 ①

- 내용연수가 유한한 울타리 공사비는 구축물로 인식한다.
- $3,000 + 500 - 300 + 1,000 + 50 + 100 = 4,350$

016 유형자산의 취득(1)　　　　　답 ②

$2,000 + 500 + 4,000 + 150 + 1,700 = 8,350$

017 유형자산의 취득(1)　　　　　답 ①

- 구축물의 취득원가: $5,000,000 + 1,000,000 \times 0.7513 = 5,751,300$
- 2017년 감가상각비: $5,751,300 \times \dfrac{1}{3} = 1,917,100$

018 유형자산의 취득(1)　　　　　답 ②

- 구축물 취득 시

(차) 구　축　물　　107,000　　(대) 현　　　　금　　100,000
　　　　　　　　　　　　　　　　　　복구충당부채　　　7,000

- 복구충당부채의 명목금액과 현재가치의 차이 3,000은 5년 동안 이자비용으로 인식한다.

019 유형자산의 취득(1)　　　　　답 ④

- 구축물의 취득원가: $720,000 + 124,180 = 844,180$
- 20X1년 말 회계처리

(차) 이 자 비 용　　　$12,418^{*1}$　　(대) 복 구 충 당 부 채　　$12,418^{*1}$
　　감 가 상 각 비　　$164,836^{*2}$　　　　감가상각누계액　　$164,836^{*2}$

$(*1)$ $124,180 \times 10\% = 12,418$

$(*2)$ $(844,180 - 20,000) \times \dfrac{1}{5} = 164,836$

- 비용총액: $12,418$(이자비용) $+ 164,836$(감가상각비) $= 177,254$

020 유형자산의 취득(1)　　　　　답 ①

- 장기 미지급금의 현재가치: $200,000 \times 0.91 = 182,000$
- 복구원가의 현재가치: $30,000 \times 0.78 = 23,400$
- 20X1년 이자비용: $(182,000 + 23,400) \times 5\% = 10,270$

$1,000,000 + 100,000 + 100,000 + 100,000 - 50,000 + 400,000 = 1,650,000$

---

022 유형자산의 취득(1)　　　　　　　　　　　　　　　　　　　　　　답 ②

자본적 지출액과 비품의 취득원가를 자산의 취득원가로 기록한다.
$6,400 + 9,300 = 15,700$

---

023 유형자산의 취득(2) - 교환·정부보조금·차입원가　　　　　　　　　답 ②

• 상업적 실질이 있는 경우

(차) 감가상각누계액	300,000	(대) 기 계 장 치 (구)	500,000
현　　　　금	50,000	유형자산처분이익	100,000
기계장치(신)	250,000		

• 상업적 실질이 결여된 경우

(차) 감가상각누계액	300,000	(대) 기 계 장 치 (구)	500,000
현　　　　금	50,000		
기계장치(신)	150,000		

---

024 유형자산의 취득(2) - 교환·정부보조금·차입원가　　　　　　　　　답 ④

$60,000 - 50,000 = 10,000(이익)$

---

025 유형자산의 취득(2) - 교환·정부보조금·차입원가　　　　　　　　　답 ②

• 20X3년 초 장부금액: $2,100,000 - 2,000,000 \times \dfrac{2}{5} = 1,300,000$

• 처분손익: $1,325,450 - 1,300,000 = 25,450(이익)$

---

026 유형자산의 취득(2) - 교환·정부보조금·차입원가　　　　　　　　　답 ③

• 상업적 실질이 있는 경우: 700,000(X의 공정가치) − 100,000 = 600,000
• 상업적 실질이 없는 경우: 400,000(X의 장부가액) − 100,000 = 300,000

---

027 유형자산의 취득(2) - 교환·정부보조금·차입원가　　　　　　　　　답 ③

$2,700,000 + 500,000 = 3,200,000$

028 유형자산의 취득(2) - 교환·정부보조금·차입원가   답 ④

(신)유형자산의 취득원가: 650,000(제공한 자산의 공정가치) + 100,000(현금지급액) = 750,000

---

029 유형자산의 취득(2) - 교환·정부보조금·차입원가   답 ④

130,000 + 60,000 = 190,000

---

030 유형자산의 취득(2) - 교환·정부보조금·차입원가   답 ①

유형자산처분손익은 승용차의 공정가치와 장부금액의 차액이다.

- 75,000에 해당하는 트럭을 현금 30,000과 승용차를 주고 교환하였으므로 승용차의 공정가치가 45,000 임을 알 수 있다.
- 공정가치(45,000) − 장부금액(40,000) = 5,000(처분이익)

---

031 유형자산의 취득(2) - 교환·정부보조금·차입원가   답 ②

- ㈜대한의 입장: 처분손실 100,000을 인식하였으므로, 기계장치의 공정가치는 450,000
- ㈜민국의 입장: 처분손실 50,000을 인식하였으므로, 기계장치의 공정가치는 300,000
- 따라서 ㈜민국은 ㈜대한에 공정가치의 차액인 현금 150,000만큼을 지급한다.

---

032 유형자산의 취득(2) - 교환·정부보조금·차입원가   답 ③

- ㈜한국 유형자산 처분손실: 150,000 − 300,000 = (150,000)
- ㈜대한 유형자산 처분손실: 250,000 − 350,000 = (100,000)

---

033 유형자산의 취득(2) - 교환·정부보조금·차입원가   답 ①

	2011. 7. 1	2013.12.31
기계설비	20,000	
정부보조금	(7,000)	

(5년, 잔존가치: 2,000, 정액법) → $13,000 - 11,000 \times \dfrac{1}{5} \times 2.5년 =$ 7,500

034 유형자산의 취득(2) - 교환·정부보조금·차입원가 답 ①

20X2년 설비의 감가상각비: $60,000 \times \dfrac{1}{5} = 12,000$

	20X1.10. 1	20X2.12.31
기계설비	100,000	
정부보조금	(40,000)	

(5년, 잔존가치:0, 정액법) $\rightarrow 60,000 - 60,000 \times \dfrac{1}{5} \times 1.25년 = \quad 45,000$

035 유형자산의 취득(2) - 교환·정부보조금·차입원가 답 ①

· 20X3년 4월 1일 순장부금액: $900,000 - 900,000 \times \dfrac{1}{5} \times 1.5년 = 630,000$

· 처분손익: $620,000 - 630,000 = (-)10,000(손실)$

036 유형자산의 취득(2) - 교환·정부보조금·차입원가 답 ①

· 순장부금액 80,000(120,000 − 40,000)을 내용연수 4년, 잔존가치 20,000, 연수합계법 상각

· 순장부금액: $80,000 - 60,000 \times \dfrac{4}{10} \times \dfrac{6}{12} = 68,000$

037 유형자산의 취득(2) - 교환·정부보조금·차입원가 답 ④

금융자산은 적격자산에 해당하지 않는다.

038 유형자산의 취득(2) - 교환·정부보조금·차입원가 답 ④

· 건물 취득원가 = 1,000,000(매입원가) + 100,000(취등록세) + 60,000(차입원가[*1])
　　　　　　　　= 1,160,000

· 계약금은 총매입대금에 포함되어 있으므로 별도로 반영하지 않고, 재산세는 취득원가에 포함하지 않는다.

(1) 연평균지출액 계산
500,000

(2) 특정차입금 이자비용 계산
$200,000 \times \dfrac{12}{12} \times 15\% = 30,000$

(3) 일반차입금 이자비용 계산
$(500,000 - 200,000) \times 10\% = 30,000$[*2]

[*1] 자본화할 총차입원가: 30,000 + 30,000 = 60,000

[*2] 한도(실제 발생한 차입원가) 50,000을 넘지 않으므로 전액 자본화한다.

039 유형자산의 취득(2) – 교환·정부보조금·차입원가   답 ③

- 연평균지출액: $3,000 + 2,000 \times \dfrac{3}{12} = 3,500$
- 특정차입금 지출액: 1,000
- 일반차입금 지출액: $3,500 - 1,000 = 2,500^{(*1)}$

  $^{(*1)}$ 한도(실제 연평균 일반차입금): 1,000(A) + 2,000(B) = 3,000 → 한도를 초과하지 않음
- 일반차입금 이자율: $5\% \times \dfrac{1}{3} + 8\% \times \dfrac{2}{3} = 7\%$
- 자본화할 차입원가: $1,000 \times 4\% + 2,500 \times 7\% = 215$

040 유형자산의 취득(2) – 교환·정부보조금·차입원가   답 ②

- 연평균지출액: $50,000 \times \dfrac{6}{12} + 40,000 \times \dfrac{3}{12} = 35,000$
- 특정차입금 사용액: $50,000 \times \dfrac{6}{12} = 25,000$
- 일반차입금 사용액: $35,000 - 25,000 = 10,000$
- 당기 일반차입금 25,000 중 10,000은 유형자산 취득에 사용한 부분이므로, 나머지 15,000에 대한 이자만 당기비용으로 인식한다.
- 당기비용으로 인식할 이자비용: $15,000 \times 10\% = 1,500$

041 유형자산의 취득(2) – 교환·정부보조금·차입원가   답 ②

- 연평균지출액: $100,000 \times \dfrac{12}{12} = 100,000$
- 특정목적차입금 자본가능 차입원가: $80,000 \times 0.05 = 4,000$
- 일반목적차입금 자본가능 차입원가: $(100,000 - 80,000) \times 0.1 = 2,000$(한도: 20,000)
- 20X1년 자본화가능 차입원가: $4,000 + 2,000 = 6,000$

042 감가상각(1)   답 ④

유형자산의 감가상각방법은 적어도 매 회계연도 말에 재검토한다. 자산에 내재된 미래경제적효익의 예상되는 소비형태가 유의적으로 달라졌다면, 달라진 소비형태를 반영하기 위하여 감가상각방법을 변경한다.

043 감가상각(1)   답 ①

감가상각은 유형자산을 재평가하는 과정이 아니므로 공정가치 변동과는 무관하다.

044 감가상각(1)   답 ④

건설 중인 자산은 감가상각을 하지 않는다.

정률법이 정액법에 비해 내용연수 초기에 감가상각을 많이 하는 방법이므로 정률법 선택 시 당기순이익이 감소한다.

---

046 감가상각(1)　　　　　　　　　　　　　　　　　　　답 ①

2009년의 상각률을 비교해보면, 정액법 $\frac{1}{3}$, 연수합계법 $\frac{3}{6}$, 이중체감법 $\frac{2}{3}$이다. 따라서 내용연수 초기의 감가상각비는 상각률 순서에 따라 이중체감법, 연수합계법, 정액법의 순서가 될 것이다. 내용연수 말에는 반대로 정액법, 연수합계법, 이중체감법의 순서로 감가상각비가 계상될 것이다.

---

047 감가상각(1)　　　　　　　　　　　　　　　　　　　답 ①

· 취득원가: $900,000 + 90,000 + 10,000 = 1,000,000$

· 20X2년 감가상각비: $1,000,000 \times \frac{3}{10} = 300,000$

---

048 감가상각(1)　　　　　　　　　　　　　　　　　　　답 ①

· 20X2년 감가상각비: $1,000,000 \times (\frac{4}{10} \times \frac{9}{12} + \frac{3}{10} \times \frac{3}{12}) = 375,000$

· 20X2년 말 감가상각누계액: $1,000,000 \times (\frac{4}{10} + \frac{3}{10} \times \frac{3}{12}) = 475,000$

---

049 감가상각(1)　　　　　　　　　　　　　　　　　　　답 ③

· 2017년 8월 31일 감가상각누계액: $3,600,000 \times (\frac{3}{6} + \frac{2}{6} \times \frac{4}{12}) = 2,200,000$

· 처분손익: $2,000,000 - (4,000,000 - 2,200,000) = 200,000$(이익)

---

050 감가상각(1)　　　　　　　　　　　　　　　　　　　답 ④

· 건물의 취득원가: $2,000,000 \times \frac{15}{25} = 1,200,000$

· 2016년 감가상각비: $1,200,000 \times (\frac{3}{6} \times \frac{6}{12} + \frac{2}{6} \times \frac{6}{12}) = 500,000$

---

051 감가상각(1)　　　　　　　　　　　　　　　　　　　답 ①

· 2016년 10월 1일 장부금액: $80,000 - 75,000 \times (\frac{5}{15} + \frac{4}{15} \times \frac{6}{12}) = 45,000$

· 처분손익: $43,000 - 45,000 = 2,000$(손실)

052 감가상각(1) · 답 ②

- 건물의 취득원가: $(900{,}000 + 100{,}000) \times \dfrac{900{,}000}{(300{,}000 + 900{,}000)} = 750{,}000$

- 20X1년 감가상각비: $(750{,}000 - 50{,}000) \times \dfrac{1}{10} \times \dfrac{6}{12} = 35{,}000$

053 감가상각(1) · 답 ①

- 기계의 취득원가: $90{,}000 \times \dfrac{2}{10} = 18{,}000$

- 2015년 기계의 감가상각비: $(18{,}000 - 1{,}000) \times \dfrac{1}{10} \times \dfrac{3}{12} = 425$

054 감가상각(1) · 답 ②

20X3년 7월 1일 ~ 20X4년 6월 31일의 감가상각비와 20X4년 7월 1일 ~ 20X5년 6월 31일의 각각의 감가상각비 6개월마다 안분계산해야 한다.

$$1{,}000{,}000 \times 0.2 \times \dfrac{6}{12} + 1{,}000{,}000 \times 0.2 \times \dfrac{6}{12} = 150{,}000$$

055 감가상각(1) · 답 ①

- 정률법 2010년: $100{,}000 \times 40\% = 40{,}000$
- 정률법 2011년: $(100{,}000 - 40{,}000) \times 40\% = 24{,}000$
- 정률법의 감가상각누계액: $40{,}000 + 24{,}000 = 64{,}000$
- 연수합계법의 감가상각누계액: $(100{,}000 - 10{,}000) \times (\dfrac{4}{10} + \dfrac{3}{10}) = 63{,}000$
- 따라서 감가상각누계액의 차이는 1,000이다.

056 감가상각(1) · 답 ②

- 2012년 말 장부금액: $5{,}000{,}000 - 4{,}500{,}000 \times (\dfrac{5}{15} + \dfrac{4}{15} + \dfrac{3}{15}) = 1{,}400{,}000$

- 유형자산처분손익: $2{,}000{,}000 - 1{,}400{,}000 = 600{,}000$(이익)

057 감가상각(1) · 답 ⑤

- 건물의 취득원가: $250{,}000 + 50{,}000 + 50{,}000 = 350{,}000$

- 20X3년 11월 1일의 감가상각누계액: $(350{,}000 - 50{,}000) \times (\dfrac{1}{5} + \dfrac{1}{5} + \dfrac{1}{5} \times \dfrac{6}{12}) = 150{,}000$

- 유형자산처분손익: $100{,}000 - (350{,}000 - 150{,}000) = 100{,}000$(손실)

058 감가상각(1)   답 ①

- 처분당시 장부금액: 450,000 + 25,000 = 475,000
- 취득원가(X) − (1 − 0.1) × 취득원가(X) × $\underbrace{(\frac{3}{6} + \frac{2}{6} \times \frac{3}{12})}_{07.\ 9.\ 1부터\ 08.11.30까지\ 감가상각누계액}$ = 475,000

∴ 취득원가(X) = 1,000,000

059 감가상각(1)   답 ③

정액법은 언제나 '감가상각대상금액 × 상각률'로 감가상각비를 계산한다.

$(1 - 0.1) \times 취득원가(X) \times (\frac{1}{5} + \frac{1}{5} \times \frac{6}{12}) = 810,000$

∴ 취득원가(X) = 3,000,000

060 감가상각(1)   답 ②

$(취득원가 - 800,000) \times \frac{5}{36} = 1,000,000$

∴ 취득원가 = 8,000,000

061 감가상각(1)   답 ②

- 2010년 감가상각비: 2010년 초 장부금액(X) × 40% = 48,000, X = 120,000
- 2010년 초 장부금액 = 2009년 말 장부금액 = 120,000
- 2009년 말 장부금액: 취득원가 − (취득원가 × 40%) = 120,000, 취득원가 = 200,000

062 감가상각(1)   답 ③

- 기계장치 취득원가: 기초(11,000,000) + 취득(X) − 처분(2,500,000) = 기말(12,500,000)

  ∴ 취득(X) = 4,000,000
- 감가상각누계액: 기초(4,000,000) + 감가상각비(X) − 처분(1,000,000) = 기말(4,500,000)

  ∴ 감가상각비(X) = 1,500,000

063 감가상각(1)   답 ②

- 건물의 장부금액: 130,000(기초) + 210,000(취득) − 110,000(상각) − 매각 = 220,000(기말)

  ∴ 당기 매각한 건물의 순장부금액 = 10,000
- 10,000(당기 매각한 건물의 순장부금액) = 취득원가 − 40,000(감가누계액)

  ∴ 취득원가 = 50,000

064 감가상각(1)

답 ①

- 회사가 인식한 20X2년 비용: 6,000(기계장치 감가상각)
- 정확한 20X2년 비용: 5,000(비품 감가상각)
- 당기 비용을 1,000만큼 감소시켜야 하므로 이익은 1,000만큼 증가한다.

065 감가상각(1)

답 ②

- 취득세: 320,000(800,000 × 40%)을 비용처리해야 하나 800,000을 비용처리
  → 480,000 이익 과소계상
- 수선비: 400,000을 비용처리해야 하나 160,000(400,000 × 40%)을 비용처리
  → 240,000 이익 과대계상
- 480,000 이익 과소계상 + 240,000 이익 과대계상 = 240,000 이익 과소계상

066 감가상각(2) - 감가상각요소의 변경

답 ④

2011년 초 (100,000) (4년, 20,000, 정액법)   (100,000) (4년, 20,000, 정액법)

2013년 초 (60,000) ⇐ $100,000 - 80,000 × \frac{2}{4}$

2013년 감가상각비: $(100,000 - 20,000) × \frac{4}{10} = 32,000$

067 감가상각(2) - 감가상각요소의 변경

답 ④

2007년 초 (3,200)

(4년, 200, 정액법)

2009년 초 (17,000) ⇐ $3,200 - 3,000 × \frac{2}{4}$

(3년, 50년, 연수)

- 2009년 감가상각비: $(1,700,000 - 50,000) × \frac{3}{6} = 825,000$
- 2010년 감가상각비: $(1,700,000 - 50,000) × \frac{2}{6} = 550,000$

(선지분석)

① 감가상각방법의 변경은 회계정책의 변경이 아니므로 전기이월이익잉여금을 수정하지 않는다.

068 감가상각(2) - 감가상각요소의 변경   답 ④

2006년 초 ⟨140,000⟩ (4년, 20,000, 정액법)   2007년 초 ⟨140,000⟩ (3년, 20,000, 정액법)

⟨110,000⟩ ⇦ $140,000 - 120,000 \times \frac{1}{4}$

- 2008년 7월 1일 장부금액: $140,000 - 120,000 \times \frac{1.5}{3} = 80,000$

- 현금수령액: 80,000(장부금액) - 20,000(처분손실) = 60,000

069 감가상각(2) - 감가상각요소의 변경   답 ④

- 20X3년 초 장부금액: $100,000 - 80,000 \times \frac{2}{4} = 60,000$

- 20X3년 감가상각비: $(76,000 - 20,000) \times \frac{1}{4} = 14,000$

070 감가상각(2) - 감가상각요소의 변경   답 ④

- 2015년 말 장부금액: $1,000,000 - 900,000 \times \frac{6}{10} = 460,000$

- 2016년 감가상각비: $(460,000 - 40,000) \times \frac{5}{15} = 140,000$

071 감가상각(2) - 감가상각요소의 변경   답 ②

- 2011년 초 장부금액: $5,000,000 - 5,000,000 \times \frac{5}{10} = 2,500,000$

- 2011년 말 감가상각비: $(2,500,000 + 1,500,000) \times \frac{1}{8} = 500,000$

072 감가상각(2) - 감가상각요소의 변경   답 ③

- 2012년 초 장부금액: $5,000 - (4,000 \times \frac{2}{4}) = 3,000$

- 2012년의 감가상각비: $(3,000 - 1,000) \times \frac{4}{10} = 800$

073 감가상각(2) - 감가상각요소의 변경   답 ③

- 2012년 말 장부금액: $10,000 - 10,000 \times \frac{1}{5} = 8,000$

- 2013년 말 장부금액: $8,000 - 8,000 \times \frac{4}{10} = 4,800$

- 2013년 초 장부금액: $600,000 - (600,000 - 100,000) \times \dfrac{1}{5} = 500,000$

- 2013년 감가상각비: $500,000 \times \dfrac{4}{10} = 200,000$

075 감가상각(2) - 감가상각요소의 변경   답 ①

- 2017년 7월 1일 감가상각누계액: $900,000 \times \dfrac{1}{3} + 900,000 \times \dfrac{1}{3} \times \dfrac{4}{12} = 400,000$

- 처분손익: $730,000 - (1,000,000 - 400,000) = 130,000(이익)$

076 감가상각(2) - 감가상각요소의 변경   답 ③

- 20X2년 초 장부금액: $100,000 - 90,000 \times \dfrac{1}{6} = 85,000$

- 20X3년 4월 초 장부금액: $90,000 - 80,000 \times (\dfrac{1}{5} + \dfrac{1}{5} \times \dfrac{3}{12}) = 70,000$

- 처분손익: $65,000 - 70,000 = (-)5,000(손실)$

077 감가상각(2) - 감가상각요소의 변경   답 ②

- 20X3년 초 장부금액: $1,550 - 1,500 \times \dfrac{(5+4)}{15} = 650$

- 20X3년 감가상각비: $600 \times \dfrac{1}{5} = 120$

- 20X3년 말 감가상각누계액: $1,500 \times \dfrac{(5+4)}{15} + 120 = 1,020$

078 감가상각(2) - 감가상각요소의 변경   답 ②

- 20X8년 초 장부금액: $1,000,000 - 1,000,000 \times (\dfrac{4}{10} + \dfrac{3}{10} \times \dfrac{9}{12}) = 375,000$

- 20X8년 감가상각비: $(375,000 - 105,000) \times \dfrac{12개월}{27개월} = 120,000$

079 감가상각(2) - 감가상각요소의 변경   답 ③

- 20X3년 초 장부금액: $500,000 \times \dfrac{3}{5} = 300,000$

- 20X3년 감가상각비: $\{(300,000 + 100,000) - 50,000\} \times \dfrac{1}{5} = 70,000$

- 2017년 말 상각후원가: $3,600,000 - 3,600,000 \times \dfrac{5}{15} \times \dfrac{10}{12} = 2,600,000$

- 2018년 감가상각비: $2,600,000 \times \dfrac{12개월}{50개월} = 624,000$

---

081 감가상각(2) - 감가상각요소의 변경   답 ②

- 7차연도 장부금액 : $200,000 - (200,000 - 20,000) \times \dfrac{6}{10} = 92,000$

- 7차연도 감가상각비 : $(92,000 - 5,000) \times \dfrac{1}{8} = 10,875$

---

082 손상회계   답 ①

20X1년 초 (500) (10년, 0, 정액법)

(450)

(400) ⇐ 환입한도

20X1년 말

(9년, 0, 정액법) (360)   20X2년 말   환입액: 80

(320) ⇐ $360 - 360 \times \dfrac{1}{9}$

---

083 손상회계   답 ②

20X1년 초 (1,500) (5년, 0)

(1,000)*1

(600)*2 ⇐ 환입한도

20X1년 말   환입액: 240

(4년, 0, 연수) (600)   20X2년 말

(360) ⇐ $600 - 600 \times \dfrac{4}{10}$

(*1) $1,500 - 1,500 \times \dfrac{5}{15} = 1,000$

(*2) $1,000 - 1,500 \times \dfrac{4}{15} = 600$

---

084 손상회계   답 ②

- 2011년 말 장부금액: $11,000 - (10,000 \times \dfrac{1}{10} \times \dfrac{6}{12}) = 10,500$

- 손상차손인식액: $10,500 - Max[2,000, 2,500] = 8,000$

---

085 손상회계   답 ③

- 2016년 말 장부금액: $850,000 - 800,000 \times \dfrac{2}{4} = 450,000$

- 2016년 말 손상차손: $450,000 - 350,000(회수가능액) = 100,000$

- 2011년 말 장부금액(손상차손 인식 후): 180,000

- 2012년 말 장부금액: $180,000 - 180,000 \times \dfrac{2}{3} = 60,000$

- 2012년 말 손상차손환입 한도액: $1,000,000 - 1,000,000 \times (\dfrac{4}{10} + \dfrac{3}{10} + \dfrac{2}{10}) = 100,000$

- 2012년 손상차손환입액: $100,000 - 60,000 = 40,000$

---

087 손상회계 답 ②

- 2011년 말 장부금액: $200,000 - 200,000 \times \dfrac{1}{4} = 150,000$

- 2011년 말 손상차손환입 한도액: $500,000 - 500,000 \times \dfrac{2}{5} = 300,000$

- 2011년 손상차손환입액: $300,000 - 150,000 = 150,000$

---

088 손상회계 답 ②

- 2013년 말 장부금액: $40,000 - 40,000 \times \dfrac{1}{4} = 30,000$

- 2013년 말 손상차손환입 한도액: $100,000 - 100,000 \times \dfrac{2}{5} = 60,000$

- 2013년 손상차손환입액: $60,000 - 30,000 = 30,000$

---

089 손상회계 답 ②

- 2015년 말 장부금액: $2,800 - 2,800 \times \dfrac{1}{4} = 2,100$

- 2015년 말 손상차손환입 한도액: $5,000 - 5,000 \times \dfrac{2}{5} = 3,000$

- 3,000까지 손상차손을 환입하므로 2015년 말 장부금액은 3,000이 된다.

---

090 손상회계 답 ②

- 상각후원가 계산: 20X4년 말 6,000,000, 20X5년 말 5,000,000
- 20X4년 말 손상이 발생하였으므로 장부금액을 3,600,000으로 인식
- 20X5년 말 손상환입 전 장부금액: $3,600,000 \times \dfrac{5}{6} = 3,000,000$
- 20X5년 말 손상차손 환입액: $5,000,000(상각후원가) - 3,000,000 = 2,000,000$

091 손상회계 답 ④

- 20X2년 말 상각후원가: $480,000 - 480,000 \times \frac{2}{5} = 288,000$
- 20X2년 말 손상차손: $288,000 - 186,000 = 102,000$
- 20X3년 말 상각후원가: $480,000 - 480,000 \times \frac{3}{5} = 192,000$
- 20X3년 감가상각비: $186,000 \times \frac{1}{3} = 62,000$
- 20X3년 손상차손환입: $192,000 - (186,000 - 62,000) = 68,000$

092 손상회계 답 ③

- 2015년 말 장부금액: 120,000(순공정가치와 사용가치 중 큰 금액인 120,000이 회수가능액이므로, 동 금액으로 장부금액을 감액한다)
- 2016년 7월 1일 장부금액: $120,000 - 120,000 \times \frac{1}{4} \times \frac{6}{12} = 105,000$
- 처분손익: $90,000 - 105,000 = 15,000$(손실)

093 손상회계 답 ②

- 2016년 말 상각후원가: $1,000,000 - 900,000 \times \frac{1}{4} = 775,000$
- 2016년 말 손상차손: $775,000 - 490,000 = 285,000$
- 2017년 말 감가상각비: $390,000 \times \frac{1}{3} = 130,000$
- 2017년 손상인식 전 상각후원가: $1,000,000 - 900,000 \times \frac{2}{4} = 550,000$
- 2017년 손상차손환입: $550,000 - (490,000 - 130,000) = 190,000$
- 2017년 말 손상차손누계액: $285,000 - 190,000 = 95,000$

094 손상회계 답 ②

손상차손 인식 후 장부금액은 회수가능액과 일치한다.
회수가능액 Max[순공정가치 600,000, 사용가치 550,000] = 600,000

095 손상회계 답 ①

- 20X3년말 감가상각비: $1,800,000 \div 3 = 600,000$
- 20X4년말 감가상각비: $1,800,000 \div 3 = 600,000$
- 20X4년말 장부금액: $1,800,000 - 1,200,000 = 600,000$
- 20X4년말 손상차손환입액: Min[2,000,000, [*1]3,200,000] $- 600,000 = 200,000$
  [*1] 손상이 발생하지 않았을 경우의 장부금액: $4,000,000 - 800,000 \times 4 = 800,000 = 3,200,000$

096 재평가모형   답 ②

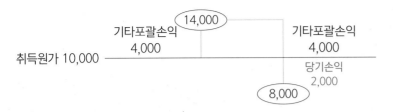

097 재평가모형   답 ④

재평가이익(잉여금)은 기타포괄손익으로 포괄손익계산서에 보고되며 재무상태표에 기타포괄손익누계액으로 보고된다.

098 재평가모형   답 ②

선지분석

① 20X1년의 당기순이익은 영향이 없다.

③ 20X1년 말 현재 재평가잉여금 잔액은 20,000이다.

④ 20X2년 말 재무상태표에 보고되는 토지 금액은 90,000이다.

099 재평가모형   답 ①

전기에 인식한 재평가손실 5,000만큼은 재평가이익(당기손익)으로 인식하고 초과하는 2,000만큼은 재평가잉여금(기타포괄손익)으로 인식한다.

100 재평가모형   답 ④

• 기타포괄손실: 2,700 − 2,500 = 200

• 당기손실: 2,500 − 2,300 = 200

• 총포괄손실: 200 + 200 = 400

101 재평가모형   답 ④

• 20X1년말 장부금액: 500,000 − 50,000(감가상각누계액) = 450,000

• 20X1년말 재평가손익: 450,000 − 450,000(장부금액) = 0

• 20X2년말 장부금액: 450,000 − 50,000(감가상각누계액) = 400,000

• 20X1년말 재평가손익: 525,000 − 400,000(장부금액) = 125,000(재평가잉여금)

102 재평가모형 답 ①

- 회수가능액(순공정가치와 사용가치 중 큰 금액): 450,000
- 당기비용: 500,000 − 450,000 = 50,000

103 재평가모형 답 ②

2012년 말의 재평가잉여금 잔액: 31,000 − 28,000 = 3,000

104 재평가모형 답 ④

당기말 토지의 손상을 인식할 때, 전기말 재평가잉여금 450,000을 먼저 감액하고 잔액 50,000을 당기비용으로 인식한다. 따라서 당기말 재평가잉여금 잔액은 0이다.

(선지분석)
① 공장은 재평가잉여금 잔액이 없으므로 손상차손 전액을 당기비용으로 처리한다.
② 토지의 당기말 장부금액: 2,850,000 − 500,000 = 2,350,000
③ 공장의 당기말 장부금액: 1,700,000 − 200,000 = 1,500,000

105 재평가모형 답 ②

- 2016년 말 상각후원가: $100,000 − 90,000 \times \frac{1}{3} = 70,000$
- 2016년 말 재평가잉여금: 90,000 − 70,000 = 20,000

106 재평가모형 답 ④

- 2018년 상각후원가: $1,000,000 \times \frac{4}{5} = 800,000$
- 2018년 재평가잉여금: 1,040,000 − 800,000 = 240,000

107 재평가모형 답 ④

- 2015년 말 재평가잉여금: $920,000 − 1,000,000 \times \frac{4}{5} = 120,000$
- 2016년 말 재평가 전 장부금액: $920,000 − 920,000 \times \frac{1}{4} = 690,000$
- 2016년 말 재평가 및 손상: 690,000 − 420,000 = 270,000
  (전기 말 재평가잉여금 120,000을 상각하고, 150,000을 손상차손으로 인식한다)
- 2016년 당기비용: $920,000 \times \frac{1}{4}$(감가상각비) + 150,000(손상차손) = 380,000

- 20X1년 말

  − 감가상각 후 장부금액: $2,000,000 - 2,000,000 \times \frac{1}{5} = 1,600,000$

  − 재평가: $1,800,000 - 1,600,000 = 200,000$(재평가잉여금)

- 20X2년 말

  − 감가상각 후 장부금액: $1,800,000 - 1,800,000 \times \frac{1}{4} = 1,350,000$

  − 재평가: $1,050,000 - 1,350,000 = (-)300,000$(재평가잉여금 200,000 감액, 100,000 재평가손실)

  − 당기손익에 미치는 영향: $450,000$(감가상각비) $+ 100,000$(재평가손실) $= 550,000$(감소)

---

109 재평가모형   답 ③

- 20X2년 재평가손실액: $14,000 - 11,000 - 2,000$(재평가잉여금) $= 1,000$
- 재평가감소 시 재평가잉여금을 먼저 감소하고 초과하는 금액은 재평가손실로 인식한다.

---

110 재평가모형   답 ④

- 2차연도 초 재평가잉여금: $13,500 - 10,000 \times \frac{9}{10} = 4,500$

- 2차연도 감가상각비: $13,500 \times \frac{1}{9} = 1,500$

- 2차연도에 인식할 손상: $(13,500 - 1,500) - 6,400 = 5,600$

- 5,600 중 4,500은 재평가잉여금을 감액하고, 1,100은 손상차손(비용)으로 인식한다.

- 3차연도 감가상각비: $6,400 \times \frac{1}{8} = 800$

- 4차연도 장부금액: $6,400 - 6,400 \times (\frac{1}{8} + \frac{1}{8}) = 4,800$

- 4차연도 기계장치 장부금액 증가액: $7,000 - 4,800 = 2,200$

- 기존에 인식한 손상차손 1,100만큼은 손상차손환입을 인식하고, 초과하는 1,100은 재평가잉여금으로 처리한다.

---

111 재평가모형   답 ②

- 2017년 말 회계처리

  − 상각후원가: $5,000,000 - 5,000,000 \times \frac{1}{5} = 4,000,000$

  − 재평가: $3,600,000 - 4,000,000 = (-)400,000$(재평가손실)

- 2018년 말 회계처리

  − 상각후원가: $3,600,000 - 3,600,000 \times \frac{1}{4} = 2,700,000$

  − 재평가: $3,100,000 - 2,700,000 = 400,000$(전기 재평가손실 환입)

- 2018년 당기손익에 미친 영향: $900,000$(상각비) $- 400,000$(재평가손실 환입) $= 500,000$(손실)

112 **재평가모형** 답 ③

- 자산재평가이익: $1,000,000 - 900,000 = 100,000$
- 재평가잉여금: $1,050,000 - 1,000,000 = 50,000$

113 **재평가모형** 답 ③

- 20X1년 말 장부금액: $30,000 - 25,000 \times \frac{1}{10} = 27,500$
- 20X1년 말 재평가잉여금: $37,500 - 27,500 = 10,000$
- 20X2년 말 장부금액: $(37,500 - 7,500) \times \frac{6}{10} + 7,500 = 25,500$
- 20X2년 말 재평가잉여금: $10,000 + 25,000 - 25,500 = 9,500$

114 **재평가모형** 답 ③

20X3년 감가상각비: $(12,000 - 2,000) \times \frac{1}{2} = 5,000$

(선지분석)

① 20X1년 감가상각비: $(10,000 - 2,000) \times \frac{1}{4} = 2,000$

② 20X2년 재평가잉여금: $12,000 - (10,000 - 4,000) = 6,000$

④ 20X3년 기계장치 처분이익: $8,000 - (12,000 - 5,000) = 1,000$

115 **재평가모형** 답 ②

- 20X1년 말
  - 감가상각 후 장부금액: $10,000 - 10,000 \times \frac{1}{5} = 8,000$
  - 재평가: $8,400 - 8,000 = 400$(재평가잉여금)
- 20X2년 말
  - 감가상각 후 장부금액: $8,400 - 8,400 \times \frac{1}{4} = 6,300$
  - 재평가: $5,900 - 6,300 = (-)400$(재평가잉여금 400 감액)
  - 손상: $5,400 - 5,900 = (-)500$(손상차손)
- 20X3년 말
  - 감가상각 후 장부금액: $5,400 - 5,400 \times \frac{1}{3} = 3,600$
  - 재평가: $4,200 - 3,600 = 600$(손상차손환입 500, 재평가잉여금 100)

116 투자부동산 답 ③

(선지분석)
① 투자부동산은 공정가치모형과 원가모형 중 하나를 선택하여 모든 투자부동산에 동일하게 적용한다.
② 공정가치모형을 선택한 경우에는 공정가치 변동으로 발생하는 손익은 발생한 기간의 당기손익에 반영한다.
④ 유형자산에 대해 재평가모형을 최초로 적용하는 경우에는 소급법을 적용하지 않으나 투자부동산에 대하여는 해당 규정이 없다.

117 투자부동산 답 ③

투자부동산 평가손실: 100,000 − 94,000 = 6,000

118 투자부동산 답 ④

(−)20 − 15 + 5 = (−)30(손실)

119 투자부동산 답 ②

· 투자부동산은 원가모형 또는 공정가치모형으로 회계처리한다.
· 원가모형: 일반유형자산과 동일하게 매기 말 감가상각비를 인식한다.
· 공정가치모형: 감가상각비는 인식하지 않고 매기 말 공정가치평가를 한다. 공정가치평가에 따른 손익은 당기손익으로 인식한다.
· 사례는 공정가치모형이므로 2013년에 평가손실 2,000, 2014년에 평가이익 1,500을 각각 인식한다.

120 투자부동산 답 ①

· 원가모형(감가상각비): 1,000,000 ÷ 20 = 50,000(비용)
· 공정가치모형(평가손실): 1,000,000 − 930,000 = 70,000(비용)

121 투자부동산 답 ①

4,000,000 − (2,000,000 + 100,000 + 1,000,000) = 900,000

122 투자부동산

답 ③

- 유형자산 분류 시
  - 20X1년 말 재평가: $990,000 - 1,000,000 \times \dfrac{9}{10} = 90,000$(재평가잉여금)
  - 20X2년 말 재평가: $750,000 - 990,000 \times \dfrac{8}{9} = (-)130,000$
    (90,000은 재평가잉여금을 감액하고, 40,000은 재평가손실 인식)
- 투자부동산 분류 시
  - 20X1년 말: $990,000 - 1,000,000 = (-)10,000$(평가손실; 당기손익)
  - 20X2년 말: $750,000 - 990,000 = (-)240,000$(평가손실; 당기손익)

123 투자부동산

답 ①

투자부동산에 대하여 공정가치모형을 선택할 경우 감가상각비를 인식하지 않는다.

124 투자부동산

답 ④

부문별로 분리 매각이 가능한 경우에는 투자부동산과 유형자산으로 각각 분리하여 회계처리한다. 그러나 부문별로 분리 매각이 불가능한 경우에는 유형자산으로 사용하기 위하여 보유하는 부분이 경미한 경우에만 당해 부동산을 투자부동산으로 분류한다.

125 투자부동산

답 ③

투자부동산으로 분류하는 경우 평가이익이 당기이익으로 계상되어 이익잉여금은 증가하나 유형자산으로 분류하는 경우 재평가잉여금은 기타포괄손익누계액으로 분류되므로 이익잉여금에는 영향을 미치지 아니한다.

126 투자부동산

답 ④

$100,000,000 - 80,000,000 = 20,000,000$(투자부동산 평가손실)

127 투자부동산

답 ④

- 대체전 투자부동산 평가이익: $1,400 - 1,200 = 200$(증가)
- 대체후 감가상각비: $1,400 \times 1/2.5 \times 6/12 = 280$(감소)
- 20X2년 ㈜대한의 당기순이익에 미치는 영향: (1) + (2) = 80(감소)

128 무형자산

답 ⑤

계약 상 권리 또는 기타 법적 권리로부터 발생하는 무형자산의 내용연수는 그러한 계약상 권리 또는 기타 법적 권리의 기간을 초과할 수 없다.

129 무형자산

무형자산은 경제적 혹은 법적 내용연수 중 짧은 기간을 내용연수로 선택하고 그 기간에 특별한 제한을 두지는 않는다.

130 무형자산

관련된 모든 요소의 분석에 근거하여 그 자산이 순현금유입을 창출할 것으로 기대되는 기간에 대하여 예측가능한 제한이 없을 경우 무형자산의 내용연수는 비한정인 것으로 본다. 내용연수가 비한정인 경우에는 상각하지 아니하고 정기적인 손상평가를 하여야 한다.

131 무형자산

연구단계에서 발생한 지출은 당기비용으로 인식한다.

132 무형자산

연구단계에서 발생한 지출은 당기비용으로 인식한다.

133 무형자산

(선지분석)
① 내부 프로젝트의 연구단계에 대한 지출은 비용으로 인식한다.
② 개발단계에서 발생한 지출은 자산인식요건을 모두 충족하는 경우에만 개발비의 과목으로 하여 무형자산으로 인식하고, 그 외의 경우에는 발생한 기간의 비용으로 인식한다.
④ 내부적으로 창출한 브랜드, 출판표제, 고객목록과 이와 실질이 유사한 항목은 무형자산으로 인식하지 아니한다.

134 무형자산

내용연수가 비한정인 무형자산은 자산손상 징후가 있는지에 관계없이 일년에 한 번은 손상검사를 한다.

135 무형자산

내부 프로젝트의 연구단계에서는 미래경제적효익을 창출할 무형자산이 존재한다는 것을 제시할 수 없는 것이 일반적이므로 내부 프로젝트의 연구단계에서 발생한 지출은 비용으로 인식한다.

136 무형자산 답 ④

(선지분석)

① 무형자산에도 재평가모형을 사용할 수 있다.

② 라이선스의 내용연수가 비한정이라면 상각하지 않는다.

③ 내부적으로 창출한 브랜드, 제호, 출판표제, 고객목록 등은 자산으로 인식하지 않는다.

137 무형자산 답 ④

비한정내용연수를 가지는 것으로 분류되었던 무형자산이 이후에 유한한 내용연수를 가지는 것으로 변경된 경우에는 변경된 시점부터 해당 무형자산을 상각한다.

138 무형자산 답 ④

감가상각은 자산이 매각예정자산으로 분류되는(또는 매각예정으로 분류되는 처분자산집단에 포함되는) 날과 자산이 제거되는 날 중 이른 날에 중지한다. 따라서 유형자산이 운휴 중이거나 적극적인 사용상태가 아니어도, 감가상각이 완전히 이루어지기 전까지는 감가상각을 중단하지 않는다.

139 무형자산 답 ①

내용연수가 비한정인 무형자산은 자산손상 징후가 있는지에 관계없이 회수가능액과 장부금액을 비교하여 일 년에 한 번은 손상검사를 한다.

140 무형자산 답 ④

연구에 대한 지출은 당기비용으로 인식한다.

141 무형자산 답 ①

재평가한 무형자산과 같은 분류 내의 무형자산을 그 자산에 대한 활성시장이 없어서 재평가할 수 없는 경우에는 원가에서 상각누계액과 손상차손누계액을 차감한 금액으로 표시한다.

142 무형자산 답 ③

- 연구비: 100,000 + 300,000 + 50,000 = 450,000
- 개발비: 250,000 + 150,000 = 400,000
- 비용으로 인식할 금액: 450,000 + 400,000 × 50% = 650,000

143 무형자산 답 ④

생산이나 사용 전의 시제품과 모형을 설계, 제작, 시험하는 활동은 개발활동으로 분류한다.

144 무형자산

답 ②

(선지분석)
①, ③, ④ 연구활동에 해당한다.

145 무형자산

답 ①

500,000 + 450,000 = 950,000

146 무형자산

답 ②

10,000(새로운 지식) + 10,000(여러 가지 대체안) + 10,000(구분할 수 없는) = 30,000

147 무형자산

답 ②

개발비: 제품생산 전 시제품 설계제작 등을 위한 지출(150)

148 무형자산

답 ②

4,500,000 − (35,000,000 − 32,000,000) = 1,500,000

149 무형자산

답 ③

20,000,000 − (20,000,000 − 9,000,000) = 9,000,000

150 무형자산

답 ④

(50,000 + 30,000) − (120,000 − 70,000) = 30,000

151 무형자산

답 ④

10,000 × 100주 − (100,000 + 150,000 + 200,000 − 50,000) = 600,000

152 무형자산

답 ④

50주 × 7,000(합병대가) − 450,000(순자산공정가치) = − 100,000(염가매수차익)

153 무형자산 답 ③

영업권 = 합병대가 − 순자산공정가치

$2,000 - (X - 2,500) \times 0.75 = 500$

$\therefore X = 4,500$

154 무형자산 답 ③

• 합병대가: 100주 × 14,000 − 10,000 = 1,400,000
• 피합병기업의 순자산 공정가치: 1,200,000
• 영업권: 1,400,000 − 1,200,000 = 200,000
• 회계처리

(차) 순　자　산	1,200,000	(대) 자　본　금	700,000
영　업　권	200,000	(대) 주 식 발 행 초 과 금	690,000
주 식 발 행 비 용	10,000	(대) 현　금	20,000

155 무형자산 답 ①

• 홍보비와 내부적으로 창출한 영업권은 무형자산으로 인식하지 않는다.
• 무형자산(라이선스)상각비: $5,000 \times \dfrac{1}{5} \times \dfrac{6}{12} = 500$

156 무형자산 답 ②

• 20X1년 특허권 상각비: $(100,000 + 200,000) \times \dfrac{1}{5} \times \dfrac{4}{12} = 20,000$
• 특허권의 취득원가는 특허권 취득을 위해 직접 지출한 금액만을 포함하고, 내용연수는 경제적 내용연수와 법적 내용연수 중 짧은 기간을 선택한다.

157 무형자산 답 ②

• 2017년 말 상각후원가: $600,000 - 600,000 \times \dfrac{1}{10} \times \dfrac{6}{12} = 570,000$
• 2017년 말 손상차손: 570,000 − 500,000 = 70,000

158 무형자산 답 ③

손상차손 인식액: $(23,000 - 20,000 \times \dfrac{1}{10}) - 15,000 = 6,000$

159 무형자산 답 ④

제조과정에서 사용된 무형자산의 상각액은 제품원가에 포함된다.

정답

📝Memo

001	①	002	③	003	④	004	③	005	③
006	④	007	②	008	②	009	①	010	③
011	④	012	③	013	②	014	③	015	①
016	③	017	③	018	③	019	②	020	④
021	④	022	③	023	④	024	②	025	④
026	③	027	④	028	③	029	②	030	②
031	②	032	④	033	②	034	①	035	③
036	①	037	②	038	②	039	③	040	②
041	④	042	②	043	②	044	④	045	①
046	②	047	①	048	①	049	③	050	②
051	④	052	②	053	②	054	④	055	③
056	③								

---

001 **사채의 장부금액 계산** 답 ①

사채상각표의 공란을 채워넣으면 아래와 같다.

일자	유효이자	표시이자	사채할인발행차금상각	장부금액
20X3. 1. 1.				948
20X3.12.31.	95	70	25	973
20X4.12.31.	97	70	27	1,000

2년간 이자비용: 95 + 97 = 192

---

002 **사채의 장부금액 계산** 답 ③

(선지분석)

① 사채의 표시이자율은 9%이다. (10,800 ÷ 120,000)

② 20X1년 말 사채할인발행차금상각액은 1,948이다.

④ 사채의 유효이자율은 11%이다. (12,748 ÷ 115,890)

---

003 **사채의 장부금액 계산** 답 ④

- 2011년 말 사채의 장부금액: 167,000 − 7,000 = 160,000
- 160,000 × 유효이자율(X) = 40,000

  ∴ 유효이자율(X) = 25%

사채할인발행차금을 상각할 경우 상대방 계정과목은 이자비용이므로 당기순이익은 감소하고 사채할인발행차금은 사채의 차감적 평가계정이므로 차금 감소 시 사채의 장부금액은 증가한다.

---

005 **사채의 장부금액 계산** 답 ③

- 사채의 발행금액: $10,000 \times 0.71 + 600 \times 2.4 = 8,540$
- 2013년 차금상각액: $8,540 \times 12\% - 600 = 425$

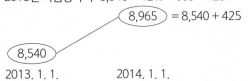

$8,965 = 8,540 + 425$

8,540

2013. 1. 1.   2014. 1. 1.

- 2014년 이자비용: $8,965 \times 12\% = 1,076$

---

006 **사채의 장부금액 계산** 답 ④

- 2008년 차금상각액: $95,030 \times 10\% - 8,000 = 1,503$
- 2009년 말 장부금액: $95,030 + 1,503 + 1,503 \times 1.1 = 98,186$
  - 사채의 장부금액은 언제나 미래현금흐름의 현재가치이다.
  - 2009년 말에는 2010년의 현금흐름이 유일한 미래현금흐름이므로 이 금액을 현재가치로 평가하면 2009년 말 사채의 장부금액이 된다.
    $100,000 \times (1 + 8\%)(2010년\ 현금흐름) \div (1 + 10\%) = 98,182(단수차이\ 존재)$

---

007 **사채의 장부금액 계산** 답 ②

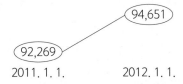

94,651

92,269

2011. 1. 1.   2012. 1. 1.

- 2011년 이자비용: $92,269 \times 8\% = 7,382$
- 2011년 사채할인발행차금 상각액: $94,651 - 92,269 = 2,382$
- 2011년 액면이자: $7,382 - 2,382 = 5,000$
- 2011년 액면이자율: $5,000 \div 100,000 = 5\%$

---

008 **사채의 장부금액 계산** 답 ②

- 20X1년 차금상각액: $94,730 - 92,410 = 2,320$
- $92,410 \times 9\%(실질이자) - 액면이자 = 2,320$
  ∴ 액면이자 $= 6,000$
- 액면이자율 $= 6\%$

009 사채의 장부금액 계산   답 ①

- 2016년 말 차금상각액: 947,929 − 925,390 = 22,539
- 925,390 × 10%(실질이자) − 표시이자 = 22,539(차금상각액), 표시이자 = 70,000(이자율 7%)

010   사채의 장부금액 계산   답 ③

- 2016년 차금상각액 = 1,049,732 − 1,034,705 = 15,027
- 15,027 = 액면이자 − 1,049,732 × 10%
  ∴ 액면이자 = 120,000(12%)
- 2017년 말 장부가액: 1,034,705 − 15,027 × 1.1 = 1,018,175(단수차이로 1,018,176을 장부가액으로 본다)

011   사채의 장부금액 계산   답 ④

- 매출액: 500,000 + 1,000,000 × 2.4868 = 2,986,800
- 이자수익: 1,000,000 × 2.4868 × 10% = 248,680

012   사채의 장부금액 계산   답 ③

- 장기미수금의 현재가치: 100,000 × 0.89 = 89,000
- 기계장치 처분이익: 89,000 − 20,000 = 69,000
- 장기미수금의 기말 이자수익: 89,000 × 6% = 5,340
- 당기순이익: 69,000 + 5,340 = 74,340(증가)

013   사채의 장부금액 계산   답 ②

- 20X9년 초 장부금액: 430,000 − 30,000 = 400,000
- 20X9년 이자비용: 400,000 × 유효이자율 = 60,000, 유효이자율 = 15%

014   사채의 장부금액 계산   답 ③

할인발행의 경우 상각액은 기초장부금액에 가산한다.
따라서, 20X1년12월31일 사채의 장부금액은 92,416 + (9,242 − 8,000) = 93,658이다.

015   사채발행의 형태   답 ①

할인발행 및 할증발행 모두 상각액은 매기 증가한다.

016 사채발행의 형태 답 ③

선지분석
① 사채가 할증발행된다면 만기에 가까워질수록 매년 사채의 유효이자는 감소한다.
② 사채가 할인발행된다면 만기에 가까워질수록 매년 사채의 유효이자는 증가한다.
④ 사채가 액면발행된다면 매년 사채의 유효이자는 액면이자와 같다.

017 사채발행의 형태 답 ③

할인발행의 경우 사채의 장부가액은 매년 증가하고 그에 따라 이자비용도 매년 증가한다.

018 사채발행의 형태 답 ③

할인발행의 경우 만기가 가까워질수록 사채의 이자비용이 증가한다.

019 사채발행의 형태 답 ②

현금이자지급액에서 사채할증발행차금을 차감하여 이자비용을 계산한다.

020 사채발행의 형태 답 ④

사채의 할인발행과 할증발행의 경우 사채발행차금상각액이 모두 증가한다.

021 사채발행의 형태 답 ④

문제의 사례는 액면이자율이 유효이자율보다 크므로 할증발행의 경우이다. 할증발행의 경우 실질이자보다 액면이자가 더 크다.

선지분석
① 할증발행의 경우 발행금액이 만기 상환금액(액면금액)보다 크다.
② 할증발행의 경우 사채의 장부금액은 매년 감소한다.
③ 할증발행의 경우 이자비용은 매년 감소한다.

022 사채발행의 형태 답 ③

발행 당시 유효이자율이 표시이자율보다 높았으므로 사채는 할인발행되었을 것이다. 할인발행의 경우 사채의 장부금액은 만기 이전에는 액면금액보다 낮은 금액이므로 이 사채를 액면금액에 상환하면 사채상환손실이 발생한다.

023   사채발행의 형태   답 ④

$10,000 \times 3년 + (100,000 - 93,200) = 36,800$

024   사채발행의 형태   답 ②

총이자비용: $\underbrace{100,000 + 8,000 \times 3년}_{\text{총지급액}} - \underbrace{105,344}_{\text{원금}} = 18,656$

025   사채발행의 형태   답 ④

- 사채발행금액: $1,000,000 \times 0.84 + 40,000 \times 2.67 - 1,500 = 945,300$
- 만기까지 총 이자비용: $(40,000 \times 3년 + 1,000,000) - 945,300 = 174,700$

026   사채발행의 형태   답 ③

(선지분석)

① 사채를 할증발행할 경우, 인식하게 될 이자비용은 사채할증발행차금에서 현금이자 지급액을 가산한 금액이다.

② 사채를 할인발행할 경우, 사채할인발행차금 상각액은 점차 증가한다.

④ 사채할인발행차금의 총발생액과 각 기간 상각액의 합계금액은 같고, 사채할증발행차금의 총발생액과 각 기간 상각액의 합계금액은 같다.

027   사채발행의 형태   답 ④

이 사채의 발행 기간에 매년 인식하는 이자비용은 증가한다.

028   사채발행의 형태   답 ③

- 20X2년부터 20X3년까지 2년 간 상각액 : $500,000 - 482,600 = 17,400$
- 20X2년부터 20X3년까지 2년 간 액면이자 : $500,000 \times 0.08 \times 2 = 80,000$
- 20X2년부터 20X3년까지 2년 간 유효이자 : $17,400 + 80,000 = 97,400$

029   사채의 중도상환 및 기타주제   답 ②

- 사채상환액: $113,000 - 10,000(액면이자지급) = 103,000$
- 상환일의 사채장부금액: $103,000 - 8,000(상환손실) = 95,000 \rightarrow$ 사채할인발행차금: $5,000$

030 사채의 중도상환 및 기타주제 답 ②

- 2015년 말 사채의 장부금액: 9,600 + {600(실질이자) − 500(액면이자)} = 9,700
- 사채상환손익: 9,700 − 9,800 = − 100(상환손실)

031 사채의 중도상환 및 기타주제 답 ②

- 2016년 초에 상환하므로 사채만 상환하는 경우에 해당한다.
- 2015년 말 차금상각액: 950,260 × 10% − 80,000 = 15,026
- 2015년 말 장부금액: 950,260 + 15,026 = 965,286
- 2016년 초 상환손익: 965,286 − 960,000 = 5,286(이익)

032 사채의 중도상환 및 기타주제 답 ④

- 2011년 차금상각액: 100,000 × 10% − 105,151 × 8% = 1,588
- 2012년 이자비용: (105,151 − 1,588) × 8% = 8,285
- 2012년 차금상각액: 100,000 × 10% − 8,285 = 1,715
- 사채상환손익: 103,000 − (105,151 − 1,588 − 1,715) = 1,152(손실)

033 사채의 중도상환 및 기타주제 답 ②

- 상환대상금액: $960 + 960 \times 10\% \times \dfrac{6}{12} = 1,008$
- 사채상환손익: 1,008 − 950 = 58(이익)

034 사채의 중도상환 및 기타주제 답 ①

- 상환대상금액: 91,322 + 91,322 × 10% = 100,454
- 사채상환손익: 100,454 − 101,000 = 546(손실)

035 사채의 중도상환 및 기타주제 답 ③

자료에서 액면이자를 포함하여 사채를 상환하였는지에 대한 언급이 없는데, 사채만 상환한 것으로 보고 문제를 해결한다.

- 2018년6월30일 장부금액: $982 + (982 \times 10\% − 80) \times \dfrac{6}{12} = 991$
- 사채상환손익: 1,020 − 991 = 29(손실)

036 사채의 중도상환 및 기타주제 답 ①

$30,000 \times 10\% \times \dfrac{8}{12} = 2,000$

037 사채의 중도상환 및 기타주제   답 ②

- 2004. 9. 1.~2005. 8.31. 차금상각액: $270,000 \times 6\% - 300,000 \times 5\% = 1,200$
- 2005. 9. 1.~2005.12.31. 차금상각액: $1,200 \times 1.06 \times \dfrac{4}{12} = 424$

  (차금상각액은 매년 유효이자율만큼 증가한다)
- 2005년 말 사채장부금액: $270,000 + 1,200 + 424 = 271,624$

038 사채의 중도상환 및 기타주제   답 ②

기초장부금액 + 상각액(유효이자 − 액면이자) = 기말장부금액

$95,200 + (11,400 - 10,000) = 96,600$

039 사채의 중도상환 및 기타주제   답 ③

- 사채의 발행금액: $1,000,000 \times 0.63 + 50,000 \times 4.623 = 861,150$
- 2015년 6월 30일 차금상각액: $861,150 \times 8\% - 50,000 = 18,892$
- 2015년 6월 30일 사채의 장부금액: $861,150 + 18,892 = 880,042$
- 사채상환손익: $900,000 - 880,042 = 19,958$(손실)

040 사채의 중도상환 및 기타주제   답 ②

사채상환가액 − 상환직전 장부금액 = (+)사채상환손실(−)사채상환이익

$9,800 - \{9,503 + (9,503 \times 0.1 - 10,000 \times 0.1)\} = 147$(사채상환손실)

041 사채의 중도상환 및 기타주제   답 ④

4월 1일 상각후원가: $47,513 + (47,513 \times 10\% - 50,000 \times 8\%) \times \dfrac{3}{12} = 47,701$

(차)	현　　　　　　　금	47,701	(대)	사　　　　　　채	50,000
	사 채 할 인 발 행 차 금	2,299			
	현　　　　　　　금	1,000		미 지 급 이 자	1,000

042 충당부채   답 ②

충당부채는 재무상태표에 부채로 인식하고, 우발부채는 주석으로 공시한다.

043 충당부채   답 ②

충당부채를 인식하기 위한 현재의무에는 법적의무와 의제의무가 모두 포함된다.

044 충당부채   답 ④

- 금액을 신뢰성 있게 추정할 수 없다면 우발부채로 주석에 공시한다.
- 충당부채는 과거사건의 결과로 현재의무가 존재하고, 경제적 효익을 갖는 자원의 유출가능성이 높으며, 금액을 신뢰성 있게 측정할 수 있는 경우에만 인식한다.

045 충당부채   답 ①

정기적으로 이루어지는 대규모 수선은 현재의무가 아니므로 부채의 정의에 부합하지 아니한다.

046 충당부채   답 ②

경제적 효익을 갖는 자원의 유출가능성이 높으나 금액을 신뢰성 있게 추정할 수 없는 경우, 우발부채로 주석 공시한다.

047 충당부채   답 ①

예상되는 자산 처분이익은 충당부채를 측정하는 데 고려하지 아니한다.

048 충당부채   답 ①

경제적 효익의 유입가능성이 높은 우발자산에 대해서는 보고기간 말에 우발자산의 특성에 대해 간결하게 설명을 공시하고, 실무적으로 적용할 수 있는 경우에는 재무적 영향의 추정 금액을 공시한다.

049 충당부채   답 ③

(선지분석)
① 미래의 예상 영업손실에 대하여 충당부채로 인식하지 아니한다.
② 우발부채는 자원의 유출가능성을 최초 인식시점에 판단하며 지속적으로 검토한다.
④ 다수의 항목과 관련되는 충당부채를 측정하는 경우에 해당 의무는 가능한 모든 결과에 관련된 확률을 가중평균하여 추정한다.

050 충당부채   답 ②

충당부채와 관련하여 포괄손익계산서에 인식한 비용은 제삼자의 변제와 관련하여 인식한 금액과 상계하여 표시할 수 있다.

051 충당부채   답 ④

구조조정충당부채로 인식할 수 있는 지출은 구조조정과 관련하여 직접 발생하는 지출과 기업의 계속적인 활동과 관련 없는 지출에 대하여는 충당부채의 인식이 가능하다.

052 충당부채 답 ②

자원의 유출가능성, 즉, 배상금을 지급할 가능성이 아주 낮은 경우에는 우발부채로 공시하지 아니한다.

053 충당부채 답 ②

$100,000 \times 10\% - 7,000 = 3,000$

054 충당부채 답 ④

$\{(4,200 \times 40\% - 1,080) \div 10\} \times 2,500 = 150,000$

055 충당부채 답 ③

· 제품보증충당부채: 미래에 지출될 충당부채의 최선의 추정치 = 1,700
· 제품보증비용: 1,700(기말 제품보증충당부채) − 1,000(수정전 잔액) = 700

056 충당부채 답 ③

$2,000,000 + 4,000,000 + 500,000 = 6,500,000$

정답

p.149 📝Memo

001	④	002	③	003	②	004	①	005	①
006	①	007	②	008	②	009	③	010	④
011	③	012	③	013	④	014	①	015	③
016	①	017	①	018	④	019	②	020	②
021	①	022	②	023	②	024	④	025	④
026	①	027	③	028	①	029	④	030	①
031	②	032	①	033	③	034	②	035	③
036	①	037	④	038	①	039	②	040	④
041	③	042	③	043	③	044	②	045	②
046	④	047	②	048	④	049	④	050	①
051	③	052	③	053	①	054	①	055	④
056	②	057	③	058	①	059	④	060	①
061	④	062	③	063	③	064	③	065	③
066	②	067	③	068	①	069	④	070	③
071	④	072	②	073	②	074	②	075	①
076	②	077	⑤	078	②	079	③	080	①
081	①	082	②	083	④	084	③	085	①
086	②	087	①	088	③	089	③	090	②
091	③								

---

001 자본의 분류 및 자본금   답 ④

주식발행초과금(5억) + 감자차익(3억) + 자기주식처분이익(3억) = 11억

---

002 자본의 분류 및 자본금   답 ③

당기순이익: 매출(3,000,000) − 잡비(50,000) − 매출원가(2,000,000) − 감가상각비(100,000)
　　　　= 850,000

(선지분석)
① 총자산: 현금(500,000) + 사무용가구(1,000,000) + 재고자산(350,000) = 1,850,000
② 총부채: 미지급금(200,000) + 매입채무(600,000) = 800,000
④ 총자본: 총자산(1,850,000) − 총부채(800,000) = 1,050,000

2022 해커스공무원 현진환 회계학 단원별 기출문제집

003 자본의 분류 및 자본금 · 답 ②

- 기말자산: 현금(180) + 단기대여금(120) + 매출채권(267) − 대손충당금(2) + 상품(85) + 건물(400)
  = 1,050
- 기말부채와 자본: 매입채무(80) + 사채(100) + 자본금(X) + 이익잉여금(250) = 1,050
  ∴ 자본금(X) = 620

004 자본의 분류 및 자본금 · 답 ①

기타포괄손익을 묻고 있다. 확정급여제도는 기타포괄손익에 해당한다.

(선지분석)
② 감자차손은 자본조정에 해당한다.
③ 자기주식처분이익은 자본잉여금에 해당한다.
④ 사채상환손실은 당기비용에 해당한다.

005 자본의 분류 및 자본금 · 답 ①

- 당기순이익: 매출(2,500) − 매출원가(500) − 기부금(500) − 감가상각비(500) + 배당금수익(100)
  = 1,100(= 이익잉여금)
- 자본잉여금: 감자차익(100) + 주식발행초과금(500) = 600

006 자본의 분류 및 자본금 · 답 ①

자본조정은 당해 항목의 성격상 자본에서 가감되어야 하거나 자본금이나 자본잉여금으로 미확정상태인 임시자본계정부분이다.

007 자본의 분류 및 자본금 · 답 ②

- 우선주 배당금: 5,000 × 1,000주 × 10% × 3년 = 1,500,000
- 비참가적 우선주이므로 남은 배당금을 전액 보통주에 지급한다.
- 보통주 배당금: 2,500,000 − 1,500,000 = 1,000,000

- 우선주A의 배당액: 5,000,000 × 5% = 250,000
  (우선주A는 비누적적, 비참가적이므로 250,000으로 배당이 종결된다)
- 우선주B의 배당액: 5,000,000 × 5% × 2회 = 500,000
  (우선주B는 누적적이므로 전기미지급액을 포함해서 지급하고, 완전참가적이므로 보통주에 5% 이상의 배당이 지급되면 우선주B도 초과분에 대해 참여할 권리가 있다)
- 보통주 배당액: 10,000,000 × 5% = 500,000
- 잔여배당액: 1,550,000 − 250,000 − 500,000 − 500,000 = 300,000
  (잔여배당액은 보통주와 우선주B에 지급한다)
- 잔여배당액 중 보통주 귀속분: $300,000 \times \dfrac{10,000,000}{(10,000,000 + 5,000,000)} = 200,000$
- 보통주 총배수령액: 500,000 + 200,000 = 700,000
- 보통주 발행주식수: 10,000,000 ÷ 5,000 = 2,000주
- 보통주 1주당 배당금: 700,000 ÷ 2,000주 = 350

- 비누적적 · 비참가적 우선주 배당금: 100,000 × 5% = 5,000
- 누적적 · 참가적 우선주 배당금(추가전): 200,000 × 5% × 5년 = 50,000
- 보통주 배당금(추가전): 300,000 × 5% = 15,000
- 잔여배당금 25,000(95,000 − 70,000)을 참가적우선주와 보통주에 2:3으로 분배
- 우선주B 배당금(최종): 50,000 + 10,000 = 60,000
- 보통주 배당금(최종): 15,000 + 15,000 = 30,000

- 우선주A 배당금: 200,000 × 10% = 20,000
- 우선주B 배당금(추가전): 400,000 × 5% × 2년 = 40,000
- 보통주 배당금(추가전): 400,000 × 5% = 20,000
- 잔여배당금 20,000(100,000 − 80,000)을 우선주B와 보통주에 1:1로 분배
- 우선주B 배당금(최종): 40,000 + 10,000 = 50,000
- 보통주 배당금(최종): 20,000 + 10,000 = 30,000

011 자본의 분류 및 자본금

- 우선주(비누적적/비참가적) 배당금: $1,000,000 \times 4\% = 40,000$
- 우선주(누적적/참가적) 배당금: $2,000,000 \times 4\% \times 3년 = 240,000$
- 보통주 배당금: $5,000,000 \times 4\% = 200,000$
- 잔여배당액: $1,880,000 - 40,000 - 240,000 - 200,000 = 1,400,000$
  (잔여배당액은 보통주와 참가적우선주에 지급한다)
- 잔여배당액 중 우선주 귀속분: $1,400,000 \times \dfrac{2}{7} = 400,000$
- 우선주 추가배당 한도액: $2,000,000 \times (10\% - 4\%) = 120,000$
- 우선주에 추가로 배당할 금액은 한도액인 120,000이다.
- 참가적 우선주 배당금: $240,000 + 120,000 = 360,000$
- 보통주 총 배당금: $1,880,000 - 40,000 - 360,000 = 1,480,000$
- 보통주 1주당 배당금: $\dfrac{1,480,000}{1,000주} = 1,480$

012 자본의 분류 및 자본금

- 우선주 1년분 배당금: $400,000 \times 5\% = 20,000$
- 우선주 배당금: 20,000
- 보통주 배당금: $240,000 - 20,000 = 220,000$

(선지분석)

① 우선주 배당금: $20,000 \times 4년 = 80,000$,
   보통주 배당금: $240,000 - 80,000 = 160,000$

② 배당률이 5%를 초과하고($240,000 \div 1,200,000 = 20\%$) 완전참가적이므로 배당금 240,000을 액면금액비율(2 : 1)로 보통주와 우선주에 배분한다.
   → 보통주 160,000, 우선주 80,000

④ ②의 결과를 보면 완전참가적인 경우 우선주 배당률이 20%이므로 11%에서 제한한다.
   우선주 배당금: $400,000 \times 11\% = 44,000$,
   보통주 배당금: $240,000 - 44,000 = 196,000$

013 자본의 분류 및 자본금

보유자의 청구에 따라 상환의무가 있는 상환우선주는 부채로 분류한다.

(선지분석)

① 20X1년 초 발행가액: $100주 \times 6,000 \times 0.75 + 100주 \times 300 \times 2.5 = 525,000$

② 20X1년 말 장부금액: $525,000 + (52,500 - 30,000) = 547,500$

③ 20X1년 말 이자비용: $525,000 \times 10\% = 52,500$

014 납입자본

무상증자는 자본잉여금 또는 법정적립금을 재원으로 주식을 발행하는 것으로 무상증자의 결과 자본금이 증가하고 자본잉여금(또는 이익잉여금)은 감소하므로 자본총계는 변하지 않는다.

015 납입자본
답 ③

Memo

선지분석

ㄱ. 주식분할을 실시하면 자본금이 변하지 않는다.

ㄷ. 유상증자를 실시하면 자본금이 증가한다.

016 납입자본
답 ①

무상증자는 단순히 자본의 구성내역만 변동시킬 뿐 자본의 총계는 변화시키지 않는다.

017 납입자본
답 ①

주식분할의 경우 발행주식수가 증가하지만 주당 액면금액이 감소하므로 자본금은 불변이다.

018 납입자본
답 ④

주식분할은 기업의 자산·부채의 크기와 자본의 구성내역을 변화시키지 않는다. 따라서 주식분할을 하더라도 기업의 자본금은 불변이다.

019 납입자본
답 ②

주식분할은 주당 액면금액의 감소가 발생한다.

020 납입자본
답 ②

무상증자는 자본금이 증가하고 주식분할은 자본금이 불변이다.

021 납입자본
답 ①

무상증자로 자본금은 증가한다.

022 납입자본
답 ②

②는 무상증자에 해당하는 거래로, 무상증자는 자본총액을 변화시키지 않는다.

023 납입자본
답 ②

자기주식은 자본의 차감항목으로, 자본조정으로 분류한다.

024 납입자본

답 ④

(선지분석)

① 현금배당으로 인해 이익잉여금이 감소한다.

② 임차료로 인해 이익잉여금(당기순이익)이 감소한다.

③ 상품 소실로 인해 이익잉여금(당기순이익)이 감소한다.

025 납입자본

답 ④

ㄷ. 해외사업환산손실은 기타포괄손익누계액에 부(−)의 금액으로 표시되므로 자본총액을 감소시킨다.

ㄹ. 자기주식은 자본조정에 부(−)의 금액으로 표시되므로 자본총액을 감소시킨다.

(선지분석)

ㄱ. 주식배당은 이익잉여금이 감소하고 자본금이 증가하므로 자본총액은 불변이다.

ㄴ. 임의적립금의 목적이 달성되면 이익잉여금 내에서 재분류가 일어나므로 자본총액은 불변이다.

026 납입자본

답 ①

건물을 장부금액으로 매각하면 건물(자산)이 감소하고 현금(자산)이 증가한다. 따라서 자산, 부채, 자본 중 어떤 항목도 영향을 받지 않는다.

(선지분석)

② 단기매매금융자산에서 평가손실이 발생하면 자산과 자본이 감소한다.

③ 현금배당을 지급하면 자산과 자본이 감소한다.

④ 자기주식을 매각하면 자산과 자본이 증가한다.

027 납입자본

답 ③

무상증자는 자본의 구성내역만 변동시킬 뿐 자본의 총액을 변화시키지 않고, 액면분할은 자본의 총액뿐 아니라 구성내역도 변화시키지 않는다.

028 납입자본

답 ①

주식을 발행하면 현금이 납입되면서 대변에 자본이 증가하게 된다. 할인발행이라 하더라도 자본총액은 증가한다.

(선지분석)

② 자기주식을 취득하는 경우, 자기주식은 자본에 부(−)의 항목으로 표시하므로 자본총액이 감소하게 된다.

③ 무상증자에 해당하는 경우인데 자본총액은 변하지 않는다.

④ 주식배당의 경우 자본총액은 변하지 않는다.

029 납입자본 답 ④

주주로부터 자산을 무상으로 기부받는 경우 자산과 자본(자산수증이익)이 증가한다.

030 납입자본 답 ①

자기주식처분손실은 자본에 부(−)의 항목으로 표시한다.

031 납입자본 답 ②

(−)500주 + 200주 = (−)300주

032 납입자본 답 ①

5,000 × 1,000주 − 1,000,000(주식발행비) − 1,500,000(할인발행차금) = 2,500,000

033 납입자본 답 ③

주식발행초과금: (15,000 − 5,000) × 100주 − 20,000 − 400,000 = 580,000

034 납입자본 답 ②

주식발행으로 인한 현금 증가액이 자본 증가액이다.
1,000주 × 10,000 − 800,000 = 9,200,000

035 납입자본 답 ③

• 6월 1일의 감자차익: (5,000 − 4,000) × 500주 = 500,000
• 9월 1일의 감자차손: (7,000 − 5,000) × 500주 = 1,000,000
• 감자차익과 감자차손은 서로 상계하므로 감자차손 잔액은 500,000이다.

036 납입자본 답 ①

처분일의 분개를 나타내면 아래와 같다.

(차) 현　　　　금　　　18,000　　　(대) 자　기　주　식　　　16,000
　　　　　　　　　　　　　　　　　　　　자 기 주 식 처 분 이 익　　　2,000

위 분개의 결과, 자본조정(자기주식) 16,000 증가, 자본잉여금(자기주식처분이익) 2,000 증가, 자본총액 18,000 증가, 이익잉여금 불변이다.

037 납입자본

답 ④

거래를 분개로 나타내면 아래와 같다.

(차) 현 금	5,500	(대) 자 본 금	5,000
		주 식 발 행 초 과 금	500

038 납입자본

답 ①

감자차손익은 액면금액과 취득금액의 차액으로 결정한다.

- 감자차손: $(5,000 - 2,000) \times 40주 = 120,000$
- 자기주식처분손실: $(5,000 - 7,000) \times 30주 + (5,000 - 2,000) \times 30주 = 30,000$

039 납입자본

답 ②

(차) 현 금	1,200,000	(대) 자 본 금	1,000,000
주 식 발 행 초 과 금	80,000	주 식 발 행 초 과 금	200,000
당 기 비 용	10,000	현 금 (직 접 원 가)	80,000
		현 금 (간 접 원 가)	10,000

위 분개의 결과 주식발행초과금(자본잉여금)은 120,000 증가한다.

040 납입자본

답 ④

- 3월 2일 주식발행초과금: $100주 \times (700 - 500) = 20,000$
- 5월 10일 주식발행초과금: $200주 \times (600 - 500) = 20,000$
- 9월 25일 주식발행초과금: $50주 \times (1,000 - 500) = 25,000$
- 주식발행초과금 합계: $20,000 + 20,000 + 25,000 = 65,000$

041 납입자본

답 ③

$140,000,000 - 1,000주 \times 8,000 + 200주 \times 9,000 = 133,800,000$

042 납입자본

답 ③

$3,000,000(기초) + @500 \times 4,000주 = 5,000,000$

📝Memo

043 **납입자본**

(차) 현 금	5,900	(대) 자 본 금	5,000
		주 식 발 행 초 과 금	900

위 분개의 결과 자본잉여금(주식발행초과금)은 900 증가한다.

(선지분석)

① 자본은 5,900 증가한다.

② 자본금은 5,000 증가한다.

④ 주식발행과 직접 관련된 원가 100은 주식발행초과금에서 차감한다.

044 **납입자본** 답 ②

(차) 자기주식(자본조정)	40,000	(대) 미 지 급 금	40,000
현 금	30,000	자 기 주 식 (자 본 조 정)	20,000
		자기주식처분이익(자본잉여금)	10,000

위 분개의 결과 자본은 10,000 감소한다.

045 **납입자본** 답 ②

$$(12,000 - 12,000 \times \frac{1}{5} \times \frac{22}{12}) + (100,000 + 20,000 - 5,000) + 1,500 + 90,000 \times 10\% = 133,100$$

046 **납입자본** 답 ④

- 주식발행초과금의 증가: $500주 \times (3,000 - 1,000) = 500,000$
- 자기주식처분이익의 증가: $40주 \times (4,000 - 2,500) = 60,000$
- 기말 자본잉여금: $1,000,000 + 500,000 + 60,000 = 1,560,000$

047 **납입자본** 답 ②

$$5,000,000 - 1,200,000 - 1,400,000 + 800,000 + 900,000 = 4,100,000$$

048 **이익잉여금** 답 ④

(선지분석)

ㄱ. 이익잉여금은 당기순이익 외에 회계정책변경의 누적효과 등 다양한 요인에 의해 증가할 수 있다.

049 이익잉여금

법정적립금도 이익잉여금의 일부이므로 법정적립금을 적립하여도 이익잉여금 총액에는 변화가 일어나지 않는다.

050 이익잉여금

답 ①

기타포괄손익 – 공정가치 측정 채무상품 처분손익은 당기손익 항목으로 손익계산서에 표시된다.

051 이익잉여금

답 ③

- 미교부주식배당(자본조정): 500 × 500,000주 × 5% = 12,500,000
- 미지급배당금(부채): 15 × 500,000주 = 7,500,000
- 이익잉여금 20,000,000이 감소하고 자본조정 12,500,000, 부채 7,500,000이 증가한다.

052 이익잉여금

답 ③

전기이월(100,000) + 당기순이익(30,000) – 현금배당(10,000) – 주식배당(10,000) – 이익준비금 적립(20,000) + 임의적립금 이입(20,000) = 110,000

053 이익잉여금

답 ①

- 현금으로 자기주식 1,000,000을 취득 → 자본과 자산의 감소
- 리스계약에 의하여 기계를 5,000,000에 취득 → 자산과 부채의 증가
- 감채기금으로 1,000,000을 예치 → 불변
- 원가 150,000인 상품을 200,000에 외상판매 → 자산의 증가 및 수익과 비용의 발생
- 주주로부터 업무용 토지 500,000을 무상으로 기부받음 → 자산의 증가 및 자본의 증가

054 이익잉여금

답 ①

- 기초이익잉여금: 2,000 − 400 + 6,000 − 8,000 + 5,000 − 5,000 + 200 + 2,500 − 1,500 + 7,000 = 7,800
- 기말이익잉여금 = 기초이익잉여금(7,800) + 당기순이익(2,000) − 배당금(500) = 9,300

055 이익잉여금

답 ④

60,000 + 1,000 − 20,000 − 10,000 − 6,000 − 2,000 + 30,000 = 53,000

056 이익잉여금　　　　　　　　　　　　　　　답 ②

- 법정적립금 및 임의적립금의 적립은 이익잉여금 총액을 변동시키지 않고, 자기주식의 처분은 이익잉여금과 무관한다.
- $200 - 100 + 250 = 350$

057 이익잉여금　　　　　　　　　　　　　　　답 ③

이익준비금은 현금배당액의 10% 이상을 자본금의 $\frac{1}{2}$에 달할 때까지 적립한다. 현금배당의 10%는 600,000이고, 자본금의 $\frac{1}{2}$은 25,000,000인데, 현재 이익준비금 잔액이 24,500,000이므로 당기에 적립할 이익준비금의 최소금액은 500,000이다.

058 이익잉여금　　　　　　　　　　　　　　　답 ①

- 자본금: $351,000 - 201,000 = 150,000$
- 당기순이익: $20,000 - 10,000 - 6,000 = 4,000$
- 이익잉여금: $9,000 + 4,000 = 13,000$
- 자본총계: $150,000 + 13,000 = 163,000$

059 이익잉여금　　　　　　　　　　　　　　　답 ④

전기말 미처분이익잉여금(3,000,000) + 적립금이입(800,000) − 현금배당(500,000) − 이익준비금(50,000) − 주식배당(1,500,000) − 적립금처분(600,000) + 회계정책변경(1,200,000) + 당기순이익(5,000,000) − 주식할인발행차금(700,000) − 감채적립금처분(600,000) = 6,050,000

060 이익잉여금　　　　　　　　　　　　　　　답 ①

- 350,000(전기이월) + 당기순이익 − 50,000 − 60,000 = 330,000, 당기순이익 = 90,000
- 배당최대금액 + 배당최대금액 × 10%(이익준비금) = 330,000, 배당최대금액 = 300,000

061 자본의 증감　　　　　　　　　　　　　　　답 ④

- A: 기초자본(ㄱ − 3,000) − 1,000(당기순손실) − 2,000(배당) = 9,000(기말자본), ㄱ = 15,000
- B: 6,000(기초자본) + 3,000(당기순이익) − 3,000(배당) = 6,000(ㄴ)
- C: 5,000(기초자본) + 당기순이익(ㄷ − 8,000) − 4,000(배당) = 7,000(기말자본), ㄷ = 14,000

062 자본의 증감 답 ③

- 거래A: 기초자본 − 3,000(당기순손실) − 6,000(배당) = 27,000(기말자본), 기초자본 = 36,000
- 거래A 기초자산: 9,000(기초부채) + 36,000(기초자본) = 45,000
- 거래B 기말자본: 12,000(기초자본) + 6,000(당기순이익) − 6,000(배당) = 12,000
- 거래C: 7,500(기초자본) + (총수익 − 12,000) − 6,000(배당) = 10,500(기말자본), 총수익 = 21,000

063 자본의 증감 답 ③

기말자본: 1,000,000(당기순이익) + 1,000,000 + 500,000 + 500,000 − 100,000 + 100,000 + 200,000
= 3,200,000

064 자본의 증감 답 ③

- 기말자산: 500,000(상품) + 100,000(선급비용) + 200,000(비품) + 60,000(현금) + 140,000(매출채권)
= 1,000,000
- 기말부채: 120,000(매입채무) + 50,000(미지급금) + 70,000(선수수익) = 240,000
- 기말자본: 1,000,000(기말자산) − 240,000(기말부채) = 760,000

065 자본의 증감 답 ③

- 기말자본 = 기말자산 − 기말부채
- 기말자본: 매출채권(3,600) − 3,450(매입채무) + 건물(89,800) + 현금(7,800) − 단기차입금(14,000)
= 83,750

066 자본의 증감 답 ②

13,300,000 + 200주 × 4,500 − 100주 × 6,000 + 500,000 = 14,100,000

067 자본의 증감 답 ③

기초자본(8,000) + 유상증자(3,000) − 현금배당(500) + 총포괄이익(X) = 기말자본(15,000)
∴ 총포괄이익(X) = 4,500

068 자본의 증감 답 ①

30,000(기초자본) + 10,000(유상증자) − 5,000(현금배당) + 당기순이익 = 70,000(기말자본)
∴ 당기순이익 = 35,000

069 자본의 증감
답 ④

- 기초자본: 기초자산(4,000,000) − 기초부채(2,000,000) = 2,000,000
- 기말자본 = 기초자본(2,000,000) + 당기순이익(500,000) + 유상증자(1,000,000) = 3,500,000
- 기말자산 = 기말부채(1,500,000) + 기말자본(3,500,000) = 5,000,000

070 자본의 증감
답 ③

200,000(기초자본) + 1,000(기타포괄손익) − 3,000(현금배당) + 당기순이익(X) = 230,000(기말자본)
∴ 당기순이익(X) = 32,000

071 자본의 증감
답 ④

- 기초자본(1,200) + 당기순이익(300) − 현금배당(50) − 유상감자(30) = 기말자본(1,420)
- 기말자산 = 1,900(기말부채) + 1,420(기말자본) = 3,320

072 자본의 증감
답 ②

- 600,000(기초자본) + 20,000(당기순이익) + 38,000(유상증자) − 9,000(자기주식취득) + 1,000(자기주식처분) − 3,000(현금배당) = 647,000(기말자본)
- 자본은 직접 측정하는 것이 아니라 언제나 자산 및 부채의 증감 결과로 변화한다.
- 유상증자 시 현금유입 38,000 → 자본 38,000 증가
- 자기주식 처분 시 현금유입 1,000 → 자본 1,000 증가
- 주식배당과 이익준비금 적립은 자본 내에서의 대체이므로 자본총액이 변하지 않는다.

073 자본의 증감
답 ②

기초순자산(X) + 125,000(총포괄이익) − 5,000(현금배당) = 150,000(기말순자산)
∴ 기초순자산(X) = 30,000

074 자본의 증감
답 ②

주식배당은 자본총계에 영향을 미치지 않는다.
- 자본의 증가: 자산증가(500) − 부채증가(300) = 200
- 자본의 증가(200) = 신주액면발행(80) − 현금배당(30) + 당기순이익(X)
  ∴ 당기순이익(X) = 150

075 자본의 증감
답 ①

기말자본(7,000) = 기초자본(4,000) + 유상증자액(3,000) − 현금배당액(1,000) + 당기순이익(X)
∴ 당기순이익(X) = 1,000

076 자본의 증감
답 ②

- 당기 자본증가액: 기말자본(270,000 − 110,000) − 기초자본(120,000 − 70,000) = 110,000
- 납입자본(42,000) + 기타포괄이익(50,000) − 현금배당(20,000) + 당기순이익(X) = 110,000
  ∴ 당기순이익(X) = 38,000

077 자본의 증감
답 ⑤

2,690,000(기초 이익잉여금) − 20,000(현금배당) + 당기순이익(X) = 2,780,000(기말이익잉여금)
∴ 당기순이익(X) = 110,000

078 자본의 증감
답 ②

100주 × 10,000 − 10주 × 9,000 + 5주 × 10,000 = 960,000

079 자본의 증감
답 ③

- 기말자본: 100(기초) + 80(당기순이익) + 20(유상증자) − 50(현금배당) = 150
- 기말부채: 700(기말자산) − 150(기말자본) = 550

080 자본의 증감
답 ①

70,000(기초자본) + 50,000(유상증자) − 10,000(현금배당) + 10,000(기타) + 당기순이익(X)
 = 150,000(기말자본)
∴ 당기순이익(X) = 30,000

081 자본의 증감
답 ①

15,000,000(기초자본) + 1,000,000(유상증자) − 500,000(현금배당) + 당기순이익(X)
 = 17,000,000(기말자본)
∴ 당기순이익(X) = 1,500,000

082 자본의 증감

답 ②

당기 자본증가액: 100,000(유상증자) − 10,000(평가손실) + 20,000(평가이익) + 당기순이익(X)
= 300,000(증가)

∴ 당기순이익(X) = 190,000

083 자본의 증감

답 ④

자본: 30,000(기초) + 2,000(유상증자) − 3,000(현금배당) + 1,500(당기순이익) + 기타포괄손익(X)
= 32,400(기말)

∴ 기타포괄손익(X) = 1,900

084 자본의 증감

답 ③

- 당기순이익: 4,000(매출총이익) − 300(감가) − 400(이자) = 3,300
- 이익잉여금: 50,000(기초) + 3,300(당기순이익) − 300(현금배당) = 53,000

085 자본의 증감

답 ①

10,000,000 + 2,000,000 − 500,000 − 300,000 + 200,000 + 1,000,000 = 12,400,000

086 자본의 증감

답 ②

- 기초자본 + 당기순이익 + 유상증자 − 현금배당 = 기말자본
  3,000,000 + 200,000 + 500,000 − 100,000 = 3,600,000
- 기말부채: 6,500,000 − 3,600,000 = 2,900,000

087 자본의 증감

답 ①

자료에서 이익잉여금의 변동을 가져오는 항목은 주식배당이 유일하다. 주식배당의 결과 이익잉여금은 10,000 감소한다(10주 × 1,000).

(선지분석)
② 자기주식처분손익: 100 × 4주 − 400 × 6주 = (−)2,000(손실)
③ 보통주자본금: 100,000(기초) + 10,000(주식배당) = 110,000
④ 기말 보통주 주식수: {100주(기초) + 10주(주식배당)} × 2(주식분할) = 220주

📝**Memo**

- 수정전시산표 상 자본: 10,000(자본금) + 21,000(이익잉여금) = 31,000
- 당기순이익: 18,000(매출) − 2,500(매출원가) − 500(보험료) − 1,000(급여) − 1,000(광고비) − 1,000(소모품비) − 14,000(감가비)[*1] − 3,000(재평가손실) = (−)5,000

$$^{(*1)}\ 40,000 \times \left(\frac{4}{10} \times \frac{6}{12} + \frac{3}{10} \times \frac{6}{12}\right) = 14,000$$

- 기말자본: 31,000 − 5,000 = 26,000

089   자본의 증감   답 ③

- 800,000 − 50,000 − 15,000 = 735,000
- 주식발행과 직접 관련된 원가는 주식발행초과금을 상각하고(또는 주식할인발행차금 계상) 간접원가는 당기비용으로 인식한다. 따라서 직접 및 간접원가 모두 자본을 감소시키는 결과를 가져온다.
- 실제 시험에서 정답을 ④로 공시하였으니 이는 출제기관의 명백한 오류이다.

090   자본의 증감   답 ②

(15,000,000)(기초순자산) + 10,000,000(수익) − 8,000,000(비용) + X(지분출자액)
= 10,000,000(기말순자산)
∴ X(지분출자액) = 23,000,000

091   자본의 증감   답 ③

기초 순자산 + 유상증자 − 현금배당 + 당기순이익 + 기타포괄이익(X) = 기말 순자산
7,000 + 2,000 − 1,000 + 3,000 + X = 13,000
∴ 기타포괄이익(X) = 2,000

정답

p.173

001	③	002	③	003	④	004	③	005	④
006	③	007	④	008	②	009	②	010	③
011	④	012	②	013	①	014	①	015	③
016	②	017	③	018	③	019	②	020	③
021	③	022	④	023	①	024	③	025	②
026	②	027	②	028	③	029	①	030	④
031	④	032	④	033	④	034	③	035	①
036	②	037	①	038	③	039	②	040	②

001 금융상품의 정의와 분류　　　　　　　답 ③

(선지분석)

ㄱ. 선급비용은 거래상대방으로부터 현금이 아닌 재화나 용역을 제공받을 것이므로 금융자산에 해당하지 않는다.

ㅁ. 이연법인세자산은 계약에 기초한 거래가 아니므로 금융자산에 해당하지 않는다.

002 금융상품의 정의와 분류　　　　　　　답 ③

ㄷ. 미지급법인세는 계약에 기초한 거래가 아니다.

ㅁ. 선수금은 현금결제의무가 아니므로 금융부채에 해당하지 않는다.

003 금융상품의 정의와 분류　　　　　　　답 ④

금융자산은 상각후원가 측정 금융자산과 기타포괄손익 – 공정가치 측정 금융자산(채무상품)의 경우에만 손상차손을 인식한다.

004 금융상품의 정의와 분류　　　　　　　답 ③

무위험이자율의 하락은 금융자산 손상과 무관하다.

005 투자지분상품　　　　　　　답 ④

34,000 × 10주 – 300,000 = 40,000

006 투자지분상품
답 ③

당기손익인식금융자산의 거래원가는 당기비용으로 처리한다. 따라서 취득원가는 10,000이다.

007 투자지분상품
답 ④

- 20X1년 당기손익인식금융자산 취득금액: 500,000(매입수수료는 당기비용 처리)
- 20X1년 당기손익인식금융자산 평가이익: $2,000 \times 500주 - 500,000 = 500,000$ 이익
- 20X2년 당기손익인식금융자산 처분손실: $880,000 - 1,000,000 = 120,000$ 손실

008 투자지분상품
답 ②

- 20X2년 7월 1일 당기손익 – 공정가치 측정 금융자산 장부금액 : $100주 \times 1,200 \div 120주 = 1,000$
- 당기손익 – 공정가치 측정 금융자산 처분이익 : $80,000 - 60주 \times 1,000 = 20,000$

009 투자지분상품
답 ②

- 당기손익인식금융자산의 거래수수료는 당기비용으로 인식하고 취득원가에 가산하지 아니한다.
- 2015년 말 당기손익인식금융자산평가이익: $100주 \times (10,000 - 8,000) + 10주 \times (3,000 - 2,000)$
$$= 210,000$$

010 투자지분상품
답 ③

- 배당금 수익: $100 \times 10주 = 1,000$ 이익
- A주식의 처분손익과 평가손익: $(2,250 - 2,500) \times 5주 + (2,000 - 2,500) \times 5주 = 3,750$ 손실
- B주식의 처분손익과 평가손익: $(2,500 - 3,000) \times 10주 + (1,750 - 3,000) \times 5주 = 11,250$ 손실
- C주식의 평가손익: $(1,600 - 1,500) \times 20주 = 2,000$ 이익
- 당기손익: $1,000(이익) + 3,750(손실) + 11,250(손실) + 2,000(이익) = 12,000(손실)$

011 투자지분상품
답 ④

- 2015년 초 장부금액: $100주 \times 5,500 = 550,000$
- 2015년 2월 현금배당수익: $100주 \times 500 = 50,000$
- 2015년 2월 주식배당 후 장부금액: $110주 \times 5,000 = 550,000$
  (주식배당 후 ㈜한국의 계좌평가액에 변동이 없어야 하므로 주식수 증가에 비례하여 주당평가액의 감소가 일어난다)
- 2015년 10월 처분이익: $55주 \times (6,000 - 5,000) = 55,000$
- 2015년 말 평가이익: $55주 \times (7,000 - 5,000) = 110,000$
- 순이익의 증가: $50,000(현금배당) + 55,000(처분이익) + 110,000(평가이익) = 215,000$

012 투자지분상품 답 ②

- 기타포괄손익누계액에 표시될 기타포괄손익 – 공정가치 측정 금융자산평가손익은 언제나 기말 현재의 공정가치와 취득원가의 차액이다.
- 기타포괄손익 – 공정가치 측정 금융자산평가손익: (900 – 1,000) × 500주 = 50,000(손실)

013 투자지분상품 답 ①

12,000 × 10주 – 13,000 × 10주 = 10,000(손실)

014 투자지분상품 답 ①

2011년 말에 비해 2012년 말의 공정가치가 30,000 증가하였으므로 차변에 기타포괄손익 – 공정가치 측정 금융자산을 30,000만큼 증가시키고 2011년 말에 인식한 기타포괄손익 – 공정가치 측정 금융자산평가손실 20,000을 환입하고 기타포괄손익 – 공정가치 측정 금융자산평가이익 10,000을 인식한다.

015 투자지분상품 답 ③

2011년 12월 31일 기타포괄손익 – 공정가치 측정 금융자산의 장부가액은 1,200,000이다.

016 투자지분상품 답 ②

- 처분일의 분개는 아래와 같다.

(차) 기타포괄손익 – 공정가치 측정 금융자산	20,000	(대) 금융자산평가이익 (기타포괄손익)	20,000
(차) 현 금	90,000	(대) 기타포괄손익 – 공정가치 측정 금융자산	90,000

- 총포괄이익: 200,000 + 20,000 = 220,000(이익)

017 투자지분상품 답 ③

당기손익인식금융자산(B주식) 평가이익으로 당기순이익과 이익잉여금이 10,000만큼 증가한다.

(선지분석)

④ 당기손익인식금융자산 평가이익으로 당기순이익이 10,000 증가, 기타포괄손익 – 공정가치 측정 금융자산평가손실로 기타포괄손익이 10,000 감소하므로, 총포괄이익은 변하지 않는다.

018 투자지분상품 답 ③

- 당기손익인식금융자산평가손익: 1,400,000 – 1,100,000 = 300,000(이익)
- 기타포괄손익 – 공정가치 측정 금융자산평가손익: 1,700,000 – 1,500,000 = 200,000(이익)
- 총포괄손익: 300,000 + 200,000 = 500,000(증가)

019 투자지분상품 답 ②

- 20X1년: 120,000 − 101,000 = 19,000(평가이익: 기타포괄이익)
- 20X2년: 125,000 − 120,000 = 5,000(평가이익: 기타포괄이익)

020 투자지분상품 답 ③

- 기타포괄손익 – 공정가치 측정 금융자산평가손실과 재평가잉여금은 기타포괄손익항목이므로 당기순이익에 반영하지 않는다.
- 2,000,000 − 500,000 − 100,000 + 100,000 − 200,000 − 100,000 = 1,200,000

021 투자지분상품 답 ③

490,000 − 480,000 = 10,000(이익)

022 투자지분상품 답 ④

기타포괄손익 – 공정가치 측정 금융자산으로 분류한 경우에는 처분 시 처분수수료가 존재하는 경우를 제외하고는 당기손익에 영향을 미치지 아니한다. 단, 처분 시 수수료가 존재하는 경우에는 처분수수료가 당기비용으로 계상된다.

023 투자지분상품 답 ①

기타포괄손익공정가치측정금융자산으로 선택분류된 지분상품을 처분할 경우 거래원가가 존재하지 않으면 처분손익은 0이다.

024 투자채무상품 답 ③

- 상각후원가 측정 금융자산의 처분손익은 처분대가에서 상각후원가를 차감한 금액이다.
- 20X1년 말 상각후원가: 950,000 + (95,000 − 80,000) = 965,000
- 20X2년 초 처분손익: 490,000 − 965,000 × 0.5 = 7,500(이익)

025 투자채무상품 답 ②

(선지분석)
- 20X1년 말 이자비용(수익)(④): 950,258 × 10% = 95,026
- 20X1년 말 차금상각액: 950,258 × 10%(③) = 95,026 − 80,000 = 15,026
- 20X1년 말 상각후원가: 950,258 + 15,026 = 965,284
- 20X1년 말 사채할인발행차금(①): 1,000,000 − 965,284 = 34,716
- 20X2년 초 금융자산처분이익: 970,000 − 965,284 = 4,716

026 투자채무상품 답 ②

- 20X1년 말 상각후원가: 460,000 + (460,000 × 10% − 500,000 × 8%) = 466,000
- 20X1년 말 평가손익: 520,000 − 466,000 = 54,000(이익)
- 20X2년 초 처분손익: 290,000 − 466,000 × 50% = 57,000(이익)

027 투자채무상품 답 ②

- 20X1년 상각후원가: 95,000 + (9,500 − 8,000) = 96,500
- 20X1년: 매도가능금융자산평가손익은 당기손익에 영향을 미치지 않는다.
- 20X2년: 97,500 − 96,500 = 1,000(처분이익)

028 투자채무상품 답 ③

- 2016년 말 차금상각액: 946,800 × 6% − 40,000 = 16,808
- 기타포괄손익 − 공정가치 측정 금융자산평가손익: 960,000 − (946,800 + 16,808) = (−)3,608(평가손실)

029 투자채무상품 답 ①

- 2013년의 이자수익: 952,000 × 12% = 114,240
- 2014년 초의 상각후원가: 952,000 + (114,240 − 100,000) = 966,240
- 처분손익: 920,000(처분금액) − 966,240(상각후원가) = (−)46,240(손실)

030 투자채무상품 답 ④

- 취득원가: 1,000,000 × 0.71 + 1,000,000 × 10% × 2.40 = 950,000
- 2011년 이자수익: 950,000 × 12% = 114,000
- 2011년 차금상각액: 114,000 − 1,000,000 × 10% = 14,000
- 2011년 상각후원가: 950,000 + 14,000 = 964,000
- 기타포괄손익 − 공정가치 측정 금융자산 처분이익: 974,000 − 964,000 = 10,000

031 투자채무상품 답 ④

- 기타포괄손익 − 공정가치 측정 금융자산의 기말평가: 9,500 × 100주 − 10,000 × 100주 = 50,000(평가손실) → 기타포괄손익 50,000 감소
- 상각후원가 측정 금융자산의 이자수익: $1,000,000 × 4\% × \dfrac{9}{12} = 30,000$ → 당기손익 30,000 증가

  (상각후원가 측정 금융자산을 1,010,000에 취득한 이유는 1월 초~3월 말의 미수이자 10,000을 같이 구입하였기 때문이다. 따라서 상각후원가 측정 금융자산의 취득원가는 1,000,000이다)

032 투자채무상품 답 ④

20X1년 동안의 순자산 증가액을 계산한다.

· 20X1년말 액면이자(현금이자) : 10,000
· 기타포괄손익 − 공정가치측정 금융자산 증가액 : 5,000
· 총포괄손익 : 10,000 + 5,000 = 15,000

033 관계기업투자 답 ④

(선지분석)

① 관계기업투자주식을 보유한 기업이 피투자회사로부터 배당금을 받는 경우 관계기업투자주식의 장부가 액은 감소한다.
② 타회사가 발행한 의결권 있는 주식의 20% 이상을 취득한 경우, 해당 기업의 경영에 유의적인 영향력을 미칠 수 있기에 관계기업투자로 분류한다.
③ 당기손익인식금융자산은 기말에 공정가치평가손익을 포괄손익계산서에서 당기손익으로 표시한다.

034 관계기업투자 답 ③

지분법이익: 400,000 × 50% = 200,000

035 관계기업투자 답 ①

· 관계기업투자주식: 3,000주 × 1,000 − 200,000 × 30% + 1,000,000 × 30% = 3,240,000
· 지분법손익: 1,000,000 × 30% = 300,000(이익)

036 관계기업투자 답 ②

1,000,000 − 20,000 × 20% + 100,000 × 20% = 1,016,000

037 관계기업투자 답 ①

취득원가(X) + 12,000 × 25% − 6,000 × 25% = 50,000,
∴ 취득원가(X) = 48,500

038 관계기업투자 답 ③

관계기업투자주식 = 취득가액 + 독립영업이익 × 지분율
800,000 + (100,000 − 50,000 + 200,000 − 50,000) × 0.4 = 880,000

- 영업권은 별도로 인식하지 않고 관계기업투자주식에 포함하여 인식한다.
- ㈜대한의 당기순이익 보고 시: 600,000 × 25% = 150,000

  (차) 관 계 기 업 투 자 주 식   150,000   (대) 지 분 법 이 익   150,000
- ㈜대한의 배당 지급 시: 200,000 × 25% = 50,000

  (차) 현   금   50,000   (대) 관계기업투자주식   50,000
- 처분손익: 930,000 − (1,000,000 + 150,000 − 50,000) = (−)170,000(손실)

040 관계기업투자   답 ②

순자산공정가치와 순자산장부금액의 차이가 나는 상각자산의 감가상각비 계상분과 재고자산 판매로 인한 매출원가분을 추가로 비용 계산한 당기순이익에 지분율을 곱하여 평가이익을 계산한다.

지분법 평가이익: $(2{,}200 - 1{,}000 \times \frac{1}{5} - 1{,}000) \times 0.3 = 300$

정답

p.184 📝Memo

001	②	002	④	003	④	004	②	005	②
006	④	007	②	008	①	009	②	010	①
011	③	012	①	013	④	014	③	015	④
016	②	017	④	018	③	019	③	020	④
021	②	022	②	023	①	024	②	025	③
026	④	027	③	028	①	029	①	030	②
031	④	032	③	033	④	034	②	035	③
036	①	037	②	038	④	039	②	040	②
041	①	042	①	043	②	044	②	045	③
046	③	047	②	048	③	049	①	050	④
051	②	052	②	053	④	054	④	055	②
056	③	057	②	058	②	059	②	060	②
061	①	062	①	063	②	064	③	065	④
066	④	067	②	068	②	069	②		

---

001 **현금흐름표의 작성과 활동의 구분**　　　　　　　　　답 ②

회계기간 동안 지급한 이자금액(차입원가)은 당기손익의 비용항목으로 인식하는지 또는 자본화하는지에 관계없이 현금흐름표에 총지급액을 공시한다.

---

002 **현금흐름표의 작성과 활동의 구분**　　　　　　　　　답 ④

법인세로 인한 현금흐름은 별도로 공시하며, 재무활동과 투자활동에 명백히 관련되지 않는 한 영업활동현금흐름으로 분류한다.

---

003 **현금흐름표의 작성과 활동의 구분**　　　　　　　　　답 ④

주식배당은 현금유출입이 발생하지 않는 거래로 현금흐름표에 표시하지 않는다.

---

004 **현금흐름표의 작성과 활동의 구분**　　　　　　　　　답 ②

영업활동: ㄱ. 단기매매금융자산의 처분, ㅂ. 로열티 수익

(선지분석)
- 투자활동: ㄴ. 기계장치의 구입, ㄹ. 토지의 처분
- 재무활동: ㄷ. 유상증자, ㅁ. 사채의 발행

현금흐름표의 작성과 활동의 구분 답 ②

영업활동현금흐름 − 40,000(투자활동 현금 감소액) + 50,000(재무활동 현금 증가액) = 30,000(순현금증가액)

∴ 영업활동현금흐름 = 20,000

006 **현금흐름표의 작성과 활동의 구분** 답 ④

리스이용자의 리스부채 상환에 따른 현금유출은 재무활동 현금흐름에 해당한다.

007 **현금흐름표의 작성과 활동의 구분** 답 ②

(선지분석)
①,③ 투자활동에 해당한다.
④ 재무활동에 해당한다.

008 **현금흐름표의 작성과 활동의 구분** 답 ①

- 영업활동: 선수금의 수령
- 투자활동: 기계장치의 구입, 피투자회사 주식의 처분, 종업원에 대한 대여금, 기계장치의 처분
- 재무활동: 사채의 발행, 보통주의 발행
  →1,000,000(유입) + 800,000(유입) = 1,800,000(유입)

009 **현금흐름표의 작성과 활동의 구분** 답 ②

- 발생기준 수익: 450,000(현금매출) + 910,000(외상매출) = 1,360,000
- 발생기준 비용: 450,000(비용지출) + 370,000(미지급비용) = 820,000
- 발생기준 순이익: 1,360,000 − 820,000 = 540,000
- 현금유입액: 450,000(현금매출) + 740,000(16년외상매출) = 1,190,000
- 현금유출액: 450,000(비용지출) + 210,000(16년미지급비용) = 660,000
- 현금기준 순이익: 1,190,000 − 660,000 = 530,000

010 **현금흐름표의 작성과 활동의 구분** 답 ①

- 발생기준 순이익: 200,000(매출) − 140,000(매출원가) − 10,000(급여) − 1,000(광고비) + 1,000(임대료) = 50,000
- 현금기준 순이익: 150,000(판매대금수취) − 80,000(매입대금지급) − 5,000(급여지급) − 3,000(광고비지급) + 2,000(임대료수취) = 64,000
- 차이: 64,000 − 50,000 = 14,000

011 직접법　　　　　　　　　　　　　　　　　　　　　　　답 ③

(차) 대 손 충 당 금	120	(대) 매 출 채 권	2,460
대 손 상 각 비	23,400	매　　　　출	471,060
현　　　　금	450,000		

012 직접법　　　　　　　　　　　　　　　　　　　　　　　답 ①

(차) 재 고 자 산	150,000	(대) 매 입 채 무	30,000
매 출 원 가	130,000	현　　　　금	250,000

013 직접법　　　　　　　　　　　　　　　　　　　　　　　답 ④

(차) 현　　　　금	1,000,000	(대) 용 역 수 익	1,200,000
미수용역수익	100,000		
선수용역수익	100,000		

014 직접법　　　　　　　　　　　　　　　　　　　　　　　답 ③

(차) 매 출 원 가	50,000	(대) 매 입 채 무	1,000
재 고 자 산	2,000	현　　　　금	51,000

015 직접법　　　　　　　　　　　　　　　　　　　　　　　답 ④

(차) 선 급 보 험 료	6,000	(대) 현　　　　금	86,000
보　　험　　료	80,000		

016 직접법　　　　　　　　　　　　　　　　　　　　　　　답 ②

(차) 현　　　　금	469,000	(대) 매　　　　출	500,000
매 출 채 권	27,000	대 손 충 당 금	1,000
대 손 상 각 비	5,000		

017 직접법　　　　　　　　　　　　　　　　　　　　　　　답 ④

(차) 상　　　　품	15,000	(대) 현　　　　금	168,000
매 입 채 무	3,000		
매 출 원 가	150,000		

(차) 대 손 상 각 비	15,000	(대) 매　　　　출	70,000
현　　　　금	73,000	매 출 채 권	18,000

019 **직접법** 답 ③

(차) 이 자 비 용	100,000	(대) 미 지 급 이 자	15,000
		선 급 이 자	5,000
		현　　　　금	80,000

020 **직접법** 답 ④

(차) 현　　　　금	160억	(대) 선 수 금	30억
매 출 채 권	15억	매　　　　출	145억

021 **직접법** 답 ②

(차) 현　　　　금	10,000	(대) 매 출 채 권	2,000
		매　　　　출	8,000

022 **직접법** 답 ②

(차) 매 입 채 무	2,000	(대) 현　　　　금	643,000
매 출 원 가	644,000	재 고 자 산	3,000

023 **직접법** 답 ①

(차) 대 손 상 각 비	20,000	(대) 매　　　　출	300,000
매 출 채 권	200,000		
현　　　　금	80,000		

024 **직접법** 답 ②

(차) 매 출 원 가	400	(대) 현　　　　금	350
		상　　　　품	10
		매 입 채 무	40

기초매입채무(80) + 매입채무증가액(40) = 120

025 **직접법** 답 ③

(차) 이 자 비 용	2,000	(대) 현　　　금	1,500
		선 급 이 자	200
		미 지 급 이 자	300

기말미지급이자: 기초 미지급이자(300) + 미지급이자 증가액(300) = 600

026 **직접법** 답 ④

- 임차료 지급액: 150,000(비용) + 15,000(선급) = 165,000
- 이자비용 지급액: 100,000(비용) + 40,000(미지급상환) = 140,000

027 **직접법** 답 ③

(차) 현　　　금	7,000	(대) 이 자 수 익	8,200
미 수 이 자	1,200		
(차) 선 수 임 대 료	500	(대) 임 대 료	10,000
현　　　금	9,500		

수익증가액: 8,200 + 10,000 = 18,200

028 **직접법** 답 ①

(차) 현　　　금	120,000	(대) 선 수 용 역	10,000
		용 역 수 익	110,000
(차) 선 급 임 차 료	20,000	(대) 현　　　금	70,000
임 차 료	50,000		

029 **직접법** 답 ①

(차) 매 출 원 가	40,000	(대) 현　　　금	35,000
		상　　　품	1,000
		매 입 채 무	4,000

기말매입채무: 8,000(기초) + 4,000(증가) = 12,000

030 **직접법** 답 ②

- 분개를 추정하여 매출원가를 계산하면

(차) 매 출 원 가	20,000	(대) 현　　　금	17,500
		매 입 채 무	2,000
		상　　　품	500

- 매출액: 20,000 + 5,000 = 25,000

031 직접법 답 ④

(차) 임 차 료   300,000   (대) 현   금   375,000
    선 급 임 차 료   75,000
(차) 이 자 비 용   450,000   (대) 현   금   650,000
    미 지 급 이 자   200,000

032 직접법 답 ③

(차) 급   여   1,500   (대) 현   금   1,000
        미 지 급 급 여   500

033 직접법 답 ④

(차) 현   금   900,000   (대) 매 출 채 권   500,000
    선 수 수 익   100,000   선 급 비 용   300,000
    이연법인세자산   200,000   미 지 급 비 용   400,000

034 직접법 답 ②

(차) 현   금   100,000   (대) 선 수 수 익   10,000
    미 수 수 익   20,000   발생주의 영업이익   110,000

035 직접법 답 ③

(차) 현   금   3,800,000   (대) 선 수 수 익   30,000
    매 출 채 권   520,000   발생주의 수익   4,290,000

036 직접법 답 ①

(차) 현   금   500,000   (대) 미 수 수 익   5,000
    선 수 수 익   30,000   미 지 급 비 용   10,000
    선 급 비 용   15,000   발생기준 수익   530,000

037 직접법 답 ②

(차) 현   금   50,000   (대) 재 고 자 산   6,000
    매 출 채 권   7,000   매 입 채 무   9,000
        발생주의 이익   42,000

038 직접법　　　　　　　　　　　답 ④

(차) 현　　　　　금	600,000	(대) 매 입 채 무	6,000
재 고 자 산	8,000	발생주의 순이익	614,000
미 지 급 비 용	7,000		
선 급 비 용	5,000		

039 직접법　　　　　　　　　　　답 ②

(차) 현　　　　　금	890,000	(대) 매 출 채 권	40,000
상　　　　　품	20,000	매 입 채 무	50,000
		현　　　　　금	570,000
		매 출 총 이 익	250,000

040 직접법　　　　　　　　　　　답 ②

(차) 현　　　　　금	23,000	(대) 매 입 채 무	2,000
매 출 채 권	2,500	재 고 자 산	3,000
		발생주의 이익	20,500

20,500 + 500(매출채권손상차손 취소) = 21,000

041 직접법　　　　　　　　　　　답 ①

- 고객으로부터의 현금유입액

(차) 현　　　　　금	800,000	(대) 매　　　　　출	700,000
		(대) 매 출 채 권	100,000

- 매출원가: 100,000 + 500,000 − 200,000 = 400,000
- 공급자에게의 현금유출액

(차) 재 고 자 산	100,000	(대) 매 입 채 무	100,000
매 출 원 가	400,000	(대) 현　　　　　금	400,000

- 매출총이익: 700,000 − 400,000 = 300,000
- 영업활동으로 인한 현금 증가액: 800,000 − 400,000 = 400,000(증가)

042 직접법　　　　　　　　　　　답 ①

(차) 현　　　　　금	55,000	(대) 매 입 채 무	7,000
매 출 채 권	5,000	미 수 수 익	2,000
		감가상각누계액	3,000
		발생주의 이익	48,000

Memo

043 직접법 답 ②

(차) 현 금	200,000	(대) 감가상각누계액	50,000
재 고 자 산	50,000	매 출 채 권	50,000
		매 입 채 무	20,000
		미 지 급 비 용	30,000
		선 수 금	20,000
		미 수 수 익	50,000
		발생주의 이익	30,000

044 직접법 답 ②

- 현금기준에 의한 20X1년 순현금유입액: 50,000 − 35,000 = 15,000
- 발생기준에 의한 20X1년 순이익: 100,000 − 70,000 = 30,000

045 직접법 답 ③

분개추정법: 분개를 추정할 경우 현금기준 수익은 차변에 현금의 유입액으로 나타나고 발생기준수익은 대변에 계상되고 이 둘의 차이는 발생기준으로 회계처리하였을 경우 발생과 이연의 자산부채의 증감에 따라서 차이가 난다. 이 문제에서는 수익이므로 수익의 발생계정인 매출채권의 증가와 수익의 이연계정인 선수수익의 증가만큼 발생기준 수익과 현금기준수익의 차이가 발생한다.

(차) 현 금	500,000	(대) 발 생 기 준 수 익	510,000
매 출 채 권	30,000	선 수 수 익	20,000

046 투자활동과 재무활동 답 ③

100,000(현금유입) − 30,000(현금유출) = 70,000

047 투자활동과 재무활동 답 ②

토지처분대가는 미수금으로 인식하므로 당기 현금유입을 가져오지 않으며, 건물처분대가 70,000은 당기 현금유입을 가져온다. 따라서 당기의 투자활동으로 인한 현금유입액은 70,000이다.

048 투자활동과 재무활동 답 ③

(차) 감 가 상 각 비	35,000	(대) 감가상각누계액	20,000
처 분 손 실	10,000	현 금	125,000
기 계 장 치	100,000		
투자활동으로 인한 총현금유입 (역산함)		30,000	
투자활동으로 인한 총현금유출 (자료)		(155,000)	
		(125,000)	

감가상각누계액: 50,000(기초) − 80,000 × 85%(처분) + 감가상각비(X) = 40,000(기말)

∴ 감가상각비(X) = 58,000

- 유형자산: 기초(100,000) − 처분(40,000) + 구입 = 기말(140,000), 구입 = 80,000
- 투자활동으로 인한 총현금유입(처분액 − 자료)　　　15,000
  투자활동으로 인한 총현금유출(구입액)　　　　(80,000)
  　　　　　　　　　　　　　　　　　　　(65,000)
- 당기에 취득원가 40,000의 유형자산을 처분하였으므로 기말 유형자산은 60,000이 되어야 하나 실제 기말 유형자산은 140,000이다. 그러므로 당기 취득한 유형자산은 80,000임을 알 수 있다.

- 토지: 150,000(기초) − 50,000(처분) + 150,000(취득) = 250,000(기말)
- 투자활동으로 인한 현금유입: 75,000(토지 처분대금)
  투자활동으로 인한 현금유출: 150,000(토지 구입대금)
- 단기차입금: 100,000(기초) + 100,000(차입) − 20,000(상환) = 180,000
- 재무활동으로 인한 현금유입: 100,000(단기차입금 차입)
  재무활동으로 인한 현금유출: 20,000(단기차입금 상환)

- 기계장치: 4,650,000(기초) + 750,000(취득) − 300,000(처분: 역산함) = 5,100,000(기말)
  감가상각누계액: 1,425,000(기초) + 300,000(당기상각) − 180,000(처분: 역산함) = 1,545,000(기말)
- 투자활동 현금유입액(처분대가 수취): (300,000 − 180,000) + 75,000(처분이익) = 195,000
- 투자활동 순현금흐름: 195,000 − 750,000(유출: 취득대가지급) = 555,000

80,000(유상증자) + 12,000(자기주식처분) − 10,000(배당금지급[*1]) = 82,000

[*1] 20,000(기초이익잉여금) + 15,000(당기순이익) − 배당 = 25,000(기말이익잉여금)

∴ 배당 = 10,000

• 기계장치: 200,000(기초) − 50,000(처분) + <u>100,000(매입)</u> = 250,000(기말)
• 처분대가수취: 30,000(처분자산 순장부금액) − 5,000(처분손실) = 25,000
• 순현금흐름: 25,000(유입: 처분대가수취) − 100,000(유출: 매입대금지급) = (−)75,000

055 **간접법** 답 ②

유상증자와 사채는 재무활동 관련 재무상태표 계정이므로 2단계 조정사항에 해당하지 않는다.

[간접법에 의한 영업활동 현금흐름]	
당기순이익	300,000
가감:	
1단계: 투자/재무활동 손익 제거	
− 감가상각비	20,000
− 유형자산처분이익	(30,000)
2단계: 영업활동 재무상태표 계정 조정	
− 매입채무의 증가	40,000
− 매출채권의 증가	(60,000)
영업활동 현금흐름	270,000

056 **간접법** 답 ③

[간접법에 의한 영업활동 현금흐름]	
당기순이익	10,000
가감:	
− 감가상각비	1,000
− 재고자산의 증가	(200)
− 미지급보험료의 감소	(100)
− 유형자산처분손실	500
영업활동으로 인한 현금흐름	11,200

057 **간접법** 답 ②

[간접법에 의한 영업활동 현금흐름]	
당기순이익	200,000
가감:	
− 건물처분손실	150,000
− 감가상각비	450,000
− 기계장치처분이익	(60,000)
− 매출채권의 증가	(110,000)
− 선급보험료의 감소	35,000
− 매입채무의 증가	120,000
영업활동에 인한 현금흐름	785,000

[간접법에 의한 영업활동 현금흐름]

당기순이익	115,000
가감:	
1단계: 투자/재무활동 손익 제거	
－ 감가상각비	35,000
2단계: 영업활동 재무상태표 계정 조정	
－ 매출채권의 증가	(20,000)
－ 재고자산의 증가	(12,000)
－ 매입채무의 증가	15,000
영업활동 현금흐름	133,000

[간접법에 의한 영업활동 현금흐름]

당기순이익	90,000
가감:	
1단계: 투자/재무활동 손익 제거	
－ 감가상각비	18,000
2단계: 영업활동 재무상태표 계정 조정	
－ 매출채권의 증가	(45,000)
－ 매입채무의 증가	10,000
－ 선급비용의 감소	15,000
－ 선수수익의 감소	(12,000)
－ ?	(36,000)
영업활동 현금흐름	40,000

따라서 위 빈칸에 가능한 사항은 미지급급여 36,000 감소이다.

[간접법에 의한 영업활동 현금흐름]

당기순이익	2,000,000
가감:	
－ 미수수익 증가액	(150,000)
－ 매입채무 증가액	200,000
－ 매출채권 감소액	500,000
－ 미지급비용 감소액	(300,000)
영업활동순현금흐름	2,250,000

061 간접법

답 ①

- 장기차입금은 재무활동 관련 재무상태표 계정이므로 2단계 조정사항에 해당하지 않는다.
- 자기주식처분이익은 자본잉여금으로 법인세비용차감전순이익에 포함되어 있지 않다. 따라서 1단계 조정 사항에 해당하지 않는다.
- 단기매매금융자산의 감소 10,000을 2단계에서 조정한다.

(차) F V P L   10,000   (대) F V P L   10,000
    평 가 손 실

[간접법에 의한 영업활동 현금흐름]

법인세비용차감전순이익	240,000
가감:	
1단계: 투자/재무활동 손익 제거	
– 감가상각비	3,000
– 유형자산처분손실	6,000
– 채무상품 처분이익	(7,000)
2단계: 영업활동 재무상태표 계정 조정	
– 매출채권의 감소	40,000
– 선수금의 증가	2,000
– 선급비용의 감소	4,000
– 매입채무의 증가	30,000
– FVPL의 감소	10,000
– 법인세지급액	(50,000)
영업활동 현금흐름	278,000

062 간접법

답 ①

[간접법에 의한 영업활동 현금흐름]

당기순이익	1,130,000
가감:	
1단계: 투자/재무활동 손익 제거	
– 감가상각비	100,000
– 건물처분이익	(200,000)
2단계: 영업활동 재무상태표 계정 조정	
– 매출채권의 증가	(80,000)
– 재고자산의 감소	50,000
영업활동 현금흐름	1,000,000

- 단기차입금은 재무활동 관련 재무상태표 계정이므로 2단계 조정사항에 해당하지 않는다.
- 법인세 지급액이 직접 제시되어 있으므로 미지급법인세는 고려하지 않는다.
- 기타포괄손익 – 공정가치 측정 금융자산 평가이익은 기타포괄손익으로 법인세비용차감전순이익에 포함되어 있지 않다. 따라서 1단계 조정사항에 해당하지 않는다.

[간접법에 의한 영업활동 현금흐름]

법인세비용차감전순이익	224,000
가감:	
1단계: 투자/재무활동 손익 제거	
– 감가상각비	40,000
– 유형자산처분이익	(20,000)
– 사채상환손실	10,000
2단계: 영업활동 재무상태표 계정 조정	
– 미수이자 감소	6,000
– 매출채권 감소	8,000
– 재고자산 증가	(14,000)
– 매입채무 증가	5,000
– 법인세 지급	(12,000)
영업활동 현금흐름	247,000

[간접법에 의한 영업활동 현금흐름]

법인세비용차감전순이익	5,000,000
가감:	
1단계: 투자/재무활동 손익 제거	
– 감가상각비	750,000
– 유형자산손상차손	260,000
– 유형자산처분이익	(340,000)
– 이자비용	310,000
2단계: 영업활동 재무상태표 계정 조정	
– 매출채권 증가	(290,000)
– 재고자산 감소	300,000
– 매입채무 증가	250,000
– 법인세 지급	(1,250,000)
영업활동 현금흐름	4,990,000

[간접법에 의한 영업활동 현금흐름]

당기순이익	500
가감:	
− 재고자산의 증가	(1,000)
− 매출채권의 감소	800
− 단기매매증권평가손실	900
− 유형자산처분이익	(600)
− 미지급비용의 증가	700
− 감가상각비	200
− 매입채무의 감소	(500)
영업활동으로 인한 현금흐름	1,000

[간접법에 의한 영업활동 현금흐름]

당기순이익	300,000
가감:	
1단계: 투자/재무활동 손익 제거	
− 금융자산처분이익	(30,000)
− 감가상각비	40,000
− 유형자산처분이익	(50,000)
− 유형자산손상차손	10,000
2단계: 영업활동 재무상태표 계정 조정	
− 매출채권의 증가	(20,000)
− 매입채무의 증가	30,000
영업활동 현금흐름	280,000

067 간접법 · 답 ②

[간접법에 의한 영업활동 현금흐름]

당기순이익	1,500
가감:	
1단계: 투자/재무활동 손익 제거	
－ 감가상각비	100
2단계: 영업활동 재무상태표 계정 조정	
－ 매출채권의 증가	(450)
－ 재고자산의 감소	320
－ 매입채무의 감소	(270)
－ 선수금의 증가	200
－ 미수수익의 증가	(120)
－ 미지급법인세의 증가	100
－ 대손충당금의 증가[*1]	120
영업활동 현금흐름	1,500

[*1] 문제에서 제시한 매출채권 금액이 대손충당금을 차감한 순액인지 명확하지 않다. 만약 대손충당금을 차감한 순액이라면 별도로 대손충당금을 조정해서는 안 되지만, 본풀이에서는 매출채권이 대손충당금을 차감한 순액이 아니라고 전제하였다.

068 간접법 · 답 ②

[간접법에 의한 영업활동 현금흐름]

법인세비용차감전순이익	1,000,000
가감:	
－ 감가상각비	50,000
－ 유형자산처분손실	20,000
－ 매출채권의 증가	(150,000)
－ 매입채무의 감소	(100,000)
－ 재고자산의 증가	(200,000)
영업활동 현금흐름	620,000

069 간접법 · 답 ②

$100,000 + 10,000 - 8,000 - 9,000 + 4,000 + 5,000 - 3,000 = 99,000$

정답

p.202

📝 Memo

001	①	002	②	003	④	004	④	005	③
006	①	007	①	008	②	009	①	010	①
011	②	012	②	013	③	014	①	015	③
016	④	017	①	018	④	019	①	020	②
021	②	022	③	023	①	024	④	025	③
026	②	027	③	028	①	029	②	030	④
031	②	032	④	033	③	034	②	035	③
036	④	037	②	038	④	039	②	040	④
041	②	042	②	043	③	044	①	045	④
046	⑤	047	②	048	③	049	④	050	①
051	②	052	④	053	①	054	③	055	②
056	④	057	②	058	④	059	③	060	④
061	③	062	①	063	①	064	④	065	③
066	④	067	④	068	②	069	①	070	②
071	④	072	④	073	①	074	③	075	①
076	③	077	②	078	①	079	④	080	②
081	③	082	④	083	④	084	④	085	④
086	①	087	③	088	③	089	③	090	①
091	①	092	③	093	⑤	094	③	095	④
096	②	097	③	098	②	099	②	100	④
101	③	102	④	103	②	104	②	105	②
106	④								

---

001 법인세회계

답 ①

(선지분석)

② 이연법인세자산과 이연법인세부채는 기업이 당기법인세자산과 당기법인세부채를 상계할 수 있는 법적으로 집행가능한 권리를 가지고 있고 과세당국과 과세대상기업이 동일한 경우 서로 상계한 잔액을 표시한다.

③ 이연법인세자산과 이연법인세부채는 자산이 실현되거나 부채가 결제될 회계기간에 적용될 것으로 기대되는 세율을 적용하여 측정한다.

④ 법인세비용은 미지급법인세에 이연법인세 변동액을 가감하여 계산한다.

⑤ 회계이익은 한국채택국제회계기준에 의하여 산출되는 법인세비용 차감 전 회계기간의 손익을 의미한다.

002 법인세회계   답 ②

차감할 일시적차이는 차기 이후의 과세소득을 감소시켜 세금 유출을 줄일 것이므로 이연법인세자산으로 인식하고, 접대비 한도초과액은 영구적차이이므로 이연법인세자산(또는 부채)으로 인식하지 않는다.

10,000 × 20% = 2,000(이연법인세자산)

003 법인세회계   답 ④

- 4,000(이자수익) × 30% = 1,200(부채)
- 비과세 이자수익 및 자기주식처분이익은 일시적차이에 해당하지 않으므로(기타항목) 이연법인세를 인식하지 않는다.

004 법인세회계   답 ④

- 1단계 미지급법인세: (10,000,000 − 100,000) × 10% = 990,000
- 2단계 이연법인세부채: 100,000 × 10% = 10,000
- 3단계 법인세비용

(차) 법 인 세 비 용   1,000,000   (대) 미 지 급 법 인 세   990,000
                                              이 연 법 인 세 부 채   10,000

005 법인세회계   답 ③

- 세무조정사항
  ㉠ 세법에서는 수선비가 비용에 해당하지 않으므로 100,000을 손금불산입한다.
  ㉡ 수선비에 대한 당기 감가상각비 20,000을 손금산입한다.
- 1단계 미지급법인세: (200,000 + 100,000 − 20,000) × 10% = 28,000
- 2단계 이연법인세자산: 80,000 × 10% = 8,000
- 3단계 법인세비용

(차) 법 인 세 비 용   20,000   (대) 미 지 급 법 인 세   28,000
     이연법인세자산   8,000

006 법인세회계   답 ①

- 1단계 미지급법인세: 9,000 × 25% = 2,250
- 2단계 이연법인세: 2,000 × 20% = 400(부채)
- 3단계 법인세비용

(차) 법 인 세 비 용   2,650   (대) 미 지 급 법 인 세   2,250
                                              이 연 법 인 세 부 채   400

007 법인세회계 답①

- 1단계 미지급법인세: $(500,000 + 100,000 - 150,000) \times 30\% = 135,000$
- 2단계 이연법인세자산: $100,000 \times 25\% = 25,000$
  이연법인세부채: $150,000 \times 20\% = 30,000$
- 3단계 법인세비용

(차) 법 인 세 비 용	140,000	(대) 미 지 급 법 인 세	135,000
이연법인세자산	25,000	이 연 법 인 세 부 채	30,000

008 법인세회계 답②

- 1단계 미지급법인세: $(50,000 + 1,000 - 3,000 + 7,000) \times 20\% = 11,000$
- 2단계 이연법인세부채: $3,000 \times 20\% = 600$
  이연법인세자산: $7,000 \times 20\% = 1,400$
- 3단계 법인세비용

(차) 이연법인세자산	1,400	(대) 미 지 급 법 인 세	11,000
법 인 세 비 용	10,200	이 연 법 인 세 부 채	600

009 법인세회계 답①

- 기말 이연법인세부채: $10,000 \times 30\% = 3,000$
- 당기에 추가로 인식할 이연법인세 부채: $3,000 - 2,000(기초) = 1,000$

(차) 법 인 세 비 용	8,000	(대) 미 지 급 법 인 세	7,000
		이 연 법 인 세 부 채	1,000

- 당기순이익: $30,000 - 8,000 = 22,000$

010 법인세회계 답①

- 미지급법인세: $7,000,000 \times 20\% = 1,400,000$
- 이연법인세: $900,000 \times 20\% = 180,000(자산)$
- 법인세비용: $1,400,000 - 180,000 = 1,220,000$

011 법인세회계 답②

- 1단계 미지급법인세: $(1,000,000 + 100,000 + 50,000) \times 10\% = 115,000$
- 2단계 이연법인세: $50,000(재평가잉여금) \times 10\% = 5,000(부채)$
- 3단계 법인세비용

(차) 자기주식처분이익(3)	5,000	(대) 미 지 급 법 인 세 (1)	115,000
재평가잉여금(3)	5,000	이 연 법 인 세 부 채 (2)	5,000
법인세비용(3)	110,000		

012 법인세회계

답 ②

- ㈜한국은 법인세와 관련하여 다음과 같은 분개를 수행한다.

(차) 이연법인세자산	285,000	(대) 이 연 법 인 세 부 채	400,200
법 인 세 비 용	410,000	미 지 급 법 인 세	294,800
재 평 가 잉 여 금	30,000	미 지 급 법 인 세	30,000

이연법인세자산(285,000) = 차감할 일시적차이 × 30%

∴ 차감할 일시적차이 = 950,000

- 2016년의 예상과세소득이 750,000이라면, 차감할 일시적차이 950,000이 전액 실현될 수 없으므로, 일시적차이의 실현가능성을 검토해서 이연법인세자산을 인식한다.

(선지분석)

① 400,200(이연법인세부채) = 가산할 일시적차이 × 30%, 가산할 일시적차이 = 1,334,000

③ 2015년도의 법인세 부담액은 324,800이다.

④ 이연법인세자산(부채)은 유동자산(부채)으로 보고하지 아니한다.

013 법인세회계

답 ③

- 1단계 미지급법인세: (500,000 + 70,000 + 60,000[*1]) × 25% = 157,500
- 2단계 이연법인세자산: 60,000(20X3년부터 실현[*2]) × 30% = 18,000
- 3단계 법인세비용: 157,500 − 18,000 = 139,500

[*1]구분	20X1년	20X2년
장부상 감가비	$400,000 \times \frac{4}{10} = 160,000$	$400,000 \times \frac{3}{10} = 120,000$
세법상 감가비	$400,000 \times \frac{1}{4} = 100,000$	$400,000 \times \frac{1}{4} = 100,000$
세무조정	손금불산입 60,000	손금불산입 20,000

[*2] 20X1년 손금불산입 60,000에 대한 반대조정은 20X3년부터 실현된다.

014 법인세회계

답 ①

- 일시적차이의 소멸시기

일시적차이	20X1년말 잔액	소멸시기	
		20X2년	20X3년 이후
선수임대료	270,000	(120,000)	(150,000)

- 이연법인세 자산계산

120,000 × 0.25 + 150,000 × 0.2 = 60,000

015 회계변경과 오류수정 　답 ③

회계정책의 변경에 해당한다.

(선지분석)

①, ②, ④ 회계추정의 변경에 해당한다.

016 회계변경과 오류수정 　답 ④

측정기준의 변경은 회계정책 변경에 해당한다.

017 회계변경과 오류수정 　답 ①

감가상각방법의 변경은 회계추정의 변경에 해당한다.

018 회계변경과 오류수정 　답 ④

소급법은 그 효과를 과거 재무제표에 소급해서 반영하는 것으로 비교가능성은 유지할 수 있지만 과거 재무제표에 수정을 가하므로 신뢰성이 결여된다.

019 회계변경과 오류수정 　답 ①

(선지분석)

② 과거에 발생하지 않았거나 발생하였어도 중요하지 않았던 거래, 기타 사건 또는 상황에 대하여 새로운 회계정책을 적용하는 경우는 회계정책의 변경에 해당하지 아니한다.

③ 유형자산이나 무형자산에 대하여 재평가하는 회계정책을 최초로 적용하는 경우의 회계정책 변경은 소급법을 적용하지 아니한다.

④ 회계정책의 변경과 회계추정의 변경을 구분하기가 어려운 경우에는 이를 회계추정의 변경으로 본다.

020 회계변경과 오류수정 　답 ②

회계정책의 변경과 회계추정의 변경을 구분하기 어려운 경우에는 이를 회계추정의 변경으로 본다.

021 회계변경과 오류수정 　답 ②

토지의 재평가잉여금은 기타포괄손익에 해당한다.

15,000 + 14,000 − 10,000 = 19,000

022　회계변경과 오류수정　답 ③

- 대손상각비 계산

대손충당금

대　손　확　정	70,000	기　　　　초	200,000
기　　　　말	250,000	대손상각비(I/S)	120,000
합　　　　계	320,000	합　　　　계	320,000

- 20X1년 수정후 당기순이익: 150,000 − 120,000 + 50,000(투자부동산 평가이익) = 80,000
- 20X1년 말 이익잉여금: 30,000 + 80,000 = 110,000

023　회계변경과 오류수정　답 ①

기타포괄손익 – 공정가치 측정 금융자산 평가이익은 기타포괄손익, 자기주식처분이익은 자본잉여금이므로 당기손익에 영향을 미치지 않는다.

100,000 − 10,000(보험료) + 20,000(이자수익) − 4,000(급여) − 50,000(재평가손실) = 56,000

024　회계변경과 오류수정　답 ④

1,000,000(감가상각비 과대계상) + 500,000(미수임대료 과소계상) − 500,000(재고자산 과대계상) + 500,000(선급보험료 과소계상) + 500,000(미지급비용 과대계상) = 2,000,000 증가

025　회계변경과 오류수정　답 ③

100,000 − 60,000(임대수익 취소) − 100,000(급여) + 40,000(이자수익) − 50,000(매출총이익 취소) = (−)70,000

026　회계변경과 오류수정　답 ②

46,000(수정 전 이익) − 10,000(기말재고 과대계상) + 5,000(선급비용) − 3,000(미지급비용) + 20,000(수선비 취소) − 4,000(기계장치 감가상각비) = 54,000

027　회계변경과 오류수정　답 ③

'기초재고 + 당기매입 = 매출원가 + 기말재고'의 식에서 당기매입과 기말재고가 동시에 누락되었다. 따라서 매출원가는 영향을 받지 않을 것이고 당기순이익과 자본도 영향을 받지 않을 것이다. 즉, 기말재고 누락에 따라 자산은 과소계상되고 매입채무누락에 따라 부채는 과소계상되고 자본과 당기순이익은 영향을 받지 않는다.

기초재고	(+) 당기매입	=	매출원가	(+)	기말재고
8,000 과소			12,000 과소		4,000 과대

- 2016년의 비용(선급비용)을 2015년의 비용으로 처리
  3,000: 2016년 이익 3,000과대
- 2017년의 비용(선급비용)을 2016년의 비용으로 처리
  2,000: 2016년 이익 2,000과소
- 300,000 − 12,000(매출원가 과소) − 3,000 + 2,000 = 287,000

029 회계변경과 오류수정 답 ②

- 기초(15년 말) 재고 10,000과대 → 매출원가 10,000과대 → 당기순이익 (+)10,000 조정
- 기계장치의 감가상각비 4,000 인식 → 당기순이익 (−)4,000 조정
- 당기 보험료 3,000 인식 → 당기순이익 (−)3,000 조정
- 광고비 5,000 인식 → 당기순이익 (−)5,000 조정
- 매도가능금융자산평가이익과 자기주식처분이익은 당기순이익과 무관
- 수정 후 당기순이익: 150,000 + 10,000 − 4,000 − 3,000 − 5,000 = 148,000

030 회계변경과 오류수정 답 ④

분개를 이용하여 문제를 해결할 수 있다. 재무상태표계정을 모두 분개했을 때, 대차평균이 맞지 않는 금액이 당기손익에 해당하는 금액일 것이다. 단, 재무상태표 계정은 기초와 기말의 증분으로 분개에 반영한다.

- 20X1년

(차) 당기손익(과소)	210,000	(대) 감 가 상 각 누 계 액	100,000
		선 급 보 험 료	30,000
		미 지 급 임 차 료	10,000
		재 고 자 산	70,000

- 20X2년

(차) 선 급 보 험 료	10,000	(대) 감 가 상 각 누 계 액	200,000
기 말 재 고	20,000	미 지 급 임 차 료	30,000
당기손익(과소)	200,000		

031 회계변경과 오류수정 답 ②

<2012년 오류수정 분개>

(차) 이익잉여금 [3단계]	20,000	(대) 급여 [2단계]	20,000

032 회계변경과 오류수정 답 ④

<2013년 오류수정 분개>
(차) 감가상각누계액 [1단계] 6,000 (대) 비품 [1단계] 10,000
　　 이익잉여금 　[3단계] 6,000 　　 감가상각비 [2단계] 2,000

033 회계변경과 오류수정 답 ③

- 20X2년 말 기말재고의 과대계상은 자동조정 오류이므로 20X3년 말 이익잉여금에 미치는 영향은 없다.
- 20X3년 말 기말재고 20,000 감소 → 매출원가 20,000 증가 → 이익잉여금(순이익) 20,000 감소
- 총비용 2,000 증가 → 이익잉여금 2,000 감소
- 이익잉여금: 67,000(수정전) − 22,000 = 45,000

034 회계변경과 오류수정 답 ②

<오류수정 분개>
(차) 재고자산 　[1단계] 30,000 (대) 이익잉여금 [3단계] 50,000
　　 매출원가 　[2단계]*¹ 20,000
$^{(*1)}$ 기초(50,000증가) + 매입 = 매출원가(20,000증가) + 기말(30,000증가)

035 회계변경과 오류수정 답 ③

- 기초(50,000감소) + 매입 = 매출원가(30,000감소) + 기말(20,000감소)
- 회계정책변경 분개
  (차) 이 익 잉 여 금 50,000 (대) 기 말 재 고 20,000
  　　 　　　　　　　　　　　　　 매 출 원 가 30,000

036 회계변경과 오류수정 답 ④

- 2015년 말 대손충당금 설정액: 200,000
- 전기오류수정손실: (100,000 + 90,000 + 40,000) − 100,000 = 130,000
  (2014년 매출관련 대손액은 230,000임에도 2014년 장부에는 대손상각비가 100,000만 반영되어 있다. 따라서 차액인 130,000만큼 전기오류수정손실로 반영한다)
- 2015년 대손상각비: (60,000 + 160,000) − 150,000 = 70,000
  (2015년 매출관련 대손액은 220,000임에도 2015년 장부에는 대손상각비가 150,000만 반영되어 있다. 따라서 차액인 70,000만큼 기말에 추가로 대손상각비를 인식한다)

037 회계변경과 오류수정 답 ②

- 정확한 20X9년의 비용(감가상각비): 40,000 × 0.3 = 12,000
- 회사는 12,000을 당기비용으로 인식하여야 하나 40,000을 인식하였으므로 당기순이익을 28,000만큼 과소계상한다.

038 재무비율분석 답 ④

- 자산총액(2,000) × 총자산회전율(0.5) = 매출액(1,000)
- 매출액(1,000) × 매출액순이익률(10%) = 당기순이익(100)
- 자기자본(X) + 부채(3X) = 자산총액(2,000), 자기자본(X) = 500
- 자기자본순이익률: 당기순이익(100) ÷ 자기자본(500) = 20%

039 재무비율분석 답 ②

- 매출채권회전율(5) = 외상매출액(X) ÷ 평균매출채권(38,000
  ∴ 외상매출액(X) = 190,000
- 매출액 = 외상매출액(190,000) + 현금매출액(150,000) = 340,000

040 재무비율분석 답 ④

- 기말재고: 80,000 × 50%(유동비율과 당좌비율의 차액이 유동부채 대비 재고자산비율) = 40,000
- 매출원가: 25,000 + 95,000 − 40,000 = 80,000

041 재무비율분석 답 ②

$$총자산이익률(\frac{순이익}{총자산}) = 매출액순이익률(\frac{순이익}{매출액}) \times 총자산회전율(\frac{매출액}{총자산})$$

(선지분석)
① 이자보상비율은 기업의 안정성을 측정하는 지표이다.
③ 유동성비율은 기업의 단기지급능력을 분석하는 데 사용되며 유동비율, 당좌비율이 주요 지표이다.
④ 이자보상비율은 기업의 이자지급능력을 측정하는 지표로 이자 및 법인세비용차감전이익을 이자비용으로 나누어 구하며 그 비율이 높은 경우 지급능력이 양호하다고 판단할 수 있다.

042 재무비율분석 답 ②

- 36.5일(매출채권회수기간) = 365일 ÷ 매출채권회전율
  ∴ 매출채권회전율 = 10회
- 1,000(평균매출채권) × 10회 = 10,000

043 재무비율분석 답 ③

- 총자산회전율이 0.5회이므로, 매출: 3,000 × 0.5회 = 1,500
- 매출액순이익률이 20%이므로, 당기순이익: 1,500 × 20% = 300

044 재무비율분석 답 ①

- 레버리지비율 = $\dfrac{\text{총자산}}{\text{자기자본}} = \dfrac{40,000}{10,000} = 4$

- 매출액순이익률 = $\dfrac{\text{당기순이익}}{\text{매출액}} = \dfrac{2,000}{20,000}$

- 총자산회전율 = $\dfrac{\text{매출액}}{\text{총자산}} = \dfrac{20,000}{40,000} = 0.5$회

- 자기자본이익률 = $\dfrac{\text{당기순이익}}{\text{평균자기자본}} = \dfrac{2,000}{10,000} = 20\%$

045 재무비율분석 답 ④

- 재고자산회전율(4.8) = 매출원가(X) ÷ 평균재고자산(40,000)

  ∴ 매출원가(X) = 192,000

- 매출액: 매출원가(192,000) + 매출총이익(48,000) = 240,000

046 재무비율분석 답 ⑤

- 유동부채: 외상매입금 + 미지급이자 + 지급어음A + 미지급급여 = 40,000

- 유동비율 = $\dfrac{\text{유동자산}}{\text{유동부채}} = \dfrac{100,000}{40,000} = 2.5$

047 재무비율분석 답 ②

- 재고자산의 평가방법에 따라 기말재고자산 금액이 영향을 받고 그 결과로 매출원가가 영향을 받는다. 따라서 보기에서 기말재고자산과 매출원가(당기순이익)에 영향을 받지 않는 항목을 고르면 된다.

- 당좌비율은 (당좌자산 ÷ 유동부채)로 계산되므로 기말재고 및 매출원가와 무관한다.

048 재무비율분석 답 ③

- 당기매입액: 250,000(평균매입채무) × 4회 = 1,000,000

- 매출원가: 700,000(기초재고) + 1,000,000(당기매입) − 500,000(기말재고) = 1,200,000

- 재고자산회전율: 1,200,000(매출원가) ÷ 600,000(평균재고) = 2회

049 재무비율분석 답 ④

토지(비유동자산)의 감소와 토지재평가손실(당기비용)의 변동은 당좌비율에 영향을 주지 않는다.

050　재무비율분석　　　　　　　　　　　　　　　답 ①

- 매출: 15,000(평균매출채권) × 8회 = 120,000
- 매출원가: 10,000(평균재고자산) × 10회 = 100,000
- 매출총이익: 120,000 − 100,000 = 20,000

051　재무비율분석　　　　　　　　　　　　　　　답 ②

- 재고자산회전율
  - 매출총이익률이 60%이므로, 매출원가율은 40%
  - 매출원가: 6,000(매출총이익) × $\frac{40\%}{60\%}$ = 4,000
  - 재고자산회전율: 4,000(매출원가) ÷ 400(평균재고) = 10회
- 당좌비율
  - 유동자산: 500(유동부채) × 200%(유동비율) = 1,000
  - 당좌자산: 1,000(유동자산) − 400(재고자산) = 600
  - 당좌비율: 600 ÷ 500 = 120%

052　재무비율분석　　　　　　　　　　　　　　　답 ④

분모와 분자에서 같은 금액이 감소할 때, 1보다 큰 분수는 분수값이 증가하고, 1보다 작은 분수는 분수값이 감소한다. 따라서 유동자산(당좌자산)과 유동부채에서 같은 값이 감소하면 유동비율은 증가하고, 당좌비율은 감소할 것이다.

053　재무비율분석　　　　　　　　　　　　　　　답 ①

- 유동자산과 유동부채가 각각 250씩 증가하므로 유동비율은 감소한다.
- 당좌자산(현금)이 250 감소하고, 유동부채는 250 증가하므로 당좌비율은 감소한다.

054　재무비율분석　　　　　　　　　　　　　　　답 ③

(차) 재 고 자 산　　2,000,000　　　(대) 매 출 채 권　　1,000,000
　　　　　　　　　　　　　　　　　　　　　매 입 채 무　　1,000,000

- 유동비율: 유동자산과 유동부채가 각각 1,000,000씩 증가하는데, 현재 유동비율이 300%이므로 유동자산과 유동부채가 동일한 금액만큼 증가하면 유동비율은 감소할 것이다.
- 당좌비율: 당좌자산(매출채권)이 감소하고 유동부채(매입채무)가 증가하므로 당좌비율은 감소할 것이다.

055 재무비율분석   답 ②

상품의 외상매입: 유동자산과 유동부채가 동시에 증가하므로 유동비율은 감소한다.

(선지분석)
① 매출채권의 현금회수: 유동자산과 유동부채가 불변이므로 유동비율은 불변이다.
③ 매입채무의 현금지급: 유동자산과 유동부채가 동시에 감소하므로 유동비율은 증가한다.
④ 장기대여금의 현금회수: 유동자산이 증가하므로 유동비율은 증가한다.

056 재무비율분석   답 ④

주어진 거래의 결과, 유동자산, 당좌자산, 유동부채 모두 감소한다. 유동비율은 현재 100%를 초과하므로 유동비율은 증가하고, 당좌비율은 현재 100%에 미달하므로 당좌비율은 감소한다.

057 재무비율분석   답 ②

- 장기차입금을 현금으로 상환하면 부채(비유동부채)와 자산(유동자산)이 같은 금액만큼 감소한다.
- 유동비율($\frac{유동자산}{유동부채}$): 유동자산의 감소로 유동비율은 감소한다.
- 부채비율($\frac{부채}{자본}$): 부채의 감소로 부채비율은 감소한다.

058 재무비율분석   답 ④

현금(유동자산)이 증가하고 유동비율이 증가한다.

(선지분석)
① 기계장치를 처분하면 현금(유동자산)이 증가하고 유동비율이 증가한다.
② 미지급배당금(유동부채)과 현금(유동자산)이 감소하면 현유동비율이 100% 이상이므로 유동비율은 증가한다.
③ 매입채무(유동부채)와 현금(유동자산)이 감소하면 현유동비율이 100% 이하이므로 유동비율은 감소한다.

059 재무비율분석   답 ③

- 당좌비율 = 당좌자산 ÷ 유동부채
  당좌자산: (−)1,000,000 − 2,000,000 = (−)3,000,000 → 당좌비율 감소
- 매출채권회전율 = 매출액 ÷ 매출채권
  매출채권: (−)4,000,000 → 매출채권회전율 증가

060 재무비율분석 답 ④

- 유동비율: (2X + 5,000 − 15,000) ÷ (X − 10,000 + 8,000) = 150%, X = 14,000
- 유동자산: 2 × 14,000 + 5,000 − 15,000 = 18,000

061 재무비율분석 답 ③

- 유동비율 100%를 달성하기 위해서는 유동자산을 20,000 증가시키거나 유동부채를 20,000 감소시켜야 하고, 부채비율 100%를 달성하기 위해서는 총부채를 20,000 감소시키고 자본을 20,000 증가시켜야 한다.
- 유동부채 20,000을 출자전환하면 유동부채 20,000이 감소하고 자본이 20,000 증가하므로 재무비율 목표를 달성할 수 있다.

062 재무비율분석 답 ①

	기초재고 (+) 당기매입	=	매출원가	(+) 기말재고
2013년	300 과소		450 과소	150 과대
2014년	150 과대		150 과대	

- 2013년에는 평균재고자산이 과대계상되므로 재고자산회전율은 감소한다.
- 2014년에는 평균재고자산이 과대계상되므로 재고자산회전율은 감소한다.

063 재무비율분석 답 ①

- 선적지인도기준으로 운송 중에 있는 상품이 기말재고에 포함되면 판매가능재고가 일정하다는 전제 하에서 매출원가가 감소한다.
- 총자산회전율 = $\dfrac{매출액}{평균총자산}$ → 분모의 평균총자산이 증가하여 총자산회전율은 감소한다.
- 이자보상비율 = $\dfrac{이자전세전당기순이익}{이자비용}$ → 매출원가 감소에 따라 이자전세전당기순이익이 증가하여 이자보상비율은 증가한다.

064 재무비율분석 답 ④

건물의 기말 공정가치가 증가하여 재평가잉여금이 발생한 경우, 기말자본의 증가로 자기자본이익률은 감소한다.

065 재무비율분석 답 ③

단기차입금을 현금 20으로 상환한 거래는 유동비율을 증가시킨다.

066 재무비율분석   답 ④

- 유동자산: 50,000(자산합계) − 20,000(유형자산) = 30,000
- 유동비율이 300%이므로, 유동부채 = 10,000
- X(매입채무) + 2,000(단기차입금) = 10,000(유동부채)

  ∴ X = 8,000
- 8,000(매입채무) + 2,000(단기차입금) + 10,000(사채) + 자본금 + 5,000(이익잉여금) = 50,000

  ∴ 자본금 = 25,000

067 재무비율분석   답 ④

- 유동부채: 250,000(매입채무) + 150,000(유동성장기부채) + 200,000(단기차입금) = 600,000
- 자산총계: 유동자산(900,000 = 600,000 × 1.5) + 건물(1,100,000) = 2,000,000
- 자본금: 2,000,000(자산) − 1,400,000[*1](부채) − 350,000 = 250,000

  [*1] 600,000(유동부채) + 500,000(사채) + 300,000(충당부채) = 1,400,000

068 재무비율분석   답 ②

- 재고자산과 매입채무의 T계정을 살펴보면, 대차평균의 원리 상
  '(차) 재고자산 4,950,000/(대) 매입채무 4,950,000'의 분개가 있었을 것이다.
- 당기 재고자산 매입금액: 4,950,000

(선지분석)
① 당기 매입채무 현금 지급액: 매입채무 계정 차변의 현금 5,030,000
③ 재고자산회전율: 5,150,000(매출원가) ÷ 500,000(평균재고) = 10.3
④ 매입채무회전율: 4,950,000(당기매입) ÷ 660,000(평균매입채무) = 7.5

069 재무비율분석   답 ①

- 임의의 숫자를 대입하여 문제를 해결할 수 있다.
- 2015년의 총자산이익률이 2%이므로 당기순이익 = 6, 평균자산 = 300을 가정한다.
- 2015년의 부채비율이 200%이므로 평균부채 = 200, 평균자본 = 100이다.
- 2015년의 자기자본이익률 = $\frac{6}{100}$ = 6%
- 2016년의 자기자본이익률 = 6% × 2배 = 12%(당기순이익 = 12, 평균자본 = 100 가정)
- 2016년의 매출액이익률이 4%이므로 $\frac{12}{매출액}$ = 4%, 매출액 = 300
- 2016년의 부채비율이 100%이므로 평균자본 = 평균부채 = 100, 평균자산 = 200
- 2016년의 총자산회전율 = $\frac{300}{200}$ = 1.5회

070 재무비율분석   답 ②

재고자산회전율 = $\frac{25,000}{(1,000+4,000)}$ ÷ 2 = 10회

071 재무비율분석   답 ④

- $\dfrac{\text{유동자산(당좌자산+재고자산)}}{\text{유동부채}} = 4$, $\dfrac{\text{당좌자산}}{\text{유동부채}} = 1$, 재고자산 = 300,000

- 재고자산회전율 $= \dfrac{360일}{36일} = 10$

∴ 매출원가 $= \dfrac{(100,000+300,000)}{2} \times 10 = 2,000,000$

072 재무비율분석   답 ④

- 매출액: 10회 × 500 = 5,000
- 매출원가: 6회 × 600 = 3,600
- 매출총이익: 5,000 − 3,600 = 1,400

073 재무비율분석   답 ①

- 매출채권회전율: $4,500,000 \div \dfrac{(150,000+450,000)}{2} = 15회$
- 재고자산회전율: $4,000,000 \div \dfrac{(240,000+160,000)}{2} = 20$
- 재고자산평균처리기간: 360 ÷ 20 = 18일

074 재무비율분석   답 ③

$120,000 \times \dfrac{9}{12} + 132,000 \times \dfrac{3}{12} = 123,000주$

075 재무비율분석   답 ①

주당순이익: 200,000 ÷ 40,000주 = 5

(선지분석)
② 유통주식수: 40,000주
③ 평균총자산: 200,000 ÷ 평균총자산 = 20%, 평균총자산 = 1,000,000
④ 총자산회전율: 1,500,000 ÷ 1,000,000 = 1.5회

076 재무비율분석   답 ③

- 가중평균유통보통주식수: $10,000주 \times \dfrac{3}{12} + 9,000주 \times \dfrac{6}{12} + 12,000주 \times \dfrac{3}{12} = 10,000주$
- 주당순이익: (3,000,000 − 400,000) ÷ 10,000주 = 260

077 재무비율분석 답 ②

- $1,900주 \times \dfrac{9}{12} + 2,300주 \times \dfrac{3}{12} = 2,000주$
- $2,070,000 \div 2,000주 = 1,035$

078 재무비율분석 답 ①

- 가중평균유통보통주식수: $1,000주 \times \dfrac{9}{12} + 1,800주 \times \dfrac{3}{12} = 1,200주$
- 주당순이익: $(650,000 - 100주 \times 5,000 \times 10\%) \div 1,200주 = 500$

079 재무비율분석 답 ④

- 주당순이익: $(200,000 - 20,000) \div 100주 = 1,800$
- 주가이익비율: $\dfrac{보통주시가}{주당순이익} = \dfrac{9,000}{1,800} = 5.0$

080 재무비율분석 답 ②

- 주가수익률$(5) = \dfrac{주식시가(1,000)}{주당순이익(X)}$, 주당순이익$(X) = 200$
- 주당순이익$(200) = \dfrac{보통주당기순이익(6,000)}{가중평균유통보통주식수(X)}$, 가중평균유통보통주식수$(X) = 300주$

081 재무비율분석 답 ③

배당수익률: $200(주당배당금) \div 4,000(주가) = 5\%$

(선지분석)
① 기본주당순이익: $(805,000 - 500주 \times 100 \times 10\%) \div 1,000주 = 800$
② 주가수익비율: $4,000(시가) \div 800(주당순이익) = 5$
④ 배당성향: $200(주당배당금) \div 800(주당순이익) = 25\%$

082 재무비율분석 답 ④

- 2014년 가중평균유통보통주식수: $10,000주 \times \dfrac{6}{12} + 15,000주 \times \dfrac{3}{12} + 13,000주 \times \dfrac{3}{12} = 12,000주$
- 2014년 주당순이익이 500이 되기 위한 보통주순이익: $12,000주 \times 500 = 6,000,000$
- 현재보통주순이익$(6,000,000 - 240,000 = 5,760,000)$보다 240,000만큼 순이익 증가가 필요하다.
- 순이익이 $250,000(750,000 - 500,000)$만큼 증가하므로 요구사항을 충족시킨다.

083 재무비율분석   답 ④

- 유상증자로 인한 현금수령액: 2,000주 × 40 = 80,000
- 공정가치로 발행 시 발행주식수: 80,000 ÷ 80 = 1,000주
- 무상증자 비율: 1,000주 ÷ (9,000주 + 1,000주) = 10%
- 가중평균유통보통주식수: $9,000주 \times (1 + 10\%) \times \frac{3}{12} + 11,000주 \times \frac{9}{12} = 10,725주$

084 재무비율분석   답 ④

- 가중평균유통보통주식수
  - 1월~: 30주 × (1 + 10%)[*1] = 33주
  - 7월~: 55주
  - $33주 \times \frac{6}{12} + 55주 \times \frac{6}{12} = 44주$
  [*1] 유상증자 시 현금수령액: 25주 × 4 = 100
      유상증자 주식수: 100 ÷ 5 = 20주
      무상증자 비율: (25주 − 20주) ÷ (30주 + 20주) = 10%
- 주당순이익: 88 ÷ 44주 = 2
- 주가이익비율: 6(기말주가) ÷ 2(주당순이익) = 3

085 재무비율분석   답 ④

- 기본주당순이익: (1,000,000 − 1,000주 × 50) ÷ 2,300주 = 413
- 전환우선주가 기중 전환됐을 경우의 보통주식수: $2,000주 + 1,000주 + 600주 \times \frac{6}{12} = 3,300주$
  전환우선주가 기중 전환됐을 경우의 당기순이익: 1,000,000(우선주배당 미지급)
- 희석주당순이익: 1,000,000 ÷ 3,300주 = 303

086 재무비율분석   답 ①

- 보통주순이익: 100,000 − 100,000 × 4% = 96,000
- 가중평균유통보통주식수: (1,000주 − 50주) × (1 + 10%) = 1,045주
- 기본주당순이익: 96,000 ÷ 1,045주 = 91.9

087 재무비율분석   답 ③

- 가중평균유통보통주식수: $800주 \times \frac{12}{12} + 400주 \times \frac{6}{12} = 1,000주$
- 보통주 당기순이익: 50,000 − 100주 × 1,000 × 0.1 = 40,000
- 기본주당순이익: 40,000 ÷ 1,000주 = 40/주

088 재무회계의 기타주제   답 ③

(선지분석)

① 확정기여제도에서는 종업원이 위험을 부담한다.

② 복수사용자제도: 다음의 특성을 모두 갖고 있는 확정급여제도나 확정기여제도이다.

  ㉠ 동일 지배 아래에 있지 않는 여러 기업이 출연한 자산을 공동 관리한다.

  ㉡ 둘 이상의 기업의 종업원에게 급여를 제공하기 위해 그 자산을 사용하며, 기여금과 급여 수준은 종업원을 고용하고 있는 개별 기업과 관계없이 결정된다.

④ 기타포괄손익에 인식되는 순확정급여부채(자산)의 재측정 요소는 후속 기간에 당기손익으로 재분류하지 않는다.

089 재무회계의 기타주제   답 ③

• 누적유급휴가: 차기 사용가능 ⇒ 가득여부에 관계없이 채무로 인식한다.

• 비누적유급휴가: 차기 사용불가능 ⇒ 사용하기 전에는 부채나 비용으로 인식할 수 없다.

(선지분석)

① 단기종업원급여: 종업원이 관련 근무용역을 제공하는 연차 보고기간 후 12개월이 되기 전에 모두 결제될 것으로 예상하는 종업원급여 ⇒ 할인하지 않은 금액으로 인식하며, 해당 급여를 자산의 원가에 포함하는 경우가 아니라면 비용으로 인식한다.

② 이익분배제도 및 상여금제도: 종업원이 제공하는 근무용역에서 발생 ⇒ 이익분배가 아닌 당기 비용으로 인식한다.

④ 해고급여: 해고하는 대가로 제공되는 종업원급여로 기업의 요청으로 해고할 때 지급하는 급여이다. 종업원의 요청으로 해고할 때 지급하는 급여는 퇴직급여이다.

090 재무회계의 기타주제   답 ①

확정급여채무의 현재가치란 종업원이 당기까지 근로제공의 대가로서 퇴직하여 수령할 퇴직금 채무를 결제하는 데 필요한 예상 미래지급액의 현재가치이다.

091 재무회계의 기타주제   답 ①

• 기말확정급여채무 계산

확정급여채무

퇴직급여 지급액	3,000	기 초	15,000
		당 기 근 무 원 가	4,000
		이 자 원 가	1,500
기 말	20,000	재 측 정 손 실	2,500
합 계	23,000	합 계	23,000

• 기말사외적립자산 계산

사외적립자산

기 초	12,000	퇴직급여 지급액	3,000
기 여 금	5,000		
이 자 수 익	1,200		
재 측 정 이 익	600	기 말	15,800
합 계	18,800	합 계	18,800

• 기말순확정급여부채: 20,000 − 15,800 = 4,200

092 재무회계의 기타주제　　　　　　　　　　답 ③

중간재무보고서의 요약재무상태표는 당해 중간보고기간 말과 직전 연차보고기간 말을 비교하는 형식으로 작성한다.

093 재무회계의 기타주제　　　　　　　　　　답 ⑤

연차재무보고서 및 중간재무보고서가 한국채택국제회계기준에 따라 작성되었는지 개별적으로 평가한다.

094 재무회계의 기타주제　　　　　　　　　　답 ③

- 정상사채의 발행금액: $1,000,000 \times A + 80,000 \times B$
- 전환권대가: $1,000,000 - (1,000,000 \times A + 80,000 \times B)$

095 재무회계의 기타주제　　　　　　　　　　답 ④

<20X1. 1. 1>

(차) 현　　　　금	9,510	(대) 전　환　사　채	10,000
전 환 권 조 정	1,152	상 환 할 증 금	662
현　　　　금	490	전환권대가(자본)	490

- 20X1년 말 이자비용: $9,510 \times 12\% = 1,141$
- $(10,000 \times 보장수익률 - 800) \times (1 + 보장수익률)^2 + (10,000 \times 보장수익률 - 800) \times (1 + 보장수익률) + (10,000 \times 보장수익률 - 800) = 662$(상환할증금)

∴ 보장수익률 = 10%

096 재무회계의 기타주제　　　　　　　　　　답 ②

- 일반사채의 가치 : $100,000 \times 0.02 \times 1.5 + 110,000 \times 0.8 = 91,000$
- 전환권의 가치 : $97,000 - 91,000 = 6,000$

097 재무회계의 기타주제　　　　　　　　　　답 ③

- 기말 확정급여채무: 300,000(기초) − 10,000(지급) + 20,000(인식) = 310,000
- 기말 사외적립자산: 290,000(기초) − 10,000(지급) + 19,000(적립) = 299,000
- 기말 순확정급여부채: 310,000 − 299,000 = 11,000

098 재무회계의 기타주제   답 ②

- 20X1년 말 주식보상비용: $100명 \times 10개 \times 12 \times \dfrac{1}{3} = 4,000$
- 20X2년 말 주식보상비용: $100명 \times 10개 \times 12 \times \dfrac{2}{3} - 4,000 = 4,000$

099 재무회계의 기타주제   답 ②

(1) 20X2년 누적 주식보상비용: $(100명 - 3명 - 2명 - 7명) \times 10개 \times 100 \times \dfrac{2}{4} = 44,000$

(2) 20X3년 누적 주식보상비용: $(100명 - 3명 - 2명 - 1명 - 4명) \times 10개 \times 100 \times \dfrac{3}{4} = 67,500$

(3) 20X3년 주식보상비용: (1) − (2) = 23,500

100 재무회계의 기타주제   답 ④

- 20X1년 12월 31일 평가손익: $(1,130 - 1,010) \times \$100 = 12,000(이익)$
- 20X2년 1월 31일 거래손익: $(1,130 - 1,060) \times \$100 - 12,000 = (-)5,000(손실)$

101 재무회계의 기타주제   답 ③

$\$15,000 \times 1,020 - \$12,000 \times 1,040 = 2,820,000$

102 재무회계의 기타주제   답 ④

(차) 자 산	400,000	(대) 부 채	170,000
비 용	63,000	자 본	160,000
		수 익	90,000
		평가이익(기타)	43,000

$90,000 + 43,000 - 63,000 = 70,000$

103 재무회계의 기타주제   답 ②

예상거래란 이행해야하는 구속력은 없으나, 향후 발생할 것으로 예상되는 거래이다.

104 재무회계의 기타주제   답 ②

기초자산이 새 것일 때의 가치가 소액(미화 오천달러 이하)인 경우에 리스이용자의 규모, 특성, 상황에 영향을 받지 않으며, 단순히 절대적 가치 기준에 따라 분류한다.

(1) 사용권자산에 대한 감가상각비: 2,630 ÷ 10 = 263

(2) 리스부채의 이자비용: 2,630 × 0.1 = 263

(3) 당기순이익에 미치는 영향: (1) + (2) = 526(감소)

106 재무회계의 기타주제 답 ④

제조자 또는 판매자인 리스제공자는 금융리스 체결과 관련하여 부담하는 원가를 리스개시일에 비용으로 인식한다. 이유는 그 원가는 주로 제조자 또는 판매자인 리스제공자가 매출이익을 벌어들이는 일과 관련되기 때문이다. 즉, 일종의 재고자산 판매비용으로 보는 관점이다.

원가관리회계

정답　　　　　　　　　　　　　　　　　　　p.232

📋Memo

001	④	002	①	003	①	004	③	005	④
006	③	007	④	008	②	009	④	010	②
011	②	012	③	013	②	014	①	015	④
016	②	017	④	018	①	019	③	020	④
021	④	022	④	023	①	024	②	025	①
026	②	027	③	028	①	029	②	030	①
031	④	032	③	033	③	034	①	035	④
036	①	037	③	038	①	039	③	040	②
041	④	042	③	043	④	044	④	045	④
046	②	047	①	048	②	049	②	050	①
051	①	052	②	053	②				

001　원가의 분류　　　　　　　　　　　답 ④

• 기본원가 = 직접재료원가 + 직접노무원가
• 가공원가 = 직접노무원가 + 제조간접원가

002　원가의 분류　　　　　　　　　　　답 ①

• 단위당 기초원가: 28,000 + 40,000 = 68,000
• 단위당 가공원가: 40,000 + 60,000 + 200,000 ÷ 20 = 110,000

003　원가의 분류　　　　　　　　　　　답 ①

회계에서 원가함수를 일차함수로 가정하는 것은 관련범위 내에서만 성립한다. 따라서 고정원가가 전체 범위에서 고정적이라는 설명은 잘못된 것이다.

004　원가의 분류　　　　　　　　　　　답 ③

당기제품제조원가는 특정 기간 동안 완성된 제품의 제조원가를 의미하며, 당기총제조원가는 특정 기간 동안 재공품 계정에 가산되는 총금액으로 생산완료와는 상관없이 해당 기간 동안 투입된 제조원가가 모두 포함된다.

005 원가의 분류 답 ④

기간비용은 발생 즉시 당기비용으로 처리하는 항목으로 원가배분 대상에 해당하지 않으며, 제품원가에 포함되지 않으므로 제품별 수익성 판단과 관계없다.

006 원가의 분류 답 ③

(선지분석)

①, ② 변동원가에 대한 설명이다.

④ 어떤 원가에도 해당하지 않는 설명이다.

007 원가의 분류 답 ④

초변동원가계산에서는 직접재료원가만을 제품원가로 재고화하고 나머지 원가는 운영비용으로 보아 모두 기간비용으로 처리한다.

008 제조기업의 원가흐름 답 ②

- 직접재료원가: 50,000 + 170,000 − 30,000 = 190,000
- 제조간접원가: 30,000 + 20,000 + 20,000 × 50% = 60,000
- 직접노무원가: $60,000 \times \dfrac{40\%}{60\%} = 40,000$

  (가공원가는 40%가 직접노무원가, 60%가 제조간접원가에 해당한다. 따라서 제조간접원가에 $\dfrac{40\%}{60\%}$를 곱하면 직접노무원가가 계산될 것이다)

- 기본원가: 190,000 + 40,000 = 230,000

009 제조기업의 원가흐름 답 ④

재공품

기초재공품	0.8X	당기제품제조원가	1,940,000
당기총제조원가	2,000,000		
직접재료원가			
직접노무원가			
제조간접원가		기말재공품	X

- 0.8X + 2,000,000 = 1,940,000 + X

  ∴ X(기말재공품) = 300,000

- 직접노무원가 = 기말재공품(300,000) × 0.6 = 180,000
- 직접재료원가: $(2,000,000 - 180,000) \times \dfrac{1}{1.4} = 1,300,000$

  📝 **Memo**

- 직접재료원가: 기초재료(10,000) + 당기매입(610,000) − 기말재료(20,000) = 600,000

제품

기초제품	100,000	매출원가	2,050,000
당기제품제조원가	2,000,000	기말제품	50,000

재공품

기초재공품	100,000	당기제품제조원가	2,000,000
당월총제조원가			
직접재료원가	600,000		
직접노무원가	X		
제조간접원가	2X	기말재공품	200,000

- (재공품 계정 차변) = (재공품 계정 대변)이므로 X(직접노무원가) = 500,000
- 제조간접원가 = 직접노무원가 × 2 = 1,000,000

---

011 제조기업의 원가흐름

- 직접재료원가(DM): 3,000 + 1,000 − 1,000 = 3,000
- 제조간접원가(OH): 5,000 + 1,000 + 2,000 = 8,000
  (영업용화물차 감가상각비는 판매비와 관리비로 처리함)

재공품

기초	10,000	당기제품제조원가	16,000
DM	3,000		
DL	3,000		
OH	8,000	기말	8,000

---

012 제조기업의 원가흐름

재공품

기초	14,000	당기제품제조원가	13,000
DM	900		
DL	700		
OH	400[*1]	기말	3,000

[*1] 제조간접원가: 2,000(당기총제조원가) − 900(DM) − 700(DL) = 400

제품

기초	8,000	매출원가	17,000[*2]
당기제품제조원가	13,000	기말제품	4,000

[*2] 매출원가: 25,000(매출액) − 8,000(매출총이익) = 17,000

013 제조기업의 원가흐름 　　　　　　　　　　　　　　　답 ②

제품

기초제품	350	매출원가	1,000
당기제품제조원가	950	기말제품	300

재공품

기초재공품	200	당기제품제조원가	950
당월총제조원가			
직접재료원가	300		
직접노무원가	300		
제조간접원가	400	기말재공품	250

250(기초재료) + X(당기매입) = 300(당기투입) + 200(기말재료)

∴ X(당기매입) = 250

014 제조기업의 원가흐름 　　　　　　　　　　　　　　　답 ①

기초와 기말재공품의 금액을 임의로 대입한다.

재공품

기초재공품	0	당기제품제조원가	290,000
당월총제조원가			
직접재료원가	150,000		
직접노무원가	120,000		
제조간접원가	60,000	기말재공품	40,000

매출원가 = 500,000 × (1 − 36%) = 320,000

제품

기초제품	80,000	매출원가	320,000
당기제품제조원가	290,000	기말제품	50,000

015 제조기업의 원가흐름 　　　　　　　　　　　　　　　답 ④

- 직접노무원가: $64,000 × \dfrac{1}{4} = 16,000$

- 당기총제조원가: 40,000 + (64,000 − 16,000) = 88,000

- 당기제품제조원가: 10,000(기초재공품) + 88,000(당기총제조원가) − 15,000(기말재공품)
　　　　　= 83,000

016 제조기업의 원가흐름 　　　　　　　　　　　　　　　답 ②

- 직접노무원가: 450

- 제조간접원가: 100(감가 − 생산) + 50(CEO급여의 $\dfrac{1}{3}$) = 150

- 직접재료원가는 전환원가의 50%이므로, 직접재료원가 = (450 + 150) × 50% = 300

- 당기총제조원가: 300(DM) + 450(DL) + 150(OH) = 900
　(재공품 및 제품재고가 없으므로, 당기총제조원가 = 당기제품제조원가 = 매출원가)

- 매출총이익: 2,000 − 900 = 1,100

017 제조기업의 원가흐름　　　　　　　　　　답 ④

- 당기제품제조원가: 1,000(기초재공품) + 5,000(당기총제조) − 800(기말재공품) = 5,200
- 매출원가: 1,500(기초제품) + 5,200(당기제품제조) − 1,200(기말제품) = 5,500

018　제조기업의 원가흐름　　　　　　　　　　답 ①

직접노무비(3,000) + 공장감가상각비(500) + 공장감독자급여(100) + 기타(200) = 3,800

019　제조기업의 원가흐름　　　　　　　　　　답 ③

- 제조간접원가: 50,000(간접재료) + 50,000(공장감가) + 60,000(공장냉난방) = 160,000
- 직접노무원가: 300,000(가공원가) − 160,000(제조간접원가) = 140,000
- 직접재료원가: 350,000(기본원가) − 140,000(직접노무원가) = 210,000

020　제조기업의 원가흐름　　　　　　　　　　답 ④

- 당기제품제조원가: 650,000(기초재공품) + 9,000,000(당기총제조) − 700,000(기말재공품)
  = 8,950,000
- 매출원가: 600,000(기초제품) + 8,950,000(당기제품제조원가) − 1,250,000(기말제품)
  = 8,300,000
- 매출총이익: $8,300,000 \times \dfrac{17}{83}$ = 1,700,000

021　제조기업의 원가흐름　　　　　　　　　　답 ④

- 매출원가: 1,800(기초제품) + 13,600(당기제품제조) − 2,080(기말제품) = 13,320
- 매출액: 13,320(매출원가) + 2,640(매출총이익) = 15,960

022　제조기업의 원가흐름　　　　　　　　　　답 ④

- 10,000(기초재료) + X(당기재료매입액) = 140,000(당기재료투입액) + 20,000(기말재료)
  ∴ X(당기재료매입액) = 150,000
- 당기총제조원가: 140,000(DM) + 200,000(DL) + 50,000(OH) = 390,000
- 당기제품제조원가: 40,000(기초재공품) + 390,000(당기총제조원가) − 20,000(기말재공품)
  = 410,000
- 100,000(기초제품) + 410,000(당기제품제조원가) = 460,000(매출원가) + Y(기말제품)
  ∴ Y(기말제품) = 50,000

재공품

기초재공품	50,000	당기제품제조원가	320,000
당기총제조원가			
직접재료원가	100,000*1		
직접노무원가	120,000*2		
제조간접원가	80,000	기말재공품	30,000

(*1) 30,000 + 110,000 − 40,000 = 100,000

(*2) $80,000(OH) \times \dfrac{60}{40} = 120,000$

- 매출원가: 70,000 + 320,000 − 50,000 = 340,000

재공품

기초재공품	1,000	당기제품제조원가	4,000
당월총제조원가			
직접재료원가	1,500		
직접노무원가	1,000		
제조간접원가	2,500	기말재공품	2,000

제품

기초제품	6,000	매출원가	7,000
당기제품제조원가	4,000	기말제품	3,000

재공품

기초재공품	120,000	당기제품제조원가	495,000
당월총제조원가			
직접재료원가	220,000*3		
직접노무원가	150,000		
제조간접원가	155,000	기말재공품	150,000

(*3) 100,000 + 200,000 − 80,000 = 220,000

제품

기초제품	150,000	매출원가	445,000
당기제품제조원가	495,000	기말제품	200,000

📝 Memo

재공품

기초재공품	200,000	당기제품제조원가	1,200,000
당월총제조원가	650,000*1		
직접재료원가	350,000		
직접노무원가	500,000		
제조간접원가		기말재공품	500,000

$^{(*1)}$ 50,000 + 700,000 − 100,000 = 650,000

제품

기초제품	300,000	매출원가	1,300,000
당기제품제조원가	1,200,000	기말제품	200,000

---

027 제조기업의 원가흐름 답 ③

- 직접재료원가: 15,000 + 50,000 − 10,000 = 55,000
- 당기총제조원가: 55,000 + 25,000 + 40,000 = 120,000
- 당기제품제조원가: 30,000(기초재공품) + 120,000 − 21,000(기말재공품) = 129,000

---

028 제조기업의 원가흐름 답 ①

- 기초원가: 직접재료원가(60,000) + 직접노무원가(15,000) = 75,000
- 전환원가: 직접노무원가(15,000) + 공장건물감가상각비(10,000) + 공장수도광열비(7,000) + 공장소모품비(5,000) + 간접재료원가(15,000) + 간접노무원가(7,500) = 59,500

---

029 제조기업의 원가흐름 답 ②

- 직접재료원가: 45,000 + 225,000 − 30,000 = 240,000
- 직접노무원가: $168,000(가공원가) \times \frac{6}{16} = 63,000$
- 기본원가: 240,000 + 63,000 = 303,000

---

030 제조기업의 원가흐름 답 ①

재공품				제품			
기초	37,000	당기제품	697,000	기초	10,000	매출원가	659,000
DM	80,000*2	제조원가					
DL	240,000*3			당기제품	697,000	기말	48,000
OH	360,000*4	기말	20,000	제조원가			

$^{(*2)}$ 34,000(기초) + 56,000(매입) − 10,000(기말) = 80,000

$^{(*3)}$ 320,000(기초원가) − 80,000(DM) = 240,000

$^{(*4)}$ $240,000 \times \frac{6}{4} = 360,000$

재공품			
기초재공품	5,000	당기제품제조원가	285,000
당기총제조원가			
직접재료원가[*1]	110,000		
직접노무원가	80,000		
제조간접원가	110,000	기말재공품	20,000

(*1) 300,000(당기총제조원가) − 80,000(DL) − 110,000(OH) = 110,000(DM)
- 직접재료기말재고: 20,000(기초) + 100,000(구입) − 110,000(투입) = 10,000

제품			
기초제품	155,000	매출원가	400,000
당기제품제조원가	285,000	기말제품	40,000

032　제조기업의 원가흐름　　　　답 ③

- 재공품 계정: 10,000(기초) + 320,000(당기총제조원가) = 325,000(당기제품제조원가) + 5,000(기말)
- 제품 계정: 20,000(기초) + 325,000(당기제품제조원가) = 323,000(매출원가) + 22,000(기말)

033　제조기업의 원가흐름　　　　답 ③

- (재공품계정)당기제품제조원가: 4,000 + 152,000(DM) + 594,000(가공원가) − 14,000 = 736,000
- (제품계정)매출원가: 16,000 + 736,000 − 12,000 = 740,000

034　제조기업의 원가흐름　　　　답 ①

T계정을 이용하여 풀면

원재료 + 재공품 + 제품			
기초재고	70	매출원가	740
원재료 매입액	350		
직접노무원가	250		
직접노무원가	105	기말재고	35
합계	775	합계	775

따라서, 매출총이익: 1,400 − 740 = 660

- 제품 계정: 기초(100,000) + 당기제품제조원가(350,000) = 매출원가(340,000) + 기말(110,000)
- 재공품 계정: 기초(35,000) + DM(120,000) + 가공원가(225,000) = 당기제품제조원가(350,000) + 기말(30,000)
- DL: $225,000 \times \dfrac{100}{150} = 150,000$
- 기본원가: 120,000(DM) + 150,000(DL) = 270,000

036 제조기업의 원가흐름

답 ①

- 당기총제조원가: 130,000 + 20,000 − 25,000 = 125,000
- 직접노무원가: 85,000 + 75,000 − 125,000 = 35,000
- 직접재료원가: 85,000 − 35,000 = 50,000
- 직접재료매입액: 50,000 + 13,000 − 18,000 = 45,000

037 제조기업의 원가흐름

답 ③

- 합산T계정을 이용하여 가공원가를 계산

원재료 + 재공품 + 제품

기 초 재 고	17,000	매 출 원 가	50,000
원재료 매입액	15,000		
가 공 원 가	40,000	기 말 재 고	22,000
합　　　계	72,000	합　　　계	72,000

- 매출원가: $60,000 \times \dfrac{1}{1.2} = 50,000$
- 직접재료원가: 2,000 + 15,000 − 7,000 = 10,000
- 직접노무원가: 40,000 × 0.6 = 24,000
- 기본원가: 10,000 + 24,000 = 34,000

038 제조기업의 원가흐름

답 ①

상품(3월)

기초	500,000 × 60% × 50% = 150,000	판매	500,000 × 60% = 300,000
매입	270,000	기말	400,000 × 60% × 50% = 120,000

039 제조기업의 원가흐름

답 ③

원재료(1분기)

기초	220kg × 10 = 2,200	사용	1,100개 × 20 = 22,000
매입	22,800	기말	1,500개 × 20 × 10% = 3,000

040　보조부문의 원가배분　　　　　　답 ②

단계배부법에 대한 옳은 설명이다.

(선지분석)
① 직접배부법에 대한 설명이다.
③ 단일배부율법에 대한 설명이다.
④ 상호배부법에 대한 설명이다.

041　보조부문의 원가배분　　　　　　답 ④

직접배부법은 보조부문 간의 용역수수관계를 전혀 반영하지 않는 방법이다.

042　보조부문의 원가배분　　　　　　답 ③

직접배부법에 대한 옳은 설명이다.

(선지분석)
① 보조부문원가는 제조부문에 배부한 후 최종적으로 제품원가에 반영한다.
② 보조부문원가의 배부순서가 중요한 배부방법은 단계배부법이다.
④ 상호배부법은 보조부문 상호간의 용역수수관계가 중요할 때 적용하는 것이 타당하다.

043　보조부문의 원가배분　　　　　　답 ④

간접원가를 원가대상에 배부할 때 사용할 수 있는 기준으로는 인과관계기준, 수혜기준, 부담능력기준 등이 있다. 재량적 원가배부는 기업이 임의대로 원가를 배부하는 것으로 합리적 배부기준으로 볼 수 없다.

044　보조부문의 원가배분　　　　　　답 ④

제조간접원가에 포함되는 항목이다.

(선지분석)
① 직접노무원가에 포함되는 항목이다.
② 직접재료원가에 포함되는 항목이다.
③ 판매비와 관리비(기간비용)에 포함되는 항목이다.

045　보조부문의 원가배분　　　　　　답 ④

부문	수선부	전력부	A공정	B공정
원가발생액	20,000	12,000	–	–
수선부 배부	(20,000)	8,000	8,000	4,000
전력부 배부	–	(20,000)	10,000	10,000

A공정에 배부되는 금액: 8,000 + 10,000 = 18,000

동력부문(1,000,000)	수선부문(600,000)	절단부문	조립부문
(1,000,000)	200,000(20%)	400,000(40%)	400,000(40%)
	(800,000)	300,000($\frac{3}{8}$)	500,000($\frac{5}{8}$)
		700,000	900,000

047 보조부문의 원가배분 답 ①

부문	수선부	전력부	제조부문A	제조부문B
원가발생액	10,000	7,000	–	–
수선부 배부	(10,000)	2,000	5,000	3,000
전력부 배부	–	(9,000)	6,000	3,000
			11,000	

048 보조부문의 원가배분 답 ②

부문	동력부(S1)	수선부(S2)	절단부(P1)	조립부(P2)
원가발생액	100,000	50,000	200,000	250,000
수선부 배부	(100,000)	50,000	20,000	30,000
전력부 배부	–	(100,000)	50,000	50,000
			270,000	

049 보조부문의 원가배분 답 ②

B보조부문	A보조부문	(가)제조부문	(나)제조부문
60,000	50,000	120,000	130,000
(60,000)	18,000(30%)	24,000(40%)	18,000(30%)
	(68,000)	34,000($\frac{4}{8}$)	34,000($\frac{4}{8}$)
		178,000	182,000

050 보조부문의 원가배분 답 ①

$$240,000 \times \frac{30}{(30 + 20)} = 144,000$$

부문X	부문Y	부문A	부문B
400,000	200,000		
(X)	0.5X	0.2X	0.3X
0.4Y	(Y)	0.3Y	0.3Y

- X = 400,000 + 0.4Y, Y = 200,000 + 0.5X
  X = 600,000, Y = 500,000
- B에 배부되는 금액: 600,000 × 0.3 + 500,000 × 0.3 = 330,000

052 보조부문의 원가배분 　　　　　　　　　　　　　　　　　　　　　　 답 ②

동력부의 변동원가는 실제사용량, 고정원가는 최대사용가능량을 기준으로 배부한다.

- 절단부로의 배부액: $50,000(변동) \times \dfrac{3}{5} + 100,000(고정) \times \dfrac{5}{10} = 80,000$

- 조립부로의 배부액: $50,000(변동) \times \dfrac{2}{5} + 100,000(고정) \times \dfrac{5}{10} = 70,000$

053 보조부문의 원가배분 　　　　　　　　　　　　　　　　　　　　　　 답 ②

$100,000 \times \dfrac{3}{10} + 225,000 \times \dfrac{5}{15} = 105,000$

정답
p.246

📝 Memo

001	②	002	①	003	②	004	②	005	①
006	①	007	④	008	③	009	③	010	④
011	①	012	③	013	②	014	②	015	③
016	②	017	③	018	②	019	③	020	②
021	④	022	③	023	②	024	④	025	①
026	①								

---

001 **실제(정상)개별원가계산** 답 ②

기말재공품(병): $100 + 160 + 40 + 1,000 \times \dfrac{300}{1,000} = 600$

---

002 **실제(정상)개별원가계산** 답 ①

$3,000 + 30시간 \times 12 + 100시간 \times 11 = 4,460$

---

003 **실제(정상)개별원가계산** 답 ②

매출원가 = 기초제품재고액 + 당기제품제조원가 − 기말제품재고액
= 400,000 + 2,000,000(#1의 제조원가) − 500,000
= 1,900,000

---

004 **실제(정상)개별원가계산** 답 ②

제조간접원가 예정배부율: $(5,000 + 20,000 + 7,000 + 13,000) \div 10,000 = \dfrac{4.5}{기계시간}$

---

005 **배부차이 계산** 답 ①

· 제조간접원가 예정배부율: $\dfrac{500,000}{1,000시간} = 500$

· 제조간접원가 예정배부액: $500 \times 1,100시간 = 550,000$

제조간접원가			
실제발생액	530,000	예정배부액	550,000

⇩
20,000 과대배부

006 배부차이 계산 答 ①

- 제조간접원가 예정배부율: 400,000 ÷ 40,000시간 = 10/기계시간
- 제조간접원가 예정배부액: 10 × 3,200시간 = 32,000

제조간접원가

실제발생액	34,000	예정배부액	32,000

⇩

2,000 과소배부

007 배부차이 계산 答 ④

- 제조간접원가 예정배부율: 3,000,000(OH) ÷ 2,000,000(DM) = 1.5/DM
- 제조간접원가 예정배부액: 3,000,000(실제DM) × 1.5 = 4,500,000

제조간접원가

실제발생액	4,550,000	예정배부액	4,500,000

⇩

50,000 과소배부

008 배부차이 계산 答 ③

- 제조간접원가 예정배부율: $\dfrac{200,000}{100,000시간} = 2$
- 제조간접원가 예정배부액: 2 × 80,000시간 = 160,000

제조간접원가

실제발생액	180,000	예정배부액	160,000

⇩

20,000 과소배부

009 배부차이 계산 答 ③

제조간접원가 예정배부율: 2,000 ÷ 200시간 = 10

제조간접원가

실제발생액	2,100-200=1,900	예정배부액	10 × 210시간 = 2,100

⇩

200 과대배부

- 제조간접원가 예정배부액: 22,000(실제발생액) + 2,000(과대배부) = 24,000
- 제조간접원가 예정배부율 × 200시간 = 24,000
  ∴ 제조간접원가 예정배부율 = 120
- 30,000(제조간접원가 예산액) ÷ 정상조업도 = 120
  ∴ 정상조업도 = 250시간

011 **배부차이 계산** 답 ①

- 제조간접원가 예정배부액: 52,500 + 2,500(과대배부) = 55,000
- 55,000(예정배부액) = 100(예정배부율) × 실제노무시간
  ∴ 실제노무시간 = 550시간
- 예정노무시간 = 550(실제노무시간) − 50 = 500시간
- 100(예정배부율) = 제조간접원가예산 ÷ 500(예정노무시간)
  ∴ 제조간접원가예산 = 50,000

012 **배부차이 계산** 답 ③

재공품			
기초	6,000	당기제품제조원가	24,000
DM	12,000	기말 DM	4,500
DL	8,000	DL	1,000
OH	8,000 × 50% = 4,000	OH	1,000 × 50% = 500

013 **배부차이 조정** 답 ②

- 제조간접비 예정배부율: $\dfrac{250,000}{200,000} = \dfrac{1.25}{직접노무비}$
- 제조간접비 예정배부액: 180,000 × 1.25 = 225,000

제조간접원가			
실제발생액	233,000	예정배부액	225,000

⇩
8,000 과소배부

- 매출원가조정법에 의한 배부차이를 조정하기 위한 분개는 다음과 같다.

(차)	매출원가	8,000	(대)	제조간접비	8,000

014 **배부차이 조정** 답 ②

- 매출원가 조정액: $9,000 × \dfrac{45}{50} = 8,100$(차감조정)
- 매출원가: 450,000 − 8,100 = 441,900

015 배부차이 조정

<table>
<tr><td colspan="4" align="center">재공품</td></tr>
<tr><td>기초</td><td align="right">5,600</td><td>당기제품제조원가</td><td align="right">47,900</td></tr>
<tr><td>DM</td><td align="right">24,000</td><td>기말 DM</td><td align="right">1,200</td></tr>
<tr><td>DL</td><td align="right">16,000</td><td>DL</td><td align="right">1,500÷0.5 = 3,000</td></tr>
<tr><td>OH</td><td align="right">16,000 × 50% = 8,000</td><td>OH</td><td align="right">1,500</td></tr>
</table>

- 매출원가: 4,700(기초제품) + 47,900(당기제품) − 8,000(기말제품) + 배부차이(X) = 49,400

  ∴ 배부차이(X) = 4,800(과소)
- 제조간접원가 실제발생액: 8,000(예정배부) + 4,800(과소배부) = 12,800

016 배부차이 조정

- 회사는 정상원가계산 적용 시 원가요소법으로 배부차이를 조정한다.
- '예정배부 + 원가요소법 = 실제원가계산'이므로 문제에서 정상원가계산을 적용하는 경우와 실제원가계산을 적용하는 경우의 원가계산 결과는 동일하다. 따라서 정답은 '차이없음'이 되고, 위 문제에는 오류가 있다. 출제기관에서 공표한 정답이 되기 위해서는 정상원가계산을 적용하되 배부차이 조정은 하지 않아야 한다.
- 다음은 배부차이조정을 하지 않는 것으로 계산하였다.
  - 제조간접원가 예정배부율: 300,000 ÷ 300시간 = 1,000
  - 제조간접원가 배부차이: 450,000 − 1,000 × 400시간 = 50,000(과소배부)
  - 원가요소법에 의한 배부차이 조정: 매출원가 (+) 25,000, 기말재공품 (+) 25,000
  - 원가요소법에 의해 배부차이를 조정하면 실제원가계산이 되므로, 실제원가계산에 의할 경우 매출원가가 25,000만큼 증가하여 당기순이익이 25,000만큼 감소한다.

017 배부차이 조정

- 배부차이: 100,000(과대배부)
- 배부차이 조정후 기말재고: 300,000 − 100,000 × 0.15 = 285,000

018 배부차이 조정

원가요소별 비례배분법은 기말의 재공품, 제품 및 매출원가에 포함되어 있는 제조간접원가 예정배부액의 비율에 따라 제조간접원가 배부차이를 조정한다.

019 활동기준원가계산

활동기준원가계산은 계산과정의 복잡성으로 인해 원가계산의 신속성은 다소 떨어질 수 있다.

020 활동기준원가계산

직접재료원가 외에는 고정원가로 처리하는 방법은 초변동원가계산으로 활동기준원가계산과는 무관하다.

021 활동기준원가계산 답 ④

활동	원가동인	최대활동량	총원가	활동별 배부율
생산준비	생산준비횟수	100회	100,000	1,000
기계사용	기계사용시간	300시간	600,000	2,000
품질검사	검사수행횟수	200회	80,000	400

Z의 원가: $50,000 + 10회 \times 1,000 + 20시간 \times 2,000 + 10회 \times 400 = 104,000$

022 활동기준원가계산 답 ③

제품종류가 다양해지면 제품에 직접추적할 수 없는 제조간접원가가 증가하므로 활동기준원가계산을 통한 정확한 제조간접원가의 배부가 더욱 필요해진다.

023 활동기준원가계산 답 ②

$100개 \times 700 - 30,000 - 10,000 - 생산준비횟수 \times 50 - 500시간 \times 15 - 200시간 \times 10 = 20,000$

∴ 생산준비횟수 = 10회

024 활동기준원가계산 답 ④

- 고급형 제품원가: $5,000 + 3,500 + 6,000 \times \dfrac{1}{3} + 9,000 \times \dfrac{1}{2} = 15,000$
- 단위당 원가: $15,000 \div 100개 = 150$

025 활동기준원가계산 답 ①

$300,000 + \dfrac{30,000}{1,000H} \times 50H + \dfrac{30,000}{3,000 회} \times 100회 + \dfrac{500,000}{20,000H} \times 2,000H = 352,500$

026 활동기준원가계산 답 ①

$20,000 - 6,000 - 4시간 \times 100단위 \times 10 - 5개 \times 100단위 \times 6 = 7,000$

03 종합원가계산과 결합원가계산

📝Memo

001	①	002	①	003	④	004	②	005	②
006	④	007	④	008	③	009	④	010	③
011	④	012	②	013	②	014	③	015	①
016	③	017	③	018	④	019	②	020	②
021	③	022	⑤	023	③	024	④	025	③
026	②	027	①	028	②	029	③	030	①
031	②	032	③	033	③	034	①	035	①
036	②	037	③	038	④	039	①		

---

001   종합원가계산의 기초   답 ①

(선지분석)

② 선입선출법이 실제물량흐름에 보다 충실한 원가흐름이다.

③ 실제물량흐름에 충실한 방법인 선입선출법의 원가계산 결과가 더욱 합리적이다.

④ 선입선출법은 기초재공품이 먼저 완성되고 당기 투입분 중 일부는 완성품, 나머지는 기말재공품이 된다고 가정하는 방법이다.

---

002   종합원가계산의 기초   답 ①

기초재공품이 존재하지 않으면 평균법에 의한 계산결과와 선입선출법에 의한 계산결과가 동일하다.

---

003   종합원가계산의 기초   답 ④

가중평균법은 기초재공품원가와 당기투입원가를 구분하지 않고 완성품환산량 단위당 원가를 계산하므로 당기의 원가정보를 독립적으로 제공하지 못한다는 단점이 있다.

---

004   종합원가계산의 기초   답 ②

가중평균법은 기초재공품원가와 당기투입원가를 모두 포함하여 제조원가보고서를 작성한다.

답 ② 📝Memo

재공품	
기 초 재 공 품 XXX	당기제품제조원가: 과대계상 → 매출원가 과대 → 이익 과소
당기총제조원가 XXX	기 말 재 공 품: 과소계상

006 완성품환산량 계산 답 ④

재공품(선입선출법)				완성품환산량	
				재료원가	가공원가
기초	300(1)(0.3)	완성	3,300	3,000	3,210
투입	3,500	기말	500(1)(0.4)	500	200
				3,500	3,410

007 완성품환산량 계산 답 ④

재공품				가공원가 완성품환산량	
				선입선출	평균
기초	5,000(1)(0.3)	완성	40,000	38,500	40,000
투입	50,000	기말	15,000(1)(0.5)	7,500	7,500
				46,000	47,500

008 완성품환산량 계산 답 ③

재공품				가공원가 완성품환산량	
				선입선출	평균
기초	200(0.4)	완성	3,200	3,120	3,200
투입	3,500	기말	500(0.5)	250	250
				3,370	3,450

009 완성품환산량 계산 답 ④

재공품(평균법)				완성품환산량	
				재료원가	가공원가
기초	2,000(1)(0.5)	완성	12,000	12,000	12,000
투입	13,000	기말	3,000(1)(0.1)	3,000	300
				15,000	12,300

재공품(선입선출법)				완성품환산량	
				재료원가	가공원가
기초	2,000(1)(0.5)	완성	12,000	10,000	11,000
투입	13,000	기말	3,000(1)(0.1)	3,000	300
				13,000	11,300

010 완성품환산량 계산 답 ③

선입선출법과 평균법의 완성품환산량 차이는 기초재공품의 완성품환산량과 일치한다.
5,000개 × 60% = 3,000개

011 완성품환산량 계산 답 ④

평균법과 선입선출법의 완성품환산량의 차이는 기초재공품을 포함할 것인가에 있다.
- 기초재공품의 직접재료원가 완성품환산량: 8,000개 × 100% = 8,000개
- 기초재공품의 가공원가 완성품환산량: 8,000개 × 60% = 4,800개

012 완성품환산량 계산 답 ②

제품			
기초	25,000	판매	20,000
생산	10,000	기말	15,000

재공품				가공원가 완성품환산량
기초	1,000(0.7)	완성	10,000	10,000
투입	14,000	기말	5,000(0.5)	2,500
				12,500

재공품(FIFO)				재료원가 완성품환산량
기초	2,000(0.7*¹)	완성	5,000	3,600
투입	5,000	기말	2,000(0.5*²)	1,000
				4,600

$^{(*1)}$ $0.5 + 0.5 \times 40\% = 0.7$

$^{(*2)}$ $0.5 + 0.5 \times 0\% = 0.5$

014 완성품환산량 계산   답 ③

재공품(선입선출법)				완성품환산량	
				재료원가	가공원가
기초	500(0)(0.3)	완성	5,800	5,800	5,650
투입	5,500	기말	200(0)(0.3)	–	60
				5,800	5,710

015 완성품환산량 계산   답 ①

재공품(선입선출법)				완성품환산량		
				재료원가A	재료원가B	가공원가
기초	300	완성	1,300	1,000	1,300	1,240
투입	(1)(–)(0.2)	기말	500	500	–	250
	1,500		(1)(–)(0.5)	1,500	1,300	1,490

016 완성품환산량 계산   답 ③

$300 \times 50\% + 700 \times 100\% + 500 \times 40\% = 1,050$개

재공품(선입선출법)				완성품환산량	
				재료원가	가공원가
기초	80(1)(0.5)	완성	200	120	160
투입	160	기말	40(1)(0.5)	40	20
				160	180
			총원가	16,000	27,000
			단위원가	100	150

완성품원가: (5,000 + 4,000) + 120개 × 100 + 160개 × 150 = 45,000

018 완성품·기말재공품 원가계산 답 ④

재공품(선입선출법)				완성품환산량	
				재료원가	가공원가
기초	1,000(1)(0.4)	완성	19,000		
투입	20,000	기말	2,000(1)(0.2)	18,000	18,600
				2,000	400
			당기투입원가	240,000	380,000
			단위원가	12	20

019 완성품·기말재공품 원가계산 답 ②

재공품(선입선출법)				완성품환산량	
				재료원가	가공원가
기초	−	완성	60		
투입	100	기말	40(1)(0.5)	60	60
				40	20
				100	80
			총원가	10,000	24,000
			단위원가	100	300

기말재공품원가: 40개 × 100 + 20개 × 300 = 10,000

020　완성품·기말재공품 원가계산　답 ②

재공품(선입선출법)				완성품환산량 가공원가
기초	75,000	완성	250,000	250,000
투입	225,000	기말	50,000(0.7)	35,000
				285,000
		총원가		100,000 + 14,000
		단위원가		0.4

기말재공품의 가공원가: 35,000개 × 0.4 = 14,000

021　완성품·기말재공품 원가계산　답 ③

재공품				완성품환산량
기초	100(0.5)	완성	390	340
투입	340	기말	50(0.2)	10
				350
		원가		17,500
		단위원가		50

완성품의 가공원가: 340개 × 50 + 2,000 = 19,000

022　완성품·기말재공품 원가계산　답 ⑤

재공품(평균)				완성품환산량
기초	10(0.5)	완성	40	40
투입	50	기말	20(0.5)	10
				50
		원가		20,000
		단위원가		400

기말재공품 원가: 10개 × 400 = 4,000

023　완성품·기말재공품 원가계산　답 ③

재공품(평균법)			
기초	250,000, 800단위	완성	2,400,000, 4,800단위
			2,400,000÷800단위
			= @500
투입	2,250,000	기말	100,000
			100,000÷@500 = 200단위

재공품				완성품환산량
기초	–	완성	300	300
투입	–	기말	200(0.5)	100
				400*¹
		총원가		2,000 + 10,000
		단위원가		30

(*¹) $(2,000 + 10,000) ÷ 30 = 400$단위

025 완성품·기말재공품 원가계산　답 ③

- 완성품환산량: 800(완성품) + 800(기말재공품) × 완성도
- 완성품환산량 단위당 원가: $240,000 ÷ (800 + 800 × 완성도) = 200$
  ∴ 완성도 = 50%

026 공손품 회계　답 ②

공정의 완료시점에서 검사를 하므로 공손품의 완성도는 100%이다.

재공품				완성품환산량
기초	2,500(0.7)	완성	9,300	9,300
		정상공손	200(1)	200
투입	12,000	비정상공손	500(1)	500
		기말	4,500(0.6)	2,700
				12,700개

027 공손품 회계　답 ①

- 당기에 검사를 통과한 수량: 1,000(기초) + 3,300(당기착수완성) + 700(기말) = 5,000
- 정상공손수량: 5,000 × 5% = 250개
- 비정상공손수량: 300 – 250 = 50개

028 공손품 회계　답 ②

정상공손수량은 '당기에 검사를 통과한 수량 × 정상공손허용률'로 계산한다.

- 당기에 검사를 통과한 수량: 30,000(당기착수완성품) + 7,000(기말재공품) = 37,000단위
- 정상공손수량: 37,000단위 × 10% = 3,700단위

029 공손품 회계

- 당기에 검사를 통과한 수량: 1,000(기초) + 1,600(당기착수완성) + 900(기말) = 3,500
- 정상공손수량: $\dfrac{3,500\text{단위}}{10\%}$ = 350단위

<table>
<tr><th colspan="2">재공품</th><th colspan="2">완성품환산량</th></tr>
<tr><td colspan="2"></td><td>재료원가</td><td>가공원가</td></tr>
<tr><td>기초 1,000(1)(0.3)</td><td>완성 2,600</td><td>–</td><td>–</td></tr>
<tr><td>투입 3,000</td><td>정상 350(1)(0.5)</td><td rowspan="2">350</td><td rowspan="2">175</td></tr>
<tr><td></td><td>비정상 150(1)(0.6)</td></tr>
<tr><td></td><td>기말 900(1)(0.6)</td><td>–</td><td>–</td></tr>
<tr><td></td><td></td><td>–</td><td>–</td></tr>
<tr><td></td><td></td><td>–</td><td>–</td></tr>
<tr><td></td><td>단위원가</td><td>60</td><td>40</td></tr>
</table>

- 정상공손원가: 350개 × 60 + 175개 × 40 = 28,000

030 공손품 회계

- 정상공손수량: (15,000 − 2,000) × 0.1 = 1,300개
- 비정상공손수량: 2,000 − 1,300 = 700개
- 비정상공손수량의 직접재료원가완성품환산량: 700 × 0.5 + 700 × 0.1 = 420개

031 공손품 회계

당기검사합격품 = 총산출량 − 공손품 − 기합격수량(기초재공품) − 검사미도래수량(기말재공품)
- 정상공손수량 = (100,000 + 800,000 − 100,000 − 100,000 − 0) × 0.1 = 70,000
- 비정상공손수량 = 100,000 − 70,000 = 30,000

032 결합원가계산

- A의 순실현가치: 10,000 − 2,000 = 8,000
- B의 순실현가치: 48,000 − 6,000 = 42,000
- B로 배분할 결합원가: $40,000 \times \dfrac{42,000}{(8,000 + 42,000)}$ = 33,600

033 결합원가계산

- 갑제품의 판매가치: 200개 × 300 = 60,000
- 을제품의 판매가치: 200개 × 200 = 40,000
- 갑제품의 단위당 원가: $200,000 \times \dfrac{60,000}{100,000}$ = 120,000, $\dfrac{120,000}{200개}$ = 600
- 을제품의 단위당 원가: $200,000 \times \dfrac{40,000}{100,000}$ = 80,000, $\dfrac{80,000}{200개}$ = 400

034 결합원가계산   답 ①

- 갑제품의 순실현가치: 400톤 × 8,000 − 800,000 = 2,400,000
- 을제품의 순실현가치: 600개 × 5,000 − 400,000 = 2,600,000
- 을제품의 결합원가 배부액: $1,000,000 × \dfrac{26}{(24 + 26)} = 520,000$
- 을제품의 제조원가: 520,000 + 400,000 = 920,000

035 결합원가계산   답 ①

- 연산품A의 순실현가치: 30단위 × (3,000 − 1,000) = 60,000
- 연산품B의 순실현가치: 20단위 × (5,000 − 3,000) = 40,000
- 연산품A의 결합원가 배부액: $100,000 × \dfrac{6}{(6 + 4)} = 60,000$
- 연산품A의 단위당 원가: $\dfrac{60,000}{30단위} + 1,000 = 3,000$
- 연산품B의 결합원가 배부액: $100,000 × \dfrac{4}{(6 + 4)} = 40,000$
- 연산품B의 단위당 원가: $\dfrac{40,000}{20단위} + 3,000 = 5,000$

036 결합원가계산   답 ②

- 제품A의 결합원가 배분액: $350,000 × \dfrac{6}{10} = 210,000$
- 제품B의 결합원가 배분액: $350,000 × \dfrac{4}{10} = 140,000$
- 제품A의 매출총이익: 2,000개 × 300 − 210,000 = 390,000
- 제품B의 매출총이익: 5,000개 × 80 − 140,000 = 260,000

037 결합원가계산   답 ③

- A의 매출액: 100kg × 500 = 50,000
- A의 순실현가치: 50,000 − 15,000 = 35,000
- A, B, C의 순실현가치 합계: 35,000 + (150 × 300 − 8,000) + (200 × 200 − 12,000) = 100,000
- A의 결합원가배분액: $70,000 × \dfrac{35}{100} = 24,500$
- A의 단위당 제조원가: (24,500 + 15,000) ÷ 100kg = 395

038 결합원가계산   답 ④

- 사과주스원액의 판매가치: 500L × 1,000 = 500,000
- 비누원액의 판매가치: 500L × 2,000 = 1,000,000
- 사과주스원액으로 결합원가 배부액: $3,000,000 × \dfrac{5}{15} = 1,000,000$
- 사과주스 매출총이익: 2,000개 × 2,000 − 1,000,000 − 500,000 = 2,500,000

- 회사전체의 원가율: (200 + 50 + 50) ÷ (100 + 300) = 75%
- 제품A의 원가: 100(매출) × 75%(원가율) = 75
- 제품A로의 결합원가 배부액: 75(총원가) − 50(추가원가) = 25
- 제품B로의 결합원가 배부액: 200(총결합원가) − 25(A배부액) = 175

정답

p.264

001	③	002	②	003	①	004	①	005	④
006	④	007	③	008	②	009	①	010	①
011	②	012	②	013	③	014	③	015	②
016	④	017	③	018	①	019	②	020	④
021	③	022	②	023	③	024	②	025	③
026	④	027	④	028	①	029	③	030	③
031	③	032	②	033	④	034	④	035	①
036	③	037	③	038	②	039	④	040	③
041	④	042	④	043	③	044	②	045	①
046	④	047	④	048	①	049	④	050	④
051	③	052	④	053	①	054	②	055	③
056	②	057	④	058	②					

---

001 이익차이조정
답 ③

외부보고 및 조세목적을 위해서 일반적으로 인정되는 방법은 전부원가계산이다.

---

002 이익차이조정
답 ②

단기의사결정과 성과평가에 유용한 제품원가계산은 변동원가계산방법이다.

---

003 이익차이조정
답 ①

1,000 × 4,000개(매출) − 750 × 4,000개(변동원가) = 1,000,000

---

004 이익차이조정
답 ①

• 변동원가계산 영업이익: (200 − 150) × 8,000개 − 265,000 = 135,000
• 변동원가계산 기말제품재고액: 110 × 2,000개 = 220,000

---

005 이익차이조정
답 ④

제품생산량과 판매량이 동일하므로 변동제조원가 발생액 전액이 변동매출원가 금액과 일치한다.

006 이익차이조정 답 ④

변동원가계산 영업이익	100,000
(−) 기초재고에 포함된 FOH	3 × 15,000개 = 45,000
(+) 기말재고에 포함된 FOH	3 × 19,000개 = 57,000
전부원가계산영업이익	112,000

007 이익차이조정 답 ③

변동원가계산의 영업이익	2,000,000
(−) 기초제품에 포함된 고정제조간접원가	200개 × 1,000
(+) 기말제품에 포함된 고정제조간접원가	300개 × 1,000
전부원가계산의 영업이익	2,100,000

008 이익차이조정 답 ②

변동원가계산 영업이익	X
(−) 기초재고에 포함된 FOH	$150개 \times \dfrac{1,100,000}{500개} = 330,000$
(+) 기말재고에 포함된 FOH	$200개 \times \dfrac{1,000,000}{400개} = 500,000$
전부원가계산영업이익	1,020,000

∴ 변동원가계산영업이익(X) = 850,000

009 이익차이조정 답 ①

(−) 기초제품에 포함된 고정제조간접원가	−
(+) 기말제품에 포함된 고정제조간접원가	$1,000개 \times \dfrac{200,000}{10,000개}$
영업이익의 차이	20,000

010 이익차이조정 답 ①

변동원가계산 영업이익	X
(−) 기초재고에 포함된 FOH	−
(+) 기말재고에 포함된 FOH	$\dfrac{1,000,000}{1,000개} \times 200개$
전부원가계산영업이익	$X + 200,000$

전부원가계산에 의한 영업이익이 변동원가계산에 의한 영업이익보다 200,000만큼 크다.

011 이익차이조정 답 ②

기말재고에 포함된 고정제조간접원가: $30,000 \times \dfrac{20개}{200개} = 3,000$

012 이익차이조정 답 ②

- 단위당 고정제조간접원가 = 500,000 ÷ 5,000단위 = 100
- 기말재고수량 = 300,000 ÷ 100 = 3,000단위
- 판매수량 = 5,000 − 3,000 = 2,000단위

013 이익차이조정 답 ③

- 판매량 : (50 − 30) × X(판매량) − 1,000,000 = 600,000 ∴ X(판매량) = 80,000단위
- 이익차이조정

변동원가계산 영업이익	600,000
(−) 기초재고에 포함된 고정제조간접비	−
(+) 기말재고에 포함된 고정제조간접비	200,000
전부원가계산에 의한 영업이익	800,000

014 이익차이조정 답 ③

기초재고가 0이고 전부원가계산에 의한 영업이익이 변동원가계산에 의한 영업이익보다 10,000 더 크므로 생산량이 판매량보다 더 크고 재고는 증가되었음을 알 수 있다. 생산량을 X라 하면 단위당 고정제조간접비는 $30,000 ÷ X$이므로 $(X − 500) \times \dfrac{30,100}{X} = 10,000$임을 알 수 있다.

∴ X = 750개

015 고저점법 답 ②

- 최고조업도는 11월, 최저조업도는 1월이다.
- 단위당 변동가: $\dfrac{(20,700 − 15,100)}{(170단위 − 100단위)} = 80$
- (1월 자료에 대입하면) 80 × 100개 + 고정원가 = 15,100
  ∴ 고정원가 = 7,100

016 고저점법 답 ④

- 시간당 변동가: $\dfrac{(60,000 − 50,000)}{(3,000시간 − 2,000시간)} = 10/시간$
- 2012년의 변동가: 30,000시간 × 10/시간 = 300,000
- 2012년의 고정가: 700,000(총원가) − 300,000(변동원가) = 400,000

- 단위당 변동원가: $\dfrac{(60,000,000 - 50,000,000)}{1,000개} = 10,000$
- (2013년 자료 이용) 2,000개 × 10,000 + 고정원가 = 50,000,000
  ∴ 고정원가 = 30,000,000
- 총제조원가 = 생산량 × 10,000 + 30,000,000
- 변화 후 총제조원가 = 생산량 × 8,000 + 33,000,000
- 생산량 4,000개의 총제조원가: 4,000개 × 8,000 + 33,000,000 = 65,000,000

018 고저점법 답 ①

- 변동원가: (60,000 − 30,000) ÷ (300개 − 100개) = 150
- 2011년도 자료를 원가함수에 대입하면, 30,000 = 고정원가(X) + 변동원가(150) × 100개
  ∴ 고정원가(X) = 15,000
- 2013년도의 원가함수 = 15,000 × 1.1 + 150 × 0.8 × 조업도 = 16,500 + 120 × 조업도
- 생산량 500개일 때 총제품제조원가: 16,500 + 120 × 500개 = 76,500

019 고저점법 답 ②

고저점법에 의하여 a를 시간당 변동제조원가, b를 총고정제조간접비라 하여 제조원가함수를 추정하면,
150 × a + b = 19,000
100 × a + b = 17,000
a = 40, b = 13,000
따라서, 총공헌이익을 구하면 (500 − 40 × 11 − 25) × 30 = 1,050

020 고저점법 답 ④

- 드론 3대 추가 시 증분노동시간

생산량	평균시간	총시간
1대	100시간	100시간
2대	80시간(100시간 × 0.8)	160시간
4대	64시간(80시간 × 0.8)	256시간

드론 3대 추가에 따른 증분시간: 256 − 100 = 156시간
- 추가로 발생할 제조원가
  80,000 × 3대 + 1,000 × 156시간 + 500 × 156시간 = 474,000

021 CVP분석 답 ③

- 단위당 공헌이익: $1,000 - 450 - 200 - 100 - 50 = 200$
- $200 \times$ 판매량 $= 300,000 + \dfrac{200,000}{(1-0.2)}$

  $\therefore$ 판매량 $= 2,750$단위

022 CVP분석 답 ②

- 단위당 공헌이익: $800 \times \dfrac{2}{8} = 200$
- $200 \times$ 판매량 $= 3,600,000 + \dfrac{3,600,000}{(1-0.2)} = 8,100,000$

  $\therefore$ 판매량 $= 40,500$단위

023 CVP분석 답 ③

- 변동원가: $15,000,000 \times 60\% = 9,000,000$
- 고정원가: $15,000,000 \times 40\% = 6,000,000$
- 공헌이익률: $9,000,000 \div 18,000,000 = 50\%$
- 손익분기점매출액 $\times 50\% = 6,000,000$

  $\therefore$ 손익분기점매출액 $= 12,000,000$

024 CVP분석 답 ②

매출액 $\times 20\% = 10,000 + 4,000$

$\therefore$ 매출액 $= 70,000$

025 CVP분석 답 ③

$100,000$(손익분기점 매출액) $\times 20\% = 20,000$

026 CVP분석 답 ④

$(2,000 - 1,000 - 250) \times$ 판매량 $= (1,000,000 + 500,000) + 3,000,000$

$\therefore$ 판매량 $= 6,000$단위

027 CVP분석　　　　　　　　　　　　답 ④

$2,000 \times$ 판매량 $= 500,000 + \dfrac{120,000}{(1-0.4)}$

∴ 판매량 = 350개

028 CVP분석　　　　　　　　　　　　답 ①

- 단위당 변동원가: $100 \times \dfrac{7}{10} = 70$
- $(100 - 70) \times$ 판매량 $= 240,000 + 120,000$
  - ∴ 판매량 = 12,000개

029 CVP분석　　　　　　　　　　　　답 ③

$(500 - 300) \times$ 판매량 $= 100,000 + 20,000$

∴ 판매량 = 600개

030 CVP분석　　　　　　　　　　　　답 ③

- 단위당 변동제조원가: $(100,000 + 50,000) \div 100$개 $= 1,500$
- 공헌이익률: $\dfrac{500}{2,000} = 25\%$
- 손익분기점 매출액(X) $\times 25\% = 30,000$
  - ∴ 손익분기점 매출액(X) = 120,000

031 CVP분석　　　　　　　　　　　　답 ③

(10만 원 − 7만 원 + 1만 원) × 수혜자 수 = 600만 원

∴ 수혜자수 = 150명

032 CVP분석　　　　　　　　　　　　답 ②

매출액(X) × 30% = F + 매출액(X) × 16%

∴ 매출액(X) $= \dfrac{F}{0.14}$

033 CVP분석　　　　　　　　　　　　답 ④

- 고정원가: 손익분기점 매출액 × 공헌이익률 = 360 × 30% = 108
- 매출액(X) × 30%(공헌이익률) = 108(고정원가) + 84(영업이익)
  - ∴ 매출액(X) = 640

034 CVP분석   답 ④

- 공헌이익률 × 손익분기점 매출액(100,000,000) = 고정원가(40,000,000)
- 공헌이익률 = 40% → 변동비율 = 60%
- 단위당 판매가격: $1,200 \times \dfrac{100}{60} = 2,000$

035 CVP분석   답 ①

매출	10,000	= 100 × 100개
변동원가	(6,000)	= 60 × 100개
공헌이익	4,000	= 40 × 100개
고정원가	(2,000)	
영업이익	2,000	

(선지분석)

②, ③ 손익분기점 매출액(X) × 공헌이익률(40%) = 고정원가(2,000)

∴ 손익분기점 매출액(X) = 5,000

④ 매출이 20% 감소하면 공헌이익도 20% 감소한다.

4,000 × 80%(공헌이익) − 2,000(고정원가) = 1,200

036 CVP분석   답 ③

- 기존 손익분기점 판매량: (2,000 − 1,000) × 판매량 = 600,000

∴ 손익분기점 판매량 = 600개

- (새로운 가격 − 1,200) × 600개 = 600,000 + 180,000

∴ 새로운 가격 = 2,500

037 CVP분석   답 ③

- 10,000 × (1 − 10%) = 9,000

(세후이익 기준으로 9,000이 세율의 변곡점이다.)

- $300 \times 판매량 = 70,000 + \dfrac{9,000}{(1-0.1)} + \dfrac{8,000}{(1-0.2)}$

∴ 판매량 = 300개

038 CVP분석   답 ②

안전한계란 손익분기점 매출액(판매량)을 초과하는 매출액(판매량)을 의미한다.

- 손익분기점 매출액(X) × 공헌이익률(25%) = 고정원가(100,000)

∴ 손익분기점 매출액(X) = 400,000

- 안전한계 매출액: 500,000 − 400,000 = 100,000

공헌이익률은 $\dfrac{공헌이익}{매출액}$ 으로 계산되는 값으로 고정원가와는 관계없다.

(선지분석)

① 공헌이익률: $\dfrac{20}{80} = 25\%$

② 손익분기점 판매량: 20 × 판매량(X) = 240,000, 판매량(X) = 12,000단위

③ 30 × 판매량(X) = 240,000, 판매량(X) = 8,000단위

040 CVP분석   답 ③

- A투자안의 손익분기점 판매량: 80 × BEP판매량 = 4,000, BEP판매량 = 50단위
- B투자안의 손익분기점 판매량: 100 × BEP판매량 = 6,000, BEP판매량 = 60단위

(선지분석)

① · A투자안의 변동비율: $\dfrac{12,000}{20,000} = 60\%$

  · B투자안의 변동비율: $\dfrac{10,000}{20,000} = 50\%$

② · A투자안의 단위당 공헌이익: $\dfrac{8,000}{100단위} = 80$

  · B투자안의 단위당 공헌이익: $\dfrac{10,000}{100단위} = 100$

④ · A투자안의 안전한계: 100단위 − 50단위 = 50단위

  · B투자안의 안전한계: 100단위 − 60단위 = 40단위

041 CVP분석   답 ④

영업레버리지도 $= \dfrac{1}{안전한계율} = \dfrac{1}{\dfrac{5,000}{10,000}} = 2$

(선지분석)

① 세후이익: (100 × 10% × 100개 − 500) × (1 − 50%) = 250

② 손익분기점매출액 × 10% = 500, 손익분기점매출액 = 5,000

③ 안전한계매출액: 100 × 100개(현재매출액) − 5,000(손익분기매출액) = 5,000

042 CVP분석   답 ④

- 0.3 × BES(손익분기점 매출액) = 180,000

  ∴ BES(손익분기점 매출액) = 600,000

- 안전한계율: (1,000,000 − 600,000) ÷ 1,000,000 = 0.4

- 영업레버리지도(DOL) = 1 ÷ 0.4 = 2.5

043 CVP분석 답 ③

- 공헌이익률: $600{,}000 \div 1{,}500{,}000 = 0.4$
- 매출액: $(S - 1{,}500{,}000) \div S = 0.4 \quad \therefore S = 2{,}500{,}000$
- 영업이익: $2{,}500{,}000 \times 0.4 - 600{,}000 = 400{,}000$

044 CVP분석 답 ②

- 손익분기점 판매량: $(500 - 300^{*1}) \times$ 판매량 $= 200{,}000$, 판매량 $= 1{,}000$개
  $^{(*1)}$ 단위당 변동원가: $500 \times 60\%$(변동비율) $= 300$
- 세후목표이익 $70{,}000$을 위한 매출액: $40\% \times$ 매출액 $= 200{,}000 + \dfrac{70{,}000}{1-0.3}$, 매출액 $= 750{,}000$

045 CVP분석 답 ①

- $(1{,}000 - 600) \times 300$개 $+ (950 - 600) \times$ 초과판매량 $= 190{,}000$
  $\therefore$ 초과판매량 $= 200$개
- 손익분기점 판매량: 300개 $+ 200$개 $= 500$개

046 CVP분석 답 ④

조업도		판매량	적합여부
1,500단위 이하	$150^{*1} \times$ 판매량 $= 180{,}000 + 60{,}000$	1,600단위	부적합
1,500단위 초과	$150^{*1} \times$ 판매량 $= 240{,}000 + 60{,}000$	2,000단위	적합

$^{(*1)}$ 단위당 공헌이익: $450 \times \dfrac{25}{75} = 150$

047 CVP분석 답 ④

- 단위당 공헌이익: $200{,}000 \div 200 = 1{,}000$/개
- 세전영업이익: $120{,}000 \div (1 - 0.2) = 150{,}000$
- 세후순이익을 달성하기 위한 판매수량: $1{,}000 \times Q - 150{,}000 = 150{,}000$
  $\therefore Q = 300$개

048 CVP분석 답 ①

- 급여체계 변경 전 손익분기점 판매량 $= 48{,}000 \div 60 = 800$개
- 급여체계 변경 후 손익분기점 판매량 $= 42{,}000 \div 50 = 840$개
- 손익분기점 판매량의 변화 $= 840$개 $- 800$개 $= 40$개 증가

- 목표이익: 100,000,000(총자산) × 20%(투자수익률) = 20,000,000
- (가격 − 3,000) × 40,000대 = 60,000,000 + 20,000,000
  ∴ 가격 = 5,000

- 가중평균 단위당 공헌이익: 10 × 0.8 + 50 × 0.2 = 18
- 18 × 판매량 = 180,000
  ∴ 판매량 = 10,000개
- 제품X: 10,000개 × 0.8 = 8,000개, 제품Y: 10,000개 × 0.2 = 2,000개
- 제품X와 제품Y의 판매량 배합이 4:1이다. 판매량 배합 4:1을 만족하는 보기는 ④번이다.

- 가중평균 단위당 공헌이익: $200 × \frac{4}{7} + 400 × \frac{2}{7} + 400 × \frac{1}{7} = \frac{2,000}{7}$
- $\frac{2,000}{7}$ × 판매량 = 1,000,000, 판매량 = 3,500개
- A: 3,500개 × $\frac{4}{7}$ = 2,000개

  B: 3,500개 × $\frac{2}{7}$ = 1,000개

  C: 3,500개 × $\frac{1}{7}$ = 500개
- 총매출액: 2,000개 × 900 + 1,000개 × 1,000 + 500개 × 900 = 3,250,000

- 가중평균공헌이익율 : 0.5 × 0.4 + 0.5 × 0.6 = 0.5(50%)
- 매출액 : 0.5 × S − 1,000,000 × 1.2 = 10,000
  ∴ S = 260,000

매몰원가는 과거에 이미 발생한 원가로서 의사결정의 결과에 따라 영향을 받지 않으므로 의사결정 시 고려하지 않는 원가이다.

기회비용은 선택 가능한 여러 개의 대안 중 특정 대안을 선택하였을 때, 포기하게 되는 다수의 대안 중 최적안의 기대가치를 의미한다. 이 문제에서 포기하게 되는 대안은 처분(40,000)과 수선후 처분(70,000 − 20,000 = 50,000)인데, 수선후 처분의 기대가치가 더 높으므로 50,000이 기회비용이 된다.

055 관련원가분석 답 ③

증분손익: 100단위 × (600 − 400 − 150) = 5,000(이익)

056 관련원가분석 답 ②

- 공헌이익의 증가: (110 − 100) × 5,000개 = 50,000
- 기회비용: (150 − 100) × 2,000개 = 100,000
- 증분손익: 50,000 − 100,000(기회비용) − 20,000(고정판관비 증가분) = 70,000 손실

(선지분석)

문제에서 특별주문분에 대해 변동판관비는 추가로 발생하지 않는 것으로 가정하면 풀이는 아래와 같으나 특별주문분에 대해 변동판관비가 추가로 발생하지 않는다고 해석할만한 자료가 문제에 주어지지 않았으므로 이렇게 해석하는 것은 다소 무리가 있다.

- 공헌이익의 증가: (110 − 90) × 5,000개 = 100,000
- 기회비용: (150 − 100) × 2,000개 = 100,000
- 증분손익: 100,000 − 100,000(기회비용) − 20,000(고정판관비 증가분) = 20,000 손실

057 관련원가분석 답 ④

(1) 여유조업도: 2,500단위 − 2,000단위 = 500단위
(2) 부족조업도: 800단위 − 500단위 = 300단위
(3) 기존생산·판매에 따른 공헌이익: 20,000 − (10,000 + 2,000) = 8,000
(4) 단위당 기회비용: (300단위 × 8,000) ÷ 800단위 = 3,000
(5) 최소특별주문 판매가격: 10,000 × (1 + 0.05) + 2,000 × 0.1 + 3,000 = 13,700

058 관련원가분석 답 ②

- 용기를 외부에서 구입할 경우 제조원가가 단위당 80(30 + 20 + 10 + 40 × 50%)만큼 절감된다.
- 증분수익: 80 × 1,000개(제조원가절감액) + 10,000(임대료) = 90,000
- 증분비용: 95 × 1,000개(외부구입원가) = 95,000
- 증분이익: 90,000 − 95,000 = (−)5,000

05 표준원가

p.279

🗒Memo

정답

001	③	002	③	003	④	004	②	005	④
006	①	007	②	008	①	009	②	010	③
011	②	012	④	013	②	014	③	015	②
016	④	017	④	018	①	019	④		

---

001 변동제조원가 차이분석   답 ③

각 사업부의 성과를 평가할 때는 각 사업부에서 통제가 가능한 원가만 포함해야 하고 각 사업부에서 통제가
불가능한 원가는 제외해야 한다.

---

002 변동제조원가 차이분석   답 ③

단위당 변동원가가 커지면 단위당 공헌이익이 감소하므로, 고정원가를 회수하기 위해서는 더 많은 판매량을
달성해야 한다. 즉, 손익분기점 판매량이 높아진다.

(선지분석)

① 고저점법은 최고조업도와 최저조업도의 원가자료를 이용하여 원가함수를 구하는 방법이다.

② 전부원가계산 하에서는 생산량이 증가할수록 이익이 증가하므로 불필요한 생산을 늘려 이익을 증가시키
려는 유인이 크다.

④ 차이분석에서 유리한 차이가 발생했다 하더라도 차이의 발생원인 등을 파악하기 위해서는 추가적인 차
이분석이 필요하다.

---

003 변동제조원가 차이분석   답 ④

AQ × AP	AQ × SP	SQ × SP
12,000 × AP	12,000 × 100	1,000개 × 10 × 100
= 1,080,000	= 1,200,000	= 1,000,000

- 재료가격차이: 1,200,000 − 1,080,000 = 120,000(유리)
- 재료수량차이: 1,200,000 − 1,000,000 = 200,000(불리)

004 변동제조원가 차이분석 답 ②

AQ × AP	AQ × SP	SQ × SP
6,000 × 22	6,000 × 20	2,100개 × 3 × 20
= 132,000	= 120,000	= 126,000

직접노무비 능률차이: 126,000 − 120,000 = 6,000(유리)

005 변동제조원가 차이분석 답 ④

AQ × AP	AQ × SP	SQ × SP
1,500시간 × 380	1,500시간 × 400	1,450시간 × 400
= 570,000	= 600,000	= 580,000

006 변동제조원가 차이분석 답 ①

AQ × AP	AQ × SP	SQ × SP
600H × 225	600H × 200	120개 × 5H × 200
= 135,000[*1]	= 120,000	= 120,000

[*1] 120,000 + 15,000(불리한 임률차이) = 135,000

007 변동제조원가 차이분석 답 ②

AQ × AP	AQ × SP	SQ × SP
21,000시간 × 6,200	21,000시간 × 6,000	20,000시간 × 6,000
= 130,200,000	= 126,000,000	= 120,000,000

직접노무원가 능률차이: 126,000,000 − 120,000,000 = 6,000,000(불리)

008 변동제조원가 차이분석 답 ①

AQ × AP	AQ × SP	SQ × SP
7,000시간 × 3.5	7,000시간 × 3	8,000시간 × 3
= 24,500	= 21,000	= 24,000

직접노무원가 능률차이: 24,000 − 21,000 = 3,000(유리)

원가관리회계

2022 해커스공무원 현진환 회계학 단원별 기출문제집

변동제조원가 차이분석   답 ②   📓**Memo**

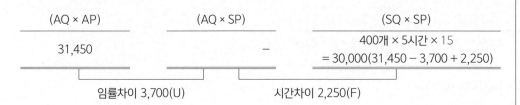

(AQ × AP)	(AQ × SP)	(SQ × SP)
31,450	—	400개 × 5시간 × 15 = 30,000(31,450 − 3,700 + 2,250)

임률차이 3,700(U)   시간차이 2,250(F)

010 **변동제조원가 차이분석**   답 ③

AQ × AP	AQ × SP	SQ × SP
1,200 × 20	1,200 × 23	1,000 × 23
= 24,000	= 27,600	= 23,000

· 직접재료가격차이: 27,600 − 24,000 = 3,600(유리)
· 직접재료능률차이: 23,000 − 27,600 = 4,600(불리)

011 **변동제조원가 차이분석**   답 ②

AQ × AP	AQ × SP	SQ × SP
96 × 900	96 × 1,000	45개 × 2 × 1,000
= 86,400	= 96,000	= 90,000

· 직접재료원가 가격차이: 96,000 − 86,400 = 9,600(유리)
· 직접재료원가 수량차이: 96,000 − 90,000 = 6,000(불리)
· 직접재료원가 총차이: 90,000 − 86,400 = 3,600(유리)

012 **변동제조원가 차이분석**   답 ④

AQ × AP	AQ × SP	SQ × SP
	1,050kg × 20	100단위 × 10kg × 20
20,600	= 21,000	= 20,000

· 가격차이: 21,000 − 20,600 = 400(유리)
· 능률차이: 21,000 − 20,000 = 1,000(불리)
· 총변동예산차이: 20,600 − 20,000 = 600(불리)

013 **변동제조원가 차이분석**

AQ × AP	AQ × SP	SQ × SP
2,500 × 196	2,500 × 200	
= 490,000	= 500,000	
	2,200 × 200	520개 × 4.2 × 200
	= 440,000	= 436,800

- 직접재료원가 가격차이: 500,000 − 490,000 = 10,000(유리)
- 직접재료원가 수량차이: 440,000 − 436,800 = 3,200(불리)

014 **변동제조원가 차이분석**

답 ③

AQ × AP	AQ × SP	SQ × SP
3,000kg × 310	3,000kg × 300	
= 930,000	= 900,000	
	2,200kg × 300	2,400kg × 300
	= 660,000	= 720,000

직접재료원가 수량차이: 720,000 − 660,000 = 60,000(유리)

015 **변동제조원가 차이분석**

답 ②

AQ × AP	AQ × SP	SQ × SP
	110,000시간 × 52	10,000개 × 10시간 × 52
5,000,000	= 5,720,000	= 5.200,000

016 **고정제조간접원가 차이분석**

답 ④

실제원가	변동예산	배부액
	50,000시간 × 3	9,000개 × 5시간 × 3
160,000	= 150,000	= 135,000

고정제조간접원가 조업도차이: 150,000 − 135,000 = 15,000(불리)

017 고정제조간접원가 차이분석 답 ④

실제원가	변동예산	배부액
900,000	1,000,000	2,100단위 × 5H × 100
	(직접노무시간당 100*¹)	= 1,050,000

(*¹) 1,000,000 ÷ 10,000DLH(기준조업도) = 100

조업도차이: 1,050,000 − 1,000,000 = 50,000(유리)

018 고정제조간접원가 차이분석 답 ①

실제원가	변동예산	배부액
13,000	100단위 × 100 = 10,000	120단위 × 100 = 12,000

- 고정제조간접원가 예산차이: 13,000 − 10,000 = 3,000(불리)
- 고정제조간접원가 조업도차이: 12,000 − 10,000 = 2,000(유리)

019 고정제조간접원가 차이분석 답 ④

- 변동제조간접원가배부율 = 1,500,000 ÷ 1,000h = @1,500
- 변동제조간접원가 능률차이 = (800 − SQ) × @1,500 = 75,000 ∴ SQ = 750시간
- 고정제조간접원가배부율 = 2,000,000 ÷ 1,000h = @2,000

	실제	예산	배부(SQ × SP)
고정제조간접비		50,000시간 × 3	750h × @2,000
	160,000	2,000,000	1,500,000

조업도차이 500,000불리

정부회계

01 정부회계

정답

p.286

📝 Memo

001	④	002	②	003	③	004	③	005	①
006	②	007	②	008	③	009	②	010	③
011	④	012	①	013	④	014	③	015	②
016	③	017	③	018	①	019	②	020	③
021	④	022	④	023	①	024	③	025	①
026	③	027	③	028	①	029	④	030	④
031	④	032	④	033	④	034	③	035	②
036	②	037	②	038	④	039	①	040	③
041	①	042	①	043	②	044	④	045	③
046	④	047	①	048	④	049	②	050	③
051	③	052	③	053	①	054	②	055	①
056	②	057	④	058	①	059	④	060	②
061	③	062	①	063	③	064	④	065	②
066	①	067	①	068	③	069	①	070	④
071	②	072	①	073	④	074	④	075	②

001 국가회계기준에 관한 규칙

답 ④

「국가회계법」상 재무제표는 재정상태표, 재정운영표, 순자산변동표 및 주석으로 구성된다.

002 국가회계기준에 관한 규칙

답 ②

유산자산의 종류, 수량 및 관리상태는 필수보충정보로 표시한다.

003 국가회계기준에 관한 규칙

답 ③

	Ⅰ.프로그램순원가	150,000
	프로그램총원가	350,000
(−)	프로그램수익	200,000
(+)	Ⅱ.관리운영비	100,000
(+)	Ⅲ.비배분비용	50,000
(−)	Ⅳ.비배분수익	20,000
=	Ⅴ.재정운영순원가	280,000
(−)	Ⅵ.비교환수익 등	10,000
=	Ⅶ.재정운영결과	270,000

004 　국가회계기준에 관한 규칙 　　　　　　　　　　　답 ③

원천징수하는 국세는 원천징수의무자가 원천징수한 국세를 신고·납부하는 때에 인식한다.

005 　국가회계기준에 관한 규칙 　　　　　　　　　　　답 ①

정부가 부과하는 방식의 국세는 국가가 고지하는 때에 수익으로 인식한다.

006 　국가회계기준에 관한 규칙 　　　　　　　　　　　답 ②

교환수익은 수익창출활동이 끝나고 그 금액을 합리적으로 측정할 수 있을 때 인식한다.

007 　국가회계기준에 관한 규칙 　　　　　　　　　　　답 ②

선지분석
① 재무제표는 「국가회계법」 제14조 제3호에 따라 재정상태표, 재정운영표, 순자산변동표로 구성하되, 재무제표에 대한 주석을 포함한다.
③ 재무제표를 통합하여 작성할 경우 내부거래는 상계하여 작성한다.
④ 비교하는 형식으로 작성되는 두 회계연도의 재무제표는 계속성의 원칙에 따라 작성하며, 「국가회계법」 에 따른 적용범위, 회계정책 또는 규칙 등이 변경된 경우에는 그 내용을 주석으로 공시한다.
⑤ 「국고금관리법 시행령」 제2장에 따른 출납정리기한 중에 발생하는 거래에 대한 회계처리는 해당 회계 연도에 발생한 거래로 본다.

008 　국가회계기준에 관한 규칙 　　　　　　　　　　　답 ③

재정상태표에 표시하는 부채의 가액은 원칙적으로 만기상환가액으로 평가한다.

009 　국가회계기준에 관한 규칙 　　　　　　　　　　　답 ②

투자목적의 장기투자증권 또는 단기투자증권인 경우에는 재정상태표일 현재 신뢰성 있게 공정가액을 측정 할 수 있으면 그 공정가액으로 평가하며, 장부가액과 공정가액의 차이금액은 순자산변동표에 조정항목으로 표시한다.

010 　국가회계기준에 관한 규칙 　　　　　　　　　　　답 ③

연부연납 또는 분납이 가능한 국세는 징수할 세금이 확정된 때에 그 납부할 세액 전체를 수익으로 인식한다.

011 　국가회계기준에 관한 규칙 　　　　　　　　　　　답 ④

유산자산은 자산으로 인식하지 아니하고 그 종류와 현황 등을 필수보충정보로 공시한다.

012 국가회계기준에 관한 규칙   답 ①

원재료의 시가는 현행대체원가를 말한다.

013 국가회계기준에 관한 규칙   답 ④

재무제표를 통합하여 작성할 경우 내부거래는 상계하여 작성한다(「국가회계기준에 관한 규칙」 제6조 제1항 제4호).

014 국가회계기준에 관한 규칙   답 ③

채무증권은 상각후취득원가로 평가하고 지분증권과 기타 장기투자증권 및 기타 단기투자증권은 취득원가로 평가한다(「국가회계기준에 관한 규칙」 제33조 제3항).

015 국가회계기준에 관한 규칙   답 ②

자산은 유동자산, 투자자산, 일반유형자산, 사회기반시설, 무형자산 및 기타비유동자산으로 구분한다.

016 국가회계기준에 관한 규칙   답 ③

유가증권은 매입가액에 부대비용을 더하고 종목별로 총평균법 등을 적용하여 산정한 가액을 취득원가로 한다.

017 국가회계기준에 관한 규칙   답 ③

(선지분석)
① 자산은 유동자산, 투자자산, 일반유형자산, 사회기반시설, 무형자산 및 기타비유동자산으로 구분한다.
② 부채의 가액은 「국가회계기준에 관한 규칙」에 따로 정한 경우를 제외하고는 원칙적으로 만기상환가액으로 평가한다.
④ 순자산은 기본순자산, 적립금 및 잉여금, 순자산조정으로 구분한다.

018 국가회계기준에 관한 규칙   답 ①

(선지분석)
② 미래예상거래의 현금흐름변동위험을 회피하는 파생상품 계약에서 발생하는 평가손익은 순자산변동표의 조정항목 중 파생상품평가손익으로 인식한다.
③ 압수품 및 몰수품이 비화폐성자산인 경우 압류 또는 몰수 당시의 감정가액 또는 공정가액으로 평가하며 감정가액으로 평가할 수 있다.
④ 우발자산은 과거의 거래나 사건으로 발생하였으나 국가회계실체가 전적으로 통제할 수 없는 하나 이상의 불확실한 미래 사건의 발생 여부로만 그 존재 유무를 확인할 수 있는 잠재적 자산을 말하며, 경제적 효익의 유입가능성이 매우 높은 경우 재정상태표에 주석으로 공시한다.

019 　국가회계기준에 관한 규칙　　　　　　　　　　　　　　　　　답 ②

정부가 부과하는 방식의 국세는 국가가 고지하는 때에 수익으로 인식한다.

020 　국가회계기준에 관한 규칙　　　　　　　　　　　　　　　　　답 ③

비교환수익은 재정운영순원가를 계산한 이후에 반영되는 항목이다.

021 　국가회계기준에 관한 규칙　　　　　　　　　　　　　　　　　답 ④

자산은 국가회계실체가 실질적으로 소유하는 경우를 포함한다.

022 　국가회계기준에 관한 규칙　　　　　　　　　　　　　　　　　답 ④

사용수익권은 자산의 차감항목으로 표시한다.

023 　국가회계기준에 관한 규칙　　　　　　　　　　　　　　　　　답 ①

(선지분석)
② 자산항목과 부채 또는 순자산항목을 상계함으로써 그 전부 또는 일부를 재정상태표에서 제외해서는 안된다.
③ 이 규칙에서 정하는 것 외의 사항에 대해서는 일반적으로 인정되는 회계원칙과 일반적으로 공정하고 타당하다고 인정되는 회계관습에 따른다.
④ 재무제표는 재정상태표, 재정운영표, 순자산변동표로 구성하되, 재무제표에 대한 주석을 포함한다.

024 　국가회계기준에 관한 규칙　　　　　　　　　　　　　　　　　답 ③

연부연납 또는 분납이 가능한 국세는 징수할 세금이 확정된 때에 그 납부할 세액 전체를 수익으로 인식한다.

025 　국가회계기준에 관한 규칙　　　　　　　　　　　　　　　　　답 ①

국가회계실체 사이에 발생하는 관리전환이 무상거래일 경우에는 취득 당시의 장부금액을 취득원가로 한다.

① 정부가 부과하는 방식의 국세: 국가가 고지하는 때에 수익으로 인식한다.

② 신고·납부하는 방식의 국세: 납세의무자가 세액을 자진신고하는 때에 수익으로 인식한다.

④ 재화나 용역의 제공 등 국가재정활동 수행을 위하여 자산이 감소하고 그 금액을 합리적으로 측정할 수 있을 때 또는 법령 등에 따라 지출에 대한 의무가 존재하고 그 금액을 합리적으로 측정할 수 있을 때에 비용으로 인식한다.

---

027   **국가회계기준에 관한 규칙** 답 ③

비용은 금액을 합리적으로 측정할 수 있는 경우에 인식한다.

---

028   **국가회계기준에 관한 규칙** 답 ①

부채는 유동부채, 장기차입부채, 장기충당부채 및 기타비유동부채로 분류한다.

---

029   **국가회계기준에 관한 규칙** 답 ④

사회기반시설에 대해서도 재평가를 수행할 수 있다.

---

030   **국가회계기준에 관한 규칙** 답 ④

재정상태표에 표시하는 자산의 가액은 해당 자산의 취득원가를 기초로 하여 계상한다.

---

031   **국가회계기준에 관한 규칙** 답 ④

사회기반시설에 대한 사용수익권은 해당 자산의 차감항목에 표시한다.

---

032   **국가회계기준에 관한 규칙** 답 ④

국가회계실체 사이에 발생하는 관리전환은 무상거래일 경우에는 자산의 장부가액을 취득원가로 하고, 유상거래일 경우에는 자산의 공정가액을 취득원가로 한다.

---

033   **국가회계기준에 관한 규칙** 답 ④

재정운영순원가: 300,000(프로그램순원가) + 150,000(관리운영비) + 130,000(비배분비용 - 이자비용) - 150,000(비배분수익 - 유형자산처분이익) = 430,000

034 국가회계기준에 관한 규칙 답 ③

	Ⅰ. **프로그램순원가**	300
	프로그램총원가	700
(−)	프로그램수익	400
(+)	Ⅱ. 관리운영비	100
(+)	Ⅲ. 비배분비용	50
(−)	Ⅳ. 비배분수익	70
=	**Ⅴ. 재정운영순원가**	380

035 국가회계기준에 관한 규칙 답 ②

<재정운영표>	
Ⅰ. **프로그램순원가**	260,000
Ⅱ. 관리운영비	60,000
Ⅲ. 비배분비용	(20,000)
Ⅳ. 비배분수익	30,000
Ⅴ. 재정운영순원가	330,000
Ⅵ. 비교환수익	24,000)
Ⅶ. 재정운영결과	306,000

036 국가회계기준에 관한 규칙 답 ②

300,000,000(관리전환 − 유상) + (1,000,000,000 − 500,000,000) + 700,000,000 = 1,500,000,000

037 국가회계기준에 관한 규칙 답 ②

- 교환수익(진행기준으로 수익인식): $1,200,000 \times \dfrac{4}{12} = 400,000$
- 비교환수익(청구권 확정 시 수익인식): 200,000(10월 31일 확정분)
- 교환수익의 경우 2016년 수익인식 금액이 비교환수익의 경우보다 200,000만큼 더 크다.

038 국가회계기준에 관한 규칙 답 ④

순자산조정명세서는 주석에 포함되는 사항이다.

- 순자산은 '자산 − 부채'로 측정하는 값으로, 자산 또는 부채가 변하는 만큼 순자산이 변한다.
- 300,000(기초) − 200,000(재정운영) + 150,000(국고수입) + 50,000(채무면제) − 160,000(지출) + 20,000(평가이익) = 160,000

순자산변동표상 기말 적립금 및 잉여금: 10,000 − 24,000 + 22,000 = 8,000

선지분석

① 재정운영결과: 28,000 − 12,000 + 5,000 + 3,000 + 1,000 + 1,000 − 2,000 = 24,000

　기타특별회계회계에서 발생한 비교환수익 등은 순자산변동표 '재원의 조달 및 이전'란에 표시된다.

② 순자산변동표상 재원의 조달 및 이전: 10,000 + 5,000 + 10,000 − 3,000 = 22,000

④ 순자산변동표상 기말순자산: 5,000 + (10,000 − 24,000 + 22,000) + 5,000 = 18,000

재정운영표는 기업회계의 손익계산서와 달리 순이익이 아닌 순원가산출구조이다.

<국고금회계>
(차) 세출예산지출액　　　　2억　　　(대) 한국은행국가예금　　2억

<산업통상자원부>
(차) 용　　역　　비　　　　2억　　　(대) 국　고　수　입　　2억

아래의 사항은 예산총계주의 원칙의 예외이다.

- 각 중앙관서의 장은 용역 또는 시설을 제공하여 발생하는 수입과 관련되는 경비로서 대통령령이 정하는 경비(이하 "수입대체경비"라 한다)에 있어 수입이 예산을 초과하거나 초과할 것이 예상되는 때에는 그 초과수입을 대통령령이 정하는 바에 따라 그 초과수입에 직접 관련되는 경비 및 이에 수반되는 경비에 초과지출할 수 있다.
- 국가가 현물로 출자하는 경우와 외국차관을 도입하여 전대(轉貸)하는 경우에는 이를 세입세출예산 외로 처리할 수 있다.
- 차관물자대(借款物資貸)의 경우 전년도 인출예정분의 부득이한 이월 또는 환율 및 금리의 변동으로 인하여 세입이 그 세입예산을 초과하게 되는 때에는 그 세출예산을 초과하여 지출할 수 있다.
- 전대차관을 상환하는 경우 환율 및 금리의 변동, 기한 전 상환으로 인하여 원리금 상환액이 그 세출예산을 초과하게 되는 때에는 초과한 범위 안에서 그 세출예산을 초과하여 지출할 수 있다.
- 수입대체경비 등 예산총계주의 원칙의 예외에 관하여 필요한 사항은 대통령령으로 정한다.

044 국가회계기준에 관한 규칙   답 ④

250,000 − 80,000 + 50,000 − 40,000 + 30,000 = 210,000

045 지방자치단체 회계기준에 관한 규칙   답 ③

도로는 사회기반시설에 해당한다.

046 지방자치단체 회계기준에 관한 규칙   답 ④

지방자치단체회계의 결산(재무)보고서는 결산개요, 세입세출결산, 재무제표, 성과보고서로 구성되며 이는 국가회계와 일치한다.

047 지방자치단체 회계기준에 관한 규칙   답 ①

회계 간의 재산이관, 물품소관의 전환 등으로 생긴 순자산의 감소는 비용에 포함하지 않는다.

048 지방자치단체 회계기준에 관한 규칙   답 ④

	Ⅰ. 사업순원가	78,000
	사업총원가	117,000
(−)	사업수익	39,000
(+)	Ⅱ. 관리운영비	65,000
(+)	Ⅲ. 비배분비용	47,000
(−)	Ⅳ. 비배분수익	38,000
=	Ⅴ. 재정운영순원가	152,000

049 지방자치단체 회계기준에 관한 규칙   답 ②

지방세, 보조금 등의 비교환거래로 생긴 수익은 해당 수익에 대한 청구권이 발생하고 그 금액을 합리적으로 측정할 수 있을 때 인식한다.

050 지방자치단체 회계기준에 관한 규칙   답 ③

자산은 미래에 공공서비스를 제공할 수 있거나 직접적 또는 간접적으로 경제적 효익을 창출하거나 창출에 기여할 가능성이 매우 높고 그 가액을 신뢰성 있게 측정할 수 있을 때에 인식한다.

선지분석

① 재고자산은 구입가액에 부대비용을 더하고 이에 선입선출법을 적용하여 산정한 가액을 취득원가로 한다.

② 장기투자증권은 매입가격에 부대비용을 더하고 이에 종목별로 총평균법을 적용하여 산정한 취득원가로 평가함을 원칙으로 한다.

④ 사회기반시설 중 유지보수를 통하여 현상이 유지되는 도로, 도시철도, 하천부속시설 등은 감가상각 대상에서 제외할 수 있다.

052　지방자치단체 회계기준에 관한 규칙　　답 ③

선지분석

① 사회기반시설 중 유지보수를 통하여 현상이 유지되는 도로, 도시철도, 하천부속시설 등은 감가상각 대상에서 제외할 수 있다.

② 지방채증권은 발행가액으로 평가하되, 발행가액은 지방채 증권 발행수수료 및 발행과 관련하여 직접 발생한 비용을 차감한 가액으로 한다.

④ 퇴직급여충당부채는 회계연도 말 현재 「공무원연금법」을 적용받는 지방공무원을 제외한 무기계약근로자 등이 일시에 퇴직할 경우 지방자치단체가 지급하여야 할 퇴직금에 상당한 금액으로 한다.

053　지방자치단체 회계기준에 관한 규칙　　답 ①

개별 회계실체의 재무제표를 작성할 때에는 지방자치단체 안의 다른 개별 회계실체와의 내부거래를 상계하지 아니한다.

054　지방자치단체 회계기준에 관한 규칙　　답 ②

회계 간의 재산이관, 물품소관의 전환이나 기부채납 등으로 생긴 순자산의 증가는 수익에 포함하지 아니한다.

055　지방자치단체 회계기준에 관한 규칙　　답 ①

보조금은 비교환수익에 해당한다.

056　지방자치단체 회계기준에 관한 규칙　　답 ②

지방자치단체의 재무제표는 일반회계 · 기타특별회계 · 기금회계 및 지방공기업특별회계의 유형별 재무제표를 통합하여 작성한다. 이 경우 내부거래는 상계하고 작성한다.

057 　**지방자치단체 회계기준에 관한 규칙** 　　　　　　　　　　　　　　　　답 ④

지방자치단체의 장은 결산검사에 필요한 서류를 제출할 때 재무제표에 공인회계사법에 따른 공인회계사의 검토의견을 첨부해야 한다.

058 　**지방자치단체 회계기준에 관한 규칙** 　　　　　　　　　　　　　　　　답 ①

(선지분석)

② 재고자산에 선입선출법 외의 평가방법을 적용하는 경우에는 주석으로 공시한다.

③ 사회기반시설 중 유지보수를 통하여 현상이 유지되는 도로, 도시철도, 하천부속시설 등은 감가상각 대상에서 제외할 수 있으며, 유지보수에 투입되는 비용과 감가상각을 하지 아니한 이유를 주석으로 공시한다.

④ 장기투자증권은 매입가격에 부대비용을 더하고 이에 종목별로 총평균법을 적용하여 산정한 취득원가로 평가함을 원칙으로 한다.

059 　**지방자치단체 회계기준에 관한 규칙** 　　　　　　　　　　　　　　　　답 ④

(선지분석)

① 일반유형자산과 주민편의시설은 당해 자산의 건설원가나 매입가액에 부대비용을 더한 취득원가로 평가함을 원칙으로 한다.

② 무형자산은 정액법에 따라 당해 자산을 사용할 수 있는 시점부터 합리적인 기간동안 상각한다.

③ 사회기반시설 중 유지보수를 통하여 현상이 유지되는 도로, 도시철도, 하천부속시설 등은 감가상각대상에서 제외할 수 있다.

060 　**지방자치단체 회계기준에 관한 규칙** 　　　　　　　　　　　　　　　　답 ②

(선지분석)

① 지방자치단체의 재무제표는 일반회계·기타특별회계·기금회계 및 지방공기업특별회계의 유형별 재무제표를 통합하여 작성한다.

③ 개별 회계실체의 재무제표를 작성할 때에는 지방자치단체 안의 다른 개별 회계실체와의 내부거래를 상계하지 아니한다.

④ 재무제표는 당해 회계연도분과 직전 회계연도분을 비교하는 형식으로 작성되어야 한다. 이 경우 비교식으로 작성되는 양 회계연도의 재무제표는 계속성의 원칙에 따라 작성되어야 하며 회계정책상의 변화 등 회계변경이 발생한 경우에는 그 내용을 주석으로 공시하여야 한다.

061 　**지방자치단체 회계기준에 관한 규칙** 　　　　　　　　　　　　　　　　답 ③

개별 회계실체의 재무제표를 작성할 때에는 지방자치단체 안의 다른 개별 회계실체와의 내부거래를 상계하지 아니한다.

- 고정순자산: 900,000 + 200,000 − 450,000 = 650,000
- 특정순자산: 150,000
- 일반순자산: 2,000,000 − 1,000,000 − 650,000 − 150,000 = 200,000

063 지방자치단체 회계기준에 관한 규칙   답 ③

180,000 + 220,000 + 40,000 − 30,000 − 일반수익 = 150,000
∴ 일반수익 = 260,000

064 지방자치단체 회계기준에 관한 규칙   답 ④

재정상태표의 순자산은 고정순자산, 특정순자산 및 일반순자산으로 분류한다.

065 지방자치단체 회계기준에 관한 규칙   답 ②

현금의 유입과 유출은 회계연도 중의 증가나 감소를 상계하지 아니하고 각각 총액으로 적는다. 다만, 거래가 잦아 총 금액이 크고 단기간에 만기가 도래하는 경우에는 순증감액으로 적을 수 있다.

066 국가회계기준에 관한 규칙   답 ①

현금흐름표는 회계연도 동안의 현금자원의 변동 즉, 자금의 원천과 사용결과를 표시하는 재무제표로서 경상활동, 투자활동, 재무활동으로 구분하여 표시한다.

067 지방자치단체 회계기준에 관한 규칙   답 ①

지방자치단체 회계기준의 재무제표에는 현금흐름표가 포함되나, 국가회계기준의 재무제표에는 현금흐름표가 포함되지 않는다.

068 지방자치단체 회계기준에 관한 규칙   답 ③

- 국가 재정상태표의 자산: 유동자산, 투자자산, 일반유형자산, 사회기반시설, 무형자산, 기타비유동자산
- 지방자치단체 재정상태표의 자산: 유동자산, 투자자산, 일반유형자산, 주민편의시설, 기타비유동자산

069 지방자치단체 회계기준에 관한 규칙　　　　　　　　답 ①

①번 내용을 「국가회계기준에 관한 규칙」에서는 명시적으로 언급하고 있으나 「지방자치단체 회계기준에 관한 규칙」에서는 명시적으로 언급하고 있지는 않다.

070 지방자치단체 회계기준에 관한 규칙　　　　　　　　답 ④

지방자치단체 회계기준에서는 관리전환이나 기부채납 등으로 생긴 순자산의 증가는 수익에 포함하지 아니한다.

071 지방자치단체 회계기준에 관한 규칙　　　　　　　　답 ②

납입고지서를 발급하는 수시수입은 그 납입고지서를 발급한 날의 속하는 연도의 세입이다.

> 「지방회계법 시행령」 제2조 【세입과 세출의 회계연도 소속 구분】 ① 세입(歲入)의 회계연도 소속은 다음 각 호의 구분에 따른다.
> 1. 납부기한이 정해져 있는 수입: 그 납부기한(납부기한이 연장되는 경우에는 연장되기 전 납부기한)이 속하는 연도. 다만, 그 납부기한이 속한 회계연도 내에 납입고지서를 발급하지 아니한 경우에는 납입고지서를 발급한 날이 속하는 연도를 말한다.
> 2. 납입고지서를 발급하는 수시수입: 그 납입고지서를 발급한 날이 속하는 연도. 다만, 수시수입으로서 기본수입에 부수되는 수입의 경우에는 그 기본수입이 속하는 연도를 말한다.
> 3. 납입고지서를 발급하지 아니하는 수시수입: 영수한 날이 속하는 연도. 다만, 지방채증권·차입금·부담금·교부금·보조금·기부금·상환금 또는 그 밖에 이와 유사한 수입의 경우에는 그 예산이 속하는 연도를 말한다.
> ② 세출(歲出)의 회계연도 소속은 다음 각 호의 구분에 따른다.
> 1. 지방채의 원리금: 지급기일이 속하는 연도
> 2. 반환금·결손보전금·상환금 또는 그 밖에 이와 유사한 것: 지급결정을 한 날이 속하는 연도
> 3. 부담금·교부금·보조금·기부금 또는 그 밖에 이와 유사한 것: 해당 예산이 속하는 연도
> 4. 실비보상·급여·여비·수수료 또는 그 밖에 이와 유사한 것: 지급을 하여야 할 사실이 발생한 날이 속하는 연도
> 5. 사용료·보관료·전기료 또는 그 밖에 이와 유사한 것: 지급청구를 받은 날이 속하는 연도
> 6. 공사비·제조비·물건구입비·운반비 또는 그 밖에 이와 유사한 것으로서 상대방의 행위가 완료된 후에 지급하는 것: 지급이 확정된 날이 속하는 연도
> 7. 그 밖의 경비: 지급명령을 한 날이 속하는 연도

072 지방자치단체 회계기준에 관한 규칙　　　　　　　　답 ①

재정상태표는 자산, 부채 및 순자산으로 구성된다.

073 지방자치단체 회계기준　　　　　　　　답 ④

지방자치단체 회계기준에서는 재평가에 대한 규정이 없다.

074 지방자치단체 회계기준

답 ④

- 고정순자산 증가분 : 2억 − 1억 = 1억
- 일반순자산 증가분 : 3억 − 1억 = 2억

075 지방자치단체 회계기준

답 ②

지방자치단체의 특별회계는 기타특별회계와 지방공기업특별회계로 구분된다.

실전동형모의고사

정답

p.308

001	④	002	②	003	③	004	①	005	③
006	③	007	④	008	④	009	①	010	③
011	④	012	④	013	④	014	③	015	②
016	④	017	③	018	①	019	①	020	③

001　개념체계　　　　　　　　　　　　　　　　답 ④

인식은 어떤 항목을 명칭과 화폐금액으로 나타내고, 그 항목을 해당 재무제표의 하나 이상의 합계에 포함시키는 것과 관련된다. 자산, 부채 또는 자본이 재무상태표에 인식되는 금액을 '장부금액'이라고 한다.

002　재무제표 표시　　　　　　　　　　　　　답 ②

비용을 기능별로 분류하는 경우에는 자의적인 배분과 상당한 정도의 판단이 개입될 수 있다.

003　충당부채　　　　　　　　　　　　　　　답 ③

과거에 우발부채로 처리하였더라도 미래경제적효익의 유출가능성이 높아진 경우에는 그러한 가능성의 변화가 생긴 기간의 재무제표에 충당부채로 인식한다.

004　자본　　　　　　　　　　　　　　　　　답 ①

무액면주식의 자본금은 주식 발행가액 중 $\frac{1}{2}$ 이상의 금액으로 이사회 또는 주주총회에서 결정한다.

005　매출채권 분석　　　　　　　　　　　　답 ③

• 매출원가: 16,000(기초재고) + 32,000(매입) − 22,000(기말재고) = 26,000
• 매출액: 26,000 + 13,000 = 39,000
• 외상매출액: 39,000 − 7,000 = 32,000
• 기말매출채권: 10,000(기초채권) + 32,000(외상매출) − 40,000(회수) = 2,000

006 현금흐름표 - 직접법
답 ③

(차) 이 자 비 용	6,000	(대) 미 지 급 이 자	30
		사 채 할 인 발 행 차 금	400
		현 금	5,570

007 유형자산 재평가
답 ④

- 20X1년 말 상각후원가: $2,000,000 \times \dfrac{4}{5} = 1,600,000$

- 20X1년 말 재평가잉여금: $1,800,000 - 1,600,000 = 200,000$

- 20X2년 말 감가상각비: $1,800,000 \times \dfrac{1}{4} = 450,000$

- 20X2년 말 재평가: $(1,800,000 - 450,000) - 1,050,000 = 300,000$
  (재평가잉여금 200,000 감액, 재평가손실 100,000 인식)

- 20X2년 말 당기손익: 450,000(감가상각비) + 100,000(재평가손실) = 550,000(감소)

008 사채
답 ④

20X2년도에 인식하는 이자비용: $925,382 \times 10\% = 92,538$이다.

(선지분석)

① 20X1년 초 사채의 발행금액: $1,000,000 \times 0.6830 + 70,000 \times 3.1699 = 904,893$이다.

② 20X1년 말 사채의 장부금액: $904,893 + (90,489 - 70,000) = 925,382$이다.

③ 20X1년도에 인식하는 이자비용: $904,893 \times 10\% = 90,489$이다.

009 주식기준보상
답 ①

- 해당 문제는 주식결제형 주식기준보상에 대한 것이다.
- 주식기준보상의 측정기준일은 부여일, 즉, 20X1년 1월 1일이다.
- 20X1년 보상원가: $50명 \times 10개 \times 500 \times 90\% \times 0.5 = 112,500$

010 영업권
답 ③

영업권: $3,000,000 - 1,400,000 = 1,600,000$

011 자본 - 자기주식
답 ④

20X1년 10월 1일 자기주식 처분으로 인한 자본 증가액(= 현금수취액): $50주 \times 1,000 = 50,000$

(선지분석)

① 20X1년 7월 1일 자기주식의 장부금액: $100주 \times 800 = 80,000$이다.

② 20X1년 7월 1일 자기주식 취득 거래로 인해 자본총액이 80,000 감소한다.

③ 자기주식의 취득과 처분은 당기손익에 영향을 미치지 않는다.

012　보조부문 원가배분　답 ④

(선지분석)

① 보조부문원가는 제조부문에 배부한다.

② 단계배부법은 보조부문의 배부순서가 달라지는 경우 제조부문으로의 배부액에 차이가 발생한다.

③ 상호배부법은 보조부문 상호간의 용역수수관계가 중요한 경우 적용한다.

013　종합원가계산　답 ④

- 원가기준 재공품계정: 기초(150,000) + 투입(350,000) = 완성(400,000) + 기말(100,000)

- 완성품환산량단위당원가(완성품원가이용): $\dfrac{400,000}{800개}$ = 500

- $\dfrac{기말재공품원가(100,000)}{기말재공품완성품환산량}$ = 500, 기말재공품완성품환산량 = 200개

- 기말재공품수량(400개) × 완성도 = 200개

  ∴ 완성도 = 50%

014　CVP분석　답 ③

(가격 − 0.6 × 가격) × 100,000단위 = 3,000,000 + 4,500,000

∴ 가격 = 187.5

015　금융자산 - 채무상품　답 ②

- 20X1년 말 상각후원가: 110,812 − (15,000 − 110,812 × 12%) = 109,109

- 20X1년 말 평가손실(기타포괄손실): 109,109 − 95,000 = 14,109

016　금융자산 - 지분상품　답 ④

- (A) 처분손익: 51,000 − 49,000 = 2,000(이익)

- (B) 기타포괄손익 − 공정가치 측정 금융자산(지분상품)은 처분손익을 인식하지 않는다.

017　국가회계기준　답 ③

재고자산은 제조원가 또는 매입가액에 부대비용을 더한 금액을 취득원가로 하고 품목별로 선입선출법을 적용하여 평가한다. 다만, 실물흐름과 원가산정방법 등에 비추어 다른 방법을 적용하는 것이 보다 합리적이라고 인정되는 경우에는 개별법, 이동평균법 등을 적용하고 그 내용을 주석으로 표시한다.

018 지방자치단체회계기준

답 ①

지방자치단체의 재무제표는 일반회계·기타특별회계·기금회계 및 지방공기업특별회계의 유형별 재무제표를 통합하여 작성한다.

019 개념체계

답 ①

(선지분석)

② 계량화된 정보가 검증가능하기 위해서 단일점 추정치이어야 할 필요는 없다. 가능한 금액의 범위 및 관련된 확률도 검증될 수 있다.

③ 보수주의와 표현충실성은 무관하다.

④ 재무정보에 예측가치, 확인가치 또는 이 둘 모두가 있다면 그 재무정보는 의사결정에 차이가 나도록 할 수 있다(목적적합성).

020 재고자산 - 원가흐름의 가정

답 ③

선입선출법은 계속기록법에 의한 결과와 실사법에 의한 결과가 동일하다.

(선지분석)

① 기말재고: 50단위 × 220 = 11,000

② 총평균원가: (9,000 + 30,000 + 10,000 + 11,000) ÷ 400단위 = 150
매출원가: 350단위 × 150 = 52,500

④ 가중평균법 + 계속기록법
5/16 매출원가: 150단위 × 130^{*1} = 19,500
$^{(*1)}$ (9,000 + 30,000) ÷ 300단위 = 130(150단위는 판매, 150단위는 이월)
　　11/28　　매출원가: 200단위 × 162^{*2} = 32,400
$^{(*2)}$ (150단위 × 130 + 10,000 + 11,000) ÷ 250단위 = 162(200단위는 판매, 50단위는 이월)
　　총매출원가: 19,500 + 32,400 = 51,900

⇨ 이동평균법에 의한 매출원가가 총평균법에 비해 600만큼 작으므로 동 금액만큼 순이익은 증가한다.

정답

p.313

001	③	002	④	003	④	004	③	005	③
006	③	007	③	008	①	009	①	010	③
011	③	012	③	013	②	014	④	015	④
016	④	017	③	018	④	019	①	020	①

001　재무정보의 질적 특성　답 ③

신중을 기하는 것이 비대칭의 필요성을 내포하는 것은 아니다. 그럼에도 불구하고, 나타내고자 하는 바를 충실하게 표현하는 가장 목적적합한 정보를 선택하려는 결정의 결과가 비대칭성이라면, 특정 기준서에서 비대칭적인 요구사항을 포함할 수도 있다.

002　재고자산　답 ④

매출총이익법은 재무보고목적으로 사용할 수 없다.

003　유형자산 - 토지　답 ④

$1,500,000 + 600,000 + 300,000 + 2,000,000 + 200,000 + 300,000 = 4,900,000$

토지의 재산세, 지금까지 본사건물로 사용해 오던 건물의 철거비용, 철거당시 본사건물의 미상각장부금액은 유형자산원가에 포함하지 않는다.

004　기말재고에 포함할 항목　답 ③

$1,000,000 + 300,000 \times 70\% + 200,000 \times 40\% = 1,290,000$

005　종업원급여　답 ③

$700,000 + 150,000 - 90,000 + 700,000 \times 10\% + 보험수리적손익 = 850,000$

∴ 보험수리적손익 $= 20,000$(손실)

006 은행계정조정
답 ③

<은행계정조정표>

수정전 회사측 잔액	(A) 7,430,000	수정전 은행측 잔액	7,810,000
부도수표	(1,500,000)	미인출수표	(2,100,000)
미통지입금	500,000		
오류	(720,000)		
올바른 잔액	(B) 5,710,000		5,710,000

007 재무비율분석
답 ③

- 유동부채: 880,000 − 540,000 − 100,000 = 240,000
- 현재 당좌비율: 120,000(매출채권) ÷ 240,000 = 50%
  → 현금을 단기차입하면 당좌자산과 유동부채가 같은 금액만큼 증가하므로 당좌비율은 증가한다.
- 현재 유동비율: (120,000 + 240,000) ÷ 240,000 = 150%
  → 현금을 단기차입하면 유동자산과 유동부채가 같은 금액만큼 증가하므로 유동비율은 감소한다.

008 무형자산 - 연구와 개발
답 ①

150,000 + 210,000 = 360,000

009 자본거래
답 ①

무상증자, 주식배당, 주식병합 및 분할의 경우 모두 총자본이 변하지 않는다.

010 개념체계
답 ③

당기순이익: 145,000 − 100,000 × 1.25 = 20,000

011 사채
답 ③

- 20X1년 1월 1일 사채금액(8%할인): 1,000,000 × 0.7938 + 50,000 × 2.5771 = 922,655
- 20X1년 7월 1일 발행금액: $922,655 \times (1 + 8\% \times \frac{6}{12}) = 959,561$

012 복구충당부채
답 ③

- 구축물의 취득원가: $1,000,000 + 200,000 \times 0.6806 = 1,136,120$
- 20X1년 말 감가상각비: $1,136,120 \times \dfrac{1}{5} = 227,224$
- 20X1년 말 이자비용: $136,120 \times 8\% = 10,890$
- 20X3년 말 복구공사손실: $230,000 - 200,000 = 30,000$

013 특별주문
답 ②

$1,500개 \times (220 - 100 - 30 - 30) = 90,000$

014 CVP분석
답 ④

- $(250 - 130) \times 판매량 - 20,000 = 22,000$, 판매량 $= 350단위$
- 20X2년 판매량 증가: $350단위 - 320단위(\dfrac{80,000}{250}) = 30단위$

015 국가회계와 지방자치단체회계
답 ④

국가회계는 무상관리전환과 유상관리전환을 구분하여 무상관리전환의 취득원가는 장부금액, 유상관리전환의 취득원가는 공정가액으로 인식하지만, 지방자치단체는 둘을 구분하지 않고 직전 회계실체의 장부가액을 취득원가로 인식한다.

016 유형자산 재평가
답 ④

- 20X1년 말 상각후원가: $100,000 - 100,000 \times \dfrac{1}{5} = 80,000$
- 20X1년 말 재평가: $88,000 - 80,000 = 8,000$(재평가잉여금)
- 20X2년 말 상각후원가: $88,000 - 88,000 \times \dfrac{1}{4} = 66,000$
- 20X2년 말 재평가 및 손상: $66,000 - 48,000 = 18,000$(8,000은 재평가잉여금 감액, 10,000은 당기비용)
- 당기순이익에 미치는 영향: $22,000$(감가비) $+ 10,000$(재평가손실,손상차손) $= 32,000$(감소)
- 기타포괄이익에 미치는 영향: $8,000$(감소)

017 차입원가
답 ③

- 특정차입금과 일반차입금의 연평균금액 합계(260,000)가 연평균지출액을 넘지 않으므로 이자비용 전액을 자본화한다.
- $18,400 + 12,000 = 30,400$

018 사채
답 ④

- 20X2년 말 장부금액: 916,594 + (916,594 × 13% − 80,000) = 955,751
- 20X3년 이자비용: 955,751 × 13% = 124,248

019 표준원가
답 ①

AQ × AP	AQ × SP	SQ × SP
130시간 × 1,000	130시간 × 900	15개 × 8시간 × 900
= 130,000	= 117,000	= 108,000

직접노무원가 능률차이: 117,000 − 108,000 = 9,000(불리)

020 제조기업의 원가흐름
답 ①

- 직접재료원가: 4,000(기초재료) + 25,000(당기매입) − 5,000(기말재료) = 24,000
- 20,000(기초제품) + X(당기제품제조원가) = 68,000(매출원가) + 22,000(기말제품)
  당기제품제조원가 = 70,000

재공품

기초재공품	7,000	당기제품제조원가	70,000
당기총제조원가			
직접재료원가	24,000		
가공원가	45,000		
		기말재공품	6,000

정답

p.318

📝Memo

001	④	002	②	003	④	004	①	005	①
006	③	007	③	008	①	009	③	010	③
011	②	012	④	013	②	014	②	015	④
016	④	017	②	018	③	019	③	020	③

001 개념체계   답 ④

부채는 과거사건의 결과로 기업이 경제적 자원을 이전해야 하는 현재의무이다. 의무는 과거사건의 결과로 존재하는 현재의무이다.

002 유형자산   답 ②

감가상각방법의 변경은 회계추정의 변경으로 처리한다.

003 배당액 계산   답 ④

- 우선주 기본배당: $30,000,000 × 5\% × 3년 = 4,500,000$
- 보통주 기본배당: $60,000,000 × 3\% = 1,800,000$
- 잔여배당 중 우선주 배분: $1,200,000 × \dfrac{3}{9} = 400,000$
- 우선주 총배당액: $4,500,000 + 400,000 = 4,900,000$

004 정상개별원가계산   답 ①

- 제조간접원가 예정배부율: $600,000 ÷ 20,000시간 = 30$
- 제조간접원가 예정배부액: $30 × 18,000시간 = 540,000$
- 제조간접원가 배부차이: $650,000 - 540,000 = 110,000(과소배부)$
- 기말에 제조간접원가 $110,000$(과소배부)만큼 매출원가에 추가로 배부하므로, 매출총이익은 $110,000$이 감소한다. 따라서 배부차이 조정후 매출총이익은 $290,000$이다.

005 수익 - 상품권   답 ①

수익: $90,000 × 7매 - 20,000 = 610,000$

006 재고자산 답 ③

할부판매상품은 인도시점에 수익을 인식하고 해당 상품을 재고자산에서 차감한다.

007 매출총이익법 답 ③

- 당기매입액: 40,000(현금지급) + 20,000(기말채무) − 30,000(기초채무) = 30,000
- 당기매출액: 50,000(현금회수) + 40,000(기말채권) − 60,000(기초채권) = 30,000
- 매출원가추정액: 30,000(당기매출) × 70% = 21,000
- 기말재고추정액: 10,000(기초재고) + 30,000(당기매입) − 21,000(매출원가) = 19,000
- 재고자산추정손실금액: 19,000 × 80% = 15,200

008 유형자산 - 취득 답 ①

- 채권의 현재가치: 50,000 × 0.79 + 2,500 × 2.58 = 45,950
- 건물의 취득원가: 100,000 + (50,000 − 45,950) = 104,050

009 차입원가 답 ③

$$120,000 \times 10\% \times \frac{11}{12} - 30,000 \times 8\% \times \frac{2}{12} = 10,600$$

010 재무비율분석 답 ③

- 매출채권 회전율: $\frac{180,000}{30,000} = 6$회
- 매출채권 회수기간: $\frac{360일}{6회} = 60$일
- 재고자산 회전율: $\frac{105,000}{35,000} = 3$회
- 재고자산 회전기간: $\frac{360일}{3회} = 120$일
- 영업주기: 60일 + 120일 = 180일

011 자본 - 자기주식 답 ②

- 자산(현금)의 증감액만큼 자본총액이 변동한다.
- (−)200주 × 4,000 + 50주 × 5,000 + 50주 × 3,500 = (−)375,000

실전동형모의고사

2022 해커스공무원 현진환 회계학 단원별 기출문제집

012 소매재고법 답 ④

- 판매가능재고: 1,400,000 + 6,000,000 + 200,000 − 400,000 = 7,200,000
- 매가기준기말재고: 2,100,000 + 9,800,000 − (10,000,000 + 500,000) + 200,000 − 100,000
  = 1,500,000
- 원가율: (6,000,000 + 200,000 − 400,000) ÷ (9,800,000 + 200,000) = 58%
- 원가기준기말재고: 1,500,000 × 58% = 870,000
- 매출원가: 7,200,000 − 870,000 = 6,330,000

013 재무제표 표시 답 ②

선지분석
① 한국채택국제회계기준은 오직 재무제표에만 적용한다.
③ 경영진이 기업을 청산하거나 경영활동을 중단할 의도를 가지고 있는 경우 계속기업과는 다른 가정을 적용하여 재무제표를 작성한다.
④ 한국채택국제회계기준을 준수하여 재무제표를 작성하는 기업은 그러한 준수 사실을 주석에 명시적이고 제한 없이 기재한다. 재무제표가 한국채택국제회계기준의 요구사항을 모두 충족한 경우가 아니라면 한국채택국제회계기준을 준수하여 작성되었다고 기재하여서는 아니 된다.

014 사채 답 ②

사채발행비가 존재하는 경우, 발행시점의 발행자의 유효이자율은 발행시점의 시장이자율보다 높다.

015 유형자산 재평가 답 ④

- 20X1년
  - 감가상각후 장부금액: $1,000,000 − 1,000,000 × \frac{1}{5} = 800,000$
  - 재평가: 900,000 − 800,000 = 100,000(재평가잉여금)
- 20X2년
  - 감가상각후 장부금액: $900,000 − 900,000 × \frac{1}{4} = 675,000$
  - 재평가 및 손상: 675,000 − 510,000 = 165,000(재평가잉여금 100,000 감액, 65,000 당기비용)
- 20X3년
  - 감가상각후 장부금액: $510,000 − 510,000 × \frac{1}{3} = 340,000$
  - 재평가 및 손상: 460,000 − 340,000 = 120,000(65,000 수익, 55,000 재평가잉여금)
- 20X3년 감가상각을 제외한 당기이익: 65,000

016　주당순이익　　　　답 ④

- 보통주순이익: 280,000 − 200주 × 1,000 × 5% = 270,000
- 유상증자 시 수취금액: 1,000주 × 1,200 = 1,200,000
- 유상증자 주식수: 1,200,000 ÷ 2,000 = 600주
- 무상증자 주식수: 1,000주(발행주식수) − 600주(유상증자 주식수) = 400주
- 무상증자 비율: 400주 ÷ (1,000주 + 600주) = 25%
- 가중평균유통보통주식수: $1,000주 × 1.25 × \dfrac{8}{12} + 2,000주 × \dfrac{4}{12} = 1,500주$
- 주당순이익: 270,000 ÷ 1,500주 = 180

017　국가회계기준　　　　답 ②

수익·비용 기능별 재정운영표는 재무제표의 일부로 제공된다.

018　국가회계기준　　　　답 ③

선지분석

① 「국고금관리법 시행령」에 따른 출납정리기한 중에 발생하는 거래는 해당 회계연도에 발생한 거래로 보아 회계처리한다.
② 자산은 유동자산, 투자자산, 일반유형자산, 사회기반시설, 무형자산 및 기타비유동자산으로 구분하여 재정상태표에 표시한다.
④ 투자목적의 장기투자증권 또는 단기투자증권인 경우에는 재정상태표일 현재 신뢰성 있게 공정가액을 측정할 수 있으면 그 공정가액으로 평가하며, 장부가액과 공정가액의 차이금액은 순자산변동표에 조정항목으로 표시한다.

019　CVP분석　　　　답 ③

- 단위당 공헌이익: 320,000 ÷ 1,000개 = 320
- 손익분기점 판매량: 320 × BEP = 200,000, 손익분기점 판매량(BEP) = 625개
- 허용가능 감소량: 1,000개 − 625개 = 375개

020　고저점법　　　　답 ③

- 단위당 변동원가: 20,000,000 ÷ 1,000개 = 20,000
- (20X4년 자료이용) 50,000,000 = 1,000개 × 20,000 + 고정원가
  ∴ 고정원가 = 30,000,000
- 20,000 × 0.7 × 3,000개 + 30,000,000 × 1.2 = 78,000,000

정답

p.323

001	①	002	①	003	④	004	②	005	④
006	③	007	②	008	④	009	④	010	③
011	①	012	④	013	④	014	①	015	②
016	④	017	①	018	②	019	③	020	③

📝Memo

001　재무정보의 질적 특성　　　답 ①

검증가능성은 합리적인 판단력이 있고 독립적인 서로 다른 관찰자가 어떤 서술이 충실하게 표현되었다는 데 대체로 의견이 일치할 수 있다는 것을 의미한다.

002　개념체계　　　답 ①

실물자본유지개념을 사용하기 위해서는 현행원가기준에 따라 측정해야 한다.

003　차입원가　　　답 ④

- 일반차입금 자본화 이자비용(400,000) = 일반차입금 사용액(X) × 10%
  - ∴ X = 4,000,000
- 특정차입금 조달액 = 6,000,000(연평균지출액) − 4,000,000 = 2,000,000

004　재고자산 평가손실　　　답 ②

- 확정판매계약분: 40단위 × (700 − 690) = 400
- 일반판매분: 60단위 × (700 − 670) = 1,800
- 재고자산평가손실: 400 + 1,800 = 2,200

005　투자부동산　　　답 ④

부동산의 용도가 변경되는 경우에만 투자부동산으로(에서) 대체한다. 부동산이 투자부동산의 정의를 충족하게 되거나 충족하지 못하게 되고, 용도 변경의 증거가 있는 경우에, 부동산의 용도가 변경되는 것이다.

---

006 법인세회계

- 미지급법인세: $(150,000 + 24,000 + 10,000) \times 25\% = 46,000$
- 이연법인세: $(-)10,000 \times 25\% = (-)2,500(자산)$
- 법인세비용: $46,000 - 2,500 = 43,500$

007 변동원가계산

답 ②

변동원가계산 영업이익	X
$(-)$ 기초재고에 포함된 FOH	$1,000개 \times \dfrac{200,000}{5,000개} = 40,000$
$(+)$ 기말재고에 포함된 FOH	$1,000개 \times \times \dfrac{250,000}{10,000개} = 25,000$
전부원가계산영업이익	$100,000$

$\therefore$ 변동원가계산영업이익(X) = 115,000

008 특별주문

답 ④

- 회사는 현재 1,000단위의 유휴설비를 보유하고 있는데 특별주문수량은 1,500단위이므로 특별주문을 수락하기 위해서는 500단위만큼 정규시장 판매를 포기한다.(기회비용 발생)
- 증분수익(공헌이익 증가): $1,500단위 \times (450 - 320) = 195,000$
- 증분비용(기회비용): $500단위 \times (500 - 300) = 100,000$
- 증분이익: $195,000 - 100,000 = 95,000$

009 수익

답 ④

계약당사자들이 그 활동이나 과정에서 생기는 위험과 효익을 공유하는 경우에는 고객과의 계약으로 인식하지 않는다.

010 비율분석

답 ③

- 기초당좌비율: $2,500 \div 1,000 = 2.5$
- 기말당좌비율: $1,000 \div 1,500 = \dfrac{2}{3}$

(선지분석)
① • 매출원가: $1,000(기초) + 8,500(매입) - 2,000(기말) = 7,500$
  • 재고자산회전율: $7,500 \div 1,500(평균재고) = 5회$
② • 기초유동비율: $3,500 \div 1,000 = 3.5$
  • 기말유동비율: $3,000 \div 1,500 = 2$
④ • 매출총이익: $10,000(매출) - 7,500(매출원가) = 2,500$
  • 매출총이익률: $2,500 \div 10,000 = 25\%$

011 국가회계기준 답 ①

자산과 부채는 유동성이 높은 항목부터 배열한다(유동성 순서 배열법).

012 정상개별원가계산 답 ④

- 제조간접원가 예정배부액: 1,500,000(실제원가) − 200,000(과소배부) = 1,300,000
- 1,300,000 = 실제직접작업시간 × 65(예정배부율), 실제직접작업시간 = 20,000시간
- 예산조업도 × 80% = 20,000시간(실제조업도), 예산조업도 = 25,000시간
- 65 = 제조간접원가예산 ÷ 25,000시간(예산조업도), 제조간접원가예산 = 1,625,000

013 활동기준원가계산 답 ④

- 특별모델의 제조간접원가: $600,000 \times \frac{1}{3} + 900,000 \times \frac{8}{20} = 560,000$
- 특별모델의 단위당 제조원가: $50 + 34 + \frac{560,000}{10,000} = 140$

014 무형자산 답 ①

(선지분석)

ㄷ. 무형자산으로 인식되기 위해서는 식별가능성, 자원에 대한 통제 및 미래경제적효익의 세 가지 조건을 모두 충족하여야 한다.

ㄹ. 무형자산을 창출하기 위한 내부 프로젝트를 연구단계와 개발단계로 구분할 수 없는 경우에는 그 프로젝트에서 발생한 지출은 모두 연구단계에서 발생한 것으로 본다.

015 유형자산: 토지 답 ②

1,000,000 + 70,000 + 10,000 − 5,000 = 1,075,000

016 소매재고법 답 ④

- 판매가능재고(원가): 162,000 + 1,220,000 = 1,382,000
- 매가기준 기말재고: 183,400 + 1,265,000 + 260,000 − (101,000 − 11,000) − 960,000 = 658,400
- 원가율: 1,220,000 ÷ (1,265,000 + 260,000) = 80%
- 매출원가: 1,382,000 − 658,400 × 80% = 855,280

017 재고자산 - 평가방법변경   답 ①

- 선입선출법 → 평균법: 기초(200증가) + 매입 = 매출원가(500증가) + 기말(300감소)
- 24,000 − 500 = 23,500

018 복구충당부채   답 ②

- 취득원가: 20,000,000 + 1,000,000 × 0.79 = 20,790,000
- 감가상각비: $20,790,000 \times \dfrac{1}{3} = 6,930,000$

019 충당부채   답 ③

미래 영업에서 생길 원가는 현재시점에서 의무가 존재하지 아니하므로 충당부채로 인식하지 아니한다.

020 기말재고에 포함할 항목   답 ③

1,000,000 + 60,000(적송품) + 70,000(시송품) = 1,130,000

정답

p.328

001	①	002	③	003	②	004	④	005	②
006	③	007	④	008	②	009	③	010	②
011	①	012	④	013	①	014	④	015	②
016	①	017	②	018	②	019	②	020	③

📝Memo

---

001 재무제표 표시 답 ①

매출채권에 대한 대손충당금과 같은 평가충당금을 차감하여 관련 자산을 순액으로 측정하는 것은 상계에 해당하지 아니한다.

---

002 재무비율분석 답 ③

현금의 증가는 유동자산의 증가를 가져온다.

---

003 무형자산 답 ②

최초에 비용으로 인식한 무형항목에 대한 지출은 그 이후에 무형자산의 원가로 인식할 수 없다.

---

004 유형자산 - 감가상각 답 ④

- 20X3년 초 장부금액: $480,000 - 480,000 \times \dfrac{2}{4} = 240,000$
- 20X4년 9월 말 장부금액: $240,000 - 240,000 \times \dfrac{21}{36} = 100,000$
- 처분손익: $130,000 - 100,000 = 30,000$(이익)

---

005 자본 답 ②

- 자기주식의 소각은 자본총액에 영향을 미치지 않는다.
- $(-)300,000$(자기주식매입) $+ 180,000$(자기주식처분) $+ 165,000$(유상증자) $+ 330,000$(총포괄이익) $= 375,000$

006 오류수정

- 기초(8,000 과소) + 매입 = 매출원가(5,000 과소) + 기말(3,000 과소)
- 500,000 − 5,000(매출원가 증가) − 20,000(연구비) + 4,000(무형자산상각비 취소) = 479,000

007 무형자산

(선지분석)

ㄱ. 내용연수가 비한정적인 무형자산은 상각하지 않고, 자산손상징후가 있는지에 관계없이 회수가능액과 장부금액을 비교하여 일 년에 한 번은 손상검사를 한다.

ㄷ. 브랜드, 제호, 출판표제, 고객목록 및 이와 실질이 유사한 항목은 그것을 외부에서 창출하였는지 또는 내부적으로 창출하였는지에 관계없이 취득이나 완성 후의 지출은 발생시점에 항상 당기손익으로 인식한다.

008 수익 - 위탁판매

- ㈜대한의 수익(수탁수수료): 2,000 × 5% × 60단위 = 6,000
- ㈜한국의 매출원가: (1,400 × 100단위 + 8,000) × 60% = 88,800

009 CVP분석

매출	400,000 $= 240,000 \times (\frac{100}{60})$
변동원가	240,000
공헌이익	160,000
고정원가	60,000
영업이익	100,000
법인세	20,000
세후이익	80,000

- 안전한계율 $= \dfrac{영업이익}{공헌이익} = \dfrac{100,000}{160,000} = 62.5\%$

- 영업레버리지도 $= \dfrac{1}{안전한계율} = 1.6$

010 CVP분석

- 각 구간 하에서 최대조업도를 생산·판매하는 경우에 최대이익을 달성한다.
- 2,000단위 이하: (300 − 180) × 2,000단위 − 300,000 = (−)60,000
  4,000단위 이하: (300 − 180) × 4,000단위 − 450,000 = 30,000
  5,000단위 이하: (300 − 180) × 5,000단위 − 540,000 = 60,000
- 회사는 5,000단위를 생산·판매하는 경우 60,000의 이익을 달성한다.

011　재무제표 표시　답 ①

상이한 성격이나 기능을 가진 항목은 구분하여 표시하며, 중요하지 않은 항목은 성격이나 기능이 유사한 항목과 통합하여 표시할 수 있다.

012　현금흐름표　답 ④

(선지분석)
①, ② 영업활동에 해당한다.
③ 투자활동에 해당한다.

013　수익　답 ①

고객과의 계약식별(ㄱ) → 수행의무의 식별(ㄴ) → 거래가격 산정(ㄷ) → 거래가격을 계약 내 수행의무에 배분(ㄹ) → 수행의무 충족 시 수익인식(ㅁ)의 5단계 순서이다.

014　주식기준보상　답 ④

· 20X1년 주식보상비용: 100개 × 600 × 50% = 30,000
· 20X2년 주식보상비용: 300개 × 600 − 30,000 = 150,000

015　국가회계와 지방자치단체회계　답 ②

국가의 일반유형자산 및 사회기반시설에 대한 사용수익권은 자산의 차감항목으로 표시한다.

016　국가회계기준　답 ①

장기연불조건의 거래, 장기금전대차거래 또는 이와 유사한 거래에서 발생하는 채권·채무로서 명목가액과 현재가치의 차이가 중요한 경우에는 현재가치로 평가한다.

017　유형자산 재평가　답 ②

· 20X1년 말 재평가잉여금: 99,000(공정가치) − 90,000(상각후원가) = 9,000
· 20X2년 말 감가상각(1단계): $99,000 \times \frac{1}{9} = 11,000$(당기비용)
· 20X2년 말 재평가: 88,000 − 75,000 = 13,000(9,000: 재평가잉여금 감액, 4,000: 재평가손실)
· 11,000(감가상각비) + 4,000(재평가손실) = 15,000

답 ②

[간접법에 의한 영업활동 현금흐름]

당기순이익	100,000
가감 :	
1단계: 투자/재무활동 손익 제거	
• 감가상각비	20,000
• 유형자산처분이익	(7,000)
• 사채상환손실	8,000
2단계: 영업활동 재무상태표 계정 조정	
• 재고자산의 감소	80,000
• 매입채무의 감소	(4,000)
• 매출채권의 증가	(50,000)
• 미지급급여의 증가	6,000
영업활동 현금흐름	153,000

---

019 상환우선주

답 ②

$600,000 \times 0.8163 + 25,000 \times 2.6243 = 555,388$

---

020 현금및현금성자산

답 ③

$12,800 + 34,200 + 25,000 = 72,000$